Tessa Hofmann

Armenien und Georgien

Zwischen Ararat und Kaukasus

Ein Express Reisehandbuch

mit einem Beitrag von Margarita Woskanjan

Mundo Verlag

Bildquellen der Schwarzweißbilder

E. Gigilaschwili: Seite 274; Tessa Hofmann: Seite 32, 64, 69, 90, 116, 131, 133, 157, 160, 172, 177, 292, 294, 296, 298, 303, 324, 332, 347; Informations- und Dokumentationszentrum Armenien: Seite 25, 26, 29, 41, 49, 50, 60, 80, 107, 119, 134, 314; Ruben Mangassarjan: Seite 180; Mathias Thurm: Seite 94, 206, 259; Peter Zenker: Seite 54, 203, 212, 222, 231, 241, 248, 251, 254.

Bildquellen des Farbteils
(die Zahlen beziehen sich auf die Kennziffern in den Bildern)
E. Gigilaschwili: Foto 1, 2, 3, 6, 10;
Tessa Hofmann: Foto 4, 5, 7, 8, 9, 11, 12–27

Das Bild auf der ersten Umschlagseite zeigt die Kathedrale von Odsun und wurde von Tessa Hofmann aufgenommen. Das Foto auf dem Buchrücken machte Wolfgang Kunz. Das Foto auf der hinteren Umschlagklappe stellte uns Tessa Hofmann zur Verfügung. Die farbige Karte in der Umschlagklappe drucken wir mit freundlicher Genehmigung des Westermann Schulbuchverlages GmbH, Braunschweig; © Atlas Heimat und Welt

CIP-Titelaufnahme der Deutschen Bibliothek
Hofmann, Tessa:
Armenien, Georgien: zwischen Ararat und Kaukasus /
Tessa Hofmann. Mit einem Beitr. von Margarita Woskanjan. –
Leer: Mundo-Verl., 1990
   (Express-Reisehandbuch)
   ISBN 3-87322-001-6

© 1990 by Mundo-Verlag, Leer
Gesamtherstellung: Druckerei G. Rautenberg, 2950 Leer
Umschlag: Zembsch' Werkstatt, München
Alle Rechte vorbehalten
Printed in Germany
ISBN 3-87322-001-6

Inhaltsverzeichnis

Armenien

Reiseziele Armenien

Georgien

Reiseziele Georgien

REISETIPS VON A–Z

Karten, Pläne und Skizzen

Grundrisse

Armenien und Georgien im Zeichen von Glasnost und Perestrojka

Bücher über die Sowjetunion zu schreiben, ist schwieriger geworden. Denn wo bis vor kurzem einige von Neuauflage zu Neuauflage wiederholte Grundaussagen genügten, um das verkrustete System zu charakterisieren, überschlagen sich nun die Ereignisse. Die Geschwindigkeit sowjetischer Veränderungen übertrifft bei weitem das Tempo, mit dem hierzulande Bücher geschrieben, gedruckt und aktualisiert werden. Dabei führt der sich ständig beschleunigende Gang der Ereignisse zu Resultaten, die noch vor einem Jahrfünft selbst profunde Kenner des Landes kaum zu prophezeien gewagt hätten: daß nämlich die Sowjetunion im Jahre 1990 der Alleinherrschaft der Kommunistischen Partei abgeschworen hat und sich auf dem Weg zu einer marktwirtschaftlich orientierten, parlamentarischen Demokratie befinden würde, daß sie außenpolitisch auf die kostspielige Aufrechterhaltung eines Blocksystems von Vasallenstaaten verzichten würde (wodurch sie sich international Sympathie und politische wie wirtschaftliche Kreditwürdigkeit errang) und in ihren auswärtigen Beziehungen eine Politik der Kooperation statt der Konfrontation betreiben würde.

Lob ist den Autoren des sowjetischen Reform- und Demokratisierungsprogramms dafür bei ihren eigenen Landsleuten weit weniger als im Westen zuteil geworden, mit Ausnahme der Intellektuellen, die, wenn auch immer noch mit Einschränkungen, heute eine weitaus größere Rede-, Meinungs- und Pressefreiheit als je zuvor genießen. Die ersten Ansätze privatwirtschaftlicher Betätigungs- und Bereicherungsmöglichkeiten haben indessen dazu geführt, daß die ohnehin stets vorhandenen sozialen Unterschiede noch krasser zutage treten. Während in den staatlichen Läden meist gähnende Leere herrscht, kann man auf dem freien bzw. Schwarzmarkt fast alles erwerben, bis hin zu Waffen und gedungenen Mördern. Denn mit den Preisen stieg auch die Kriminalität. Soziale Not, Warenknappheit, Unterversorgung des Marktes, Teuerung (bei fast gleichbleibenden Löhnen), organisiertes Verbrechen, der Zusammenbruch des bisherigen Wertesystems nebst der Illusion, Bürger einer politisch wie wirtschaftlich führenden Weltmacht zu sein – all das hat das Selbstvertrauen und -verständnis vieler der 270 Millionen Sowjetbürger stark erschüttert. Perestrojka kann man schließlich nicht essen oder anziehen, sie wärmt nicht das Herz oder füllt die geistige Leere, denn sie ist der Umbruch selbst, nicht das Ziel des Wandels. Unzufriedenheit und Ungeduld werden immer lauter artikuliert, zumal der Reformprozeß nicht nur mit einem sinkenden Lebensniveau, sondern auch mit politischen Krisen einhergeht.

An die Stelle der bisherigen sozialistischen Leitideen treten nun wieder Nationalismus und Religiosität, beides Sprengkräfte, die den Zusammenhalt der ohnehin brüchigen Union gefährden, die stets weit davon entfernt war, ein „Bund freier Republiken" zu sein. Neben den ungelösten Sozialproblemen und Versorgungskrisen erweist sich die Nationalitätenpolitik als Nagelprobe der Perestrojka, zumal sie trotz aller Dringlichkeit akuter Probleme weiterhin schwerfällig und konzeptionslos geblieben ist. Wenn sich die nicht-russischen Unionsrepubliken inzwischen dennoch eine größere Dezentralisierung und

Selbstbestimmung erstritten haben, so war der Preis dafür hoch. Nirgends treten die Veränderungen und die negativen Begleiterscheinungen der Perestrojka so kraß hervor wie im Vielvölkergebiet Transkaukasien. Die Vorkämpfer der nationalen Emanzipationsbestrebungen in der UdSSR waren Anfang 1988 die Armenier, bald gefolgt von den Balten. Doch im Unterschied zum Baltikum handelte es sich in Transkaukasien nicht nur um bilaterale Konflikte der Republiken mit der Moskauer Zentralregierung, sondern um komplizierte und zunehmend gewalttätig ausgetragene Dreieckskonflikte der Transkaukasier untereinander sowie mit der Zentralregierung als Konfliktverursacherin und -partei. Innenpolitische Krisen des russischen Reiches nahmen an seiner transkaukasischen Peripherie stets gewalttätige Züge an. Minderheiten und kleinere Volksgruppen sind in solchen Zeiten besonders gefährdet.

Kaum hatten die Karabacher Armenier Anfang 1988 ihre Forderung nach Vereinigung mit Armenien erhoben, da floß Blut: Aserbaidschaner fielen über armenische Minderheiten in ihren Städten her (Sumgait und Kirowabad 1988, Baku 1990). Innerhalb von zwei Jahren wurden die seit dem Altertum in Aserbaidschan ansässigen Armenier durch Terror und Pogrome vertrieben, was wiederum zur Vertreibung der Aserbaidschaner aus Armenien führte: 450.000 Armenier und 161.000 Aserbaidschaner wurden so zu Flüchtlingen. Seit 1990 stehen sich an der armenisch-aserbaidschanischen Grenze bewaffnete Milizen beider Völker gegenüber. Die Armenier leiten die Existenz ihrer „Fedajin" aus der Unfähigkeit und Unwilligkeit der sowjetischen Sicherheitskräfte ab, ihre Landsleute in Aserbaidschan zu schützen. Über 200 Tote – Armenier, Aserbaidschaner und Sowjetsoldaten unterschiedlicher Nationalität – haben diese Kämpfe bisher gekostet. Armenien befindet sich heute faktisch in einem Zweifrontenkrieg sowohl gegen Aserbaidschan als auch gegen die sowjetischen Sicherheitskräfte. Darüber hinaus droht die Gefahr nationaler Selbstzerfleischung: Als der sowjetische Staatspräsident Gorbatschow ultimativ vom neugewählten armenischen Parlament – übrigens dem ersten nichtkommunistisch dominierten in den letzten 70 Jahren armenischer Geschichte – die Entwaffnung der Kampfgruppen verlangte, kam es fast zum Bürgerkrieg: Die Armenische Nationalarmee, stärkste unter mehreren, nicht unter einem Oberkommando vereinigten Milizen, widersetzte sich zunächst und ging sogar zum Gegenangriff auf die im Parlament dominierende Allarmenische Nationalbewegung über. Die Ursache aller Konflikte und ihrer mörderischen bzw. selbstmörderischen Folgen ist indessen noch nicht behoben: Der armenischen Mehrheitsbevölkerung Berg-Karabachs wird nach wie vor das Selbstbestimmungsrecht vorenthalten. Und je mehr Tote zwischen Armeniern und Aserbaidschanern stehen, um so schwieriger wird eine politische Lösung.

Die Konflikte und Krisen haben den transkaukasischen Tourismus erstaunlicherweise weniger beeinträchtigt, als es aus der Ferne erscheinen mag. Dennoch hat die Intourist-Zentrale in Moskau seit 1990 keine Gruppenreisen mehr nach Armenien zugelassen. Auch die Georgier klagen darüber, von Moskau boykottiert und vernachlässigt zu werden – selbst wenn in ihrer Republik Ruhe und Normalität herrscht. Dies und die Tatsache, daß Intourist Moskau 80 % des von den Republiken erwirtschafteten Deviseneinkommens einstreicht, bestärkt nun private Reiseunternehmen (touristische Kooperativen) in Armenien und

Georgien, Direktkontakte mit westlichen Reisebüros zu suchen. Im Konkurrenzkampf mit dem bisherigen Staatsmonopolunternehmen Intourist sind sie hinsichtlich der Unterbringung und Beförderung von Gruppen vorläufig noch auf ihren Mitbewerber Intourist angewiesen, versuchen aber, diesen preislich zu unterbieten. Beschränkungen der Reiseziele kennen sie im Unterschied zu Intourist nicht. Der Aufbau eigener Tourismusstrukturken, allen wirtschaftlichen und politischen Widrigkeiten zum Trotz, ist nicht nur ein Beweis für den Optimismus der Transkaukasier. Er bildet vor allem die einzige Alternative zum ökologisch verheerenden weiteren Ausbau der Industrie in Armenien und Georgien, der aber angesichts der wirtschaftlichen und politischen Unabhängigkeitsbestrebungen beider Länder durchgeführt werden wird, sollte der Aufbau »sanfter« Wirtschaftszweige fehlschlagen

Tessa Hofmann
4. September 1990

Zwischen Ararat und Kaukasus:
Anstelle einer Einführung

Wer die Möglichkeit hatte, von der Sowjetunion mehr als nur Moskau und Leningrad, die urbanen Zentren Rußlands, kennenzulernen, stellt bald fest: Die UdSSR ist nicht nur Rußland oder die Summe der 15 Sowjetrepubliken. Diese Erfahrung sowjetischer Vielfalt (wo oft Einförmigkeit und Eintönigkeit erwartet wurde) überrascht nicht, wenn man sich die Lage auf der Karte besieht: Mit 22.402.200 km^2 ist die UdSSR der größte Staat der Welt, nimmt ein Sechstel ihrer bewohnten Fläche ein und erstreckt sich von West nach Ost über zwölf Zeitzonen. Allein schon aufgrund ihrer gewaltigen Ausdehnung bietet sie darum eine faszinierende Fülle geographischer, klimatischer und kultureller Gegensätze, so daß es fast unmöglich ist, verbindliche Aussagen über *die* Sowjetunion zu machen (abgesehen von Allgemeinheiten des politischen und wirtschaftlichen Aufbaus). Darüber hinaus ist die Sowjetunion die Heimat von mehr als einhundert Nationen und Nationalitäten (einige davon zählen freilich nur nach Hunderten) mit sehr unterschiedlichen geschichtlichen Erfahrungen sowie kulturellen, wirtschaftlichen und sozialen Voraussetzungen. Grob gliedert sich die Sowjetunion in folgende geographisch-kulturelle Großräume: das stark mitteleuropäisch geprägte und orientierte Baltikum (Litauen, Lettland, Estland), das europäische Rußland, die südlich anschließende Ukraine und das Moldaugebiet, dessen Bevölkerung rumänisch spricht und kulturell den Balkanvölkern näher steht als den Ostslawen, das asiatische Sibirien bzw. der »Ferne Osten«, die fünf islamischen Sowjetrepubliken Mittelasiens sowie der christlich-islamische Transkaukasus (Armenien, Georgien, Aserbaidschan). Dieses Buch handelt von den christlich geprägten Kulturen Transkaukasiens, also von den beiden Ländern zwischen dem Ararat und dem Großen Kaukasus:

Armenien und Georgien, einem Gebiet, das nach Norden vom Kaukasus »abgeriegelt« wird und sich nach Süden hin den Hochländern Irans und Kleinasiens öffnet. Ein Land, das infolge seiner Brückenstellung und Abgeschlossenheit Schmelztiegel und Rückzugsgebiet in einem war.

Reisen dorthin bieten vor allem das Erlebnis einer großartigen Natur sowie Kunst. Armenien und Georgien weisen auf relativ kleinem Territorium starke landschaftliche und klimatische Gegensätze auf: die herbe, dramatische Schönheit des kargen und sonnendurchglühten Armenischen Hochlandes, den Liebreiz des garten- und weinreichen ostgeorgischen Kachetiens, die von waldreichen Mittelgebirgen durchbrochenen fruchtbaren Ebenen des kartlischen Zentralgeorgiens, die subtropische Üppigkeit Westgeorgiens (der antiken Kolchis) sowie die majestätischen Schneeketten des Zentralkaukasus. Doch wo auch immer man sich in Armenien und Georgien befindet, begegnet man aufgeschlossenen und liebenswerten Menschen mit stark ausgeprägtem Sinn für Gastfreundschaft; Menschen, die es begeistert, wenn der Gast sich nicht nur von der Schönheit ihrer Heimat anrühren läßt, sondern ebenfalls von dem Reichtum und der Eigenart ihrer Kulturen.

Armenien und Georgien gehören zum nord-vorderasiatischen Kulturraum. Im Altertum standen sie in Verbindung mit altkleinasiatischen, vor allem aber iranischen Kulturen, bis sie im Westen und Süden unter hellenistischen, später unter syrischen und besonders byzantinischen Einfluß gerieten. Der Reiz der armenischen und georgischen Kultur besteht gerade darin, daß hier seit Jahrtausenden unterschiedlichste fremde Einflüsse mit bodenständigen Elementen zu einer neuen, unverwechselbaren Einheit verschmolzen wurden und andererseits diese nationalkulturelle Eigenständigkeit mit zähem Beharren, ja oft um den Preis blutiger Freiheits- und Glaubenskämpfe oder Verfolgungen gegen fremdländische Anpassungsversuche verteidigt wurde. Die Erinnerung an dieses Blutopfer lebt bis heute fort und nährt das Selbstbewußtsein der Armenier und Georgier als Erben einer weit älteren Kultur, als es die russische (oder westeuropäische) Kultur ist. Der nationalkulturelle Selbstbehauptungswille beider Völker drückt sich aber seit 1988 auch in aufsehenerregenden Massendemonstrationen und -versammlungen sowie Streiks aus, die sich, aus unterschiedlichen Anlässen, gegen die sowjetische Zentralregierung richten.

Wer die Menschen und die aktuellen Entwicklungen Transkaukasiens verstehen will, muß die Geschichte und Kultur dieser Region kennen. In ihre wichtigsten Bereiche soll dieses Buch einführen: in Sprache, Literatur, Musik und Baukunst. Es enthält außerdem landeskundliches Grundwissen und vermittelt Einblicke in die Stellung der Frau sowie die Bedeutung der Religion und Kirche, letztere ein wichtiges Thema. Denn die Prägung der armenischen und georgischen Kultur erfolgte früh und nachhaltig durch das Christentum, das trotz der offiziellen Trennung von Kirche und Staat in der Sowjetunion bis heute ein wesentliches Element des Alltagslebens geblieben ist.

Bei der Beschreibung der – meist kunstgeschichtlich bedeutenden – Sehenswürdigkeiten beschränkte ich mich auf die westlichen Touristen zugänglichen Orte. In jeder Kunstgeschichte Armeniens und Georgiens findet der Leser noch zahlreiche andere, die er jedoch nicht aufsuchen kann. Das Buch ersetzt auch keine Einführung in die Wirtschafts- und Sozialgeschichte der Sowjetunion und spart Schilderungen der sowjetischen Arbeits- und Berufswelt aus. Fabriken, Landwirtschaftsgenossenschaften und Kolchosen funktionieren nämlich in der gesamten Sowjetunion nach denselben Grundsätzen. Dieses Reisehandbuch beschränkt sich auf die Eigenarten Armeniens und Georgiens, auf das, was beide Länder im sowjetischen Vielvölkermosaik auszeichnet.

Ein Wort noch zur Entstehung des Buches: Ich habe das Land zwischen Ararat und Kaukasus seit 1975 oftmals bereist, vorwiegend als Leiterin kunstgeschichtlicher Studienreisen. Ebensolange beschäftige ich mich sowohl als Wissenschaftlerin als auch als Menschenrechtlerin mit Transkaukasien, auf dem Gebiet der Menschenrechte vor allem mit Armenien. Dieses Buch vermittelt darum außer Reiseerfahrungen und -eindrücken auch mein langjähriges Nachdenken über die kulturellen Wesenszüge und das geschichtliche Schicksal beider Völker.

Die Schreibweise armenischer, georgischer und russischer Orts- und Eigennamen erfolgt phonetisch, bei größtmöglicher Annäherung an die jeweilige Aussprache. Russischsprachige Literaturhinweise wurden dagegen nach den wissenschaftlich üblichen Regeln transliteriert, um eine Auffindung in Bibliotheken zu erleichtern.

Allen Freundinnen und Freunden in Armenien und Georgien, insbesondere bei Intourist, möchte ich an dieser Stelle für ihre Hinweise und Informationen danken.

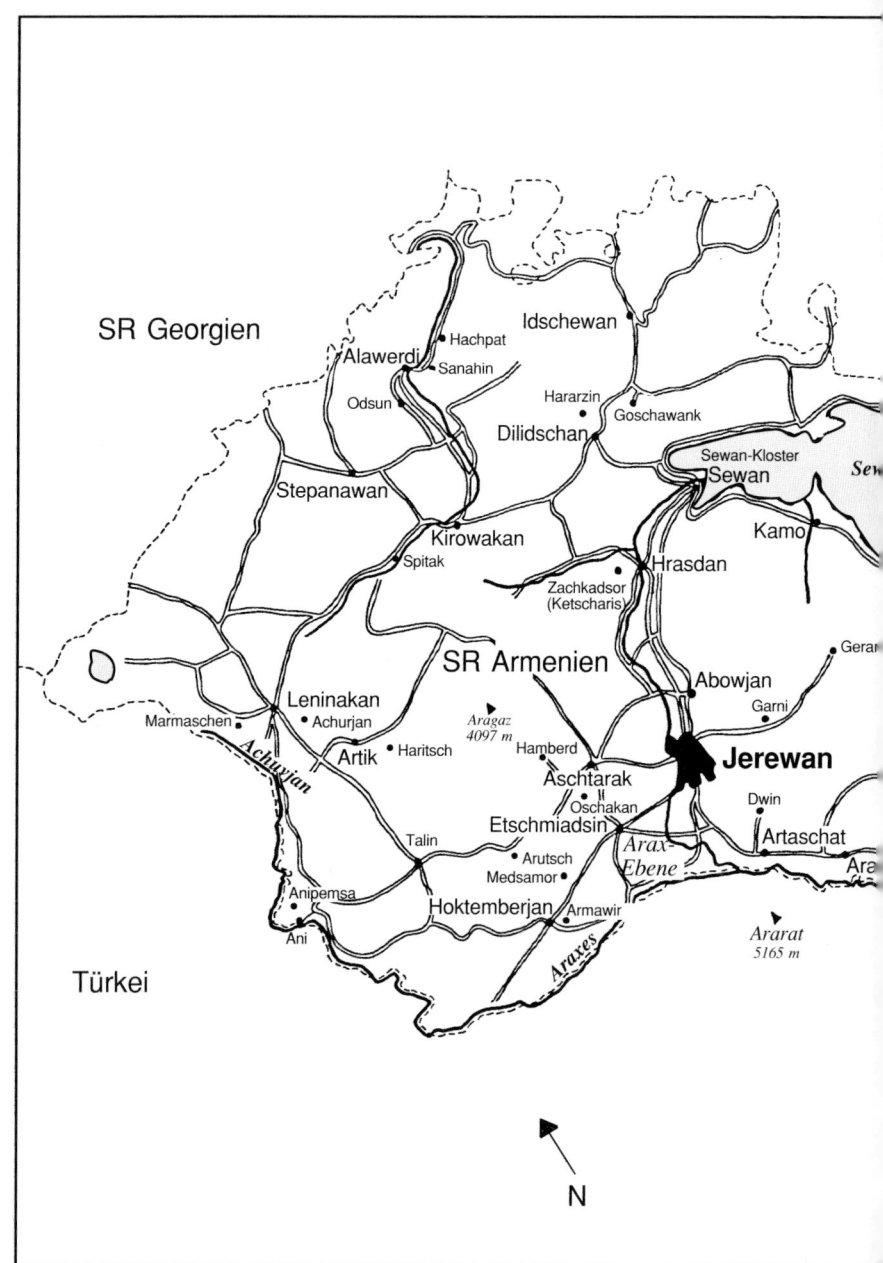

SR Georgien

Idschewan

Alawerdi • Hachpat
• Sanahin

Odsun • Hararzin • Goschawank

Dilidschan

Stepanawan

Sewan-Kloster

Sewan Sew

Kirowakan Kamo

Spitak

Zachkadsor
(Ketscharis) Hrasdan

SR Armenien Gerar

Abowjan

Leninakan Garni

Marmaschen • • Achurjan Aragaz
4097 m

Artik • Haritsch Hamberd

Aschtarak Jerewan

Oschakan

Etschmiadsin Dwin

Talin Arax- Artaschat

• Arutsch Ebene Ara

Medsamor

Anipemsa Hoktemberjan • Armawir

Ani Ararat
5165 m

Türkei

N

12

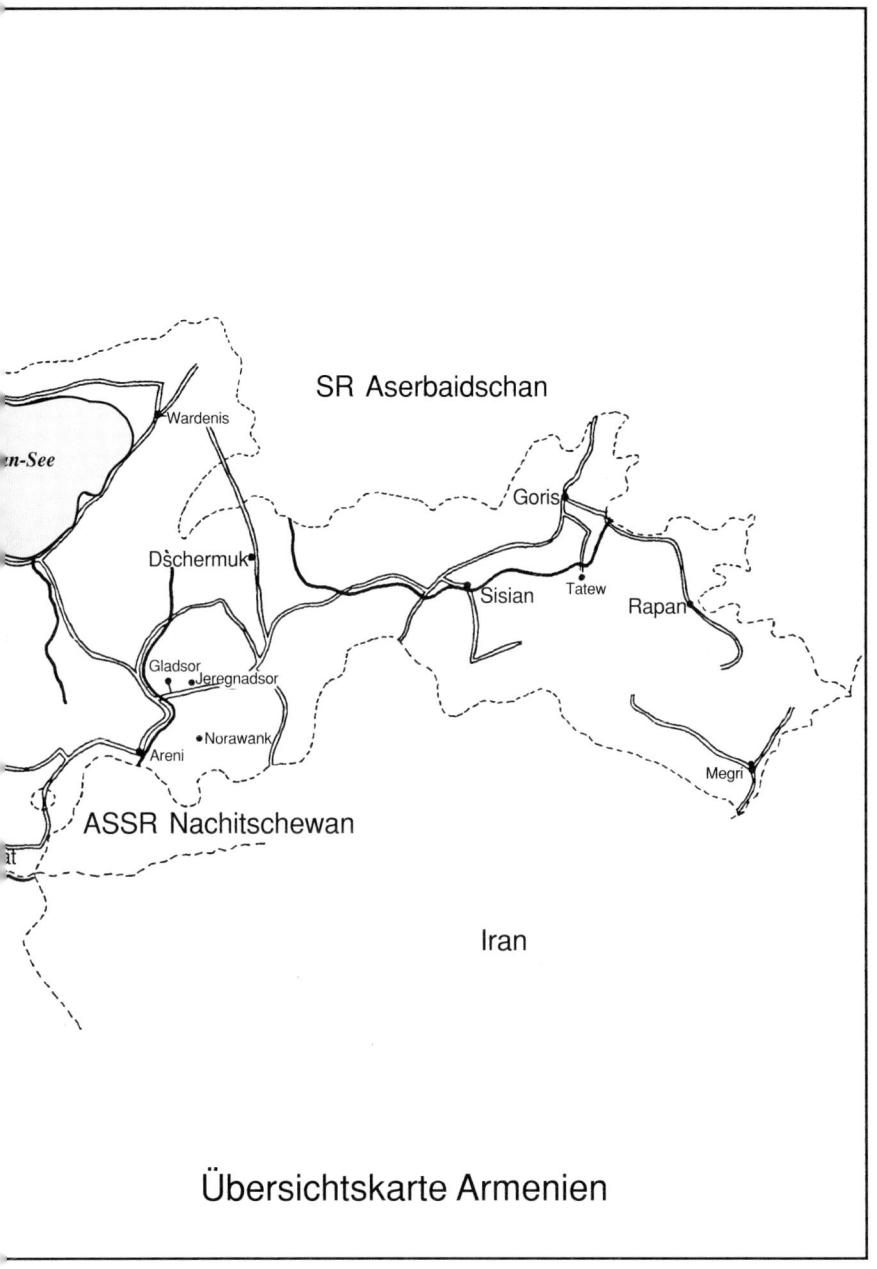

Übersichtskarte Armenien

Armenien

Hajastan – Armenien: Das Land und seine Natur

Armenien nimmt an der Natur des Nordens und des Südens teil, gehört aber ganz weder dem Norden noch dem Süden an. Es ist kein Sonnenland voll des üppigsten Reichtums wie der Süden, und doch dringt dessen Natur weit in seine Täler hinein und läßt diese dem Wanderer, der von der kahlen Hochfläche herabsteigt, wie ein Paradies erscheinen. Grau und unwirtlich ist die Hochebene, der kahle Stein beherrscht das Bild, und darüber türmen sich majestätisch die alten Vulkane. Das Grün, das im Frühling die Steine überdprießt und das Auge liebliche Alpenmatten ahnen läßt, ist bald verdorrt. Der Winter hält früh seinen Einzug.
(Josef Strzygowski: Die Baukunst der Armenier und Europa, Bd. 1, 1918)

Das *Armenische Hochland* erstreckt sich über 400.000 km^2 zwischen dem iranischen und dem kleinasiatischen (anatolischen) Hochland im Südosten bzw. Westen, der nordwestmesopotamischen Tiefebene im Süden, dem Pontos-Gebirge im Nordwesten sowie der transkaukasischen Senke im Norden. Nach Süden bildet der Armenische Taurus seine natürlichen Grenzen. Armenien, das der deutsche Forscher Carl Ritter zutreffend als Berginsel bezeichnete, bildet mit einer mittleren Höhe von 1.700 m den höchsten Teil Vorderasiens. Dank seiner Lage ist es sowohl zentrales Durchgangsgebiet zwischen Kleinasien und dem Kaukasus bzw. den nördlichem ziskaukasischen Gebieten als auch dem Iran und Anatolien. Seine gebirgige Natur aber macht es gleichzeitig zu einem Riegel. Dieser Doppelcharakter hat Armeniens Schicksal und seine Kultur nachhaltig geprägt, denn es begünstigte die Bewahrung der Eigenständigkeit und zwang zugleich zur Auseinandersetzung mit fremden Impulsen.

Die Bildung des Hochgebirgsreliefs Armeniens wie auch Kaukasiens erfolgte erdgeschichtlich am Ende des Tertiärs und hauptsächlich im Quartär; im Ergebnis der damaligen starken tektonischen Bewegungen und der nachfolgenden Erosionsprozesse erhielt die Region ihr heutiges Aussehen.[1] Daß diese geologischen Prozesse noch keineswegs abgeschlossen sind, zeigt die Erdbebenintensität, insbesondere im Norden des heutigen Sowjetarmeniens. Dort verläuft auf etwa 1.000 km Länge in Ost-West-Richtung ein tiefer Breitenbruch der Erdkruste, an dem es weiterhin zu gebirgsbildenden Bewegungen sowie zu Erdbeben kommt. Auch in unserem Jahrhundert hat es in Nordarmenien mehrere heftige Beben gegeben, davon das stärkste am 7. Dezember 1988. Nach offiziellen Angaben kamen dabei 25.000 Menschen um, in Wahrheit dürfte die Zahl der Opfer doppelt so hoch liegen, denn ein Jahr nach dem Beben wurden noch immer weitere 20.000 vermißt.

Armenien wird durch zahlreiche, meist von Südwesten nach Nordosten verlaufende Gebirgsketten in vielfältige, isolierte und sehr unterschiedliche Einzellandschaften gegliedert. Die bedeutendste dieser Ketten, der sogenannte *Armenische Reigen*, erreicht ihre höchste Erhebung im Doppelkegel des *Großen* und *Kleinen Ararat* (5.165 bzw. 3.925 m). Zweit- und dritthöchste Erhebung sind der *Sipan* (4.443 m) am Wan-See sowie der dem Ararat gegenüberliegende *Aragaz* (4.098 m), der zugleich höchste Gipfel Sowjetarmeniens. Zwischen Ararat und Aragaz dehnt sich die *Ararat-Ebene*, eines der ältesten Siedlungszentren Armeniens.

Dem Armenischen Hochland entspringen die Ströme *Euphrat* und *Tigris* sowie die Flüsse *Kura* und *Arax*. Den reißenden, launischen Arax, der, wie schon Vergil wußte,»keine Brücke duldet«, setzte christliche Spekulation mit dem biblischen Paradiesfluß Gihon gleich, so daß das verlorene Paradies im Quellgebiet der Paradiesflüsse Euphrat, Tigris, Arax-Gihon und Rioni-Phison (griech.: Phasis) gesucht wurde, also im armenisch-georgischen Gebiet.

Man unterteilt das Armenische Hochland in *Großarmenien* (*Armenia Major;* 316.000 km²) und *Kleinarmenien* (*Armenia Minor*, das sich am mittleren Euphrat westlich anschließt. Kilikien (ca. 50.000 km²), das oft fälschlich als »Kleinarmenien« bezeichnet wird, befindet sich bereits außerhalb des Armenischen Hochlandes, hat jedoch als benachbartes Gebiet in der armenischen Geschichte, vor allem vom 11. bis 14. Jh., eine hervorragende Rolle gespielt. Die Unterscheidung in Ost- und Westarmenien bezieht sich auf die vier Teilungen Armeniens zwischen dem Iran und Ostrom bzw. den Osmanen, wobei die jeweils östlichen und westlichen Spaltungsergebnisse sehr unterschiedlich ausfielen. Es handelt sich also um politische Begriffe, die keine feste Größe darstellen. *Sowjetarmenien* am Nordostrand des Armenischen Hochlandes umfaßt mit 29.800 km² nicht einmal ein Zehntel des historischen Siedlungsgebietes. Es ist die kleinste der 15 Sowjetrepubliken, größenmäßig Belgien vergleichbar, doch aufgrund seiner gebirgigen Beschaffenheit nur zu einem Drittel bewohnbar und daher schon jetzt überbesiedelt.

Obwohl auf der Höhe (39–37 Grad nördliche Breite, 38–48 Grad östliche Länge) Südeuropas liegend, wird das Klima Sowjetarmeniens durch seine Höhenlage und die Abgeschlossenheit der meisten seiner Regionen bestimmt. Die Folge sind sehr unterschiedliche Lokalklimata. Während z. B. in der Ararat-Ebene die sommerliche Höchsttemperatur 42 Grad im Schatten erreichen kann, kommen im Nordwesten Sowjetarmeniens winterliche Tiefstwerte von –46 Grad vor. Die Durchschnittstemperatur beträgt im Januar –5 Grad und im Juli 21 Grad, der Jahresmittelwert der Sonnenstunden liegt bei 2.700. Der Frühling fällt relativ kurz aus; der lange, milde Herbst gilt als die schönste Jahreszeit Armeniens.

Sommerhitze und frostklirrende Winter, Erdbeben, Dürre und Wasserarmut sowie die rauhe Landschaft schufen einen herben, widerstandsfähigen Menschenschlag, der mit Fleiß und Intelligenz die Nachteile auszugleichen versucht, die die Natur und das Wetter Armeniens mit sich brachten. Die Abgeschiedenheit der armenischen Täler förderte Individualismus und »Lokalismus«, schwächte dagegen Einheits- und zentralistische Bestrebungen.

Die *Pflanzen-* und *Tierwelt* Armeniens entspricht seinem Gebirgscharakter. Intensiver Ackerbau und Viehzucht machten das Land mit Ausnahme einiger

Randgebiete schon vor langem waldarm. Die Vegetation reicht bis 4.000 m Höhe. Man unterscheidet fünf Zonen:

1. Wüste und Halbwüste (bis 800 bzw. 1.200 m) mit graubraunen Böden im Süden Sowjetarmeniens, zu denen auch die trockene Ararat-Ebene gehört. Die Tiere dieser Region sind Eidechsen, Schlangen, Schildkröten, in Schilfdickichten kommen ferner Wildschweine, die Binsenkatze, Enten, Gänse und Möwen vor. Die Ararat-Ebene kennzeichnen gewaltige Pappelbäume.

2. Die Trockensteppe (im Norden und Süden Sowjetarmeniens), die im Becken des Ararat bis zu 1.700 m Höhe reicht, weist vorwiegend rotbraune Böden auf. Bis zu 900 m treten stachelige Buschgewächse auf, darunter der Derschi-Baum, die Heckenrose und die Wildfeige. Die Tierwelt besteht aus – sehr selten gewordenen – Wildziegen und -schafen, aus Wölfen, Füchsen, Braunbären, Dachsen und Mardern. Bisweilen sind auch Leoparden anzutreffen.

3. Die Gebirgssteppe (800 bis 2.100 m) nimmt mit ihren fruchtbaren Schwarzerdeböden über die Hälfte der sowjetarmenischen Fläche ein. Hier ist die Heimat zahlreicher Vögel und Reptilien, die sich von Grassamen nähren und ihrerseits dem Adler und dem Wiesel als Nahrung dienen.

4. Der Gebirgswald im Nordosten (600 bis 1.800 m) sowie im Süden (1.000 bis 2.400 m) nimmt dagegen nur 11 % der Fläche Sowjetarmeniens ein. Es überwiegt die Weißbuche, doch kommen auch Hainbuchen, Ulmen, Schwarzulmen, Eschen, Ahorn und Eichen vor. An trockenen, steinigen Hängen treten Wildformen von Obst- und Nutzbäumen wie Kornelkirsche, Feigenbaum, Granatapfel, Pflaumen-, Birnen- und Apfelbäume auf. Die Wälder werden von Wildschweinen, Rehen, dem syrischen Bären, der kaukasischen Waldkatze (einer von drei Vorfahren unserer Hauskatze) und dem Luchs bewohnt.

5. Die Alpenzone (3.200 bis 3.500 m). Die hohen Gräser des subalpinen Gebiets dienen den Haustieren als Winternahrung, während die blühenden, kräuterreichen Almen als Sommerweide genutzt werden. Hieran schließt sich die Schneegrenze mit Gebirgstundren an.[2]

Von den Kräutern Armeniens erlangte schon im Altertum eine besonders am Ararat verbreitete Pimpernellenart (*Dactylis littoralis*) Berühmtheit: An ihren Wurzeln nährten sich die Schild- oder Koschenilleläuse, aus deren Blut die Urartäer und dann die Armenier ein einzigartiges Karminrot – das Wort kommt von arm.: *Karmir Wordan*, »roter Wurm« – herstellten, das als das kostbarste unter den etwa 50 Koschenillearten der Welt gilt.[3] Die Israeliten schätzten es ebenso wie später die Araber, die es »Armenisch-Rot« nannten. Zum Vergleich: in Europa wurde Karminrot erst 1518 hergestellt, und zwar in Pisa.

Auf den Wiesen kann der Reisende die gelbblütige Wildform der Tulpe sowie eine Wildlilienart finden; beide stehen unter Naturschutz und sollten daher nur bewundert, nicht gepflückt werden.

Von den oben aufgezählten tierischen Bewohnern Armeniens bekommt der Reisende bei einigem Glück Steinadler (z. B. im Aragaz-Massiv, bei Sanahin in Nordarmenien) zu Gesicht, ferner jede Menge Eidechsen auf sonnenerwärmten

Mauern, den prachtvoll gefiederten, an Böschungen und Hängen in Erdlöchern nistenden Bienenfresser sowie Weißstörche im Gebiet von Mezamor (Ararat-Ebene); wegen ihrer Nesttreue gelten die Störche als Inbegriff der Heimatliebe. Armenien ist aber auch ein Schlangenland und besitzt als Endemiten eine schwarze, die »armenische Viper«. Im Volksglauben und in der Märchenwelt hat die Schlange ihren festen Platz. Grund zur Besorgnis besteht nicht: Schlangen greifen keine Menschen an, wenn sie nicht in die Enge getrieben oder unliebsam überrascht werden. Darum sollte jeder, der wenig begangenes Gelände, Klosteranlagen u. ä. erkundet, den Schlangen durch langsames Gehen und festes Aufstampfen die Gelegenheit zum Rückzug geben.

Vor allem aber macht der Reisende mit Haustieren Bekanntschaft, von denen nur die Schafe und Ziegen in Herden gehalten werden. Hühner, Gänse, Enten, Schweine und Rinder gehen frei einher. Sie bevölkern auch Landstraßen und Autobahnen, wo sich besonders die Rinder sommers gern niederlassen, um sich vom Fahrtwind bestreichen zu lassen. Der Gegenwart der Tiere müssen Autofahrer also stets Rechnung tragen. Nicht zu vergessen sind Hund und Katze. Zu beiden Gattungen haben die Armenier einen Züchtungsbeitrag geleistet: Die im Wan-Gebiet lebenden Armenier züchteten eine weiße Langhaarkatze mit kastanienbraunen Flecken, die dank ihres dichten Unterfells die einzige Miez ist, die gerne schwimmt. Im Russischen nennt man diese Rasse bis heute »Armenische Katze«, während sie auf internationalen Zuchtausstellungen im Westen zum Leidwesen der Armenier als »Turkish cat« geführt wird. Bei den Hunden beeindrucken vor allem die fahlgelben, kräftigen und tapferen *gambr*, armenische Hirtenhunde, die den Kampf mit dem Wolf aufnehmen und bisweilen auch unter der Bezeichnung »kaukasische Wolfshunde« laufen.

In den Sümpfen um Mezamor trifft man außer Störchen und Fröschen auch Wasserbüffel: große, schwarzglänzende und träge wirkende Burschen, die bis zum Nacken im Wasser stehen, um der Hitze zu entrinnen.

Anmerkungen

1 Armenische SSR. Berlin 1954 (Große Sowjet-Enzyklopädie, Reihe Länder der Erde, 11), S. 11.

2 Dul'jan, S./Aslanjan, A.: Znakomtes', Armenija. Erevan 1972, S. 6 f.; Armenische SSR, a.a.O., S. 18–21.

3 Alishan, Leonce M.: Physiographie de l'Arménie. Discours prononcé le 12 août 1861 à la distribution annuelle des prix au collège arménien Samuel Moorat. Seconde édition. Venise 1870, S. 46.

Der Ararat –
Mittelpunkt der alten Welt, heiligster Berg der Armenier

Der schneebedeckte Doppelkegel des *Großen* und *Kleinen Ararat* (5.165 bzw. 3.925 m) ist *das* Wahrzeichen Armeniens und ziert als solches das Staatswappen ebenso wie Weinbrandflaschen. Ararat – oder richtig armenisch *Massis* – zu heißen, kommt einer Verpflichtung gleich. Und für die Jerewaner, die nur etwa 50 km Luftlinie vom Ararat trennen, ist sein Anblick morgens eine Verheißung auf einen guten Tag: Bergblick am Morgen, da kann nichts mehr schief gehen. Aber seit 1920 befindet sich Armeniens Wahrzeichen in »Feindeshand«, also auf türkischem Staatsgebiet. »Ihn täglich zu sehen, ohne ihn je zu erreichen, ist für uns Jerewaner wie eine nie verheilende Wunde«, vertraute mir ein armenischer Bekannter an.

Kein anderer der zahlreichen und sagenumwobenen Berge Armeniens wurde so oft besungen oder gemalt wie der Ararat. Nur nicht bestiegen. Denn für die armenische Christenheit war der heilige Berg tabu, landete doch nach biblischem Bericht die Arche Noahs »auf dem Gebirge Ararat« (Genesis 8,4). Allerding bezieht sich die biblische Erwähnung des Ararat nicht auf den Berg Massis, sondern auf das von den Assyrern Urartu genannte Königreich (Jeremias 51, 27); mit anderer Vokalisation wurde daraus im Hebräischen Ararat. Eine spätere Gleichsetzung mit dem eindrucksvollsten und heiligsten Berg dieses Gebiets, dem Massis der Armenier, lag nahe. Die Sagen und Märchen Armeniens bevölkerten den Massis mit Dämonen und Ungeheuern; er ist Sitz der drachenhaften Wischapner und des Schlangenkönigs, der dem Lochman wegen einer ihm erwiesenen Wohltat sein Gehirn zur Speise gab und ihm somit zu höchster ärztlicher Weisheit verhalf. Eine armenische Variante des kaukasischen Prometheus- (Amirani-)Motivs lautet: Zur Strafe für seine Eifersucht auf seinen beliebten Vater Artasches wurde nach armenischem Volksglauben der Königssohn Artawasd in eine Höhle des Massis entrückt und in Ketten gelegt. Seine beiden Hunde nagen ständig an den Ketten. Aber jeden Sonntagabend festigen die armenischen Schmiede die Ketten des Artawasd erneut durch einen Hammerschlag und verhindern so, daß er sich befreit und die Welt vernichtet.

Die armenische Bezeichnung des Großen Ararat – Massis – wird als Zusammensetzung aus *Ma* (Mutter, Haupt) und *Sis* (Berg) hergeleitet, also »Mutter« oder »Göttin der Berge«, denn Ma war auch die Bezeichnung der kleinasiatischen Völker für die Stammutter der Götter. Als ihr Wohnsitz galt der höchste Berg. Der armenische Beiname des Massis lautet *asat* (frei, edel). Der Kleine Ararat heißt armenisch *Sis*.

Seine ehrfurchtgebietende Wirkung verdankt der Massis der Tatsache, daß er sich frei 4.363 m hoch über die Ararat-Ebene erhebt. Er gehört hinsichtlich dieser relativen Höhe zu den majestätischsten Bergen der Welt, und weder die Andenberge noch der Mount Everest im Himalaya vermitteln einen vergleichbaren Eindruck. Die von der Ebene aufsteigende Wärme kühlt drei bis vier Stunden nach Sonnenaufgang beim Zusammentreffen mit den Schneemassen des Ararat – sie reichen bis auf 3.000 m herunter – ab, so daß sich der Gipfel besonders im Sommer gegen Mittag mit einem Wolkenschleier verhüllt. Wenn nach Sonnenuntergang keine warme Luft mehr aufsteigt, ist der Gipfel wieder klar zu sehen. Besonders guter Bergblick besteht im Herbst. Oft ist aber auch nur der gewaltige Fuß des Ararat – sein Durchmesser beträgt 40 km – von Wolken verhüllt, so daß der Eindruck entsteht, der Gipfel schwebe frei im Himmel. Der Ararat gilt als erloschener Vulkan. Der Blick vom Ararat entlohnt für die Mühen des dreitägigen Aufstiegs, denn der Aussichtsradius beträgt 277 km und reicht bis zum Schwarzen und Kaspischen Meer. Vom Gipfel aus mag nachvollziehbar werden, warum der Ararat in alten Weltkarten als Mittelpunkt der Erde dargestellt wurde:»Die auffallende Weltstellung des Ararat, der fast gleich weit entfernt ist von China und von der iberischen Halbinsel Europas, von den Eismassen der Lena im hohen sibirischen Norden und von den schlammigen Fluten des Ganges im südlichen Hindostan, hat von jeher die Aufmerksamkeit der Geographen auf sich gezogen. (...) fast im Zentrum des alten Kontinents sich erhebend, ein Gebilde des Feuers, dessen gewaltige Reste bis zu den Regionen ewigen Eises reichen, stellt die jüdische und armenische Tradition den Ararat als den Rettungshorst dar, den die Sündflut umtobte, ohne sein Haupt erreichen zu können.«[1]

Anmerkung
1 Wagner, Moritz: Reise nach dem Ararat und dem Hochland von Armenien. Stuttgart, Tübingen 1848

Die Geschichte Armeniens –
Ein Kampf ums Überleben

Geknebeltes Volk, das die Jahre
Als Werk von Jahrtausenden zählt,
Das kreisst und das schreit im Beharren
Auf Freiheit, du bist auserwählt!

(Ossip Mandelstam: Armenien. Gedichte und Notizen. 1930)

Frühgeschichte und Altertum
Das Armenische Hochland und seine Bewohner wurden erstmals in mittelhethitischen Inschriften als *Hajassa* (Dreieck Erzincan – Trapesunt – Erzurum; 15.–13. Jh. v. Chr.) bzw. als *Hurri-Länder* erwähnt, während die Assyrer seit dem 13. Jh. v. Chr. von den *Nairi-Völkern* (damals westlich des Wan-Sees) sowie dem aus einer Stammeskoalition der Nairi-Völker hervorgegangenen Staat *Uruatri* (später: *Urartu*) berichteten. Es handelte sich bei Nairi bzw. Uruatri/Urartu um spätchurritische sowie frühurartäische Bergstämme, also um Angehörige der churritischen Sprachfamilie. Die Churriter, ein ursprünglich wohl kaukasisches Volk, waren seit dem 2. Jahrtausend v. Chr. aus dem

Nordwestiran bis nach Nordwestmesopotamien und Nordsyrien gewandert, um 1000 v. Chr. aber infolge des Vordringens der vom Balkan stammenden indoeuropäischen »Seevölker« (Griechen, Phryger u. a.) gänzlich verschwunden.

Die »Seevölker«-Invasion (um 1200 v. Chr.) in Kleinasien schwächte den ohnehin losen Verbund der Nairi-Völker, bis eine vorübergehende Schwächung der Großmacht Assyrien die Entstehung eines urartäischen Königreiches (9.–6. Jh. v. Chr.) begünstigte, das die Nairi-Völker erneut vereinte. Seine Eigenbezeichnung lautete *Biainili*. Das politische und wirtschaftliche Zentrum dieses Reiches, *Tuschpa*, befand sich unweit der späteren armenischen Stadt Wan, in deren Namen das alte Biainili nach bestimmten Lautwandlungen fortlebt. Politisch und kulturell stand Urartu im Schatten seines mächtigen Nachbarn Assyrien, mit dem es nur unter König *Sardur I.* (ca. 840–824 v. Chr.) erfolgreich konkurrierte. Unter König *Menua* (810–785 v. Chr.) erlangte Urartu seine größte Macht und umfaßte das Gebiet zwischen den drei Seen Wan, Sewan und Urmia.

Aber die Urartäer zeichneten sich durch friedliche Kulturleistungen wie den Bau von Wasserspeichern, Stauseen und Kanalsystemen mehr aus als durch ihre Kriegszüge. Zu ihren bedeutendsten Nutzbauten gehörte der 71 km lange Kanal des Königs Menua in der Ebene von Wan, von dem Teile bis heute funktionstüchtig geblieben sind. Die armenische Bevölkerung der Gegend brachte später den Menua-Kanal mit der legendären assyrischen Herrscherin Schamurammat (Semiramis; arm.: Schamiram) in Verbindung. Die Kultivierung der gesamten Wan-Ebene ist auf die Urartäer zurückzuführen. Angebaut wurden Gerste, Weizen, Spelz, Roggen, Sesam und Wein. Am Ararat zählte man in frühharmenischer Zeit allein 40 Weintraubensorten. Die Fruchtbaumgärtnerei bestand vor allem aus Obst- und Ölbaumplantagen. Ferner führten die Urartäer die Metallgewinnung und -verarbeitung zu hoher Blüte. Ihre Kupfererzeugnisse, darunter Bronzekessel, waren bis nach Etrurien verbreitet. Schließlich zeichneten sich die Urartäer als hervorragende Rinder- und Pferdezüchter aus. In der Kunst standen sie freilich im Schatten ihrer assyrischen Nachbarn. So beruhte die urartäische Keilschrift auf einer Weiterentwicklung der assyrischen, doch besaßen die Urartäer daneben noch eine eigene Hieroglyphenschrift.

In das Dunkel des urartäischen Untergangs fällt die Entstehung des armenischen Volkes. Nach Ansicht altgriechischer Geschichtsschreiber sind die Armenier Nachfahren phrygo-thrakischer Einwanderer, die im Zuge indoeuropäischer Einwanderungswellen zwischen 1200 und 800 v. Chr. nach Kleinasien vordrangen. Die Bevölkerung der südwestlich und westlich an Urartu angrenzenden Gebiete taucht in den assyrischen und urartäischen Quellen unter dem Namen *Schupria, Asi* und *Ur(u)me* auf. Letzteres ist möglicherweise der Ursprung für die Fremdbezeichnung *Armina*, wie das Armenische Hochland erstmals 521 v. Chr. in der dreisprachigen Stele des Perserkönigs Dareios I. Hystaspes genannt wird. Waren die westlichen Nachbarn Urartus Indoeuropäer oder eine Mischbevölkerung aus hattischen, churritischen und indoeuropäischen Volksgruppen? Waren sie, wie man seit den 40er Jahren in der armenischen Forschung unterstreicht, Angehörige der altkleinasiatischen, autochthonen Urbevölkerung, die lediglich sprachlich indoeuropäisiert waren? Auf jeden Fall deportierten schon die churritischen Urartäer, die nur die Herrscherschicht, nicht aber die Bevölkerungsmehrheit des Landes bildeten, Volksgruppen aus den westlich benachbarten Gebieten in das Innere Armeniens und versicherten sich mit Militärlehen und Landbesitz der Treue dieser land- und volksfremden Dienstsoldaten. Es gab keine Kriege zwischen den Urartäern und den protoarmenischen Neuankömmlingen. Die Steuerbezirkseinteilung (Satrapien) der Meder berücksichtigte jedenfalls den im 6. Jh. v. Chr. noch vorhandenen Unterschied zwischen Armeniern und Alarodiern, wie man die Erben Urartus nun nannte. Die Eigenbezeichnung der Armenier lautet *haj* (Mehrzahl: *hajk*). Sie erinnert deutlich an den ersten Staat in Armenien, das Hajassa der Hethiter, wurde jedoch von manchen Forschern auch mit der Urbevölkerung des Hethiterreiches, den Chatti, in Verbindung gebracht. Die armenische Volksetymologie verknüpft diese Eigenbezeichnung dagegen mit einem legendären Vorfahren Hajk, der sich gegen den babylonischen Tyrannen und Riesen Bel erhob und sein Volk in das »Land Ararad« nach Norden führte, also nach Urartu. Dort kam es zur Entscheidungsschlacht mit Bel, bei der Hajk den Sieg davontrug. Der im 5. Jh. von *Mowses Chorenazi* schriftlich festgehaltene Abstammungsmythos spiegelt mithin die assyrisch-urartäischen Machtkämpfe wider.

Zwischen Persern, Römern und Arabern: Armenien in der Antike und im Mittelalter

Die Geschichte Armeniens liest sich wie eine Aneinanderreihung von Tragödien, hervorgerufen durch die Rivalität der benachbarten Großmächte und innere Zwietracht zwischen Adel, Königshaus und Kirche. Rom, Byzanz und die Türken im Westen, im Osten der Iran unter der Herrschaft der Meder, Achämeniden, Parther, Sassaniden und Safawiden und schließlich Rußland lösten sich in der Herrschaft über Armenien ab. Perioden armenischer Eigenstaatlichkeit fielen kurz aus, in der Regel befanden sich die einander ablösenden fünf Königsdynastien der *Jerwandiden* (570–2. Jh. v. Chr.), *Artaschiden* (191–12 v. Chr.), *Arschakiden* (53–389/428), *Bagratiden* (885–1045) und *Rubeniden* (1080–1219) in der Abhängigkeit und Tributpflicht ihrer Nachbarländer. Seine größte Ausdehnung erlangte Armenien unter dem kriegerischen König *Tigran II.* (95–55 v. Chr.), einer ehemaligen Geisel der Parther, die für die Rückgabe des Thronnachfolgers 70 ostarmenische Täler verlangten. Mit seinem Schwiegervater, dem mächtigen Herrscher des Pontos-Gebietes, Mithridates VI. Eupator, verbündet, nutzte Tigran geschickt eine zeitweilige Schwächung Roms und Parthiens, vereinte ganz Armenien und dehnte seine Herrschaft über Kappadokien, Kilikien, Mesopotamien und Nordsyrien aus; auch Ostgeorgien und Albanien, das heutige Sowjetaserbaidschan, unterstanden armenischer Vorherrschaft. *Kleopatra*, die pontische Gemahlin Tigrans, förderte, wie später auch ihr Sohn Artawasd II., die Hellenisierung der armenischen Kultur; ein Völkergemisch umgab den armenischen Herrscher, der davon träumte, zwischen Rom und Parthien eine dritte Großmacht entstehen zu lassen. Vor den Römern nach Armenien geflohene griechische Philosophen wirkten am Königshof, und in den Städten siedelte Tigran außer Griechen auch aramäische und jüdische Kaufleute an. Einer der berühmtesten Asylanten im Armenien der

Artaschidenzeit soll, laut Plutarch und Strabon, der karthagische Feldherr Hannibal gewesen sein, ein erbitterter Feind Roms; es heißt, König *Artasches I.* habe 179 v. Chr. nach Hannibals Plänen seine Hauptstadt Artaschat anlegen lassen.

Durch die Ehe mit Kleopatra und das Bündnis mit ihrem Vater wurde Tigran in die erfolglosen Kriege des pontischen Herrschers hineingezogen, und als er schließlich seinen von den Römern verfolgten Schwiegervater bei sich aufnahm, bot er damit den Römern den Vorwand zum Angriff auf Armenien. Nachdem sie seine Hauptstadt Tigranokert (bei Mayafarkin) dem Erdboden gleichgemacht hatten, verteidigte sich Tigran von der ostarmenischen Hauptstadt Artaschat aus. Einer seiner Söhne verriet ihn jedoch erst an die Parther, dann an Rom, so daß sich Tigran 66 v. Chr. den Römern unterwarf, die ihm seine südlichen Eroberungen nahmen, ihm aber die Herrschaft über Armenien ließen, das sie als kräftigen Pufferstaat gegen Parthien zu erhalten wünschten. Bereits Tigrans Sohn *Artawasd II.* (55–34 v. Chr.) scheiterte an der römisch-parthischen Rivalität und wurde schließlich von Markus Antonius gefangengesetzt und mit seiner Familie der ägyptischen Herrscherin Kleopatra geschenkt, die den widerspenstigen und stolzen Armenier nach dreijähriger Kerkerhaft enthaupten ließ. Mit *Tigran III.*, einer römischen Marionette, endete die Artaschidendynastie im Jahre 12. v. Chr.

Wenig später gelangte im Jahre 53 *Trdat I.*, der Bruder des im Iran herrschenden parthischen Monarchen Wararschak I., aus dem Geschlecht der Arschakiden zur Macht. In die Zeit der Arschakiden fallen die für Armeniens Kultur- und Geistesgeschichte entscheidende Christianisierung (301) sowie die Entwicklung eines eigenen Nationalalphabets (405). Der Sturz der im Iran herrschenden Parther durch die Dynastie der Sassaniden (226) verschärfte den oströmisch-iranischen Konflikt; im Unterschied zu den »landfremden« Parthern griffen die persischen Sassaniden auf den alten Feuerkult zurück und zeigten religiöse Unduldsamkeit sowohl gegen Anhänger parthisch-iranischer (»heidnischer«) Gottheiten als auch Anhänger der Lehre Christi. Byzanz und Persien regelten später ihre Vormachtansprüche in zwei Teilungsverträgen (387, 591), wobei erst Persien, dann Byzanz der größere Landesteil zufiel. Seit der Auflösung des nationalen Königtums 428 befand sich Ostarmenien unter der Statthalterschaft der Sassaniden, deren Satrapen (*Marspaner*) von Dwin aus regierten. Daran schloß sich 654 die Herrschaft der arabischen Statthalter (arm.: *Wostikaner*) an. Im Westen regierte seit 390 anstelle des armenischen Königs ein von den Byzantinern abhängiger »Herzog« (*Comes Armeniae*).

Während die Sassaniden durch die Unterdrückung erst des heidnisch-armenischen Glaubens und dann vor allem des Christentums ihren Einfluß zu festigen versuchten, setzte der byzantinische Kaiser Justinian 528 auf Verwaltungsänderungen, die die Vorrechte des armenischen Adels erheblich beschnitten. Die Araber wiederum spielten erfolgreich die Adelsfamilien gegeneinander aus. So kam es im Verlauf der arabisch-byzantinischen Vormachtkämpfe zu einer blutigen Fehde unter den führenden Hochadelsfamilien der *Mamikonjan* und der arabisch orientierten *Bagratuni* (*Bagratiden*), bei der schließlich die

Mamikonjan, Anführer zahlreicher Aufstände und Freiheitskämpfe erst gegen die Perser, dann die Araber, ausgerottet wurden.

Das durch Byzanz und die im Osten heraufziehenden Türken geschwächte Kalifat mußte Armenien 861 eine begrenzte Autonomie einräumen. 862 wurde *Aschot I. Bagratuni* sowohl mit Zustimmung des byzantinischen Kaisers als auch des arabischen Kalifen gekrönt. Doch der Weg in die Kleinstaaterei und das Zaunkönigtum war durch fast ein halbes Jahrtausend vorheriger Zerrüttungspolitik vorgezeichnet. Es gelang den Bagratiden Armeniens nicht, ein starkes, zentralisiertes Königtum zu etablieren, das alle armenischen Siedlungsgebiete umschlossen hätte. Statt dessen bildeten sich vom 10. bis 13. Jh. mehrere Kleinkönigtümer, deren bedeutendste das Bagratidenreich von *Ani* (989–1045) sowie *Waspurakan* im Gebiet von Wan (868/908–1021) unter der Herrschaft der *Arzruni* waren.

Anfang des 11. Jh. beschleunigte der Tod des machtvollen Bagratidenkönigs *Gagik I.* (1020) die politische Zerstückelung des Landes. Äußere Gefahren traten hinzu: Die Bagratidenherrscher Georgiens und Abchasiens bemächtigten sich vorübergehend Anis und plünderten es aus. Schon um 1018/19 tauchten an der Ostgrenze Armeniens die aus Mittelasien stammenden türkischen Seldschuken auf. Diese Unsicherheit nutzte der byzantinische Kaiser Basileios II. aus, indem er den armenischen Fürsten Gebiete in Kappadokien und Kleinarmenien zum Tausch für ihre Besitztümer im Armenischen Hochland anbot. 1045 bemächtigten sich die Byzantiner durch eine List der damals noch blühenden Bagratidenhauptstadt Ani. Allerdings erfreuten sie sich nicht lange ihres Besitzes, denn ihre Umsiedlungspolitik, die Armenien seiner Bevölkerung und der führenden Familien beraubt hatte, spielte es den Seldschuken in die Hand, die in der Entscheidungsschlacht von Manaskert 1071 die Byzantiner vernichtend schlugen.

Die seldschukisch-byzantinischen Kampfhandlungen lösten den ersten großen Exodus in der armenischen Geschichte aus: Etwa 200.000 Armenier flohen nördlich auf die Krim und nach Moldawien, andere wanderten in das südwestlich benachbarte Kilikien aus, wo seit der Antike zahlreiche Armenier ansässig geworden waren. Hier gründete Prinz *Ruben*, ein Verwandter des von den Byzantinern 1079 ermordeten letzten Bagratidenkönigs Gagik II., im Jahre 1080 ein Fürstentum. Sein Nachfahre *Lewon II.* (als König *Lewon I.*) wurde am 6. 1. 1198 im Auftrag Kaiser Heinrichs VI. und Papst Cölestins III. vom Mainzer Erzbischof Konrad Wittelsbach für seine den Kreuzfahrern unter Barbarossa erwiesenen Dienste zum König gekrönt. Die Rubenidendynastie erlosch mit Lewon I. (1196–1219), dessen einzige Tochter den Fürsten *Hetum I.* (1226–1270) heiratete und damit zugleich die Fehden zwischen Rubeniden und Hetumiden beendete. Den Hetumiden folgten 1342 und ebenfalls durch Einheirat die *Lusignan* auf den Thron, ein französisches Kreuzfahrergeschlecht aus Zypern. Der letzte kilikisch-armenische Herrscher, *Lewon V.*, fiel in die Gefangenschaft der ägyptischen Mameluken, die 1375 seine Hauptstadt Sis erobert hatten. Nach mehrjähriger Gefangenschaft starb er 1393 im Exil in Paris.

Auch in Nordarmenien kam es vorübergehend zu einem politischen und kulturellen Aufschwung, nachdem es den unter den Bagratiden geeinten und erstarkten Georgiern gelungen war, Ende des 12. Jh. die seldschukischen Emire aus Armenien zu vertreiben. Unter der Führung von *Sakare* und *Iwane* aus der armenischen Adelsfamilie der Sakarjan wurden Sjunik und das Sewan-Gebiet, Ani, Kars und die Ararat-Ebene zurückerobert. Zur Belohnung dafür unterstellte die georgische Königin *Tamar*, an deren Hof die beiden Armenier bedeutende Stellungen innehatten, die Neueroberungen ihrer Verwaltung.

Aber schon 1223 drangen die Mongolen in Armenien ein, das sie bis 1245 völlig unter ihre Herrschaft brachten. Ihre mit drückender Steuerlast verbundene Herrschaft währte etwa 100 Jahre, dann fiel der mittelasiatische Gewaltherrscher Timur Lenk (Tamerlan) dreimal (1387, 1389, 1394) über Armenien her. Kurz vor dem ersten Einfall Timurs waren in Mesopotamien und Westarmenien die Turkmenenreiche der »Schwarzen« und »Weißen Widder« entstanden. War erst die Unbotmäßigkeit der »Schwarzen Widder« die Ursache für eine verheerende Strafexpedition Timur Lenks, so führten nach seinem Tode 1405 interne Kämpfe zwischen »Schwarzen« und »Weißen Widdern« zur abermaligen Verwüstung Armeniens und Georgiens.

Die Kriegszüge mittel- und zentralasiatischer Reitervölker – Seldschuken, Mongolen, Timur Lenk, Turkmenen –, die Transkaukasien vom 11. bis ins 15. Jh. erlitt, übertrafen an Grausamkeit und Umfang der Vernichtung sämtliche Hegemonialkämpfe früherer Jahrhunderte. Den Nachbarn Armeniens ging es dabei um Beherrschung und Bereicherung. Die gut organisierten, militärisch den Ackerbaukulturen Transkaukasiens überlegenen Reiterhorden aus Asien beabsichtigten meist keine dauerhaften Eroberungen. Ihre Kriege waren reine Raub- oder Vergeltungsfeldzüge, die weite Landstriche verwüsteten, ganze Bevölkerungsgruppen verschwinden ließen (durch Flucht oder Ausrottung) und unersetzbare Kulturschätze zerstörten. Den Zeitgenossen erschien etwa Timur Lenk als »Geißel Gottes«. Dieser sich seiner mongolischen Abkunft mütterlicherseits stets brüstende Gewaltherrscher aus dem heutigen Usbekistan hatte eine Pyramide aus den Schädeln der hingemetzelten Bevölkerung der Stadt Herat aufhäufen lassen; in Armenien massakrierte er die Bevölkerung der Stadt Wan und ließ in Sebaste (Sivas) 4.000 Armenier lebendig begraben.

Vom 15. Jh. bis 1827 befand sich Armenien wieder in der üblichen Lage eines Zankapfels und wurde von den Hegemonialkämpfen zwischen Persern und Türken zerrüttet. Der größere Teil Armeniens fiel 1472 nochmals Persien in die Hände, wo mit den Safawiden um 1500 eine neue machtvolle Dynastie zur Herrschaft gelangt war. Im Westen Armeniens begannen die türkischen Osmanen Fuß zu fassen, die bereits am 29. 5. 1453 die byzantinische Hauptstadt Konstantinopel erobert hatten. Die bis in das 17. Jh. dauernden Vormachtkämpfe zwischen Osmanen und Safawiden führten 1555 und 1639 zu zwei weiteren Teilungen Armeniens und brachten schließlich den Großteil des Landes unter türkische Herrschaft. Der östliche Rest – die Provinzen Jerewan und Nachitschewan – geriet mit dem Vertrag von Turkmantschaj (10./22. 2. 1828) an Rußland, dem die Perser bereits im Oktober 1827 die Festung Jerewan überlassen mußten. Nur in einigen unzugänglichen, gebirgigen Rand- und Rückzugsgebieten Armeniens konnten sich halbunabhängige armenische Kleinfürstentümer wie *Sassun, Sejtun* oder *Arzach* bis in das 19. Jh. halten.

Armenisches Gebirgsdorf, 14. Jahrhundert

Die Neuzeit
Unter türkischem Joch

Die Osmanen behandelten ihre nicht-muslimischen Untertanen als Staatsbürger zweiter Klasse: Armenier, Griechen und die Angehörigen anderer christlicher Völker wurden steuerlich, rechtlich sowie sozial benachteiligt. Die Willkür der Behörden war groß, ihre Fähigkeit und Bereitschaft, Christen vor Übergriffen muslimischer Bevölkerungsteile, vor allem der Kurden und Tscherkessen,[1] zu schützen, dagegen gering. Daran änderten auch die unter dem Druck Rußlands und Frankreichs verkündeten Reformerlasse des Sultans vom 3. 11. 1839 und 18. 2. 1856 sowie die Osmanische Verfassung vom 23. 12. 1876 nichts, die sämtlich die Rechtsgleichheit aller Bürger sowie verschiedene Grundrechte garantierten; schon Anfang 1878 setzte der Sultan die Verfassung für 30 Jahre außer Kraft. 1863 gewährte die osmanische Regierung der armenischen »Millet« (Glaubensnation) unter dem Eindruck vorheriger armenischer Erhebungen sogar eine Art innerer Verfassung, die zugleich eine Demokratisierung ihrer Kirchenverwaltung einleitete, doch blieb sie wie alle übrigen Reformwerke für die fernab der Hauptstadt Konstantinopel lebende armenische Land- bzw. Provinzbevölkerung nur ein Stück Papier, das nichts an ihrer doppelten Ausbeutung durch die Steuereintreiber des Sultans und kurdische Stammeshäuptlinge änderte. So ergriff Rußland nach einem weiteren Sieg über die Osmanen 1878 die Initiative und verpflichtete sie in den Waffenstillstandsverhandlungen (San Stefano, 3. 3. 1878) zu Verwaltungsreformen in Westarmenien bzw. Sicherheitsgarantien für die Armenier. Auf dem anschließenden Friedenskongreß in Berlin (13. 6.–13. 7. 1878) wurde diese Vereinbarung zwar vor allem auf englisches Betreiben hin abgeschwächt, doch blieb es bei der Verpflichtung zu Reformen und Schutzmaßnahmen. Das Tauziehen der damaligen europäischen Mächte mit der osmanischen Regierung währte noch bis zum 8. 2. 1914, als die Türkei endlich einem Reformplan zustimmte. Aber der kurz darauf folgende Ausbruch des Weltkrieges lieferte den Türken einen willkommenen Vorwand zum sofortigen Widerruf früherer Reformzusagen.
Unter dem Eindruck erster größerer Pogrome während und nach dem russisch-türkischen Krieg sowie der Untätigkeit Europas in der Frage der »armenischen Reformen« entstanden seit den 80er Jahren des 19. Jh. inner- und außerhalb

Armeniens Befreiungsbewegungen von unterschiedlicher Lebensdauer und später politische Parteien[2], deren einflußreichste die Partei *Daschnakzutjun* ist. Sie lehnt sich an die Ideen der russischen Volkstümler und Sozialrevolutionäre an und stand nach der Spaltung der russischen Sozialdemokratie von 1903 den Menschewiki nahe, die derselben sozialrevolutionären Wurzel entsprungen waren wie die armenischen Daschnaken. Ihr politisches Ziel war bescheiden: Verwaltungsautonomie für Westarmenien. Heute, unter Exilbedingungen, kontrolliert die Daschnakzutjun die Mehrheit auslandsarmenischer Kultur- und gesellschaftlicher Einrichtungen und beeinflußt im Nahen Osten sogar die armenische Kirchenverwaltung. Die Entstehung der armenischen Freiheitsbewegung fällt mit dem Höhepunkt der osmanischen Reaktion zusammen, die durch die Gebiets- und Prestigeverluste seit dem Friedensvertrag von Adrianopel 1829 sowie den als Zugeständnissen an die Ungläubigen empfundenen Reformansätzen von 1839 und 1856 hervorgerufen wurde. Den damals herrschenden Sultan Abdul Hamid II. (1876–1909) erbosten zudem die Einmischungen der Europäer und ermutigte zugleich ihre Uneinigkeit in der Orientpolitik. Innenpolitisch hoffte Abdul Hamid II., die unter den muslimischen Völkern seines Reiches schwelenden Unabhängigkeitsbestrebungen durch eine alle Muslime einigende Reichsideologie des Panislamismus aufzufangen, die Unruhe unter den Armeniern dagegen im Blut zu ersticken. Bereits in den Jahren 1894–1896 kam es zu ersten systematischen Armenierverfolgungen, bei denen der Tötungs- und Beutegier der aufgehetzten muslimischen Bevölkerung sowie der von Abdul Hamid II. einige Jahre zuvor gebildeten kurdischen Kavallerie freier Lauf gelassen wurde. Insgesamt 300.000 Armenier starben bei Massakern sowie an deren Folgen: Hungersnöten und Seuchen.

Armenischer Krieger.

Angesichts solcher Exzesse nimmt es nicht wunder, wenn sich die Armenier mit der jungtürkischen Opposition gegen den despotischen Sultan verbündeten, dem die europäische Presse den Beinamen »roter« bzw. »blutiger Sultan« verlieh. Dabei unterschätzten sie allerdings die nationalistisch-chauvinistischen Ansätze, die die Ideologie der Jungtürken schon damals enthielt: Sie verfochten die Idee des Turanismus, eines Großtürkentums, das die Vereinigung aller turksprachigen Völker von

Kleinasien bis nach Sinkiang im heutigen China anstrebte. In diesem Staatskonzept war für die nicht-türkischen Völker kein Platz. Bereits auf dem jungtürkischen Parteitag in Saloniki (Anfang Oktober 1911) beschloß man deshalb die Assimilierung der Nicht-Türken vermittels sprachpolitischer Repressionen.

Antiarmenische Pogrome brachen auch nach der Machtergreifung der Jungtürken aus. Im April 1909 wurden in der kilikischen Stadt Adana und ihrer Umgebung 30.000 Armenier bestialisch ermordet. Wenig später, am 23. 1. 1913, riß das jungtürkische »Komitee Einheit und Fortschritt« durch einen Militärputsch die Macht an sich und schaltete die liberale wie die alttürkisch-aristokratische Opposition vollständig aus.

Als am 30. 10. 1914 das Osmanische Reich an der Seite Deutschlands und Österreich-Ungarns in den Weltkrieg eintrat, hofften die Jungtürken sowohl auf die Erfüllung ihrer expansionistischen Ziele, d. h. die »Befreiung« von 20 Mio. »Turaniern« in Mittelasien, dem Iran sowie im Transkaukasus, als auch auf die Zerschlagung des »moskowitischen« Erzfeindes Rußland. Nun, unter Kriegsbedingungen, konnte sich die türkische Regierung schließlich ein für alle Male des Anlasses europäischer Interventionen entledigen. Schon ein Minister Abdul Hamids hatte dieses Ziel formuliert: »Die armenische Frage schafft man am besten dadurch aus der Welt, daß man die Armenier aus der Welt schafft.«[3]

Es folgte ab April 1915 die Vernichtung des Großteils von etwa 2,1 Mio. armenischer Vorkriegsbevölkerung des Osmanischen Reiches, wobei in vielem die Methoden der deutschen Nationalsozialisten vorweggenommen wurden: Zunächst entledigte man sich der wehrfähigen armenischen Bevölkerung, die, sofern sie zum Kriegsdienst eingezogen worden war, entwaffnet und in speziellen Bataillonen »durch Arbeit vernichtet« wurde; teilweise benutzten skrupellose türkische Ärzte auch armenische Soldaten zu tödlichen Experimenten mit Typhuserregern. An die nationalsozialistischen Methoden erinnert ebenfalls der Abtransport der Armenier mit Viehwaggons der Bagdadbahn. Adolf Hitler war offenbar nicht nur gut über den türkischen Völkermord unterrichtet – sein früherer Berater Erwin v. Scheubner-Richter war damals deutscher Vizekonsul in Erzurum –, sondern nahm ihn sich auch zum Vorbild: Kurz vor dem deutschen Überfall auf Polen zerstreute Hitler bei einer Ansprache vor den Oberbefehlshabern der Heeresgruppen am 22. 8. 1939 deren etwaige Bedenken gegen Pläne zur Vernichtung »slawischer Untermenschen« mit dem Hinweis auf die Vergeßlichkeit des Weltgewissens: »Ich habe den Befehl gegeben (...), daß das Kriegsziel nicht im Erreichen von bestimmten Linien, sondern in der physischen Vernichtung des Gegners besteht. So habe ich (...) meine Totenkopfverbände bereitgestellt mit dem Befehl, unbarmherzig und mitleidlos Mann, Weib und Kind polnischer Abstammung und Sprache in den Tod zu schicken. Nur so gewinnen wir den Lebensraum, den wir brauchen. Wer redet heute noch von der Vernichtung der Armenier?«[4]

Nachdem die wehrfähige männliche armenische Bevölkerung weitgehend ausgeschaltet worden war, folgte am 24. 4. 1915 die Festnahme und Ermordung von 600 politisch und intellektuell führenden Armeniern in der Landeshauptstadt Konstantinopel. Dieses Datum wird seither von allen Armeniern weltweit als Trauer- und Gedenktag mit Massenkundgebungen und Totenmessen begangen. Anfang April setzten dann die ersten Deportationen der übrigen Bevölkerung – Frauen, Kinder und Greise – ein, die unter Bewachung und meist zu Fuß, ohne ausreichende Verpflegung und in der heißesten Jahreszeit oft gewaltige Strecken südwärts getrieben wurden. Wer dennoch solche Strapazen und die zahlreichen Überfälle unterwegs überlebte, starb spätestens in den Wüsten Syriens und Mesopotamiens an Hunger, Durst, Seuchen oder weiteren Massakern. Das Land und die Höfe der Armenier wurden *muhadschirs*, muslimischen Auswanderern bzw. Flüchtlingen vom Balkan übergeben, den Löwenanteil an der »armenischen Beute« strich freilich der türkische Staat selbst ein: eine Milliarde damaliger Mark, wovon 1916 ein Großteil in Berlin deponiert wurde.

Sämtliche türkischen Regierungen begründeten die Deportation der Armenier mit angeblicher Kriegsnotwendigkeit und bestritten eine Völkermordabsicht. Diese Schutzbehauptung wird jedoch vor allem durch deutsche Quellen widerlegt. Das deutsche Kaiserreich unterhielt im Weltkrieg ein dichtes Netz diplomatischer Vertretungen in der Türkei: In fast jeder osmanischen Provinzhauptstadt befand sich ein deutsches Konsulat. Von dort trafen laufend ausführliche und alarmierende Berichte beim Botschafter in Konstantinopel ein, der schon am 7. 7. 1915 zu der Erkenntnis gelangte, »daß die Regierung tatsächlich den Zweck verfolgt, die armenische Rasse im türkischen Reich zu vernichten«[5]. Der deutsche Zeitungsleser im Reich erfuhr von alledem fast gar nichts. Scharfe Zensurerlasse unterbanden jegliche Kritik am deutschen Bündnispartner, die sich vor allem in pazifistischen, sozialistischen sowie in kirchlichen Kreisen regte. Literatur, die über die Greuel »hinten, fern in der Türkei« aufklärte, wurde beschlagnahmt.

Wieviele Armenier starben während des Völkermordes von 1915 bis 1917? Nach Schätzung der deutschen Botschaft vom 4. 10. 1916 waren bis zu 1,5 Millionen Armenier umgekommen.[6] Berücksichtigt man auch noch die Opfer der beiden türkischen Invasionen in Ostarmenien (1918, 1920), des mit türkischer Duldung von Aserbaidschanern verübten Armenierpogroms in Baku 1918 sowie die Opfer der Ausschreitungen der kemalistischen Truppen zwischen 1919 und 1922 in Kilikien und Smyrna, so erhöht sich die Zahl ermordeter Armenier um weitere 400.000. Mithin scheint es nicht übertrieben, für den Zeitraum von 1878 bis 1922 von mindestens 2 Mio. armenischen Opfern türkischer Gewaltakte zu sprechen.

Die Zahl der Armenier in der Türkei beträgt heute nur noch 60.000, von denen die meisten in Istanbul leben. Sie führen ein Schattendasein zwischen Anpassung, Beharrung und Flucht. Zwischen 1955 und 1980 verließen über 25.000 die Türkei. Alle türkischen Regierungen, gleich ob demokratischen oder diktatorischen Charakters, verletzten die ohnehin schmalen Minderheitenschutzbestimmungen des Lausanner Friedensvertrages, der den »nicht-muslimischen Minderheiten der Türkei« (Christen und Juden) religiöse Autonomie zugestand. Die Liste der Menschenrechtsverletzungen gegen die armenische Minderheit in der Türkei ist lang: Sie reicht vom Assimilationsdruck, willkürlichen Festnahmen und Folterungen von Priestern und Laien bis zu Mißhandlungen und Zwangsbeschneidungen von Wehrdienstleistenden. Armenische Kirchen und Klöster

Männer- und Frauentrachten

Типы и костюмы армянъ.

von kunstgeschichtlicher und ideeller Weltbedeutung, die bisher Jahrhunderte allen Erdbeben, aber auch zahlreichen Kriegen widerstanden hatten, fielen in diesem Jahrhundert der gezielten Zerstörung oder Vernachlässigung anheim. Es scheint, als wolle der türkische Staat die letzten Zeugnisse für die einstige Präsenz der Armenier in ihrer Heimat tilgen.

Vom Zarenreich zur Sowjetregierung: Ostarmenien 1828–1920

Die geographische Lage und das harte Schicksal ihrer Heimat machten die Armenier zu natürlichen Verbündeten Rußlands, in dem sie eine ihnen durch den christlichen Glauben verwandte Schutzmacht erblickten. Die russischen Vorstöße im Transkaukasus und nach Kleinasien (1827, 1828/29, 1853, 1877/78) wurden darum von breiten Teilen der armenischen Bevölkerung materiell unterstützt. Armenische Landwehr beteiligte sich an den russischen Kämpfen gegen Perser und Türken, die das Volk als Befreiungskriege empfand.

Rußland schloß die den Persern 1827/28 abgenommenen Provinzen Jerewan und Nachitschewan zu einem »Armenischen Gebiet« (seit 1849: »Gouvernement Jerewan«) zusammen, das zunächst ein eigenes, an das Königsbanner des mittelalterlichen Armenien erinnerndes Wappen führen durfte. Die lokale Verwaltung wurde Armeniern überlassen. Die Rechte der armenisch-apostolischen Kirche regelte 1836 eine kaiserliche Kirchenverfassung (*poloschenije*), die die von den Armeniern jahrhundertelang unter größten Opfern verteidigte Autokephalie ihrer Kirche unangetastet ließ.

Nach der Ermordung des liberalen Zaren Alexander II. im Jahr 1881 verstärkte sich jedoch der Russifizierungsdruck auch gegenüber den Armeniern, wovon vor allem ihre beiden wichtigsten Kultureinrichtungen, die Kirche und die Schule, betroffen waren. Das Schulwesen war seit dem Anschluß Ostarmeniens an das russische Imperium der Aufsicht der armenischen Kirche unterstellt worden, wohl in der Hoffnung, daß es der konservative armenische Klerus zu einem politisch unwirksamen Mittel werde verkommen lassen. Statt dessen entwickelten sich die armenischen Schulen zu Zentren des Widerstands gegen die Russifizierungspolitik. Darum wurde ihnen 1884 eine Anpassung an die russischen Lehrpläne abverlangt. Außerdem versuchte die russische Regierung, die Aufsicht über die Schulfinanzen an sich zu reißen, stieß aber auf den heftigen Protest der armenischen Kirche. Daraufhin wurden die armenischen Schulen geschlossen. Als 1886 zumindest die Grundschulen wiedereröffnet wurden, bestimmte für das folgende Jahrzehnt der Kampf gegen die Russifizierung des Lehrprogramms die Beziehungen zwischen der armenischen Kirche und dem russischen Staat. Dessen Repressionen gipfelten im Juni 1903 in der Beschlagnahmung sämtlicher nicht für die unmittelbare Religionsausübung benötigten Kirchenschätze. Zwar wurde diese Maßnahme im August 1905 unter dem Eindruck der sozialen Unruhen jenes Jahres wieder rückgängig gemacht, doch das einst grenzenlose Vertrauen der Armenier in die »russisch-christlichen Retter« hatte erste Risse erhalten.

Neue russisch-türkische Spannungen, eine Wende in der Türkei-Politik Rußlands und schließlich der Ausbruch des Weltkrieges rückten jedoch die zaristischen Repressionen zunächst in den Hintergrund. Zu Beginn des Krieges setzte Rußland über 20.000 armenische Freiwillige an der türkischen Front ein. Aber die vor allem 1916 erzielten russischen Kriegserfolge retteten die westarmenische Bevölkerung nicht mehr vor Massakern und Todesmärschen.

Das weitere Schicksal Ostarmeniens verlief nicht weniger dramatisch und blutig als das des türkisch beherrschten Landesteils. Im November 1917 schlossen sich Armenien, Georgien und Aserbaidschan zu einem »Transkaukasischen Kommissariat« zusammen, das sich auf türkischen und aserbaidschanischen Druck am 22. 4. 1918 zu einer von Rußland nunmehr völlig unabhängigen Republik erklärte. Doch ihre Tage waren gezählt. Die von Anfang an starken Interessengegensätze der drei Völker führten Ende Mai zum Zerfall ihres Zusammenschlusses. Der Ausstieg seiner Nachbarn aus dem Bündnis zwang Armenien, sich seinerseits am 28. 5. 1918 zu einer unabhängigen Republik zu erklären, obwohl der Zeitpunkt denkbar ungünstig war: Türkische Invasionstruppen waren nach der Rückeroberung Westarmeniens plündernd und mordend auch in Ostarmenien eingedrungen und konnten erst vor Etschmiadsin gestoppt werden. Beim Friedensschluß von Batumi (4. 6. 1918) mußte Armenien

Teile des ehemaligen Gouvernements Jerewan sowie des Gebietes von Kars an die Türken abtreten. Kars und Ardahan, die zwischen 1878 und 1918 zum Russischen Reich gehört hatten, gelangten erst Mitte 1919 an die Armenische Republik. Ihr letzter Ministerpräsident, *Simon Wrazjan*, verglich daher ihre Geburt mit der eines »kranken Kindes«.

Es starb 18 Monate später, völlig allein gelassen von Europa, das Armenien während und nach dem Weltkrieg mehrfach Unterstützung versprochen hatte, erschöpft von zwei türkischen Invasionen (1918, 1920) und unlösbaren inneren Problemen: Bis zu 500.000 völlig mittel- und obdachlose Flüchtlinge aus Westarmenien bzw. aus den von den Türken besetzten ostarmenischen Gebieten drängten sich auf engstem Raum, vor allem in der Ararat-Ebene. Hunger, Seuchen, der ungewöhnlich strenge Winter von 1918/19 sowie die von den türkischen Interventen an der Zivilbevölkerung verübten Massaker und die vollständige Ausplünderung des ohnehin bettelarmen Landes ließen die Bevölkerung von 1.306.700 im Jahre 1918 um 40,5 % auf 774.000 Ende 1920 sinken.[7]

Den Todesstoß versetzten der Republik gleichzeitige türkische und sowjetrussische Angriffe im Jahre 1920. In dieser Situation »zwischen Hammer und Amboß« (Simon Wrazjan) übergab die von den Daschnaken dominierte armenische Regierung in der Nacht vom 2. zum 3. 12. 1920 die Macht an ein prosowjetisches militärisches Revolutionskomitee. Sie entging damit einer bedingungslosen Kapitulation gegenüber der Türkei. Entgegen den armenischsowjetischen Übergabebedingungen setzten schon wenige Tage darauf Massenfestnahmen und willkürliche Hinrichtungen von Mitgliedern und Anhängern der früheren Regierung ein. Der Terror der Geheimpolizei Tscheka löste im Februar 1921 einen antisowjetischen Aufstand aus, der aber bis zum Juli 1921 von der Roten Armee niedergeschlagen wurde.

Außenpolitisch war Sowjetrußland zu jener Zeit nur zu geringer Rücksichtnahme auf armenische Interessen bereit. Davon zeugt ein britischer Geheimdienstbericht, demzufolge Lenin armenischen Kommunisten, die ihn baten, im Interesse des Ansehens der Partei bei der Bevölkerung auf armenische Wünsche einzugehen, am 20. 12. 1920 telefonisch geantwortet haben soll: »Wir sind genötigt, die Interessen der armenischen werktätigen Klasse denjenigen der Weltrevolution zu opfern. Estland, Lettland und Litauen sind von uns ebenso behandelt worden (...). Alles, was wir im Augenblick für Armenien tun können, ist, ihm Waren und Geld zu geben, und, sofern dies möglich ist, auf seinem Territorium eine solche Truppenmacht zu konzentrieren, daß Ankaras Haltung versöhnlicher wird; doch vergeßt nicht, Genossen, daß wir Armeniens wegen mit niemandem kämpfen werden, besonders nicht mit Kemal.«[8]

Mustafa Kemal (»Atatürk«) hatte 1919 mit großem Erfolg das türkische Volk zur »Verteidigung des Vaterlandes« gegen die Teilungsabsichten der Siegermächte Frankreich und England aufgerufen. Sowjetrußland erblickte in dieser Bewegung, die vorübergehend ebenso international geächtet war wie die sowjetische Regierung, eine wichtige »antiimperialistische« Kraft, die es entsprechend materiell und finanziell unterstützte. Mitglieder der Daschnakzutjun warfen später Sowjetrußland vor, es habe 1920 die militärische Hauptinitiative der Türkei überlassen, um sich um so müheloser des ausgebluteten

Landes zu bemächtigen. Tatsache ist, daß Sowjetrußland am 16. 3. 1921 unter Ausschluß der Armenier einen Vertrag mit der Türkei schloß, in dem es auf Kars und Ardahan verzichtete sowie Nachitschewan auf türkischen Wunsch aserbaidschanischer Verwaltung unterstellte. Aber der für viele Armenier bis heute unverzeihliche »Verzichtsvertrag« von Moskau, der den allen Armeniern heiligen Berg Ararat und die Ruinen der Bagratidenhauptstadt Ani auf türkischem Staatsgebiet ließ, setzte zumindest der türkischen Intervention ein Ende und schuf somit die Voraussetzungen für einen stabilen Aufbau nach Jahrhunderten der Stagnation und Zerstörung.

Sowjetarmenien
Bis Ende 1922 behielt die »Unabhängige Sozialistische Republik Armenien« formal ihre Eigenständigkeit, dann erfolgte unter dem Druck der Moskauer Zentralregierung der Zusammenschluß Armeniens, Georgiens und Aserbaidschans zu einer »Föderativen Sozialistischen Transkaukasischen Sowjetrepublik« (1922–1936), in der jedes Land seine eigene diplomatische Vertretung und ein eigenes Zollsystem behalten sollte. Nach der ersten Verfolgungswelle 1920/

Moderner Kreuzstein zum Gedenken an die Opfer des türkischen Völkermords von 1915/16 (Kloster Etschmiadsin)

21 entspannte sich die Lage in Armenien allmählich. Man begriff, daß dieses noch immer mit Hunderttausenden von Flüchtlingen und Waisen überfüllte Land nur unter Hinzuziehung von Angehörigen der nicht-kommunistischen Intellektuellenschicht regierbar war, und dies um so mehr, als mit dem Verzicht auf Westarmenien, wie ihn erst der Moskauer und dann der Lausanner Friedensvertrag (1923) beinhalteten, auch an keine Rückkehr der westarmenischen Flüchtlinge in ihre Heimat zu denken war. Sie mußten in die sowjetische Gesellschaft integriert werden.

Die weitere Entwicklung Sowjetarmeniens gleicht in vielem der der übrigen Sowjetvölker. Ende der 20er Jahre begann die Vernichtung von Eliten und »bürgerlichen Spezialisten«, um deren Mitarbeit sich der sowjetische Staat seit 1921 bemüht hatte, die man aber nun der Illoyalität verdächtigte. 25.000 Bauern, die sich der 1928 eingeleiteten Zwangskollektivierung widersetzt hatten, wurden deportiert. Wie in der ganzen Sowjetunion fanden zwischen 1936 und 1939 auch in Armenien Verfolgungen von Altbolschewiken bzw. anderer politisch oder persönlich in Ungnade gefallener Menschen statt. Im Transkaukasus war zusätzlich »Nationalismus« ein häufiger und dehnbarer Vorwand zur »Liquidierung«. Ein frühes Opfer aus den Reihen der armenischen Kommunistischen Partei war *Arassi Chandschjan*, ihr Erster Sekretär. Im Juli 1936 setzte er seinem Leben im Büro Berijas in Tbilissi ein Ende, nachdem er vergeblich versucht hatte, eine stärkere Dezentralisierung in der Wirtschaftspolitik zu erreichen. Es folgten 1937 die beiden Klassiker der sowjetarmenischen Lyrik und Prosa, *Jerische Tscharenz* und *Axel Bakunz*: Tscharenz, obwohl der kommunistischen Idee des Internationalismus mit ganzer Seele verschrieben, wurde 1937 wegen »bürgerlich-nationalistischer Abweichungen« verhaftet. Er trat im Jerewaner Gefängnis in Hungerstreik und wurde ermordet. Axel Bakunz, Parteimitglied wie Tscharenz, »verschwand« am 18. 6. 1937.

Nicht einmal vor dem Oberhaupt der armenischen Kirche machte der Terror halt. Die stalinistischen »Säuberungen« trafen in Armenien ein Volk, dessen Intellektuelle im Verlauf von nur zwei Jahrzehnten mehreren Verfolgungswellen ausgesetzt waren. Westarmenische Schriftsteller wie *Wahan Totowenz* oder *Sapel Essajan*, die den Völkermord in der Türkei überlebt hatten, wurden nun ermordet oder verschwanden in Stalins Lagern.

In den Jahren 1937–1939 setzten zugleich verstärkte Russifizierungsversuche ein. Das Lehrpersonal in den Schulen wurde für Russisch verdreifacht, während umgekehrt Armenisch in den Lehrplänen zurücktrat. Erst unter dem Eindruck des Weltkrieges lockerte die Moskauer Zentralregierung 1943 ihre Nationalitätenpolitik. Von großer Bedeutung für das gesamte Armeniertum inner- und außerhalb der UdSSR wurde die Gründung einer eigenständigen Armenischen Akademie der Wissenschaften im selben Jahr, deren philologische und historische Arbeiten wesentlich zur Hebung des Selbst- bzw. Nationalgefühls beitragen.

Die stalinistischen Verfolgungen und der Weltkrieg hatten die Einwanderung von Auslandsarmeniern fast völlig zum Stillstand gebracht. Nach dem Weltkrieg durfte Sowjetarmenien wieder »Repatrianten« aufnehmen, die, auf eine

Besserung der sowjetischen Verhältnisse vertrauend, in den Jahren 1946–1948 massenhaft einwanderten; die meisten dieser ca. 100.000 Immigranten stammten aus dem Nahen und Mittleren Osten. Sie glichen die hohen Verluste aus, die Sowjetarmenien im Weltkrieg erlitt: Von 450.000 armenischen Kriegsteilnehmern kehrten 175.000 nicht mehr zurück.

Aber die kriegsbedingte Lockerung der Nationalitätenpolitik währte nur bis 1948. Dann erfaßte eine weitere Verfolgungswelle bis 1953 vor allem die »Repatrianten«, denen Verbindungen mit westlichen Geheimdiensten und der 1923 in Sowjetarmenien aufgelösten Partei Daschnakzutjun vorgeworfen wurden, ferner heimgekehrte Kriegsgefangene, die man hier wie in der übrigen Sowjetunion des Vaterlandsverrats bezichtigte.

Die nachstalinistische »Tauwetterperiode« (1954–1956) leitete eine Art nationaler Renaissance ein, in der sich die von der offiziellen Kulturpolitik langjährig unterdrückten Traumata und Leidenschaften der Armenier allmählich wieder artikulieren konnten: die Erinnerung an den türkischen Genozid von 1915–1917 sowie auch der Stolz auf eine Vergangenheit als Kulturnation mit über dreitausendjähriger Entwicklung. Das neu erwachte Nationalgefühl schlug sich in den 60er und 70er Jahren im Bau zahlreicher Denk- und Mahnmäler nieder: Als erstes wurde während der zweiten Entstalinisierungsphase das monumentale Stalin-Denkmal in Jerewan gesprengt. Sein Sockel dient nun einer die ganze Stadt überragenden wehrhaften Frauengestalt, der »Mutter Armeniens«. Am 24. 4. 1965 demonstrierten zahlreiche Jerewaner unter Beteiligung von Wissenschaftlern und Parteivertretern zum 50. Gedenktag an den Völkermord von 1915 – ganz im Widerspruch zur offiziellen sowjetischen Außenpolitik, die der Türkei nach Stalins Tod oftmals bestätigte, keine Territorial- oder sonstigen Konflikte mit ihr zu haben. Der Vorfall kostete zwar mehrere hohe Funktionäre der KP Armeniens das Amt, doch wurde die Bevölkerung 1967 mit der Einweihung eines eindrucksvollen Mahnmals für die Völkermordopfer beschwichtigt. Seither werden hier an jedem 24. April Trauermanifestationen unter Anteilnahme höchster staatlicher und kirchlicher Würdenträger veranstaltet, obwohl der Oberste Sowjet Armeniens erst 1988, unter dem Druck von Massenprotesten, den 24. April zum offiziellen Gedenktag erhob. Es folgte 1968 die Einweihung eines Mahnmals zur Erinnerung an die armenisch-türkische Entscheidungsschlacht in Sardarapat (22.–26. 5. 1918).

Eine weitere Krise löste 1978 der Entwurf der Verfassung der Sowjetarmenischen Republik aus, der in der Frage der Sprachautonomie hinter den Stand der Verfassung von 1936 zurückfiel und die Verwendung des Russischen als Amtssprache »auf der Basis der Gleichberechtigung« ankündigte. Wütende Proteste in Armenien und Georgien, wo eine ähnliche Gleichschaltung der Landessprache mit dem Russischen drohte, bewirkten, daß beiden Republiken die Nationalsprache als Amtssprache erhalten blieb, allerdings mit ausdrücklicher Garantie des Russischen. Gegenwärtig entzündet sich der Unmut der Sowjetarmenier an der Energie- und Wirtschaftspolitik und vor allem an der Karabachfrage.

Die gesamtsowjetische Verfassung von 1977 erkennt Sowjetarmenien als eine von 15 gleichberechtigten Unionsrepubliken mit dem Recht auf ein eigenes

Wappen, eine Flagge sowie Hymne an. Nach Artikel 72 der Verfassung besitzen die Unionsrepubliken das Recht auf Austritt aus der Union bzw. zur Aufnahme eigenständiger diplomatischer Beziehungen mit anderen Staaten, Rechte, wie sie alle übrigen vergleichbaren föderalistisch strukturierten Staaten der Welt (Volksrepublik China, Indien, USA) ihren Bundesstaaten vorenthielten.

Im August 1990 machte Armenien als 12. Sowjetrepublik vom Separationsrecht Gebrauch und erklärte seine Souveränität. Als ersten Schritt zur vollständigen Unabhängigkeit will es künftig wirtschaftlich und außenpolitisch eigenständig handeln, ohne daß freilich bisher die Frage nach seiner Sicherheit und seinen Überlebenschancen zwischen weiterhin aggressiven und mißtrauischen Nachbarn hinreichend geklärt wurde.

Anmerkungen

1 Kurden drangen seit dem 12. Jh. von Süden her in das Armenische Hochland ein. Die Zuwanderung von Tscherkessen und anderen nord- bzw. südkaukasischen Volksgruppen (Tschetschenen, Adscharer u. a.) nach Kleinasien erfolgte zwischen 1860 und 1880 im Zuge der 1864 abgeschlossenen Unterwerfung der muslimischen kaukasischen Völker durch Rußland.

2 *Armenakan-Partei* (Wan, Herbst 1885); indirekte Nachfolgerin ist die heutige *Ramkawar-Partei* (*Ramkawar Asatakan* = Liberaldemokraten), gegründet am 1. 10. 1921 in Konstantinopel; *Sozial-Demokrat Hntschakajan* (Genf 1887): erste sozialistische und revolutionäre Partei Armeniens bzw. zugleich der Türkei und des Irans; ihr Name (*hntschak* = Erwecker) lehnt sich an A. Herzens Zeitschrift *Kolokol* (»Glocke«) an und weist auf starken Einfluß russischer sozialrevolutionärer Strömungen hin; die Hntschak-Partei erstrebte ein freies, einiges und außerhalb des Systems imperialistischer Staaten stehendes Armenien.

1890 schlossen sich in Tiflis armenische Revolutionäre zu einer »Föderation armenischer Revolutionäre« zusammen, die sich nach dem Austritt der Hntschaken 1891 in »Armenische Revolutionäre Föderation« (*Haj herapochakan daschnakzutjun*) oder kurz *Daschnakzutjun* umbenannte. Sie erstrebte im Unterschied zu den Hntschaken Reformen innerhalb des Osmanischen Reiches, schloß allerdings bei der Durchsetzung ihrer politischen Ziele ebensowenig Terror bzw. den Tyrannenmord aus. 1907 traten die Daschnaken der II. Internationale bei. Ihre Verfolgung durch die Bolschewisten in Armenien seit Ende 1920 machte sie im Gegensatz zu den Hntschaken und Ramkawar zu erbitterten Gegnern des Sowjetsystems. Vgl. auch Nalbandian, Louise: The Armenian Revolutionary Movement. The Development of Armenian Political Parties Through the Nineteenth Century. Berkeley, Los Angeles 1963 (Ph. D., Stanford 1959).

3 Kapri, M.: Zwei Vorträge über die historische und kulturelle Bedeutung des armenischen Volkes. Wien 1913, S. 15.

4 Zitiert nach: Akten zur deutschen Auswärtigen Politik 1919–45, Serie D, VII, Nr. 193, S. 171, Anm. 1; vgl. auch: Bardakjian, K. B.: Hitler and the Armenian Genocide. Cambridge/Mass. 1985 (Zoryan Institute, Special Report No. 3/).

5 Deutschland und Armenien 1914–1918. Sammlung diplomatischer Aktenstücke. Hrsg. und eingel. von Johannes Lepsius. Potsdam 1919 (Reprint Bremen 1986), S. 94.

6 Der Geschäftsträger der Konstantinopler Botschaft, Radowitz, an Reichskanzler Bethmann Hollweg; vgl. Politisches Archiv des Auswärtigen Amtes, Türkei 183, Bd. 44; Botschaft Konstantinopel, 101, Bl. 112.

7 Zürrer, Werner: Kaukasien 1918–1921 – Der Kampf der Großmächte um die Landbrücke zwischen Schwarzem und Kaspischem Meer. Düsseldorf 1978, S. 465.

Die Nationalitätenpolitik:
Achillesferse der sowjetischen Innenpolitik

Die Sowjetunion hat von der russischen Zarenherrschaft das schwere Erbe eines Vielvölkerstaates übernommen, in dem etwa 130 Sprachen vertreten sind. Dieser Multinationalität versuchte man im föderativen Staatsaufbau sowie in der Verwaltung Rechnung zu tragen. Nach ethnisch-territorialen Kriterien setzt sich die UdSSR aus 15 Unionsrepubliken, 20 autonomen Sowjetrepubliken, acht autonomen Gebieten sowie zehn autonomen Kreisen zusammen. Die Unionsrepubliken und autonomen Republiken besitzen ihre eigene Regierung (Ministerrat; nur eine Kammer), ihre eigene Legislative (Oberster Sowjet) sowie eine eigene Gerichtsbarkeit und eigene Verfassungen; die autonomen Gebiete besitzen eigene Reglemente (russ.: *poloschenije*) und werden von ihren eigenen Räten (Sowjets) verwaltet, die nach Struktur und Kompetenzen den übrigen Gebietssowjets entsprechen. Das Recht auf eine eigene Hymne, Staatswappen und -flagge beschränkt sich auf die Unionsrepubliken. Außerdem wird der wirtschafts- und außenpolitische Spielraum dieser nationalen Territorialeinheiten erheblich durch das sowjetische Staatsprinzip des »demokratischen Zentralismus« eingeschränkt: Tatsächlich sind die Unionsrepubliken gesetzgeberisch nur bei drittrangigen Fragen autonom, die oft mit mehr Lasten als Rechten verbunden sind; die Gesetzbücher der Unionsrepubliken wiederholen bzw. präzisieren nur von den zentralen Gesetzgebungsorganen vorgegebene »Grundlagen«; die dezentralisierten, der Kompetenz der Unionsrepubliken überlassenen Verwaltungsaufgaben betreffen z. B. die Wasserwirtschaft, den Wohnungsbau, die Kommunalwirtschaft, die Sozialfürsorge sowie die örtliche, den Lokalsowjets unterstellte Industrie. Die den Unionsrepubliken untergeordneten autonomen Republiken – von den autonomen Gebieten und Kreisen ganz zu schweigen – besitzen keine rein autonomen Kompetenzen, sondern befinden sich in doppelter Abhängigkeit von den Unionsrepubliken und den zentralen Behörden, was ohnehin vorhandene Spannungen zwischen der (Mehrheits-)Bevölkerung einer Unionsrepublik und der (Minderheits-)Bevölkerung einer autonomen Republik noch verschärfen kann wie im Verhältnis zwischen Aserbaidschan und dem mehrheitlich von Armeniern bewohnten autonomen Gebiet Berg-Karabach. Die autonomen Republiken besitzen zwar ihre eigene Verfassung, doch muß diese vom Obersten Sowjet der jeweiligen Unionsrepublik bestätigt werden. In den Legislativorganen der Unionsrepubliken besitzen die autonomen Republiken keine direkten Vertreter. Noch geringer sind die Rechte und Möglichkeiten autonomer Gebiete und Kreise – letztere sind in der sowjetischen Verfassung gar nicht erwähnt und kommen nur in der RSFSR (Russische Sozialistische Föderative Sowjetrepublik) vor.
Kritiker der sowjetischen Nationalitätenpolitik wenden ein, daß die Rechtslage der nationalen Minderheiten nicht einheitlich und wirksam garantiert ist und ihnen sowohl individuelle als auch kollektive Rechte vorenthalten werden.
Es fällt schwer, *die* sowjetische Nationalitätenfrage zu umschreiben. Denn das Ziel bisheriger Nationalitätenpolitik, die Schaffung eines einheitlichen So-

wjetvolkes durch »Annäherung« und »Verschmelzung«, wurde verfehlt. So bewegt sich die Unzufriedenheit der sowjetischen Völker mit Moskau in Abhängigkeit von den jeweiligen geschichtlichen und kulturellen Voraussetzungen. Bisher lassen sich im wesentlichen drei Grundtypen dieses Konflikts erkennen: die Überfremdung einer Region durch das russische Staatsvolk (z. B. im Baltikum und in Mittelasien) und Territorialentscheidungen, die gegen den Willen der Betroffenen erfolgten und zum bilateralen Konflikt zweier Völker führten, wobei sich die Zentralregierung nur scheinbar in der Rolle eines neutralen Schiedsrichters befindet (z. B. Armenier-Aserbaidschaner wegen Karabach; Abchasen und Georgier). Am tragischsten dürfte das »Verschwinden« von etwa der Hälfte der mehr als 200 Völker sein, die zu Beginn der Sowjetzeit im Staatsgebiet der Sowjetunion gezählt wurden. Meist handelt es sich dabei um zahlenmäßig sehr kleine sibirische Natur- und Stammesvölker, die die industrielle Modernisierung ihrer Gesellschaft ebenso wenig überstanden wie die nordamerikanischen Indianer das Vordringen des »weißen Mannes«.

In der Vergangenheit, vor allem in der Stalin-Ära, war es fast schon lebensgefährlich, an diese Probleme auch nur zu erinnern; Kritik an der Nationalitätenpolitik wurde als Äußerung von Nationalismus verfolgt. Erst in den 70er Jahren und vor allem unter der Herrschaft des Reformers Gorbatschow wurde immer offener an der Nationalitätenpolitik Kritik geübt und Probleme, die teilweise so alt wie die Sowjetmacht selbst sind, wieder auf die Tagesordnung gesetzt. Eine einheitliche Position der Regierungs- und Parteiführung ist bisher noch nicht erkennbar, vielmehr scheint man mit verschiedenen Taktiken und Vorgehensweisen zu experimentieren: mit einer duldsamen, eher kompromißbereiten Haltung gegenüber den Balten und mit hartem Durchgreifen bis hin zum Militäreinsatz in Armenien und Georgien. Auch das der Nationalitätenpolitik gewidmete ZK-Plenum der KPdSU am 19./20. 9. 1989 hat, trotz einiger selbstkritischer Ansätze, keine der aktuellen Fragen gelöst.

Besonderheiten der armenischen Siedlungs- und Bevölkerungsstruktur

Die Sowjetrepublik Armenien

Hinsichtlich seiner ethnischen Zusammensetzung steht Sowjetarmenien einzig dar: Seine Bevölkerung betrug am 1. August 1989 3.457.000 Menschen, von denen 89,7 % Armenier sind; es folgen Aserbaidschaner mit 161.000 (5,3 %; Stand 1979) und Russen mit 70.000 (2,3 %). Sowjetarmenien ist damit die ethnisch homogenste aller Sowjetrepubliken – ein Zustand, der sich erst nach dem Anschluß Ostarmeniens an das Russische Reich und vor allem seit der Sowjetisierung herausbildete: So wanderten zwischen 1828 und 1830 60.000 Armenier aus dem Iran sowie 100.000 Westarmenier in den russisch beherrschten Landesteil aus. Nach der Sowjetisierung Armeniens spielte die Zuwanderung von West- bzw. Auslandsarmeniern eine noch größere Rolle: Etwa 250.000

Armenier immigrierten zwischen 1921 und 1973 nach Sowjetarmenien. Der Zuzug von Armeniern aus anderen Sowjetrepubliken lag ungefähr gleich hoch, so daß sich die Bevölkerung Sowjetarmeniens im genannten Zeitraum allein durch Zuwanderung um eine halbe Million erhöhte!

Eine gegenläufige Tendenz bildet die Auswanderung von Armeniern, vornehmlich in die USA. Sie wurde durch die unter Chruschtschow zwischen 1956 und 1959 aufgenommenen Kontakte zu den USA sowie eine Lockerung der sowjetischen Ausreisepolitik in den Jahren 1960–1964 möglich, von der, im Zuge der Familienzusammenführung, vor allem die beiden Hauptdiasporavölker der UdSSR, Juden und Armenier, profitierten. Seit 1970 sollen etwa 30.000 Armenier die UdSSR verlassen haben und vor allem in Los Angeles ansässig geworden sein; fast alle der 10.000 armenischen »Repatrianten« aus Frankreich sind inzwischen wieder aus Sowjetarmenien ausgereist. Die Gründe liegen vielfach in materieller Unzufriedenheit und schlechter Integration in die Sowjetgesellschaft, die bei Armeniern aus Europa bzw. den USA offenbar komplizierter verlief als bei Einwanderern aus dem Nahen und Mittleren Osten.

Bezogen auf die Gesamtheit von etwa 7 Mio. armenischer Weltbevölkerung lebt mit 41,6 % nicht einmal die Hälfte aller Armenier in Sowjetarmenien. 33 % der armenischen Weltbevölkerung (über 2 Mio. Menschen) leben außerhalb der UdSSR. Die regen Beziehungen der Sowjetrepublik Armenien mit dem Auslandsarmeniertum bilden einen Sonderfall in der UdSSR und tragen erheblich zur Steigerung des Selbstwertgefühls der Sowjetarmenier bei, die von ihren Verwandten nicht nur mit Geschenken, sondern auch exklusiv mit Informationen, sozusagen weltweit, versorgt werden.

Armenier in anderen Sowjetrepubliken

Nach der Volkszählung vom 17. 1. 1979 wohnten 1.426.000 Armenier (= 25,4 % der armenischen Weltbevölkerung) außerhalb Sowjetarmeniens in anderen Gebieten der UdSSR, und zwar: 475.000 in Aserbaidschan, 448.000 in Georgien, 365.000 in der RSFSR und 138.000 in anderen Republiken.

In ihren Nachbarrepubliken *Aserbaidschan* und *Georgien* sind die Armenier naturgemäß besonders zahlreich. Es handelt sich dabei nicht nur um Streuminoritäten, sondern auch um überwiegend von Armeniern bewohnte und trotzdem an diese Republiken angeschlossene Gebiete.

Das Verhältnis zwischen Armeniern und Aserbaidschanern ist geschichtlich sowie durch armenische Gebietsansprüche belastet. Zwischen beiden Völkern steht das Blut, das während der Pogrome von 1905 und 1918 in der Erdölstadt Baku sowie in Jelisawetpol, dem heutigen Gandsche, reichlich geflossen ist. Ethnisch-religiöse, soziale und politische Gegensätze schufen jenen Zündstoff, der im Jahr der allgemeinen Krise des Russischen Reiches, 1905, zu blutigen Ausschreitungen mit ca. 1.200 armenischen und 900 aserbaidschanischen Opfern führte. Während des großen Pogroms vom 14.–16. 9. 1918 ermordeten Aserbaidschaner nach unterschiedlichen Angaben zwischen 15.000 und 30.000 Armenier.[1]

Der armenisch-aserbaidschanische Konflikt nährt sich heute vor allem aus dem armenischen Anspruch auf Arzach oder Karabach (12.000 km²), wie die turksprachigen Aserbaidschaner den »schwarzen Garten« im äußersten Osten des Armenischen Hochlandes nennen. Für Armenier ist dies ein legendäres Bergland mit einer durch ihren Widerstandsgeist berühmten Bevölkerung. Ihr entstammen zahlreiche armenische Freiheitskämpfer und namhafte Gelehrte. Hier züchtete man die »goldfarbenen« Karabacher, die schönste aller armenischen Pferderassen. Arzacher Teppiche mit ihren kräftigen, kontrastreichen Farben und klaren geometrischen Mustern erzielen auf dem internationalen Kunstmarkt die höchsten Preise. Zahlreiche Denkmäler der weltlichen wie sakralen Baukunst – z. B. die Klöster Gandsassar und Dadiwank (beide 13. Jh.) – zeugen vom Reichtum und der Bedeutung Arzachs im Mittelalter.

Als Randgebiet Armeniens hat Arzach seine Halbunabhängigkeit jahrhundertelang hartnäckig verteidigt. Es behielt sie, unter der Führung seines Lokaladels, bis zum endgültigen Anschluß an das Russische Reich (1804).

Der Karabach-Konflikt: Entstehung und Verlauf einer sowjetischen Krise

Weder die Zaren noch die Sowjets haben je ihre armenischen Besitzungen im Transkaukasus zu einer Verwaltungseinheit zusammengeschlossen. Im Zeitraum der unabhängigen transkaukasischen Republiken (1918–1920) waren die Armenier militärisch zu schwach, um einen Anschluß Arzachs an ihre Republik durchzusetzen. Unmittelbar nach der Sowjetisierung der Armenischen Republik im Dezember 1920 stellte die Parteiführung im Transkaukasus, das Kawbjuro, den Armeniern den Anschluß Arzachs in Aussicht, widerrief jedoch schon am 5. 7. 1921 mit Rücksichtnahme auf die Türkei und die den Türken sprachlich sowie ethnisch eng verwandten Aserbaidschaner diesen Beschluß, obwohl Arzach damals eine armenische Mehrheitsbevölkerung von 94,4 % besaß.[2] Am 7. 7. 1923 wurde das Kernland, ein Drittel des historischen Arzach (4.400 km²), zum Autonomen Gebiet Berg-Karabach erklärt, wobei die z. T. bis heute mehrheitlich von Armeniern bewohnten Gebiete Nord-Arzachs, die Bezirke Schahumjan, Daschkessan, Chanlar, Schamchor, Kedabek u. a. außerhalb blieben.

Doch auch die sogenannte Autonomie in Berg-Karabach bildet eine Farce, da Karabach wirtschafts- und gesundheitspolitisch systematisch von der aserbaidschanischen Regierung benachteiligt wurde: Die Löhne liegen bis um ein Dreifaches unter denen in vergleichbaren aserbaidschanischen Ortschaften. Karabacher Unternehmen wurden, allen Regeln der Betriebsführung zum Hohn, von aserbaidschanischen Städten aus geleitet, die sich bis zu 120 km entfernt befanden. Von dem Fleisch, das Karabach produziert – 130 kg jährlich pro Einwohner – stehen den Karabachern nur 12 kg auf Lebensmittelkarten zur Verfügung. Das Wasser ihrer Flüsse und Bäche dürfen sie nicht für die eigenen Felder und Gärten benutzen. Die Miliz und Schlüsselpositionen in der Verwaltung liegen überproportional in aserbaidschanischer Hand. An den Schulen fehlte es an Lehrbüchern für armenische Sprache und Geschichte, muttersprachlicher Unterricht fand so gut wie nicht statt. Das Ergebnis war eine allmähliche Russifizierung der Karabacher Armenier, da diese eher russisch als aserbaidschanisch zu sprechen bereit waren. Von den 1.600 amtlich registrierten Bau- und Kulturdenkmälern Arzachs werden nur 64 vom Staat unterhalten. Die Mehrzahl ist, wie z. B. das im 4. Jh. gegründete Kloster Amaras, dem Verfall oder, wie in Dutzenden anderer Fälle, sogar der mutwilligen Zerstörung durch Aserbaidschaner preisgegeben (in dem seit 1988 »armenierfreien« Nachitschewan wurden bis 1978 sogar 30 armenische Baudenkmäler, darunter 19 Kirchen und drei Kathedralen, vernichtet). Zwischen 1929 und 1932 wurden sämtliche 100 Dorfkirchen sowie die 18 Einsiedeleien Arzachs geschlossen (1914 hatten den Gläubigen dort noch 222 Kirchen zur Verfügung gestanden). Erst im Herbst 1988 wurde dem armenischen Katholikat von Etschmiadsin die Wiedereröffnung des Klosters Gandsassar sowie einer Kirche in der Stadt Schuschi in Aussicht gestellt. Ergebnislos verhallten bis dahin die Eingaben der Karabacher Bevölkerung an das ZK der KPdSU – z. B. 1962, 1965, 1967 und 1977 – in denen sie ihre Benachteiligung und Unterdrückung beklagten. Viele und besonders jüngere Armenier sahen ihren einzigen Ausweg aus der halbkolonialen Stellung Arzachs in der Auswanderung nach Sowjetarmenien oder Rußland, so daß der Bevölkerungsteil der Armenier bis Anfang 1988 auf etwa 75 % (bei einer Gesamtbevölkerung von 180.000) gesunken war.

Ende 1986 reichten Karabacher Armenier eine erneute Bittschrift in Moskau ein. Ihr schlossen sich 75.000 Karabacher an. Nach über einjähriger Wartezeit wurde sie von einer subalternen ZK-Stelle negativ entschieden. Darauf brachen im Februar 1988 in Karabach Proteste und Streiks aus. Das oberste Verwaltungsgremium, der Gebietsrat, beschloß am 20. 2. 1988 die Überprüfung der Zugehörigkeit zu Aserbaidschan.

In Sowjetarmenien rief das Arzacher Anschlußbegehren die bisher größten Massendemonstrationen der sowjetischen Geschichte hervor. Voller Vertrauen auf den Reformkurs des Parteichefs Gorbatschow nahmen unter der Parole »Ein Volk, eine Republik!« Ende Februar bis zu einer Million Armenier an Solidaritätskundgebungen und -umzügen in Jerewan teil. Ihre Hoffnungen auf Verständnis in Moskau wurden gründlich enttäuscht. Die zentralen sowjetischen Medien diffamierten die armenische Irredenta-Bewegung von Anfang an als »extremistisch« und »ferngesteuert« und leiteten damit propagandistisch die Entscheidungen der obersten Regierungs- und Parteigremien der UdSSR ein, wonach Karabach bei Aserbaidschan zu verbleiben habe. Nach offizieller sowjetischer Lesart handelt es sich bei dem Karabach-Konflikt »nur« um Mißwirtschaft und Korruption, zu deren Bewältigung der aserbaidschanischen Regierung (sic!) 400 Mio. Rubel für die nächsten sieben Jahre bewilligt wurden. Ermutigt durch die schon Ende Februar erkennbare Voreingenommenheit der Moskauer Führung gegen die Armenier rechneten die Aserbaidschaner blutig mit ihren »unbotmäßigen« armenischen Untertanen ab: Offenbar von langer Hand vorbereiteter »Volkszorn« entlud sich – stellvertretend – an der armenischen Minderheit der aserbaidschanischen Industriestadt Sumgait (27.–29. 2. 1988); mit Einwohnerlisten, Lautsprechern und Bussen ausgestattete Totschlägerbanden massakrierten dort Dutzende ihrer armenischen Mitbürger[3], ohne daß die Miliz einschritt. Erst am dritten Pogromtag traf Militär aus dem nur 60 km entfernten Baku ein.

Auch in anderen Städten Aserbaidschans (Kirowabad, Baku) sowie in Arzach selbst kam es ab Februar 1888 zu verschiedenen antiarmenischen Ausschreitungen, bei denen drei Armenier getötet und weit über 100 z. T. schwer verletzt wurden. Bis zum Frühjahr 1990 flohen etwa 450.000 Armenier aus Aserbaidschan, während umgekehrt fast alle der 161.000 Aserbaidschaner Sowjetarmenien verließen. Die aserbaidschanische Regierung heizte den Volksgruppenkonflikt weiter an, als sie mit Hilfe des Geldes, das ihr Moskau zur Verbesserung der Sozial- und Wirtschaftsverhältnisse in Karabach zu Verfügung gestellt hatte, aserbaidschanische Flüchtlinge in Karabach anzusiedeln begann, mit dem Hintergedanken, dort den Armenieranteil noch vor der nächsten Volkzählung (1989) zu »verdünnen«.

Verständlicherweise sehen viele Armenier den Sumgaiter Pogrom als direkte Fortsetzung der türkischen Vernichtungspolitik von 1915 und bezeichnen den Vorfall entsprechend als »Genozid«. Die Unverhältnismäßigkeit, mit der die sowjetischen Medien einerseits den völlig gewaltlosen, verfassungskonformen und disziplinierten Protest der Armenier verunglimpften und andererseits das Sumgaiter Massaker verschwiegen bzw. später verharmlosten, trug erheblich dazu bei, die armenische Arzachbewegung zu einer direkten Konfrontation der Bevölkerung mit der Zentralregierung auszuweiten. Ab Mai 1988 kam es in

Auf dem Jerewaner Freiheitsplatz: Armenische Flüchtlinge aus Sumgait fordern die Bestrafung der für den Pogrom Verantwortlichen (4. 6. 1988).

Arzach, dann auch in Sowjetarmenien zu erneuten Generalstreiks, die auch der Rückgriff auf alte Zuchtmittel – Einsatz von Militär und Sondereinheiten, Festnahmen politischer Aktivisten, offizielle (aber wirkungslose) Verbote von Organisationskomitees – nicht eindämmten.

Unter dem Eindruck der Massenprotestbewegung stimmte am 15. 6. 1988 die Regierung Sowjetarmeniens dem Anschlußbegehren zu. Ende Juli wurde mit *Arkadij Wolskij* ein Sonderbevollmächtigter des ZK als eine Art Gouverneur und Krisenmanager der Zentralregierung in Karabach eingesetzt, wenige Monate darauf das Gebiet unter Ausnahmezustand gestellt. Am 12. 1. 1989 erfolgte die Auflösung des politisch unbequemen Gebietssowjets und seine Ersetzung durch eine »internationale Sonderkommission«, in der die beiden armenischen Mitglieder eine Minderheit gegenüber zwei Russen und einem Aserbaidschaner bilden. Karabach wurde vorübergehend unter die Verwaltung der Zentralregierung gestellt. Erwartungsgemäß führte dieser unbefriedigende Kompromiß zu keiner Beendigung der sich immer mehr zuspitzenden Krise. Im Februar 1989 trat die verärgerte armenische Bevölkerungsmehrheit wieder in Ausstand; sie forderte neben dem Anschluß an Sowjetarmenien die Wiedereinsetzung ihres Gebietssowjets und die Absetzung Arkadij Wolskijs, dem einseitige Begünstigung der aserbaidschanischen Minderheit vorgeworfen wurde. Die Aserbaidschaner antworteten mit wachsender Aggression. In Baku, Kirowabad sowie anderen Ortschaften Aserbaidschans wurden immer wieder Armenier ermordet, angegriffen und armenisches Eigentum zerstört. Die nach Arzach führenden Straßen wurden gesperrt, was zu einer katastrophalen Versorgungskrise führte. Ab September 1989 dehnte Aserbaidschan diese Transportblockade sogar auf Sowjetarmenien aus, wodurch auch die ohnedies schleppenden Wiederaufbauarbeiten im Erdbebengebiet völlig zum Erliegen kamen. Mindestens 750.000 Menschen, darunter 250.000 Flüchtlinge aus Aserbaidschan, gingen Ende 1989 einem weiteren Winter in Notunterkünften entgegen, doch die Zentralregierung setzte kein Militär ein, um die Transportwege nach Armenien freizuhalten. Trotz der bürgerkriegsähnlichen Situation entschloß sich der Oberste Sowjet am 28. 11. 1989, die Sonderverwaltung über Arzach wieder aufzuheben; bei gleichzeitiger Souveränität Aserbaidschans über das Gebiet soll dort nun die Autonomie »verwirklicht« und der weitere Zuzug von Aserbaidschanern verhindert werden. Neuwahlen für den während der »Sonderverwaltung« aufgelösten Gebietsrat und das Exekutivkomitee wurden in Aussicht gestellt, ein »Organisationsrat« des Obersten Sowjet soll als eine Art Schlichtungs- und Kontrollinstanz fungieren.

»Man hat ein Schaf geopfert, um eine Kuh zu behalten«, kommentierte ein Armenier diesen Beschluß der Zentralregierung. Aserbaidschan, das inzwischen die volle Verfügungsgewalt über Karabach und die Aufhebung jeglicher Autonomiebestimmungen verlangt, ging in Streik, ebenso wie Armenien, das ein Referendum über den Anschluß fordert und dessen Parlament einseitig den »Anschluß« des Gebiets erklärte. Die Hauptleidtragenden sind die noch in aserbaidschanischen Städten verbliebenen Armenier, die erneuter Pogromgefahr ausgesetzt wurden. Moskaus Versuch, es beiden Seiten recht zu machen, ohne Wesentliches an den Macht- und Territorialverhältnissen im Transkaukasus zu ändern, ist erneut gescheitert.

Die Autonome Sowjetrepublik Nachitschewan

Anders als das Karabach-Problem ist der Fall Nachitschewan gelagert, das viele Sowjetarmenier resigniert als »verloren« betrachten. Nachitschewan (5.500 km²), ein historisches armenisches Siedlungsgebiet zwischen Sowjetarmenien und der türkisch-sowjetischen Staatsgrenze, wurde am 3. 12. 1922 entsprechend den türkisch-sowjetrussischen Verträgen von Moskau und Kars (beide 1921) als Autonome Republik unter aserbaidschanische Verwaltung gestellt, obwohl Nachitschewan keine gemeinsame Grenze mit Aserbaidschan besitzt. Infolge von aserbaidschanischen Pogromen, türkischen Kriegshandlungen und Massenflucht im Zeitraum 1918–1920 hatte sich der Anteil der armenischen Bevölkerung Nachitschewans von ursprünglich 40 % auf nur noch ein- bis zweitausend verringert (bei einer Gesamtbevölkerung von 278.000 Anfang 1987); 1988 vertrieben die Aserbaidschaner die letzten noch verbliebenen Armenier aus Nachitschewan. In der Zarenzeit hatte die ethnisch gemischte, jedoch von einer relativen armenischen Bevölkerungsmehrheit bewohnte Region noch zum Gouvernement Jerewan gehört.

Armenier in Georgien

Georgien »verwaltet« zwei armenische Siedlungsgebiete: *Achalziche* (arm.: *Achalzcha*), die »neue Festung«, und *Achalkalaki* (arm.: *Achalkarak*), die »neue Stadt« (2.800 km²), beide am unteren Kura-Lauf gelegen. Die Stadt Achalziche besaß 1970 19.000 Einwohner; von den 49 Dörfern des gleichnamigen Kreises waren 15 armenisch. Der Bezirk Achalkalaki wird auch heute noch fast ausschließlich von Armeniern bewohnt, die dort 1970 90,8 % der Gesamtbevölkerung (bei einem Anteil von 5,7 % Georgiern) bildeten; die Bezirkshauptstadt besaß 10.800 Einwohner. Ebenso wie im Fall Nachitschewan brauchen Sowjetarmenier, die in dieses armenische Gebiet reisen wollen, eine Sondergenehmigung.

Offiziell stehen der armenischen Bevölkerung Georgiens armenische Schulen mit muttersprachlichem Unterricht zur Verfügung, aber Armenier aus Georgien klagen häufig über Assimilierungsdruck und Benachteiligungen im Bildungswesen sowie Berufsleben. In Tbilissi, das bis 1921 vorwiegend von Armeniern bewohnt wurde und dessen Bevölkerung noch heute zu einem Viertel aus Armeniern besteht, waren schon 1959 45.000 von damals 276.000 Armeniern sprachlich georgisiert.

Anmerkungen

1 Deutschland und Armenien 1914–1918: Sammlung diplomatischer Aktenstücke. Hrsg. und eingel. von Johannes Lepsius. Potsdam 1919 (Reprint Bremen 1986): 20.000–30.000; Hovannisian, Richard G.: The Republic of Armenia, Vol. 1 (The First Year 1918–1919). Berkeley/Los Angeles 1971, S. 32: 15.000.

2 Nagornyj Karabach: Istoriceskaja spravka. Erevan 1988, S. 45.

3 Der Gesellschaft für bedrohte Völker (Göttingen) wurde im Juni 1988 eine Liste mit den Namen, teilweise auch Anschriften sowie Todesumständen von 52 armenischen Opfern übergeben.

Die Auslandsarmenier

Eine Reise nach Sowjetamenien kann schon in der Bundesrepublik beginnen. Denn etwa 15.000 Armenier leben gegenwärtig bei uns. 80 % von ihnen stammen aus der Türkei und gelten zu ihrem Leidwesen als »türkische Arbeitnehmer«, obwohl sie sich selbst als Flüchtlinge begreifen. In den industriellen Ballungszentren bzw. in den meisten Großstädten haben sich »unsere« Armenier zu Kultur- oder Kirchengemeinden zusammengeschlossen, die sich verschiedentlich mit Vorträgen und Kulturveranstaltungen an die deutsche Öffentlichkeit wenden. An einem solchen Abend kann man eine Menge Wissenswertes nicht nur über das Reiseland Sowjetarmenien, sondern auch über das komplizierte und innige Wechselverhältnis von Diaspora und Heimat erfahren.

Das Auslandsarmeniertum ist das Ergebnis der unruhigen armenischen Geschichte bzw. zahlreicher Zwangsumsiedlungen. Byzantiner und Perser griffen gleichermaßen zu diesem Mittel. Nach den Juden sind die Armenier das zweitälteste Diasporavolk der Welt, denn seit dem 11. Jh. wurden Vertreibung und Exil zum armenischen Durchschnittsschicksal. Heute leben über 2 Mio. Armenier in mehr als 80 Staaten der Erde, davon mindestens 750.000 in den USA. Die kulturell und politisch aktivsten Zentren bestehen im Nahen und Mittleren Osten, vor allem im Iran, Libanon (jeweils ca. 200.000 Armenier) und in Syrien (131.000). Der libanesische Bürgerkrieg (seit 1975) und die islamische Revolution im Iran (1979) haben allerdings zahlreiche Armenier dieser Staaten zur Flucht nach Europa oder in die USA getrieben. Die größte Armeniergemeinschaft Europas besteht in Frankreich (über 300.000), das den armenischen Anliegen politisch zwar recht tolerant begegnet, sich jedoch ebenso wie die USA (und im Grunde auch alle übrigen westlichen Industriestaaten) als »Assimilationsfalle« für den kulturellen Fortbestand von Minderheiten erwies.

Das Verhältnis von Heimat und Diaspora hat sich seit der Sowjetisierung Armeniens grundlegend gewandelt: Während in früheren Jahrhunderten die armenische Kultur nur dank der und in den Auslandsgemeinden überlebte, wird heute umgekehrt das Auslandsarmeniertum durch die publizistische, kulturelle und wissenschaftliche Aktivität Sowjetarmeniens gestärkt. Besondere Bedeutung für die Intensivierung der Beziehungen zwischen Diaspora und Heimat besaß 1964 die Gründung eines »Komitees für Kulturbeziehungen mit dem Auslandsarmeniertum«, das vier Publikationsorgane für die Diaspora herausgibt, auslandsarmenische Künstler durch Einladungen nach Sowjetarmenien fördert bzw. muttersprachliche Erzieher der auslandsarmenischen Gemeinden in Ferienkursen auszubilden hilft.

Wirtschaft und Umweltprobleme in einem kargen Land

Die Wirtschaft

Armenien war bis zum Zweiten Weltkrieg überwiegend ein Agrarland, in dessen Ebenen Getreide, Obst und Gemüse angebaut wurden, während in den höher gelegenen Gebieten Viehzucht (vor allem Fettschwanzschafe und Rinder) betrieben wurde. Immerhin sind heute noch 35 % der sowjetarmenischen Bevölkerung in der Landwirtschaft tätig. Landarmut, Wasserknappheit, gebirgiges Relief und steinige Böden waren seit alters her der Fluch der armenischen Bauern. Darum auch brachte Armenien eine der ältesten Bewässerungskulturen hervor. Die Verfahren der Bewässerung und zur Erschließung neuer Anbauflächen wurden gerade in den letzten Jahrzehnten auf wissenschaftlicher Grundlage weiterentwickelt. Dennoch dauert die Bodenknappheit an. 1982 verfügte Sowjetarmenien über nur 460.000 Hektar Ackerboden, d. h. daß auf einen Einwohner 83,4 % weniger Anbaufläche kommen als im sowjetischer Durchschnitt.

Um so bemerkenswerter ist die Tatsache, daß sich Armenien mit Gemüse und Obst selbst versorgt und sogar einen Teil seiner Erzeugnisse frisch oder als Konserven in andere Gebiete der UdSSR und selbst ins Ausland ausführt. Obst- und Weinanbau besitzen uralte Traditionen in Armenien. Zur Zeit Alexanders des Großen gelangte die Aprikose über Griechenland nach Europa. Sie trägt den botanischen Namen *Prunus armeniaca* (»Armenischer Pflaumenbaum«). Der römische Naturforscher Plinius Secundus der Ältere bezeichnete sie als *armeniaca mala*, als »armenische Äpfel«. Ebenfalls Weltruhm gewannen die Erzeugnisse des armenischen Weinstocks, vor allem die mit zahlreichen Medaillen ausgezeichneten armenischen Weinbrände. Daneben ist Armenien einer der wichtigsten Tabakerzeuger der Sowjetunion und mit 60 % der Hauptlieferant für das in der UdSSR gewonnene Geraniumöl, eine bei der Parfümherstellung verwendete Duftessenz.

Die Industrie Sowjetarmeniens entwickelte sich im wesentlichen erst nach 1945. Obwohl Armenien nur 0,13 % des sowjetischen Territoriums einnimmt und seine Bevölkerung ganze 1,1 % der Gesamtbevölkerung der UdSSR ausmacht, liegt sein Anteil an der sowjetischen Gesamtproduktion bei 35 %.[1] Die Anzahl der Industriebetriebe beträgt 600. Die Spezialisierung, die in der Wirtschaft der einzelnen Unionsrepubliken erkennbar ist, führte in Armenien zu Schwerpunkten im Maschinenbau, der Edel- und Buntmetall-Metallurgie (u. a. Kupfer, Molybdän), der chemischen, Nahrungs- und Leichtindustrie sowie der Herstellung von Baumaterialien aus den vulkanischen Rohstoffen des Landes (Perlit, Bimsstein, Tuff, Marmor, Granit, Basalt u. a.). Besonders entwickelt ist die elektronische und Radioherstellung, darunter die auch im Ausland bekannten Computer der Marken »Hrasdan« und »Nairi«.

Insgesamt werden über 200 in Armenien hergestellte Erzeugnisse in 90 Länder exportiert. Die Bundesrepublik erhält u. a. chemische Erzeugnisse.

Ökozid?

Die Umwandlung eines bis vor kurzem reinen Agrarlandes in einen modernen Industriestaat brachte für die Natur der Minirepublik Armenien zahlreiche schwerwiegende Belastungen. Zur Modernisierung der Feldwirtschaft und zur Energieerzeugung strapazierte man über Gebühr das Fluß- und Seensystem des Landes; da Sowjetarmenien weder Kohle noch Erdgas oder Erdöl besitzt, verwendet es 57 % seiner Wasserkraft für die Stromerzeugung. Das führte insbesondere zu einer dramatischen Senkung des *Sewan-Sees*, der »blauen Perle Armeniens« und größtem, auf fast 2.000 m Höhe gelegenen Hochgebirgssee der Welt. Durch den Bau einer Kaskade von Stau- und Wasserkraftwerken sollte sowohl eine gleichmäßige Bewässerung der fruchtbaren, aber trockenen Ararat-Ebene als auch Stromgewinnung erreicht werden. Zwar erlaubte die Absenkung des Sees tatsächlich die Gewinnung neuer, dringend benötigter Anbauflächen, aber dafür drohte nun dem herrlichen Bergsee der Untergang: Zwischen 1941 und 1980 sank sein Wasserspiegel um 19 m, und seine Ausdehnung verringerte sich um 200 km². Zur Entlastung des Sewan-Sees entschloß man sich zum Bau eines Atomkraftwerks in der Nähe des Dorfes *Mezamor* (Ararat-Ebene), das 1976 ans Netz ging. Nach der Reaktorkatastrophe von Tschernobyl am 26. 4. 1986 wurde das nur 24 km von der Millionenstadt Jerewan entfernte AKW Mezamor vorübergehend abgeschaltet. Wie ein sowjetarmenischer Sprecher im Frühsommer 1986 auf einer Pressekonferenz im Westen zugab, hatte das AKW bereits 1982 eine geringfügige Menge radioaktiven Gases ausgestoßen[2]; Kritiker des AKW sprechen sogar von über 150 ernsten Zwischenfällen seit seiner Inbetriebnahme, bei denen radioaktives Gas und verseuchtes Wasser ausgetreten seien.[3] Soweit dieser wenig überzeugende Versuch, den Sewan-See durch »sauberen« Atom-Strom zu entlasten.

Auch ein anderer Rettungsversuch erbrachte bisher wenig Resultate: Um den Wasserpegel zu heben, zapfte man die Flüsse *Arpa, Worotan* und *Getik* an. Für die Umleitung des Arpa wurde 1963–1980 ein Stollen in einer Tiefe von teilweise 1.200 m durch die Wardenis-Gebirgskette getrieben. Da aber der Arpa-Sewan-Tunnel nahe bzw. im Gebiet eines tektonischen Bruches liegt und sich unter dem enormen Bergdruck zu verformen begann, mußte er am 30. 1. 1986 stillgelegt werden. Doch selbst bei einer Wiederinbetriebnahme scheint fraglich, ob der Sewan mit seiner besonderen, wasserstoffarmen Zusammensetzung wirklich zu retten wäre.

Das Umweltbewußtsein hat sich in der Sowjetunion seit den 70er Jahren immer lauter artikuliert. Die Proteste werden im Unterschied zum Westen nicht von alternativen Basisgruppen und Initiativen getragen, sondern von akademischen, intellektuellen oder im Kunstbereich tätigen Wortführern, die in der Öffentlichkeit hohes Ansehen genießen und daher für Repressionen weniger anfällig sind. Bereits von Tschernobyl richteten 350 besorgte sowjetarmenische Wissenschaftler, Lehrer, Schriftsteller und Studenten am 31. 3. 1986 einen Brief an den Generalsekretär des ZK der KPdSU, Michail Gorbatschow.[4] Darin schilderten sie die Umweltsituation Sowjetarmeniens, insbesondere die Lage in der von zwei Dritteln seiner Bevölkerung bewohnten Ararat-Ebene, als katastrophal: ein Großteil der armenischen Flüsse ist biologisch tot, die Luftverschmutzung dramatisch. Die Unterzeichner wiesen ferner auf eine Vervierfachung der Krebserkrankungen im Zeitraum zwischen 1965 und 1985 sowie auf die Zunahme von Tot- und Mißgeburten hin. Hauptverursacher seien die chemische Industrie sowie das AKW Mezamor, deren Kontrolle bzw. Abschaltung daher dringlichst gefordert wurde. Außerdem verlangten sie die Aufgabe eines auf dem 27. Parteitag der KPdSU gefaßten Plans zum Bau eines weiteren, noch leistungsstärkeren AKW gegenüber dem bereits im Betrieb befindlichen Kraftwerk von Mezamor sowie einer Deponie für radioaktive Abfälle; es sei menschlich, aber auch finanzpolitisch unverantwortlich, Kernkraftwerke in einem so dicht besiedelten und zudem erdbebengefährdeten Gebiet zu errichten.

Nachdem dieser Protestbrief ohne erkennbare Wirkung geblieben war und auch unter dem Schock von Tschernobyl demonstrierten Anfang September 1987 erstmalig 200 Armenier im industriellen Süden Jerewans gegen die Luftverschmutzung durch Chemiewerke. An einer zweiten, von den Behörden genehmigten Demonstration am 17.10.1987 beteiligten sich bereits 3.000 Menschen. Ganz offen wurde jetzt die Industrialisierung Armeniens als »Verbrechen am armenischen Volk« bezeichnet; hinter dem Ökozid-Vorwurf stand die Erkenntnis, daß ernste Umweltfehler in dem kleinen Land die Existenz der Bevölkerung viel unmittelbarer bedrohen als in Rußland oder Sibirien. Aus diesem Grund verschmolz die sowjetarmenische Umweltbewegung 1988 endgültig mit der Massenbewegung für nationale Selbstbestimmung und Demokratisierung und errang erste Siege wie die weitgehende Stillegung des stark luftverschmutzenden Jerewaner Industriekombinats »Nairit«. Im März 1989 erfolgte die Stillegung des AKW Mezamor; nur um Haaresbreite war Sowjetarmenien einer Nuklearkatastrophe während des Erdbebens 1988 entgangen. Andere, gleichfalls vermeidbare Katastrophen fanden dagegen statt: Anfang Mai 1989 wurden 78 Armenier Opfer einer Giftemission einer Fabrik in Alawerdi, für deren Schließung die Arbeiter schon vor Wochen mit Demonstrationen und Hungerstreiks gekämpft hatten.

Sowjetischen Veröffentlichungen ist zu entnehmen, daß bei der Energieerzeugung Erdöl (1982: 38, %) und Erdgas (26,1 %) noch immer die Hauptrolle spielen. Der Anteil der Kernkraft an der Energiegewinnung lag 1982 bei nur 1,8 %[5], doch soll die Zahl der Reaktoren bis zum Jahr 2000 fast verdoppelt werden. Alternative, umweltfreundliche Formen der Energiegewinnung sind z. T. noch gar nicht über das Experimentierstadium hinaus, so z. B. die thermonukleare Synthese, die Sonnenenergie, die Wärme des Erdinneren und die Windkraft. Die Geothermalenergie dient jedoch bereits in einigen trans- und nordkaukasischen Städten und Ortschaften zur Heizung sowie Warmwasserversorgung (z. B. in Tbilissi und Sugdidi, beide in Georgien). In Armenien wäre die Sonnen- und Windenergie ausbaufähig.

Die Geschichte der sowjetarmenischen Energiewirtschaft steckt voller Widersprüche, ja Sarkasmen: In diesem wasserarmen Land ging man bis in die 50er Jahre verschwenderisch mit Wasser um; man senkte den Sewan-See um jährlich 1,5 m, ohne das Wasser wirklich volkswirtschaftlich voll zu nutzen.[6] Bis zur Stillegung seines AKW produzierte Armenien Strom weit über den Eigenbedarf hinaus. Es belieferte nicht nur seine transkaukasischen Nachbarn, sondern im Rahmen eines türkisch-sowjetischen Abkommens auch den Großteil der Osttürkei (des einstigen Westarmeniens); 1982 handelte es sich um 17 Mrd. Kilowattstunden, die Sowjetarmenien an die Türkei abgeben mußte.[7] Es wurde bis an den Rand der Nuklear- und Ökologiekatastrophe getrieben, um ausgerechnet jenen Staat zu beliefern, in dem Armenier nach wie vor verfolgt und unterdrückt werden.

Anmerkungen

1 Petrossjan, Gawriil: Die sozialistischen Sowjetrepubliken: Armenien. Moskau 1982, S. 27.

2 *Libération arménienne*, Paris, 15.–30. 6. 1986, S. 6.

3 *Libération arménienne*, Paris, 1.–15. 10. 1986, S. 6.

4 Eine französische Übersetzung des Briefes erschien in *Libération arménienne*, Paris, 1.–15. 10. 1987, S. 6f.; die deutsche Übersetzung in *Pogrom*, 18. Jg., 1987, Nr. 135, S. 52–55; ebenfalls in: Armenien – Völkermord, Vertreibung, Exil. Menschenrechtsarbeit für die Armenier 1979–1987. Hrsg. von Tessa Hofmann und Gerayer Koutcharian. Göttingen/Wien 1987, S. 131–133 (pogrom; themen. 1).

5 Manguschew, Kamil: Energiewirtschaft. Moskau 1985, S. 11.

6 Sarkisyanz, Manuel: A Modern History of Transcaucasian Armenia: Social, Cultural and Political. Nagpur 1975, S. 343.

7 Gaspard, Armand: Le combat arménien: entre terrorisme et utopie. Lausanne 1984, S. 95.

Die Schwestern von Anahit, Medea und Tamar: Frauen in Armenien und Georgien

Mythen und Mittelalter: Matriarchalische Reste

Die Frauen, so versicherten mir immer wieder Angehörige beider Geschlechter in Georgien, werden seit alters verehrt und geachtet. In der Tat spricht einiges in der Kultur Georgiens und auch Armeniens für diese Behauptung: bronzezeitliche Mutter- und Fruchtbarkeitsidole ebenso wie die Tatsache, daß die indo-iranische Fruchtbarkeitsgöttin *Anahit* nirgends stärker als in Armenien verehrt wurde. Im Swanetien galt *Dali* als weiblicher Jagd-Genius und Herrin des gehörnten Bergwildes. Den Namen beider Göttinnen tragen noch heute viele Armenierinnen bzw. Georgierinnen. Auch *Medea*, die machtvolle Magierin und Tochter des kolchischen Herrschers, blieb Namensgeberin in Georgien. Und bis heute gehören magische Praktiken (Traumdeutung, Kaffeesatzlesen, Heilkunde) zum weiblichen Alltag im Transkaukasus.

Verlassen wir die Mythologie und wenden wir uns der Geschichte zu. Hier überrascht die große Bedeutung adeliger Frauen bei der Einführung des Christentums: Noch bevor die Könige Trdat und Mirian in Armenien bzw. Ostgeorgien das Christentum zur Staatsreligion erhoben, bekannten sich ihre Schwester bzw. Gattin zum neuen Glauben. In Armenien ranken sich die Überlieferungen über die Christianisierung um die Jungfrau *Hripsime* und die Äbtissin *Gajaneh*, in Georgien verkündete gar eine Apostolin, die *Hl. Nino*, auf Geheiß der Gottesmutter das Christentum. Armenische Adelsfrauen legten das erste Blutzeugnis für das Christentum ab: so die Königstochter *Sanducht*, die, vom Apostel Thaddeus bekehrt, gemeinsam mit diesem auf Befehl ihres Vaters den Märtyrertod erlitt. Dieser ersten Heiligen der armenischen Kirche folgte die *Hl. Schuschanik*, die sich ihrem im Dienst der masdaistischen Perser stehenden Ehemann widersetzte und ihrem Glauben treu blieb, worauf sie ihr Gatte zu Tode foltern ließ. Die Jungfrau *Sahakducht* (8. Jh.) ist uns als erste Dichterin und Komponistin Armeniens überliefert. In Armenien und Georgien traten Frauen des Hochadels als Stifterinnen von Kirchbauten und Klöstern hervor – ein Beweis dafür, daß sie über eigene Geldmittel verfügten (freilich ohne je in armenischen Stifterreliefs aufzutreten, die nur stellvertretend die Söhne der Stifterin zeigen). Alle aber überragt die georgische Bagratidenkönigin *Tamar*, deren Schönheit, Klugheit und staatsmännisches Geschick jahrhundertelang die Phantasie des Volkes zu Legenden anregten. Die höfische Kultur, die unter Tamars Herrschaft ihre Blüte erreichte, prägte lange das Ideal der georgischen Mädchenerziehung. So erhielten Bräute ein Schachspiel und ein Exemplar des Poems »Der Recke im Tigerfell« als Mitgift, und es wurde erwartet, daß sie aus diesem unversiegbaren Quell georgischer Aphorismen zu schöpfen wußten.

Auch die Sprachbetrachtung fördert manche Relikte des Matriarchats zutage: »Mutterstadt« und »Mutterkirche« nennt man im Armenischen und Georgischen eine Hauptstadt bzw. die Hauptkirche eines Klosters. »Muttersäulen« heißen die Hauptpfeiler des ostgeorgischen Darbassi-Wohnhaustyps. Man schwor die heiligsten Eide bei dem Leben, den Augen und der Milch seiner Mutter. Doch erbringt die Sprachanalyse auch weniger zufriedenstellende Ergebnisse: »Mann« und »Mensch« sind, wie auch im Englischen, im Armenischen und Georgischen synonyme Begriffe. »Die besten Freunde des Menschen (Mannes)«, so sagt ein georgisches Sprichwort, »sind das Pferd und die Frau«.

Armenierin mit dem typischen Mundschleier

*Traditionelle
Kinderwiege*

Patriarchalische Neuzeit

Im Widerspruch zum mythologischen und mittelalterlichen Befund berichten uns Reisende und Forscher des 19. und frühen 20. Jh. von der untergeordneten Stellung, ja dem Elend der Frauen in Armenien und Georgien. Das gilt besonders für die Frau bei den georgischen Gebirgsstämmen. In Swanetien betrieb man bis in die Neuzeit die Ermordung neugeborener Mädchen als Folge von Armut und Überbevölkerung (die erwachsenen männlichen Swanen reduzierten sich durch Blutfehden).[1]

Das armenische Familienleben trug ausgeprägte patriarchalische Züge. An der Spitze der mehrere Generationen umfassenden Großfamilie stand ein männliches Oberhaupt, dessen Anordnungen alle bedingungslos folgten. Der Familienzusammenhalt wurde dadurch gesichert, daß nur der älteste Sohn erbberechtigt war, seine jüngeren Brüder und ihre angeheirateten Frauen mußten also in seinem Haushalt ausharren. Nur beim Tod des Familienoberhaupts übernahm bisweilen dessen Witwe die Führung in der Familie. Die jungen Mädchen wuchsen zwar bis zu ihrer Pubertät sehr frei heran, verglichen mit ihren Geschlechtsgenossinnen bei den muslimischen Nachbarvölkern. Das änderte sich aber mit der Ehe, die früh und in der Regel nach Absprache der Eltern geschlossen wurde. Bei Frauen lag das Heiratsalter bei 14–15 Jahren, bei Männern bei 18–20 Jahren. Danach zog die Braut in den Haushalt ihrer Schwiegereltern. Bis zur Geburt ihres ersten Kindes wahrte sie Schweigen, das sie nur im Gespräch mit ihrem Mann durchbrach. Nach der Geburt gewann sie ihr Rederecht zurück, allerdings mit aller Zurückhaltung: sie sprach nicht ungefragt und vor allem nicht in Gegenwart von Fremden. Ihre Kinn- und Mundpartie bedeckte ein Schleier, eine äußerliche Anpassung an die muslimische Umwelt und wohl auch ein Schutz vor begehrlichen Blicken. Mädchen- und Frauenraub waren häufige Verbrechen der muslimischen Bevölkerung an ihren christlichen Nachbarn. Um sie zu verhindern, verheiratete man die Mädchen möglichst früh, teilweise sogar in – formaler – Kinderehe. Bis heute tragen ältere Frauen in ländlichen Gebieten Sowjetarmeniens den Mundschleier. Kamen männliche Gäste ins Haus, zogen sich die Frauen zurück. Eine gleichberechtigte Stellung und Macht gewannen sie erst in fortgeschrittenem Alter und als Schwiegermütter. Die Macht über die jungen Schwiegertöchter war fast uneingeschränkt und wurde, wie auch die kritisch-realistische Literatur Armeniens zeigt, teilweise als späte Rache für die eigene Demütigung und Erniedrigung mißbraucht.

Konservative Rollenbilder, wirtschaftliche Zwänge, juristische Gleichstellung
Die Sowjetisierung Armeniens und Georgiens und vor allem die Modernisierung – das Stadtleben sowie die Landflucht allen voran – haben die Isolation des traditionellen Frauenlebens durchbrochen. Dennoch ändern sich generationenalte Werte und Normen in einer im Grunde patriarchalisch-konservativen Gesellschaft nur langsam. Noch heute gelten Demut, Bescheidenheit, Hausfraulichkeit und Mütterlichkeit, Sittenstrenge und Treue als weibliche Tugenden und Ziele der Mädchenerziehung. Die Armenierin soll vor allem *namus* besitzen, menschliche Ehre, Würde und Ansehen, sowie das *namus* ihres Mannes wahren und mehren. Sie soll »wie eine Mauer« hinter ihm stehen, absolut zuverlässig und bereit, ihn zu verteidigen, wenn andere ihn verleumden oder Zweifel in ihr zu wecken versuchen. Sie wird sich niemals »gehen« lassen (öffentlich rauchen, trinken, mit fremden Männern tanzen, unpassende Kleider tragen). Äußerlich wünschen sich die Armenier und Georgier ihre Frauen anmutig und schlank, mit heller Haut und blonden Haaren (durch Puder und Sonnenschirme erhalten Georgierinnen ihre natürliche Hellhäutigkeit). Die Heirat mit Angehörigen anderer Völker, die abweichende Moral- oder Ehevorstellungen besitzen, wird tunlichst vermieden (es sei denn, die Frau verläßt ihre Heimat). Zwar hat die Liebesheirat das Ehearrangement durch die Eltern fast völlig abgelöst, aber das Ehe- und Familienleben in Armenien und Georgien unterscheidet sich immer noch deutlich von unseren, durch Kleinstfamilien und größere Liberalität geprägten Verhältnissen. Dieser Kontrast zeigt sich übrigens auch im Vergleich zum »freisinnigeren« Rußland. Nach wie vor gilt die Ehe als lebenslange Verpflichtung. Scheidungen bleiben selten. 1979 kamen zum Beispiel auf 1.000 Ehen in Jerewan nur 2,1 Scheidungen, in Tbilissi 2,9, in Moskau dagegen 5,5 und im noch stärker »westlich« geprägten Riga sogar 6,6.[2] Ehe und Mutterschaft werden als selbstverständliche Stationen eines Frauenlebens aufgefaßt. Geheiratet wird, auch aufgrund der wie in allen sowjetischen Städten andauernden Wohnungsknappheit[3], früh, und zwar bei den armenischen Mädchen noch früher als im sowjetischen Durchschnitt. Kinderlosigkeit gilt als unerwünscht und kommt praktisch nur krankheitsbedingt vor.

Gleichzeitig ist aber infolge der Modernisierung und Industrialisierung der Anteil berufstätiger Frauen erheblich gestiegen. In der gesamten UdSSR sind über 90 % der Frauen erwerbstätig, davon über die Hälfte nicht freiwillig, sondern weil ein zusätzliches Einkommen für die Familien unverzichtbar ist. »Die Teilnahme der Frauen an der gesellschaftlichen Produktion ist tatsächlich in bedeutendem Maße eine ökonomische Notwendigkeit«, heißt es in einer Broschüre der sowjetischen Presseagentur Nowosti von 1985. Denn auch die sowjetische Wirtschaft kommt ohne die Frauen nicht aus. Das war nicht immer so. Bis zum ersten sowjetischen Fünfjahresplan (1928) bestand in der Sowjetunion ein Arbeitskräfteüberschuß und entsprechend Arbeitslosigkeit. In jenem Zeitraum wurde auch die Ehe- und Familienpolitik relativ liberal gehandhabt. Die 1905 im Ergebnis der ersten russischen Sozialrevolution legalisierte Abtreibung wurde erst 1936 verboten, als die Auguren der Vorkriegszeit einen Mangel an Arbeitskräften für den zukünftigen Wirtschaftsaufschwung bzw. an Soldaten auf den Schlachtfeldern des heraufziehenden Weltkrieges zu erahnen begannen (zuvor hatten die Zwangskollektivierung und der stalinistische Terror Millionen Sowjetbürgern das Leben gekostet). Daher annullierte man einfach das Recht auf den eigenen Körper und stellte den Schwangerschaftsabbruch ohne medizinische Indikation wieder unter Strafe. Zugleich wurde die Erforschung und Propagierung empfängnisverhütender Mittel eingestellt und die Ehescheidung erschwert. Die revolutionären Frauenkomitees (*schenotdely*), die nach der Revolution gefördert wurden, löste man bereits Ende der 20er Jahre auf – angeblich bestand kein Bedarf und Anlaß mehr. Der Zweite Weltkrieg trieb, wie in Europa auch, die Frauen in die Fabriken und in die Landwirtschaft, als Ersatz für die männlichen Arbeitskräfte. Die im Transkaukasus erst nach dem Weltkrieg intensiv betriebene Industrialisierung machte die Frauenarbeit unentbehrlicher denn je. Im Zusammenhang mit dem Wirtschaftsaufschwung kam es 1955 zu einer erneuten Freigabe der sozialen Indikation bei Schwangerschaftsabbrüchen, die Ehescheidung wurde erst 1968 wieder erleichtert. Nach wie vor aber gilt die Ehe in der UdSSR als »Keimzelle der Gesellschaft« und erwünschte Sozialeinrichtung. Aus der Stalinzeit beibehalten wurde die Prämierung von Gebärfleiß: 357.000 Frauen der UdSSR, die zehn Kinder geboren und großgezogen haben, wurden mit dem Orden »Mutterheldin« ausgezeichnet, fast fünf Millionen tragen den Orden »Mutterruhm« und etwa 11,8 Millionen die »Mutterschaftsmedaille«.

Das Verhältnis zur Abtreibung blieb zwiespältig: Einerseits will man Bevölkerungszuwachs (vor allem in Georgien, wo die Bevölkerungsentwicklung stark rückläufig ist), andererseits kann man auch nicht auf die Berufstätigkeit der Frauen verzichten. Außer den fahrradschlauchartigen, zudem unzuverlässigen Präservativen, die bezeichnenderweise im Volksmund auf russisch »Galoschen«, im Armenischen »Mützchen« heißen, stehen kaum Verhütungsmittel zur Verfügung, so daß die Abtreibung zur Hauptmethode der Geburtenkontrolle wurde. Nach Angaben der Weltgesundheitsorganisation wird ein Viertel aller Schwangerschaftsabbrüche auf der Welt in der UdSSR durchgeführt, deren Bevölkerung jedoch nur 5–6 % der Weltbevölkerung ausmacht. Die überwiegende Mehrzahl der Abtreibungen erfolgt durch die Frauen selbst bzw. medizinisch nicht ausgebildete Personen, und selbst in den Krankenhäusern wird unter miserablen hygienischen Bedingungen abgetrieben, in der Regel als Ausschabung ohne Narkose und schmerzstillende Mittel. So verpaßt man den Frauen zusätzlich eine Art Denkzettel, in Zukunft besser »aufzupassen«. Als Folge der Häufigkeit der Abtreibung – manche Frauen treiben bis zu zwanzigmal ab, sieben Schwangerschaftsabbrüche sind der sowjetischen Durchschnitt – sowie der katastrophalen medizinische Verhältnisse, unter denen sie durchgeführt werden, liegt die Zahl von Fehl- und Frühgeburten in der UdSSR besonders hoch. Auch die hohe Säuglingssterblichkeit der Sowjetunion – sie lag 1986 mit 26 im ersten Lebensjahr verstorbenen Säuglingen auf 1.000 Geburten noch knapp hinter Rumänien – wird auf die Abtreibungshäufigkeit zurückgeführt. Jede Frau, die in einem Krankenhaus abtreiben lassen will, muß sich zuvor einem Beratungsgremium stellen, das ihr den Abtreibungswunsch oft auszureden versucht, besonders in jenen Republiken, deren Bevölkerungsentwicklung rückläufig oder stagnierend ist. Eine Reihe von Sozialmaßnahmen soll zusätzlich die Gebärbereitschaft steigern. Dazu gehören vor allem der bezahlte Schwangerschaftsurlaub (56 Tage vor und 56 Tage nach der Geburt) sowie ein einjähriger teilbezahlter Mutterschaftsurlaub. Auf Wunsch kann die Frau hieran ein weiteres Jahr unbezahlte Freistellung vom Beruf anschließen. Der Arbeitsplatz bleibt ihr in dieser über zweijährigen Mutterschaftspause erhalten.

Sowjetische Darstellungen zur Sozial- und Familienpolitik weisen lautstark auf die völlige gesetzliche und soziale Gleichstellung der Frauen hin: auf gleichen Lohn für gleiche Arbeit, auf die Bevorzugung der Frauen beim Rentenalter (bei Frauen mit 55, bei Männern mit 60 Jahren), auf die Zugänglichkeit sämtlicher Bildungswege und fast aller Berufe für Mädchen und Frauen (mit Ausnahme von körperlich schweren sowie gesundheitsschädlichen Berufen). Manche Berufe wie der des – schlecht bezahlten – Lehrers sind ähnlich wie bei uns Frauendomänen (über 70 %); aber auch 70 % der – ebenfalls schlecht bezahlten – Ärzte sind Frauen. Abweichend von unseren Verhältnissen stellen die sowjetischen Frauen bei den Ingenieuren fast zwei Drittel. In den Kultureinrichtungen sind fast drei Viertel der Beschäftigten Frauen. Allerdings beträgt ihr Anteil unter den Parteimitgliedern nur 27 % (im *Komsomol*, der Jugendorganisation der KPdSU, bilden dagegen die Frauen und Mädchen noch über die Hälfte der Mitglieder).

Die juristische Gleichstellung der Frauen in der UdSSR hat nichts daran geändert, daß sie in den höchsten, teilweise auch mittleren politischen, gesellschaftlichen und wirtschaftlichen Führungspositionen unterrepräsentiert sind. Im Unterschied zu uns sehen viele Frauen in der Sowjetunion hierin keinen direkten Beweis für Benachteiligung. Ihre Mehrfachbelastung als Berufstätige, Mütter und Hausfrauen verhindert, daß Frauen dieselben geradlinigen Karrieren durchlaufen wie Männer. Ihre traditionelle Erziehung, die auch von den gesellschaftlichen und politischen Erziehungsinstanzen unterstützt wird, hilft ihnen, sich mit dieser Tatsache als naturgegeben abzufinden. Das biologische Schicksal der Frau – Mutterschaft und Kinderaufzucht – wird nicht in Frage gestellt. Die Männer unterliegen ebenfalls einer traditionellen Rollenerziehung. In Armenien und Georgien wird ihnen beigebracht, daß sie als Ernährer für ihre Familie verantwortlich sein müssen, in einem dort noch immer umfassenderen Sinn. Denn es fiele keinem Armenier oder Georgier ein, die eigenen

Geheiratet wird in der Sowjetunion möglichst „bürgerlich", mit vielen Verwandten und Freunden sowie weißem Brautkleid.

Eltern in ein Altersheim abzuschieben. Da sowjetische Renten weit unter unseren Leistungen liegen, erwarten die Eltern von ihren Kindern Unterstützung im Rentenalter. Und wenn auch ein Mann in Armenien und Georgien heute meist kein Alleinernährer seiner Familie mehr ist, bleibt er doch deren Haupternährer. Eine Rolle als Hausmann oder auch bloßes Teilen von Haushalt und Erwerbstätigkeit wird als mit dem männlichen Selbstbild unvereinbar abgelehnt.

Erfahrungen
Geschlechterrollen prägen das Leben der Männer und Frauen in Armenien und Georgien noch immer und weit stärker als bei uns. Dazu gehören u. a. Gehorsam und Achtung gegenüber den Eltern und der älteren Generation ganz allgemein, auch als Erwachsener. Selbst schon Familienvater, achten noch immer viele Armenier darauf, nicht in Gegenwart ihres Vaters zu rauchen. Tritt dieser plötzlich ins Zimmer des Sohnes, wird die Zigarette hinter dem Rücken versteckt. Der Vater tut, als bemerke er weder den Rauch noch den Aschenbecher. So können alle Beteiligten den Schein waren. Erwachsene, seit Jahren berufstätige Frauen rauchen natürlich in Anwesenheit ihres Vaters ebenfalls nicht, oft nicht einmal in Anwesenheit des Ehemanns. Eine georgische Freundin verriet mir, sie kaue Lorbeerblätter, wenn sie von gemütlichen Kaffee-

kränzchen mit Freundinnen nach Hause käme:»Dann riecht keiner den Zigarettenrauch.« Diese Freundin war 38 Jahre alt.

Bei meiner Arbeit in einer Bibliothek in Tbilissi stellte ich fest, daß die Aschenbecher in den Korridoren ausschließlich von Männern umlagert waren. Als ich mich dazugesellen wollte, warfen sie mir derart giftige Blicke zu, daß ich verzichtete. Beim Toilettengang entdeckte ich dann die Raucherecke für die Frauen: Auf der Toilette, umgeben von Spülungsgeräuschen und üblen Gerüchen, sogen junge Leserinnen wie ehrwürdige bejahrte Wissenschaftlerinnen an ihren Glimmstengeln.

Ebenfalls abschreckend fand ich die Erfahrung, nicht in der Mensa willkommen zu sein. Nachdem ich dort mehrmals gefrühstückt hatte, fiel mir die lastende Stille auf, die meine Anwesenheit auslöste. Eine georgische Heim-Mitbewohnerin klärte mich auf: Es sei nicht üblich, daß Frauen in der Mensa essen. Ich solle dies lieber in meinem Zimmer tun. Das geschah 1975. Mag sein, daß sich seither einiges geändert hat. Aber noch immer stelle ich fest, daß Restaurants in georgischen Kleinstädten fast nur von Männern besucht werden. Ehefrauen und Freundinnen läßt man zu Hause (in Armenien geht es in dieser Hinsicht liberaler zu: Die Frauen werden zu Betriebs- und Geburtstagsfeiern ins Restaurant mitgenommen). Da es den Georgiern natürlich bald langweilig wird, verlegen sie sich auf die »Anmache« von Nicht-Georgierinnen, meist Russinnen, ein Flirt, dessen Mißverständnisse fast immer vorprogrammiert sind.

Sind unsere Schwestern in Armenien und Georgien unter diesen Voraussetzungen glücklich? Ich möchte fast ja sagen. Schon äußerlich strahlen sie ein beneidenswertes Selbstbewußtsein, Stolz und Erotik aus, neben der wir uns oft plump und gehemmt fühlen. Hineingeboren in eine Gesellschaft mit engen, schützenden Familienbanden (bis hin zur Günstlings- und Vetternwirtschaft, falls die Familie einflußreich ist), verteidigt von einer fortschrittlichen, egalistischen Gesetzgebung, gefördert durch ein Bildungssystem, das ihnen zahlreiche Möglichkeiten eröffnet, von denen ihre Großmütter nie zu träumen wagten, profitieren sie vom Alten und Neuen zugleich. Identitätskrisen und qualvolle Selbstfindungsprozesse erwarten nur diejenigen, die allzu sehr aus ihrer Geschlechtsrolle fallen. Ein hoher Preis für die uneingeschränkte Zustimmung zur »biologischen Aufgabe der Frau« ist jedoch die anstrengende Mehrfachbelastung. Vor allem auf dem Land fühlen sich viele sowjetische Frauen, nämlich zwei Drittel, durch ihre Zwei- und Dreifachaufgaben körperlich überfordert.[4] Und in keinem vergleichbaren Industrieland müssen Frauen so schwere körperliche Arbeit leisten wie in der Sowjetunion, als Bauarbeiterinnen, in der Straßenreinigung oder auf dem Land. Entsprechend schnell verläuft der Alterungsprozeß.

Natürlich erzieht eine auf Rollenverhalten stärker festgelegte Gesellschaft auch zu größerer Anpassung und Konservatismus. Individualismus und Selbstverwirklichung, Ego-Trip und Seelenkult sind nicht die Ziele dieser Menschen. Noch nicht?

Als Ausgleich für den geringen Spielraum an Individualität bietet diese Leben etwas sehr Wertvolles, das bei uns, unter ganz anderen Bedingungen, erst ansatzweise und mühsam neuersteht: die gleichgeschlechtliche Solidarität der

Frauen (und der Männer) untereinander. Freundschaften enden nicht mit der Ehe oder der Scheidung. Freundinnen sind oft engere Vertraute als der eigene Ehemann (der seinerseits viel Zeit zur Pflege seiner Freundschaften aufwendet). Man tauscht Klatsch und Vertraulichkeiten mit den eigenen Geschlechtsgenossinnen aus, umarmt und küßt sich mit unbefangener Körperlichkeit und als Ausgleich zur Befangenheit gegenüber dem anderen Geschlecht. Frauen sind hier eben Frauen, Männer bleiben Männer.

Anmerkungen

1 Radde, Gustav Ferdinand Richard: Vier Vorträge über den Kaukasus. Gotha: Justus Perthes, 1874, S. 60.
2 Mouradian, Claire: Sowjetarmenien nach dem Tode Stalins. Köln 1985, S. 11 (Berichte des Bundesinstituts für Ostwissenschaftliche und Internationale Studien. 1985, 11.)
3 Nur Verheiratete haben Aussicht, eine eigene Wohnung zugewiesen zu bekommen. Allerdings sind selbst dann die Wartezeiten lang. Das junge Paar muß oft noch jahrelang bei den Eltern wohnen, wobei bisweilen nur in der Küche oder in einem ausgebauten Balkon »Wohnraum« besteht.
4 Baum, Renate: Die berufstätige Frau in der Sowjetunion. In: Gesundheitspolitisch relevante Probleme der neuen Gesetzgebung in der DDR wie auch in Ungarn und der UdSSR. Hrsg. von Hans.Harmsen. Hamburg 1977, S. 136.

Religion und Kirche Armeniens

Vorchristliche Kulte und Götterwelt

Die Verehrung der Elemente Feuer und Wasser reicht in Armenien in weit vorurartäische Zeit zurück. Im Historischen Museum Jerewan sowie im Ethnographischen Museum von Sardarapat sind runde Kultöfen aus Lehm aufgestellt; innen werden sie durch stilisierte Stierköpfe (ein Sonnensymbol) in drei Segmente geteilt. Seit dem 3. vorchristlichen Jahrtausend bildeten diese Feuerstätten den geheiligten Mittelpunkt des armenischen Hauses. Vier Jahrtausende später prüften die Seldschuken die Nationalität der von ihnen gefangenen Krieger, indem sie sie an ein Lagerfeuer setzten: Die Armenier verrieten sich dadurch, daß sie das Feuer nie verlöschen ließen. Man hat sie darum auch das »Volk der Herdhüter« genannt.

Seit dem 2. vorchristlichen Jahrtausend sind sogenannte *Wischapner* (meist als »Drache« übersetzt) nachgewiesen. Es handelt sich um Stelen, deren Enden die bronzezeitlichen Steinmetze das Aussehen von Widderköpfen oder Fischen verliehen. Sie wurden im Zusammenhang mit dem Wasser- und Fruchtbarkeitskult vor allem in der Nähe von Gewässern errichtet und kommen besonders zahlreich in der Sewan-Gegend vor.

Außer den Elementen Feuer und Wasser verehrten die Einwohner des Armenischen Hochlandes schon früh die Gestirne. Der Sternenglaube erscheint als natürliche Folge der günstigen Voraussetzungen, die die Höhe des Landes sowie die klaren Sichtverhältnisse für die Sternenbeobachtung schufen. An erster Stelle stand die Verehrung des Himmelskörpers Sonne, als deren irdisches Abbild das Feuer galt. Spuren des Sonnenkults haben sich bis in heutige Redewendungen erhalten: Die Grußformel »barew« (»Guten Tag!«) setzt sich aus »bari arew« (wörtl.: »gute Sonne!«) zusammen, während »Guten Morgen!« wörtlich »Gutes Licht!« (»bari lujs!«) bedeutet. Die Sonnen- und Lichtverehrung waren so stark, daß ihr auch die Baumeister des christlichen Armeniens Rechnung trugen, indem sie die Altarseite stets nach Osten, also in Richtung der aufgehenden und lebenspendenden Sonne, ausrichteten. Dem Sternenglauben begegnet man noch heute im Zusammenhang mit dem allgemein im Orient sehr verbreiteten Schicksalsglauben; so pflegen sich junge Armenier im nächtlichen Sternenhimmel ihren persönlichen Schicksalsstern auszusuchen. Dem Mond, der den Armeniern als liebliche Schwester der Sonne galt, wurde besondere Zauberkraft zugeschrieben. Bis heute besteht der Glaube, daß sich ein Wunsch erfüllt, wenn man den Vollmond bei seinem ersten Erscheinen unverwandt anblickt.

Ferner erhielten sich in Verbindung mit Schlangenkulten totemistische Vorstellungen bis in die Gegenwart. So glaubt man, daß die Schlangenart »Lortuk« den Armeniern blutsverwandt und ihnen daher ungefährlich sei. Als Hausschlange galt sie, ähnlich den römischen Manen, als Beschützerin des Hauses, des Herdes bzw. der Familie, aber auch einer ganzen Gegend. Die Schlange der armenischen Märchen ist häufig Trägerin der Weisheit und, wie bei den alten Griechen, der Heilkunst. Sie vermittelt ihre Geheimnisse Menschen, die ihr Gutes erwiesen.

Die Götterwelt der Urartäer ist uns durch Ausgrabungen und die Entzifferung der urartäischen Keilinschriften bekannt, die von 79 verschiedenen männlichen und weiblichen Gottheiten Kunde geben. An ihrer Spitze standen die Hauptgötter *Chaldi* (Staats- und Kriegsgott) mit seiner Gattin, der Fruchtbarkeitsgöttin *Arubani*, der (von den Hethitern übernommene) Wettergott *Tejscheba* und *Ardini (Schiwini)*, der Sonnengott.

Mit dem politischen Zerfall des urartäischen Reiches ging ein wachsender Kultureinfluß der benachbarten iranischen Völker – Meder, später Parther und Perser – einher, so daß der Götterhimmel des vorchristlichen Armeniens von dort manchen Impuls empfing. Zu den wichtigsten Göttern indoeuropäischer Provenienz gehörten *Wahagn, Aramasd* und *Anahit,* die in Armenien noch stärker als im Iran verehrt wurde. Als indo-iranische Fruchtbarkeitsgöttin stand sie seit alters her in enger Verbindung mit dem Wasserkult. Ihr Name leitete sich von «an-ahita« (»makellos«, »unbefleckt«) her, ihr Wahrzeichen, der Granatapfel, wurde sogar in die christliche Symbolik Armeniens integriert. Im Frühjahr und Herbst feierte man zu Ehren der Anahit große Feste. In der Spätantike wurde sie mit der hellenistischen Artemis gleichgesetzt.

Der Himmels- und Erdgott Aramasd ist die armenische Variante des altpersischen Hauptgottes Ahuramasda, während der Sonnengott Wahagn einige Gemeinsamkeiten mit den wedischen Göttern des alten Indien aufweist.

Zu den Hauptgöttern des vorchristlichen Armeniens zählte auch die besonders in Südarmenien verehrte Liebes- und Fruchtbarkeitsgöttin *Astrik* (»Sternchen«), deren Name darauf hinweist, daß sie eine mit dem Venusstern gleichgesetzte Astralgottheit war. Ihre heilige Blume war die Rose (arm.: *ward*), die auch Astriks Fest, *Wardawar*, den Namen verlieh. Das christliche Armenien übernahm den beliebten Festtag als »Christi Verklärung« (am siebten Sonntag nach Pfingsten). Noch immer besprengen sich Armenier an diesem Tag mit Rosenwasser oder einfachem Wasser. *Mihr* war ein ursprünglicher armenischer Sonnengott und Sohn des Aramasd, der unter dem Einfluß des Masdaismus Züge des iranischen Mithras annahm.

Christianisierung und Entwicklung zur Nationalkirche

Nach armenischer Überlieferung fallen die ersten christlichen Missionsversuche noch in die Apostelzeit. Zwei Jünger aus dem Zwölferkreis Jesu, nämlich *Judas Thaddeus* und *Bartholomäus*, sollen in Armenien viele Jahre gewirkt und dort um das Jahr 66 und 68 den Märtyrertod gefunden haben. Aus der Apostelmission leitet die armenische Kirche ihre Bezeichnung »Heilige rechtgläubige armenisch-apostolische Kirche« her, die sie in denselben Rang wie die römisch-katholische Kirche erhebt.

Weitere Christenverfolgungen um 110, 230 und 287 zeugen von der frühen Verbreitung der neuen Religion in Armenien. Zu wirklichem Durchbruch gelangte das Christentum jedoch erst 301, als der *Hl. Grigor* (gest. 325) den damaligen König Trdat III. bekehrte, der daraufhin das Christentum zur Staatsreligion erhob. Die armenisch-apostolische Kirche ist damit die älteste bestehende Staatskirche der Welt. Nach Grigor, dem die armenische Kirche den Beinamen »Erleuchter« *(Lussaworitsch)* verlieh, wird sie oft auch als »gregorianisch« bezeichnet.

Die Christianisierung Armeniens ging zunächst vom Hof und vom Adel aus, während die Landbevölkerung und vor allem die Frauen weiterhin den alten Göttern huldigten. Einer wirksamen Verankerung des Christentums stand auch der Umstand entgegen, daß die Kleriker oft Ausländer, Griechen oder Syrer waren und die Lesung der Heiligen Schrift bzw. der Gebete im Gottesdienst in Griechisch oder Syrisch erfolgte. Gegen Ende des 4. Jh. empfand man den Mangel an einer Bibelübersetzung außerordentlich stark. Im Auftrag des Königs Wramschahpuh und mit Unterstützung des Katholikos Sahak Partew (348–439) machte sich darum der Mönch *Mesrop Maschtoz* (362–440) an die Übersetzung der Heiligen Schrift. Dieses 433 abgeschlossene Vorhaben setzte zunächst die Schaffung eines eigenen Alphabets voraus, das Mesrop im Jahre 405 entwickelt hatte. Seine 36 Buchstaben – im Mittelalter kamen unter westeuropäischem Einfluß die Buchstaben f und o hinzu – entsprechen vollkommen dem armenischen Lautsystem und sind bis heute gebräuchlich.

Die Übersetzung des Alten Testaments erfolgte anhand der griechischen Fassung der Septuaginta, wobei auch die syrische Version berücksichtigt wurde. Sie war sogar zunächst die einzige Vorlage, da die persische Regierung nach der ersten byzantinisch-persischen Teilung Armeniens (387) sämtliche griechischen Bücher in ihrem Einflußbereich hatte vernichten lassen, um den griechisch-byzantinischen Einfluß zurückzudrängen. Syrisch war damals die einzige von den Sassaniden geduldete Kirchensprache. Das zwang Mesrop und seine Schüler, auf den unter oströmischer Vorherrschaft befindlichen Teil Armeniens auszuweichen. Die Übersetzung des Neuen Testaments erfolgte nach syrischen Vorlagen und wurde im 8. Jh. anhand griechischer Fassungen kontrolliert.

Ihre Unabhängigkeit vom kappadokischen Erzbistum erlangten die Armenier bereits 374, nachdem der kirchenfeindliche König *Pap* das einflußreiche Kirchenoberhaupt (Katholikos) Nerses vergiftet hatte und der Erzbischof von Cäsarea, Basileios, sich weigerte, einen neuen Katholikos für Armenien zu weihen. Pap reagierte mit der eigenmächtigen Ernennung ihm gefügiger Kleriker. Zu jener Zeit auch wurde die Residenz des Katholikos in die Hauptstadt Wararschapat (heute: Etschmiadsin) verlegt, während sie sich zuvor am Familiensitz der Familie Grigors in Taron (Südarmenien) befunden hatte.

Der Heilige Stuhl des armenischen Katholikos ist im Unterschied zum apostolischen Sitz von Rom an keinen bestimmten Ort gebunden. Das erwies sich im Verlauf der wechselvollen armenischen Geschichte als großer Vorteil. Meistens befand sich das Katholikat in der jeweiligen Residenzstadt. Nach der Eroberung Kilikiens durch die Mameluken beschloß eine Synode 1441 die Rückverlegung des Katholikats nach Wararschapat, wo Trdat einst das Christentum zur armenischen Staatsreligion erhoben hatte. Damit endete die über ein Jahrtausend während »Periode der Wanderschaft«. Da sich jedoch der damalige Katholikos dem Umzug widersetzte, kam es zur Entstehung des »Hohen Hauses von Kilikien«, eines regionalen kilikisch-armenischen Katholikats mit Sitz in Sis neben dem »Heiligen Stuhl« des »Katholikos-Patriarchen aller Armenier« in Etschmiadsin. Darüber hinaus bestanden zwei weitere Lokalkatholikate: das auf die Insel Achtamar und einige Dörfer am Wan-See beschränkte Katholikat (1113–1895) sowie das albanische Katholikat (302–1815), das seit dem 8. Jh. von armenischen Geistlichen geführt wurde und seit Ende des 14. Jh. seinen Sitz im Kloster Gandsassar in Arzach (Karabach) hatte. Außerdem richteten die Mameluken bzw. Osmanen zwei armenische Patriarchate in Jerusalem (1311) und Konstantinopel (1461) ein, um den Einfluß des außerhalb ihres Herrschaftsbereichs amtierenden Katholikos von Sis bzw. Etschmiadsin auf ihre armenischen Staatsbürger so gering wie möglich zu halten.

Solche Spaltungen überstand die armenische Kirche nur deshalb, weil in Armenien schon früh das Bekenntnis zur Kirche mit der Verteidigung des eigenen Volkstums verschmolzen war. Als ruhmvollstes Beispiel der Glaubenstreue gilt die Schlacht von Awarajr am 26. 5. 451: 66.000 Armenier stellten sich damals einer persischen Übermacht von 220.000 Kriegern, nachdem der persische Schah Jasdegerd II. im Jahre 449 den Armeniern die zoroastrische Religion hatte aufzwingen wollen. Bis heute gedenken Kirche und Volk jährlich des Führers des Aufstandes, *Wardan Mamikonjan*, und seiner Getreuen als Märtyrer für Glauben und Vaterland.

Der Volksaufstand gegen das Glaubensdiktat Persiens verhinderte die Teilnahme der Armenier am Konzil von Chalcedon (8. 10. 451), auf dem erneut die Frage der Verbindung der göttlichen und menschlichen Natur Christi verhandelt wurde. Als sie Ende des 5. Jh. mit den Konzilsbeschlüssen konfrontiert wurden, erblickten die Armenier in ihnen eine Revision des vorherigen Konzils von Ephesos (431), auf dem sich Kyrill von Alexandria mit seiner Formel von der »einen vereinten Natur des fleischgewordenen Gottes« gegen den Bischof Nestorios durchgesetzt hatte. Die armenische Kirche bekennt entsprechend, »daß Christus einer Natur sei, in der alle menschlichen als auch alle göttlichen

Merkmale vollkommen erhalten waren, ohne irgendein Durcheinander, irgendeine Vermischung oder Verwandlung«. Eine ausdrückliche Verurteilung der in Chalcedon erfolgreichen byzantinischen Position »der zwei Naturen Christi« erfolgte 554/555 und 607 auf den nationalkirchlichen Synoden von Dwin. Der Bruch mit Byzanz war danach vollkommen.

Die armenische Kirche bildet somit gemeinsam mit den Kopten, den Abessiniern und den Syrisch-Orthodoxen die Gruppe der frühen Kirchen des Ostens (vor-chalcedonensische Kirchen), für die nur die ersten drei gesamtkirchlichen Konzilien (Konstantinopel, Nikäa, Ephesos) verbindlich sind, während für die orthodoxen Kirchen sieben Konzilien Gültigkeit besitzen. Nach eigenem Selbstverständnis zählt die armenische Kirche nicht zu den Monophysiten, obwohl sie dieser Richtung häufig zugerechnet wurde, oft unter vulgärtheologischer Auslegung des Monophysitismus als alleinigem Bekenntnis zur göttlichen Natur Christi. Die Unterschiede zwischen der byzantinisch-dyophysitischen und der armenischen Position sind in Wahrheit gering, so daß uns die theologischen Zwiste des 5. und späterer Jahrhunderte heute haarspalterisch erscheinen. Daß sie dennoch zum Kirchenschisma mit wechselseitiger Verfluchung und jahrhundertelangen Gegensätzen, ja Feindschaften führten, hat seine Ursachen letztlich im politisch-kulturellen Beharrungswillen der Armenier und ihrer dadurch erklärbaren Absage an alle byzantinischen Gefolgschaftsansprüche.

Thronsitz des armenischen Katholikos in Etschmiadsin

Dank ihrer frühen Eigenständigkeit sowie in den folgenden Glaubenskämpfen gewann die armenische Kirche mithin schon ab dem 5. Jh. ihren nationalkirchlichen Charakter. Zu ihren unverwechselbaren Merkmalen gehört, daß sie sich weder, wie die (west-)römische Kirche, zur Gegenmacht des Staates aufzuschwingen versuchte, noch sich zum Cäsaropapismus der Byzantiner verleiten ließ, sondern der nationalen Staatsmacht, in erster Linie aber der Nation verpflichtet blieb. In den langen Perioden fehlender oder stark eingeschränkter Eigenstaatlichkeit ersetzte sie die Staatsmacht und sicherte den Zusammenhalt des Volkes, auch und gerade in der Diaspora. Bis in die Gegenwart hinein ist sie die erste, im Grunde auch die einzige Integrationsinstitution des weltweit verstreuten armenischen Volkes, und in dieser Eigenschaft kommen ihren Geistlichen bis heute

Schiedsrichteraufgaben zu, wenn es gilt, interne armenische Streitigkeiten zu schlichten. Mit Ausnahme der beiden ersten Jahrhunderte, als die Armenier aus politischen Gründen die Missionierung im benachbarten Ostgeorgien und Albanien (dem heutigen Nordwestaserbaidschan) betrieben, verzichtete die armenische Kirche auf jegliche Fremdmission. Sie war aber das Rückgrat des nationalen Widerstandes sowohl gegen die masdaistische, später muslimische Religions- und Assimilationspolitik der Perser, als auch gegen die vor allem im 7. Jh. verschärften Gleichschaltungs- und Unterdrückungsversuche der christlichen Byzantiner. Ähnlich wie jahrhundertelange Fremdherrschaft und Unterdrükkung bei Polen und Iren den Katholizismus zum Grundpfeiler ihres nationalen Selbstbehauptungswillens gegen orthodoxe Russen bzw. protestantische Engländer machten, erleichterte das Bekenntnis zur armenisch-apostolischen Nationalkirche das Überleben der Armenier; die fast vollständige Übereinstimmung von religiösem Bekenntnis und nationaler Zugehörigkeit erinnert jedoch am stärksten an die Juden, mit deren Schicksal und Besonderheiten das armenische Volk manche Gemeinsamkeit besitzt. Dies unterscheidet sie zugleich von ihren muslimischen wie christlichen Nachbarn, denn Islam und Christentum sind in erster Linie übernationale Religionen.

Dennoch entgingen die Armenier nicht vollständig westkirchlichen Missionsversuchen. Zur Zeit des armenischen Reiches von Kilikien (11.–14. Jh.) waren die Beziehungen zu Westeuropa, den Kreuzfahrern und Franken besonders eng und rückten Armenien in das Blickfeld der römisch-katholischen Kirche. Eine dauerhafte Union mit Rom erfolgte jedoch erst 1742 durch den kilikischarmenischen Katholikos Abraham Ardziwjan, wobei die Selbständigkeit der Kirchenverwaltung und Armenisch als Liturgiesprache gewahrt blieben. Das armenisch-unierte Katholikat von Kilikien befand sich seit 1743 im Dorf Kreim (Kurrayam) in den Libanonbergen, dann im Marienkloster von Bzommar bei Beirut (1749–1867) und seit 1929 in Beirut. Die Zahl Armenisch-Unierter wird derzeit auf 243.000 bzw. 7 % der armenischen Gesamtbevölkerung geschätzt.

Evangelische Missionsversuche unter Armeniern gingen zu Beginn des 19. Jh. zunächst von britischen und russischen Bibelgesellschaften, später von Amerikanern und Deutschen aus. Ebenso wie bei der katholischen Mission wurden auch diesmal das mit der Missionierung verbundene Bildungsangebot sowie die sozialen und medizinischen Einrichtungen der Missionsanstalten von der armenischen Bevölkerung des Osmanischen Reiches gern genutzt, doch weckten die Erfolge das Mißtrauen des armenisch-apostolischen Patriarchats und führten 1844 zur Ausstoßung der neuen evangelisch-armenischen Gemeinschaft. Heute bildet die armenische Diaspora in den USA das Zentrum des armenischen Protestantismus, wobei die meisten den Presbyterianern angehören. Der Anteil von Protestanten an der armenischen Gesamtbevölkerung liegt vermutlich nur bei 3 %.

Die Sowjetzeit
Die Sowjetisierung (Rest-)Armeniens brachte, wie auch in anderen Ländern der Sowjetunion, weitgehende Einschränkungen der Kirchenfreiheit und -privilegien: so am 17. 12. 1920 die Verstaatlichung aller kulturellen Einrichtungen der Kirche, am 28. 12. 1920 des Grundbesitzes und am 31. 12. 1920 das Verbot

religiöser Gegenstände und Messen in den Schulen. Im Gegensatz zu den georgischen und russischen Kirchenführern widersetzte sich der damalige Katholikos *Geworg V.* nicht diesen Maßnahmen. In den 20er Jahren erfolgte eine intensive atheistische Propaganda. Der Landbesitz des Klosters von Etschmiadsin wurde am 12. 4. 1928 für die genossenschaftliche Nutzung freigegeben. 1929 wurden, mit zwei Ausnahmen, sämtliche Geistliche aus Jerewan deportiert, die Kirchen geschlossen und zerstört. Emigrantenberichten zufolge erreichte die Kirchenverfolgung ihren Höhepunkt in den Jahren des stalinistischen Terrors (1936–1939): Geheimdienstangehörige sollen den damaligen Katholikos *Choren I.* in der Nacht vom 6. 4. 1938 im Kloster Etschmiadsin ermordet haben. Das Amt des Katholikos blieb daraufhin bis zum 22. 6. 1945 unbesetzt.

Ab September 1943 kam es zu einer spürbaren Lockerung der Kirchenpolitik. Der sowjetischen Führung schien es unter Kriegsbedingungen ratsam, die nationalen bzw. religiösen Gefühle, die bei breiten Bevölkerungskreisen im multiethnischen Sowjetreich trotz atheistischer und internationalistischer Propaganda noch vorhanden waren, zu berücksichtigen. Neue, wenn auch weniger schmerzliche Repressionen setzten in der Regierungszeit Nikita Chruschtschows ein. Obwohl für die armenische Kirche dieselben Einschränkungen ihrer Tätigkeit wie für alle übrigen Kirchen der UdSSR galten – z. B. bei der Ausbildung von Priesternachwuchs, Verbot jeglicher Religionsunterweisung (bis 1988) oder des Neubaus von Kirchen – so genoß sie in Sowjetarmenien doch ein recht hohes Maß an Eigenständigkeit, wohl mit Rücksicht auf ihren Einfluß bei den über 2 Mio. Auslandsarmeniern. An der theologischen Akademie von Etschmiadsin werden nicht nur Kleriker für den seelsorgerlichen Dienst in der UdSSR, sondern auch in der weltweiten Diaspora ausgebildet. Die Anzahl der Seminaristen, von denen die meisten aus dem Nahen Osten stammen, lag 1979 bei etwa 100. 1972 zählte die armenisch-apostolische Kirche weltweit 38 Bischöfe, von denen 32 außerhalb der UdSSR amtierten, 120 Priester und einige Mönche. Das Kloster Etschmiadsin unterhält eine eigene Druckerei, die 1975 das Neue Testament druckte; die Auflage der Monatszeitschrift *Etschmiadsin* liegt bei 5.000.

70 % aller neugeborenen Sowjetarmenier sollen getauft sein, Erwachsene lassen häufig ihre Taufe nachholen. Ein Großteil der Ehen wird auch kirchlich geschlossen. In 40 Kirchen Sowjetarmeniens wird Messe gelesen (Stand: 1977), doch stehen auf Befehl des Katholikos auch alle übrigen Kirchen Betern und Pilgern zur stillen Andacht offen. Sowjetarmenien ist die einzige Sowjetrepublik, wo kein Obolus für den Besuch »musealer« Sakralbauten entrichtet werden muß.

Dem seit 1955 amtierenden Katholikos *Wasgen I.* (geb. 1908 in Bukarest) liegt die Instandhaltung bzw. der Wiederaufbau kirchlicher Baudenkmäler ganz besonders am Herzen. Er hat für diese Zwecke ein Sonderkomitee gegründet und wurde schon 1962 von der kirchlichen Nationalversammlung mit dem Titel »Erbauer-Katholikos« geehrt. Auch die Beziehung zum kilikisch-armenischen Katholikat wurde während der Amtszeit Wasgens erheblich verbessert. Seit 1929 befindet sich der Amtssitz des kilikischen Katholikos in Antelias bei Beirut. Viele Auslandsarmenier erblickten nach der Sowjetisierung Armeniens und der Verfolgung der dortigen Kirche im Fortbestand des kilikischen Katholikats außerhalb der UdSSR eine Gewähr für die politische Unabhängigkeit ihrer Kirche. In den 50er Jahren überschatteten der Ost-West-Konflikt und der Kalte Krieg die Beziehung der Katholikate. In Beirut lieferten sich Anhänger der beiden Kirchenführer blutige Straßenschlachten. Der Besonnenheit der derzeitigen Katholikoi sowie ihrer Vorgänger ist es zu verdanken, daß seit 1963 eine Aussöhnung eingeleitet und die Gefahr einer tiefgreifenden Kirchenspaltung abgewendet wurde. Dazu trugen nicht zuletzt auch die verbindlichen Absprachen über die jeweiligen Amtsbereiche bei. So unterstehen heute Katholikos *Garegin II.* von Beirut der Libanon, Syrien, Kuweit, Zypern, Teile Nordamerikas sowie seit 1957 der Iran und Teile der Diözese Athen, die vorher zu Etschmiadsin gehörten. Die in der Bundesrepublik lebenden Armenier unterstehen kirchenrechtlich dem Heiligen Stuhl in Sowjetarmenien.

Obwohl durch Teilung und – vor allem in der Türkei und im Iran – sogar durch Verfolgung in ihrer Tätigkeit behindert, blieb die armenisch-apostolische Kirche der ökumenischen Bewegung der Gegenwart nicht fern. Im Sommer 1962 wurde sie offiziell in den Weltkirchenrat aufgenommen.

»Wildkatze unter den Sprachen – Armenisch«

Die dornige Talsprache des Ararat,
Wildkatze unter den Sprachen – Armenisch,
Raubsprache all jener Städte aus Lehm,
das Idiom verhungernder Ziegel.

(Ossip Mandelstam: Armenien.
Gedichte und Notizen. 1930)

Armenisch rechnet, mit den slawischen und iranischen Sprachen, zum östlichen Zweig (Satem-Sprachen) der indoeuropäischen Sprachfamilie, ohne mit einer anderen Sprache nähere Gemeinsamkeiten zu besitzen. Seine Stellung ist ebenso isoliert wie die des Albanischen und Griechischen. Die Urverwandtschaft mit den indoeuropäischen Sprachen belegen zahlreiche Beispiele, etwa: *majr* – Mutter; *dur* – Tür; altarm.: *ducht* – Tochter; *nstel* (setzen, sitzen) – Nest; *Berd* (Festung) – Burg; *du* – du; *lujs* – Licht; *nusch* – Nuß usw.

Der jahrtausendealten Nachbarschaft zu iranischen (Meder, Parther, Perser) und semitischen Völkern in Mesopotamien verdankt das Armenische zahlreiche Lehnworte. Vor allem der Bestand an iranischen Lehnworten ist seit der Partherzeit erheblich. Betrachtet man dagegen den Lautbestand des Alt- und heutigen Ostarmenischen, fallen die Gemeinsamkeiten mit den nicht-indoeuropäischen Kaukasussprachen, vor allem dem Georgischen, auf. Mit ihm teilt Armenisch die dreifache Unterscheidung (Tenuis, Tenuis aspirata, Media) der Verschlußlaute (»Kaukasische Trichotomie«):

b	– p'	(Kehlkopfverschluß)	– p''	(starke Aspiration)
d	– t'	"	– t''	" "
g	– k'	"	- k''	" "
ds	– ts'	"	– z	" "
dsch	– tsch'	"	– tsch' '	" ".

Zutreffend nannte darum der französische Sprachwissenschaftler A. Meillet Armenisch eine indoeuropäische Sprache im Munde von Kaukasiern. Der nicht-indoeuropäische Charakter des Armenischen ergibt sich allerdings vermutlich nicht aus der Nachbarschaft zu den Georgiern, sondern stammt aus dem beiden Völkern gemeinsamen alt-kleinasiatischen Erbe (Churritisch, Urartäisch).

Sprachgeschichtlich unterscheidet man Alt-, Mittel- und Neuarmenisch. Die Literatursprache des Altarmenischen wird als *Grabar* bezeichnet und bis heute als Kirchen- und Kanzelsprache benutzt. In dieser Form wurde das Altarmenische erstmals zu Beginn des 5. Jh. schriftlich fixiert, nachdem *Mesrop Maschtoz* mit seinem armenischen Alphabet die Grundlagen für die Bibelübersetzung sowie die Entwicklung einer eigenen armenischen Literatursprache geschaffen hatte. Der altarmenischen Literatur dieser Periode lag die Sprache am damaligen Königshof von Wararschapat (heute: Etschmiadsin) zugrunde.

Als Literatursprache wurde Grabar ab dem 11. Jh. durch die Kanzlei- und Umgangssprache am kilikisch-armenischen Hof verdrängt, der der in Kilikien und im Taurus (Sejtun, Hadschn, Marasch, Killis, Alexandria usw.) gesprochene armenische Dialekt jener Zeit zugrunde lag. Im Mittelarmenischen bereitete sich zugleich jene Lautverschiebung vor, die im Neuarmenischen zur Entstehung von zwei Sprachzweigen führte, dem West- bzw. Ostarmenischen. Während Ostarmenisch in seinem Lautbestand die ursprünglichen Verhältnisse bewahrte, gab das Westarmenische mit den Tenuis auch die typisch transkaukasische Dreireihigkeit des Konsonantensystems auf. Außerdem weisen beide Sprachzweige Unterschiede in der Grammatik und natürlich im Wortschatz auf.

Denkmal des Mesrop Maschtoz am Matenadaran in Jerewan

Ostarmenisch wird in der UdSSR (Sowjetarmenien, übriger Transkaukasus, Rußland, sonstige Sowjetrepubliken) sowie von der armenischen Diaspora im Iran und in Indien gesprochen. Die in Westarmenien bzw. den Grenzen der Türkei vor 1914 lebenden Armenier sprachen weitgehend Westarmenisch. Die heutige Trägerin des Westarmenischen ist die armenische Diaspora im Nahen Osten, vor allem im Libanon und Syrien, in Frankreich und zum größten Teil in den USA. Die meisten Armenier in der Bundesrepublik stammen aus der Türkei und sprechen somit Westarmenisch. Die Verständigung zwischen Ost- und Westarmeniern ist vor allem für diejenigen schwierig, die nicht die jeweilige Literatursprache beherrschen, sondern nur einen armenischen Dialekt sprechen. Je geringer die Sprachkultur, um so »befremdlicher« erscheinen vom eigenen Dialekt abweichende Formen des Armenischen. Intellektuelle mit einer guten muttersprachlichen Ausbildung haben dagegen kaum Schwierigkeiten, Vertreter des anderen Sprachzweiges zu verstehen.

Im 17. und 18. Jh. entstand das Neuarmenische, zu dessen Merkmalen die bereits erwähnte Spaltung in Ost- und Westarmenisch gehört. Neuarmenisch wird von nicht-armenischen Sprachwissenschaftlern oft mit *Aschcharhabar* gleichgesetzt. Der Gegensatz Aschcharhabar – Grabar, wie ihn armenische Sprachwissenschaftler beschreiben, meint jedoch das Spannungsfeld von »Laien«- bzw. »weltlicher Sprache« (*aschcharhabar*) und der später zur Kanzelsprache erstarrten Schriftsprache Grabar (von *grel* = schreiben). Es ist eher ein stilistischer Unterschied als ein Gegensatz von »neu« und »alt«. Ebenso wie das Mittelarmenische entwickelte auch Aschcharhabar eine Literatursprache. Sie entstand etwa zeitgleich sowohl im Ost- wie Westarmenischen um die Mitte des 19. Jh.: dort auf der Grundlage des Dialektes von Jerewan, im Westarmenischen auf der Grundlage des in Konstantinopel gesprochenen Armenisch; in dieser Stadt lebte seit dem Jahre 572 eine Armeniergemeinschaft. Um 1880 bildeten die Armenier mit einer Viertelmillion einen erheblichen Anteil an der Gesamtbevölkerung der damaligen türkischen Hauptstadt. Der armenischen Gemeinde Konstantinopels gehörten zahlreiche Künstler, Wissenschaftler und Publizisten an, weswegen der in diesem Kulturzentrum der Westarmenier gesprochene Dialekt »tonangebend« für die westarmenische Literatursprache wurde. Die aktuelle Entwicklung der ostarmenischen Literatursprache bestimmt die sowjetarmenische Publizistik, während die Presse- und Bucherzeugnisse der armenischen Gemeinde Beiruts maßgeblich für die westarmenische Literatursprache sind.

Im Unterschied zu den europäischen Sprachen kommt Armenisch grundsätzlich ohne Fremd- oder Lehnwörter aus den toten Reservoirsprachen Latein und Altgriechisch aus. Das verdankt es der Tätigkeit der sogenannten »hellenophilen Schule«, die zwischen 572 und 610 zahlreiche theologische und philosophische Werke aus dem Griechischen übersetzte. Für viele Abstrakta, für die es im damaligen Armenischen noch keine Entsprechungen gab, mußten die Übersetzer Neuschöpfungen vornehmen. Dabei verpflanzten sie nicht einfach ein Fremdwort ins Armenische, sondern bildeten nach dem Bau des griechischen Wortes einen entsprechenden Begriff (Lehnübersetzung), z. B.: das griechische Wort »Geographie« wurde mit *aschcharhagrutjun* übersetzt, das sich zusammensetzt aus *aschcharh* (Erde, Land), dem Bindevokal a, dem Verb *grel* (schreiben) und dem Suffix *-utjun*, das man zur Bildung von Abstrakta verwendet. Auf dieselbe Weise wird bis heute verfahren, falls Wortneuschöpfungen erforderlich werden: man greift auf den Bestand des eigenen Wortschatzes zurück. Der französische Ethnologe E. Dulaurier hob bereits 1854 dieses Verfahren als Beleg für die Flexibilität und Entwicklungsfähigkeit des Armenischen hervor.[1] Abschließend einige Worte zum Formenbestand des Armenischen: Es kennt kein grammatisches Geschlecht, allerdings ein Suffix *-uhi* zur Bildung weiblicher Bezeichnungen (*ussanor* – Student; *ussanoruhi* – Studentin). Ein an das Substantiv angehängtes -e oder -n drückt die Bestimmtheit des Hauptwortes aus (*hajre* – der Vater). Die Pluralbildung erfolgt bei einsilbigen Substantiven meist auf -er, bei mehrsilbigen auf -ner. Die Beugung des Substantivs besitzt sieben Fälle. Auch das Zeitsystem ist komplizierter als im Deutschen: Es weist Präsens, Imperfekt, Aorist, Perfekt, Plusquamperfekt sowie zwei Futurformen auf. Präpositionen sind sehr selten, Postpositionen dagegen die Regel.

Unter den etwa 2.800 Sprachen dieser Welt nimmt Armenisch mit derzeit ca. 7 Mio. Sprechern nicht die geringste Stellung ein. Zur Zeit des kilikisch-

Das armenische Alphabet

Ա	ա	a	Մ	մ	m
Բ	բ	b	Յ	յ	j
Գ	գ	g	Ն	ն	n
Դ	դ	d	Շ	շ	sch
Ե	ե	d (im Anlaut: je)	Ո	ո	o (im Anlaut „wo")
Զ	զ	s (stimmhaft)	Չ	չ	tsch" (stark behaucht)
Է	է	e (offen)	Պ	պ	p' (Kehlkopfverschluß)
Ը	ը	e (wie dt. „Junge")	Ջ	ջ	dsch (stimmhaft)
Թ	թ	t" (stark behaucht)	Ռ	ռ	r (gerollt)
Ժ	ժ	ž/sh (wie „Journal)	Ս	ս	s (stimmlos)
Ի	ի	i	Վ	վ	w
Լ	լ	l	Տ	տ	t' (Kehlkopfverschluß)
Խ	խ	ch	Ր	ր	r (frikativ)
Ծ	ծ	ts' (Kehlkopfverschluß)	Ց	ց	z (stark behaucht)
Կ	կ	k' (Kehlkopfverschluß)	Ւ	ւ	u
Հ	հ	h	Փ	փ	p" (stark behaucht)
Ձ	ձ	ds	Ք	ք	k" (stark behaucht)
Ղ	ղ	r (wie engl. „raven")	Օ	օ	o (geschlossen)
Ճ	ճ	tsch' (Kehlkopfverschluß)	Ֆ	ֆ	f

armenischen Königreiches (11.–14. Jh.) diente es sogar als Lingua franca im Mittelmeerraum und der Levante.
Es hat angesichts der Überlebens- und Entwicklungsfähigkeit des Armenischen nicht an ernsthaften wissenschaftlichen Stimmen gefehlt, diese Sprache zur offiziellen Sprache der internationalen Gemeinschaft zu erheben. Befürworter eines solchen Vorhabens waren u. a. die Anthropologen Margaret Mead, Sol Tax (Universität von Chicago), Rud. Maudley u. a.[2]

Anmerkungen
1 Dulaurier, E.: La société arménienne de Constantinople. In:»Le Revue des deux Mondes«, 15. 4. 1854, S. 211, zitiert nach: Baghdjian, Kévork K.: Le problème arménien: du négativisme turc à l'activisme arménien. Où est la solution? Montréal 1985, S. 26.
2 Baghdjian, ebd.

Armenische Literatur

> *Ich, Dichter aus Armenien,*
> *dem Land, wo Dunkel herrscht und Tod,*
> *singe mein Lied*
> *für alle, für alle, für alle,*
> *erneut,*
> *jetzt.*

(Jerische Tscharenz: Allpoem. 1920/21)

Mündliche Dichtung, Volksdichtung

Die vorchristlichen Mythen, Sagen und Epen sind uns nur fragmentarisch in *Mowses Chorenazis* »Geschichte Armeniens« (zweite Hälfte des 5. Jh.) und vor allem durch *Grigor Magistros* (um 1050) überliefert. Sie berichten u. a. von der Geburt des Sonnengottes Wahagn, vom ungleichen Kampf des armenischen Stammvaters Hajk mit dem Tyrannen Bel, vom felsenschleudernden Riesen Tork an der Schwarzmeerküste, der den Raub des goldenen Vlieses vereitelte (die Jerewaner haben sowohl Hajk als auch Tork Denkmäler gesetzt) sowie von der unerwiderten Liebe der Assyrerkönigin Schamiram (Semiramis) zu dem schönen Herrscher Ara; erzürnt über dessen Abweisung erklärte ihm Schamiram den Krieg. Ara fiel, von Schamiram tief betrauert. Anschließend zog sie mit ihrem Gefolge ab und errichtete sich am Wan-See eine prachtvolle Sommerresidenz mit den berühmten Gärten. Die armenischen Einwohner Wans brachten bis in die Gegenwart zahlreiche Urartäerbauten der Gegend mit Semiramis in Verbindung, so tief und dauerhaft war sie in die armenische Sagenwelt eingegangen. Freilich hat diese Gestalt armenischer und anderer antiker Sagen wenig mit der großen Herrscherin gemeinsam, die 810–805 v. Chr. Assyrien regierte, sondern trägt, besonders in der Lüsternheit ihrer armenischen Variante, Züge der Göttin Ischtar. Ihr Liebeskrieg gegen Ara erinnerte an ein ähnliches Motiv in Homers »Ilias«: die Amazonenkönigin Penthesilea, die in Haßliebe gegen den Griechenhelden Achilleus kämpft und von ihm getötet wird (spätere Autoren lassen Penthesilea erst über Achilleus siegen und dann Selbstmord begehen).

Die Epen und Heldenlieder ranken sich um geschichtliche Ereignisse und Persönlichkeiten seit dem zweiten vorchristlichen Jahrhundert, z. B. um die Könige Tigran den Großen, Artasches und Artawasd. Träger der Epik waren berufsmäßige Wandersänger (*Wipassaner*), die auf Adels- und Volksfesten ihre Gesänge zur Begleitung von Tänzen, Zimbeln sowie der Saitenzupfinstrumente Pandura und Bandirma vortrugen. Das junge Christentum versuchte alle Literaturformen zu unterdrücken, die keinen unmittelbaren Bezug zum neuen Glauben aufwiesen. Darum fielen auch die Feste der armenischen Barden und Rhapsoden (*Gussaner*) unter ihr Verdikt. Doch vergeblich. Die Freude der Armenier am Fabulieren, an der Kraft des dichterischen Wortes ließ sich selbst unter Androhung von Höllenqualen nicht gänzlich in das Korsett christlicher Moralvorstellungen zwängen. Gerade der vielfältigen Volksdichtung lebten Elemente des alten iranisch-zoroastrischen Glaubens an den Kampf zwischen Licht und Dunkelheit fort. In den armenischen Märchen beispielsweise stehen den Helden die sogenannten »feurigen« Wesen aus dem Reich des Guten bzw. Lichten zur Seite; geflügelte Feuerpferde vermögen, ähnlich dem griechischen Pegasus, den Helden über Meere und durch die Luft zu tragen. Die Helden streiten mit vielköpfigen Riesen, mit Drachen (*Wischapner*) und verschiedenartigen Verkörperungen der alten Windgeister (*Ajs, Dew*) um Äpfel der Unsterblichkeit oder »tausendstimmige« Nachtigallen, deren Gesang dürstende Gärten zu frischer Blüte erweckt.

Das bekannteste, oft auch als *das* Nationalepos bezeichnete Werk der armenischen Volksdichtung entstand vom 8.–10. Jh. Es behandelt die Herkunft und Taten von Dawid aus Sassun (»Sassunzi Dawid«), einer in Südarmenien gelegende Region. Im Unterschied etwa zum Nartenepos der nordkaukasischen Völker besingt das Nationalepos der Armenier keine titanenhaften Helden. Dawid aus Sassun ist zwar mit Riesenkräften ausgestattet, tapfer und edel, aber sterblich. Entstehungs- und Handlungszeit des Epos fallen in die Periode der Araberherrschaft und der armenischen Aufstände gegen das Kalifat.

Im Hoch- und Spätmittelalter (13.–18. Jh.) setzten die *Aschurner* die Kunst der Wipassaner und Gussaner fort. Diese den europäischen Minnesängern vergleichbaren Dichter trugen eigene oder fremde Lieder zur Begleitung von Sas, Tar und vor allem der Kamantscha vor, einer dreisaitigen Geige. Wie die Bezeichnung »Aschuch« (von arab.: *aschiq*, »verliebt«) andeutet, bildeten die Minne und das Frauenlob das Hauptthema ihrer Lieder, die in der Rhythmik, den Reimen sowie der Stophik arabischen und persischen Vorbildern folgten. Einige hatten sich türkische oder persische Künstlernamen zugelegt und dichteten gleich in den Sprachen der Nachbarvölker. Die Völkerkarte des Transkaukasus war in jenen Jahrhunderten außerordentlich bunt, und die Dichter stellten sich nicht nur auf das eigene nationale Publikum ein, sondern sangen unterschiedslos auch auf den Festen anderer Völker.

Als herausragender Lyriker erscheint in der düsteren Zeit der Mongolenherrschaft *Frik* (um 1300), der seine 51 langen Gedichte in der mittelalterlichen Volkssprache verfaßte. Ihn und alle anderen armenischen Sänger des Mittelalters übertrifft aber im 16. Jh. *Nahapet Kutschak*, der seine Verse nicht nur dem herkömmlichen Liebesthema widmete, sondern auch dem im 14. Jh. aufkommenden Panducht-Thema; es umfaßt das Heimweh und Leid jener Armenier, die vor Krieg, Gewalt und Not aus ihrer Heimat geflohen waren.

Ein später, gleichfalls sehr berühmter Vertreter der Aschurner ist *Sajat Nowa* (1712–1795), in Tbilissi geboren und gestorben. Er dichtete in armenischer, georgischer und vorwiegend aserbaidschanischer Sprache. Ursprünglich ein Tischler, brachte ihn seine außergewöhnliche Begabung an den Hof des georgischen Königs Erekle II., dem er zwischen 1750 und 1760 als Hofdichter diente. Neid und Mißgunst vertrieben ihn jedoch offenbar vom Hof. Nach dem Tod seiner Frau zog sich Sajat Nowa 1770 als Mönch in das nordarmenische Kloster Harchat zurück. Er starb während der Eroberung Tbilissis 1795 durch Schah

Denkmal des Dawid von Sassun, des Helden des armenischen Nationalepos, vor dem Jerewaner Hauptbahnhof

Agha Mohammad Chan. Die Überlieferung sagt, daß ihn der persische Herrscher aufgefordert habe, die Kirche, in der Sajat Nowa gemeinsam mit anderen Armeniern Zuflucht gesucht hatte, zu verlassen, um ihm als Sänger zu dienen. Als der Dichter ihm von der Schwelle aus mit einem Zweizeiler in aserbaidschanischer Sprache antwortete: »Ich verrate nicht meinen Gott/ noch verlasse ich das Gotteshaus«, ließ ihn der ergrimmte Schah auf den Kirchenstufen enthaupten. Dort, auf der Schwelle der armenischen Kirche Surb Geworg, befindet sich das Grab des im ganzen Transkaukasus verehrten Dichters.

Insgesamt sind 300 Namen armenischer »Troubadoure« und Minnesänger überliefert, von denen *Dschiwani* (1846–1907) einer der letzten namhaftesten war.

Die altarmenische Literatur

Die Schaffung eines armenischen Nationalalphabets durch den Mönch *Mesrop Maschtoz* im Jahre 405 eröffnete der armenischen Literatur weite Möglichkeiten. Dank der von Mesrop und dem Katholikos *Sahak Partew* begründeten Übersetzerschule konnten nicht nur binnen weniger Jahrzehnte die Bibel sowie Schriften der Kirchenväter ins Armenische übersetzt werden, sondern entfaltete sich gleichzeitig eine völlig eigenständige, wenn auch zutiefst vom Christentum geprägte armenische Literatur, deren Autoren fast ausschließlich dem Klerus entstammten. Noch Mesrop und Sahak wurden einige Hymnen bzw. Kanones zugeschrieben. Der Zeitraum zwischen 405 und 451 gilt als das »Goldene Zeitalter« der altarmenischen Literatur. Diesen Beinamen verdankt es nicht nur der Fülle von Autoren und Werken, sondern auch der Reinheit und Schönheit des Sprachstils. Der Fleiß der Mesrop-Schule und späterer Übersetzer bewirkte außerdem, daß viele antike und frühchristliche Werke trotz Verlustes des Originals für die Nachwelt erhalten blieben. Einen weiteren Beitrag zur Weltkultur leistete die altarmenische Literatur auf dem Gebiet der Historiographie, die bis in die Gegenwart hinein eine Lieblingsgattung des geschichtsbewußten armenischen Volkes geblieben ist. Ihr verdanken wir nicht nur Kunde von der Geschichte der Armenier, sondern auch zahlreicher anderer Völker. Zu den Großen der altarmenischen Literatur gehören *Jesnik Korbazi (Jesnik von Kolb)* und *Korjun*, beide Schüler des Mesrop. Jesnik hinterließ u. a. das wegen seiner sprachlichen Eleganz gerühmte polemisch-dogmatische Werk »Wider die Irrlehren« (der Heiden, des persischen Masdaismus, die Irrtümer der griechischen Philosophen sowie die Irrlehren des Gnostikers Markion). Korjun, ein Lieblingsschüler Mesrops, eröffnete die Reihe berühmter altarmenischer Historiker mit einer Biographie des Hl. Mesrop.

Als wichtigste Vertreter der früharmenischen Geschichtsschreibung gelten indessen *Mowses Chorenazi (Moses von Chorene)* und *Jerische (Elisäus)*. Chorenazis Hauptwerk bildete seine »Geschichte Armeniens» von Adam bis zum Tode Sahaks und Mesrops (440). Jerische verfaßte seine »Geschichte des armenischen Krieges« über die Glaubensschlacht von Awarajr unter Wardan Mamikonjan (451), ein Werk von »hinreißender Sprachgewalt und glühendem Patriotismus« (V. Inglisian).

Am Schnittpunkt bedeutender Handelswege, darunter der Seidenstraße, gelegen, stand Armenien früher als Europa im Kontakt mit technischen und naturwissenschaftlichen Kenntnissen des Orients. Armeniens Übersetzer erschlossen zudem das reiche Wissen und die Philosophien der Antike, die auch den arabischen Naturwissenschaften zugrunde lagen. Zu den bedeutendsten naturwissenschaftlichen Autoren Armeniens zählt der Philosoph und Mathematiker *Anania Schirakazi* (600–670). In seinen arithmetischen und meteorologischen Abhandlungen vertrat er, entgegen der offiziellen Kirchenlehre, die Auffassung von der Kugelgestalt der Erde. Die Überlegenheit der mittelalterlichen armenischen Medizin vor der zeitgleichen europäischen – etwa Hildegard von Bingens »Physica« – belegt die Abhandlung »Trost bei Fieber« (1184) des Arztes *Mchitar Herazi*: Sie ist frei von scholastischen Vorurteilen und zeichnet sich durch exakte Naturbeobachtungen aus. Sprachgeschichtlich ist diese Werk ebenfalls interessant, weil es in der zeitgenössischen Umgangssprache geschrieben wurde, »damit es jedem verständlich sei«.

Die altarmenische Dichtung wurde, sofern sie nicht die Tradition der vorchristlichen Epik bzw. der Volksdichtung übernahm, ebenso wie die historiographische, philosophische und dogmatisch-polemische Literatur stark von der christlichen Weltsicht ihrer Autoren geprägt. Die bedeutendsten Vertreter waren hier der Mystiker *Grigor Narekazi* (951–1003), ein gelehrter und tieffrommer Mann, und der *Hl. Nerses* (1102–1173) mit dem Beinamen *Schnorhali* (»der

Begnadete«, »der Anmutige«). Narekazis Hauptwerk, das »Buch der Klagegesänge«, bildet eine an Gott gerichtete Ansprache, die von den Anstrengungen des Menschen handelt, durch Leid zur Läuterung zu gelangen. Schnorhali ist Vertreter der kilikisch-armenischen Literatur, die im 12. Jh. die Führung in der armenischen Literaturentwicklung übernimmt. Ihr Stil ist realistisch einfach, dabei reich in der Ausdrucksweise, der Einfluß der hellenophilen Schule (572–610) mit ihrer wortwörtlichen Nachbildung des Griechischen wurde endgültig überwunden. Als Schnorhalis Hauptwerk gelten »Jesus der Sohn« (vollendet 1151), eine Heilige Geschichte in Form eines Gebets, sowie die »Elegie auf Edessa« (1145/46), die die von Verwüstungen und Massakern begleitete Eroberung dieser altehrwürdigen christlichen Stadt durch die Mameluken schildert.

Die neuarmenische Literatur

In Übertragung des französischen Begriffs *homme de lettres* lassen sich die Armenier als *nation de lettres*, als literarisches Volk, bezeichnen, da es nicht nur ein eigenes Alphabet hervorbrachte, sondern der Literatur und überhaupt allem Geschriebenen seit alters Verehrung entgegenbrachte. So galt es im Mittelalter nicht nur als verdienstvoll, die Abschrift eines Evangeliums oder anderer kirchlicher Texte in Auftrag zu geben, sondern der Besitz eines derartigen Buches kam dem einer Reliquie gleich, die als Familienheiligtum sorgfältig gehütet wurde. Aus den zahlreichen Kolophonen (*hischatakaran*) am Rande bzw. Ende altarmenischer Handschriften geht hervor, daß diese als lebendige Person angesehen wurden. Ihr Verlust, Raub oder Rückkauf wurde mit Begriffen wie »Gefangenschaft«, »Geiselnahme« und »Lösegeld« (für den Freikauf der »Geisel«) umschrieben. Letzteres, nämlich die Rückgabe geraubter Bibeln und Handschriften gegen hohes Entgelt, kommt übrigens bis heute zwischen Kurden und den christlichen Assyrern in der Südosttürkei vor.

Besitzer solcher wertvollen und verehrten Handschriften konnten im mittelalterlichen Armenien außer Klöstern und Adeligen natürlich nur sehr wohlhabende Privatleute sein. Erst die Erfindung der Gutenbergschen »beweglichen Lettern« 1455 ermöglichte eine erhebliche Senkung der Buchherstellungskosten. Als Druckerzeugnisse wurden Bücher nun für immer breitere Leserkreise erschwinglich. Die Armenier machten sich als erstes Volk Asiens und früher als viele europäische Völker den Vorteil des Buchdrucks zu eigen. Schon 1512/13 erschienen in Venedig, mit dem die Armenier seit jeher rege Handelsbeziehungen pflegten, die ersten fünf Bücher in armenischer Sprache. Bis 1794 eröffneten dann in einer Reihe europäischer und asiatischer Städte weitere armenische Druckereien (u. a. Konstantinopel 1567, Lemberg 1616, Paris 1633, Nor Dschura/Iran 1641, Smyrna 1676, Etschmiadsin 1771, Madras/Südindien 1771, Petersburg 1781). Die erste armenische Zeitung, *Asdarar* (»Anzeiger«), erschien 1794 in Madras, wo damals eine bedeutende Armeniergemeinde bestand. Die Presse wurde schnell zum Medium und Propagandisten der Sprachreform, da die Kirchensprache Grabar dem Massenpublikum unverständlich blieb. Schon Mitte des 19. Jh. hatte sich die Umgangssprache *(Aschcharhabar)* als Literatursprache durchgesetzt. 1848 veröffentlichte *Mesrop Tariadjan* (1803–1858) in der von ihm geleiteten Wochenzeitschrift *Asgasser* (»Patriot«; Kalkutta, 1845–1852) seine Romane erstmalig in neuostarmenischer Umgangssprache.

Die Demokratisierung des armenischen Literaturbetriebes – an die Stelle gelehrter Kleriker traten zunehmend Laien – und der Literatursprache im 19. Jh. ist eine Folge der im 18. Jh. in den auslandsarmenischen Gemeinden (Kalkutta, Madras, Petersburg, London, Paris, Venedig) einsetzenden nationalen Befreiungs- und Erweckungsbewegung, die ihrerseits von der Französischen Revolution, den antikolonialen Bestrebungen in Indien sowie den Freiheitskämpfen der Griechen und Balkanslawen angeregt wurde. Von der Mitte des vorigen Jahrhunderts bis in die 20er Jahre unseres Jahrhunderts wird Tbilissi, das transkaukasische Verwaltungszentrum, zum Mittelpunkt der ostarmenischen Kultur. Konstantinopel nahm seit dem 18. Jh. dieselbe Stellung für die Westarmenier ein. Dort stand die Entwicklung der Literatur hauptsächlich unter dem Einfluß der französischen Kultur, während sich die ostarmenische Literatur an der deutschen, vor allem aber an der russischen Literatur orientierte.

Am Anfang der armenischen nationalen Erweckungsbewegung steht der Klassizismus. Seine Ausrichtung an der Vergangenheit äußert sich bei den Armeniern u. a. in einem national-messianistischen Glauben an die »göttliche Vorhersehung« in der leiderfüllten Geschichte ihres Volkes. Die religiöse Motivierung weicht in der zweiten Hälfte des 18. Jh. zunehmend dem Gedankengut der europäischen Aufklärung, das auch von der seit den 30er Jahren des 19. Jh. aufkommenden armenischen Romantik übernommen wurde. Im Gegensatz zum Klassizismus lehrt diese aufklärerische Romantik Unversöhnlichkeit mit der Realität, der sie den Traum von einer besseren Zukunft gegenüberstellt.

Schon der Klassizismus hatte die armenische Literatur um das Drama, das Poem und das Gedicht bereichert, wobei das Poem wegen der ihm zugeschriebenen Fähigkeit zur sittlich-patriotischen Erhebung den ersten Rang einnahm. Die Romantik und der wenig später einsetzende Realismus fügten vor allem den Roman hinzu. Auf diesem Gebiet gelang *Chatschatur Abowjan* (1809–1848) mit seinem Roman »Werk Hajastani« (»Armeniens Leiden«, posthum 1858 veröffentlicht) der entscheidende Durchbruch. Der ausgeprägte Mischcharakter der mit aufklärerischen Elementen stark durchsetzten armenischen Romantik zeigt sich deutlich im Stil und der Gattung der »Leiden Armeniens«, in denen lyrische Abschweifungen, lehrhafte Kommentare sowie Naturschilderungen vereint wurden. Abowjans Protagonist, der gegen die persischen Besatzer kämpfende Partisan Arassi, erinnert zwar noch an die tugendsamen Helden klassizistischer Tragödien und Poeme, deren Verhalten von den Geboten des Verstandes und der Moral gelenkt wurde und die zu grenzenloser Aufopferung für die Heimat bereit waren, doch handelt es sich bei Arassi nicht mehr um den aristokratischen Anführer von Freiheitskämpfern, sondern um einen Bauernjungen aus dem Volk. Ganz im Sinn eines bei Rousseau und Goethe entlehnten Naturbegriffes leitet Abowjans Ideenträger Arassi die Ideale sozialer Gerechtigkeit und politischer Freiheit aus der Natur ab: Tyrannei und Gewalt sind demnach unvernünftig und unnatürlich, können aber nur im bewaffneten Kampf überwunden werden. Im Unterschied zum Klassizismus spielt die Handlung nicht mehr in ferner Vergangenheit; sie ist vielmehr von einer Rahmenhandlung umschlossen, die auf authentischen Eindrücken des Autors aus dem russisch-persischen Krieg aufbaut und mit dem bejubelten Einzug der russischen Truppen in Jerewan 1827 endet.

Der enzyklopädisch gebildete Abowjan nahm 1828 als Begleiter des deutschen Professors Parrot aus Dorpat (heute: Tallinn, Estland) an der Erstbesteigung des Ararat teil. Auf Parrots Vermittlung besuchte er als Gasthörer für Philosophie und Geschichte die Universität Dorpat, um seinem Volk anschließend als Pädagoge zu dienen. Im März 1848 wurde der unbequeme Abowjan jedoch als staatlicher Schulinspektor in Jerewan entlassen und verschwand kurz darauf spurlos, ohne daß je geklärt wurde, ob er Selbstmord beging, von den Türken verschleppt oder von der zaristischen Polizei ermordet wurde.

Die weitere Entwicklung des romantischen ostarmenischen Romans ist wesentlich mit den historischen und Zeitromanen *Raffis* (1835–1888) verbunden. Sein historischer Roman »Samwel« interpretiert z. B. den Freiheitskampf der Armenier im 4. Jh. vor dem Hintergrund der armenischen Nationalbewegung der 1870er Jahre. Seine Zeitromane »Chent« (»Der Verrückte«, 1880) und »Kaizer« (»Funken«, 1883), nach denen ganze Generationen junger Armenier im patriotischen Geist erzogen wurden, analysieren retrospektiv den russisch-türkischen Krieg 1877/78 und propagieren die Bewaffnung und Selbstverteidigung der westarmenischen Bauern.

Unter dem Eindruck der russischen Volkstümlerbewegung und -literatur der 1860er/1870er Jahre setzten sich die ostarmenischen Schriftsteller seit den 1870er Jahren mit der Bauernfrage auseinander. Zwar bestand in Armenien im Unterschied zu Rußland keine Leibeigenschaft, aber die Armut und Rückständigkeit der Bauern wurde infolge ihrer Ausplünderung durch die zaristischen Behörden bis ins Unerträgliche gesteigert. Eine solche Verbindung sozialer und nationaler Aspekte arbeitete vor allem *Pertsch Proschjan* (1837–1907) aus, der seine Romane unter die Devise »Bildung und Waffen« gestellt hatte.

Massencharakter erlangte die armenische Dorfprosa in den 1890er Jahren, als eine ganze Schule von »Dorfschriftstellern« (*gjuragirner*) die soziale und nationale Doppelunterdrückung der armenischen Bauern aufgriff. In der Regel handelt es sich um populistisch eingestellte junge Intellektuelle, meistens Lehrer, Ärzte oder Agrarfachleute, die in gesuchter Nähe zur bäuerlichen »Basis der Nation« durch Aufklärungsarbeit und nationalrevolutionäre Propaganda die Befreiungsbewegung voranzutreiben versuchten. Ihre Arbeit »vor Ort« verleiht ihren Werken einen außerordentlichen dokumentarischen und ethnographischen Wert. In Ostarmenien wird diese Richtung vor allem durch *Arschak Agapjan, Harutjun Tschurujan, Sandal* und *Asaria Adeljan* vertreten, während sich in Westarmenien die »Provinzliteratur« als eigene Spielart der »Dorfprosa« entwickelt.

Die weitere Entwicklung des realistischen armenischen Romans verband sich mit dem Stadtleben. Im Zeitraum zwischen 1851 und 1897 hatte sich die transkaukasische Stadtbevölkerung um 95 % erhöht. Die damit einhergehenden Veränderungen des Gesellschaftslebens schildern die Zeit- und Sittenromane von *Schirwansade* (1858–1935) und *Nar-Dos* (1867–1933). Schirwansades erste Romane »Namus« (»Der gute Ruf«, 1884) und »Tschar hogi« (»Böser Geist«, 1891) beruhen auf Kindheitseindrücken aus der alten armenischen Händlerstadt Schamacha (heute Schemacha in Aserbaidschan), deren patriarchalischer Lebensstil und Sittenkodex zusammenbrachen, als die »chemische Revolution«, die Erfindung der Anilinfarben 1871, dem Absatz der für die

Textilfärbung bis dahin notwendigen Krappflanze ein Ende setzte. Auf der Suche nach einem Lebensunterhalt gelangte Schirwansade 1875 nach Baku. Sein bekannter Roman »Kaos« (»Chaos«, 1898) gibt ein Zeit- und Sittenbild von den sozialen Spannungen, die der Erdölboom in dieser Stadt erzeugte. Der in Tbilissi lebende Nar-Dos dagegen kultivierte die kleineren Prosaformen (Novelle, Erzählung, Kurzgeschichte), in die er Verfahren des psychologischen Realismus einführte wie z. B. den inneren Monolog.

Im Vergleich zur Prosa verlief die Entwicklung der armenischen Lyrik im 19. und früheren 20. Jh. weniger bemerkenswert. In Ostarmenien setzten *Howhannes Howhannisjan* (1864–1929), *Awetik Issahakjan* (1875–1957) und vor allem *Howhannes Tumanjan* (1869–1923) neue Akzente. Tumanjan, der für die armenische Literatur eine ähnliche Bedeutung hat wie Puschkin für die russische, bereicherte die epische Dichtung Armeniens um zahlreiche Poeme nach Motiven der Volksdichtung und der altarmenischen Epik (»Anusch«, »Sassunzi Dawid«, »Maro« u. a.), doch verfaßte der vielseitige und bis heute außerordentlich beliebte Dichter auch Märchen und Kurzgeschichten.

Unter dem Einfluß des – französischen bzw. russischen – Symbolismus stehen die Dichter *Wahan Terjan* (1885–1920), *Siamanto* (1878–1915), *Missak Mezarenz* (1866–1908) sowie *Daniel Waruschan* (1884–1915), von denen mit Ausnahme Terjans alle der westarmenischen Literatur angehören. Nach den türkischen Armenierverfolgungen in den 1890er Jahren nimmt die armenische Lyrik tiefpessimistische und melancholische Züge an; sie scheint das Inferno von 1915 vorauszusehen, bei dem neben zahlreichen anderen westarmenischen Autoren auch die hochbegabten Dichter Siamanto und Waruschan umkamen.

Sowjetarmenischeische Literatur

In den Jahrhunderten der Kriege bzw. Herrschaft von Persern und Türken in Armenien konnte die armenische Kultur nur in den Auslandsgemeinden überdauern. Erst der Anschluß des Transkaukasus an das Russische Reich im frühen 19. Jh. brachte halbwegs sichere und geregelte Verhältnisse, so daß sich in Tbilissi, dann in Russisch-Armenien selbst ein armenisches Kulturleben entfaltete. Wenn dieser Anfang auch infolge der beschränkten materiellen und geistigen Verhältnisse in dem jahrhundertelang ausgeplünderten Land zunächst bescheiden ausfiel, so fand ab der Wende zum 20. Jh. der Gedanke des Aufbaus eines nationalen Literaturbetriebes in Ostarmenien zunehmend Anklang unter den Intellektuellen, trotz oder gerade wegen der gleichzeitigen Vernichtung und Entwurzelung der westarmenischen Kultur. Mit ihm verbanden beispielsweise die populären Dichter Howhannes Tumanjan und Wahan Terjan ihre kulturpolitische Hoffnung auf eine demokratische, an das ganze Volk gerichtete und von ihm getragene Literatur. Trotz des Flüchtlingselends und der nach zwei türkischen Invasionen zerrütteten Wirtschaft Ostarmeniens machte sich die junge Sowjetregierung von Anfang an zielstrebig an die Lösung dieser Aufgabe. Schon 1921 erfolgte die Gründung des Staatsverlages in Jerewan, philologische Forschungseinrichtungen, Theater sowie ein das ganze Land umfassendes Bibliothekssystem wurden errichtet. Anerkannte Autoren erhielten Festgehälter und eine Altersversorgung, und zahlreiche Schriftsteller siedelten nach Jerewan über. Bereits etablierte Autoren der älteren Generation wie Howhannes Tumanjan, Schirwansade, Nar-Dos und Awetik Issahakjan erklärten ihre Loyalität.

Das erste Jahrzehnt der sowjetischen Literaturentwicklung verlief, wie in der ganzen Sowjetunion, außerordentlich stürmisch: mit neuen Namen, neuen Programmen und dem revolutionären Eifer, den Ballast bisheriger Literaturtraditionen über Bord zu werfen. In der revolutionären Dichtung wetteiferten zunächst zwei Entwicklungslinien: eine der Thematik und der Herkunft ihrer Autoren (*Hakob Hakobjan*, 1866–1937; *Schuschanik Kurhinjan*, 1876–1927) nach als revolutionär-proletarisch zu bezeichnende Richtung, die sich bereits während der Sozialrevolution von 1905 herausgebildet hatte, aber mit dem wirtschaftlichen Pragmatismus der »Neuen Ökonomischen Politik« (1921), der dem bedingungslosen, romantischen Bürgerkriegsideal widersprach, in eine ideologisch-ästhetische Krise geriet. Der zweiten, futuristisch geprägten Richtung fiel die ab 1921 kulturpolitisch geforderte Rückkehr zur Wirklichkeit leichter.

Zu den Futuristen zählte zeitweilig auch der aus Kars stammende *Jerische Tscharenz* (1897–1937), dessen Entwicklung zahlreiche Parallelen zu Wladimir Majakowski aufweist. Nach einer symbolistischen Frühphase (1913–1917) unter dem Einfluß der russischen (A. Blok, W. Iwanow, F. Sologub) und armenischen Symbolisten (Wahan Terjan, Missak Mezarenz) veröffentlichte Tscharenz am 14. 6. 1922 zusammen mit zwei weiteren Autoren die futuristisch inspirierte »Deklaration der Drei«. Dieses kämpferische Manifest verkündete den völligen Bruch mit den beiden bisherigen Hauptrichtungen der armenischen Lyrik, dem Symbolismus und dem Realismus. Der provokatorische Verzicht auf das gesamte Erbe der armenischen Literatur wurde zum Hauptgegenstand der sowjetarmenischen literaturtheoretischen Auseinandersetzungen in den folgenden Jahren und erst durch die Formel des nationalkommunistischen Regierungschefs Sowjetarmeniens, *Alexander Mjasnikjan* (1886–1925), beendet, der in der »Erbedebatte« den Mittelweg wies: »Proletarisierung der armenischen Literatur und Armenisierung der proletarischen Literatur«.

In der Praxis entsprach Tscharenz bereits dieser Forderung, denn zeitgleich zum revolutionären Pathos seines »Amenapoem« (»Allpoem«, 1920–1927), dessen Anfangszeilen diesem Kapitel vorangestellt wurden, entstand das in den Reimformen, der Wort- und Bildwahl eng an Sajat Nowa und die armenische Aschurner-Dichtung angelehnte »Tararan« (»Gesangbuch«, 1920–1921). Als vielseitiger, wortgewaltiger und leidenschaftlicher Neuerer, der zugleich die tradierten Bilder und Stilmittel meisterhaft einzusetzen verstand, erwarb sich Tscharenz den Ruhm des Klassikers der sowjetarmenischen Lyrik.

Der mit Tscharenz eng befreundete *Axel Bakunz* (1899–1937) besitzt eine ähnliche Bedeutung für die sowjetarmenische Prosa, deren zwei wichtigste Gattungen, die Dorfprosa und den historischen Roman, er gleichermaßen nachhaltig beeinflußte. Bei der zeitgenössischen Kritik erweckte sein Interesse am Dorf und an der nationalen Vergangenheit eher Mißtrauen; sie lehnte die Dorfprosa wegen ihrer Empfänglichkeit für agrarutopische Ideologien und als

»bäuerliche Abweichung« von der revolutionär-proletarischen Norm ab. Das Interesse der armenischen Dichter an der Vergangenheit rief in den 30er Jahren den Vorwurf des Nationalismus hervor. Die erste der beiden wichtigsten Erzählsammlungen von Bakunz, »Mtnadsor« (»Dunkle Schlucht«, 1925–1927), führt in die archaische Welt der Bauern von Sangesur (Südostarmenien). Ihr Leben und Handeln wird durch die Abhängigkeit von der Natur bestimmt, die Bakunz als gleichermaßen grausam und erhaben schildert. Mit den Mitteln des psychologischen Realismus erschließt er den ganzen Seelenreichtum seiner schlichten Helden, ohne dabei sentimentale oder belehrende Töne anzuschlagen, wie es die romantisch-revolutionären Dorfschriftsteller des 19. Jh. taten. Auch zivilisationsfeindliche Akzente fehlen.

Mit Tscharenz teilte Bakunz Ende der 20er Jahre das Interesse am Schicksal des armenischen Aufklärers Abowjan, ohne zu ahnen, daß ihm bald ein ähnliches Los bevorstand. Denn knapp 90 Jahre nach Abowjan »verschwand« auch Bakunz 1937, Opfer der stalinistischen Verfolgung wie sein Freund Tscharenz und wie zahlreiche andere sowjetarmenische Autoren und Literaturkritiker.

Eine »Rückeroberung« der nationalen Vergangenheit war erst wieder in den 40er Jahren möglich, als der historische Roman zum beliebten Fluchtweg aus der amtlich verordneten Plattheit wurde sowie der provinziellen Abwehr sämtlicher moderner Stilrichtungen diente, die sich hinter dem kulturpolitischen Vorwurf des »Kosmopolitismus« verbarg.

Die Entstalinisierung nach 1956 schritt in Armenien, dessen Intellektuelle so stark unter Verfolgung und Unterdrückung gelitten hatten, schneller voran als in Georgien. Erneute kulturpolitische Repressionen gegen den »Lokalpatriotismus« Ende der 50er Jahre konnten nicht mehr den Aufstieg der beiden namhaftesten und zugleich kritischsten Nachkriegsautoren verhindern: Der einer Bauernfamilie entstammende *Hrant Matewosjan* (geb. 1935) veröffentlichte 1961 eine anklagende Erzählung, in der am Beispiel des wirklich bestehenden Dorfes Achnidsor die Zwangskollektivierung Armeniens geschildert wird. Auch der Erzählband »Menk jenk mer sarere« (»Wir sind unsere Berge«, 1968; deutsch unter dem Titel: »Das Schelmenstück der Hammeldiebe«) sowie Matewosjans Kurzromane vermitteln trotz ihres oft humorvollen Erzähltons Kritik an der häufig bürokratisch-verächtlichen Haltung sowjetischer Behörden gegenüber der Landbevölkerung.

Dem Lyriker *Parujr Sewak* (1924–1971) gelang, ebenfalls 1961, die Veröffentlichung seines Poems »Anlreli sangakatune« (»Der nimmerverstummende Glockenturm«, 1959), das dem tragischen Leben des 1915 von der Türkei während der Armeniermassaker verschleppten Komponisten und Musikers Komitas (s. S. 81–83) gewidmet ist. Sewak durchbrach damit zugleich das jahrzehntelange Tabu des Völkermord-Themas, denn obwohl der Genozid von 1915 ein nationales Trauma der Armenier darstellt, durfte es in Sowjetarmenien bis zu jenem Zeitpunkt weder literarisch noch wissenschaftlich aufgearbeitet werden. Auf der Suche nach einem neuen Sprach- und Bildstil knüpfte Sewak an der Syntax und Wortwahl der mittelalterlichen Dichtung, vor allem an dem Mystiker Grigor Narekazi an. Hinsichtlich ihrer Aussage reihen sich seine Gedichtzyklen in die für die sowjetische Dichtung der frühen 60er Jahre allgemein typische Verbindung von erneuertem Bürgerbewußtsein, Patriotismus als Bestandteil dieses Gemeinsinns und rebellierender Aufbruchstimmung ein. Sewak ähnelt hierin seinem russischen, im Ausland weitaus bekannteren Kollegen Jewgeni Jewtuschenko. Sein Protest gegen Karrieredenken, Spießigkeit und Bürokratentum sowie seine hohen ethischen Anforderungen an innere Redlichkeit und Wahrheitssinn machten Sewak zum Vorbild für die Jugend und zahlreicher Intellektueller. Im frühen Unfalltod des Dichters sehen darum viele Armenier einen Anschlag der sowjetischen Staatssicherheit auf diesen außerordentlich beliebten und verehrten Autor.

Trotz ihres Reichtums ist die armenische Literatur dem deutschen Leser bis heute fast völlig unbekannt, sieht man von den wenigen, in Literaturzeitschriften der Bundesrepublik verstreuten Lyrikübersetzungen ab. In der DDR erschienen zwar einige Buchübersetzungen armenischer Prosa und Lyrik, wenn leider auch nicht direkt aus dem Armenischen, sondern aus dem Russischen. Obwohl bei solchen »Dritt-«Übersetzungen zwangsläufig viel von dem ursprünglichen Reiz des Originals verloren geht, lohnen selbst sie noch eine nähere Bekanntschaft.

Produzieren die Jerewaner politische Witze?
Im Prinzip nein . . .

Fast jeder Intourist-Führer macht während der Rundfahrt im Zentrum Jerewans auf ein unauffälliges Gebäude aufmerksam: »Und dies ist Radio Jerewan . . . « Die Kostproben, die dann den erwartungsvoll lauschenden Gästen geboten werden, sind fad und oft nicht einmal nach dem bekannten Muster »im Prinzip ja, aber . . . « gestrickt: Schwiegermutterwitze (dank armenischer Großfamilien dort anscheinend noch beliebter als bei uns) oder erotische Witze. Mehr ist auch nicht drin. Warum sollte schließlich ein Vertreter der ehrwürdigen sowjetischen Reiseagentur sein westliches Publikum mit brisanten antisowjetischen Witzen unterhalten?

Der seriöse, leistungsstarke Sender Jerewan ist dafür ebensowenig zuständig. Die ihm zugeschriebenen Witze kamen zu Beginn der 60er Jahre im Westen in Umlauf und sind mit Sicherheit kein sowjetisches Erzeugnis, schon gar nicht ein armenisches. Ihre Vorfahren, die sogenannten »armenischen Rätsel«, sind noch fragwürdigerer Abstammung: rassistisch gefärbte Witze aus der Zarenzeit, in denen die Armenier als tumbe Toren erscheinen, bestenfalls noch mit einem Schuß schwejkhafter Bauernschläue ausgestattet sind und dem russischen Gelächter ebenso schonungslos preisgegeben wurden wie die »Helden« der angeblich jüdischen Witze oder der Witze über die georgischen Kintos.

Ist also alles nur Etikettenschwindel? Nicht ganz. Tatsächlich besitzen die Armenier eine gehörige Portion Schlagfertigkeit, Mutterwitz, nüchterne Skepsis und die kostbare sowie liebenswürdige Tugend der Selbstironie. Armenien ist zwar nicht die Heimat der ihm zugeschriebenen, oft boshaften und plumpen Radio-Jerewan-Witze, wohl aber das Stammland treffender Redensarten und Sprichwörter, scharfsinniger abstrakter Rätsel und weiser Fabeln. Davon einige Beispiele:

Der König und die Schlange

Einst lebte ein König, der eine ihm treu ergebene Schlange besaß, die ihm jeden Morgen eine Kupfermünze brachte. Da wurde dem König ein Sohn geboren, und er umwand den Körper des Kindes mit der Schlange. So spielten beide einträchtig miteinander. Doch als der Knabe herangewachsen war, ergriff er eines Tages im Spiel den Säbel, schlug der Schlange den Schwanz ab und warf ihn zu Boden. Da erzürnte die Schlange, biß das Kind, das auf der Stelle starb, und zog in ein anderes Land.

Als nun der König kam und sein totes Kind erblickte, das von dem Schlangenbiß ganz schwarz angelaufen war, und den auf dem Boden liegenden Schwanz der Schlange, begriff er, was vorgefallen war, und Trauer erfüllte sein Herz. Er begrub den Sohn. Nach einer Weile aber ließ der König jener Schlange die Bitte ausrichten: »Ich weiß, daß mein Sohn als erster Schabernack getrieben und dir den Schwanz abgehackt hat. Da hast du ihn gebissen. Was geschehen ist, ist geschehen. Umsonst bist du fortgezogen. Kehr zurück, und wie einst werden wir einander ins Herz schließen und zusammenleben.« Doch die Schlange antwortete ihm: »Nein, es verhält sich anders. Solange ich auf den abgehackten Schwanz sehe und du auf das Grab deines Sohnes, wird die Feindschaft nicht weichen. Halten wir darum besser voneinander Abstand, damit nicht noch Schrecklicheres zwischen uns vorfalle!«
(Fabel aus dem »Fuchsbuch« des Wardan Ajgekzi, 13. Jh.)

Sprichwörter

Der wahrhaft fruchtbare Baum trägt seine Krone geneigt.

Der Knoblauch sagt zur Zwiebel: »Du stinkst.«

Der Baum sprach zum Beile: »Darum fällst du mich, weil ich dir den Griff leihe!«

Mein Herz ist kein Tischtuch, das ich überall ausbreite.

Meinst du, in Jerusalem gebe es keine Hunde?

Margarita Woskanjan
Zur Geschichte der armenischen Musik

Die Hauptmerkmale der armenischen Musik des Altertums und Mittelalters sind die Monodie, ein reicher Rhythmus, ein umfangreiches System der diatonischen Tonalität sowie die Sparsamkeit der Ausdrucksmittel. Seit ihrem Beginn entwickelte die einstimmige armenische Musik nach Anlässen und Bestimmungen unterschiedene Gattungen: Bauern- und sakrale Musik sowie die Musik der *Gussaner*, wie man die armenischen Barden nannte. Die Historiographen Mowses Chorenazi und Pawstos Busandazi berichten u. a. von der Kunst und dem Wirken der vorchristlichen Wipassaner (Rhapsoden bzw. Träger der Epen, Mythen und Sagen) und Gussaner; letztere traten auch als Schauspieler, Tänzer und Akrobaten auf. Ihr Beruf konnte sowohl von Männern als auch Frauen ausgeübt werden.

Die Zunft der Gussaner und ihre Dichtkunst fand im Hoch- und Spätmittelalter ihre Fortsetzung in den *Aschurner*. Die neuzeitlichen Aschuchner fühlten sich weniger streng an musikalische und textliche Regeln gebunden. Ihr Schaffen ist individuell. Sie kannten nicht nur unzählige und oft sehr lang ausgesponnene Erzählungen und Gedichte auswendig, sondern improvisierten, ihrer eigenen Eingebung folgend, über bekannte Themen, wobei sie jede gewünschte Kadenz und den entsprechenden Reim mit erstaunlicher Schnelligkeit fanden. Die unter den Aschurnern abgehaltenen Sängerwettstreite spielten sich gewöhnlich folgendermaßen ab: »Einer der Teilnehmer stellte seinem Gegenüber in einer improvisierten Melodie eine Frage religiöser oder philosophischer Natur oder fragte ihn nach dem Sinn und Ursprung einer bekannten Legende, einer Überlieferung oder Glaubensauffassung. Der andere antwortete darauf mit seiner eigenen improvisierten Melodie, und diese subjektive Melodie mußte mit der vorhergehenden immer in ihrer Tonart übereinstimmen.«[1] Die bekanntesten Aschurner des 17. und 18. Jh. waren *Nahasch Hownatan, Bardassar Dpir, Sajat Nowa* und, im 19. und 20. Jh., *Schirin, Dschiwani* sowie *Scheran*.

Mit der Erhebung des Christentums zur Staatsreligion setzte ab dem 4. Jh. auch die Entwicklung der Kirchenmusik ein. Nachdem außerdem Mesrop Maschtoz ein nationales Alphabet geschaffen und die Grundlagen für ein allgemeines Schulwesen gelegt hatte, wurde seit der Wende vom 4. zum 5. Jh. in den Klosterschulen zusammen mit Lesen und Schreiben auch Musiktheorie sowie Kompositionskunde unterrichtet. Der Gesangsunterricht galt als Pflichtfach. Die Verfasser der ersten geistlichen Gesänge waren *Mesrop Maschtoz* und der Katholikos *Sahak Partew* selbst, ferner die Katholikoi *Howhannes Mandakuni* und *Komitas*. Die Formen der geistlichen einstimmigen Musik sind die Melodien der Psalmen. Daraus entwickeln sich die *Scharakanner*, die armenischen Hymnen, die sich durch die Klarheit und Schlichtheit ihres Ausdrucks sowie durch den Sprechgesang auszeichnen; die menschliche Stimme steht im Einklang mit der inneren Hinwendung an die übergeordnete Idee. Im Laufe der

Zeit wurden die Scharakanner komplizierter, figurativ reicher und ornamentaler. Im 7. Jh. stellte *Barser Tschan* die erste Sammlung dieser Kirchenlieder zusammen. Ihr lyrischer Grundzug ist unverkennbar. *Stepanos Sjunezi* führte dann ein Jahrhundert später den Kanon in die Kirchenmusik ein. Seine Schwester *Sahakducht* ging als erste Komponistin und Dichterin in die Geschichte der armenischen Musik und Literatur ein; zugleich war sie Sängerin. Sie vereinte damit in einer Person die in der frühmittelalterlichen Kunstentwicklung Armeniens eng zusammengehörigen Bereiche der Musik und der Literatur. Im 19. Jh. schrieb der armenische Historiker Leo über diese hervorragende Frau:»Eremitin war die jungfräuliche Sahakducht und lebte in einer Höhle der malerischen Garnischlucht. In dieser Einsamkeit, im Schoße der Natur, wo drei Bäche sich vereinen (. . .), komponierte die Jungfrau ihre wunderschönen Lieder und Melodien. Man suchte sie zum Studium der Harmonielehre auf. Ihrer Zurückgezogenheit und den damaligen Sitten treu ergeben, sang die scheue Jungfrau nicht vor dem Angesicht anderer Menschen, sondern nur hinter einem Vorhang, von wo aus sie auch ihre Zuhörer in ihrer göttlichen Gabe unterwies. Dort, in ihrer Höhle, starb die schwarzgekleidete Sahakducht.«[2]

Etwas später, im 8./9. Jh., entstand die altarmenischen Notenschrift, die *Chaser*, die sich auch bei den Nachbarvölkern durchsetzten. Fast gleichzeitig wurde die Lehre von der Wertigkeit der Töne zueinander eingeführt und die Harmonielehre erweitert. Hauptvertreter dieser Entwicklung sind *Dawid Anart* (der Unbesiegbare) sowie *Dawid Kerakan*. Die im 10. Jh. entstehenden *Tarer* sind geistliche und weltliche Vokalstücke mit teilweise kompliziertem,

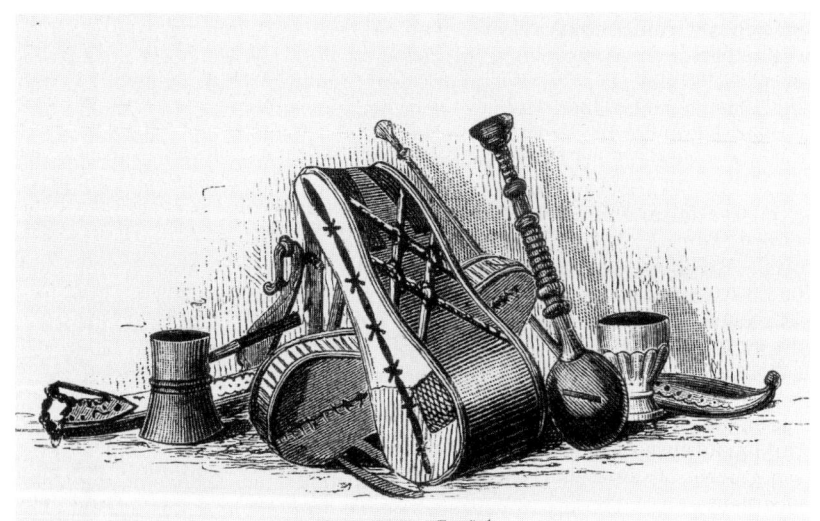

Armenische Geräthe.

filigranem Charakter. Als Verfasser solcher Lieder zeichneten sich vor allem der Dichter *Grigor Narekazi* und *Chatschatur Taronazi* aus. Mitte des 12. Jh. schließlich ist die Notenschrift so perfekt, daß eine genaue Aufzeichnung der Melodie möglich wird. Der bedeutende Dichter und Philosoph *Nerses Schnorhali* hat zugleich zahlreiche Hymnen verfaßt und vertont und sie dann zu einer einzigartigen Sammlung zusammengestellt. Die Entwicklung des weltlichen Gegenstücks der geistlichen Gesänge wird im 17. und 18. Jh. durch *Petros Rapanzi* und *Bardassar Dpir* abgeschlossen.

In der Volksmusik kommt dem Bauernlied eine besondere Rolle zu. Sehr beliebt sind bis heute die Lieder der Pflüger, *Orowelner* genannt. Die Gattungszahl der Bauernlieder ist so groß wie die ihrer Anlässe im Alltag und Leben der Bauern: Es gibt Hochzeits-, Begräbnis-, Liebes-, Klage- und Wiegenlieder. In der instrumentalen Bauernmusik benutzt man als reine Blasinstrumente Duduk, Surna und Parkapsuk (ein Dudelsack). Die Flöten heißen Tutak und Blul, die wichtigsten Schlaginstrumente Dhol, Nahara, Dap, Tmbuk und Zinga.

Im Vergleich mit dem gemütvollen, aber schlichten Bauernlied wirken die Liedtexte der Städter gefühlsbetonter. Sie entstammen oft besonders verbreiteten und beliebten Versen armenischer Dichter, wie z. B. H. Tumanjans, A. Issahakjans, O. Howhannisjans.

Der Komponist und Musikwissenschaftler *Hambarzum Limondschjan* entwickelte 1813 eine neue Notenschrift, die eine detailliertere Wiedergabe ermöglichte und darum die Chaser (Nonnen) ablöste.

In der zweiten Hälfte des vorigen Jahrhunderts entstanden in Armenien, Georgien sowie in Rußland armenischen Musikgesellschaften. Sie widmeten sich zugleich der Literatur. Liederbücher trugen zur Intensivierung des Musiklebens bei: 1856 veröffentlichte der Schriftsteller und Journalist *R. Patkanjan* in St. Petersburg das »Nationale Liederbuch der Armenier«. Ferner erschienen musiktheoretische Lehrbücher und periodische Zeitschriften über Musik, so ab 1857 *Knar Areweljan* (»Die orientalische Lyra«), dann ab 1861 *Knar Hajkakan* (»Die armenische Lyra«). Orchestergründungen rundeten diese Entwicklung ab. 1868 entstand die erste armenische Oper »Arschak II.« Bereits um die Mitte des 19. Jh. erfolgte eine intensive Erforschung der Volksmusik durch die armenischen Musiker *Kara-Mursa, N. Tigranjan* und *M. Ekmaljan*. Der Feder Ekmaljans entstammt auch die in den armenischen Kirchen am meisten gesungene Fassung der Heiligen Messe (*Patarag*).

Die hervorragendste Erscheinung im modernen Musikleben Armeniens ist jedoch der Komponist *Soromon Soromonjan*, bekannt unter dem Ehrennamen *Komitas*. Er wurde 1869 in Kütahya, einem gottverlassenen Flecken in Westanatolien, geboren. 1881 – war es ein glücklicher Zufall oder Fügung? – brachte der armenische Geistliche von Kütahya den inzwischen verwaisten Knaben nach Etschmiadsin, wo damals Katholikos Geworg IV. residierte, der Stifter des Etschmiadsiner theologischen Seminars. Geworg IV. war zugleich ein leidenschaftlicher Musikliebhaber und Förderer der Künste. Obwohl der Knabe das Oberhaupt der armenischen Kirche zunächst dadurch verärgerte, daß er kein Armenisch sprach, gewann er dessen Zuneigung dann doch durch den präzisen und vollkommenen Vortrag eines komplizierten altarmenischen Kirchenliedes. Komitas durfte bleiben und lernte binnen eines Monats Armenisch. Anschließend absolvierte er das theologische Seminar mit hervorragendem Erfolg. Man verlieh dem Absolventen den Ehrennamen Komitas nach dem Dichter und Komponisten des 7. Jh., der schon damals in Etschmiadsin Leiter des Kathedralchores und Hymnenschreiber war. Anschließend studierte Soromonjan alias Komitas 1896–1899 am Berliner Konservatorium.

Komitas hat früh mit der Sammlung armenischer Volkslieder begonnen. Er schrieb musiktheoretische Abhandlungen, z. T. auch in deutscher Sprache, und verband seine pädagogische Tätigkeit mit Konzertleitungen. 1910 gründete er in Konstantinopel den Chor »Gussan«, der im Nahen Osten stürmische Tournee-Erfolge feierte.

Die Ursprünge der armenischen Musik zu entdecken, ihre originäre Harmonie freizulegen und kreative Originalität wiederzugewinnen empfand Komitas als seinen höchsten Auftrag und Verpflichtung. Die Lösung dieser Aufgabe bestand u. a. in der Reinigung der armenischen Melodik von arabischen, persischen und türkischen Überfremdungen. Komitas reformierte das gesamte armenische Musikschaffen. Er sammelte und bearbeitete mehr als 3.000 Lieder und Melodien, komponierte Klavierwerke, gab Sammlungen von Bauernliedern heraus. Seine Forschungen wurden zum Grundstein der armenischen

Armenischer Tanz (Zeichnung von Martiros Sarjan, 1915, aus: Sarjan, M.: Zwety Moskau 1987)

Musikfolkloristik. Seine Schaffenskraft erlosch 1915, als Komitas Zeuge der Vernichtung seines Volkes durch die Türken wurde und in tiefste Schwermut verfiel, die bis zu seinem Tod in einer Pariser Nervenheilanstalt 1935 währte. In bewußter Besinnung auf das Erbe Komitas' setzten die Komponisten Sowjetarmeniens ihre Arbeit fort. Am Beginn der sowjetarmenischen Musikentwicklung stehen Namen wie *Spiridon Melikjan, Romanos Melikjan, Armen Tigranjan* u. a. Schon 1921 entstand die erste Musikhochschule Armeniens, die den Namen von Komitas trägt und sich schnell zum Mittelpunkt des Musiklebens der Republik entwickelte. 1932 folgte die Gründung der Philharmonie von Jerewan, 1933 die Eröffnung des Opernhauses. Unter den auch außerhalb Sowjetarmeniens bekannten Komponisten besitzt *Aram Chatschaturjan* neben *Harutunjan, Babadschanjan* und *Mirsojan* den Ruf, einer der größten zu sein: Seine Ballette »Spartakus« und »Gajaneh«, vor allem aber der »Kaukasische Säbeltanz« aus »Gajaneh« sind weltweit bekannt. Auch Aram Chatschaturjan ist ganz dem Erbe von Komitas verpflichtet.

Anmerkungen
1 Gurdjieff, G.: Begegnungen mit bemerkenswerten Menschen. Freiburg i. Br.: Autrum-Verlag, 1982, S. 50.
2 Leo: Hajoz patmutjun (Die Geschichte Armeniens). Bd. 1–10. Bd. 2, Teil 2. Jerewan 1967, S. 468.

Armenische und georgische Baukunst

Über die Entstehung Armeniens heißt es: Als Gott am Ende seines Schöpfungswerkes bereits alle Länder der Welt unter die Völker verteilt hatte, meldeten sich plötzlich die Armenier. »Ihr seid zu spät dran«, erklärte ihnen der Herr, »jetzt nehmt, was übrigblieb!« Und schüttelte aus, was auf dem Grunde des Sackes zurückgeblieben war: Steine. Darum sagt man auch: »Hajastan-karastan«, »Armenien, ein Steinland«. Armeniens »Steinreichtum« ist den Bauern ein Fluch und eine Herausforderung für die Bauleute und Steinmetze.
Letztere benutzten vor allem die Nebenprodukte des Vulkanismus, nämlich Tuffstein, Lava, seltener Basalt. Der leicht zu bearbeitende Tuff tritt in allen Schattierungen von weiß bis schwarz auf, wird aber in Armenien am häufigsten in Ocker, Rosa- und Rottönen verwendet. Georgien, das nicht minder eifrig baute, benutzte unterschiedlichere Baumaterialien: Kalkmörtel mit Stein (Feldspat, Sandstein, Felstuff) oder, seit dem 13. Jh., gebrannte Ziegel.

Vorchristliche Architekturdenkmäler

In Georgien finden wir die ältesten Baudenkmäler in den antiken Resten einst bedeutender hellenistischer Stadtsiedlungen und Handelszentren seit dem 7. vorchristlichen Jahrhundert (Wani, Kutaissi, Armasi-Mzcheta, Kaspi, Gori, Urbnissi). Dagegen sind in Armenien, sieht man von den urartäischen Städten,

Residenzen und Festungen (Erebuni, Karmir Blur, Tuschpa/Wan) einmal ab, städtische Siedlungsreste erst wieder seit dem frühen Mittelalter nennenswert vorhanden (z. B. Dwin, Ani). Auch die Höhlenarchitektur ist in Georgien reicher vertreten, so vor allem in der Felsenstadt Uplisziche bei Gori (4. Jh. v. Chr. bis 18. Jh.), dem Kloster Dawid Garedscha (6.–13. Jh.) und dem Felsenensemble von Wardsia, einer ursprünglich im 12. Jh. gegen die Türken angelegten Stadtfestung, die aber Königin Tamar in ein Kloster umwandelte. Die heutigen Bauten des einzigen armenischen Beispiels von Höhlenarchitektur, das Kloster Gerard (Ajriwank), stammen aus dem 13. Jh.

Dafür besitzt Armenien mit dem Tempel von Garni (77 n. Chr.) das einzige Beispiel hellenistisch-römischer Architektur im ganzen Transkaukasus. Alle anderen Kultbauten fielen der Zerstörungswut anheim, von der die Christianisierung Transkaukasiens Anfang des 4. Jh. begleitet war. Wie wir den altarmenischen Chroniken entnehmen können, entstanden an der Stelle heidnischer Feuertempel und anderer Heiligtümer christliche Kirchen (z. B. die Kathedrale von Etschmiadsin oder die Dschwari-Kirche von Mzcheta). Oder die Kirchen erheben sich über die Gruft eines christlichen Märtyrers oder Heiligen wie die Märtyrerinnenkirchen von Etschmiadsin, die Grabkirchen der 13 »syrischen Väter« in Georgien oder die Grabkirche des Hl. Mesrop in Oschakan/Armenien. Wie in Nordafrika oder Kleinasien sind diese der Erinnerung an einen Heiligen oder Märtyrer bzw. seiner Reliquie geweihten Gedächtnisbauten (Martyria) meist Zentralbauten. Ab dem 6. Jh. dienten freilich die transkaukasischen Memorialkirchen auch dem Gemeindegottesdienst.

Zu den ältesten Kirchbauten des Transkaukasus gehören die aus Kleinasien und Syrien übernommenen ein- oder dreischiffigen Längsbauten (Saalkirchen und Basiliken): in Georgien etwa der Zionsdom von Bolnissi (5. Jh.), in Armenien Kassach (4./5. Jh.), Jereruk (5./6. Jh.) und Aschtarak (6. Jh.). Im Unterschied zur Basilika westlichen (hellenistischen) Typus sind die transkaukasischen durchgängig unter einem Satteldach gewölbt, das alle drei Schiffe überdeckt, so daß das Mittelschiff keine eigene Lichtzone besitzt. Vor allem in Georgien entwickelt sich mit den sogenannten Drei-Kirchen-Basiliken ein ganz eigenständiger Basilika-Typus: Die Kirchenschiffe werden durch geschlossene Wände anstelle von Pfeilerreihen getrennt und besitzen in ihren Apsiden je einen Altar (z. B. Bolnissi, Basilika von Dsweli Schuamta, Nekressi).

Zugleich entfaltete sich die Zentralbauweise (zunächst nur Martyrien und kleine Kirchen). In seiner einfachsten, elementarsten Form besteht der Zentralbau aus einer Kuppel über einem Grundquadrat (z. B. die kleine, dem georgischen König Mirian zugeschriebene Kapelle des Klosters Samtawro in Mzcheta; 4. Jh.). Eine Besonderheit bildet der auf den Außenmauern oder Stützpfeilern ruhende, anfangs achteckige Tambour (Trommel) mit einer außen meist pyramidal ummantelten Kuppelhaube. Den Übergang vom quadratischen Unterbau zur achteckigen Trommel stellten zunächst, nach dem Vorbild der frühen Kirchen des alten Orients, fächerförmige Trichternischen (Trompen) her. Ab dem 9. Jh. ging man zu den in Byzanz von Anfang an gebräuchlichen Pendentifs (Eckzwickeln) über, was die Entwicklung von zwölf-, sechzehneckigen oder zylindrischen Tambouren begünstigte. Der oktogonale Vierungsturm trat übrigens in Armenien und Georgien weit früher als in Europa auf.

Die meisten Zentralkirchen Transkaukasiens besitzen Kreuzarme (Kreuzkuppelkirchen), die entweder als freies, also auch außen sichtbares, oder als ein in
ein Quadrat bzw. Rechteck eingeschriebenes Kreuz erscheinen. Im zweiten Fall
werden die Kreuzarme von der Außenmauer ummantelt. Die Innengliederung
variiert stark: Rundet sich einzig der Ostarm zu einer halbrunden oder hufei-
senförmigen Apsis, spricht man von einem kreuzförmigen Monokonchos, bei
drei Apsiden und einem flach abschließenden, jedoch überwölbten Westarm
von einem Trikonchos und bei einem Vier-Apsiden-Bau von einem Tetrakonchos. Das Bedürfnis nach großräumigen Kirchen führt an der Wende vom 6.

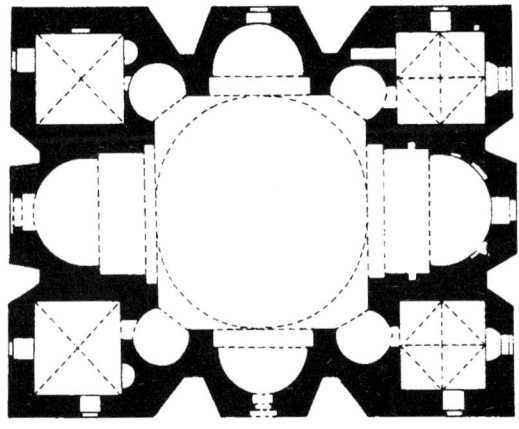

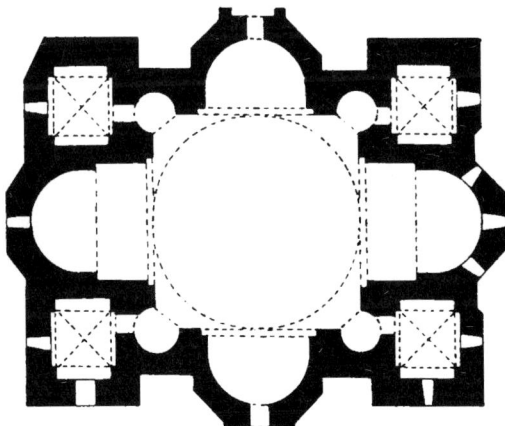

*Grundrisse tetrakoncha-
ler Kreuzkuppelkirchen
mit dreiviertelrunden Ecknischen und Winkelräu-
men:
oben Surb Hripsime in Et-
schmiadsin, unten Dschwa-
ri-Kirche in Mzcheta*

zum 7. Jh. zu tetrakonchalen Kreuzkuppelbauten mit dreiviertelrunden Ecknischen zwischen den Kreuzarmen (Dschwari-Kirche bei Mzcheta, 568–605, sowie vier Nachfolgebauten; in Armenien die Vierpaßanlagen von Awan, Mastara, Sissian, Etschmiadsin u. a.). Diese Bauform beschränkt sich ausschließlich auf den christlichen Transkaukasus und gilt darum als eigenständigste Leistung seiner Sakralbaukunst. Als Weiterentwicklung des tetrakonchalen (»vierblättrigen«) Zentralkirchentypus treten, wohl nach byzantinischem Vorbild, ab dem 7. Jh. in Armenien und dem damals der armenischen Adelsfamilie Mamikonjan gehörenden südwestgeorgisch-armenischen Grenzgebiet Tajk (georg.: Tao) rund ummantelte Tetrakonchen mit offenen Apsiden auf (in Armenien: Swartnoz, Garni, Gagikaschen in Ani; in Tajk: Ischchani, Bana). Als weitere Varianten entstanden Sechs- und sogar Achtpaßanlagen. Im 10. Jh. hatte sich der Zentralbau endgültig gegenüber der Längsbauweise durchgesetzt.

Die Bedeutung für die internationale Entwicklung: Ein Gelehrtenstreit
Zentralbauten sind in allen ostkirchlichen Ländern verbreitet. Deshalb wurde der transkaukasische Zentralkuppelbau lange als bloße Nachahmung und provinzielle Variante des byzantinischen »Vorbildes« aufgefaßt. Das lag vermutlich daran, daß sich die Forschung zuerst der georgischen Architektur zuwandte und von der kirchlichen Orientierung Georgiens an Byzanz (seit dem 7. Jh.) auch auf dessen kulturelle Beeinflussung schloß. Völlig übersehen wurde dabei freilich, daß sich die Zentralbauweise in Georgien und Armenien schon zu einer Zeit zu entfalten begann, als beide Länder noch im anti-byzantinischen (vor-chalcedonensischen) Lager standen. Insbesondere für Armenien kam auch in späteren Jahrhunderten keine intensive Berührung mit Byzanz in Frage. Die umfangreichen Forschungen des österreichischen Kunsthistorikers Josef Strzygowski stellten, auf die Forschung seines in Europa damals noch weitgehend unbekannten armenischen Kollegen Toros Toramanjan gestützt, 1918 die armenische Architektur als wichtiges Bindeglied zwischen den vorislamischen iranischen (bzw. mittelasiatischen) Zentralkuppelbauten sowie der europäischen und byzantinischen Architektur heraus. Zwar neigte Strzygowski seinerseits zu einer Überbetonung des östlichen Einflusses auf Ar-menien sowie des armenischen Einflusses auf Europa und Byzanz, aber er öffnete immerhin als erster den Blick für die Eigenständigkeit, ja Leistungen der armenischen Baukunst. Die Einseitigkeiten Strzygowskis wurden von dem georgischen Kunsthistoriker Giorgi Tschubinaschwili und seinem Nachfolger Wachtang Beridse so gründlich »zurechtgerückt«, daß nun wieder des Pendel in die umgekehrte Richtung, zuungunsten Armeniens, auszuschlagen drohte.
Die meisten heutigen Forscher stimmen darin überein, daß die Baukunst beider Länder verschiedenartigste Impulse empfing und zu einer neuen Synthese verschmolz. Dazu gehören der persische Feuertempel, die spätantiken Mausoleumsbauten sowie die syrischen Basiliken und andere antike sowie frühchristliche Einflüsse aus Mesopotamien, Rom, Byzanz und Kappadokien. Angesichts der geographisch-kulturellen Mittlerstellung Armeniens zwischen Asien und Europa wird inzwischen dem westlichen (römischen) Einfluß ein viel größeres Gewicht zuerkannt (z. B. Jean-Michel Thierry).

Die armenische und georgische Kunstgeschichtsforschung begründet den hohen Stand, den die Zentralbauweise schon bald nach ihrem Auftreten im Transkaukasus erzielen konnte, mit dem Vorhandensein uralter, von der Archäologie bis in die Bronzezeit belegter Methoden der Profanbauweise. Damit ist vor allem ein im Armenischen *glchatun*, im Georgischen *darbassi* genannter Wohnhaustypus gemeint, der in der europäischen Literatur auch als »kolchisches« bzw. »pontisches Haus« bekannt wurde: Über einer zentralen Feuerstelle erhebt sich ein aus Holzbohlen gefügtes falsches Gewölbe mit einer Rauchabzugs- und Lichtöffnung (arm.: *jerdik*); diese Holzkonstruktion (arm.: *hasaraschen*, »Tausendfachbau«; georg.: *gwirgwini*) »übersetzten« die christlichen Baumeister möglicherweise in ihre Steinbauten. Bezeichnenderweise finden wir zentrale Kuppelbauten dieser Art besonders häufig bei armenischen Bauten weltlicher oder halbprofaner Funktion wie Refektorien, Bibliotheken und Vorbauten des 10.–14. Jh.

Außenansicht und Aufriß eines armenischen Landhauses in Hasaraschen-Bauweise

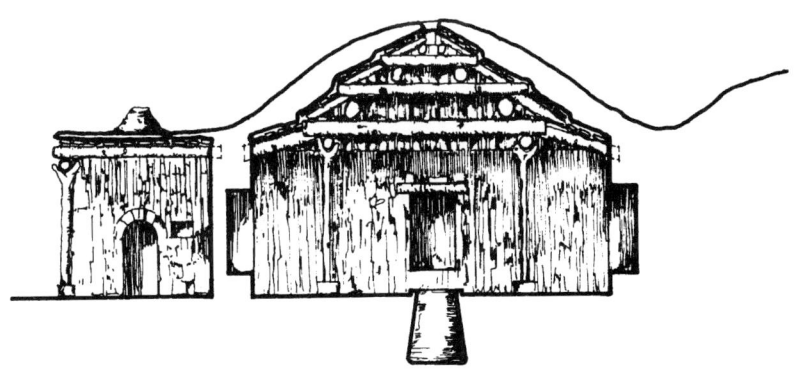

Armenische Sonderformen

Nach der Araberherrschaft sowie der Befreiung Nordarmeniens von den Seldschuken setzte im 9. bzw. 12. Jh. eine rege Bautätigkeit ein. Der Aufschwung des Klosterwesens vom 10.–14. Jh. führte zum Bau von Kirchenvorhallen (*Gawitner*), die den Mönchen als Versammlungsort dienten und später auch als Gerichtssaal oder Unterrichtsstätte benutzt wurden. Da die armenischen Mönchsgemeinschaften den Regeln des byzantinischen Kirchenvaters Basileios des Großen folgten, die u. a. eine Bestattung der Toten im Kirchenraum verboten, dienten die halbprofanen Vorhallen auch als Gruft für adelige oder geistliche Würdenträger sowie Stifter und werden in diesem Fall *Schamatuner* genannt. In ihren Ausmaßen übertreffen die Vorhallen oft die dazugehörigen Kirchen. Es handelte sich bei den Gawitner oder Schamatuner anfangs um tonnengewölbte Bauten, doch setzte sich dann der Typus des quadratischen oder rechteckigen Zentralbaus mit vier freistehenden Pfeilern sowie die Kuppelhalle mit Wandpilastern und sich kreuzenden Rund- oder Spitzbögen durch. In der Mitte diente eine anfangs unbedeckte, in späteren Jahrhunderten durch kleine Aufbauten (»Laternen«) vor Wetter und Regen geschützte Lukarne als Lichtquelle und Rauchabzug.

Schamatuner und Gawitner bilden eine armenische Sonderform. Zwar weist die Sakralbauweise Armeniens und Georgiens so viele gemeinsame Züge auf, daß beinahe von einem Regionalstil gesprochen werden kann, doch zeigen sich andererseits nationale Akzentsetzungen schon in der »klassischen« Bauperiode des 7. Jh. So zeichnen sich die armenischen Kirchen durch eine größere Geschlossenheit und Strenge aus, die georgischen durch stärkere Gliederung und Neigung zur Vertikalität. Vor allem ab dem 9. Jh. bevorzugt Armenien die ummantelten Bautypen, während in Georgien, insbesondere im Westen, die Apsiden fast immer vor die Mauerflucht treten. Das eine Land folgt hierin syrischen, das andere byzantinischen Vorbildern. Die Auflockerung der Außenfassaden durch V- oder trapezförmige Nischen beschränkt sich weitgehend auf Armenien sowie Ostgeorgien und dient offenbar der äußeren Kennzeichnung der inneren Apsiden.

Monumentalmalerei

Vor allem aber in der Innenraumgestaltung gingen Armenier und Georgier getrennte Wege: Obwohl die Kirchenführer Armeniens im ostkirchlichen Bilderstreit (726–843) grundsätzlich eine bilderfreundliche Position einnahmen, blieb die Ausmalung der Apsis oder des gesamten Kirchenraumes im Unterschied zu Georgien selten. Da die Armenier nicht malen können, wie eine Quelle des 7. Jh. feststellt, wurden meist Ausländer, vor allem byzantinische Künstler, herangezogen. Aber gerade das Bedürfnis nach theologischer und politischer Abgrenzung gegen die Byzantiner, die ab dem 9. Jh. wieder verstärkt in Armenien missionierten, bei gleichzeitiger politischer Einverleibung der armenischen Fürstentümer und Königreiche, verstärkte die schon immer latente Abneigung gegen die allzu stark als Fremdkörper empfundenen »Bilder«. Man findet darum die Wandmalerei bezeichnenderweise in Grenzgebieten zu Georgien (z. B. das nordarmenische Kloster Hachpat) oder dort, wo eine pro-byzantinische Einstellung der Bauherren die Malerei begünstigte, wie in Swartnoz.

Eine der orthodoxen Ikonenverehrung vergleichbare Haltung bestand aber bei den Armeniern nie. Ihr Schmuckbedürfnis beschränkte sich daher von Anfang an auf die Skulptur und das Flachrelief an den Kapitellen der Pfeiler, an den Tympana, Blendarkaden, Fensterfriesen usw. Hier entfaltete sich auch die »goldene Regel« der altarmenischen Baumeister, jegliche Wiederholung des Dekors zu vermeiden. Wird z. B. eine Vorhalle von Pfeilern getragen, besitzen die Kapitelle eines jeden unterschiedlichen Schmuck. Weinlaub, Trauben und Granatäpfel waren als alte und in das Christentum übernommene Symbole in Armenien besonders beliebt. Die figurativen Skulpturen oder Reliefs zeigen biblische Gestalten und Stifter neben mythologischen Tieren (Greifen, Löwen).

Der Kreuzeskult: Kreuzsteine und Voraltarkreuze
Auch die in Armenien und Georgien gleichermaßen starke Kreuzesverehrung fand ihren national unterschiedlichen Ausdruck: In Armenien wurden ab dem 9. Jh. Kreuzsteine (*Chatschkarner*) errichtet, deren Vorläufer Steinkreuze mit kurzen Seitenarmen bzw. Stelen waren. Kreuzsteine sind Votiv- oder Gedächtnisbauten aus Anlaß eines privaten oder historisch-politischen Ereignisses oder für das Seelenheil des Stifters und seiner Angehörigen. Freistehende Kreuzsteine wurden ebenso wie die Kirchbauten nach Osten ausgerichtet. Das »lateinische«, bisweilen von zwei kleineren Kreuzen flankierte Mittelkreuz betont den Triumph, nicht die Passion Christi und trägt darum fast nie den Leib des Gekreuzigten. Der »blühende« Kreuzfuß – manchmal »blüht« auch der Kreuzeskopf – erinnert mit seinem pflanzenartigen Rankwerk an das altorientalische Symbol des Lebensbaumes, das ab dem 5. Jh. in die christliche Kunst (*crux florida*) übernommen wurde. Bisweilen erscheinen figürliche Darstellungen (Kreuzesabnahme und Auferstehung Christi, die Deesis) in den seitlichen oder oberen Bildfeldern, später auch als zentrales Motiv. Diesem *Amenaprkitsch* (»Allerlöser«) genannten Typus schrieb man besondere Schutzkraft gegen Krankheit, Unwetter und Mißernten zu. Mehr noch als andere Kreuzsteine waren daher die Amenaprkitschner Gegenstand der Verehrung und sogar Ziel von Wallfahrten. Die Kreuze erheben sich auf einer Rosette (vorchristliches Sonnen- bzw. Ewigkeitssymbol) oder einer stufenförmigen Abstraktion des Berges Golgatha. In verschiedenen Regionen Armeniens, wie vor allem Nachitschewan, dauerte die Kreuzsteinkultur bis in das 16. Jh. hinein, die Blütezeit der Entwicklung war im 13. Jh. erreicht, als besonders prächtig ausgestaltete Kreuzsteine entstanden: Geometrische und florale Muster überziehen nun den gesamten Bilduntergrund, die seitlichen »Umrahmungen« zeigen Sternkompositionen und Flechtbandmotive. Die armenischen Kreuzsteine sind einmalig, als Kunstform ebenso wie als Einzelstück. Denn kein Kreuzstein ist mit einem anderen völlig identisch. Kreuzsteine finden sich überall dort, wo Armenier lebten, am häufigsten aber in und um Kirchen oder Klöster. Teilweise wurden sie direkt in die glatten Steinverschalungen der Innen- und Außenwände oder in Fels eingemeißelt.
Der Schmuck – Fresken, Ikonen – georgischer Kirchen folgt byzantinischen Vorbildern, wenn auch das mystische Dunkel byzantinischer Kirchen dank der zahlreichen Fenster im Tambour, oft auch in den Seitenwänden, aufgehellt wird.

Vor allem Westgeorgien, das unmittelbar von Byzanz aus missioniert wurde, weist reichen Schmuck an Fresken und Mosaiken auf (z. B. Hofkloster Gelati; in Ostgeorgien Sweti Zchoweli, Kinzwissi, Ateni).

Während die Armenier, frühchristlichen Traditionen gemäß, baulich den Sakralbereich kaum vom Gemeinderaum unterschieden – spätere Jahrhunderte führten lediglich zu einem bühnenartigen *Bema* –, trennt in Georgien eine Chorschranke die Gemeinde vom Altar. Am weitesten ging in dieser Hinsicht das orthodoxe Rußland, wo sich ab dem 16. Jh. die Ikonenwand durchsetzte; sie bewirkt eine vollständige Trennung von Gemeinde- und Altarbereich, wie sie in Armenien nur schwach, in Byzanz und Georgien stärker eingeleitet wurde. Der Altar bleibt in den orthodoxen Kirchen – Byzanz, Georgien, Rußland – den Blicken der Gemeinde entzogen, bis auf bestimmte Momente in der Liturgie. Umgekehrt verhüllt ein Vorhang die sonst sichtbaren »Bühnen« armenischer Kirchen in bestimmten Augenblicken der Liturgie (Wandlung) bzw. während der vorösterlichen Fastenwochen. Der Altar selbst ist in Armenien immer nach Osten, in Georgien bisweilen auch nach Jerusalem ausgerichtet.

Die Grenzen des Gemeinderaumes markieren in Georgien zusätzlich die Voraltarkreuze. Wie der armenische Kreuzstein, so stellt das georgische Voraltarkreuz einen ganz eigenständigen Beitrag zum frühchristlichen Kreuzeskult sowie eine Fortentwicklung jener monumentalen Holzkreuze dar, die ursprünglich in beiden Ländern zum Triumph der neuen Religion errichtet wurden,

Drei Kreuzsteine aus dem 12./13. Jh. (Kloster Ketscharis)

bevorzugt an einstigen heidnischen Kultstätten. Voraltarkreuze, die daran erinnern, treten in Swanetien, einer georgischen Hochgebirgsregion, ab dem 10./11. Jh. auf; sie bestehen aus flachen oder runden Hölzern mit bebilderter Metallverkleidung. Diese Treib- und Stanzreliefs aus Silber oder mit Vergoldung zeigen Szenen aus der Bibel, den Heiligenleben oder Ereignisse der georgischen Kirchengeschichte. Auf der Längsachse ruht ein Kegel, der sowohl als Symbol des Golgatha als auch als Überrest des einstigen Wetterschutzes gedeutet wird, den die im Freien errichteten Standkreuze benötigten. Zeitgleich mit den Voraltarkreuzen tritt eine georgische Variante des Lebensbaumkreuzes, der *crux florida*, in der Bauplastik und als Fassadenschmuck auf.

Bauplastik, Glockentürme

Die Entwicklung der Bauplastik verläuft in Armenien und Georgien beinahe gleichartig: Nach relativ sparsamer Verwendung in den ersten Jahrhunderten bildet sie ab dem 10. Jh. ein wichtiges Element des armenischen wie georgischen Kirchenbaus. Die berühmtesten Beispiele sind in Armenien die Kirche des Hl. Zeichens auf der Insel Achtamar im Wan-See (Anfang 19. Jh.) und das Kloster des Hl. Thaddeus in Persisch-Armenien (gegr. 5. Jh.; Bauten 12.–19. Jh.), in Georgien die Bischofskathedralen von Samtawissi (11. Jh.) und Nikorzminda (11. Jh.).

Dreigeschossiger Glockenturm des Klosters Hachpat (1245)

Ursprünglich besaßen die transkaukasischen Kirchen keine Glockentürme. Die Gläubigen wurden mit Klappern oder Klopfbrettern (arm.: *kotschnak)* zum Gottesdienst gerufen. Vermittelt über Byzanz verbreiteten sich ab dem 13. Jh. von Georgien aus die ersten Glockentürme, die nach dem Vorbild der französischen Romanik als freistehende Steinbauten ausgeführt wurden (in Georgien z. B. Gelati-Kloster, in Armenien Klöster Harpat und Sanahin).

Die Kirchen des Transkaukasus wirken wie für die Ewigkeit gebaut, zumal ihre Erbauer eine Reihe von Verfahren zur Abwehr von Erdbebenschäden entwikkelten. Als sakrale Bauten blieben sie außerdem in Kriegszeiten eher verschont als Burgen, Festungen und Städte, die die Eroberer schleifen ließen oder zerstörten, falls sie sie nicht übernahmen. Dennoch wurde im Laufe der Zeit auch so manches Gotteshaus durch die Gewalt der Natur und des Menschen beschädigt und zerfiel, falls Menschen zu seiner Instandsetzung fehlten. Erst in diesem Zustand geben die so massiv aussehenden armenischen Kirchen das Geheimnis ihrer Bauweise (Zwei-Schalen-Gußmauertechnik) preis. Denn sie wurden nicht, wie zu vermuten, aus massiven Quadern errichtet, sondern von innen und außen mit Platten verschalt. Den Zwischenraum füllte man mit einer Mauermasse. Solches Gußmauerwerk war auch anderen kleinasiatischen Völkern sowie bereits den Römern bekannt, dort in Verbindung mit Ziegeln.

Dennoch: Trotz aller Zerstörungen gleichen Armenien und Georgien Freilichtmuseen. Auf relativ kleinem Territorium bieten beide Länder jeweils 5.000 kunstgeschichtlich bedeutende Bauten. Das Geheimnis ihrer Schönheit liegt nicht allein im Gefühl der mittelalterlichen Meister für Baumaße und Proportionen, sondern zugleich im Zusammenspiel von Bau und landschaftlicher Lage: Eingefügt in entlegene Täler, abgeschieden auf Anhöhen waren sie jedoch nicht nur für Feinde schwer erreichbar, sondern blieben es – zum Glück? – auch für den Massentourismus.

Ein kunstwissenschaftliches Sachwortverzeichnis befindet sich im Anhang, S. 372–374.

Sowjetischer Kontrapunkt zu einer großen Bautradition oder: »Das Licht hat noch nie gebrannt!«

»Frau Hofmann«, klagen meine Mitreisenden häufig, »wie kommt denn das? Armenier und Georgier, zwei Kulturvölker mit uralter Bautradition – aber in fast jedem Hotel sind die Kräne überdreht, die Toiletten rauschen, und der Putz schimmelt, weil die Bäder idiotischerweise ohne Fenster oder Belüftungsanlage gebaut wurden. Und die Toiletten in den Restaurants, Cafés oder Flughäfen – schweigen wir besser! Ja, und die tiefen Löcher auf Gehwegen und Straßen! Ohne irgendeine Absperrung oder Warnschild. Wenn da nun jemand reinfällt und sich das Bein bricht? Liebe Frau Hofmann, Sie lasen uns Rustaweli, Tscharenz und Tumanjan. Sie zeigten uns die atemberaubend schönen Goldschmiedearbeiten in der Schatzkammer des Georgischen Museums. Sie weckten Verständnis für die Größe und das Schicksal der transkaukasischen Völker. Aber blickt man auf die Gegenwart, fragt man sich doch, warum vieles derartig lieblos und gammelig aussieht!«
Noch immer habe ich auf diese Fragen keine schlüssige Antwort bereit. Schlamperei oder Gleichgültigkeit, system- oder mentalitätsbedingt? Aber in Rußland und Mittelasien tauchen dieselben Klagen auf. Mangelnde Zivilisation? Probleme eines Entwicklungslandes? Etwa gar Desinteresse als Protest

gegen das System? Oder liegt es am deutschen Betrachter, der einem der ordnungsbesessensten Völker der Welt entstammt und überall nach deutscher Elle mißt?

Ich selbst könnte den Klagekatalog dieser Reisenden übrigens noch fortschreiben. So wohnen die Nachfahren der mittelalterlichen Baumeister Armeniens und Georgiens leider allzu oft in stark vernachlässigten Wohnhäusern. In Tbilissi begleitete ich ein Ehepaar zu einem Besuch bei entfernten Verwandten; ein gemeinsamer deutscher Ahn hatte sowohl im Kaukasus als auch daheim gezeugt. Seine georgischen Nachfahren wohnen in schöner Lage in einer Eigentumswohnung, welche übrigens in der Sowjetunion immer begehrter werden. Eine gepflegte Wohnung, drei Zimmer, Parkett. Die Gastgeber – er: Journalist, sie: Dolmetscherin – reizend und überaus kultiviert. Die obligatorische georgische Festtafel: geschmückt mit blütenweißer Damastdecke, altem Porzellan und schwerem Kristall. Das Haus aber, in dem das alles stattfand, in üblem Zustand: Risse im Beton, die Balkone baufällig (unsere Baupolizei hätte sie vermutlich längst für unbetretbar erklärt), der Fahrstuhl so bedenklich, daß ich ein stummes Stoßgebet sprach. Unsere Gastgeber erklärten uns später, ihre Nachbarn hätten wochenlang Baumaterial für den Aus- und Umbau ihrer Wohnung im Personenfahrstuhl befördert. Reparatur von Beschädigungen? »Ach wissen Sie, wenn hier mal was kaputt geht, kann man ewig warten. Die Handwerker kommen zu den Eigentumswohnungen zuallerletzt«.

Aber die Situation in städtischen Mietwohnhäusern sieht nicht besser aus. Das erkläre ich den bedrückten deutschen Verwandten jenes georgischen Paares, wenn es auch kein Trost sein kann. Ich entsinne mich dabei der ewigen Finsternis in den Hausfluren meiner Jerewaner Freunde und Bekannten. Die Glühbirnen, falls es je welche gab, waren längst von Kindern zerschlagen oder von irgendwem herausgedreht worden. Eine armenische Bekannte in Berlin, die vor Jahren aus Jerewan ausgereist war, sich nun aber nach ihrer Heimat verzehrt, bat mich, bei ihren Verwandten vorbeizuschauen. »Nun, wie fandest du es bei uns?«, fragte sie mich nach meiner Rückkehr erwartungsvoll, »eine schöne große Wohnung haben wir, nicht wahr? Ich meine, für sowjetische Verhältnisse.« Mich hatte etwas anderes nachhaltiger beeindruckt: die stockdunkle Finsternis auch in diesem Treppenhaus, die ich tappend am Arm des Gastgebers überwinden mußte. »Wir haben uns natürlich längst daran gewöhnt«, erklärte er mir, »wir finden jede Stufe im Dunkeln und kennen jede Unebenheit.« Seine Verwandte in Berlin erzählte dasselbe, leicht enttäuscht darüber, daß ich mich überhaupt mit einer solchen Nichtigkeit wie den Glühbirnen aufhielt: »Aber das Licht hat doch bei uns noch nie gebrannt, solange ich denken kann! Wir finden unseren Weg ja auch so! Hat dir mein Verwandter denn nicht den Arm gegeben?«

In diesem Augenblick begriff ich ein elementares Überlebensgebot der Sowjetmenschen: Wenn sich etwas nicht ändern läßt, deute es um! Resignierst du im Kampf mit den Glühbirnen (oder was es sonst auch sein mag), finde dich ab. Stört mich, den flüchtigen Besucher, etwa die fehlende Birne, wo sich die langjährigen Hausbewohner an die Verhältnisse längst gewöhnt haben? Dann sind nicht die Verhältnisse den Bedürfnissen schlecht angepaßt, sondern mein Bewußtsein den Verhältnissen. Aus dem ersten Gebot leitet sich das zweite unmittelbar ab. Es heißt »ausblenden«. Denn es liegt an dir

selbst, was und ob du etwas wahrnimmst. Und wie du deine Wahrnehmungen gewichtest: Meiner armenischen Bekannten ist zum Beispiel die Tatsache, daß eine vierköpfige Familie in einer Dreizimmerwohnung sehr bequem lebt, weitaus wichtiger als das finstere Treppenhaus.

Eine solche Duldsamkeit gegenüber Mißständen ist nicht ungefährlich. Armenien lieferte hierfür das schrecklichste Beispiel: Dort hat man nicht nur jahrzehntelang die Tatsache der Erdbebengefährdung ignoriert und vielgeschossige Wohnhochhäuser errichtet, sondern diese ebenso unverantwortlich hingepfuscht wie in der übrigen UdSSR. Dabei spielte das weit verbreitete Klauen von Material auf Baustellen nicht die geringste Rolle. Ich habe in Leningrad selbst monatelang gegenüber einer Baustelle gewohnt und beobachtet, wie Zementsäcke, Ziegelsteine und Sand allabendlich nicht nur von der Bevölkerung für den Ausbau ihrer Datschen abtransportiert wurden. Auch Betriebe, die offenbar gerade in Lieferschwierigkeiten oder Termindruck steckten, bedienten sich, kamen sogar mit werkseigenen Lastern vorgefahren (nach Absprache mit der Baustellenleitung?).

Der Pfusch und Klau am Bau sah in Armenien genauso aus. Aber die Hochhäuser, die anstelle von Beton fast nur aus Sand errichtet worden waren, wurden während des Erdbebens am 7. Dezember 1988 zu Todesfallen. Armenien verlor dabei einen Großteil seiner Jugend. Denn Kindergärten, Schulen und Institute, ebenso hingepfuscht wie die Wohnhäuser, stürzten wie Kartenhäuser zusammen.

Nun sollen in der UdSSR erstmalig Strafverfahren gegen Architekten und Bauingenieure eingeleitet werden. Im besonders gefährdeten Nordarmenien werden künftig keine Häuser mehr errichtet, die mehr als vier Geschosse haben. Was aber ist mit jenen Beamten, die für die Bauabnahme in Armenien verantwortlich waren? Und was mit jenen Funktionären im Innenministerium in Moskau, die schon im August 1988 von Geophysikern vor einem Erdbebenausbruch Ende November/Anfang Dezember 1988 gewarnt worden waren und trotzdem keine Vorkehrungen zur Schadensbegrenzung trafen? Das Ausblenden der unschönen und unbequemen Wirklichkeit, das Abwimmeln von Verantwortlichkeit, gesellschaftliche Lethargie und Gleichgültigkeit ergeben zusammen jene Mentalität, die für den Tod der – offiziell – 25.000 Erdbebenopfer in Armenien mitverantwortlich ist.

Erdbebenschäden in Leninakan

Essen und Trinken:
In Armenien keine Nebensache

Bei der Erinnerung an Tafelfreuden in Armenien und mit Armeniern tauchen vielfältige Bilder auf: die köstlichen Gebäcke und Konfekte eigener Herstellung, die die Mutter eines armenischen Freundes allweihnachtlich aus Teheran schickt, gefüllte Paprika und Kohlwickel beim Abendessen mit einer armenischen Arbeiterfamilie im Ruhrgebiet, das Weihnachtsmahl in Berlin mit einer armenischen Familie vom Mussa Ler (Franz Werfels »Musa Dagh«), zahlreiche Picknicks mit Intourist-Kaltverpflegung (Brot, hartgekochte Eier, Käse, Wurst, Hähnchenschenkel, Gurke und Tomate) im Schatten uralter Walnußbäume, an schäumenden Gebirgsbächen oder in stillen Klosterhöfen. Und immer wieder: die seit Jahr und Tag genossenen, unvergleichlichen Gerichte Knariks, einer mir sehr nahestehenden Armenierin aus Leninakan, die nach langjährigem Rußlandaufenthalt nicht nur in die tiefsten Küchengeheimnisse ihrer Heimat, sondern auch Rußlands eindrang und mich mit gebackenem Blumenkohl, gesottenen Flußkrebsen, gefüllten Weinblättern und Wein aus dem Saft des Granatapfels bewirtete.

Daß Armenier nicht nur vorzüglich kochen, sondern gern und viel essen, fiel mir gleich bei meinem ersten Aufenthalt auf. Essen scheint außerdem ein beliebter Gesprächsstoff zu sein: Wer wann was mit wem und wo bei welcher Gelegenheit zu sich nahm und wie es ihm schmeckte ist in Armenien ein ebenso unerschöpfliches Thema wie bei uns das Wetter. Armenier sind gute und großzügige Gastgeber, doch fehlt ihnen der aristokratische Prunk, mit dem Georgier gern ihre Gastmahle schmücken. Armenier sind nüchterner. Statt langatmiger, wohlgesetzter Trinksprüche reicht ein knappes »kenazet« (»Auf dein Wohl«). Man will zur Sache kommen: zu den leiblichen Genüssen von Essen und Trinken. Man will scherzen, lachen und es sich mit Freunden wohl sein lassen. Liebe und Zuneigung zum Gastfreund äußern sich in den Blicken und nicht, wie in Georgien, im Wort und in der Geste.

Unabdingbar für alle Gastmahle im Transkaukasus sind üppig gedeckte Tische. Wir ausländischen Gäste vergessen allzu oft, daß reiches Essen keineswegs selbstverständlich für Armenier war. Zu oft wurde dies ohnehin karge Land ausgeraubt, um seine Kinder immer ausreichend zu ernähren. Zwischen 1877 und 1920 verhungerten Hunderttausende, so daß Armenier und Hunger Zwillingsbegriffe wurden: »Starved as an Armenian« – »ausgehungert wie ein Armenier« lautete eine in den 20er Jahren häufige Redewendung in den USA. Unsägliches Elend bildet den düsteren Hintergrund, vor dem sich die armenische Lust am Essen und Trinken entfaltet.

Der deutsche Reiseschriftsteller und Armenierfreund A. T. Wegner lobte die armenische Küche als »die beste des Orients« und beschrieb 1927 folgendes Gastmahl im damals noch sehr ärmlichen Jerewan: »Wir begannen mit Gänsebraten und Rührkartoffeln, die mit gerösteten Kastanien gemischt waren. Dazu gab es in Gänsefett geschmorte Äpfel. Dann Rebhühner und Fasan auf Schnitten von geröstetem Weißbrot gelegt, Radieschen von der Größe eines Apfels und allerhand kleine unbestimmbare Leckerbissen. Das herrlichste aber war der Weintraubensalat (in Essig gelegte Weintrauben von einem seltenen süßsauren Geschmack).«[1]

Dieser Lobpreis läßt fast vergessen, daß die armenische Küche in ihrem Kern eine Bauernküche geblieben ist. Sie muß mit den jeweils bodenständigen Felderzeugnissen und Tierprodukten auskommen, die vor allem im klimatisch rauheren Ostarmenien recht bescheiden ausfallen. Zudem ist die armenische Küche eine äußerst zeitraubende und arbeitsintensive Angelegenheit. Befolgt man eine Einladung zum Essen, muß man sich bewußt machen, daß Frauen zuvor stundenlang Gemüse putzten und kleinschnitten und daß zu den turnusmäßigen Mühen des armenischen Haushaltsjahres das Einkochen und Einlegen gehören, wozu die Hausfrau in der Sowjetunion sowohl aus Kostengründen als auch durch einen immer nur saisonweise bestückten Markt gezwungen wird. Grüne Bohnen aus Kenia im Dezember sind dort unvorstellbar. Tiefkühlkost ist nicht im Handel. Die Vorratswirtschaft wird folglich zur Notwendigkeit.

Hauptmerkmal aller armenischen Gerichte ist der wohldosierte Gebrauch der Gewürze, die ausgewogene Zusammenstellung von Gemüse (Tomaten, Gurken, Paprika, Auberginen, Kohl, bisweilen Okrafrüchte und Pilze), Fleisch, Milchspeisen und Obst. Auch Pinienkerne, Weizenschrot und Kichererbsen zählen zu den festen Bestandteilen armenischer Gerichte. Inbegriff von Nahrung überhaupt ist auch für Armenier das Brot (*haz*), das sie als heilig betrachten, ebenso wie das seiner Aufbewahrung dienende Gefäß und das Tuch (*sproz*), das das Brot bedeckt. *Lawasch* heißt die armenischste aller Brotsorten, ein papierdünnes Fladenbrot, das, meist im Herbst, im *Ton(d)ir*, einem in die Erde eingelassenen Lehmofen, gebacken wird. Das Wort »ton(d)ir« stammt aus dem Sanskrit, und Gegenstand wie Begriff sind in Abwandlungen über den ganzen Orient bis nach Kleinasien verbreitet. Man bäckt Lawasch auf Vorrat, da es sich getrocknet bis zu einem Jahr hält. Vor Gebrauch besprengt es die Hausfrau mit Wasser, um seine Biegsamkeit wiederherzustellen. Lawasch wird mit den Fingern gegessen: ein Stück wird abgerissen und darein Fleisch oder Käse, unbedingt aber Kräuter gerollt.

Frische Küchenkräuter – Petersilie, Kerbel, Koriander, Zitronenmelisse, Estragon und das »Königskraut« Basilikum (arm.: *arakaik* oder *aspram*, meist jedoch wie im ganzen Orient *rehan* genannt) sind für den armenischen Tisch wie auch die Kochkunst unverzichtbar. Kräuter aus dem Garten oder von den Bergwiesen werden während des gesamten Essens als verdauungsförderndes Mittel gekaut und bilden, neben dem unvergleichlich guten Wasser Armeniens, wohl einen Teil des Geheimnisses der kaukasischen Langlebigkeit. Insgesamt kennt die armenische Küche an die 300 Kräuter, die natürlich auch getrocknet als Gewürze verwendet werden. Daneben gehören Pfeffer, Knoblauch und Zimt zu den gebräuchlichsten Gewürzen.

Bei den Käsesorten steht der Schafskäse an oberster Stelle, der aus Konservierungsgründen oft stark gesalzen ist. Auch beim Fleisch ist das Schaf am begehrtesten, doch sind Rind- und Schweinefleisch sowie Geflügel ebenfalls üblich. Als besondere Delikatesse gilt *Basturma*, luftgetrocknetes Rindfleisch in einer Hülle aus Griechisch-Heu. Das international bekannteste Gericht ist der nach den Säbeln (russ. *schaschka*) der Kosaken und Kaukasier benannte *Schaschlyk*. Auf armenisch heißt es schlicht *chorowaz*, »Gebratenes«. Ein solcher Spießbraten kann aus jeglichem Fleisch hergestellt werden, besteht in der Regel aber aus Hammelfleisch. Ihm ist allerdings das saftigere und würzigere Schweinefleisch vorzuziehen. Das Braten über glühenden Holzkohlescheiten selbst ist reine Männersache, während die Frauen nur beim Marinieren des Fleisches – möglichst eine Nacht lang mit Zwiebeln, Knoblauch, Pfeffer, Öl und etwas Essig – Hand anlegen dürfen. Die Zubereitungsarten von Chorowaz sind so zahlreich wie die einzelnen Regionen Armeniens, am berühmtesten sind die auf Karser oder Arzacher (Karabacher) Art zubereiteten Spießbraten.

Das leitet zu der Frage über, ob es überhaupt »die« armenische Küche gibt. Selbstverständlich haben sich regionale, ja sogar lokale Eigentümlichkeiten bei diesem über ein weites Gebiet siedelnden Volk entwickelt, und die armenische Diaspora befindet sich zudem im stetigen Austausch und in Abhängigkeit von den jeweils vorgefundenen Möglichkeiten des Gastlandes. Das in Armenien bestehende Ost-West-Gefälle wurde bereits angedeutet. Malatya, das Armenierstädtchen Kessab an der syrisch-türkischen Staatsgrenze sowie Kars stehen im Ruf besonderer Kochkünste. In Sowjetarmenien sagt man den Einwohnern Leninakans nach, außergewöhnlich schlagfertig, gastfreundlich, stolz und von empfindlichem Ehrgefühl zu sein. Die Leninakanerinnen gelten als hervorragende Köchinnen. Eine Einladung bei einem Leninakaner wird wohl fast immer ein kulinarischer Genuß sein, den man dann aber auch gebührend loben muß.

Armenien ist ein Land mit alter Obstbaukultur. Es gibt folglich zahlreiche Konfitüren und Eingekochtes, das man meist mit dem russischen Wort *warenje* bezeichnet. Warenje ist, anstelle von Zucker oder Honig, das herkömmliche Süßmittel für den Tee, und man kocht Warenje sowohl aus Aprikosen als auch Pfirsichen, Maulbeeren, Rosenblättern oder Walnüssen. Walnüsse bilden auch die Grundlage von *Sudschuch* (eigentlich eine scharf gewürzte Wurstart). Diese wurstartigen Gebilde bestehen aus aufgefädelten Walnußkernen, die in gekochten und mit Mehl verdickten Traubensaft getaucht wurden. Sie halten sich den ganzen Winter hindurch, sind aber frisch am wohlschmeckendsten. Weiterhin spielen Nüsse bei den Gebäcken eine große Rolle, so bei *Pachlawa*.Wem diese armenische Verwandte des griechischen Baklawa zu süß ist, halte sich an *Gata*, ein Blätterteiggebäck in den Spielarten salzig oder süß.

Das herkömmliche Alltagsgetränk Ostarmeniens wie der im Iran und in Rußland lebenden Armenier ist der schwarze Tee. Allerdings hat der Kaffee längst seinen Siegeszug auch in Ostarmenien angetreten, wo ihn armenische Einwanderer aus arabischen Staaten verbreiteten. Natürlich handelt es sich um die mokkaartige Variante des Kaffees, die man in kleinen Kupfer- oder Messingkännchen in heißer Holzkohlenasche aufwallen läßt. Ähnlich wie in Griechenland gibt es diesen Mokka zuckerlos, mittel oder süß. In einem der Jerewaner

Straßencafés oder Restaurants einen »türkischen Kaffee« zu bestellen, wäre nicht nur angesichts der türkisch-armenischen Gegnerschaft taktlos, sondern auch kulturgeschichtlich unrichtig: Denn die Berührung der Armenier mit Kaffee dürfte älter als die Osmanenherrschaft über Westarmenien sein. So besitzt Armenisch im Unterschied zu allen übrigen Sprachen, die das fragliche Getränk von der äthiopischen Stadt Kaffa ableiten, ein ganz eigenständiges Wort für Kaffee: *surdsch*, abgeleitet von dem Wort »schlürfen«. Die alte Beziehung der Armenier zum Kaffee zeigt sich auch darin, daß sie hier wie in vielen Bereichen als Mittler zwischen Morgen- und Abendland auftraten. Das erste Caféhaus Frankreichs (und drittälteste Europas) wurde 1670 in Paris[2] von einem Armenier gegründet, danach entstanden 1671 in Marseille sowie 1685 in Wien weitere von Armeniern betriebene Caféhäuser. Wer also in Jerewan oder sonstwo bei einem Armenier korrekt einen Mokka bestellen möchte, frage nach *hajkakan surdsch* (»armenischer Kaffee«) oder *pokrik surdsch* (»kleiner Kaffee«). Zum Frühstück und als Erfrischungsgetränk sind außerdem *Mazun* (Sauermilch) und *Jorurt* (Joghurt) beliebt.

Die traditionellen Festtagsgetränke Armeniens sind Wein (*karmir*, »roter«, oder *spitak*, »weißer,« *gini*) sowie Weinbrand (*konjak*). Kenner geben dem armenischen Weinbrand oft den Vorzug vor französischem. Als beste Marken gelten »Achtamar«, »Nairi« oder »Dwin«, meist nur in Devisenläden (und dort stets billiger) erhältlich. Armenischer Wein ist zu unrecht außerhalb Armeniens fast unbekannt, was wohl nur an der für den Export zu geringen Produktion liegt. Mit Ausnahme der leichten weißen Tafelweine handelt es sich fast immer um Süd- oder Dessertweine, deren Alkoholgehalt mit 12–13 % höher als bei den deutschen Weinen liegt. Zu den herkömmlichen Spirituosen gehören ferner Branntweine und Schnäpse (*ori*) aus Obst (z. B. Walnuß, Maulbeere) oder Wein.

Nichts aber löscht den Durst im Sommer besser als ein Schluck aus einem der vielen Trinkbrunnen. Einen Brunnen zu stiften oder eine Quelle einzufassen galt in einem wasserarmen Land wie Armenien immer als frommes Werk. Vor allem in den Dörfern befinden sich oft schöne alte Steinbrunnen mit der Widmungsinschrift des Stifters. Das eiskalte, erfrischende Wasser ist vielen Armeniern ebenso heilig wie ihr Lawasch.

Anmerkungen

1 Wegner, Armin T.: Fünf Finger über Dir. Aufzeichnungen einer Reise durch Rußland, den Kaukasus und Persien 1927/28. Wuppertal 1979, S. 209.

2 Alishan, Leonce M.: Physiographie de l'Arménie. Discours prononcé le 12 août 1861 ..., 2. Aufl. Venise 1870, S. 72.

Reiseziele in Armenien
Städte und Landschaften – Jerewan

Jerewan
(1,3 Mio. Ew.)

Die fruchtbare Ararat-Ebene zwischen den Vulkanriesen *Ararat* und *Aragaz* ist uraltes Kulturland. Die ältesten Zeugnisse menschlicher Existenz, roh behauene Faustkeile, werden auf 600.000 bis 800.000 Jahre geschätzt. Besonders reich ist die Altsteinzeit mit Werkzeugen und Waffen aus Obsidian (Vulkanglas) vertreten. Der Übergang von der Jäger- und Sammlergesellschaft zur seßhaften Ackerbau- und Viehzuchtkultur vollzog sich vielleicht bereits um 10.000 v. Chr. Während der Bronzezeit wurde die Ararat-Ebene zu einem Zentrum der über ganz Transkaukasien verbreiteten sogenannten *Kura-Araxes-Kultur* (3000–2000 v. Chr.). Zu den aufschlußreichsten Fundstätten dieser Periode gehören das frühbronzezeitliche *Schengawit* am Südwestrand Jerewans am linken Hrasdan-Ufer (Anfang 3. Jh. v. Chr.) sowie *Mezamor* (3. Jt. v. Chr.–7. Jh. v. Chr.).

Geschichte

In den 80er Jahren des achten vorchristlichen Jahrhunderts drangen die Urartäer unter ihrem König Argischti I. nach Norden bis zum Sewan-See vor. Um seine Neuerwerbungen in der Ararat-Ebene vor Angriffen aus Mana, dem heutigen Aserbaidschan, zu schützen, ließ Argischti im Jahre 782 v. Chr. eine Festung auf dem *Arin Berd* (»Blutige Festung«), einem Felsen am Südostrand der heutigen Stadt Jerewan, errichten. Sie war vermutlich Teil einer größeren städtischen Anlage, die die urartäischen Herrscher als Erebuni bzw. Irbuni und Irebuni erwähnten, dem der Name einer lokalen, von ihnen unterworfenen Hirten-Sippe Irekua[1] zugrundeliegen könnte. Über das genaue Alter Jerewans, das ebenso wie Rom als eine der ältesten durchgehend besiedelten Städte der Welt gelten darf, wissen wir seit 1950 Bescheid. Damals stieß man bei systematischen Ausgrabungen in Arin Berd auf eine Basalttafel, deren Inschrift mitteilt:»Durch die Größe des Gottes Chaldi errichtete Argischti, Sohn des Menua, diese machtvolle Festung und nannte sie Erebuni – zur Stärkung der Macht Biainilis und zum Schrecken seiner Feinde. Argischti spricht: Das Land war eine Wüste. Ich habe hier gewaltige Arbeit vollbracht. Durch die Größe des Gottes Chaldi, Argischti, Sohn des Menua, machtvoller König, König des Landes Biainili und Herrscher der Stadt Tuschpa.« Die erstmalige Erwähnung Jerewans unter seinem heutigen Namen erfolgte im 7. Jh. kurz vor dem Arabereinfall.

Die Menge von Hauptstädten, die in armenischer Zeit in der Ararat-Ebene entstanden, zeugt von deren wirtschaftlicher und strategisch-politischer Bedeutung: Armawir (das Argischtichinili der Urartäer), Jerwandaschat (3. Jh. v. Chr.), Artaschat (2. Jh. v. Chr.–2. Jh. n. Chr.), Wararschapat (heute Etschmiadsin; 2.–4. Jh.), Dwin (4.–7. Jh.). Erebuni-Jerewan war keine Hauptstadt. Seine weitere Entwicklung verlief, trotz seiner strategisch und verkehrsmäßig günstigen Lage, infolge der zahlreichen Verheerungen und Invasionen in Ostarmenien bis zum 17. Jh. zunehmend bedeutungslos. Besonders litt Jerewan unter den persisch-türkischen Vormachtskämpfen im 16. und 17. Jh., in deren Verlauf es über zehnmal entvölkert wurde. Ein gewisser Aufschwung begann erst 1735, als Jerewan Hauptstadt der gleichnamigen persischen Provinz wurde, deren Statthalter, der Sardar, unumschränkte Macht genoß. Die Prunksucht des Statthalters, der diesbezüglich mit dem Hof des persischen Schahs wetteiferte, ließ jedoch das Land verarmen. Im Oktober 1827 wurde Jerewan unter dem begeisterten Jubel der armenischen Bevölkerung von den Russen eingenommen.

Die Anzahl der Einwohner lag damals bei nur 11.463. Sie verdreifachte sich bis zum Ende des 19. Jh. auf 30.000. Unter den Zaren erlebte Jerewan als Hauptstadt und Verwaltungszentrum des armenischen Gebiets (seit 1849: Gouvernement Jerewan) einen bescheidenen wirtschaftlichen und kulturellen Aufschwung. In diese Periode fallen die Anfänge der Textil- und Nahrungsmittelindustrie, die Gründung eines theologischen Seminars (1837), einer Mädchenschule (1850), einer ersten Druckerei (1876), eines Gymnasiums sowie eines Lehrerseminars (1881). 1864 wurde die Stadt an das russische Telegraphennetz, 1902 an das Eisenbahnnetz angeschlossen. Gleichwohl schildern zeitgenössische Reiseberichte Jerewan als staubiges und trostloses Provinznest am äußersten Rand des Russischen Reiches. Daran änderte sich auch nichts wesentliches, nachdem Jerewan 1918 Hauptstadt einer kurzlebigen, unabhängigen Armenischen Republik und somit Armeniens 13. Hauptstadt geworden war – eine Rolle, die es absolut überforderte. Wirkliches Wachstum entfaltete sich erst nach der Sowjetisierung. Als der deutsche Schriftsteller Armin T. Wegner Ende 1927 Jerewan besuchte, stellte er neben unbeschreiblichem Elend der von westarmenischen Flüchtlingen übervölkerten Stadt auch großen Aufbauenthusiasmus fest: »Schnee, Hitze, Tod, Krankheit und Armut sind über diese Stadt niedergegangen, aber unbekümmert entfaltet sie sich zwischen den Trümmern aufs neue wie eine Rose auf einem Schutthaufen (...).«[2]

Mit Ausnahme einiger westsibirischer Städte ist keine Stadt der UdSSR so schnell wie Jerewan gewachsen, nämlich von 30.000 Einwohnern um die Jahrhundertwende auf gegenwärtig schätzungsweise 1,3 Millionen. (Der offizielle Stand von 1.168.000 Einwohnern, 1987, entspricht vermutlich nicht der Realität, da viele Armenier nicht amtlich gemeldet bzw. »illegal« in Jerewan leben, vor allem, seit die Stadt »geschlossen« wurde.) Das bedeutet, daß etwas mehr als ein Drittel der sowjetarmenischen

Bevölkerung in der Landeshauptstadt lebt. Um diese sowohl soziologisch als auch wirtschaftlich und ökologisch unerwünschte »Wasserkopfbildung« zu bremsen, hat man 1983 Jerewan zur »geschlossenen Stadt« erklärt, in der – ebenso wie in Moskau oder Leningrad – dort nicht registrierte Personen nur mit Sondergenehmigung (z. B. bei Heirat mit einem Jerewaner) offiziell zuziehen dürfen. Jerewans Aufstieg zur sowjetischen Millionenstadt brachte ihm u. a. eine Untergrundbahn ein, die sich Jerewan nun wie andere sowjetische Millionenstädte auch bauen durfte. Die erste Linie wurde 1981 vollendet, ein mühsames und kostspieliges Unterfangen, da nicht nur Schächte durch Felsen getrieben werden mußten, sondern auch die Niveauunterschiede innerhalb Jerewans überwunden werden mußten, das sich wie Rom »auf sieben Hügeln« zwischen Höhen von 950 und 1.200 m erstreckt. Die Jerewaner U-Bahn lohnt auf jeden Fall einen Besuch, und sei es als Kontrastprogramm zum Pomp der Moskauer Metro. Denn hier hat man mit den heimischen Baustoffen Tuff, Marmor und Granit sehr viel geschmackvollere Lösungen gefunden. Besonders empfiehlt sich eine Besichtigung der Station »Sassunzi Dawid« (am Jerewaner Eisenbahnhof) mit Tuffreliefs zu Motiven aus dem gleichnamigen Nationalepos.

U-Bahn *(Marginalie)*

Stadtgeographie und Architektur *(Marginalie)*

Man sieht Jerewan sein Alter keineswegs an. Denn fast alle vorsowjetischen Bauten fielen der Spitzhacke zum Opfer, da man sie nicht für erhaltenswert fand: die winkligen Sträßchen mit vorwiegend ebenerdigen Häuschen aus Stampflehm. In *Kond*, dem ältesten Stadtteil Jerewans, blieb noch ein Rest dieser armseligen »Altstadt« aus der Zeit der Jahrhundertwende. »Abreißen«, fordern viele Jerewaner und schämen sich, daß ausgerechnet in diesem slumartigen Ambiente das neueste Intourist-Hotel, *Dwin*, errichtet wurde. Zu schmerzlich erinnert Kond an politische Ohnmacht, kulturelle und wirtschaftliche Rückständigkeit, an grauenvollstes Flüchtlings- und Hungerelend zwischen 1915 und 1920. Nur dort, wo Altstadtreste besonders malerisch gelegen sind, wie an den Hängen der *Hrasdan-Schlucht*, sollen sie erhalten und für kleine Handwerksbetriebe und als Künstlerateliers hergerichtet werden. Vermutlich sehen sie anschließend schöner aus, als sie es je waren ...

Die Mehrzahl der erhalten gebliebenen alten Wohnhäuser stammt vom Beginn des 18. Jh., nur einige Kirchen und Brücken sind älter (die Kirchen aus dem 6.–17. Jh., die Brücken 17. Jh.). Wer diese ältesten und unter Denkmalschutz stehenden Bauwerke Jerewans aufstöbern will, findet sie mit Hilfe der Stadtpläne, die es auch in englischer Sprache gibt (doch ist die russische Ausgabe vollständiger). Es empfiehlt sich eine Taxifahrt zum Stadtteil *Awan* im Nordosten, wo sich unterhalb der 7. Straße die Ruine der *Johannes-Kapelle* (12./13. Jh.) mit erhaltener

Awan *(Marginalie)*

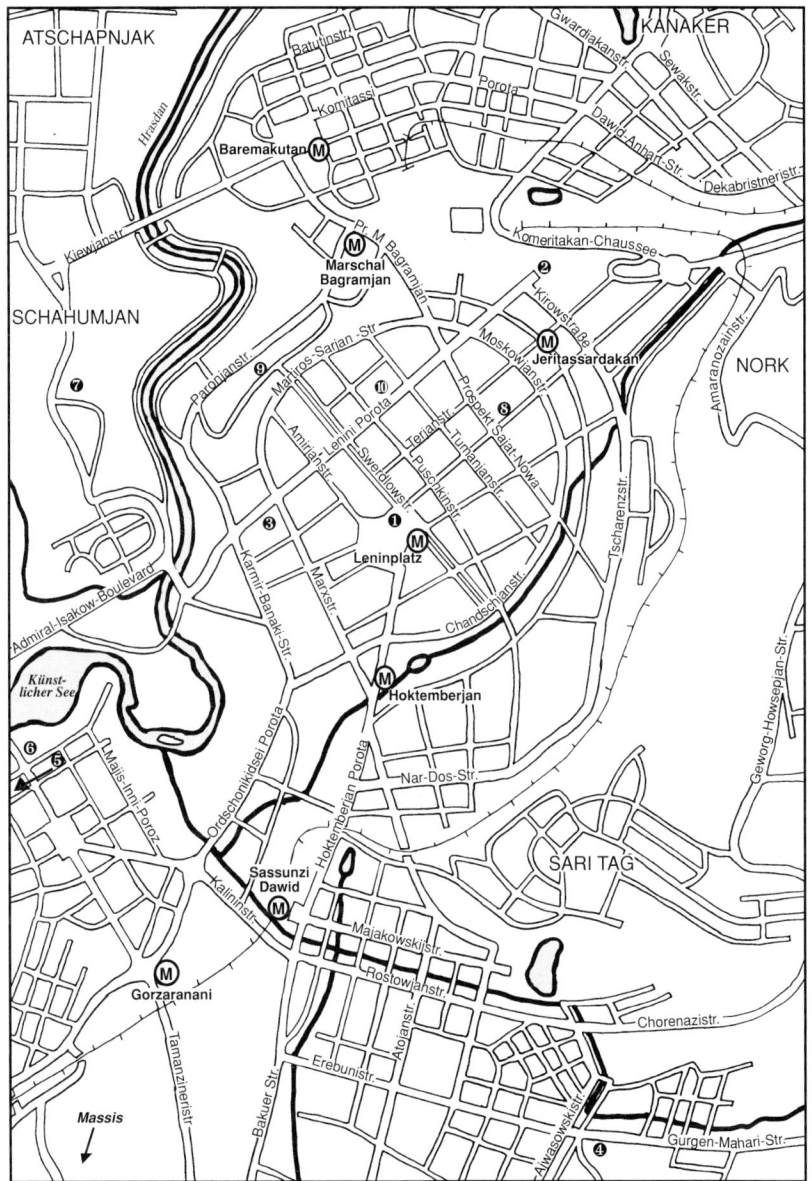

1) Historisches Museum und Staatliche Gemäldegalerie Armeniens; 2) Staatliches Handschriftenarchiv »Matenadraran«; 3) Museum für Stadtgeschichte (ehemalige »Gök Dschami« Moschee; 4) Ausgrabungsstätte und Museum der Urartäerfestung Erebunde; 5) Ausgrabungsstätte der urartäersiedlung Tschejbaini; 6) Jungsteinzeitliche Siedlung Schengawit; 7) Park und Mahnmal »Zizernakaberd«; 8) Kirche »Katorike« (»Kathoilikon«), 13. Jh.; 9) Kirche des Hl. Johannes (Surb Howjannes), 1708–1710; 10) Sorawor-Kirche (1691–1705)

Ostapsis und Bema, alten Gräbern sowie Kreuzstein (13. Jh.) befindet. Noch weiter unterhalb liegt die Ostapside der oftmals umgebauten *Muttergotteskapelle* (5./6. Jh.) neben einer achtekkigen frühchristlichen Stele auf einem fünfstufigen Stylobat: reizvoller Fotokontrast zu den umliegenden Hochhaussiedlungen. Am Ende der 14. Straße von Awan stößt man dann linkerhand auf die Ruinen der *Kathedrale von Awan* (591–602). Sie wurde nach der byzantinisch-persischen Teilung Armeniens (591) von den Byzantinern für den von ihnen zum Gegenkatholikos erhobenen Johannes den Chalcedonenser errichtet, und zwar in provozierender Nähe zum iranischen Herrschaftsbereich, wo unweit Awans, nämlich in Dwin, der »wahre« Katholikos Armeniens residierte. Zu der prachtvollen Kathedrale, die als erster monumentaler Zentralkuppelbau Armeniens für die weitere Architekturentwicklung bestimmend wurde, gehörte ein Palast. Doch die Geschichte des von Byzanz abhängigen, pro-chalcedonensischen Gegen-Katholikats von Awan war kurz: Schon 602 eroberten iranische Truppen das Gebiet und vertrieben Katholikos Mowses und sämtliche Anhänger des Chalcedonenses von dort. Der *Friedhof* von Awan bietet zahlreiche Kreuzsteine, Grabmäler sowie Stelen des 6.–17. Jh.

Arindsch

Setzt man die Fahrt in nordöstlicher Richtung fort, gelangt man in den erst vor wenigen Jahren eingemeindeten Stadtteil *Arindsch*. Nördlich davon befinden sich die Reste einer befestigten *Urartäersiedlung*, am Nordostrand Arindschs liegen die Ruinen einer *Kapelle* sowie ein *Kreuzstein* aus dem 12./13. Jh. Im Zentrum von Arindsch befindet sich *Dsarawank*, im Mittelalter eine bedeutende Klosteranlage und Stätte mönchischer Gelehrsamkeit, bis das heftige Erdbeben von 1679 Dsarawank ein Ende bereitete. Zu sehen sind dort noch die Ruinen zweier Kirchen und einer Kathedrale.

Zentrum

Die Jerewaner selbst identifizieren sich am liebsten mit dem *Zentrum* ihrer Stadt, dem *Leninplatz* oder der *Kiewstraße*. Sie entstanden zwischen 1926 und 1941 nach dem ersten Generalbebauungsplan Jerewans, den der bekannte armenische Architekt Alexander Tamanjan angefertigt hatte. Tamanjan orientierte sich dabei an Elementen der altarmenischen Baukunst: Rundbögen, Arkaden, Blendbögen und Reliefdekor mit den für die armenische Steinmetzkunst typischen Motiven (Weintrauben und Weinlaub, Ähren, Granatäpfel, Vögel und andere Tiere). Die Repräsentations- und Verwaltungsgebäude am Leninplatz bzw. die Wohnhäuser in der Kiewstraße sind, ebenso wie das ganze übrige heutige Jerewan, aus rosa Tuff errichtet, was ihm den Beinamen »rosa Stadt« einbrachte und Jerewan einen einheitlichen, fast einförmigen Charakter verleiht; im 18. und 19. Jh. bevorzugte man schwarzen Tuff. Tuff findet inzwischen sogar in der Fertigbauweise und als Baumaterial bei Hochhäusern Anwendung.

Jede geführte Besichtigung Jerewans beginnt am *Leninplatz*, dem Zentrum des Zentrums. Hier befand sich einst ein Marktplatz, umgeben von Wohnhäusern, Schenken und Schwitzbädern. Sie alle wichen bei der Neuanlage des Platzes (1929–1941) den nach Alexander Tamanjans Plänen errichteten Repräsentativ- und Verwaltungsbauten. Ihr einheitlicher, an alte nationale Bauelemente anknüpfender Stil verleiht dem ovalen Platz außerordentliche Geschlossenheit, ja, macht ihn zu einem der harmonischsten Ensembles in der Sowjetunion. Wodurch kann ein wasserarmes Land Reichtum und Überfluß besser ausdrücken als durch Brunnen und Fontänen? Sie sind im Zentrum Jerewans überall zahlreich vorhanden. Auch den Leninplatz schmückt ein großer Springbrunnen. Ein Auslandsarmenier hat vor Jahrzehnten den Jerewanern dazu eine Wasserorgel geschenkt. Hinter den Fontänen befinden sich drei der größten Museen unter einem Dach:

Leninplatz

Das *Revolutionsmuseum:* Seine Ausstellung berichtet von der Verbreitung marxistischer Ideen im Transkaukasus und von der Sowjetisierung Armeniens. Öffnungszeiten: täglich (außer montags) zwischen 11.30 und 16 Uhr.

Revolutions-
museum

Das *Historische Museum* (gegr. 1921): Auf zwei Stockwerken informieren 160.000 Exponate über die Geschichte und Kultur Armeniens seit der Steinzeit. Besonders sehenswert sind die ersten Säle des Erdgeschosses mit Funden aus der Bronze- und frühen Eisenzeit, darunter Teile sogenannter Kultstandarten mit Stieren, Hirschen, Vögeln und anderen Tieren, die mit der Wasser- (Fruchtbarkeits-) bzw. Sonnenverehrung in Verbindung standen. Bei der Absenkung des Sewan-Sees kam zur Freude der Archäologen in der Nähe des Dorfes Ldschaschen eine bronzezeitliche Nekropole mit 18 Grabhügeln und über 200 Erdgräbern zum Vorschein (19.–12. Jh. v. Chr.), in denen man u. a. 20 hölzerne, reich mit Schnitzwerk verzierte Grabwagen (14./13. Jh. v. Chr.) fand, von denen zwei im Historischen Museum ausgestellt wurden. Ferner: Fundstücke aus urartäischen und antiken bzw. mittelalterlichen armenischen Siedlungen. Die *ethnographische Abteilung* bietet einen Überblick über Hausrat, regionale Trachten, Teppiche, herkömmliche Landwirtschafts- und Handwerksgeräte, Volksmusikinstrumente, Teppiche u. a. Schwerpunkte der Ausstellung des Historischen Museums sind die mittelalterliche Architektur Armeniens (u. a. frühchristliche Stelen, Kreuzsteine) sowie die städtische Kultur der alten armenischen Hauptstädte (Artaschat, Dwin, Ani). Der Besuch des Museums empfiehlt sich allen Neuankömmlingen als Einstieg und erste Orientierung, besonders aber jenen, die keine Möglichkeit zur Besichtigung des

Historisches
Museum

Ethnographischen Museums von Sardarapat besitzen. Öffnungszeiten: werktags zwischen 10.30 und 16 Uhr; sonnabends und
sonntags 11–17 Uhr; montags geschlossen.

Bildergalerie Die *Staatliche Bildergalerie Armeniens* (Eingang von der
Spandarjanstraße 1) enthält nach der Moskauer Tretjakowga-
lerie, der Leningrader Eremitage sowie dem Russischen Museum (Leningrad) mit 19.000 Werken der armenischen, russischen, westeuropäischen und orientalischen Kunst eine der
reichsten Sammlungen der UdSSR. Für den ausländischen Gast
am interessantesten ist die armenische Abteilung mit Werken
vom 7. Jh. bis zur Gegenwart. Im Unterschied zu Georgien
wurde im mittelalterlichen Armenien die Monumentalmalerei
weniger gepflegt, da die Armenier sie als byzantinische Bilderverehrung ablehnten; sie war deshalb in den Regionen georgischen oder byzantinischen Einflusses am stärksten vertreten
und wurde, vor allem vom 10.–13. Jh., oft von georgischen bzw.
anderen nicht-armenischen Künstlern ausgeführt, freilich nach
den Wünschen der armenischen Auftraggeber. Der meist schlech-
te Erhaltungszustand ist darauf zurückzuführen, daß sich der
für die Temperamalerei notwendige Verputz nicht auf den glatten
Oberflächen armenischer Kirchenfassaden hielt. Hinzu kamen
die vielfältigen Zerstörungen der Kirchen, die, wenn sie erst einmal von den Gläubigen aufgegeben werden mußten, jahrhundertelang ungeschützt Wind und Wetter ausgesetzt blieben.
Das Historische Museum zeigt Freskenkopien aus der Frühphase armenischer Monumentalmalerei (7. Jh.) sowie dem 10.–14. Jh.
(Kathedrale von Ani, Klöster Hachpat, Achtala und Tatew).
Den Schwerpunkt der armenischen Abteilung bildet die weltliche Malerei des 17.–19. Jh., darunter Werke der im Iran ansässigen Malerfamilie Hownatanjan (17./18. Jh.) sowie des arme-
nischstämmigen spätromantischen Marinemalers Iwan Ajwa-
sowksi (1817–1900), dessen Hauptwerk in Jerewan fast vollständig vertreten ist.

Von den zahlreichen namhaften Malern des 20. Jh. sei hier vor
allem auf Martiros Sarjan (1880–1972) und Minas Awetisjan
(1928–1975) hingewiesen, die in der Farbgestaltung ihrer Land-
schaftsbilder, Stilleben und Porträts einen modernen, zugleich
aber auch an den Traditionen der altarmenischen Buchmalerei
orientierten Nationalstil mit leuchtend-expressiven Farben, klarer
Linienführung und einer expressionistisch vereinfachenden
Flächigkeit entwickelten. Literaturhinweis: Gemäldegalerie
Armeniens. Jerewan. Leningrad: Aurora-Kunstverlag, 1984. 159
Seiten; Öffnungszeiten: täglich (außer montags) zwischen 10.30
und 16 Uhr.

Regierungs- Vor dem Museumsgebäude stehend erblickt man links das im
gebäude Grundriß fünfeckige *Regierungsgebäude* mit dem Sitz des
sowjetarmenischen Ministerrats. Die Hauptfront überragt ein

Demonstrationszug für den Anschluß von Karabach (Arzach) im Zentrum Jerewans, Frühjahr 1988

Turm mit der Stadtuhr und der Staatsflagge (rot-blau-orange). Daran schließen sich ein weiteres Verwaltungsgebäude, die *Hauptpost* mit dem Telegraphenamt und das *Gewerkschaftshaus* an. Dem Museumsgebäude gegenüber liegt das Intourist-Hotel *Armenija*. Jeden Abend erfüllt echtes südländisches Piazza-Leben den Leninplatz. Man kommt, allein oder mit Familie und Freunden, zum Flanieren hierher, lauscht den Klängen der Wasserorgel, sieht und wird gesehen.

Fast alle großen Boulevards der Innenstadt nehmen ihren Anfang am Leninplatz. Wer seinen abendlichen Bummel über den Platz hinaus fortsetzen will, kann dies in der *Grünanlage* tun, die sich hinter dem Lenin-Denkmal zwischen der Schahumjan- und der Nalbandjanstraße erstreckt. Man findet dort eine Allee von kleinen Fontänen, jede für eines der 2.750 Jahre stehend, die Jerewan 1968 zählte. In der Mitte der Anlage brennt ein Ewiges Feuer zum Gedenken der im Kampf für die Errichtung der Sowjetmacht in Armenien Gefallenen; am Ende der Anlage erhebt sich ein eindruckvolles Denkmal für den armenischen Kommunisten Stepan Schahumjan (1878–1918), das ihn im Augenblick seiner Erschießung darstellt: stolz, unbeugsam und mutig. Zusammen mit 25 weiteren Kommissaren des ersten transkaukasischen Sowjets (Baku) wurde Schahumjan am 20. 4. 1918 von rechtsorientierten russischen Sozialrevolutionären erschossen.

Park

Biegt man vom Leninplatz links neben dem »Armenija« in die Amirjanstraße ein, gelangt man bald zum *Lenin-Prospekt.* Nach einer weiteren Linksbiegung steht man vor dem *Museum für Stadtgeschichte* (Lenin-Prospekt 12). Es informiert über die bis in das 4. vorchristliche Jahrtausend zurückreichende Siedlungsgeschichte Jerewans: Saal 1 enthält Funde aus den vorurartäi-

Museum für
Stadt-
geschichte

schen Siedlungen Schengawit, Zizernakaberd und Muchannat-Tap, Saal 2 und 3 Funde der Urartäersiedlungen Erebuni und Tejschebaini, darunter eine Bronzestatue des Kriegs- und Wettergottes Tejscheba sowie eine Gründungsinschrift König Argischtis (782 v. Chr.) und Fresken aus dem Chaldi-Tempel der Festung Erebuni. Saal 4 und 5 berichten vom frühmittelalterlichen Jerewan, Saal 6 von der bewegten Zeit des 15.–19. Jh., als Ostarmenien zum Zankapfel zwischen Persern, Türken und Russen geworden war. Es folgt die Neuzeit (Öffnungszeiten: täglich außer Dienstag zwischen 10 und 17 Uhr). Das Museum befindet sich in Gebäuden der ehemaligen »Blauen Moschee« (*Gök Dschami*), die Hassan, der damalige persische Stadthalter in Jerewan, 1769 errichten ließ.

Markthalle Schräg gegenüber (Lenin-Prospekt 3) ist in einem gewölbten Gebäude mit schönem Schmiededekor am Haupteingang der »Bauch von Jerewan« untergebracht: der *Zentralmarkt*, auf dem Genossenschaftsbauern Obst und Gemüse verkaufen dürfen, das sie über das dem Staat zu verkaufende Soll hinaus erzeugt haben. Die Markthalle ist immer einen Rundgang wert: In langen Reihen türmen sich Berge von Kräutern, die sorgfältig mit Wasser benetzt und frisch gehalten werden, Obst und Gemüse je nach Jahreszeit, frischer Schafskäse. In anderen Abteilungen verkauft man Fleisch und Geflügel, letzteres noch lebendig und angstvoll gackernd.

Freiheitsplatz Schlägt man jedoch an der Mündung der Amirjanstraße in den Lenin-Prospekt die umgekehrte Richtung ein, gelangt man zum *Opernplatz* mit dem runden Gebäude des *Staatlichen Opern- und Ballettheaters »Alexander Spendiarow«*, für dessen Entwurf Jerewans berühmter Baumeister Tamanjan 1936 auf der Pariser Weltausstellung eine Goldmedaille erhielt. Das Gebäude vereint einen Opern- und einen Konzertsaal. Beide Säle besitzen die Form eines Amphitheaters und damit eine ausgezeichnete Akustik. Das Repertoire umfaßt neben ausländischen und russischen Werken vor allem armenische Nationalopern zu geschichtlichen oder literarischen Stoffen. Karten erhält man u. a. über die Service-Büros in den Intourist-Hotels (nur gegen Devisen). Seit Februar 1988 wurde der Opernplatz zum wichtigsten Versammlungsort der oft Hunderttausende umfassenden Massenmeetings; als eine Art »Forum Romanum« der basisdemokratischen Meinungsäußerung und des nationalen Protests erhielt er inzwischen die offizielle Bezeichnung »Freiheitsplatz«.

Tamanjan-Denkmal Ein eindruckvolles *Denkmal Tamanjans* befindet sich unweit des Opernplatzes am Beginn der Tamanjanstraße: Es zeigt ihn auf einen Arbeitstisch gestützt und betont vor allem die Hände. Bleibt man auf dem Lenin-Prospekt, gelangt man schließlich zu einem der interessantesten Museen Jerewans, dem Matenadaran (s. S. 110 f.).

Eine weitere, dem Leninplatz entspringende Straße ist die bei Abowjanstraße den Jerewanern beliebte *Abowjanstraße*, die als Astafjanstraße die Hauptstraße des alten Jerewan war und ihr einstiges Aussehen noch weitgehend bewahrt hat. Axel Bakunz hat ihr in seiner Erzählung »Provinzdämmerung« ein literarisches Denkmal gesetzt: »Wir würden gegen die Wahrheit verstoßen, bezeichneten wir die Astafjan genannte Strecke bloß als Straße. In unserer Stadt ist diese Straße als Treffpunkt berühmt, als Ankerplatz für jene, die auf- und abbummeln und mit ihrem gemächlichen Gang an sich leicht wiegende Boote erinnern. Weiterhin gleicht sie einer Gemäldegalerie, nur mit dem Unterschied, daß hier die Bilder nicht an den Wänden hängen, sondern flanieren. Wer es möchte, kann hier an nur einem Tag mit sämtlichen Vertretern der geistigen Kultur des Landes Nairi Bekanntschaft machen«. Im Haus Nr. 10 weilte 1928 der berühmte russische Schriftsteller Maxim Gorki. Heute ist dort das *Geologische Museum* untergebracht. Neben für Sowjetarmenien typischen Bodenschätzen, darunter eine reichhaltige Sammlung von Tuffen, Graniten, Basalten, Marmor, findet man hier tierische und pflanzliche Versteinerungen. Als eines der jüngsten und interessantesten Exponate gilt das restaurierte Skelett eines Urelefanten (ca. 300.000 Jahre) aus den Sandgruben von Leninakan (Öffnungszeiten: täglich außer samstags und sonntags zwischen 10 und 16.30 Uhr).

Geologisches Museum

Vorbei am *Haus der Bildenden Künste Armeniens* (Nr. 16) und am *Russischen Dramentheater* (Nr. 7) gelangt man an der Ecke zum Sajat-Nowa-Prospekt zu der 1970 gegründeten *Bildergalerie für Kinder* (Abowjanstr. 13; geöffnet täglich außer montags von 10.30–17 Uhr). Diese erste Kindergalerie der Welt umfaßt 100.000 Zeichnungen von Kindern im Alter zwischen 3 und 16 Jahren aus 95 Ländern. Ebenfalls auf der linken Straßenseite befindet sich etwas weiter eine als *Katorike* (Hauptkirche) bezeichnete *Kapelle* (13. Jh.). Eine Inschrift berichtet davon, daß im Jahre 1246 ein vermögender Mann aus Ani Jerewan kaufte und dort seine eigenen Gesetze einführte. Bleibt man auf der Abowjanstraße, gelangt man zu zwei parallel verlaufenden Ringstraßen: der *Moskauer* und der *Issahakjanstraße*. Zwischen ihnen dehnt sich ein Grüngürtel, der Jerewans Zentrum halbkreisförmig umschließt. Geht man geradeaus die Abowjanstraße weiter, kommt man an ihrem Ende zum *Volkskunst-Museum* (Nr. 64; Öffnungszeiten: täglich außer montags 10.30–16.30 Uhr). Es birgt Erzeugnisse der traditionellen Handwerke (Knüpf- und Webteppiche, Schnitzereien) sowie des Kunstgewerbes; dabei liegt das Schwergewicht auf der Gegenwart. Das Museum stellt gleichsam die Fortsetzung des Ethnographischen Museums von Sardarapat dar, wo vorwiegend das traditionelle Kunsthandwerk vertreten ist.

Bildergalerie für Kinder

Kapelle

Volkskunst-Museum

Der Matenadaran

Am Ende des Lenin-Prospekts erhebt sich auf einer Anhöhe ein eindrucksvoller grauer Basaltbau: der *Matenadaran*. Im Altarmenischen bedeutet dies »Aufbewahrungsstätte für Handschriften« bzw. Bibliothek. Alle namhaften Klöster besaßen einst ihre eigenen Bibliotheken, oft in Verbindung mit Skriptorien. Dem Baustil solcher mittelalterlichen Klosterbibliotheken ist das Gebäude des Jerewaner Matenadaran nachempfunden. Man nähert sich ihm wie einem Tempel: zu Fuß, über eine Treppe, den Blick geradeaus auf Statuen der größten altarmenischen Dichter und Gelehrten gerichtet, unter denen *Mesrop Maschtoz* hervorragt, der Schöpfer des armenischen Nationalalphabets und der armenischen Schriftlichkeit. Ihm zu Füßen kniet sein Schüler und Biograph *Korjun*.

Der Matenadaran birgt die kostbarsten geistigen Schätze des armenischen Volkes: etwa 15.000 alte Bücher und Fragmente sowie eine Archivabteilung mit mehr als 100.000 Dokumenten des 14.–20. Jh. Trotz des Fleißes der mittelalterlichen Kalligraphen und Kopisten blieb infolge des gewalttätigen Schicksals Armeniens nur ein geringer Teil seiner Handschriften erhalten. Allein im Jahre 1170 verbrannten Eroberer mehr als 10.000 alte Handschriften in der armenischen Festung Balaberd, wohin man sie aus verschiedenen Klöstern verbracht hatte. Von den etwa 25.000 bis heute erhaltenen armenischen Handschriften besitzt die Jerewaner Sammlung 10.700 Folianten und 2.500 Fragmente. Sie ist damit die bedeutendste vor weiteren Sammlungen in Jerusalem (armenisches Jakobus-Kloster), Wien und Venedig (armenisch-unierte Mechitaristen-Kongregationen), dem armenisch-apostolischen Bischofssitz in Nor Dschura/Isfahan, dem Britischen Museum (London), der Pariser Nationalbibliothek u. a.

Es handelt sich um kirchliche und weltliche Texte sämtlicher Wissensgebiete, ferner um Übersetzungen antiker und mittelalterlicher Autoren, deren Originalfassungen z. T. verloren gingen und die nur anhand der altarmenischen Übersetzung überliefert sind (darunter Werke des Aristoteles, Eusebios von Cäsarea, Zenon, Johannes Chrysostomos u. a.).

Einen weiteren Sammelschwerpunkt bilden armenische Erst- bzw. Frühdrukke, darunter auch das erste gedruckte Buch der Armenier, das »Erläuternd Kalendarium« (Venedig 1512), und die erste armenische Zeitung (Madras 1794).

Der Matenadaran dient in erster Linie Archiv- und Forschungsaufgaben. Dem allgemeinen Publikum ist immerhin ein Ausstellungssaal mit einigen der wertvollsten, schönsten und interessantesten Handschriften, Drucke und Dokumenten zugänglich.

Die ältesten Fragmente der Sammlung stammen aus dem 5.–8. Jh.; das erste vollständige Buch, das auf Pergament geschriebene *Lasarew-Evangeliar*, entstand 887 und die älteste Handschrift auf Papier 981; in Europa benutzte man dagegen Papier erst ab Mitte des 12. Jh.

Eine Sondervitrine zeigt die kleinste (15. Jh.) sowie die größte Handschrift der Welt (1202) mit einem Gewicht von 19 g bzw. 34 kg. Zur Herstellung dieses Buchriesen benötigte man 700 Kalbshäute. Es handelt sich um 300 Abhandlungen armenischer und antiker Autoren. Das Schicksal dieses Homiliars bildet ein anschauliches Beispiel für die Buchverehrung der Armenier: Als es im Jahre den Seldschuken in die Hände fiel, sammelten Mönche aus Musch 5.000 Silberdrachmen für seinen Rückkauf und brachten es in das Kloster der

Heiligen Apostel. Zur besseren Handhabung wurde es im 19. Jh. in zwei Hälften zerlegt. 1915, während des Völkermordes an den Armeniern, entdeckten es zufällig zwei Armenierinnen in dem zerstörten Kloster. Die Rettung des jahrhundertelang verehrten Buches war ihnen wichtiger als ihre eigenen armseligen Bündel. Am Ende der Flucht wurden beide Teile wieder zusammengefügt, doch waren in den Wirren jener Jahre zahlreiche Seiten und die Einbände verlorengegangen.

Im Zentrum des Ausstellungssaales steht eine Rundvitrine mit besonders schönen Beispielen armenischer Buchmalerei, die zeitlich oder regional verschiedenen Schulen zugeordnet werden können: Der »akademische« Stil, elegant, unter Verwendung von Blattgold, mit feiner Linienführung nach alexandrinischen und byzantinischen Vorbildern ist besonders in den aus Kilikien und Konstantinopel stammenden armenischen Buchmalereien ausgeprägt; berühmtester kilikisch-armenischer Illuminist war *Toros Roslin* (13. Jh.). Der sogenannte »volkstümliche Stil« zeigt dagegen eine sparsamere Ausstattung mit einer einfachen Drei- oder Vierfarbenskala. Bei den Regionalstilen unterscheidet man den Stil von Waspurakan (Gebiet um den Wan-See), der im weiteren Sinn dem Kulturkreis von Syrien, Mesopotamien und Persien angehört, vom kilikisch-armenischen Stil bzw. einem eigentlichen armenischen Stil, der in entlegeneren Regionen wie Sjunik (Nordostarmenien) entstand.

Die älteste erhaltene armenische Buchmalerei wird auf die Zeit vor dem Arabereinfall von 640 datiert. Es handelt sich um vier Miniaturen am Ende des berühmten *Etschmiadsin-Evangeliars* (989). Weitere bedeutende Beispiele früher Buchmalerei stellen das *Evangeliar der Königin Mlke* (862; Venedig) sowie das schon erwähnte *Lasarew-Evangeliar* (887) dar, das ebenso wie das Etschmiadsin-Evangeliar im Matenadaran aufbewahrt wird. Evangeliare wurden üblicherweise mit Initialen, Schmuckleisten, Kanontafeln (tabellarische Zusammenstellungen inhaltlich gleicher Textstellen, die den Evangelien vorangestellt wurden) in Gestalt portalhafter Arkaden, mit Marginalzeichnungen sowie Szenen aus dem Leben Jesu illuminiert, wobei die Darstellung des Pfingstwunders eine armenische Eigenart bildet. Neben biblischen Motiven und Szenen finden sich Tiere (vor allem Reiher, Kraniche, Stiere, Löwen), Pflanzen und Menschen in zeitgenössischer Tracht und Berufen, aber auch Fabelwesen wie der syrenenartige »Seelenvogel« mit Frauenkopf und Vogelleib.

Die mittelalterlichen Schreiber Armeniens kannten bereits ein Dauerschreibwerkzeug in der Art unseres Kugelschreibers. Die Buchmaler wußten von Verfahren zur Haltbarmachung der Farben, u. a. durch Knoblauchsaft, der die Bücher auch vor Wurmbefall schützte.

Die Sammlung des Matenadaran baut auf der 1920 verstaatlichten Klosterbibliothek von Etschmiadsin auf, die ihrerseits auf das 5. Jh. zurückgeht. Offenbar hatte Etschmiadsin unter den armenischen Klosterbibliotheken schon früh eine führende Stellung als eine Art »Sammelbibliothek« inne, deren Bestände daher besonders reich waren. Heute gilt es vielen Auslandsarmeniern als hohe patriotische Pflicht und Ehre, dem Matenadaran alte Handschriften und Bücher zu vermachen.

Öffnungszeiten: täglich (außer sonn- und montags) 9.30–16 Uhr für Einzelbesucher; Gruppen nur nach Voranmeldung (Tel. 58 06 61; 52 14 57; 56 26 01).

Biegt man an der großen Kreuzung rechts in die Moskauer Straße ein, gelangt man zum *Haus der Kammermusik,* dessen Stil antike und moderne Elemente vereint. Etwas weiter wird

Universität die Vorderseite der *Jerewaner Universität* (Mrawjanstr. 1) sichtbar, die schon in den ersten Tagen nach der Sowjetisierung Armeniens gegründet wurde. Zur Zeit studieren dort etwa 15.000 Studenten, darunter auch Deutsche aus der DDR und Auslandsarmenier aus zahlreichen Staaten der Welt. Noch weiter die Ringstraße entlang – sie trägt inzwischen den Namen des Schriftstellers Mikajel Nalbandjan – kommt man zum *Haus des Schachspielers,* einem architektonisch ebenfalls bemerkenswerten Gebäude.

Hauptbahnhof In südlicher Richtung gelangt man vom Leninplatz über den Hoktemberjan-Prospekt (Oktober-Prospekt) zum *Hauptbahnhof,* der sich noch in den 30er Jahren weit außerhalb der Stadt befand. Vor dem Bahnhofsgebäude erhebt sich ein bekanntes Reiterstandbild: der Held des armenischen Nationalepos Dawid von Sassun auf seinem Roß Dschalali, eine Darstellung voller Kraft und Dynamik. Eine Brunnenschale zu Füßen des Pferdes erinnert daran, daß die Geduld des Volkes mit Unterdrückung und Fremdherrschaft »überlaufen« kann.

Arin Berd Über die Verlängerung des Hoktemberjan-Prospekts kommt man zur Erebunistraße, an deren Ende sich der Felsen *Arin Berd* erhebt, auf dem 782 v. Chr. Argischti I. seine Festung anlegte. Am Fuße der Anhöhe befindet sich das aus rotem Tuff

Erebuni- gebaute *Museum Erebuni* (Erebunistr. 38). Es wurde nach ur-
Museum artäischer Bauweise fensterlos mit Lichtöffnungen im Dach errichtet. Die Sammlung enthält Ausgrabungsfunde (zum Teil werden sie auch in der Leningrader Ermitage ausgestellt). Prächtige Rüstungen, kunstvolle Bronzestreitwagen, rote und schwarze polierte Keramik sowie gewaltige Amphoren (arm.: *karasner*) mit Wein und Öl zeugen vom Wohlstand der einstigen Burgbewohner sowie dem hohen Stand urartäischer Metallverarbeitung und Landwirtschaft. Man versäume nicht, sich im zweiten Stock den Innenhof zeigen zu lassen: Hier befindet sich eine Stele König Argischtis I. (8. Jh. v. Chr.), deren Rückseite im 11. Jh. als Kreuzstein benutzt wurde.

Zitadelle Direkt hinter dem Museum führt eine Treppe zur *Zitadelle Erebuni.* Die Ausgrabungen des Siedlungsgeländes (fast 100 Hektar) förderten 1950 eine Festungsanlage (drei Hektar) mit einem Palast und einem Saal von fast 400 m², Tempel, Wirtschaftsgebäude und Soldatenunterkünfte sowie 23 urartäische Keilinschriften zutage. Das Original der Gründungsinschrift beließen die Archäologen in situ nahe dem Haupteingang. Die Zitadelle wurde durch bis zu 10 m hohe Mauern geschützt. An den exponierten Stellen erheben sich der (rekonstruierte) Tempel des Staatsgottes Chaldi sowie der Palast Argischtis mit einem *sussi* genannten königlichen Tempel, der einen Säulenhof be-saß. Die Achämeniden übernahmen im 6. Jh. v. Chr. die Festung Erebuni und wandelten den Chaldi-Tempel in eine große Empfangshalle (*Apadana*) um, den *sussi*-Tempel benutzten sie für den Feuerkult.

Auf den Palast- und Tempelmauern fanden sich Reste urartäi-scher Wandmalereien: religiöse und weltliche Motive (Jagd und Ackerbau), deren Farbenfreude assyrischen Einfluß verrät, während der Sinn für Detailbeobachtungen einen bei den Assyrern ungewohnten Naturalismus zeigt. An die Palast- und Tempel-anlagen schließen sich kleine schachtartige Räume als Speicher und Soldatenunterkünfte an. Die urartäischen Inschriften besagen u. a., daß Argischti I. zum Bau seiner Festung 6.600 Krieger verschiedener Völkerschaften in die Ararat-Ebene zwangsum-siedeln ließ.

Öffnungszeiten des Erebuni-Museums: täglich (außer montags) zwischen 10 und 16 Uhr (das Ausgrabungsgelände bis 18 Uhr). Zu erreichen mit den Buslinien 15, 42, 54, den Straßenbahnli-nien 7 und 8 sowie den O-Bussen 2 und 4.

Am Ende des Lenin-Prospekts, kurz vor der Hrasdan-Schlucht, liegt linkerhand die Jerewaner *Weinkelterei »Ararat«*; nur noch ihr festungsartiger Charakter erinnert heute daran, daß hier einst der Palast des persischen Statthalters (Sardar) stand. Gegenüber der Weinkelterei erhebt sich am anderen Ende der Siegesbrücke die Kognakfabrik, weswegen die Brücke im Volks-mund auch »Paradiesbrücke« heißt. Ebenfalls noch auf der linken Seite des Hrasdans erblickt man die *Kirche des Heiligen Sargis*, ursprünglich ein Bau aus dem 17. Jh. Da sie aber eine der wenigen vier Kirchen in Jerewan ist, die noch gottesdienst-lich genutzt werden dürfen, und andererseits in der UdSSR bis 1988 nur Kirchenrestaurierungen, aber keine -neubauten er-laubt waren, fand man bei ihrer Restauration 1976, die der hervorragende Architekt Raffael Israeljan durchführte, einen listenreichen Ausweg: Als Ergebnis eines »kleinen Umbaus« ist die neue Sargis-Kirche nun doppelt so groß wie zuvor. Der Hl. Sergios (arm.: Sargis) genießt übrigens in Armenien außeror-dentliche Verehrung und trägt im Volksglauben manche Züge des vorchristlichen Wettergottes.

Die zweite urartäische Ausgrabungsstätte, *Tejschebaini* im Südwesten Jerewans (Stadtteil Werin Scharbach, Karmirbluri-straße), wird weitaus seltener besucht. Die dem urartäischen Wetter- und Kriegsgott Tejscheba geweihte Zitadelle und Sied-lung ließ König Rusa II. 720 v. Chr. mit Hilfe von Kriegsgefan-genen anlegen, nachdem Erebuni offenbar einem Ansturm der Kimmerer erlegen war. Ein Teil der Schätze Erebunis, darunter der Schuppenpanzer Argischtis I., konnte in die neue Zitadelle gerettet werden. Inschriften berichten von fünf Tempeln in

Weinkelterei

Kirche des Hl. Sargis

Tejschebaini

113

Tejschebaini. Ein Stichkanal zum nahe gelegenen Hrasdan versorgte die Zitadelle und die Stadt mit Wasser. Bisher wurden Reste der Zitadelle freigelegt, zu der 12 m breite Türme gehörten. Sie schützten die Zitadelle dermaßen erfolgreich, daß erst eine langandauernde Belagerung durch Skythen im 5. Jh. v. Chr. zu ihrem Fall führte. Die Skythen setzten Tejschebaini anschließend in Brand. Tejschebaini existierte also als letzte urartäische Vorhut im Transkaukasus.

Die Siedlung bestand aus ungebrannten, doch mit Keilinschriften versehenen Ziegeln. Die Ausgrabungen brachten über 400 Amphoren mit einem Fassungsvermögen von mehr als 1.000 Litern zutage, ferner sieben große Bronzeschilde mit Löwen, Stieren und königlichen Weihinschriften, bronzene Pfeilspitzen sowie Köcher mit Zeichnungen verschiedener Götter, Reiter und Kampfwagen, urartäische Siegelzylinder, Nadeln, Perlen, zwei Silbermedaillons mit Opferszenen und goldene Armringe. Das Prunkstück der Ausgrabungen, ein bronzener Pferdekopf, befindet sich in Berliner Privatbesitz.

Zizernakaberd Jerewan, so heißt es, sei wie Rom auf sieben Hügeln errichtet. Einer von ihnen trägt den poetischen Namen *Zizernakaberd* (»Schwalbenfestung«) und erhebt sich auf dem rechten Hrasdan-Ufer am Rande des modernen Stadtteils *Atschapnjak* (»rechtsufrig«), unweit der Friedensbrücke. Seine Benennung erhielt der Hügel nach einer kleinen Festung mit quadratischen Türmen aus der frühen Bronzezeit (2. Jahrtausend v. Chr.) sowie einer unweit davon gelegenen zweiten befestigten Siedlung der späten Bronzezeit (1. Jahrtausend v. Chr.). Bis 1950 war der Hügel unbewohnt und, da unbewaldet, eine ständige Quelle von Staub und Schmutz. Seither bedeckt ihn jedoch ein gepflegter, schöner Park. Auf dem Gipfel legte man 1967 das eindrucksvolle *Mahnmal für die Opfer des türkischen Völkermordes von 1915–1917* an. Es besteht aus einem Rund von zwölf Basaltpylonen, in deren Mitte ein Ewiges Feuer brennt. Seitlich davon erhebt sich ein *Obelisk* in Gestalt einer gespaltenen Spitze, der die Wiedergeburt des geteilten armenischen Volkes symbolisiert. In der Nähe des Mahnmals errichtete man 1988 einen Kreuzstein zum Gedenken an die Opfer des Armenierpogroms vom 27.–29. Februar 1988 in Sumgait.

Am Nordhang des Hügels befindet sich die 1985 eingeweihte *Konzert- und Sporthalle* Jerewans, ein sehenswerter moderner Bau. Der Besuch des Völkermordmahnmals ist in der Intourist-Stadtrundfahrt inbegriffen.

Anmerkungen

1 König, F. W.: Vorchristliches Armenien: 1. Die Gründung der Stadt Erivan (ca. 785 v. Chr.). Zur Herkunft der Armenier (nach den Inschriften von Mus und Trmerd). Wien 1955 (Studien zur armenischen Geschichte. VII), S. 2 ff.

2 Wegner, Armin T.: Fünf Finger über Dir: Aufzeichnungen einer Reise durch Rußland, den Kaukasus und Persien 1927/28. Wuppertal 1979, S. 176 f.

Westlich von Jerewan: Die Ararat-Ebene

Man verläßt Jerewan über die Etschmiadsiner Chaussee, die **Ararat-Ebene**
hinter der Siegesbrücke beginnt. Diese vielbefahrene Straße
führt in die landwirtschaftlich intensiv genutzte *Ararat-Ebene*,
vorbei an Weinfeldern und Obstplantagen. Noch vor 45 Jahren
dehnte sich hier eine sandig-lehmige Halbwüste. Seither gehören Mandeln, Aprikosen, Pfirsiche und Pistazien zu den in
dieser Region angebauten Früchten.
Nach 18 km biegt links eine Allee zu den Ruinen der Kathedrale
des Hl. Grigor ab, die sich unweit des Flughafens Swartnoz
befindet.

Die *Kathedrale des Hl. Grigor* in *Swartnoz* (»Ort der Himmli- **Swartnoz**
schen Heerscharen«) wurde 642–661 erbaut. Wissenschaftliche
Ausgrabungen und Restaurationsarbeiten erfolgten zwischen
1900 und 1907 unter dem namhaften Kunsthistoriker Toros Geschichte
Toramanjan. Als ältester Fund wurde an diesem Ort eine Stele
mit der Inschrift des urartäischen Königs Rusa II. (635–615 v.
Chr.) geborgen. Später befand sich in Swartnoz möglicherweise ein Tempel des altarmenischen Orakelgottes Tir, der zugleich der Gott der Schrift und der Weisheit war. Sein Tempel
soll im Zuge der Christianisierung noch von Grigor selbst, dem
Erleuchter Armeniens, zerstört worden sein. Im 5. Jh. entstand
eine Kapelle mit westlichem Anbau, einem tiefen Brunnen und
einem Abwasserkanal. Die christliche Überlieferung verbindet
Swartnoz mit der Stelle, wo König Trdat, aus seiner Hauptstadt Wararschapat kommend, dem auf seinen Befehl aus dem
Kerker entlassenen Grigor begegnete. Der Name Swartnoz geht
auf eine Vision Grigors von den Himmlischen Heerscharen
zurück.
Ungeachtet schwierigster politischer Verhältnisse – die Araber
hatten zwei Jahre zuvor die damalige armenische Hauptstadt
Dwin erobert – begann hier Katholikos Nerses III. (641–662) im
Jahr 642 mit dem Bau eines Martyrions für den Hl. Grigor, das
die Reliquien des Heiligen barg. Doch nicht für lange: Gegen
Ende des 7. Jh. plünderten die Araber die Kathedrale und
verwüsteten das Kloster von Swartnoz völlig, wobei ihnen auch
die Reliquien in die Hände fielen. Nach der Zerstörung Dwins
durch ein Erdbeben 893 verlegte der damalige Katholikos Geworg
seinen Sitz nach Swartnoz und ließ Ausbesserungsarbeiten an
der Kathedrale vornehmen. Ein weiteres starkes Erdbeben gegen
Ende des 10. Jh. brachte sie jedoch zum Einsturz.
Die vorwiegend aus hellbraunem und grauem Tuff errichtete Besichtigung
Kathedrale erhebt sich auf einer siebenstufigen Terrasse,
möglicherweise in Anlehnung an antik-vorchristliche Stylo-

batlösungen. Es handelt sich bei Swartnoz im Grunde um einen Tetrakonchos, der in einen Kreis eingeschrieben und von einer Säulengalerie umgeben war. In der Vertikale staffelte sich der Bau in drei Zylinder, die sich im Durchmesser verjüngen. Reich mit Reliefdekor und in der Ostapside sogar mit Mosaiken geschmückt, galt die Kathedrale von Swartnoz den Zeitgenossen als Bau von »außerordentlicher, wunderbarer Herrlichkeit« und erregte 652 die Bewunderung des byzantinischen Kaisers Konstantin II., der sich eine gleichartige Kirche für Konstantinopel wünschte. Doch auf der Reise dorthin starb der Baumeister, dessen Namen eine Inschrift in Swartnoz mit »Ioann« überliefert.

Nach dem Einsturz der Kathedrale, zu dem auch Konstruktionsfehler beigetragen haben sollen, bedeckte allmählich Sand und Erde meterhoch die Ruinen. Die Bauern der umliegenden Ortschaften bedienten sich der Trümmer für ihre eigenen Nutz- und Wohnbauten. Doch auch das, was noch erhalten blieb, darunter das Fundament mit der Ostapside und vier mächtigen Säulen aus Andesit sowie Kapitelle und Reste der Außenfriese, ist beeindruckend. Die Kapitelle der Säulen tragen Flechtmuster und waren abwechselnd mit Adlern (dem Wappentier Armeniens seit dem 5. Jh.) und griechischen Kreuzen geschmückt;

Kapitell der Bischofskathedrale des Hl. Grigor (Swartnoz)

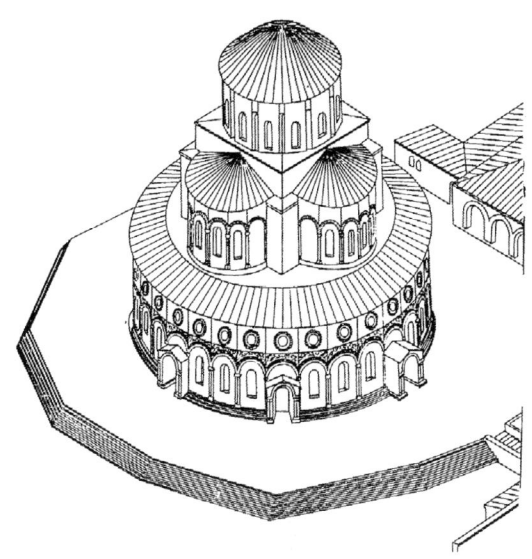

Aufriß der Kathedrale des Hl. Grigor in Swarnoz (Rekonstruktion von St. Mnazakanjan)

Grundriß der Kathedrale des Hl. Grigor (Swartnoz)

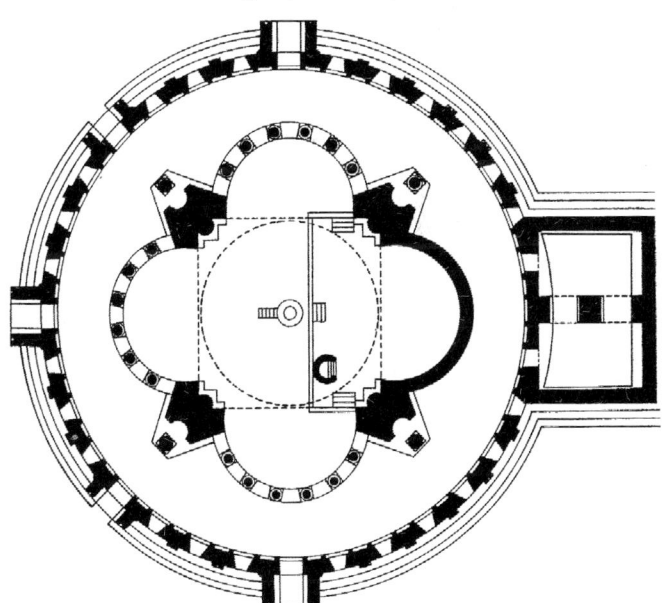

117

zwei weisen das Monogramm des Bauherren (Nerses Katholikos) in griechischen Buchstaben auf. Die Arkaden zierten feingliedrige pflanzliche Ornamente mit Granatäpfeln, Trauben und Weinlaub.

Palast   Neben der Kathedrale ließ Nerses, der seiner Bautätigkeit wegen den Beinamen »Erbauer« trug, einen *Palast* mit einer Kapelle, Empfangssälen, einem Refektorium, einem Badehaus und verschiedenen Wohn- und Wirtschaftsräumen anlegen, von denen jedoch nur noch die unteren Mauerteile erhalten geblieben sind. Zu der Swartnoz-Siedlung gehörte ferner eine Weinkelterei, ebenfalls aus dem 7. Jh. Mächtige Festungsmauern umgaben in etwa 200–250 m Entfernung die gesamte Anlage.

Museum   Ein kleines *Museum* enthält Funde der Ausgrabungen im Bereich der Kathedrale und des Palastes sowie das 1904 von Toramanjan entworfene Rekonstruktionsmodell. Öffnungszeiten: täglich zwischen 10 und 16 Uhr, Eintritt frei.

Mussa Ler   Die Etschmiadsiner Chaussee führt weiter an dem rechtsseitig gelegenen Dorf *Mussa Ler* vorbei, in dem Armenier aus den Dörfern um den »Mosesberg« (ehemals Sandschak von Alexandrette; heute Hatay in der Südtürkei) angesiedelt wurden. Der österreichisch-jüdische Schriftsteller Franz Werfel schilderte in seinem Roman »Die vierzig Tage des Musa Dagh« den Verzweiflungskampf dieser Bauern gegen ihre Vernichtung im Jahr 1915. 1919 kehrten die Überlebenden unter französischem Schutz in ihre Dörfer zurück, nur um 1939 erneut fliehen zu müssen, nachdem Frankreich das bis heute zwischen Syrien und der Türkei strittige Sandschak-Gebiet an die Türkei abgetreten hatte. Ein im Stil eines armenischen Festungsturmes gehaltenes

Museum   *Museum* berichtet vom Leben, der Kultur und dem Kampf dieser Armenier vom »Mosesberg«.

Etschmiadsin   Die Geschichte der 20 km von Jerewan entfernten Stadt reicht
(50 000 Ew.)   bis zum Ende des 3. vorchristlichen Jh. zurück, als sich dort eine Siedlung Wardgessawan befand. König Wararsch I. (117–140 n. Chr.) befestigte sie mit einem Schutzwall und einer Mauer. Ihm zu Ehren erhielt der Ort den Namen Wararschapat, war
Geschichte   aber auch unter den Bezeichnungen Kainepolis bzw. Nor Karak (»Neue Stadt«) bekannt. 163 zerstörten die Römer die bisherige armenische Hauptstadt Artaschat und machten Wararschapat für etwa 30 Jahre zu ihrer Garnison, bis der um 180 an die Macht gelangte Wararsch II. mit Tributen und viel Diplomatie ihren Abzug erreichte. Wararschapat blieb bis ins 4. Jh. Hauptstadt. Erst ab dem 14. Jh. taucht der heute gebräuchliche Name *Etschmiadsin* (volkstümlich hergeleitet aus »Der Eingeborene [Sohn] stieg herab«) auf, bezog sich aber lange Zeit nur auf das Großkloster mit dem Sitz des Katholikos am Rande der Stadt.

Ursprünglich wohl nur lokale Überlieferungen zeigen die Bedeutung der Residenzstadt bei der Christianisierung Armeniens. Hierher sollen 38 christliche Jungfrauen unter der Führung ihrer Äbtissin Gajaneh vor Christenverfolgungen unter dem römischen Kaiser Diokletian geflohen sein. Aber der armenische König Trdat III. (273–339) entbrannte in Liebe zu Hripsime, einem der frommen Mädchen. Aus Zorn über ihre Weigerung, ihn zu heiraten, ließ Trdat Hripsime und 36 ihrer Gefährtinnen foltern und töten (eine Jungfrau, die Hl. Nino, entkam in das benachbarte Georgien). Zur Strafe befiel den König der Wahn, ein Wildeber zu sein. Erst als Trdat auf Anraten seiner bereits dem Christentum gewonnenen Schwester Chosrowiducht den eingekerkerten Grigor freiließ, vermochte dieser den König durch seine Gebete zu heilen und folglich auch zu bekehren.

Seit Ende des 4. Jh. bis 461 und dann ununterbrochen seit 1441 befindet sich der Sitz des armenisch-apostolischen Katholikos im *Kloster Etschmiadsin*, das dadurch zum wichtigsten religiösen Zentrum des weltweit verstreuten Armeniertums wurde.

Religiöses Zentrum der Armenier: das Kloster Etschmiadsin bei Jerewan nach einem Stich des 19. Jh. (Hauptkirche)

Die Silhouette der Stadt bestimmen auch heute noch vier Kirchenkuppeln: die Kathedrale des Klosters und die drei Memorialbauten der Heiligen Hripsime, der Heiligen Gajaneh sowie Schorakat.

Kirche der Hl. Hripsime

Von Jerewan kommend, erblickt man als erste die *Kirche der Heiligen Hripsime*. Ursprünglich befand sich hier eine Kapelle, die Katholikos Sahak Partew 395 über dem Grab der Märtyrerin errichten ließ; von diesem Vorgängerbau blieb die Krypta unter der Ostapsis erhalten, in der sich der symbolische Sarg der Märtyrerin befindet. Katholikos Komitas ließ die Grabkapelle durch einen 618 vollendeten eindrucksvollen Kreuzkuppelbau mit runden Eckstrebenischen und Winkelräumen ersetzen; im 17. und 18. Jh. erfolgten an Surb Hripsime wie an allen Etschmiadsiner Kirchenbauten ausgedehnte Ausbesserungsarbeiten, da die Kirchen sich nach einem Jahrtausend teilweise in stark baufälligem Zustand befanden; am umfangreichsten wurden diese Arbeiten unter Katholikos Pilipos 1653 ausgeführt. Die Ausbesserungen und Umbauten des 17./18. Jh. betrafen den Sockel und das Dach, den Abriß von Portiken sowie den Bau einer kleinen, baldachinartigen Portalvorhalle (1653), auf die man 1880 ein rotundenförmiges Glockentürmchen setzte.

In den Baumaßen außen kompakt und beinahe festungshaft, wirkt die Kirche im Inneren überraschend licht und hoch. Die mächtige Kuppel ruht auf einer relativ niedrigen, sechzehneckigen Trommel mit hohen Fenstern über den vier Apsiden. Tiefe Dreiecksschlitze in den Außenfassaden markieren die Konchen im Inneren, ansonsten wurde vom Baudekor nur sehr sparsam Gebrauch gemacht. Die strenge Schlichtheit des Baus berücksichtigte man glücklicherweise auch bei der Innenausstattung. Bis auf ein Altarbild sowie ein Bildnis der Märtyrerin Hripsime an der Südwand, das sie im Triumph über Kaiser Diokletian zeigt, lenkt nichts von der Schönheit und Würde dieses Raumes ab; geschmackvoll auch der gußeiserne Kronleuchter, eine Nachahmung eines in der armenischen Hauptstadt Ani aufgefundenen Vorbilds.

An Sonn- und Feiertagen wird in Surb Hripsime, ebenso wie in den drei übrigen historischen Kirchen Etschmiadsins, Messe gelesen. Darüber hinaus ist die Hripsime-Kirche bei den Armeniern als Hochzeitskirche sehr beliebt.

In der kunstgeschichtlichen Armenien-Literatur galt Surb Hripsime lange Zeit als Idealtypus des armenischen Kreuzkuppelbaus aus der »klassischen«, vorarabischen Zeit. Trotz zweier Bauinschriften (außen am Westeingang sowie in der Ostapsis) zog der georgische Kunsthistoriker G. Tschubinaschwili schon in den 20er Jahren die Entstehung dieses Bauwerks im frühen 7. Jh. in Zweifel und ordnete die transkaukasischen Tetrakonchoi vom Typus Hripsime oder Dschwari – die fast zeitgleiche, beispielsetzende Entsprechung in Georgien (s. S. 266f.) – dem 9. Jh. zu.

Auf dem Klostergelände befinden sich eine Reihe von Gebäuden, die für den ausländischen Besucher keinen kunstgeschichtlichen Reiz besitzen, für die armenischen Pilger und Besucher, die hier immer zahlreich vertreten sind, jedoch von großem geistesgeschichtlichen Wert sind: so die erste *Druckerei* Armeniens (1771), die *Akademie* (bzw. *Priesterseminar*) von 1871, wo bis heute theologischer Nachwuchs für Armenien und die weltweite Diaspora ausgebildet wird, das *Krankenhaus* des Klosters (Mitte 18. Jh.) und sein *Refektorium* (erste Hälfte des 17. Jh.). Diskret, aber aufmerksam beobachten schwarzgekleidete Mönche das Treiben der Besucher und Pilger. Ihrer Um- und Aufsicht verdanken wir, daß das Kloster eine der gepflegtesten Gartenanlagen der Sowjetunion besitzt, mit einem allen klimatischen Widrigkeiten zum Trotz stets gesprengten Rasen und ohne einen winzigen Papierschnitzel. Die Mönche achten ferner auf Sitte und Anstand vor allem der Besucherinnen (besonders während der sonntäglichen Messen): Hosen oder tief ausgeschnittene Kleider überschreiten die Toleranzgrenze. Und wenn auch den unwissenden Ausländerinnen, die von Intourist nur selten auf die Kleiderregeln der armenischen Kirche vorbereitet werden, einiges nachgesehen wird, so sollte man Etschmiadsin die gleiche Anerkennung wie dem Vatikan zollen, dessen Ansprüche sich in dieser Hinsicht ja inzwischen herumgesprochen haben. Denn für Armenier besitzt Etschmiadsin als Sitz einer apostolischen Kirche den gleichen Stellenwert, den Rom für katholische Christen hat.

Kloster Etschmiadsin

Doch wenden wir uns der *Kathedrale* zu: Der Hl. Grigor selbst hat sie im Jahre 303 über einem vorchristlichen Tempel errichten lassen, dessen Fundamente sich, zusammen mit einer Kultfeuerstelle (2. Jh. v. Chr.), unter dem Hauptaltar der heutigen Kathedrale befinden. Der Blick hierauf wird allerdings dem breiten Publikum nicht vergönnt. Ob bereits Grigor der Erleuchter die Kathedrale als zentralen Vierstützenbau ausführen ließ, wie ihm eine Vision gebot, bleibt wissenschaftlich strittig. 364 von den Persern zerstört, wurde die Kathedrale noch im 4. Jh. wiederhergestellt, danach aber einige Zeit als masdaistischer Grabestempel benutzt. Um 484 erhielt sie unter Fürst Wardan Mamikonjan ihr heutiges Aussehen als tetrakonchaler Vier-Pfeiler-Bau mit quadratischem Grundriß sowie vier fünfeckigen, innen jedoch halbrunden Konchen. Im 7. Jh. folgten zwei Ausbesserungen. Während der Amtszeit des Katholikos Pilipos (1639–1655), als umfassende Ausbesserungsarbeiten an allen vier Etschmiadsiner Kirchen durchgeführt wurden, erneuerte man das Dach sowie die Kuppel und erhöhte den Fußboden. 1658 wurde westlich ein Glockenturm mit reichem

Kathedrale

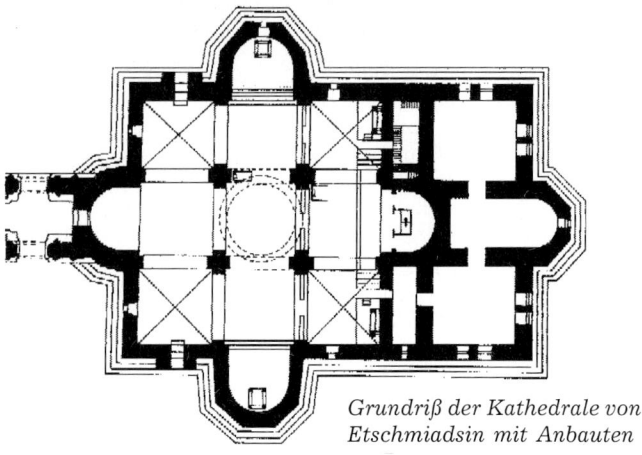

Grundriß der Kathedrale von Etschmiadsin mit Anbauten

Flachrelief errichtet. Ebenfalls aus dem 17./18. Jh. stammen die Freskenmalereien im Inneren der Kathedrale, die Mitglieder der im Iran ansässigen armenischen Malerfamilie Hownatanjan anfertigten. Daher rührt wohl auch der unverkennbar persisch-orientalische Einfluß in den Motiven und der Farbwahl, deren unarmenischer Charakter durch die jüngsten Restaurierungen noch verstärkt wurde. Ebensowenig wie der Glockenturm des 17. Jh. zum frühmittelalterlichen Zentralbau passen die orientalisierenden Malereien und der Prunk im Inneren der Kathedrale zur strengen Schlichtheit altarmenischer Kirchbauten. Aber der Gedanke, in einer der ältesten Kirchen der Christenheit zu stehen, versöhnt mit vielem. Zudem ist die Kathedrale eine der lebendigsten, und eben dieses Leben manifestiert sich in der Stilvielfalt der Epochen und Schenkungen.

Ausstellung Im Osten schließt sich ein *dreiräumiger Anbau* (1869) an die Kathedrale an, in dem die kunst- und geistesgeschichtlich bedeutendsten Schätze des Klosters ausgestellt sind: alte Handschriften, Meßgewänder, Paramenten, Sakralgerät, Reliquien und Reliquiare, darunter ein Stück Holz von der Arche Noahs auf dem Ararat (ein Teil davon machte der Katholikos im 18. Jh. der russischen Kaiserin Jekaterina II. zum Geschenk) sowie die rechte Hand des Hl. Grigor, die in einem silbernen Reliquiar aufbewahrt wird. Mit diesem kostbarsten aller Nationalheiligtümer werden die Katholikoi geweiht. Von großer Bedeutung für das geistliche Leben ist das hier ebenfalls ausgestellte gewaltige Silbergefäß, in dem alle sieben Jahre Myron, das heilige Salböl, gekocht wird. Damit verbunden ist ein Fest, zu dem sich Armenier aus der ganzen Welt einfinden. Einiges über die weltweite Verbreitung des Armeniertums kann man aus den zahlreichen Geschenken armenischer Gemeinden an ihr geistliches Oberhaupt ablesen: Stickereien, Applikationen, Batiken und Schnitzereien spiegeln in der Technik und ihren Darstellungsdetails häufig das jeweilige »Gastland« (Indien, Persien oder China) wider.

Dem Haupteingang der Kathedrale gegenüber befindet sich der *Trdat-Bogen* (erste Hälfte des 17. Jh.), den der Katholikos auf dem Weg von seinem Palast zur Kathedrale durchschreitet. Hinter dem Bogen beginnt das Gelände seiner Residenz, zu der die Öffentlichkeit keinen Zutritt hat. Einer Sondergenehmigung und Voranmeldung bedarf auch der Besuch der *Schatzkammer* im Palast des Katholikos mit weiteren Geschenken von armenischen Gläubigen. Trdat-Bogen

In den Grünanlagen um die Kirche herum verdienen sowohl die verschiedenen *Kreuzsteine* unsere Aufmerksamkeit als auch die *Denkmäler*, die dort in den letzten Jahren errichtet wurden: ein moderner, vom Katholikos zum 24. April 1965 gestifteter Kreuzstein mit zahlreichen Anspielungen auf Westarmenien, Etschmiadsin und dem Völkermord an den Armeniern sowie ein Adler, der an den »Adler von Waspurakan« bzw. den beliebten Katholikos Chrimjan und seine bittere Erkenntnis erinnert. Nach dem Berliner Kongreß 1878 stellte Chrimjan nämlich enttäuscht fest, daß dort nur diejenigen Völker »etwas abbekamen«, die mit »eisernen Löffeln« gegessen hatten, d. h. mit der Waffe für ihre Freiheit gekämpft hatten. Die Armenier, die mit »Papierlöffeln« angetreten waren, gingen leer aus. Ein als Löffel gebildeter Trinkbrunnen neben einem Adler erinnert an Chrimjans »Eisenlöffel« sowie die Nutzlosigkeit von Petitionen und politischen Appellen. Kreuzsteine

Das Intourist-Programm sieht für Etschmiadsin nur die Besichtigung der Kathedrale sowie von Surb Hripsime vor, doch Kirche der Hl. Gajaneh

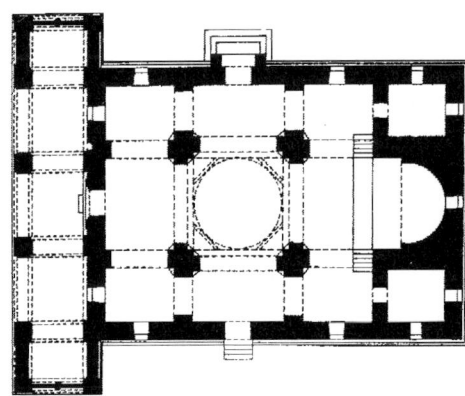

Kuppelsaalkirche Surb Gajaneh (Etschmiadsin)

123

gelangt man mühelos zu Fuß auch zu den beiden anderen historischen Kirchen. *Surb Gajaneh* befindet sich etwa 500 m von der Kathedrale entfernt (wenn man das Klostergelände verläßt, folgt man südlich der Straße am Friedhof entlang, wo alte Kistengräber und Widderstelen einen Eindruck von der Grabkultur Armeniens vermitteln). Surb Gajaneh stellt einen Kuppelsaal dar, der 630 von Katholikos Esr anstelle einer älteren Grabkapelle zu Ehren der Äbtissin und Märtyrerin Gajaneh errichtet wurde. Wie bei der Kathedrale von Etschmiadsin gliedern hier vier Pfeiler den Innenraum, auf denen die Kuppel ruht. Obwohl nur um ein weniges jünger als Surb Hripsime, ist der Durchmesser der Kuppel dieser Kirche geringer und der Tambour bereits höher. Die Restaurations- und Ergänzungsarbeiten im 17. Jh. betrafen die Außenmauern sowie die Kuppel und veränderten vor allem die Westseite, die einen dreikuppeligen Eingangsportikus (1663) erhielt. Er dient als Beisetzungsstätte bedeutender Geistlicher.

Schorakat-Kirche

Diese Kirche befindet sich unweit von Surb Hripsime an jener Stelle, wo sich der Überlieferung nach das göttliche Licht auf die jungfräulichen Märtyrerinnen senkte und sie mit einem Heiligenschein umgab. Aus rotem und schwarzem Tuff gebaut, gilt Schorakat als einschiffiger Kuppelbau von 1694, der sich über einem Vorgängerbau aus dem 6./7. Jh. erhebt. Teile davon wurden vor allem in der Ostapside nachgewiesen, während der westliche Vorbau mit einem Glockenkiosk erst 1694 entstand.

Mezamor

Etschmiadsin in südwestlicher Richtung verlassend (Autobahn Richtung Hoktemberjan/Leninakan), erblickt man nach etwa 4 km links die beiden aus Tufformationen bestehenden Hügel von *Mezamor* in der Nähe des gleichnamigen Dorfes und Flüßchens. Hier bestand von der frühen Bronzezeit bis zur frühen Eisenzeit (3. Jt. v. Chr.–7. Jh. v. Chr.) eine befestigte,»industriell« und wirtschaftlich bedeutende Siedlung, die nach langer Unterbrechung erst vom 9.–13. Jh. erneut bewohnt war. Als die Urartäer in den 80er Jahren des 8. Jh. unter Argischti I. das »Land Asa« in der Ararat-Ebene eroberten, nahmen sie auch Mezamor ein und setzten es in Brand.

Geschichte

Ausgrabungen der Akademie der Wissenschaften Armeniens (1965/66) belegen, daß Mezamor ein blühendes Zentrum früher Metallurgie bildete, die hier im 1. Jahrtausend v. Chr. besonders hoch entwickelt war. Schlacken wurden jedoch aus allen Siedlungsschichten nachgewiesen. Auch der archäologische Laie »entdeckt« mühelos die 24 bei den Ausgrabungen festgestellten Schmelzlöcher (quadratische mit Ziegelbeschichtung und zylindrische mit Lehmbeschichtung) auf dem Großen Mezamor-Hügel. Die Schmelztechnik war zwar anfangs noch primitiv, doch bald wurde auch mit dem Wachsausschmelzverfahren (verlorener Guß) gearbeitet, einer vermutlich aus Zentralanatolien oder einem Gebiet südlich des Kaukasus übernommenen Technik.

Auf dem Kleinen Mezamor-Hügel ließen sich primitive astronomische Vorrichtungen zur Beobachtung des Sirius sowie eine Kultstätte nachweisen, die Einblick in die religiösen Vorstellungen der vorurartäischen Einwohner der Ararat-Ebene gegen Ende des 2. vorchristlichen Jahrtausends gewährt. Diese Kultstätte umfaßt zwei Räume mit tönernen Altären und Öfen zum Backen von Opferbroten sowie einen Stall für Opfertiere. Den Altar des ersten Raumes schmückten drei anthropomorphe Figuren mit himmelwärts erhobenen Armen; sie symbolisieren möglicherweise Vater-Himmel und Mutter-Erde, die eine neue Gottheit gebiert. Während des Kults brannten vermutlich Feuer in den Kultöfen, während die Priester kühles, frisches Wasser in kleine Vertiefungen gossen, um damit die Wasser des Himmels herabzuleiten.

Seit dem 2. Jahrtausend v. Chr. schloß sich in einem Tal nördlich der Siedlung ein Gräberfeld an. Mächtige Zyklopenmauern schützten den Großen Hügel und die Siedlung an seinen Hängen, ein Kanal versorgte sie mit Wasser aus dem Mezamor-Flüßchen.

Ein *Museum* am Fuß des Großen Hügels präsentiert die wichtigsten und schönsten Funde dieser bedeutenden bronzezeitlichen »Stadt«: eine große Zahl von Bronzeerzeugnissen, Töpferware, Schmuck, Messer, Dolche und Pfeilspitzen, Kupfer- und Silbermünzen, Götterfiguren und Amulette. Den wichtigsten Fund stellt ein Hort Bronzeschlacke mit Kassiterit dar, aus dem man Zinn gewinnt. Da dieses Mineral in der Ararat-Ebene nicht vorkommt, weist seine Anwesenheit in Mezamor auf frühe Fernhandelsverbindungen hin. Kulturgeschichtlich interessant sind auch die zahlreichen Beispiele einer frühen, vermutlich bis in die Jungsteinzeit zurückreichenden bodenständigen Bilderschrift, die in der Bronzezeit um weitere Hieroglyphen und Codezeichen bereichert wurde.

Die beiden Kammern der *Kultstätte*, die *Schmelzlöcher* sowie die *Festungsmauern* betrachtet man bei einem Rundgang über das Ausgrabungsgelände; vom Großen Hügel aus hat man nicht nur einen weiten Blick auf die Sümpfe von Mezamor mit Fröschen, Störchen und Wasserbüffeln, sondern auch auf die Kühltürme des im März 1989 stillgelegten AKW Mezamor. Bronze- und Atomzeitalter stehen sich hier buchstäblich gegenüber.

Man verläßt die Autobahn bei Hoktemberjan und biegt südwestlich nach *Sardarapat* ab, einem einst völlig unbedeutendem Dörfchen am Rande einer steppenartigen Einöde, 60 km von Jerewan entfernt. Heute versorgt ein gut ausgebautes

Museum

Sardarapat

Bewässerungssystem nicht nur Obstgärten, sondern auch den *Park*, der anläßlich des 50. Jahrestages der Schlacht von Sardarapat 1968 angelegt wurde (siehe S. 34). Denn hier, in der Einöde, gelang es den Armeniern nach dreitägigem Kampf (22.–26. 5. 1918), dem Vormarsch der Türken auf Etschmiadsin und Jerewan Einhalt zu gebieten. Es war eine Schlacht auf Leben und Tod, wovon auch die Symbolik des sehr eindrucksvollen Mahnmals kündet. Man steigt zunächst die Stufen zu einem stilisierten *Glockenturm* hinauf. Er erinnert an das Sturmgeläut der Glocken in der Ararat-Ebene während des türkisch-armenischen Kampfes; am Siegestag erklingen nun alljährlich die Glocken des Mahnmals. Vor dem Glockenturm wacht ein Paar geflügelter Stiere, seit urartäischer Zeit das Wahrzeichen für Stärke und Widerstand. Am Fuße des Glockenturms steht ein Trinkbrunnen mit der Inschrift »Ewiger Ruhm den Söhnen, die für die Rettung der Heimat starben«; das Wasser gilt seit ältester Zeit als Symbol des Lebens, und deshalb besitzt die Verbindung von Gedenkstätten mit Brunnen eine lange Tradition.

Links biegt man nun in eine von großen steinernen Adlern flankierte *Allee* ein; auf ihren Flügeln tragen sie das armenische Ewigkeitssymbol, ein stilisiertes Sonnenrad. Die Allee führt zur halbrunden *Siegeswand*, deren Symbolsprache sich an die armenischen Mythen und Märchen anlehnt: drei geflügelte Feuerpferde, Helfer der Mächte und Prinzipien des Guten bzw. des Lichts, zerstampfen schlangenartige Drachen. Man erblickt den Ararat in Flammen. Ein anderes Bild zeigt Hammer und Weinreben, geschützt von zwei Schwertern, mit der Inschrift »Arbeit«. Ein Knabe und ein von Weinreben umrahmtes Mädchengesicht symbolisieren die Wiedergeburt des Landes.

Die Relieffriese auf der Rückseite lehnen sich an den Futurismus an und betonen, daß die Schlacht von 1918 ein Volkskrieg war, an dem sich auch Frauen, Mädchen, Halbwüchsige und selbst Mönche aus dem nahegelegenen Kloster Etschmiadsin beteiligten. In ihrer Mitte steht ein Mönch mit einem Buch, das »Jerische« betitelt ist. Es erinnert an den Verfasser der klassischen Schilderung des persisch-armenischen Glaubenskrieges. Mit diesem Ereignis, nämlich der Schlacht von Awarajr (451), setzt das Mahnmal die Schlacht von Sardarapat gleich: Damals wie 1918 ging es in der armenischen Geschichte um Tod oder Leben.

Restaurant Rechts hinter dem Mahnmal liegt das Restaurant *Wardawar*. Es lohnt sich, hier zu Mittag zu essen, denn *Wardawar* ist nicht nur auf armenische Nationalgerichte wie Spießbraten *(Chorowaz)* oder *Ljulja kabab* spezialisiert, sondern man ißt hier auch in besonders stimmungsvoller Umgebung, sozusagen am Fuße des

Ararat, dem man nirgends in Sowjetarmenien so nahe kommt wie in Sardarapat. Das Restaurant selbst wurde in der Art mittelalterlicher Refektorien mit zentraler Kuppelöffnung und Kreuzbögen gebaut. Falls nach dem Essen noch ein Besuch des außerordentlich lohnenden Ethnographischen Museums von Sardarapat vorgesehen ist, sollte man den Durst mit *Tan*, einem kühlen Erfrischungsgetränk aus Milch und Joghurt, löschen; anderenfalls darf man den guten, aber starken armenischen Weinen den Vorzug geben.

Das *Ethnographische Museum* befindet sich in Sichtweite des Restaurants. Der namhafteste zeitgenössische Architekt Sowjetarmeniens, R. Israeljan, hat es, ebenso wie das Mahnmal und das Restaurant, entworfen: ein monolithischer, zweigeschossiger Bau aus orangefarbenem Tuff, der an eine mittelalterliche Festung erinnert. Im Museum kann man der deutschsprachigen Führung zu einem Rundgang durch das Museum folgen. Im Erdgeschoß befinden sich die Säle für Vor- und Frühgeschichte mit bronzezeitlichen Götterbildern, Kultstandarten sowie runden, durch stilisierte Widderköpfe in drei Segmente geteilte Kultöfen, Schmuck, Münzen und Keramik aus vorurartäischer, urartäischer und frühharmenischer Zeit, darunter auch Ossuarien für die »doppelte Beisetzung«: Nach dem Zerfall des Körpers wurden die Knochen in einem besonderen Tongefäß nochmals bestattet – ein Hinweis auf den Einfluß des zoroastrischen Iran. Die alten Götter lebten auch nach der Christianisierung Armeniens im Alltag und dank der Frauen weiter. Davon zeugen z. B. anthropomorphe Salzgefäße mit einer Öffnung in der »Bauchhöhle«, die mit dem unterdrückten Kult der beliebten Fruchtbarkeitsgöttin Anahit entstanden.

Ethnographisches Museum

Es folgt die Ausstellung von Landwirtschafts- und Haushaltsgeräten sowie der Werkzeuge der traditionellen armenischen Handwerke und Gewerbe (Schmiedekunst, Schneiderei, Tischlerei, Arzt bzw. Feldscher), darunter der vom östlichen Mittelmeerraum bis nach Georgien verbreitete Dreschschlitten, ein kufenförmig gebogenes und zugespitztes, an der Unterseite mit spitzen Steinen besetztes Brett, das, durch ein Kind oder einen Erwachsenen beschwert, von Ochsen über das Getreide auf der Tenne gezogen wurde. Zu den Frauenarbeiten gehörte das Buttern, bei dem die Armenierinnen ein senkrechtes Stampfverfahren kannten, das eine Frau allein ausführte, sowie ein waagrechtes Verfahren: Zwei Frauen schüttelten zwischen sich das an einem Gestänge aufgehängte Butterfaß *(chnozi)*.

Im ersten Stock sind Handwerkserzeugnisse (Knüpf- und Webteppiche, Pferdedecken, gewebte Taschen, Stickereien, Häkel-, Klöppel- und Strickarbeiten), Silberschmuck, Trachten sowie Volksmusikinstrumente ausgestellt. Beeindruckend ist die Teppich- und Schmuckabteilung wegen der Vielfalt, Schönheit und handwerklichen Vollendung der Exponate. Schon die Tatsache, daß Franzosen und Engländer den armenischen Begriff für Webteppich – *karpet* – übernahmen, belegt die uralten Traditionen der Teppichkunst in Armenien. Der älteste bekannte Knüpfteppich der Welt, der in einem sibirischen Skythengrab (4./3. Jh. v. Chr.) gefunden wurde, stammte aus Armenien. Dieser *Pazyryk* genannte Teppich ist in der Leningrader Ermitage zu sehen. Der Ruf armenischer Wollfärber und Knüpfer war so gut, daß auch die persischen Herrscher Teppiche aus Armenien bezogen. Marco Polo pries sie 1275 wegen ihrer Farbschönheit. Die Sardarapater Sammlung präsentiert verschiedene Regionalstile, darunter den Kasak aus dem nördlichen Sewan-Gebiet, den Lori-Pambak sowie Arzacher (Karabacher) Teppiche; aus Arzach stammt auch das älteste Stück der Sammlung (18. Jh.). Das älteste Muster weisen die seit dem 15. Jh. belegten Drachenteppiche (auch Wolkenband- oder Phönixteppiche genannt) auf; es besteht aus einem stilisierten, manchmal schlangenartigen Drachen als Schützer des Lebensbaums. Der Grundton der alten Drachenteppiche (arm.: *wischapagorg)* war dunkel, fast schwarz, doch kommen auch das traditionelle Karminrot, Blau und Goldfarben häufig in armenischen Teppichen vor. Weitere beliebte, oft sehr stark stilisierte Motive sind Vögel, Schlangen, Krabben, Taranteln, Hirsche und Pferde, Blumen sowie der Lebensbaum, Sonnenzeichen und Kreuze, Reiter und Fußgänger. Viele Teppiche besitzen »Autogramme« mit dem Namen der Knüpferin, dem Entstehungsdatum und dem Anlaß der Herstellung. Teppiche werden in den Manufakturen von »Hajgorg« oder in Heimarbeit in den Dörfern noch heute geknüpft, gegen Materialstellung, Festlohn und einen zusätzlichen Stücklohn von 300 bis 400 Rubel pro fertiggestelltem Teppich. Häufig führt eine berufsmäßige Knüpferin in der Teppichabteilung des Sardarapater Museums die Knüpfkunst vor, bei der die Armenierinnen seit alters den Ghiordesknoten benutzen.

In der Schmuckabteilung bestechen vor allem die Silberschmiedearbeiten aus Wan, deren Meister besonders berühmt waren. Die von der Mutter auf die Tochter generationenlang vererbten Silbergürtel wiegen oft mehr als ein Kilo und besitzen häufig eine dreiteilige Schnalle mit sogenanntem Froschornament, einem Fruchtbarkeitssymbol. Die Männergürtel fielen schmaler aus. Heute zahlt man übrigens, falls man überhaupt noch an einen echten alten Silbergürtel gerät, pro Gramm drei Rubel. Die Ausfuhr ist – glücklicherweise – streng verboten. In der Abteilung für Volksmusikinstrumente kann man Klangbeispiele der jeweiligen Instrumente auf bereitstehenden Kassettenrekordern abspielen. Der Rundgang endet meist mit einem oder zwei kurzen Dokumentarfilmen im Vortrags- und Filmraum. Diese ethnographischen Studien berichten beispielsweise von der alten Schmiedekunst Armeniens oder der Herstellung des armenischen Brotes *lawasch*.

Das 1978 eingeweihte Museum wurde inzwischen als schönstes Museum der Sowjetunion ausgezeichnet. Zwar mag es reichere Museen geben, aber keines ist ausstellungstechnisch so modern, besucherfreundlich und baulich derartig originell dem Gegenstand angemessen wie dieses. Es ist täglich außer montags von 10–17 Uhr geöffnet.

Beim Verlassen des Gebäudes sollte man noch die rechts aufgestellte monolithische Stele würdigen: einen *Wischap* (»Drachen«) aus dem zweiten vorchristlichen Jahrtausend mit angedeutetem Fischkopf und -leib. Die *Wischapner* entstanden in Verbindung mit dem Fruchtbarkeits- und Wasserkult.

Nordwestlich von Jerewan: Das Gebiet um den Aragaz

Zwischen Jerewan und Aschtarak führt die Straße an den Ausläufern des *Aragaz* entlang durch eine steinige, sommers nur karg bewachsene Landschaft. Die größtenteils zum Staatsgut Proschjan gehörenden Wein- und Obstgärten erfordern mühseligste Arbeit und ständige Bewässerung. Noch augenfälliger wird der Fluch des armenischen »Steinreichtums« hinter Aschtarak, wo die Straße am Fuß des Aragaz durch ein dicht mit vulkanischem Geröll übersätes Gebiet führt.

Talin

Nach ewa 60 km ereicht man *Talin* in der altarmenischen Provinz Schirak, vor der Araberherrschaft das Zentrum der stolzen armenischen Adelsfamilie Kamsarakan, die aber ihre Besitzungen später den Bagratiden überlassen mußte. Noch im 10. Jh. galt Talin als bedeutender Marktflecken. Die am Rande eines großen Friedhofs gelegene *Kathedrale* (zweite Hälfte des 7. Jh.) aus rotem und schwarzem Tuff ist vermutlich den Kamsarakan zu verdanken. Inschriftlich wird sie erstmals 753 erwähnt, als ein gewisser Uchtujtun und sein Bruder eine Wasserleitung nach Talin legen ließen. Es handelt sich um einen längsgerichteten Trikonchos mit vier freistehenden Stützen sowie fünf Eingängen. Die Apsis tritt außen trapezförmig, die Nord- und Südkonche fünfeckig vor die Mauerflucht. Die hohe Kuppel auf ihrem zwölfeckigen Tambour stürzte erst 1890 ein. Die Reste der nur schlecht erhaltenen Apsismalerei (7. Jh. ?) lassen auf eine Teophaniedarstellung schließen, die untere Apsis zeigt Apostelfiguren; kaum noch erkennbar ist der Einzug nach Jerusalem an der Südwand dargestellt. Die Blendarkaden sind im Süden mit Weinranken, im Osten mit Flechtwerk und im Norden mit einem Granatbaumdekor verziert.

Kathedrale

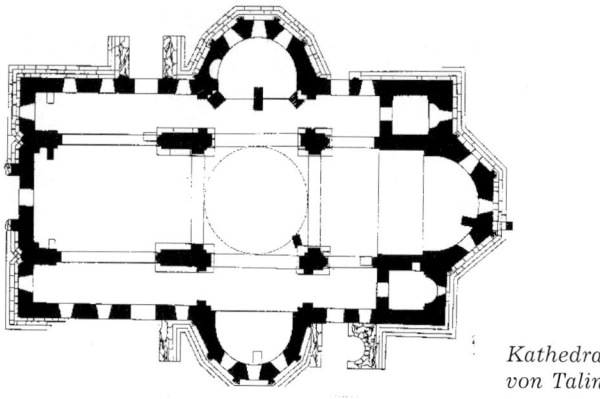

Kathedrale
von Talin

Muttergottes-
kirche

Die nordwestlich gelegene kleinere *Muttergotteskirche*, ein
Trikonchos mit freien Kreuzarmen, geht laut Bauinschrift auf
Fürst Nerseh (III.) Kamsarakan zurück. Das breite Gesims
schmückt ein zwei- und dreireihiger würfelartiger Zahnschnitt,
die Portal- und Fensterbögen ein Fries aus Hufeisenbögen.

Basilika des
Hl. Johannes
von Jereruk

Nordwestlich von Jerewan bzw. westlich von Talin liegen die
noch immer sehr eindrucksvollen Ruinen der *Basilika des Hl.*
Johannes nahe dem Dorf *Anipemsa* am Rande der Schlucht des
Grenzflusses Achurjan. Wie viele Bauten in der Region gehörte
diese Kirche einst der Fürstenfamilie Kamsarakan und ging
wohl später in den Besitz der Bagratiden von Ani über. Sie
zählt zu den monumentalen Längsbauten Armeniens; dreischif-
fig mit Säulenarkaden im Norden, Süden und Westen erhebt sie
sich auf einem sechsstufigen Stylobat.
Mehr als andere Basiliken ihrer Zeit zeigt sie in der dekorativen
Ausgestaltung des Arkadenumgangs, der Form der Fensterlei-
bungen sowie in der Ornamentik auf den Portikuskapitellen
(spitzblättriger Efeu) Merkmale syrischer Basiliken, weswegen
sie von westlichen Forschern auf das 6. Jh. datiert wurde.

Arutsch

Auf halber Strecke zwischen Talin und Aschtarak liegt das
Dorf *Arutsch*, das vom 18. Jh. bis 1970 den türkischen Namen
Talisch trug. Im 5. Jh. befand sich hier das Winterlager des
königlichen Heeres. Im 7. Jh. machte der Statthalter Armeniens, Fürst Grigor Mamikonjan (661–682) Arutsch zu seiner
Residenz und stiftete mit seiner Frau Herine eine monumentale, dem Hl. Grigor geweihte *Kuppelsaalkirche*, die als größte
Vertreterin dieses in der armenischen Baukunst so überaus
produktiven Kirchentypus gilt. Obwohl die Kuppel verloren
ging, präsentiert sich der Bau sonst in recht gutem Zustand und

beeindruckt durch seine klaren Umrisse und übersichtliche Gliederung. In der Apsis blieben Freskenreste (stehender Christus) aus der Entstehungszeit erhalten. Südlich und südwestlich liegen Reste der *Palastanlage des Grigor Mamikonjan*.

Am Nordrand von Arutsch befinden sich an der Straße Aschtarak – Talin die Ruinen einer dreischiffigen *Karawanserei* (13./14. Jh.). Die im Ostteil von Arutsch gelegene spätmittelalterliche *Zitadelle* wurde bisher noch nicht erforscht.

Nur 22 km von Jerewan entfernt liegt *Aschtarak* am Fuße des Aragaz bzw. am linken Ufer der Kassach-Schlucht. Das Städtche wurde als »Schtrang-uria« (»Schlangenstadt«) bereits in römischen Iterinarkarten erwähnt und bildete damals eine Station auf dem alten Handelsweg, der nordwestlich zum Schwarzen Meer verlief. Der seltsame Name wird in Zusammenhang mit dem hier bis in die Neuzeit verbreiteten Schlangenkult gebracht, ebenso wie die jetzige Bezeichnung »Aschtarak« (»Turm«) auf ein diesem Kult dienendes Gebäude zurückgeführt wird. Der heidnische Tempelturm wurde später durch eine christliche Kirche ersetzt.

Aschtarak (18 000 Ew.)

Als ältestes Gebäude gilt die *Basilika Ziranawor* (»Purpurfarben«; »Kardinal«), die der aus Aschtarak stammende Katholikos Nerses II. (548–557) anläßlich seiner Amtseinsetzung stiftete. Sie liegt auf dem Gelände einer einstigen Burg unmittelbar an der Kassach-Schlucht. Wegen ihrer mächtigen Schutzmauer im Norden und Westen (17. Jh.) nannte man sie im Volksmund auch *Pokaberd* (Burg des Pok). Außer dem Ostarm, den Seiten-

Basilika

wänden sowie der Trommelwölbung des Südschiffes blieben nur Ruinen erhalten. Eine Teilrekonstruktion erfolgte 1963/64.

In weitaus besserem Zustand befindet sich die einst fürstliche Familienkapelle der Hl. Gottesmutter *Karmrawor* (»Rotfarben«) am Ortsrand nahe einem alten Friedhof (7. Jh.): ein

Kapelle Karmrawor in Aschtarak

131

anmutiger, kreuzförmiger Monokonchos mit einem byzantinisch wirkenden flachen, sphärischen Ziegelhelmdach, übrigens das einzige Beispiel eines originären Ziegeldaches aus jener Zeit. Dazu trug bei, daß die Ziegeln mit Kalkmörtel und zusätzlich mit Nägeln befestigt wurden. »Die kleine Kirche von Aschtarak«, schrieb der Dichter Ossip Mandelstam 1933, »ist die allergewöhnlichste und für Armenien allersanfteste. Also: Ein Kirchlein mit sechsflächiger Scheitelkappe, einem Seilornament entlang dem Dachkarnies und ebensolchen schnurartigen Augenbrauen über dem kargen Mund der rissigen Fenster.« Im Inneren befinden sich Freskenreste, darunter die Reiterheiligen Georg und Sergios (Sarkis).

Surb Marine Im nordwestlichen Teil Aschtaraks steht die verhältnismäßig junge Kirche *Surb Mari(a)ne* (1281). Der kleine Glockenturm an der Südseite entstand erst 1838, ein westlicher Anbau Anfang des 20. Jh. Die Kirche besitzt einen sehr hohen, schlanken Tambour, wie er für die Mongolenzeit typisch wurde. Surb Marine wurde vor einigen Jahren erneut geweiht und dient heute den Gläubigen Aschtaraks als Gotteshaus.

Brücke Die Straße nach Aschtarak führt über eine historische *Dreibogenbrücke* (1664), die den Kassach-Fluß überspannt.

Festung Hamberd Die *Festung Hamberd* (auch: Amberd; ursprünglich Anberd) stammt aus dem 10.–14. Jh. und ist 60 km von Jerewan entfernt. Auf der Fahrt dorthin folgt die Staße dem Lauf des Hamberd-Flüßchens und windet sich den Aragaz hinauf. Man kommt durch das Dorf *Bjurakan* mit seiner Sternwarte unter der Leitung von Prof. Viktor Hambarzumjan, dem Vorsitzenden der Internationalen Astrophysikalischen Gesellschaft. Einige Teleskope und Anlagen des Observatoriums sind auch von der Straße aus zu sehen. Eine geführte Besichtigung kann über Intourist organisiert werden. Ansonsten ist Bjurakan ein traditionelles armenisches Dorf mit gepflegten Obstgärten und charakteristischen Pyramiden neben den Wohnhäusern: getrockneter Dung, der in dem rohstoffarmen Land immer noch als Brennmaterial gesammelt und getrocknet wird. Oberhalb Bjurakans erblickt man rechts eine Bruchstelle für roten Tuff. Links liegt eine Sommerresidenz des Katholikos aus schwarzem Tuff an einer besonders malerischen Stelle des Hamberd.

Hinter der letzten Aragaz-Siedlung *Antarut* nimmt die großartige Bergwelt gefangen: Graue Felsmassen türmen sich schroff übereinander, dazwischen existiert alpine Vegetation: Ende Mai Narzissen, Primeln und Szillen zwischen Restschnee, im Sommer Klatschmohn von einer Größe und Farbintensität, wie sie in der Ebene nie erreicht werden. Ab und zu begegnet einem eine Schafherde in Begleitung der *gambr*, der fahlgelben Wolfshunde. Steinlesemauern bilden die Gatter für die nächtlichen

Festung Hamberd (Nordseite)

Unterstände auf diesen Sommerweiden. Dort, wo man in der Ferne (nördlich Bjurakans) erstmals die Ruinen der Festung Hamberd erblicken kann, biegt links ein Weg von der Straße ab. Bei gutem Wetter und mit festen Schuhen erreicht man von hier aus die Festung in 45 bis 60 Minuten zu Fuß, wobei man jedoch die Schlucht des Archaschjan durchqueren muß. Bequemer und schneller gelangt man auf der 1982 fertiggestellten Straße ans Ziel, von der aus man noch einmal großartige Landschaftseindrücke gewinnt.

Die Festung liegt auf einem nur von der Nordseite her zugänglichen dreieckigen Plateau zwischen dem Zusammenfluß der Flüsse Hamberd und Archaschjan. Es wird vermutet, daß ihre Geschichte bis in das 7. Jh. zurückreicht. Aus dieser Zeit datiert vielleicht eine kleine Kapelle, von der nur die Apsis und das Fundament erhalten blieben. Schriftlich erwähnt wird Hamberd erst seit 1000. Es war wohl anfangs eine unbefestigte Sommerresidenz der Bagratiden, die sie 1026 der bedeutendsten Adelsfamilie an ihrem Hof, den Pahlawuni, schenkten, die sie zum wichtigsten Verteidigungszentrum in Schirak ausbauten. 1050 gelangte Hamberd zuerst in die Hände der Byzantiner, 1064 an den seldschukischen Herrscher Alparslan. 1196 wurde die Festung von Iwane und Sakare Sakarjan befreit und der Sitz des Erzbischofs von Bjurakan hierher verlegt. 1215 kaufte der Adelige Watsche Watschutjan General Sakare die wiederhergestellte und ausgebaute Festung ab. Sie blieb auch während der Zeit der Mongolenherrschaft im Besitz dieser

Geschichte

Familie, die dank ihres Verteidigungssystems und einer klugen Bündnispolitik ihre Selbständigkeit wahren konnte. 1233–1243 residierte hier sogar ein Erzbischof. Seit Mitte des 14. Jh. finden sich jedoch keine weiteren Erwähnungen der Watschutjan. Hamberd wurde nur noch sporadisch während feindlicher Einfälle von den Bewohnern der Ebene aufgesucht.

Besichtigung Hamberd bestand aus einer äußeren Festungsanlage, die eine Zitadelle sowie eine Siedlung umschloß. In der Blütezeit Hamberds fanden hier einige hundert Krieger Aufnahme. Die *Zitadelle*, auf einem Felsen errichtet, nahm eine Fläche von 700 m^2 ein und war durch 15–16 m hohe und 2 m dicke Mauern geschützt, die an der Nordseite drei halbrunde Türme besaßen. Dieser Teil blieb am besten erhalten. Vermutlich war die Zitadelle dreige-

Am Aragaz (Zeichnung von Martiros Sarjan, 1925, aus: Sargan, M.: Zwety. Moskau 1987)

schossig, mit Wirtschaftsräumen und einer Zisterne im Erdgeschoß und Wohnräumen in den beiden übrigen Stockwerken.
Die Wasserversorgung erfolgte über einen Aquädukt aus einer
4 km entfernten Quelle. Außerdem besaß Hamberd zwei Geheimgänge, die in die Schlucht des Hamberd führten und den
Zugang zum Wasser auch in Zeiten der Belagerung ermöglich-
ten.

Unweit der Tore, die zum Fluß Archaschjan führen, liegt das
Badehaus, das aus einem Vorraum zum Entkleiden, dem Bade-
raum sowie dem Heizraum bestand: Hierher floß das in einer
Zisterne oberhalb aufgefangene Wasser, das dort in einem
Kupferkessel erhitzt wurde. Durch Tonröhren heizte dann der
Wasserdampf den Fußboden und die Wände des Baderaums.
Am eindrucksvollsten ist die an der Spitze des Plateaus gelegene Kreuzkuppelkirche mit ihrem eleganten Schirmdach. Wahram Pahlawuni errichtete sie 1026 – derselbe Wahram, der die
Bagratidenhauptstadt Ani heldenhaft gegen die Byzantiner
verteidigte. Die 1970–1975 vor allem am Dach und der Kuppel
wiederhergestellte Kirche ist ein ausgezeichnetes Beispiel für
die Harmonie von Bau und Landschaft, nach der die Baumeister Armeniens stets strebten. Wegen der exponierten Lage
dieser Kirche errichteten sie z. B. nicht, wie sonst üblich, den
Haupteingang im Westen, sondern im Süden. Von innen durch
den Südeingang blickend, läßt sich der knappe Rest des Plateaus nicht mehr erkennen. Man nimmt nur den Himmel wahr,
der auf dieser Höhe in steter Veränderung begriffen ist: Vom
Wind aufgewühlte Wolkenformationen wechseln rasch mit peit-
schendem Regen oder sogar Hagel, dem ebenso plötzlich strahlender Sonnenschein folgt. Und man vermeint, daß ein Schritt
durch diese Tür genügt, um direkt in den dramatischen Himmel
Armeniens aufzusteigen. Einhundert Meter tiefer lärmen die
vom Schmelzwasser angeschwollenen, reißenden Gebirgsflüs-
se. Wir sind allein mit fünf Jahrhunderten Geschichte, allein
mit Wind, Wolken, Licht und Schatten.

Achtung: Hamberd liegt auf 2.300 m Höhe. Herz- und Kreis-
laufschwache sollten daher auf diesen Ausflug verzichten.

Oschakan (35 km westlich von Jerewan, 5 km südwestlich von **Oschakan**
Aschtarak) ist ein berühmtes, uraltes und sehr ansehnliches
Dorf mit Wohnhäusern der Jahrhundertwende; es bietet zahl-
reiche Sehenswürdigkeiten für den kunst- und geistesgeschicht-
lich interessierten Besucher. So förderten Ausgrabungen in der
Nähe Oschakans Dutzende von Grabkatakomben (auf dem linken
Kassach-Ufer) zutage. Als außerordentlich ergiebig erwiesen
sich auch die archäologischen Forschungen am Hügel Didi
Kond im Zentrum Oschakans. Auf seiner Spitze wurde eine **Sehenswert**

rechteckige Festung des 7.–5. vorchristlichen Jahrhunderts mit Wohn- und Lagerräumen sowie einer bis 2,6 m dicken Außenmauer aus Tuff und Lehmmörtel ausgegraben. An der Nordseite des Hügels ließ sich ein fünfteiliger Palastkomplex (7. Jh. v. Chr.) nachweisen, auf dessen Ruinen wiederum eine antike Nekropole (3. Jh. v. Chr. – 2. Jh. n. Chr.) liegt. An der Süd- und teilweise auch an der Nordseite befinden sich ca. 1.000 eisenzeitliche sowie urartäische Gräber, darunter 70 Steinkreise (Cromlechs), Steinsärge und Katakomben mit reichen Beigaben an Bronze-, Silber- und Goldschmuck.

Die erste namentliche Erwähnung Oschakans erfolgte im Zusammenhang mit einer Schlacht im Jahre 336: Als Belohnung für seinen Sieg übergab der König dem Adeligen Wahan Amatuni Oschakan, das sich bis dahin im Besitz des Königshauses der Arschakiden befunden hatte. Auf Initiative der Amatuni-Familie wurde der Heilige Mesrop Maschtoz in Oschakan beigesetzt und 422 über seinem Grab eine runde Kuppelkirche errichtet. Zu Ehren des 1.600jährigen Geburtstages des Nationalheiligen errichtete man 1962 ein originelles *Denkmal* am Ortseingang: Es besitzt die Form eines aufgeschlagenen Buches und trägt die Buchstaben des von Mesrop entworfenen Alphabets. Die *Grabkirche* aus dem 5. Jh. wurde im 19. Jh. durch eine *Hallenkirche* mit einem zylinderförmigen Glockenturm ersetzt, den man atypischerweise östlich anbaute. Das ursprüngliche Grab des Heiligen befindet sich unter dem Altar.

Im Nordosten Oschakans liegen im Ortsteil Mankanoz die aus rosafarbenem Tuff gebaute Kuppelkirche *Surb Sion* (Heiliges Zion; 7. Jh.) sowie ein noch älteres Mahnmal des 6./7. Jh., das nach der Überlieferung das Grabmal des byzantinischen Kaisers Maurikios (582–602) oder seiner Mutter bezeichnet.

Im Osten ist der alte *Friedhof* mit Kreuzsteinen auf hohen Sockeln sehenswert. In Oschakan bzw. seiner Umgebung liegen außerdem eine Reihe von *Kapellen* des 13. Jh. Südlich Oschakans überspannt eine berühmte fünfbögige *Brücke* den Kassach, die 1706 auf Veranlassung des damaligen Katholikos Nahapet errichtet wurde.

Achtung: Unter dem Erdbeben vom 7. 12. 1988 litten die Basilika von Jereruk und die Bauten Hamberds.

Die Ebene von Schirak

1988 nahm Intourist Armenien zahlreiche neue Besichtigungsziele in sein Programm auf. Dazu gehört u. a. *Leninakan* (vor dem Erdbeben am 7. 12. 1988 280.000 Einwohner, jetzt etwa 100.000), die zweitgrößte Stadt der Republik, nordwestlich von Jerewan, die bisher nur jenen wenigen Transitreisenden zugänglich war, die über Leninakan mit der Bahn aus oder in die Türkei reisten. Von Jerewan aus erreicht man Leninakan per Auto oder Bus entweder auf der Strecke über Etschmiadsin–Hoktemberjan oder über Aschtarak–Werin Talin. Leninakan liegt in der Ebene von Schirak, die sich nördlich und westlich des Aragaz bis zur türkisch-sowjetischen Staatsgrenze erstreckt und eine der 15 historischen Provinzen Alt-Armeniens bildete. Dank ertragreicher Schwarzerdeböden gilt Schirak als Kornkammer Ost- bzw. Sowjetarmeniens, klimatisch freilich auch als dessen Eiskeller.

Leninakan (100 000 Ew.)

Die Siedlungsdauer des urbanen Zentrums Leninakan läßt sich bis in die Bronzezeit belegen. Die Urartäer besaßen hier ihre Festung Kumajri, woraus der bis ins 19. Jh. gebräuchliche Name *Gjumri* entstand. Xenophon erwähnte in seiner »Anabasis« die »große, wohlhabende und volkreiche« Stadt Giumnias. 1804 von den Russen erobert, wurde Gjumri zu Ehren Alexandra Fjodorownas, der Gemahlin des Zaren Nikolaj I., in *Alexandropol* umbenannt, als der Zar 1837 den Ort besuchte. 1924 erfolgte die Umbenennung in Leninakan. Ende des 19. Jh. besaß Alexandropol mit 30.000 mehr Einwohner als die heutige Hauptstadt Jerewan, und die Zahl seiner Geschäfte (über 430) übertraf Tiflis, das damalige städtische Zentrum Transkaukasiens. Aus jener Zeit bliebt die unter Denkmalschutz gestellte Altstadt erhalten, so daß Leninakan im Unterschied zu Jerewan seinen Charakter als alte armenische Provinzstadt bewahrt hat (das Erdbeben im Dezember 1988 zerstörte Leninakan zu 75 %, wovon die Neubauviertel am stärksten betroffen wurden). Traditionsbewußtsein und -pflege gehören ohnedies zu den Merkmalen der Leninakaner. Bis zu seiner Zerstörung Ende 1988 galt Leninakan ferner als Zentrum der sowjetischen Textilindustrie.

Geschichte

Leninakan und seine Umgebung sind reich an historischen Baudenkmälern. Man kann die Fahrt nach Leninakan mit der Besichtigung einiger im Bezirk Artik gelegener Sehenswürdigkeiten verbinden.

Artik, eine Kreisstadt südöstlich Leninakans, verdankt seinen Aufschwung dem seit den 20er Jahren industriell betriebenen Abbau von Tuff (wie man hört, soll die Ausbeutung der Tuffvorkommen im Kreis Artik große Umweltschäden hervorgeru-

Artik (20 000 Ew.)

Sehenswert	fen haben). Im Zentrum Artiks liegt die Halbruine der kleinen *Muttergotteskirche*, ein einschiffiger Bau aus vorarabischer Zeit (5. oder 6. Jh. ?) mit verkürzten Seitenschiffen, die ebenfalls Apsiden besitzen. Wenige Meter westlich davon steht die *Kirche des Hl. Sergios* oder *Hl. Georg* (*Surb Sargis* oder *Surb Geworg*; zweite Hälfte des 7. Jh.), ein imposanter, reich mit Reliefdekor versehener Tetrakonchos mit zwei östlichen Ecknischen (Apsidiolen). Die Kuppel, einst eine der gewaltigsten Armeniens, und der Tambour sind eingestürzt.
Lmbatawank	2 km südwestlich von Artik liegt auf einem Hügel *Lmbatawank* (Lmbat-Kloster) mit der *Kirche des Hl. Stepanos* (7. Jh.), deren Kuppel auf achteckiger Trommel im 10. Jh. ausgebessert wurde. Der Bau ähnelt der Karmrawor-Kapelle von Aschtarak (kreuzförmiger Monokonchos), besitzt jedoch auch Merkmale eines Trikonchos (Überwölbung der Seitenarme durch Kalotten auf Trompen) und trägt reichen bauplastischen Schmuck, darunter die den Eingang flankierenden Apostel Petrus und Paulus. Im Inneren blieb der untere Teil einer frühen Malerei der Majestas Domini nach den Visionen der Propheten Hesekiel und Jesaja erhalten; neben der Apsis sind die Soldatenheiligen Sargis und Geworg zu erkennen.
Haritsch	3 km südwestlich von Artik befindet sich im gleichnamigen Dorf das Kloster *Haritsch* (7.–13. Jh.) mit der kleinen Grigor-Kirche (zweite Hälfte des 7. oder 9. bzw. 10. Jh. ?), ein quadratischer Tetrakonchos mit halbkugelförmiger Kuppel (19. Jh.), an den sich Kapellen (13. Jh.) und eine westliche Glockenturm-Portalvorhalle anschließen. Die Hauptkirche der Hl. Gottesmutter stiftete 1201 Fürst Sakare Sakarjan, der mit seinem Bruder Iwane als Stifter an der Ostfassade dargestellt ist. Es handelt sich um einen weiträumigen, ummantelten Kreuzkuppelbau mit selbständigen, im Westen doppelgeschossigen Ekkräumen mit Nebenaltären, die im Westen über eine vor die Wand gelegte Treppe zu erreichen sind. Der westlich anschließende Schamatun entstand 1224.
Kloster Marmaschen	Östlich von Leninakan liegt im Kreis Achurjan das *Kloster Marmaschen* (2 km südwestlich des Dorfes Wahramaberd) am linken Ufer des Achurjan-Flusses, einst eine kulturell und religiös bedeutende Anlage. Die Hauptkirche wurde von Fürst Wahram Pahlawuni, einem im Dienst der Bagratiden von Ani stehenden Feldherrn, gestiftet und zwischen 988 und 1029 gebaut; während des Seldschukenfeldzuges litt die Kirche jedoch erheblich. Die Enkel Wahram Pahlawunis, Grigor und Rarib, stellten sie 1225 wieder her. Es handelt sich um eine Kuppelhalle mit verkürztem Ostarm und zwei Altarnebenräumen (Sakristeien). Die Gestaltung der Ostapside gleicht der in der Kathedrale von Ani, die Schirmkuppel auf dem zwölfeckigen

Tambour erinnert an die Hamberd-Kirche, die ebenfalls Wahram Pahlawuni zugeschrieben wird. Westlich schließt sich ein Vier-Pfeiler-Gawit (13. Jh.) mit der Grabstätte Wahram Pahlawunis an (das Grabmal stammt aus dem 19. Jh.). Von der nördlich gelegenen Kirche desselben Typus blieben nur die Nord- und Südfassade erhalten. Die dritte Klosterkirche im Süden der Anlage (11. Jh.) präsentiert sich als Zentralkuppelbau mit vier Nebenräumen. Bei Ausgrabungen (1954–1956) wurden südwestlich der Hauptkirche die Reste einer außen runden Vierpaßkirche entdeckt, die der Kirche des Hl. Sargis von Chzkonk (bei Ani) gleicht.

Hinweis: Durch das Erdbeben vom 7. 12. 1988 wurden das Kloster Marmaschen sowie die Muttergotteskirche von Artik beschädigt.

Nördlich von Jerewan: Das Gebiet Lori

Über *Aparan, Spitak, Kirowakan* und *Alawerdi* beträgt dieses Strecke 180 km in direkter Fahrt und 452 km in Hin- und Rückfahrt einschließlich der Abstecher zu den Besichtigungszielen. Von Jerewan aus geht es zuerst nach Aschtarak und von dort direkt nördlich bis Spitak. Die Straße folgt dem Lauf des Flusses Kassach. Zur Linken wird der schneegekrönte Aragaz immer besser sichtbar, vor allem der nördliche und mit 4.090 m höchste Gipfel. Südöstlich des Aragaz erhebt sich hinter der Kassach-Schlucht die markante schwarze Silhoutte des *Arai Ler* (2.577 m), den die Volksmythologie mit der Legende von Ara dem Schönen und Schamiram verbindet: Da der armenische Herrscher den Werbungen der Assyrerkönigin widerstand, führte sie an dieser Stelle Krieg gegen die Armenier. Ara fiel, und Schamiram rief die Arales herbei, mythische Wesen, halb Hund, halb Drache, die ihn durch Lecken wiederbeleben sollten. Vergeblich.

Ca. 9 km hinter Aschtarak liegt rechts der Straße am Rande der Kassach-Schlucht *Howhannawank* (Johannes-Kloster), 2 km weiter das besser erhaltene Kloster *Sarmossawank* (Kloster der Psalmen). Howhannawank führt seine Gründung auf Grigor den Erleuchter zurück, der dort auch einige Reliquien des Täufers Johannes hinterlassen haben soll. 602, also zur Zeit der Abspaltung der Georgier von der armenischen Kirche, werden beide Klöster erstmals schriftlich erwähnt. Was an Bausubstanz – Haupt-(Katholikon) und Nebenkirchen, Vorhallen (Gawitner) – erhalten blieb, stammt aus dem 13. Jh.; Kielbögen und manches Detail im Baudekor zeigen die in diesem Zeitraum stark ausgeprägte »orientalisierende« Tendenz der armenischen Baukunst unter islamischem Einfluß.

Howhanna-wank/Sar-mossawank

Aparan

Kurdische
Bevölkerung

Im *Bezirk Aparan* kommt man durch einige Dörfer, die teilweise oder überwiegend von Kurden bewohnt werden. Nach der Volkszählung von 1979 gaben 116.000 Sowjetbürger ihre Volkszugehörigkeit als kurdisch an, von denen 51.000 in Sowjetarmenien leben. Im Bezirk Aparan ist ihr Anteil mit 18,6 % an der Gesamtbevölkerung am höchsten. Die Kurden besitzen hier Schulen mit muttersprachlichem Unterricht, ein Vorrecht, das sie sonst weder in der Türkei, im Iran, dem Irak oder in Syrien genießen, obwohl ihre Zahl in jenen Ländern in die Millionen geht. Seit 1930 verfügen die sowjetarmenischen Kurden über die zweimal wöchentlich erscheinende Zeitung *Ria tasa* (»Neuer Weg«), seit 1955 über eine gleichnamige Druckerei. Ferner befindet sich an der Armenischen Akademie der Wissenschaften eine Abteilung für Kurdologie. Radio Jerewan sendet täglich – auch für die Kurden in der Türkei und im Iran – bzw. strahlt kurdische Fernsehsendungen aus. Kurdisch gehört zur westiranischen Gruppe der indoeuropäischen Sprachfamilie. Die meisten Kurden sind Muslime der sunnitischen Richtung, doch gehören in Sowjetarmenien zahlreiche Kurden zur jesidischen Religionsgemeinschaft, einer Mischreligion, in der Elemente der alten vorislamischen Glaubensvorstellungen der Iraner fortleben.

Die Haupterwerbsquelle der Kurden ist nach wie vor die Viehwirtschaft, vor allem die jetzt genossenschaftlich betriebene Schafzucht. In historischen Reiseberichten wird stets auf die »Kurdengefahr« in Armenien eingegangen. Baedeker empfahl, den Aufstieg zum Ararat bzw. den Vorbeiritt am Aragaz nur in Begleitung einiger Kosaken durchzuführen. Denn das bettelarme Hirtenvolk bestritt einen Teil seines Lebensunterhalts mit Wegelagerei und Überfällen auf Karawanen. Heute reist man natürlich völlig friedlich durch den Bezirk Aparan. Interessant sind in den Kurdendörfern vor allem die alten jesidischen Friedhöfe, deren kubische oder runde, kuppelbedeckte Grabmäler an zoroastrische Feuertempel erinnern. Die Gräber schmücken Tierstelen (Pferde, bisweilen Widder).

Mahnmal

Hinter Aparan fällt ein großes *Mahnmal* aus rotem Tuff ins Auge: ein stilisiertes Stück Mauer, das an die armenisch-türkischen Kämpfe Ende Mai 1918 erinnert. Zeitgleich zur Schlacht von Sardarapat stellten sich hier Armenier dem türkischen Vormarsch auf Kirowakan entgegen – eine armenische Variante des »No pasarán« der Spanier.

Im Osten schiebt sich nun immer dichter die bis zum Sewan-See reichende Gebirgskette von *Pambak* heran, im Norden die Gebirgskette von *Basum*. Die Südhänge beider Ketten bedeckt eine an Trockenheit gewohnte Pflanzenwelt, die sehr feuchten Nordhänge dagegen sind bewaldet.

Kurz vor Spitak überqueren wir einen Paß. Die Straße verläuft **Spitak**
nun östlich bis Kirowakan im weiten Tal des Pambak-Flusses,
der nach seinem Zusammenfluß mit dem Dsoraget *Debed* genannt wird. Das Kreisstädtchen *Spitak* (»Weiß«; vormals das
Dorf *Hamamlu*) besaß 1988 20.000 Einwohner, eine Brotfabrik
sowie ein bekanntes Fahrstuhlwerk. Spitak war Epizentrum
des starken Erdbebens am 7. 12. 1988, das ganz Nordarmenien
heimsuchte und Spitak vollständig in Trümmer legte. Tausende
armenischer Flüchtlinge aus Aserbaidschan sowie neun Zehntel der altansässigen Einwohner starben unter den Ruinen der
hier wie in der übrigen Sowjetunion schlampig ausgeführten
Neubauten.

Kirowakan, mit 170.000 Einwohnern die drittgrößte Stadt   **Kirowakan**
Sowjetarmeniens, wurde zur Hälfte zerstört. Die Siedlungsge- **(170 000 Ew.)**
schichte reicht bis in das Neolithikum (3. Jahrtausend v. Chr.)
zurück. In der Stadtmitte wurden bronzezeitliche *Steinsarko-*
phage (9./8. Jh. v. Chr.) ausgegraben und sind jetzt im Heimatkundemuseum Kirowakans ausgestellt. Bis zur Umbenennung
zu Ehren des 1937 ermordeten russischen Revolutionärs Sergej
Kirow war die Stadt unter dem Namen *Karaklis* (»die schwarze
Kirche«) bekannt, wohl nach jenem Kirchbau aus schwarzem
und rotem Tuff, der sich im Zentrum befindet. Ebenso wie in
Jerewan findet man hier nur sehr wenig Altstadt. Kirowakan
präsentiert sich heute als Industriestadt (Chemiekombinat,
künstliche Edelsteine, Azetatseide, Maschinenbau und Metallverarbeitung, Nahrungsmittel- und Textilindustrie). Zugleich
wird die am Rand eines Waldgebietes gelegene und mit gemä-
ßigtem Klima gesegnete Stadt auch als Erholungs- und Kurort
gepriesen. Ein Blick auf die üblen Industrieabgase und Schlote
läßt freilich Skepsis aufkommen.
Unter dem Eindruck starker ökologischer Proteste entschloß
man sich inzwischen, das bei dem Erdbeben im Dezember 1988
stark beschädigte Chemiekombinat nicht wieder in Betrieb zu
nehmen.

Hinter Kirowakan verläuft die Straße durch die immer maleri-   **Lori**
schere, mit Laubbäumen bewaldete Schlucht des Pambak-Debed.
Wir sind in der nordarmenischen Region *Lori*, der Heimat des
berühmten Dichters Howhannes Tumanjan (vgl. S. 74). Der
langen Busfahrt müde, kann man Rast im kleinen Restaurant
Anusch halten, das rechts der Straße am Debed liegt. Auf der
Terrasse, mit Blick auf den schäumenden Fluß, kann man einen
Mokka oder Kognak genießen und an die Anusch aus Tumanjans gleichnamigem Poem denken, die einem unlösbaren Konflikt zwischen Liebe und Ehre ein Ende setzte, indem sie sich
in den Debed stürzte. Man sollte bedenken, daß das Restaurant
nicht Intourist untersteht, nicht auf große Gruppen eingestellt

ist, und Geduld haben. Allzu lange darf man allerdings nicht verweilen, denn es ist noch ein ganzes Stück Weg bis Alawerdi, in dessen Umgebung verschiedene Besichtigungsziele locken. Und der Rückweg nach Jerewan ist ebenfalls lang.

Alawerdi

Der seltsame Name der Stadt *Alawerdi* (1972: 21.624 Einwohner) ist möglicherweise auf das iranische Volk der Alanen zurückzuführen. Eine volkstümliche Deutung bezieht sich auf den arabisch-persischen Segensspruch (»Allah werdi!«), mit dem im Transkaukasus, vor allem im Georgien, der Tischpräsident (»Tamada«) den Zechern das Wort erteilt. Der enge Canyon des Debed zwang die Bewohner, sich in zwei Etagen, nämlich auf der Talsohle sowie 550 m höher auf den Plateaus der umliegenden Berge, anzusiedeln. Auch Alawerdi verdankt seine Entwicklung der Industrie, die hier ihre Ursprünge im Kupferbergbau besitzt; in vorsowjetischer Zeit wurden die nordarmenischen Kupfervorkommen sogar von englisch-französischen Unternehmen ausgebeutet. Das Kupfer-Chemie-Kombinat von Alawerdi wurde 1989 nach langjährigen Beschwerden der Arbeiter und von Umweltschützern stillgelegt.

Sanahin-Brücke

Zwei Brücken führen auf das rechte Debed-Ufer, wo die Auffahrt nach Sanahin beginnt. Man fährt über die neue und kann zugleich die alte Sanahin-Brücke bewundern, die sich in einem Bogen von 18 m über den Fluß spannt. Löwen flankieren das stufenförmige Geländer. Königin Waneni ließ die Brücke 1192 zur Erinnerung an ihren verstorbenen Gatten, König Abbas Kjurikjan, aus Basalt anfertigen.

Kloster Sanahin

Im Schatten hoher Laubbäume liegt auf dem Sanahin-Plateau (900–1000 m) des waldreichen Berges Tschantinler das *Kloster Sanahin* am Rande des gleichnamigen Dorfes. Wie so viele armenische Klöster führt auch dieses seine Gründung auf den Hl. Grigor zurück, der auf dem Tschantinler ein Holzkreuz errichtet und damit diese Stätte geweiht haben soll. Ende des 4. Jh. entstand bereits eine Kapelle, von der ein reichgeschmücktes Kapitell sowie ein Fries in der Ostapside der Erlöserkirche erhalten blieben.

Geschichte

Als Kloster wird Sanahin erstmals zu Beginn des 10. Jh. erwähnt. Nachdem der byzantinische Kaiser Romanos (920–944) die Verfolgung von Christen angeordnet hatte, die nicht der chalcedonensischen (dyophysitischen) Richtung anhingen, flohen Mönche in den von den Bagratiden beherrschten nordöstlichen Landesteil Armeniens. Zu ihren Klostergründungen gehörte u. a. Sanahin (934). Seit 979 Bischofssitz, entwickelte sich Sanahin rasch zum bedeutendsten geistlichen und wissenschaftlichen Zentrum des nordarmenischen Kleinkönigreiches Taschir, das unter der Herrschaft der Adelsfamilie Kjurikjan (ein

Zweig der mächtigen Bagratiden) und später der Sakarjan seine Existenz auch nach dem Untergang der Bagratidenherrschaft in Ani fortsetzte. Im 11. Jh. lebten hier sowie in dem benachbarten Kloster *Hachpat* bereits 500 Mönche. Sanahin besaß ein bedeutendes Skriptorium mit namhaften Kalligraphen und Illuminatoren, die meist dem Mönchsstand angehörten. Die Malerei, insbesondere die Miniaturmalerei, gehörte, neben Medizin u. a., zu den weltlichen Lehrfächern der Akademie von Sanahin, die die mündliche Überlieferung mit Fürst Grigor Magistros Pahlawuni (990–1058), einem Neoplatoniker und Humanisten, verbindet. Mütterlicherseits aus der Familie des Erleuchters stammend, regierte Grigor Magistros zunächst den im Besitz der Pahlawuni befindlichen Kleinstaat Zachkanoz mit seinem Geburtsort Bdschni als Hauptstadt und diente dem letzten Bagratidenkönig, Gagik II. (1040–1045), als Berater, bis ihn eine Intrige in Ungnade fallen ließ. Die hinter diesen Machenschaften stehenden, auf den Erwerb Anis bedachten Byzantiner trieben Grigor Magistros zwar ins Exil, doch der von Grigors Bildung angetane byzantinische Kaiser Konstantinos IX. Monomachos erhob ihn zum Gouverneur (Dukas) über das südarmenische Taron. Einen Namen machte sich Grigor vor allem als Übersetzer Platons, Euklids und anderer hellenistischer Denker. Nachdem er bereits eine Akademie in Ani ge-

Grundriß des Klosters Sanahin

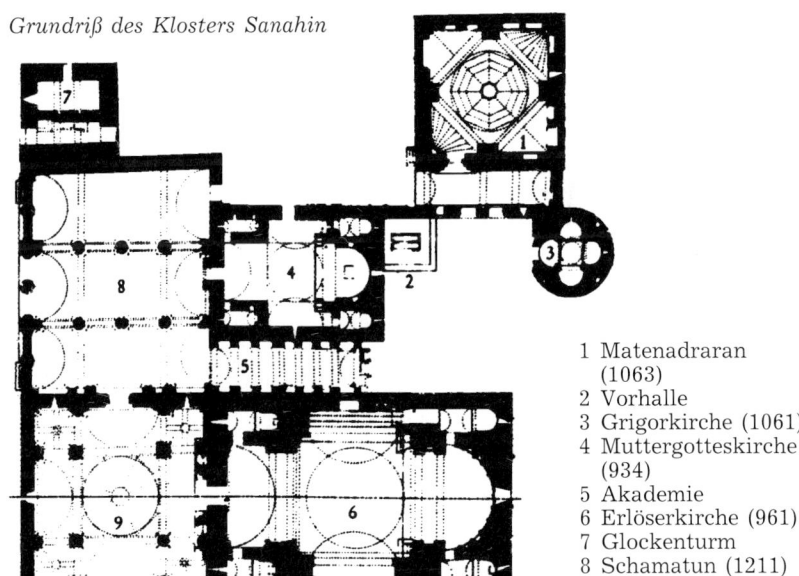

1 Matenadraran (1063)
2 Vorhalle
3 Grigorkirche (1061)
4 Muttergotteskirche (934)
5 Akademie
6 Erlöserkirche (961)
7 Glockenturm
8 Schamatun (1211)
9 Schamatun (1181)

gründet hatte, wurde er Rektor der Akademie von Sanahin. Antiken Traditionen gemäß reiste er im Zuge seiner Lehrtätigkeit durch das Land und unterrichtete außer in Ani und Sanahin auch in Bdschni sowie im Kloster Surb Karapet (Südarmenien). Byzanz ehrte ihn mit dem Titel eines »magister militum«. Ein Erdbeben und dann Verwüstungen durch die Seldschuken (1105, 1110) und Mongolen (vor allem 1290) fügten Sanahin großen Schaden zu. Dennoch blieb es auf dem Gebiet der Buchkunst und Illumination bis ins 17. Jh. hinein außerordentlich fruchtbar. Seit 1652 erfolgten umfassende Ausbesserungen. 1831 ließ Bischof Harutjun Ter-Barserjan, der letzte von insgesamt 38 Äbten des Klosters, einen Quellbrunnen links neben dem Eingang zum Kloster errichten, dessen Wasser als heilig gilt.

Besichtigung Das älteste Gebäude des Klosters ist die *Muttergotteskirche* (934), ein schlichter, weiträumiger Kreuzkuppelbau mit Überresten von Fresken sowie einer 1652 wiederhergestellten Trommel und Kuppel. Westlich schließt ein dreischiffiger, tonnengewölbter *Schamatun* (1211) mit Satteldächern an, der sich in großen Doppelbögen öffnet und von zwei Pfeilerreihen gegliedert wird. Eine solche basilikale Lösung findet sich in Armenien außerordentlich selten. Der Bauherr des Schamatun war Fürst Watsche Watschutjan, der spätere Besitzer der Festung Hamberd. Er schenkte dem Kloster u. a. ein in Gold gebundenes Gesangbuch.

Die Vorhalle der *Erlöserkirche* schließt unmittelbar südlich an. Sie wurde 1181 als Kuppelhalle mit vier freistehenden Pfeilern auf quadratischem Grundriß ausgeführt. Es handelt sich vermutlich um eines der ältesten Beispiele dieses Bautypus, der seine Vorbilder im armenischen Bauernhaus besitzt. Der Schamatun erhebt sich auf den Fundamenten einer älteren Vorhalle aus dem 10. Jh.

Von hier gelangt man östlich in die *Erlöserkirche*, deren Bau 961 auf Veranlassung der Königin Chosrowanusch begonnen und von ihrem jüngeren Sohn Gurgen (982–989) fortgesetzt wurde. Chosrowanusch widmete den Bau ihren beiden Söhnen Smbat und Gurgen, die ein Stifterporträt am Ostgiebel der Kirche mit dem Modell des Baus zeigt. Die Erlöserkirche ist größer als die Muttergotteskirche und darum Hauptkirche (Katorike) des Klosters. Zwischen ihr und der Muttergotteskirche wurde im 11. Jh. die *Akademie* in zwei Bauetappen errichtet. Es handelt sich um einen aus sieben Gurtjochen und seitlichen Nischen bestehenden Bau. Seinen Boden wie auch den Boden der beiden Schamatuner bedecken Grabplatten. Nordwestlich der Muttergotteskirche befindet sich der *Matenadaran* des Klosters mit einem bemerkenswerten sogenannten Perspektivportal. Im Inneren wölben sich diagonale Bögen mit herrlichem Dekor aus Flechtornamenten an den Basen und Kapitellen der Halbpilaster. Die in den Wänden eingelassenen Nischen dienten der Ausstellung besonders kostbarer Handschriften. Prinzessin Hranusch ließ diesen Bau 1063 errichten. Östlich schließt die *Kirche des Hl. Grigor* (1061) an, ein Sechskonchos, dessen oberer Teil ebenfalls aus dem Restaurationsjahr 1652 stammt. Vermutlich war die Kirche im Inneren einst vollständig mit Fresken geschmückt. Der *Glockenturm* nördlich neben dem dreischiffigen Gawit (1121–1235) enthält im zweiten Stock drei kleine Kapellen. Die Westfassade schmückt u. a. ein großes Kreuz aus dunkelroten Steinen.

Südlich der Erlöserkirche befindet sich eine *Grabkirche*, die Iwane und Sakare Sakarjan 1189 für ihren Vater errichten ließen. Das *Grabmal* der Kjurikjan-Familie steht östlich der Muttergotteskirche. Auf dem Klostergelände wurden 50 Kreuzsteine gefunden. Zu den bedeutendsten zählt der Kreuzstein des Grigor Tutewordi (1184) und des Sargis (1215), beide westlich vor der dreischiffigen Vorhalle. Außerhalb des Klosters befindet sich das doppelbögige *Brunnenhaus* (13. Jh.).

In Sanahin finden seit 1987 umfangreiche Restaurationsarbeiten statt, die vermutlich sechs Jahre dauern werden.

10 km von Alawerdi entfernt liegt das Dorf *Hachpat*, ebenso wie Sanahin auf einem Plateau (ca. 1000 m) über dem Debed. Unterwegs passiert man die zwischen beiden Klöstern gelegene *Kajan-Festung* (915) mit einer Kapelle aus dem 12./13. Jh. Die Kajan-Festung diente, ebenso wie die nahe Alawerdi gelegene Festung *Achtala* (10.–12. Jh.), dem Schutz der Provinz Gugark (später: Lori) vor Überfällen aus dem Norden.

Kloster Surb Nschan

Das Kloster *Surb Nschan* (Heiliges Zeichen, d. h. Heiliges Kreuz) entstand fast gleichzeitig mit Sanahin zwischen 953 und 977. Auch hier trat Königin Chosrowanusch, die Gemahlin von Aschot III. Bagratuni, als Stifterin hervor. Ebenso wie Sanahin wurde Harpat durch den Seldschuken-Prinzen Amir-Ghzil erobert und gebrandschatzt. Nach dem Untergang der Bagratiden im 11. Jh. wurde das Kloster zum geistlichen Zentrum der Familie Kjurikjan, die wiederum Ende des 12. Jh. von den Sakariden abgelöst wurde, unter denen die endgültige Befreiung Nordarmeniens von der seldschukischen Fremdherrschaft erfolgte. Zugleich entwickelte sich in Hachpat eine bedeutende Schule der Miniaturmalerei, deren berühmtester Vertreter der Mönch Markare ist; seine Bilder schmücken das bekannte Hachpat-Evangeliar von 1211.

Geschichte

Der älteste und zentrale Bau des Klosters ist die *Surb Nschan-Kirche* (966–991), die Chosrowanusch zum Ruhm ihrer Söhne errichten ließ. Auch hier befindet sich an der Ostfassade ein Stifterporträt, das im Unterschied zu dem älteren Porträt in

Besichtigung

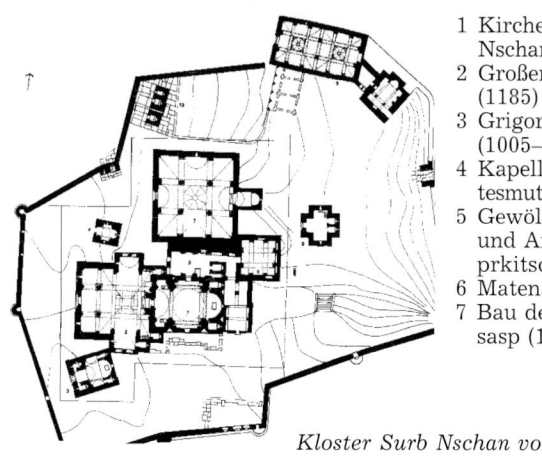

1 Kirche Surb
  Nschan (966–991)
2 Großer Gawit
  (1185)
3 Grigorkirche
  (1005–1023)
4 Kapelle der Got-
  tesmutter (13. Jh.)
5 Gewölbegang
  und Amena-
  prkitsch (1273)
6 Matenadaran
7 Bau des Hama-
  sasp (13. Jh.)

Kloster Surb Nschan von Hachpat

Sanahin Smbat und Gurgen nicht mehr in gleichartiger Kleidung zeigt. Smbat (rechts), der inzwischen mit der Zustimmung
des arabischen Kalifen den Thron seines Vaters in Ani geerbt
hatte, trägt zum Zeichen dieser Würde einen großen Turban,
während sein Bruder Gurgen 980 das Kleinkönigreich Taschir
begründete; sein Enkel Kjurike I. rettete es vor der Seldschukeninvasion, indem er seine Tochter Alparslan zur Frau gab.
Die Kirche Surb Nschan ist eine Weiterentwicklung der Kuppelhalle und soll der Überlieferung nach von dem berühmten
Baumeister der Bagratiden, Trdat, errichtet worden sein, wofür
auch die Ähnlichkeit ihrer Säulen mit denen der Kathedrale
von Ani spricht. Bis auf einige Ausbesserungen im 11. und Ende
des 12. Jh. blieb die Kirche in ihrer ursprünglichen Form erhalten. Reste der einstigen Freskomalerei, die laut zweisprachiger
Inschrift auf eine georgisch-armenische Schule zurückgeht, sind
noch zu erkennen (in der Apsiskalotte eine Verbindung der
Deesis mit der prophetischen Gottesschau, im Apsisrund die
Verkündigung, die Geburt, die Darbringung im Tempel, die
Taufe sowie in der unteren Zone die Kommunion der Apostel;
auf der Nordwand sind das Pfingstwunder, auf der Südwand
zwei von einer anderen Schule stammende Stifterporträts (Baron
Chutlubura Arzruni, gest. 1303, sowie sein Sohn) dargestellt.
Nordöstlich liegt die *Bibliothek* (12. Jh.), die 1273 durch einen
Gewölbegang mit der Kirche verbunden wurde; im Schutz
dieses Gewölbes erhebt sich neben dem nördlichen Kirchentor
auf hohem Postament der berühmteste Kreuzstein der Klosteranlage, ein Wahram zugeschriebener Amenaprkitsch (»Allerlöser«; 1273), der als ältestes Beispiel dieses Typus gilt. Er zeigt

die Kreuzesabnahme und im oberen Querriegel die Himmelfahrt Christi.

An die Kirche schließt ein großer *Gawit* an, den Abt Howhannes Chatschenazi an der Stelle einer früheren Familiengruft der Kjurikjan (1185) anlegen ließ, deren Gräber den Boden der Vorhalle vollständig bedecken. Den in architekturgeschichtlicher Hinsicht sehr interessanten Bau gliedern vier sich kreuzende Bögen, ein Verfahren, das im 12. und 13. Jh. in Armenien häufig bei großräumigen weltlichen Bauten (Bibliotheken, Refektorien, Vorhallen) benutzt wurde. Nordöstlich führt eine Treppe zu einer Zelle, die die Überlieferung mit dem Sänger und Dichter Sajat Nowa (1712–1795) verbindet, der sich aus Tbilissi in das Heilig-Kreuz-Kloster zurückgezogen hatte.

Südlich der Kirche Surb Nschan entstand die *Kirche des Hl. Grigor* (1005–1023), nördlich die kleine *Kapelle der Gottesmutter*, die Prinzessin Chatun im 13. Jh. stiftete. Nordöstlich folgt eine weitere *Kapelle*, die Abt Hamasasp im 13. Jh. zusammen mit einer gewaltigen Vorhalle errichten ließ: ein extremes Beispiel für das häufige Ungleichgewicht in den Baumaßen des sakralen Bereichs und seines weltlichen Vorraums. Ebenfalls aus dem 13. Jh. stammt das *Refektorium*. Es besteht aus zwei gleichartigen Hallen mit sich diagonal kreuzenden Bögen. Sein Äußeres ist wie bei den übrigen weltlichen Bauten schlicht und kontrastiert mit der Kühnheit des Innenraumes. Westlich befinden sich drei *Grabmäler* der Familie Ukunanz (13. Jh.) mit bemerkenswerten Kreuzsteinen auf kleinen Grabkapellen.

Im Osten, auf dem höchsten Punkt des ansteigenden Klostergeländes, steht der dreigeschossige *Glockenturm* (1245), der in den beiden ersten Stockwerken acht kleine Altäre, im letzten eine Rotunde mit kleinen Säulen besitzt. Den Übergang vom rechteckigen Erdgeschoß zum Achteck der oberen Stockwerke stellen Stalaktiten her. Eine Reihe von Schwalbenschwanz-Steinen soll dem Gebäude eine größere Erdbebenfestigkeit verleihen.

Hachpat ist wie ein Wehrkloster von einer halbkreisförmigen, vom 12. Jh. bis 1677 immer wieder verstärkten *Schutzmauer* umgeben. Außerhalb liegt nordöstlich ein dreibogiges *Quellhaus*, das der rührige Abt Howhannes Chatschenazi errichten ließ.

Hinweis: Das Surb Nschan-Kloster von Hachpat wurde während des Erdbebens vom 7. 12. 1988 beschädigt.

Kathedrale von Odsun

Die Anfahrt zum Plateau von *Odsun* befindet sich vor Alawerdi auf dem linken Debed-Ufer. Die Straße steigt steil, z. T. in Haarnadelkurven an und verlangt vom Fahrer, vor allem, wenn er einen Bus steuern muß, sehr viel Konzentration. Ein Kreuzstein schützt und warnt an der gefährlichsten Absturzstelle.

Die eindrucksvolle *Kathedrale* liegt am Ortsrand (Schlüssel bei einer Beschließerin in der schräg links abbiegenden Straße). Es handelt sich um einen längsgerichteten Kreuzkuppelbau aus zartrosa Tuff mit einem teilweise eingestürzten Umgang an drei Seiten. Zwei Quellen aus dem 13. Jh. schreiben die Kathedrale dem berühmten Katholikos Howhan(nes) Odsunezi (717–728) zu, während die meisten heutigen Forscher sie wegen ihrer im Inneren besonders deutlich werdenden basilikalen Elemente – gelängerter Westarm, schmale Seitenschiffe, Portiken – auf das späte 6. bzw. 7. Jh. datieren und Odsunezi nur als Auftraggeber von Ausbesserungen auffassen. Der achteckige Tambour ruht auf vier freien Stützen, der längsgerichtete Westarm erforderte ein weiteres Pfeilerpaar, weshalb die sowjetische Forschung die Kathedrale als Kreuzkuppelbasilika auffaßt. An der dafür üblichen Stelle in der Nordwand befindet sich ein Taufbecken mit einem schönen Madonnenrelief vom Typus der Hodegetria (7. Jh.). Über dem Ostfenster thront außen Christus als Halbfigur, vor sich ein offenes Buch mit dem Anfangsbuchstaben des Johannes-Evangeliums. Ihn flankieren zwei Engel mit Palmwedeln. Die kleinen Glockenlaternen stammen aus dem 19. Jh. Nördlich der Kathedrale erhebt sich ein eigenartiges, für Nordarmenien typisches *Monument* (Mitte 6. Jh.?): Eine Treppe führt zu zwei Stelen unter einer baldachinartigen Doppelarkade. Die schlanken, rechteckigen Stelen tragen auf der Westseite Reliefs mit biblischen Sujets, auf der Ostseite die wichtigsten Ereignisse aus der Legende über die Verbreitung des Christentums in Armenien; die übrigen Seiten schmücken pflanzliche bzw. geometrische Ornamente. Die Flachreliefs aus feinkörnigem Felstuffstein sind für eine Betrachtung aus geringer Entfernung gedacht. Die genaue Bestimmung des Monuments ist ungewiß. Fest steht nur, daß diese Form des Stelenbaus den

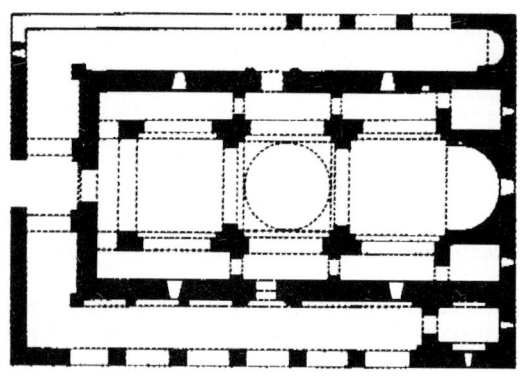

Grundriß der Kathedrale von Odsun

Kreuzsteinen vorausging. Ebenfalls ungeklärt ist die Entstehungszeit des Monuments.

Die Reise nach Nordarmenien ist auch mit einer Weiterfahrt
zum Sewan-See (über *Kirowakan, Fioletowo, Dilidschan, Sewan-
Paß*) kombinierbar. Die Strecke Kirowakan–Dilidschan beträgt
ca. 40 km. Man fährt dabei ein Stück durch das bewaldete,
landschaftlich sehr reizvolle *Agstew-Tal*. Ein Bahn- und Stra-
ßenbauprojekt beeinträchtigt allerdings seit Jahren nicht nur
seine Schönheit, sondern macht auch die Straße für Busse fast
unpassierbar. Man erkundige sich deshalb unbedingt rechtzeitig bei Intourist Jerewan nach den Straßenverhältnissen bzw.
den derzeit gültigen Regeln für die An- und Abfahrt von Alawerdi.

Umgebung

Der Sewan-See und seine Umgebung

Ausgezeichnete Straßenverhältnisse trifft man auf der Fahrt
zum Sewan-See an. Denn über den Sewan-Paß führt die alte
Nord-Süd-Magistrale, die den Ziskaukasus mit Kleinasien
verbindet. Der Straßenverkehr zwischen Jerewan und Tbilissi
verläuft vorwiegend hier, eine zweite und kürzere Verbindung
über Alawerdi in Nordarmenien wird weit seltener und von
Intourist gar nicht benutzt.

Sewan-See

Gesteinssammler kommen auf der Sewan-Strecke auf ihre Kosten:
An der Straßenböschung trifft man verschiedentlich auf Obsi-
dianflüsse: schwarzglänzendes Gesteinsglas, wegen seiner
Scharfkantigkeit auch »Teufelskralle« genannt. Man kann das
Sammeln mit einem Besuch in der gemütlichen Teestube verbinden, die im russischen Stil rechts der Straße aufgebaut
wurde und frisches Hefegebäck sowie ausgezeichneten Schwarztee bereithält. Leicht, aber stetig steigt die Autobahn an, dem
Lauf des Hrasdan folgend. Im Osten erblickt man die Gebirgskette
Geram, im Norden die *Pambak*-Kette. Der *Sewan* taucht plötzlich und unerwartet auf. Wie vieles in Armenien, ist auch er
vulkanischen Ursprungs. Sein Alter beträgt etwa 25.000 Jahre.
Der Sewan entwässert ausschließlich über den Hrasdan, während 28 Bäche und Flüßchen den See speisen. Auf einer Höhe
von 1.916 m gelegen und von Gebirgsketten umschlossen, gilt
der Sewan mit 1.416 km^2 als größter Hochgebirgssee der Welt
und eines der Naturwunder der Sowjetunion; seine Fläche
übertrifft den Bodensee um das Zweieinhalbfache. Seine größte Tiefe besitzt er im Nordwesten, im sogenannten »Kleinen
Sewan« mit etwa 100 m. Vor der Absenkung in den 40er Jahren
betrug seine Länge 75 km und seine maximale Breite 56 km
(vgl. S. 46). Anschließend traten u. a. Felszeichnungen der Ur-

Urmenschen hervor. Die reichsten Funde aus einer bronzezeitlichen Nekropole (19.–12. Jh. v. Chr.) machte man in der Nähe des Dorfes *Ldschaschen.* Zur Zeit ihrer größten Machtentfaltung gehörte das Sewan-Gebiet den Urartäern. In ihren Inschriften erwähnen sie es als »Siuanna« oder »Schanna« (»Land der Seen«), woraus sich wohl das armenische *Sewan* sowie *Sjunik* herleiten, letzteres als Gebietsname für die südöstlich anschließende Region.

Das klare blaue Wasser des Sewan gilt als besonders fischreich, und der »Fürst« dieses Wasserreiches ist die Sewan-Forelle Ischchan. Indessen habe ich während meiner zahlreichen Armenien-Reisen den als äußerst schmackhaft gerühmten Ischchan nie zu Gesicht, geschweige denn auf den Teller bekommen. Ich weiß nicht einmal, ob er wieder im See »herrscht« oder nur noch in Zuchtbecken. Denn 1925 hat man im Sewan eine aus dem nordrussischen Ladoga-See stammende Renkenart ausgesetzt. Sie vermehrte sich dort so erfolgreich, daß sie bald die Ischchan-Forelle verdrängte, ja sogar deren Laich gefressen haben soll. Intourist-Gäste bekommen im Sewan-Motel nur diese – allerdings gleichfalls sehr schmackhafte – Renke vorgesetzt.

Ab *Sewan-Stadt* verläuft die Straße am Ufer des Sewan, bevor sie bei *Tsowagjur* zum Paß aufsteigt. Links auf einer Anhöhe der Uferstraße taucht ein Denkmal auf: eine schlanke Mädchengestalt mit einem Öllämpchen in der Hand; es erinnert an die Insel Achtamar im größten See des Armenischen Hochlandes, dem Wan. Einer Legende nach soll die auf dieser Insel lebende schöne Tamar nachts ihrem Geliebten mit einer Öllampe den Weg gewiesen haben, wenn er vom Festland zu ihr herüberschwamm. Als Neider die Lampe ausbliesen, ertrank der Jüngling. Soweit diese armenische Variante eines Motives, das der Römer Vergil schon in der Antike berühmt machte (»Hero und Leander«); in der Volksdichtung ist es von Nordeuropa bis Georgien verbreitet, bei uns u. a. in dem Lied von den beiden Königskindern, die nicht zusammenkommen konnten.

Sewan-Insel Inzwischen erblickt man auch die *Sewan-Insel,* zu der seit der Absenkung eine Landzunge führt. Seit alters her diente sie als Flucht- und Verteidigungsort des armenischen Hochadels, später auch als Verbannungsstätte der Kirche. Heute ist die Insel ein beliebtes Ausflugsziel. Der Aufstieg erfolgt über 230 Basaltstufen, vorbei an Kreuzsteinen und Gräbern, darunter dem des ersten Kapitäns der »Sewanflotte«.

Sewan- Von dem einstigen Kloster, das die fromme Bagratidenfürstin
Kloster Mariam Sjunezi 874 gründete, bestehen nur noch die der Gottesmutter geweihte *Hauptkirche* sowie etwas unterhalb eine kleinere *Apostelkirche* (nach anderer Überlieferung ist die Hauptkirche den heiligen Aposteln und die untere Kirche dem

Hl. Johannes geweiht). Beide sind Dreikonchenbauten, deren Apsiden nach orientalisch-syrischer Manier in einer dicken Mauerschicht liegen. Aus schwarzen Basaltbruchsteinen bzw. an den konstruktiv wichtigen Stellen aus brandrotem Tuff errichtet, harmonieren die schlichten Sewan-Kirchen hervorragend mit der herben Berg- und Seelandschaft. Nördlich befindet sich an der Hauptkirche eine kleine, vom Ruß zahlreicher Kerzen völlig geschwärzte *Kapelle*, die dem Hl. Karapet geweiht ist und von armenischen Wallfahrern gern besucht wird. Der frühchristliche Kult des »Vorläufers« Johannes (des Täufers) erfreut sich in Armenien noch immer besonderer Beliebtheit. Von der Vorhalle der Muttergotteskirche blieben nur Reste der Außenmauern sowie die Pfeilerbasen erhalten. Die berühmten Holzkapitelle der Pfeiler und die reichgeschnitzten Holztüren (12. und 16. Jh.) befinden sich im Historischen Museum von Jerewan. Im Inneren der Kirche sieht man noch ein bemaltes hölzernes Ziborium. Diese einst weit verbreitete Form des armenischen Altargehäuses geht auf eine Vision des Hl. Grigor zurück, in der ihm die ideale Gestaltung des Altars offenbart wurde.

Die herrliche Aussicht von der Sewan-Insel, das intensive Blau des »lächelnden Sewan«, die Klarheit der Luft sowie der Duft von Kräutern und Blumen lassen vergessen, wie schwer und entbehrungsreich das Leben auf dieser Insel war, an die bei stürmischem Wetter zwei Meter hohe Wellen schlagen. Dennoch bestand eine Mönchsgemeinschaft bis in unser Jahrhundert. 1910 umfaßte sie noch fünf höhere Geistliche (Wardapetner) sowie sechs Diakone. Der allgemeine Rückgang des Klosterlebens in Armenien, der im 19. Jh. deutlich spürbar wurde, sowie das rauhe Klima des Sewan ließen jedoch die wirtschaftliche und geistliche Bedeutung des einst sehr reichen, mit 40 Dörfern ausgestatteten Klosters schwinden. Moritz Wagner, der den Orient 1842 bis 1844 bereiste, schilderte als erster Europäer ausführlich das harte und ihm abstoßend erscheinende Leben der Sewan-Mönche:

»Acht Monate des Jahres ist die ganze Landschaft umher in Eis und Schnee begraben, frostige Winde sausen von den Alpengipfeln herab und erzeugen durch ihr Entgegentreten über dem Goktschai-Kessel (türk. *Göktschaj* = Sewan, T. H.) eigentümliche Sturmwirbel, welche die tiefe Flut des Sees furchtbar aufwühlen, mit ungestümer Brandung gegen die Insel donnern und den eiskalten Schaum der Wogen bis an die Klostermauern spritzen. Die Maisonne bringt wohl Blumen und Weide, aber weder Busch noch Baum schmückt sie mit jungem Grün. Die Goktschai-Berge sind kahl, und selbst am Seestrand im allgemeinen ist keine Spur von Bäumen (...). Nie wärmt die Sewan-Mönche ein lustiges Holzfeuer im langen Winter, nur die kleine und stinkende Flamme getrockneten Kuhmistes dient zum Kochmaterial. In der Zelle stopft dann jeder sein Fensterchen zu, zieht die schwarze Kutte enger zusammen und hüllt sich frierend in die zerlumpten Decken, während die kalten Weihnachtsstürme über den See hintoben. Selbst im Sommer bleibt die Mehrzahl der Mönche den ganzen Tag auf ihrem kleinen Eiland ...« (zitiert nach: Aufbruch nach Armenien: Reise- und Forschungsberichte aus dem Lande Urartu-Armenien. Hrsg. von Editha Wolf-Crome. Berlin, 1985, S. 155).

Kloster Ketscharis

Biegt man von der Autobahn Jerewan–Sewan links in Richtung der Industriestadt Hrasdan ab, gelangt man kurz hinter Hrasdan in das liebliche Hügelland von *Zachkadsor* (»Blumenschlucht«). Hier soll einst eine Prinzessin einen großen Garten mit herrlichen Blumen besessen haben, die sie jedoch eifersüchtig vor den Blicken anderer Menschen verbarg. Gott strafte

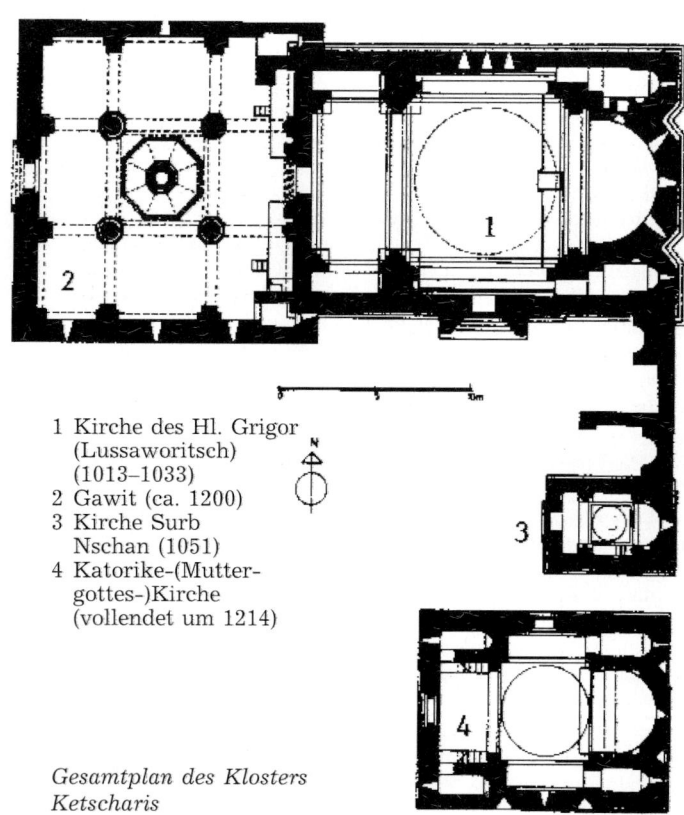

1 Kirche des Hl. Grigor (Lussaworitsch) (1013–1033)
2 Gawit (ca. 1200)
3 Kirche Surb Nschan (1051)
4 Katorike-(Muttergottes-)Kirche (vollendet um 1214)

Gesamtplan des Klosters Ketscharis

sie und ließ einen heftigen Wind alle Blumen über das weite Tal verstreuen. Das *Kloster Ketscharis* (früher: Ketscharuk; 65 km von Jerewan entfernt) liegt am Rande des Dorfes Zachkadsor in einem als Erholungsgebiet geltenden vielbesuchten Waldgebiet. Bis zu Beginn des 20. Jh. waren östlich der heutigen Klosteranlage noch die Ruinen einer Halle und eines Kirchenschiffes aus dem 5. Jh. zu sehen. Die erhaltenen Bauten – drei Kirchen, ein Gawit, Kreuzsteine sowie eine Kapelle – gehen auf das 11. und 13. Jh. zurück. Als Bauherr der dem Hl. Grigor (Lussaworitsch) geweihten Kirche (1013–1033) sowie der Kirche Surb Nschan (Heiliges Zeichen; 1051) erscheint der uns schon aus Sanahin bekannte adelige Gelehrte und Politiker Grigor Magistros Pahlawuni (s. S. 143f.). Seine Geburtsstadt Bdschni befindet sich südwestlich, unweit von Zachkadsor; die Hauptkirche des dortigen Klosters geht ebenfalls auf ihn zurück. Grigor Magistros gelang es zwar, Ketscharis während der Seldschukeninvasion vor Zerstörungen zu bewahren, aber eine Handschrift des 12. Jh. beklagt dennoch die Not, die Ketscharis, »einst blühend und nun in Trümmern«, befallen hatte. Nachdem die Sakarjan die Gebiete von Schirak, Ararat, Hamberd, Bdschni und Wanand (Kars) von den Seldschuken befreit hatten, erfuhr auch Ketscharis eine Neubelebung. Noch im selben Jahr begann der Bau des großen Gawit vor der Lussaworitsch-Kirche. Als Auszeichnung für seine Dienste bei der Befreiung Nordarmeniens schenkten die Sarkarjan-Brüder Ketscharis 1203 dem Fürsten Wassak Charbakjan, der sogleich den Bau der Hauptkirche (Katorike) des Klosters (ab 15. Jh.: Muttergotteskirche) in Angriff nahm. Ihr Baumeister, Wetsik, wurde vermutlich in der kleinen, einschiffigen Surb Harutjun- (Heilige Auferstehungs-) Kapelle (1220) beigesetzt, die sich nordöstlich des Klosters erhebt. Sie ist wegen ihrer Vorhalle berühmt, deren Eingang ein mächtiger Pfeiler in zwei Bögen gliedert, was an die Romanik erinnert.

Zwei winzige Kirchen zwischen der *Lussaworitsch-* und der *Surb Nschan-Kirche* wurden durch bemerkenswerte *Kreuzsteine* (13.–15. Jh.) ersetzt, die wie das gesamte Kloster in Ost-West-Richtung ausgerichtet sind. Noch im 13. Jh. erfolgten Ausbesserungsarbeiten an der Surb Nschan-Kirche (1223) sowie an Trommel und Kuppel der Lussaworitsch-Kirche.

Auch in Ketscharis bestand ein *Skriptorium* sowie seit dem späten 13. Jh. eine Schule. Ihr Gründer war der Theologe und Dichter Chatschatur Ketscharezi, der 1295 sein Hauptwerk vollendete, in dem er die entsetzliche Lage Armeniens unter dem Joch der Mongolen beklagt. Steuerdruck, Plünderungen, Verfolgungen und der Druck des Islam brachten das Kultur- und Geistesleben zwischen 1300 und 1450 zum Stillstand. Erst 1491 wurde wieder ein Evangeliar in Ketscharis kopiert, wobei auch hier der Künstler in einem Kolophon über die »harten, üblen Zeiten und die von den Gottlosen begangenen Missetaten« klagte. Die Kopistentätigkeit des Klosters hielt trotz der persisch-türkischen Vormachtkämpfe vom 16.–18. Jh. an, doch im Verlauf des 18. Jh. wurde das Kloster aufgegeben. Ein Erdbeben zerstörte 1828 die Kuppel der Lussaworitsch-Kirche, so daß 1848 ersatzweise ein Altar im *Gawit* errichtet wurde, um den unbeirrt nach Ketscharis wallfahrenden Pilgern die Möglichkeit zum Gottesdienst zu bieten.

Das Erdbeben vom 7. 12. 1988 fügte dem Kloster weitere Schäden zu.

In Ketscharis fehlen die üblichen Nebengebäude wie Refektorien, Bibliothek, Wohnräume der Mönche, womit möglicherweise die Einheitlichkeit der Anlage bewahrt werden sollte

Das Geram-Gebirge

Geram-Gebirge

Man verläßt Jerewan in nordöstlicher Richtung durch die Schlucht des Flüßchens Getar, wobei man auf der Alexander-Mjasnikjan-Straße eine historische Brücke (1664) passiert, am Zoologischen und Botanischen Garten sowie an zwei Denkmälern vorüberkommt, die Gestalten der armenischen Mythologie gewidmet sind: Hajk, dem Stammvater der Armenier, und dem Riesen Tork; nach armenischer Überlieferung hinderte er die Argonauten am Raub des Goldenen Vlieses, indem er ihnen von der Schwarzmeerküste gewaltige Felsbrocken nachschleuderte.

Die Straße steigt hinauf zur *Geram-Gebirgskette*. Mit Terrassen und Baumbepflanzung sollen diese heute weitgehend kahlen Gebirgszüge begrünt werden. Rechterhand der Straße erhebt sich an exponierter Stelle ein steinerner Bogen zu Ehren des namhaftesten sowjetarmenischen Dichters Jerische Tscharenz (vgl. S. 75 f.), der diese Stätte häufig wegen der eindrucksvollen Aussicht aufzusuchen pflegte, die man von dort auf den Ararat besitzt: Selbst noch bei fehlendem Bergblick läßt sich der Zauber dieses inspirierenden Ortes nachempfinden.

Etwas weiter erblickt man rechts auf einem Steilhang über der Schlucht des tosenden Asat-Flusses *(asat* = frei) die Kirche *Surb Amenaprkitsch* (»Heiliger Allerlöser«) des einstigen Klosters *Hawuz Tar* (12. Jh.), das eine Schule für Gesang und Musik besaß. Man erreicht die halb zerfallene Kirche sowie ein noch erhaltenes Grabmal nur zu Fuß, von der Asat-Schlucht aus.

Festung Garni

Kurz darauf kommt das große, wohlhabende Dorf *Garni* in Sicht, berühmt für seine alten Walnußbäume und die daraus hergestellten Schnaps- und Konfitüreerzeugnisse, für seinen

Mazun und vor allem natürlich für seine alte Festung. Man sieht dem Dorf (39 km von Jerewan) das Alter seiner Siedlungsgeschichte nicht an. Immerhin wurden hier Rundhäuser aus der frühen Bronzezeit (2500 v. Chr.) ausgegraben. Die *Festung* befindet sich auf einer dreieckigen Felszunge, die 100 m tief in imposanten Basaltsäulen zur Asat-Schlucht abfällt. Eine Inschrift Argischtis I. belegt, daß bereits die urartäischen Könige den auf 1.500 m gelegenen Ort wegen seines kühlen, angenehmen Klimas als Sommeraufenthalt schätzten. Die armenischen Herrscher der Artaschiden- und Arschakiden-Dynastie ließen die aus dem dritten vorchristlichen Jahrhundert stammende Festung weiter ausbauen. Sie besaß 14 Wachttürme und wurde an der zugänglichen Seite durch mächtige, bis zu 25 m hohe und mit Eisenklammern verstärkte Mauern geschützt. Eindrucksvolle Reste der Wehrmauern blieben erhalten bzw. wurden ausgebessert. Im Inneren der Festung befand sich ein zweigeschossiger *Palast* mit Wohn- und Speicherräumen für die Herrscherfamilie, von dem der heutige Besucher nur noch Mauerreste vorfindet. Abseits davon liegt das nach römischen Vorbildern gebaute *Königsbad* (3. Jh.), das mit Wasserdampf über Heizungsröhren in einem doppelten Fußboden erwärmt wurde. Im Vorraum blieb der fünfzehnfarbige Mosaikfußboden mit Gestalten der griechischen Mythologie (der Meergott Okeanos sowie die Göttin Thalassa im Mittelpunkt, ferner Eros, die Eltern des Achilles, Fische und Fischer) erhalten. Zweideutig ist die griechische Inschrift der Künstler: »Ohne Lohn haben wir gearbeitet.« Klagten die Meister über eine Lohnprellung, oder gaben sie ihre uneigennützige Arbeitsleistung bekannt?

Besichtigung

Der berühmteste Bau der Festung ist indessen der von König Trdat I. errichtete *Sonnentempel* (66 n. Chr.) aus grauem Basalt. Er entstand nach Trdats Rückkehr aus Rom, wo ihn Kaiser Nero gekrönt hatte. Trdat führte bei seiner Heimreise nicht nur 50 Millionen Drachmen als Geschenk des Kaisers mit sich, sondern auch Baumeister und Handwerker, die die von den Römern im Jahre 53 zerstörte armenische Hauptstadt Artaschat wieder aufbauen sollten. Die Krönung und Neros Geschenke waren übrigens eine Geste, die sowohl den römischen Vormachtanspruch auf Armenien unterstrich, als auch Roms Versöhnungsbereitschaft, das zuletzt in seinen militärischen Auseinandersetzungen mit Parthien nicht erfolgreich gewesen war und sich der Gefolgschaft der Armenier zu versichern hoffte. Vermutlich wurden die Geldmittel und Hilfskräfte aus Rom auch für den Ausbau der Festung Garni eingesetzt. Der Tempel wurde als ionischer Peripteros ausgeführt. Das bedeutet, daß Säulen – hier 24 – vierseitig eine Cella umgeben, das »Wohnhaus« der Gottheit. In Garni dürfte es sich um einen Opferaltar vor dem Idol der in Armenien als göttlich verehrten

Sonnentempel

aufgehenden Sonne gehandelt haben. Man erreicht den Raum über eine neunstufige steile Treppe. Die Eleganz und Feinheit der Steinmetzarbeiten – Löwenköpfe, Ranken- und Blattornamente im Fries, an den Kapitellen sowie der Decke der Portiken – sind besonders bemerkenswert. Als einziger in Armenien überstand der Tempel von Garni den Göttersturm des jungen, radikalen Christentums, indem er zum »Haus der Kühle« der Schwester des armenischen Königs Trdat III. (287–330) umfunktioniert wurde. Erst 1679 verschwand der Tempel bei einem heftigen Erdbeben. Bruchstücke davon kamen bei Ausgrabungsarbeiten in Garni (1909–1911) wieder zum Vorschein. Das Rekonstruktionsmodell stammt von Prof. N. Buniatjan (in den 30er Jahren unseres Jahrhunderts), der als außerordentlich erfolgreich anzusehende Wiederaufbau wurde zwischen 1966 und 1976 ausgeführt.

Seit dem 4. Jh. bestand in der Festung Garni außerdem ein *Erzbischofspalast*. Direkt nordwestlich an den Tempel angrenzend findet man das Fundament einer kleinen Rundkirche, die Katholikos Nerses III. im Jahr 642, also gleichzeitig mit seiner großen Kathedrale in Swartnoz, errichtete. Oberhalb des spätantiken *Badehauses* wurden *Grab-* und *Kreuzsteine* sowie andere Funde aus der christlichen bzw. vorchristlichen Zeit der Festung aufgestellt.

Höhlenkloster Gerard   6 km östlich hinter Garni bzw. 45 km von Jerewan entfernt liegt das *Höhlenkloster Gerard* in einer engen Schlucht des Gort, eines Zuflusses des Garni- bzw. Asat-Flusses. Senkrechte Felswände und Basaltsäulen prägen diese wildromantische Landschaft. Das Kloster, in dem bis heute eine Mönchsgemeinschaft lebt, führt seine Geschichte auf den Hl. Grigor (4. Jh.) zurück und entstand vermutlich an der Stelle eines vorchristlichen Quellen- und Baumkultes. Bis Mitte des 13. Jh. war es unter dem Namen *Ajriwank* (Höhlenkloster) bekannt. Die heute übliche Bezeichnung Gerard bezieht sich auf eine der heiligsten Reliquien der armenischen Kirche, nämlich die Lanze, mit der ein römischer Soldat den gekreuzigten Christus in die Seite stach. Der Apostel Thaddeus soll diese Reliquie nach Armenien gebracht haben, wo sie im Kloster Etschmiadsin aufbewahrt wird. Die Umbenennung des Höhlenklosters in Gerard steht möglicherweise im Zusammenhang mit der Araberinvasion, als die Reliquie im entlegenen Höhlenkloster besser geschützt schien.

Besichtigung   Die Bauten Gerards stammen aus dem 12. und 13. Jh. Nur die Hauptkirche (Katorike; 1215) und ihre Vorhalle (bis 1225), die Wohn- und Wirtschaftsgebäude (17.–20. Jh.), der westliche Haupteingang (13. Jh.) und der östliche Nebeneingang sowie eine nördliche Wehrmauer (12./13. Jh.) sind sichtbar. Bereits außerhalb der Anlage befindet sich westlich die *Kapelle des Hl.*

Grigor (ehemals: Muttergotteskapelle; 1177), der älteste Bau Gerards. Ihr reicher Freskenschmuck von 1275 (in der Apsis Gottesmutter mit Kind, von Engeln umgeben) blieb leider nicht erhalten. Alle übrigen Bauten – zwei Kirchen und zwei Vorhallen – wurden im 13. Jh. auf zwei Ebenen, sozusagen zweigeschossig, von oben nach unten in den weichen Sandstein eingemeißelt.

Höhlenkloster Gerard: Katorike und Vorhalle

Man betritt die Bauten durch den Südeingang der *Katorike*, deren Torbogen mit einem herrlichen Relief des in Armenien so beliebten Weintrauben- und Granatapfelsymbols geschmückt ist; darüber Pfauen sowie im Giebel das Familienwappen der Sakarjan (ein Löwe, der einen Stier reißt), rechts darunter eine Sonnenuhr. Die Kapitelle und die Kuppelöffnung des westlichen Gawits zeigen das im 13. Jh. häufige Stalaktitenornament. Nordwestlich schließt die *erste Felsenkirche* an, die Awang (gest. 1250), ein Sohn des Iwane Sakarjan, errichten ließ. Es handelt sich um ein Kreuzgewölbe, das durch Tageslicht aus der zentralen Stalaktitenkuppel erleuchtet wird. Dahinter liegt ein Raum, dem eine seit alters her als wundertätig und heilig verehrte Quelle entspringt – wohl auch der Ursprung der religiösen Kulte in und um Gerard. Die zweite Felsenkirche erreicht man über den Nordausgang des Gawits. Man gelangt zunächst in einen *Schamatun*, der der Fürstenfamilie Proschjan als Grabstätte diente, die Mitte des 13. Jh. die Sakarjan in ihrer Herrschaft über dieses Gebiet Nordarmeniens ablöste. Die Sarkophage befanden sich vermutlich in der doppelbögigen Nordnische des Raumes, den nur ein schmales Seitenfenster erhellt. In den Fels über der Sargnische wurde eine Ehrfurcht gebietende Darstellung mit den Sinnbildern der Macht und Unterwerfung gemeißelt (vermutlich das Familienwappen der Proschjan): Ein Adler hält ein Lamm in seinen Klauen, darunter ein Paar Löwen in Ketten, in der Mitte ein Stierkopf. Die

Wände dieses Schamatuns sowie der angrenzenden, 1283 von den Proschjan vollendeten Felsenkirche sind mit Kreuzsteinen, pflanzlichen Motiven, mythologischen Tieren (darunter Seelenvögel), den Gestalten der Apostel Thaddeus und Bartholomäus u. a. geschmückt.

Den zweiten, höhergelegenen *Schamatun* (1288) erreicht man nur von außen über eine Galerie. Sie führt an direkt in den Felsen gemeißelten Kreuzsteinen vorbei. Auch hier traten Angehörige der Proschjan als Stifter auf. Vier freistehende Pfeiler tragen die Kuppel dieser Halle. Einige der Kreuzsteine an den Wänden sind gemalt statt gemeißelt.

Die gesamte Felsenanlage wurde in nur 40 Jahren errichtet. Zahlreiche Kerzen erhellen und erwärmen das kühlfeuchte Halbdunkel. Die Akustik in den Felsenräumen ist hervorragend und verlockt manche Besucher zu Gesangsproben. Man sollte dabei allerdings nicht vergessen, daß Gerard bis heute ein geistliches Zentrum Sowjetarmeniens ist, u. a. auch Sommerresidenz des Katholikos. Besonders im Sommer trifft man hier auf zahlreiche Wallfahrer, die ihre frommen Zwecke meist mit Vergnügungen zu verbinden wissen. Oft dröhnt die Schlucht

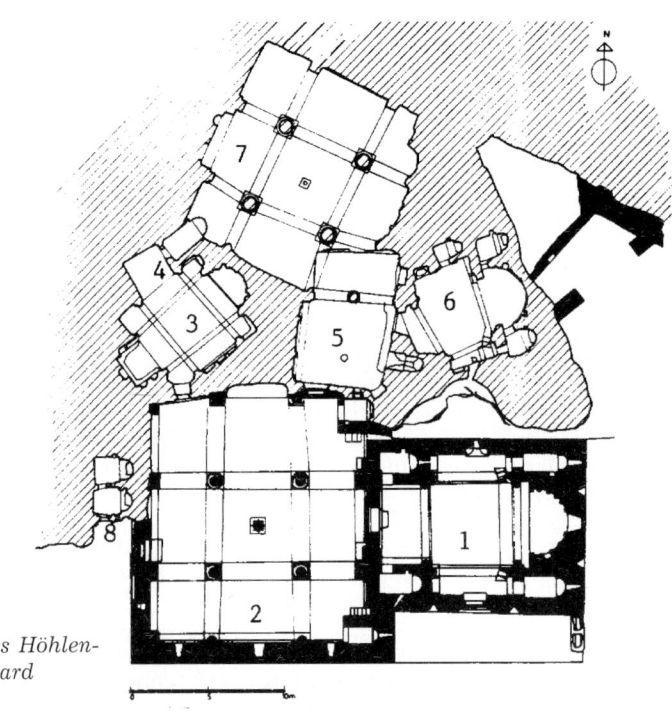

Grundriß des Höhlenklosters Gerard (Ausschnitt)

vom wilden Trommelwirbel und dem grellen Klang der Surna, weil sich eine Hochzeits- oder Taufgemeinde unterhalb der Klostermauern niederließ, wo am rauschenden Gort zahlreiche Picknickplätze locken. Die Büsche und Weidenbäume biegen sich dort unter der Last bunter Stofflumpen aus der Ober- und Unterwäsche der Pilger: Der Glaube an Übertragungsmagie ist auch in Armenien noch lebendig; man hofft, daß die eigenen Leiden in die »heiligen« Bäume und Sträucher neben den Wallfahrtsplätzen fahren. Tatsächlich überlebt hier die alte, gemeinsam mit dem Wasser- und Fruchtbarkeitskult auftretende Baumverehrung.

Einige Kilometer oberhalb Gerards stößt man im *Asat-Tal* auf den bronzezeitlichen Ausdruck des Wasser- und Fruchtbarkeitskultes: die monolithischen, fisch- oder widderköpfigen Basalt-Wischapner (»Drachen«), die man einzeln oder in Gruppen zum magischen Schutz von Quellen oder Bächen errichtete. Die an solchen Quellen besonders üppig wachsenden Bäume und Sträucher wurden und werden, wie in Gerard, noch immer verehrt. **Wischapner**

Auch das bei allen vorderasiatischen Kulturen praktizierte Tieropfer erfreut sich im christlichen (und sogar sozialistischen) Armenien großer Beliebtheit. Irgendwann in grauer Vorzeit löste das Tier die Menschenopfer ab – man denke an den alttestamentarischen Sündenbock. In Armenien heißt das tierische Dank- oder Bittopfer *Matar*. Es umfaßt, je nach Geldbeutel, jedes Tier vom Stier bis zum Huhn, doch kommt in der Regel ein Hammel unters Messer. Prächtig mit bunten Bändern geschmückt, vielleicht sogar die Hörner mit Staniolpapier umwickelt, führt man den Todeskandidaten zusammen mit dem Opfernden zur Segnungsstätte. In Gerard ist das der Kreuzstein vor dem Südeingang der Katorike. Der Opfernde schneidet nun dem Tier ins Ohrläppchen, und mit dem hervorquellenden Blut streicht ihm der Priester ein Kreuz auf die Stirn. Danach erst zerrt man den Hammel zur Schlachtbank, die sich in Gerard östlich außerhalb der Klostermauern befindet: So weit wie möglich bleibe das unausrottbare »Heidentum« vor der Tür. Der Hammel wird nun geschächtet und gekocht (nie gebraten!). Die ursprüngliche Sitte verlangte eine Verteilung des Fleisches an die Vorüberkommenden und Armen, doch heute, wo Freunde und Verwandte den Opferbringer begleiten, bleibt nichts dem Zufall überlassen: Gemeinsam verspeist die Festgesellschaft das Tier. **Tieropfer**

Wer diesen blutigen Aspekt armenischer Wallfahrtsfolklore dennoch kennenlernen will, trete also durch den Osteingang. Schwenkt man nicht rechts zum »Mataranoz« ab, sondern geht man geradeaus, hat man von einer Brücke über den Gort eine

*Die
Schlucht
nahe dem
Kloster
Gerard*

herrliche Gesamtansicht des Klosters. Meidet man den Ort
grundsätzlich und kehrt durch den Westeingang zum Bus zurück, passiert man ein Spalier von Händlern. Sie bieten an:
blaue Glasaugen an Silberkettchen als Amulette gegen den
bösen Blick (für Armenier), billige Nachahmungen der armenischen Hirtenflöte (für Ausländer). Wie geologische Schichten
überlagern sich in Gerard vier Jahrtausende Kultur- und Reli-
gionsgeschichte.

Intourist bietet die Fahrt nach Garni und Gerard als Halb-
tagesausflug an.

Die alte Hauptstadt Dwin

Dwin

30 km südwestlich Jerewans liegen die Ruinen und Ausgrabungsstätten der frühmittelalterlichen armenischen Hauptstadt in der Nähe eines Dorfes, das noch ihren Namen trägt: *Dwin*. Seine Siedlungsgeschichte reicht bis in die Jungsteinzeit (3. Jahrtausend v. Chr.), doch war der Ort nicht durchgehend besiedelt. Erst im 4. Jh. ließ König Chosrow Kotak (»der Kurze«; 332–338) auf dem Hügel von Dwin einen befestigten Palast anlegen, weil ihm das Klima in seiner bisherigen Residenz Artaschat nicht bekam und zudem dieser Stadt Probleme mit der Wasserversorgung drohten, da der Lauf des Flusses Arax immer weiter von ihr wich. Nach der Überlieferung ließ Chosrow außerdem am Südwesthang der Geram-Kette einen heute unter Naturschutz genommenen Wald (*Chosrowi antar*) als Jagdgrund anlegen. Die Einwohner Artaschats folgten bald ihrem Herrscher an den neuen Siedlungsort, der sich allmählich zur Hauptstadt entwickelte. Nach dem Untergang der Arschakiden-Dynastie wurde Dwin 428 das Verwaltungszentrum der iranischen Marspaner und damit zum Schauplatz heftiger Kämpfe zwischen Christentum und Zoroastrismus. Um 450 ließ z. B. der persische Festungskommandant Wndo die Hauptkirche der Stadt in einen Feuertempel umwandeln. Die Freiheits- und Religionskämpfe unter der Führung der Adelsfamilie Mamikonjan sicherten jedoch das Überleben des Christentums in Armenien, das 452 auch durch den Umzug des Katholikos aus Etschmiadsin nach Dwin gestärkt wurde. Bis 971 blieb das Katholikat in Dwin, das somit sechs Jahrhunderte lang das religiöse Zentrum des Landes bildete. Entsprechend wurde im Stadtmittelpunkt neben einer dreischiffigen Kathedrale ein Palast für den Katholikos sowie ein Priesterseminar errichtet.

Geschichte

Die Stadt litt erheblich unter der Araberinvasion: Als die Araber Dwin am 6. 10. 640 eroberten, ermordeten sie 12.000 Armenier, 60.000 mußten in der Armee der Sieger dienen. Doch wenige Jahrzehnte darauf hatte sich Dwin wieder erholt und wurde nun zum Verwaltungszentrum der Wostikaner, der im Dienst des Kalifen stehenden Statthalter. Auch die heftigen Erdbeben von 863 und 893 (70.000 Tote) beeinträchtigten die Entwicklung nur vorübergehend. Mit der Gründung der Bagratiden-Dynastie (862) und der Unabhängigkeit Armeniens vom Kalifat (885) erlebte die für ihre Handwerker und Händler berühmte Stadt eine zweite Blüte. Aber die Konkurrenz mit der neuen armenischen Hauptstadt *Ani*, die auch die Händler und Handwerker aus Dwin anzog, führte ab dem 11. Jh. zum wirtschaftlichen und kulturellen Abstieg Dwins, das in seiner Blütezeit 100.000 Einwohner besessen hatte. Die Verwüstungen durch

Dschalal-ad-din, den Schah von Choresm (1225), und die Mongolen (1236) besiegelten sein Schicksal.

Ebenso wie seine Vorgängerin Artaschat war Dwin für sein Karminrot berühmt, das seine Färber aus den Schildläusen gewannen, die auf bestimmten Pflanzen am Fuße des Ararat lebten. Auch die Silber- und Goldschmiede Dwins standen in hohem Ansehen.

Besichtigung Systematische Ausgrabungen erfolgten erst 1946, bei denen das Stadtzentrum mit dem Palast des Katholikos, die dreischiffige Kuppelbasilika des Hl. Grigor, zwei weitere Kirchen sowie ein internationales Handelszentrum ausgegraben wurden. Als schönster Bau Dwins gilt die *Kathedrale des Hl. Grigor*, die im 4. Jh. anstelle eines bedeutenden vorchristlichen Heiligtums errichtet wurde. 572 von den Persern zerstört, wurde sie 607 wieder aufgebaut, bis sie während des Mongolensturms im 13. Jh. endgültig zugrundeging. Der befestigte *Königspalast* bzw. der Sitz der persischen, später arabischen Statthalter befand sich auf dem Hügel, auf dessen flachen Hängen Übungen und Turniere abgehalten wurden. Die Festung selbst war durch einen Wall und einen Wassergraben geschützt, eine weitere Wehrmauer schützte den Großteil der Stadt. Die Häuser Dwins waren aus Stein gebaut und schön geschmückt, die Wasserversorgung erfolgte über Tonleitungen aus den nahe gelegenen Bergen. Vom Thronsaal der Arschakiden sind nur Ruinen erhalten.

Den besten Überblick über das Grabungsfeld hat man vom *Dwin-Hügel* aus. Wem es an archäologischer Phantasie mangelt, um aus Grundmauern, Fundamenten, einzelnen Säulenbasen oder Kapitellen das Bild einer kulturell und wirtschaftlich blühenden Stadt auferstehen zu lassen, muß sich mit dem genius loci und dem Bewußtsein zufrieden geben, an geschichtlich bedeutender Stätte zu stehen.

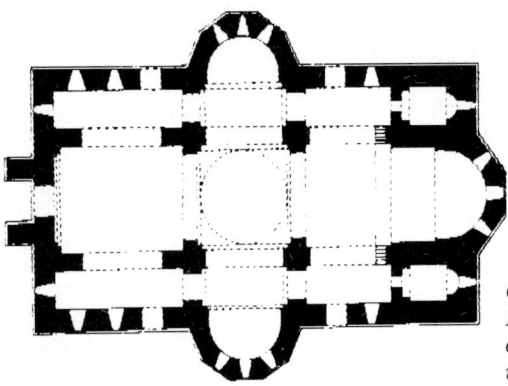

Grundriß der Kathedrale des Hl. Grigor in Dwin

Ein kleines *Museum* am Rande des Ausgrabungsgeländes bietet Fundstücke: Tonröhren, Glas-, Majolika-, Keramik- und Porzellanscherben, Waffen und eiserne Arbeitsgeräte aus der Produktion Dwins. Weitere Fundstücke befinden sich im Historischen Museum von Jerewan.

Museum

Wie gesagt, die Vorgängerhauptstadt *Artaschat* liegt nahe: 10 km südöstlich der heutigen gleichnamigen Kreishauptstadt (ca. 18.000 Einwohner) inmitten einer üppigen Gartenlandschaft aus Pfirsich- und Aprikosenpflanzungen, am Rande des Dorfes *Chor-Wirap*. 179 v. Chr. von König Artasches I. gegründet, wurde die schon dem griechischen Geographen Strabon und dem Historiker Plutarch bekannte Siedlung zweimal von den Römern (58 und 163) zerstört und jedes Mal wiederaufgebaut, bis sie nach den Verwüstungen durch den persischen Herrscher Schahpur (364–368) gänzlich aufgegeben wurde.

Artaschat

Das Sjunik-Gebiet

Unweit der ehemaligen Hauptstadt Artaschat liegt das Kloster *Chor Wirap* (»Tiefe Grube«). Dem altarmenischen Chronisten Agathangelos zufolge befand sich hier bis in die Arschakidenzeit hinein ein Staatsgefängnis, in das u. a. der heilige Erleuchter Armeniens, Grigor, geworfen wurde. Ein erster Kirchbau wurde 641–666 unter Katholikos Nerses III. errichtet, die heutige Klosteranlage stammt von 1661; sie besteht aus einem *Zentralbau* und einer kleinen *Hallenkirche* mit Tonnengewölbe und Gurtrippen über der überlieferten Stätte jener 11 m tiefen Grube, in die der Heilige Grigor gestoßen und durch göttliche Gnade am Leben erhalten wurde. In exponierter Lage auf einem Hügel errichtet, bildet Chor Wirap ein anschauliches Beispiel für die Bautätigkeit des 17. Jh., als während einer relativ ruhigen Periode nicht nur zahlreiche alte Kirchen restauriert wurden, sondern sogar neue Bauten entstanden. Als Wallfahrtsort genießt Chor Wirap bei den Armeniern bis heute große Verehrung. Von dort hat man eine besonders gute Sicht auf die Ebene wie auch auf den Ararat. Da sich das Kloster in unmittelbarer Nähe der Staatsgrenze zur Türkei befindet, ist für die Besichtigung eine Sondererlaubnis erforderlich, die man allerdings unbürokratisch über Intourist Jerewan erhält. Unbedingt Fotografierverbote beachten!

Setzt man die Fahrt in südöstlicher Richtung fort, gelangt man in die Bezirkshauptstadt *Jeregnadsor* in der historischen Provinz *Sjunik*. Dort, in der wilden, kargen Felsenlandschaft des Wajoz Dsor, am Südhang der Wardenis-Kette, liegen zwei der kultur-

Kloster Chor Wirap

geschichtlich bedeutendsten Klöster der Region: *Norawank* und *Gladsor*; sie wurden erst unlängst, anläßlich der 700-Jahr-Feier der Klosterakademie Gladsor im Jahre 1982, in das Programm von Intourist aufgenommen.

Kloster Norawank

Geschichte

Die erste Kirche auf dem späteren Klostergelände stammt aus dem Zeitraum zwischen 800 und 900; eine Mönchsgemeinschaft entstand erst ab 1105. Die Klostergeschichte verbindet sich eng mit einer der einflußreichsten und bedeutendsten Adelsfamilien von Sjunik, den Orbeljan. Prinzen dieser Familie waren es auch, die die drei noch erhaltenen Kirchen des Klosters, einen großen Gawit vor der Hauptkirche sowie eine Mausoleumskirche errichten ließen.

Stepanos Orbeljan (gest. 1303), der 1281 zum Metropoliten von Sjunik geweiht wurde und in Norawank beigesetzt ist, gilt als eine der geistig und politisch hervorragendsten Persönlichkeiten im damaligen Armenien. Sein berühmtes Werk »Geschichte der Provinz Sjunik« vollendete er 1299. Auch der legendäre Baumeister, Steinmetz und Maler Momik (geb. um 1260) fand hier seine letzte Ruhestätte. Ferner wirkte in Norawank Mitte des 13. Jh. der bedeutende Baumeister Siranes. Bereits seit 1170 wurde Norawank, »das neue Kloster«, Bischofssitz. Das Kloster war schon damals reich und besaß zwei Festungen sowie zwölf Dörfer. Spätere Eroberer haben es nicht nur verschont, sondern ihm Steuerfreiheit und andere Privilegien gewährt. So ordnete zum Beispiel der persische Schah Fatali 1813 an, daß die Einkünfte des benachbarten Dorfes Amaru zum Erhalt des Klosters zu verwenden seien und unterstellte es der Leitung von Petros Bek Orbeljan. Doch schon wenig später, 1840, beschädigte ein heftiges Erdbeben das Kloster, das für immer aufgegeben wurde. Erst in sowjetischer Zeit, 1948/49 und 1982/83, fanden Restaurationsarbeiten statt.

Besichtigung

Ähnlich wie in Ketscharis sind die Kirchbauten Norawanks in der Nord-Süd-Achse ausgerichtet. Nur die älteste Kirche, ein einfacher Hallenbau mit hufeisenförmiger Apsis, liegt abseits im Süden. Die dem Hl. Karapet (Johannes) geweihte *Hauptkirche* (1211–1228) gilt als typischer Bau des Spätmittelalters mit acht kleinen Seitenkapellen in zwei Geschossen. Die nicht erhaltene Kuppel war vermutlich als Schirmdach ausgeführt. 1261 errichtete Prinz Smbat Orbeljan anstelle eines etwas älteren Vorgängerbaus (1223–1261) eine große Vorhalle mit einem schönen Stalaktitenornament in der Zentralöffnung. An die Hauptkirche schließt nördlich unmittelbar die *Kirche des Hl. Erleuchters Grigor* (1275) an, eine vermutlich als Grabbau bestimmte Hallenkirche.

Grabkirche

Der vollendetste und berühmteste Bau des Klosters befindet sich südöstlich dieser Anlage. Es handelt sich um eine zweigeschossige, der Hl. Gottesmutter geweihte *Grabkirche* (1339), die eine weitere Kapelle im oberen Stockwerk besitzt, das man im Westen über eine doppelseitige Außentreppe auf Konsolen erreicht: Solche mehrgeschossigen Grabeskirchen, deren Prototypen in Palästina und Syrien stehen, »sind offenkundig ›Symbole des Lebens‹, was angesichts der Typologie einer Grabkapelle wirklich nicht erstaunt (man vergegenwärtige sich die ständige Assoziation des Lebens mit dem Tode im armenischen Denken, das den Tod als Ausgangspunkt des Lebens ansieht). (...) Ob als Nachhall des Zikkurats oder Golgathas, es scheint hier eine offenkundige Spannung von unten nach oben vorzuliegen, von der Erde zum Himmel ...« (Adriano Alpago Novello: Amaghu Norawank. In: Amaghu Norawank. Milano, 1985, S. 14. [Documenti di Architettura Armena. Bd. 14]). Wie die meisten »heiligen Stufen« sind auch diese Schwebestufen recht mühsam zu erklimmen. Die Kirche ist an allen vier Fassaden mit großen, zentralen Kreuzen geschmückt, der Türbogen des Erdgeschosses mit einer Reliefplatte, die eine Gottesmutter mit Kind vom Typus der Panachrantos zwischen den beiden Erzengeln darstellt. Der Türbogen des Obergeschosses zeigt Christus in segnender Gebärde zwischen den Aposteln Petrus und Paulus. Der reiche, aber nicht überfrachtete Baudekor, die klare Frontengliederung sowie die sehr symbolhaltige Westfassade mit ihrer symmetrischen Treppenführung verleihen der Muttergotteskirche eine atemberaubende, geheimnisvolle und über die Jahrhunderte unvermindert wirksame Schönheit.

Das Muttergottesmotiv wiederholt sich auch im Türbogen des *Gawits*, freilich mit anderem Akzent und von weicherer Linienführung nach dem byzantinischen Muster der Hodegetria; von den beiden Prophetenköpfen, die dem Pflanzengerank neben der Gottesmutter entwachsen, wird der rechte durch die Inschrift als Jesajah ausgewiesen. Im Fenstergiebel darüber ist die Erschaffung Adams dargestellt: Gottvater haucht seinem Kopf den Lebensodem ein (in Gestalt einer Taube, die sich aber auch westkirchlich als Heiliger Geist deuten läßt); links davon die Kreuzigung Christi.

Außerhalb der Klostermauern befinden sich zwei weitere *Grabkapellen*.

Gawit

Höhere (akademische) Bildung konnte seit dem 10./11. Jh. an armenischen Klöstern erworben werden. *Gladsor*, das man als das »neue Athen« pries, zählte neben Tatew (Sangesur) und Sanahin zu den bedeutendsten geistlichen Zentren des hochmittelalterlichen Geisteslebens in Ostarmenien, ging aber im 14. Jh. zugunsten seines erfolgreicheren Konkurrenten Tatew ein. Seine durch Nerses von Musch gegründete und von Jessai Ntschezi geleitete Akademie bestand bis 1340. Sie besaß eigene Regeln, die u. a. die Verteidigung von Dissertationen sowie die

Kloster Gladsor

akademischen Grade betrafen. Wie in Westeuropa lehrte man außer Theologie und Philosophie auch die antiken »sieben freien Künste« (Grammatik, Rhetorik, Logik, Mathematik, Geometrie, Astronomie und Musik) und außerdem Buchkunde, Kalligraphie und Illumination, Geschichte, Architektur und Kalenderkunde. Ein Schwerpunkt des Unterrichts lag auf der Philosophie, wobei sowohl Primär-, als auch Sekundärtexte gelehrt wurden. Die Ausbildung endete mit einer schriftlichen Abschlußarbeit. Der erfolgreiche Absolvent erhielt ein Zeugnis sowie den »Wardapetjan-Stab«, der ihm Lehrrecht gab. Die Akademie von Gladsor war ferner ein Zentrum des Abwehrkampfes gegen katholische Unionsversuche.

Während der verhältnismäßig kurzen Dauer von 60 Jahren, in denen die Akademie bestand, blühte auch das *Skriptorium* von Gladsor. In Gladsor, das damals unter dem Patronat der machtvollen Adelsfamilie Proschjan stand, erhielt u. a. der aus Norawank bereits bekannte Momik seine Ausbildung. Weitere berühmte Vertreter der Gladsor-Schule waren die Miniaturmaler Toros Taronezi und Awag. Der Stil dieser Schule zeichnete sich durch eine Verschmelzung örtlicher Maltraditionen mit der höfisch-akademischen Richtung von Kilikien aus.

An Bausubstanz blieben die *Hauptkirche* des Klosters mit einer Schirmkuppel vom Typus Hamberd oder Marmaschen (13. Jh.) sowie alte *Grab-* und *Kreuzsteine* erhalten. Ein kleines *Museum* informiert über die Geschichte des Klosters und die Tätigkeit seiner Akademie.

Intourist bietet die Fahrt nach Gladsor und Norawank über Chor Wirap als Ganztagesprogramm (eine Strecke 90 km) an.

Kloster Tatew

Sangesur heißt die teilweise wild zerklüftete Gebirgsregion im Südosten des heutigen Sowjetarmeniens. Das Kloster *Tatew* bildete nicht nur das bedeutendste kirchliche und kulturelle Zentrum der historischen südostarmenischen Provinz Sjunik, sondern ganz Ostarmeniens. Es thront auf einem senkrecht abfallenden Felsplateau rechts des Gebirgsflusses Worotan und liegt 18 km vom Kreiszentrum *Goris* entfernt. Von Jerewan aus wird Tatew entweder mit Kleinflugzeugen (bis Goris) oder mit dem Bus besucht.

Geschichte

Die Geschichte des Klosters ist wechselhaft wie die der ganzen Region. Bereits im 4. Jh. gegründet, wurde Tatew Ende des 8. Jh. Bischofssitz von Sjunik und erreichte dank Schenkungen und Aufkäufen bald eine solche Macht – dem Kloster gehörten damals 47 Dörfer, und 677 weitere mußten ihm den Zehnten entrichten –, daß Bischof Hakob sich 940–950 von der armenischen Kirche unabhängig zu machen versuchte. Ihn traf der

Bannfluch des Katholikos; der damit verbundene Autoritäts-
verlust führte zum Abfall einiger Sprengel, die sich zu eigenständigen Bistümern erklärten. Im Jahre 1003 wehrten sich die
Bauern von Dschuraberd gegen die wiederhergestellte Allge-
walt des Klosters und ermordeten im Verlauf ihres Aufstands
sogar den Tatewer Bischof, den dann der damalige König von
Sjunik grausam an den Aufständischen rächte: Er macht den
Ort des Widerstands dem Erdboden gleich.

Mitte des 11. Jh. lebten annähernd 1.000 Mönche in Tatew, und
zahlreiche Handwerker waren in den Klosterwerkstätten tätig.
Das Erdbeben von 1136 sowie die Plünderung durch die Seldschuken 1170 setzten dem Kloster hart zu, doch war der Wie-

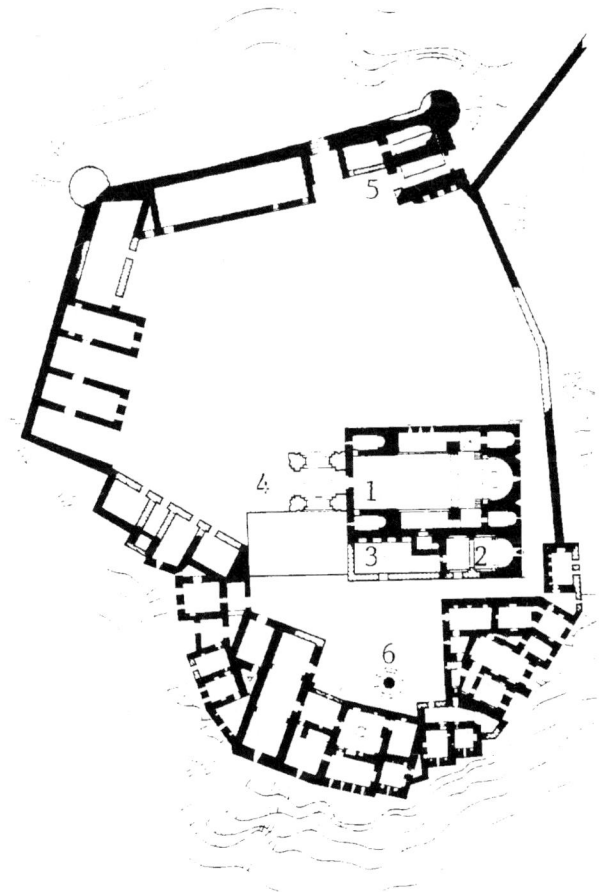

*Gesamtplan des
Klosters Tates*

1 Peter- und Paul-
  Kirche (895–906)
2 Kirche des Hl.
  Grigor (1295)
3 Galerie (1043
  und 1605)
4 Glockenturm
  (1896–1902)
5 Muttergotteskir-
  che (1087) über
  dem Klosterein-
  gang
6 Gawassan-Säule
  (906)

deraufbau seiner Kirchen bis zum Ende des 12. Jh. abgeschlossen. Wenig später verlegte allerdings Bischof Sarkis die Bischofsresidenz nach Norawank, das mit Tatew zu konkurrieren begann, seitdem Tatew durch den Seldschukenüberfall von 1170 geschwächt worden war. Während der Mongolenherrschaft genoß Tatew Steuerfreiheit, und die anhaltende Förderung durch die Fürstenfamilie Orbeljan, die zugleich auch Norawank ihre Gunst erwies, führte das Kloster ab Mitte des 13. Jh. zu erneuter wirtschaftlicher Blüte. Zur Amtszeit von Bischof Stepanos Orbeljan (1286–1303) wurden die verschiedenen Bistümer Sjuniks wieder unter der Führung Ta-tews vereint. Am Ende des 13. Jh. bildete das Kloster das Zentrum des armenischen Kirchenwiderstandes gegen die Missionstätigkeit der katholischen »Fratres Unitores«, die auf eine Union mit Rom hinarbeiteten.

Im 14. Jh. erreichte das Geistesleben in Tatew seine große Glanzzeit: Nach der Schließung der Akademie von Gladsor (1340) ließ sich Howhan Worotnezi (gest. 1386) in Tatew nieder und begründete dort ein neues akademisches Zentrum Sjuniks, das in der direkten Nachfolge Gladsors stand. Die bis 1410 als Akademie, danach noch bis 1435 als Schule tätige höhere Lehranstalt von Tatew besaß drei Fakultäten für humanistische und gesellschaftswissenschaftliche Fächer (Philosophie, Redekunst, Grammatik, Poetik, Pädagogik, Armenisch, Literatur, Geschichte), Buchkunst (Kalligraphie, Buchgestaltung, Illumination, Wandmalerei) sowie Musik (einschließlich Musiktheorie). Der Nachfolger Worotnezis, sein Schüler Grigor Tatewazi, baute insbesondere das Lehrangebot für Buchkunst aus und verfaßte selbst einige Werke. Die Studentenzahlen schwankten zwischen 150 und 300, das Studium dauerte sieben bis acht Jahre. Auch die eng mit der Akademietätigkeit verbundene Miniaturschule von Tatew, die etwa 50 Jahre bestand, setzte die Gladsorer fort. An illuminierten Handschriften sind freilich nur zwei Werke vollständig erhalten geblieben; sie veranschaulichen die hohe künstlerische Qualität der Tatewer Schule.

Während des Feldzuges von Tamerlan (1381–1387) und seines Nachfolgers Schahruch (1434) wurde Tatew ein weiteres Mal geplündert, niedergebrannt und verlor den Großteil seiner Ländereien. Erst in der zweiten Hälfte des 17. Jh. sowie Anfang des 18. Jh. kam es zu einer recht beachtlichen Nachblüte. 264 Dörfer zahlten damals dem Kloster Steuern, so daß außer der Wiederherstellung alter Gebäude auch Neubauten ausgeführt werden konnten. 1796 erfolgte dann unter dem persischen Kadscharenherrscher Agha Mohammad Chan die letzte Plünderung des Klosters; 1828 wurde es nach der russischen Eroberung Ostarmeniens wiederhergestellt.

Innerhalb der mächtigen Wehrmauern besitzt die heutige Klosteranlage drei Kirchen, eine Bibliothek (Matenadaran), ein Refektorium, einen Glockenturm, Wirtschafts- und Nebengebäude sowie eine Gruft. Das älteste und größte Bauwerk bildet die im Auftrag von Bischof Howhannes III. errichtete *Peter- und Paul-Kirche* (895–906), ein unmantelter Kreuzkuppelbau mit zwei östlichen Kuppelpfeilern aus Basaltsteinen. Dieser Bautypus ist einmalig in Armenien. Die 1274 restaurierte Kuppel wurde durch das Erdbeben von 1931 erneut zerstört. 930 erfolgte die Ausmalung dieser Kirche im Auftrag des Metropoliten Hakob I. »unter ungeheuren Ausgaben« durch Künstler einer westlichen (deutschen?) nachkarolingischen Schule (an der Nordwand: Jüngstes Gericht, Geburt Christi, Bad des Kindes; in der Apsis Propheten und Heilige).

An die Südwand der Kirche wurde 1043 ein Saal mit Tonnengewölbe angebaut, der ebenfalls dem Erdbeben von 1931 zum Opfer fiel. 1087 entstand über dem Klostereingang die zweigeschossige *Kirche der Hl. Gottesmutter.* 1295 ersetzte der Sjuniker Metropolit Stepanos Orbeljan die zuvor bei einem Erdbeben zerstörte Kirche des Hl. Grigor (848) durch eine ebenfalls dem »Erleuchter Armeniens« geweihte Kirche; ihr Baumeister soll der berühmte Momik gewesen sein. Im Spätmittelalter wurde der Peter- und Paul-Kirche westlich ein Gawit mit einem Glockenturm vorgesetzt, die aber an der Wende zum 20. Jh. abgerissen und durch einen neuen Glockenturm ersetzt wurde. Am Südeingang errichtete man 1787 eine *Grabkapelle* für den gelehrten Akademieleiter Grigor Tatewazi .

Zu den merkwürdigsten Bauten zählt die bewegliche, »wakkelnde« achteckige und 6 m hohe Gedenksäule *Gawassan* (»Katholikos-Stab«; Anfang 10. Jh.). Ihr geheimnisvoller Mechanismus ließ sie nicht nur sämtliche Erdbeben unbeschadet überdauern, sondern beeindruckte einst arabische Eroberer des Klosters so stark, daß sie von einer Plünderung absahen.

Außerhalb der Wehrmauern liegen *Wohn-* und *Wirtschaftsgebäude* aus dem 18. Jh.; am interessantesten ist die von Erzbischof Howakim errichtete *Ölpresse*, ein aus grob geschliffenen Basaltsteinen ausgeführter vierräumiger, überkuppelter Bau mit einem Röstofen, der als besterhaltener seiner Art gilt.

In dem gleichnamigen Dorf *Tatew* befinden sich zahlreiche weitere Baudenkmäler.

1988 erhielt die armenisch-apostolische Kirche die Genehmigung, das Kloster Tatew wieder zu weihen und zu einem spirituellen Zentrum Südostarmeniens zu machen.

Von Sewan nach Tbilissi

Semjonowka
Dilidschan

Diese Fahrt von 225 km direkter Länge läßt sich gut als Ganztagesprogramm unternehmen. Von Sewan aus führt die alte
Nord-Süd-Magistrale zum Sewan-Paß (2.141 m) durch eine
Landschaft alpiner Almen, die im Winter ein beliebtes Skige-
biet darstellen. Man passiert das Dorf *Semjonowka*, wo man
sich nach Altrußland versetzt glaubt: weißgekalkte Häuschen
mit geschnitzten Fensterumrahmungen und Holzveranden, alte
Männer mit Schaftstiefeln, Schirmmützen und patriarchali-
schen Vollbärten, semmelblonde, blauäugige Kinder, Mädchen
und Frauen mit züchtigen Kopftüchern. Rote Stoffetzen an den
Häusern signalisieren heiratsfähige junge Mädchen. Semjonowka ist ein Molokanerdorf.

Geschichte

In den vierziger Jahren des 19. Jh. befahl Zar Nikolaj I. die
Zwangsumsiedlung von Angehörigen altgläubiger Sekten aus
Zentralrußland an die »Ränder« des damaligen Russischen
Reiches. Die altgläubigen Sekten Rußlands sind auf die Mitte
des 17. Jh. zurückzuführen, als Kirchenreformen unter dem
Patriarchen Nikon zur Spaltung *(raskol)* der Gläubigen führten. 1875 schätzte man die Zahl der Altgläubigen auf 11 Millionen. Bei den nach Armenien und Georgien umgesiedelten Russen
aus den ehemaligen Gouvernements Saratow, Tambow und
Stawropol handelte es sich vor allem um die Sekten der *Molokaner*
(von russ.: *moloko* – »Milch«) und *Duchoborzy* (»Geistkämp-
fer«), die im 18. Jh. als Ausdruck des religiösen Bauernprotestes
entstanden waren. Sie wählten sich die kühlsten, hochgelege-
nen Regionen für ihre Siedlungen (Sewan-Paß sowie die Dörfer
Lermontowo, Fioletowo u. a. auf der Strecke Kirowakan–Dilidschan), in denen sie nach ihren sittenstrengen Regeln eines
priesterlosen, fundamentalistischen und judaisierenden Christentums leben: ohne Bilderverehrung, Sakramente und die
Bibel, doch in Kommunen und strikter Gewaltlosigkeit. Die
Bezeichnung ihrer Sekte leitet sich von den Milchspeisen ab,
die sie in der Fastenzeit genießen.

Das Dorf trägt heute den Namen General Semjonows, der den
Bau der für Rußland strategisch wie wirtschaftlich lebensnot-
wendigen Sewan-Paßstraße in den dreißiger Jahren des 19. Jh.,
also unmittelbar nach dem Anschluß Ostarmeniens, leitete. In
etwa 30 Serpentinen windet sich die Paßstraße durch ein dichtes Mischwaldgebiet bis zum Kurort *Dilidschan* (ca. 20.000
Einwohner) auf der Sohle des tiefeingeschnittenen, breiten
Agstew-Tales. Die Baumgrenze liegt bei etwa 1.900 m. Die
mächtigen Fichten unterhalb der Baumgrenze sterben aller-

dings seit einigen Jahren ab – Folge mehrerer extrem kalter Winter, sagen die einen, Folgen der Umweltverschmutzung die anderen.

Zutiefst beeindruckend ist der Blick von der Paßstraße auf das Panorama des Kleinen Kaukasus. Etwa auf halber Höhe der Paßstraße liegt der Eingang zum Autobahntunnel, der künfig eine schnellere Verbindung zur Kleinstadt Sewan ermöglichen soll. Sehenswert

Ab Dilidschan verläuft die Straße nordöstlich durch das *Agstew-Tal*, das, anfangs enger und dichter bewaldet, sich allmählich weitet und intensiv landwirtschaftlich genutzt wird (Obst-, Wein-, etwas Tabakanbau, Mais und Weizen). Zum wirtschaftlich-politischen Verbund des Mittelalters gehörten nicht nur die unmittelbar im Tal gelegenen Siedlungen, sondern auch die Klöster, Dörfer und Festungen in den geschützten Seitentälern. Die beiden bedeutenden Klosteranlagen *Hararzin* und *Goschawank (Nor Getik)* sind im Besichtungsprogramm von Intourist enthalten. Agstew-Tal

Das Kloster (18 km von Dilidschan entfernt) liegt auf einer Höhe von 1.650 m sehr malerisch am Ende des Tals des Hararzin-Flüßchens inmitten von Buchenwäldern, gegen die sich seine roten Ziegeldächer von weitem abheben. Das letzte Wegstück (etwa 10 Min.) ist für große Busse gesperrt. **Kloster Hararzin**

Außerhalb des Klosters erblickt man zunächst eine kleine *Kapelle* (13. Jh.) mit einem Kreuzstein; ungewöhnlich ist die Komposition des Kreuzes auf einem jüdischen Davidstern, die Einheit von altem und neuem Bund betonend.

Das Gründungsdatum des Klosters ist nicht überliefert. An der Stelle eines vorchristlichen Tempels entstand vermutlich im 10. Jh. die *Kirche des Hl. Grigor (Lussaworitsch),* die laut Inschrift 1181 durch den Abt von Hararzin und bekannten Musiker Chatschatur Taronezi restauriert wurde. Um die Wende vom 12. zum 13. Jh. ließen die Brüder Iwane und Sakare Sakarjan westlich eine geräumige Vorhalle mit schönem Ornamentschmuck in den Deckenplatten der Eckräume errichten, darunter auch die Porträts der beiden Baumeister in der Nordwestecke. An der Südwand der Vorhalle befindet sich die Ruine einer einschiffigen, mit zwei Apsiden versehenen Grabkapelle (12./13. Jh.) der Adelsfamilie Klurikjan (Nebenlinie der Bagratiden); sie barg drei Grabstätten, darunter die des Bagratidenkönigs Smbat II. (977–989). Kirche des Hl. Grigor

Nördlich der Lussaworitsch-Kirche erhebt sich eine Kapelle (1194) mit Tonnengewölbe, die merkwürdigerweise Katorike (Hauptkirche) genannt wurde, obwohl sie der kleinste Kirchbau des gesamten Klosters ist. Ihr gegenüber liegt die eigentliche, der Hl. Gottesmutter (*Surb Astwazazin*) geweihte *Haupt-* Muttergottes-kirche

kirche; 1071 errichtet, wurde sie von den Seldschuken zerstört und 1281 unter Abt Howhannes wiederhergestellt. Der mit einem schönen Sternornament geschmückte Kreuzstein am Südeingang stammt aus derselben Zeit. Die Muttergotteskirche zeichnet sich durch reichen Baudekor aus. Das Stifterporträt in der Ostfassade zeigt zwei Bischöfe mit Bischofsstäben unter einem Adler als Symbol des Heiligen Geistes, womit möglicherweise auch auf den Namen des Ortes – *Hararzin* (»Adlerspiel«) – hingedeutet wird. Eine andere Deutung sieht in diesem Porträt das Symbol für die ökumenische Annäherung zwischen der georgischen und armenischen Kirche zur Zeit des georgischen Großreichs; möglicherweise gehörte Hararzin vorübergehend sogar zu jenen armenischen Klöstern, die sich der chalcedonensischen (dyophysitischen) Richtung angeschlossen hatten. Ein gewaltiger, fünfhundertjähriger Walnußbaum im Osten der Muttergotteskirche grünt noch immer und ist Gegenstand frommer Verehrung.

Mutter-gottes-kirche im Kloster Hararzin

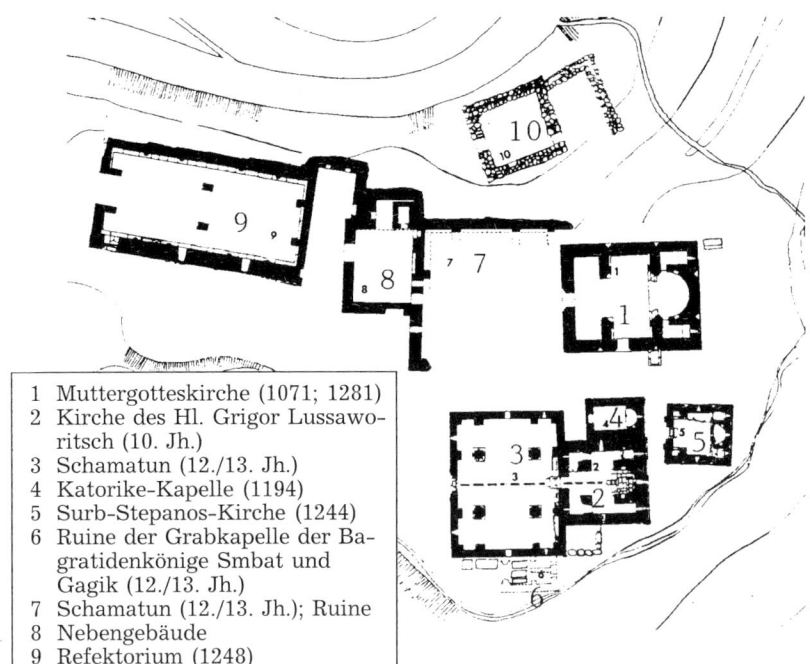

Klosteranlage Hararzin

Östlich der Lussaworitsch-Kirche und der kleinen Katorike-Kapelle befindet sich die 1244 geweihte, anmutige *Surb Stepanos-Kirche*, die einer lokalen Fürstenfamilie diente; u. a. wurden hier Trauungen vollzogen. Die beiden Nischen neben dem Altar enthielten Stehpulte für Mönche und sind mit dem kostbaren Karminrot verziert. Surb Stepanos-kirche

Die westlich der Muttergotteskirche anschließende *Vorhalle* (12./13. Jh.) liegt in Ruinen. Weiter westlich befanden sich verschiedene Wirtschaftsgebäude, darunter eine Bäckerei (bis zum 13. Jh.), die unlängst mit viel Liebe zum Detail hergerichtet wurde und verschiedene Arbeitsgeräte des Feldbaus und der Brotherstellung zeigt. Es folgt der kunstgeschichtlich wichtigste Bau des Kloster, das große *Refektorium* (1248) mit einem Kreuzgewölbe aus Bandrippen. Eine Dreibogenarkade unterteilt es in zwei rechteckige Hallen, die durch jeweils eine achteckige Lukarne und ein Fenster in der Südfassade erhellt werden. Die eine Öffnung ist mit Stalaktitenornamenten, die andere mit einem Fächerdekor geschmückt. Als Baumeister ist u. a. der berühmte Minas überliefert. Refektorium

173

Das dominierende Baumaterial des Klosters ist ein poröser, gelblicher Stein, der 11 km von Hararzin entfernt gebrochen wurde. Er unterstreicht die Geschlossenheit und Harmonie der Anlage. In kulturgeschichtlicher Hinsicht ist Hararzin vor allem durch seine Gesangs- und Musikschule hervorgetreten, die der bereits erwähnte Abt Chatschatur Taronezi im späten 12. Jh. gründete. Das Kloster besaß ferner ein Skriptorium. Im 18. Jh. infolge der Invasionen des iranischen Herrschers Agha Mohammad aufgegeben, kam es nach 1862 zu einer Wiederaufnahme des Klosterlebens.

Kloster Goschawank

Man biegt rechts, bei der Abzweigung nach Krasnosselsk, von der Hauptstraße ab. Das Kloster liegt am Osthang des waldreichen Tandsut-Tales am Rande des Dorfes *Goschawank*, 24 km hinter Dilidschan. Seine Gründung und sein Ausbau verbinden sich mit dem Mönch Mchitar (1130–1213) mit dem Beinamen »Gosch« (»Mann mit spärlichem Bartwuchs«), der als Philosoph, Fabeldichter, Rechtsgelehrter und Baumeister zu den vielseitigsten und bedeutendsten Persönlichkeiten des mittelalterlichen Armeniens zählt. Mchitars Wissensdurst muß groß gewesen sein: Da man im mittelalterlichen Armenien nur in den Klöstern höhere (»akademische«) Bildung erwerben konnte, wurde er Mönch und verbarg sogar seinen Abschluß, um weiterstudieren zu können. Ende des 12. Jh. wurde Mchitar beauftragt, den ersten (und einzigen) armenischen Straf- und Zivilrechtskodex zu erstellen, der später novelliert und 1265 in Kilikien übernommen wurde. Auf Befehl des polnischen Königs Sigismund II. August (1548–1572) wurde der Kodex ins Lateinische übersetzt und auf alle in Polen lebenden Armenier angewandt. Im 18. Jh. erfolgte auf Befehl des georgischen Königs Wachtang VI. eine weitere Übersetzung ins Georgische sowie eine Übernahme des Kodex für Georgien, wo er auch unter zaristischer Verwaltung noch bis 1864 in Kraft blieb. Auf Mchitar geht die Gründung der Akademie in Goschawank zurück, zu deren bekanntesten Schülern der Historiker Kirakos von Gandsak (das heutige Grandsche in Aserbaidschan) und der von Mchitar geförderte Naturwissenschaftler und Philosoph Wardan Arewelzi (1200–1271) gehörten. Kirakos geriet 1235 zusammen mit seinem Lehrer, dem Historiker Wanakan, in mongolische Gefangenschaft. Beide verdankten ihr Überleben der Kenntnis orientalischer Sprachen, weswegen sie zu Übersetzern und Sekretären gemacht wurden. Kirakos floh jedoch aus der Gefangenschaft in das Kloster Goschawank, wo er sich aktiv am Wiederaufbau beteiligte und 1272 starb. Ein weiterer Beiname Mchitars lautete »hjusn« (Zimmermann) und bezog sich auf seine Bautätigkeit. In einer Inschrift in Goschawank sagt Mchitar über sich: »Ich, Mchitar, der Zimmermann, Mönch und Diener

Geschichte

dieser Kirche, habe von Jugend an bis ins Alter Kirchen gebaut.« Sein Hauptwerk ist das Kloster *Nor Getik*, das nach
seinem Tode (1213) ihm zu Ehren in *Goschawank* umbenannt
wurde.

Die Klostergründung erfolgte 1188 mit dem Bau einer hölzer-
nen, dem Hl. Grigor geweihten Kirche, die jedoch durch ein
Erdbeben zerstört und durch einen der Hl. Gottesmutter geweihten
Kreuzkuppelbau (1191–1196) ersetzt wurde. Mit ihrer festungsartigen Trommel und Kuppel ist diese Kirche der dominierende
Bau des gesamten Klosters. Vier Pfeilerbündel gliedern ihr
Inneres, das bis auf zwei dreieckige Nischen in der Süd- und
Ostwand schmucklos blieb. Der westlich anschließende *Schamatun* (1197) entspricht der üblichen Vier-Pfeiler-Konstruk-
tion mit zentraler Öffnung. Ebenso wie die Hauptkirche sind
hier die Wände mit zahlreichen Inschriften und Kreuzsteinen

Besichtigung

Grundriß des Klosters Goschawank

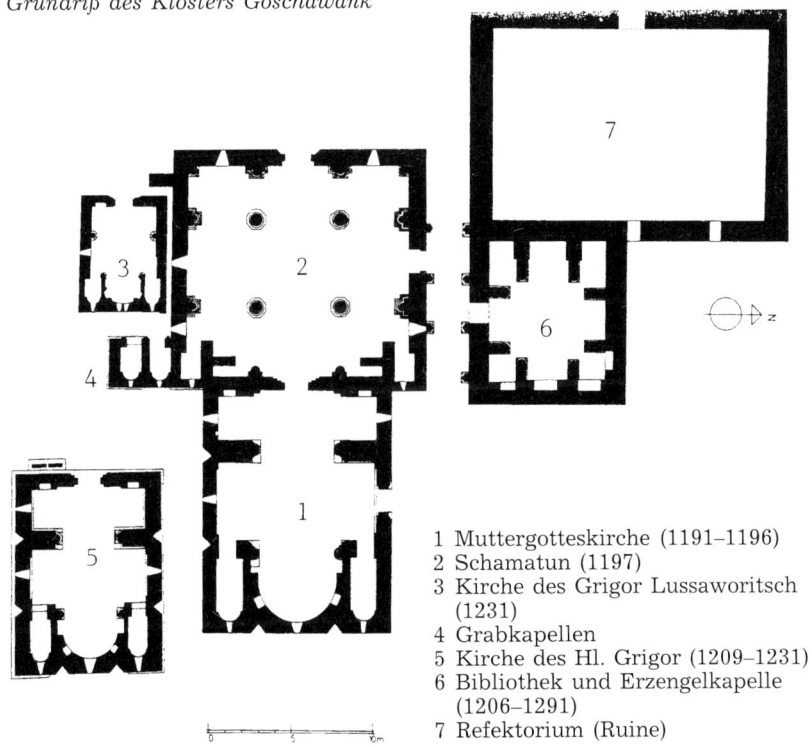

1 Muttergotteskirche (1191–1196)
2 Schamatun (1197)
3 Kirche des Grigor Lussaworitsch
  (1231)
4 Grabkapellen
5 Kirche des Hl. Grigor (1209–1231)
6 Bibliothek und Erzengelkapelle
  (1206–1291)
7 Refektorium (Ruine)

bedeckt. Der Eingang der Vorhalle zeigt wieder die zierlichen Blendbögen und Pfeilerbündel; letztere sind uns aus der Gotik vertraut, in Armenien treten sie aber schon im 10./11. Jh. auf. In Goschawank stellen die Pfeilerbündel ein wichtiges Merkmal des örtlichen Baustils dar. Südlich erhebt sich die *Kirche des Hl. Grigor* (1209–1231), deren Kuppel infolge der Invasion des mittelasiatischen Schah von Choresm, Dschalal-ad-din, unvollendet blieb. Die drei Steinreihen in der Trommel wurden erst während der Restaurationsarbeiten 1958 gesetzt.

Auch die Mongolenherrschaft im 13. Jh. setzte den Klöstern des Agstew-Gebietes hart zu. Goschawank wurde 1236 geplündert und zerstört. Ein wertvolles, von einem Mongolenführer geraubtes Gesangbuch konnte nur durch ein hohes »Lösegeld« zurückerworben werden, das die Bevölkerung und armenische Behörden aufbrachten. In Goschawank geht sogar die Fama, die Mongolen hätten damals die Klosterbibliothek mit 1.500 Handschriften verbrannt.

Bibliothek

Die *Bibliothek* (1206–1291) befand sich im Erdgeschoß eines bemerkenswerten zweigeschossigen Baus nördlich der Muttergotteskirche, der noch von Mchitar begonnen worden war. Im Erdgeschoß ruht die Zentralöffnung auf einem Kreuzgewölbe mit vier Pfeilern. Der zweite Stock birgt eine den Erzengeln Gabriel und Michael geweihte Glockenturmkirche (1291), die mit einer achteckigen Stalaktitenlukarne abschloß. Man erreichte die Kapelle über eine Außentreppe vom Dach des westlichen Refektoriums aus, von dem nur noch Teile der Außenmauern bestehen blieben,

Lussawo-
ritsch-
Kapelle

Der schönste Bau des Klosters ist fraglos die kleine tonnengewölbte, einschiffige und überaus elegante *Lussaworitsch-Saalkapelle* (1237) südlich der Vorhalle der Katorike (Muttergotteskirche). Der reiche Baudekor zeigt Blendbögen auf zierlichen Säulen. Das Fenster in der Ostapside besteht aus einem »romanischen« Doppelbogen auf Bündeln aus Halbpfeilern über Stalaktitendreiecken, die Westfassade zeigt feinste Steinmetzarbeiten aus geometrischen (Stern-) und pflanzlichen Ornamenten im Tür- und Giebelfeld. Im Inneren wiederholt sich das Sterndekor im Bema. Sechs meisterhaft ausgearbeitete Nischen bilden die Apsis. Vor dem Eingang befanden sich ursprünglich zwei außerordentlich berühmte Kreuzsteine des Meisters Pawros (1291); einer davon wurde 1935 in das Historische Museum nach Jerewan überführt. Einen weiteren Kreuzstein errichteten Pawros und sein Bruder Howhannes, ebenfalls 1291, zum Gedenken an ihre Mutter nahe dem *Grabbau des Mchitar* (1213; nördlich des Klosters). Die spitzenartige, feine Steinschneidearbeit dieser Kreuzsteine, in der sich das Sternornament des

Der berühmte Kreuzstein des Meisters Pawros im Kloster Goschawank

Kirchenportals wiederholt, unterstreicht die Plastizität derart, daß der Eindruck von Ajourtechnik entsteht. Östlich der Lussaworitsch-Kapelle sowie der großen Grigor-Kirche befinden sich Kapellen; eine weitere Kapelle zu Ehren des Hl. Georg (1254) errichteten zwei Meister aus der Bauschule Mchitars am Berghang neben seinem (zerstörten) Grabbau.

Auf die Hauptstraße des Agstew-Tales zurückgekehrt, setzt man den Weg auf dem linken Flußufer fort. *Idschewan* kommt in Sicht, umgeben von waldreichen Höhen. Die armenische Ortsbenennung entspricht exakt dem alten Namen *Karwansaraj*: Der Ort war ein wichtiger Rastplatz für den Fernhandel mit Persien und der Türkei. Am 29. 11. 1920 riefen hier armenische Kommunisten, aus dem bereits sowjetischen Aserbaidschan kommend, die Räteherrschaft aus. An Industrie besitzt **Idschewan**

177

die Stadt vor allem ein holzverarbeitendes Kombinat sowie die größte Teppichfabrik Sowjetarmeniens.

Kura-Ebene Hinter Idschewan senkt sich das Armenische Hochland allmählich zur *Kura-Ebene*. Das Agstew-Tal bildet den nordöstlichen Zugang zum *Kleinen Kaukasus*. Die einst nur symbolische Grenze zwischen Aserbaidschan und Armenien entspricht mithin der natürlichen Grenze. Ein Schlagbaum, ein Posten der Straßenverkehrspolizei auf beiden Seiten, ein Denkmal in einem Rosenbeet – eine aus drei unterschiedlich großen Segmenten gebildete Frucht – symbolisiert die Einheit der »Schwesterrepubliken« Transkaukasiens. Die scheinbare Idylle endete 1988, als die im Verlauf des armenisch-aserbaidschanischen Karabachkonflikts wachsende aserbaidschanische Gewalttätigkeit zur Flucht von über 245.000 Armeniern führte; viele Flüchtlinge passierten diesen Grenzposten in demolierten Bussen oder Autos und nachdem sie zuvor selbst angegriffen worden waren. Die Autobahn verläuft nun etwa 36 km durch Aserbaidschan, vorbei an kilometerlangen Wein- und Obstpflanzungen von Staatsgütern. Der Verkehrsknotenpunkt *Kassach* bildet den einzigen größeren Ort auf dieser Strecke. Der Boden ist fett und steinlos, hier braucht sich der Bauer weniger zu plagen. Eine Akazienallee spendet zumindest teilweise Schatten, den man allmählich zu suchen beginnt. Das Klima ist spürbar feuchtwärmer als in Armenien, und der Kreislauf, am Morgen noch auf die Verhältnisse am Sewan-See eingestellt, protestiert gegen einen Höhenunterschied von über 1.500 m. Fast schnurgerade verläuft die Straße, ohne sich dem Lauf von Tälern oder Flüssen anpassen zu müssen. Die Häuser bestehen nicht mehr aus den unverputzten Tuffblöcken der Armenier, die Straßenschilder zeigen nur noch kyrillische Buchstaben (die auch für das turksprachige Aserbaidschan benutzt werden). Auf Hügelhängen erblickt man ab und an einen alten muslimischen Friedhof mit halbversunkenen, länglichen Grabsteinen, manche davon turbangeschmückt. Das sind die Männergräber. Alle Friedhöfe sind nach Mekka ausgerichtet und dürfen nach muslimischer Vorstellung weder gestört noch umgepflügt werden. Kinder und Alte auf braunen oder schwarzen Eselchen kreuzen den Weg, die alten Männer tragen auch sommers die schwere *papacha*, die Lammfellmütze der Kaukasier.

Kassach

Chrami Der *Chrami*, ein Nebenfluß der Kura, bildet die aserbaidschanisch-georgische Grenze. Der Verkehr zwängt sich über die enge Rote Brücke, ein eindrucksvolles Bauwerk des 8. Jh., über das der deutsche Schriftsteller Friedrich Bodenstedt anläßlich einer Reise 1844 berichtete: »Diese uralte Brücke ist eines der großartigsten Denkmäler georgischer Baukunst. Sie hatte ursprünglich vier Bogen, in deren Höhlungen Zimmer mit Kaminen, Vorplätzen und allen landesüblichen Bequemlichkeiten eingerichtet waren. In den Gemächern des Mittelpfeilers, welche zwei hohe Balkone über den Fluß ausstreckten, befand sich sogar ein Duchan (eine Schankwirtschaft). Die Balkone sind eingestürzt, die Zimmer unbewohnbar geworden, aber die stark aus roten Backsteinen gebaute Brücke selbst trotzt den Verwüstungen der Zeit« (Friedrich Bodenstedt: Tausend und ein Tag im Orient. Bd. 1, Berlin 1865, S. 208). Ein Angebot des georgischen Grenzposten, uns die alten Wehrgänge und Wohnräume im Inneren zu zeigen, wurde bald widerrufen: Ratten, Schlangen und Geister sollen als einzige Bewohner in dem alten Gemäuer hausen. Der Posten zuckt bedauernd Brauen und Schultern. Trotzdem war seine schnelle Bereitschaft, uns zu Gefallen zu sein, eine erste liebenswürdige Geste des gastfreundlichen Georgiens.

Aber dieses Georgien, das man zwischen der Roten Brücke bis fast vor Tbilissi durchquert, widerspricht sämtlichen Vorstellungen von seiner üppigen, lieblichen Natur. Vielmehr prägt weiterhin der Steppencharakter der Kura-Ebene die Landschaft, wie man sie bereits in Aserbaidschan vorfindet. Wo nicht landwirtschaftlich genutzt, macht das hügelige Grasland einen öd-verlassenen Eindruck. Mit Hilfe von Gelb- oder Rotfiltern ließen sich in dieser unirdisch anmutenden Gegend veritable Science-Fiction-Filme drehen.

Noch eine Straßenbiegung, und man blickt auf das tiefergelegene, weite Kura-Tal, an dessen Rand sich die Industriestadt *Rustawi* (1980: ca. 70.000 Einwohner) erstreckt, ein Zentrum der georgischen Schwerindustrie. Da die Hüttenanlagen von Rustawi erst im April 1955 in Betrieb genommen wurden, gilt Rustawi als jüngste Stadt Georgiens. Es befindet sich jedoch auf dem Gebiet einer mittelalterlichen Festungsstadt *Bostan-Kalaki* (500 v. Chr.–1265), die während der Mongolenstürme dem Erdboden gleichgemacht wurde. Nur noch die Ruinen einer Festung (mit Palast, Bad und Weinkeller) auf dem linken Kura-Ufer zeugen vom alten Rustawi. Das neue Rustawi besteht aus einem Wohn- und einem Fabrikteil, was aber kaum etwas an der starken Verschmutzung durch die Hüttenwerke bessert. Der Anblick, der sich bei der Anfahrt auf Tbilissi bietet, ist desillusionierend. Vielleicht muß das so sein. Denn bis zur Stadtgrenze Tbilissis hat man die allzu romantischen Georgien-Klischees abgeworfen und nun den Blick frei für die wahren Überraschungen und die Schönheit der georgischen Hauptstadt.

Rustawi
(70 000 Ew.)

Nach dem Erdbeben am 7. 12. 1988, Spitak. Bis heute sind über 750.000
Armenier obdachlos.

Notizen

Notizen

Notizen

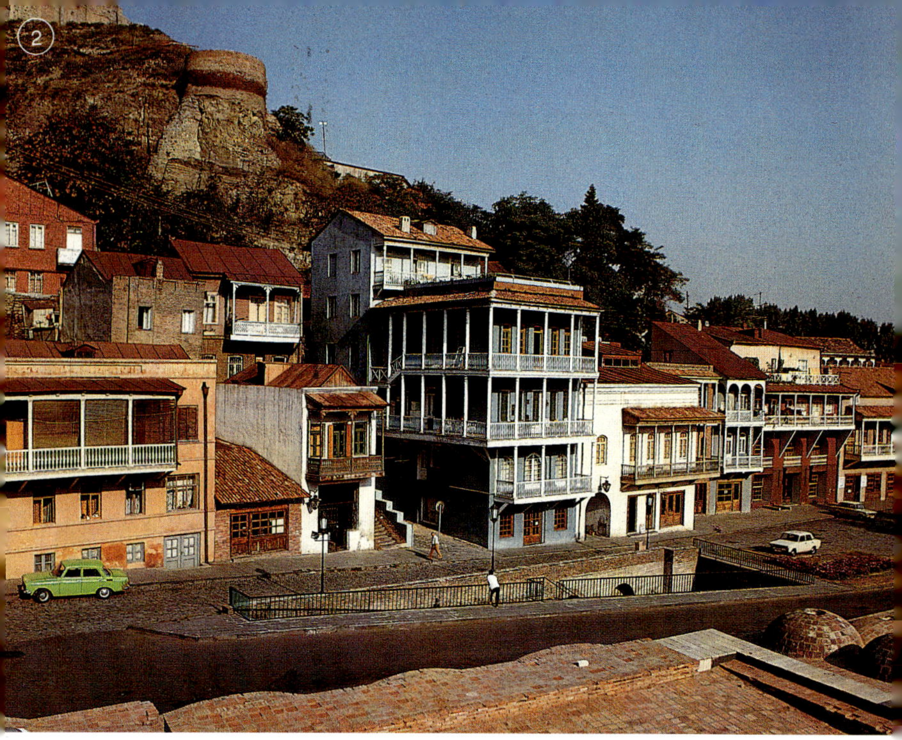
2

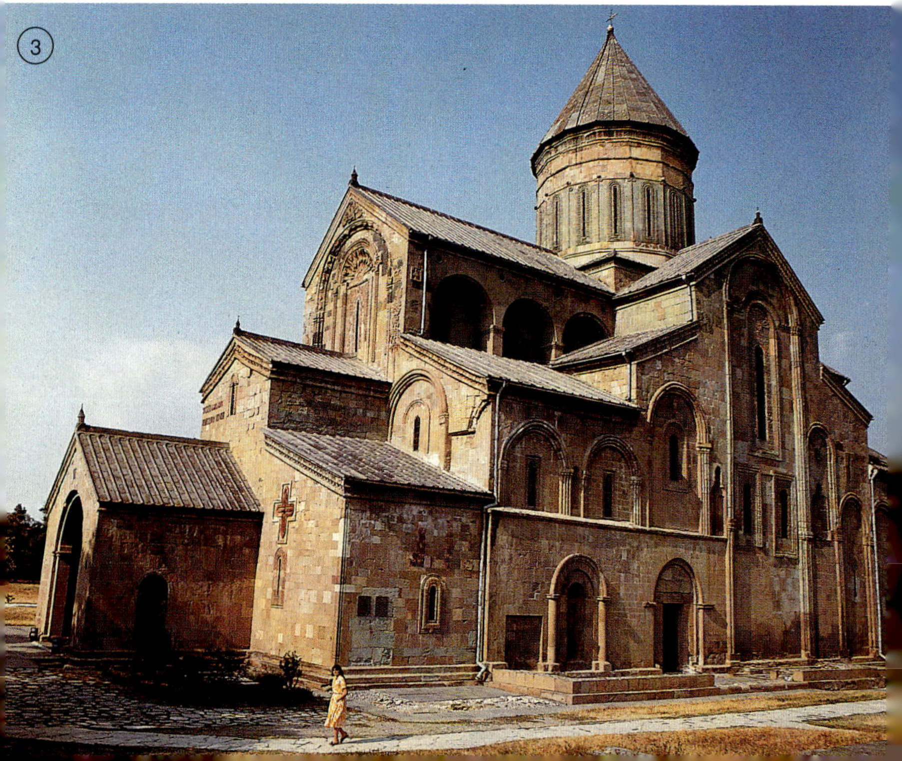
3

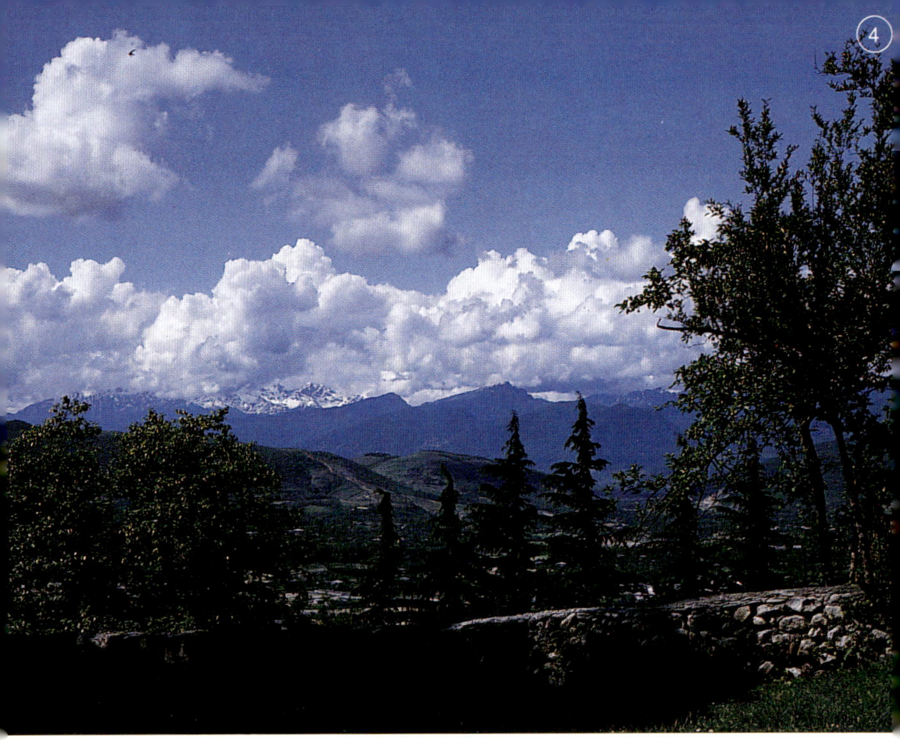
4

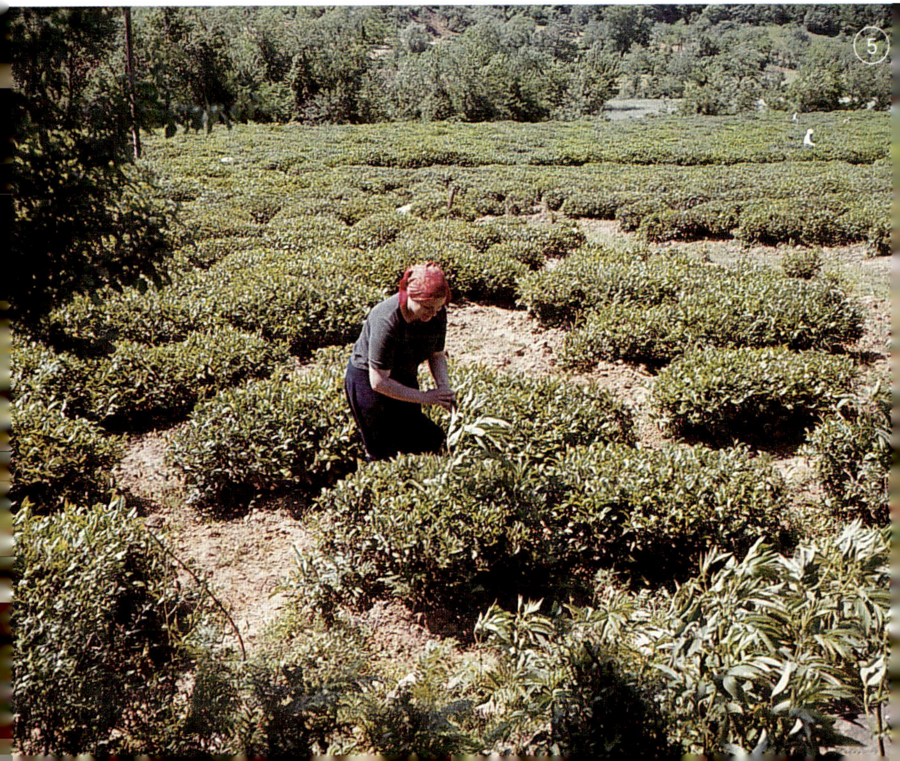
5

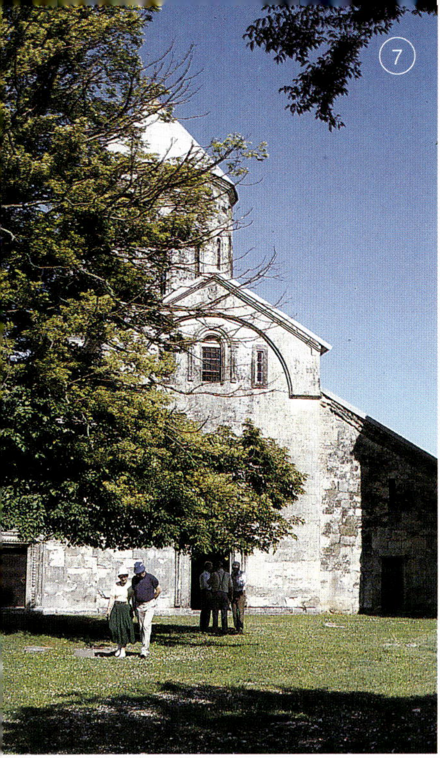
7

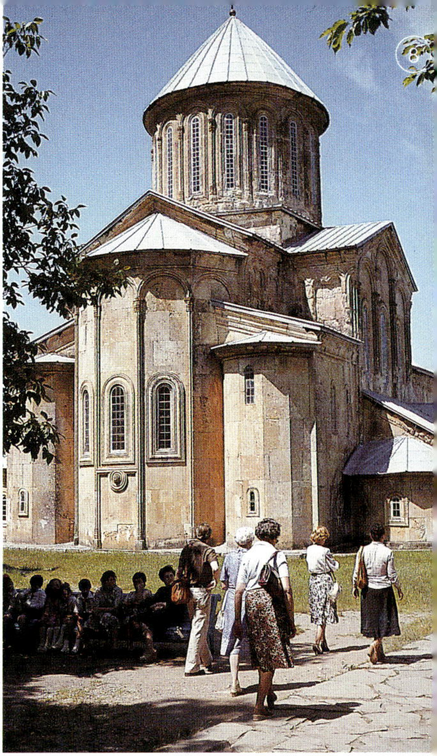
8

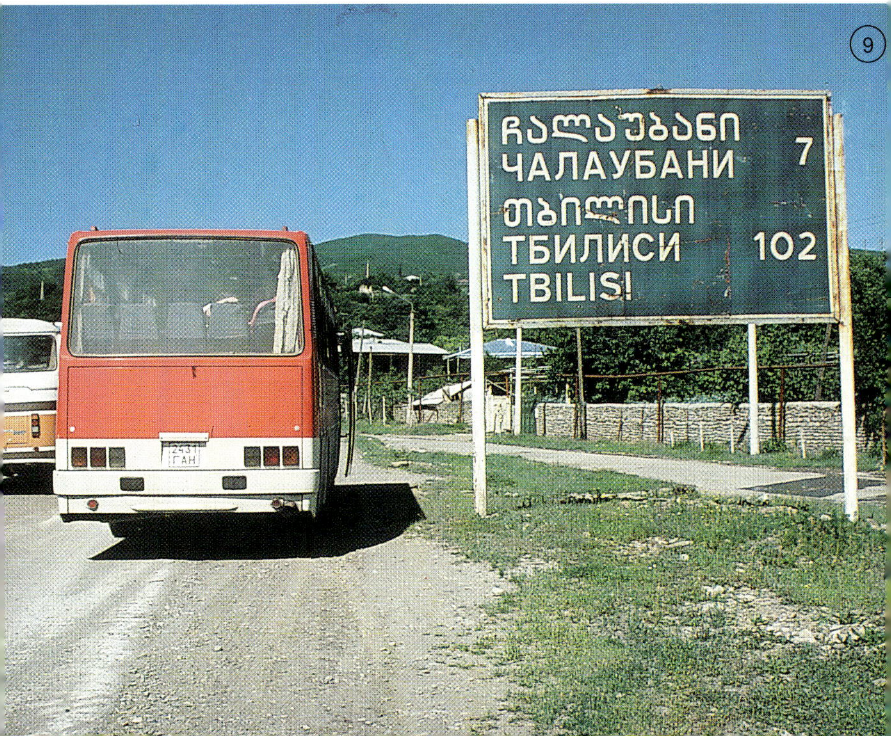
9
ჩალაუბანი
ЧАЛАУБАНИ 7
თბილისი
ТБИЛИСИ 102
TBILISI

10

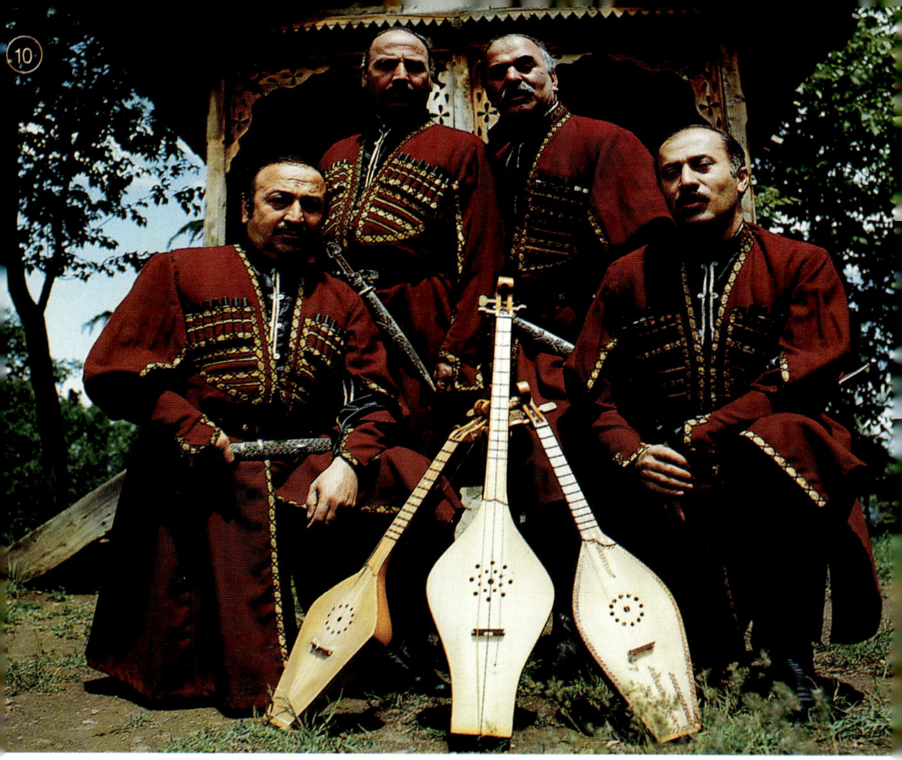

11

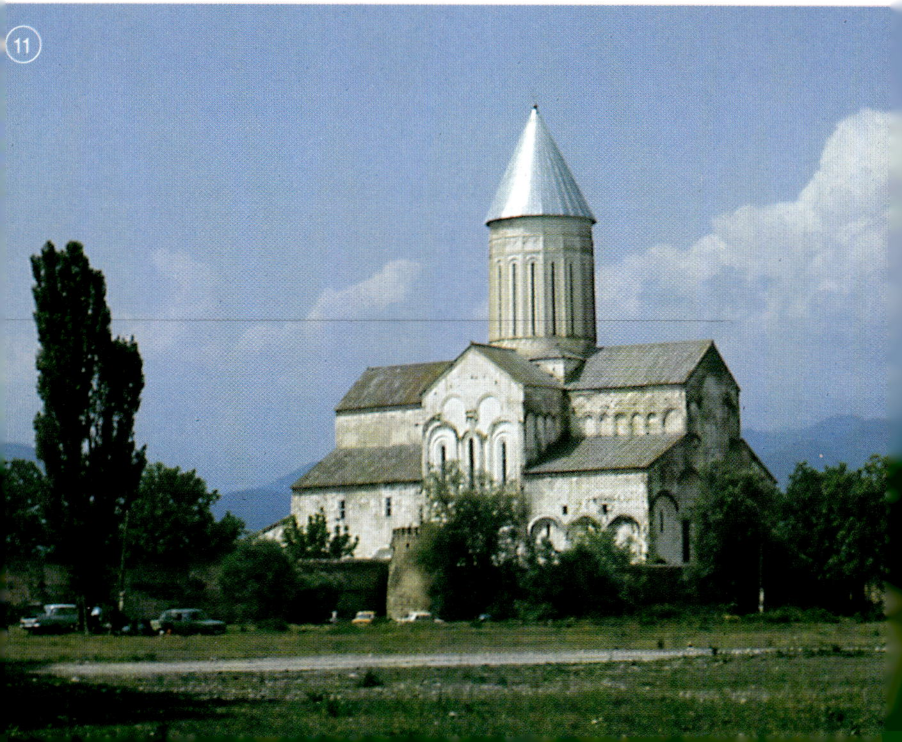

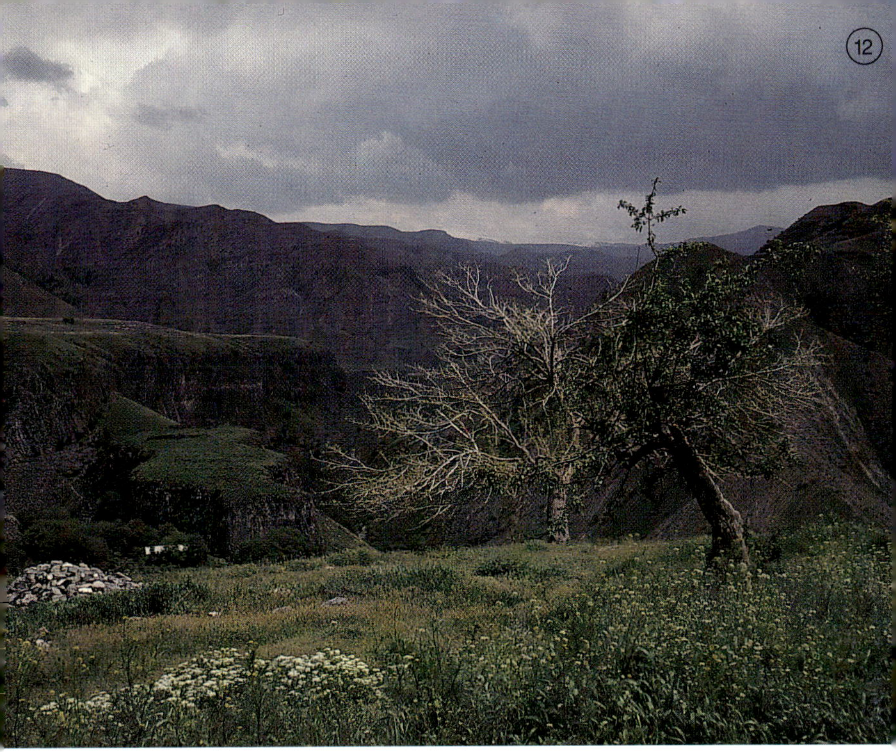

12

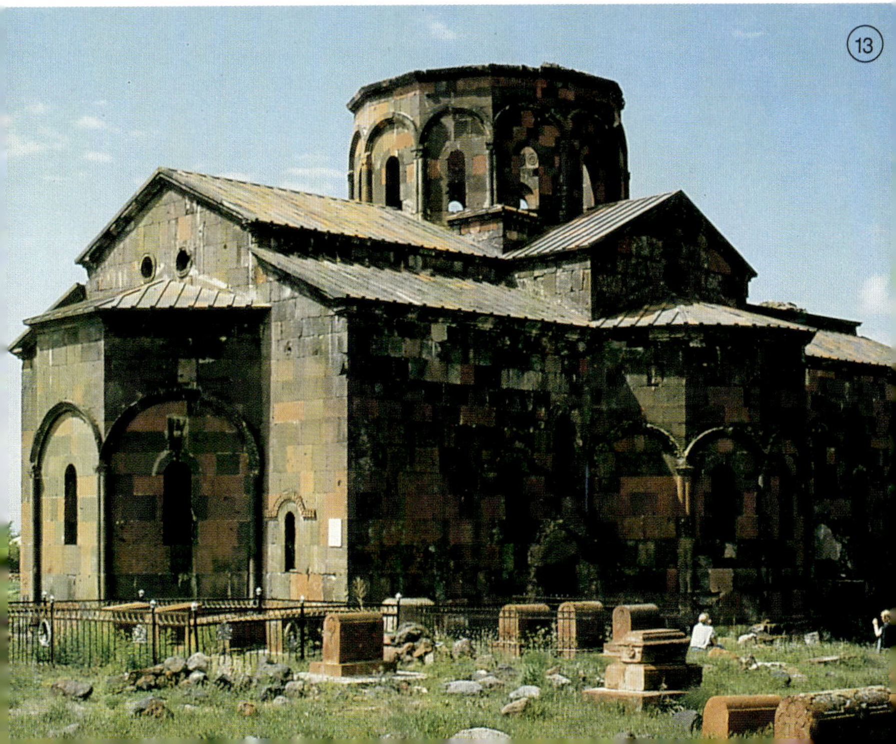

13

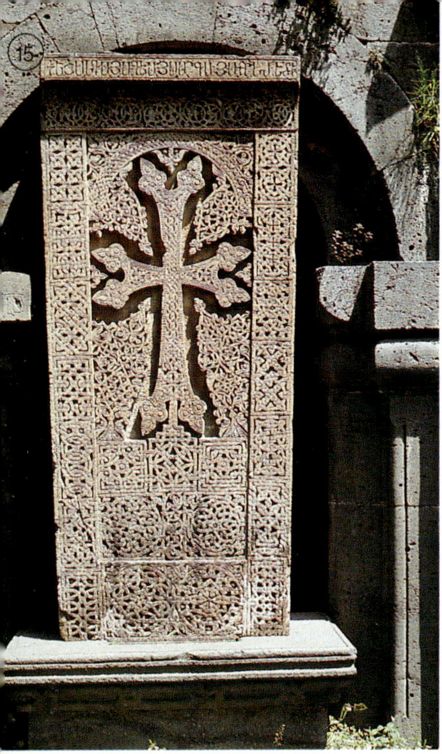
15

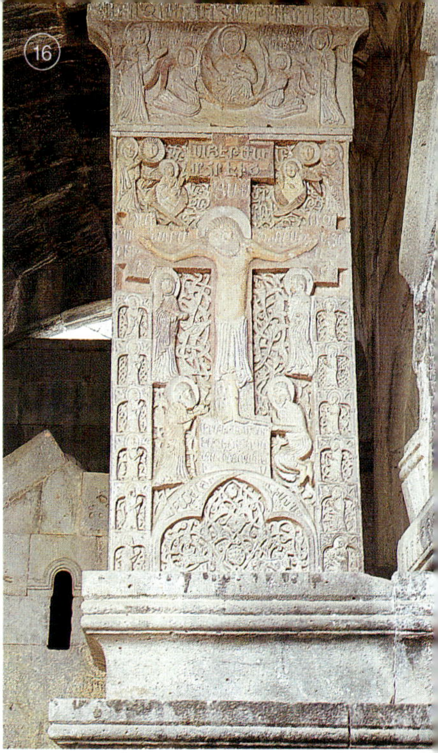
16

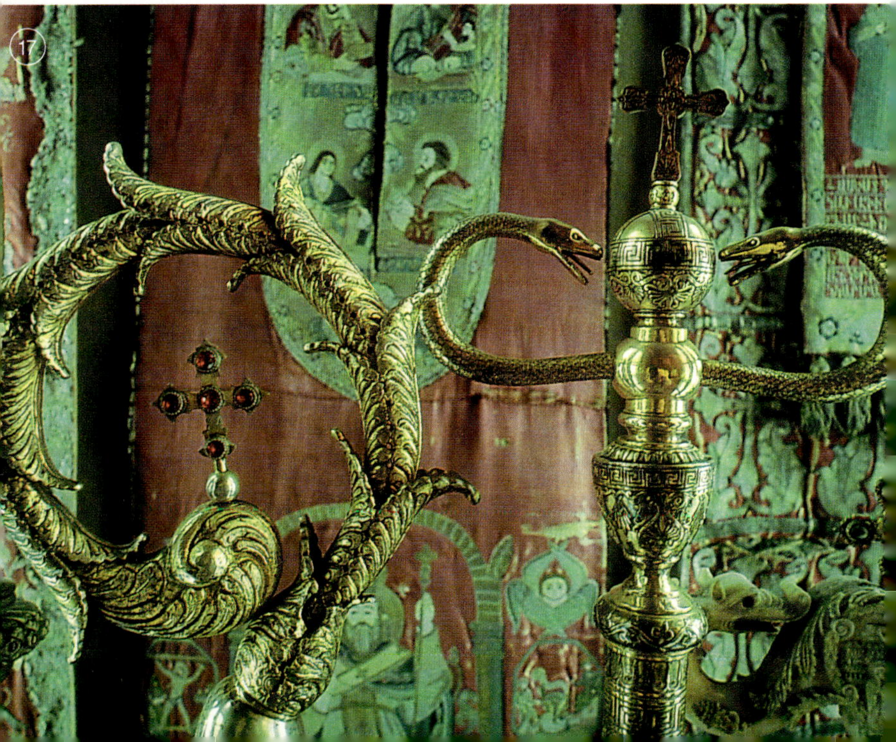
17

19

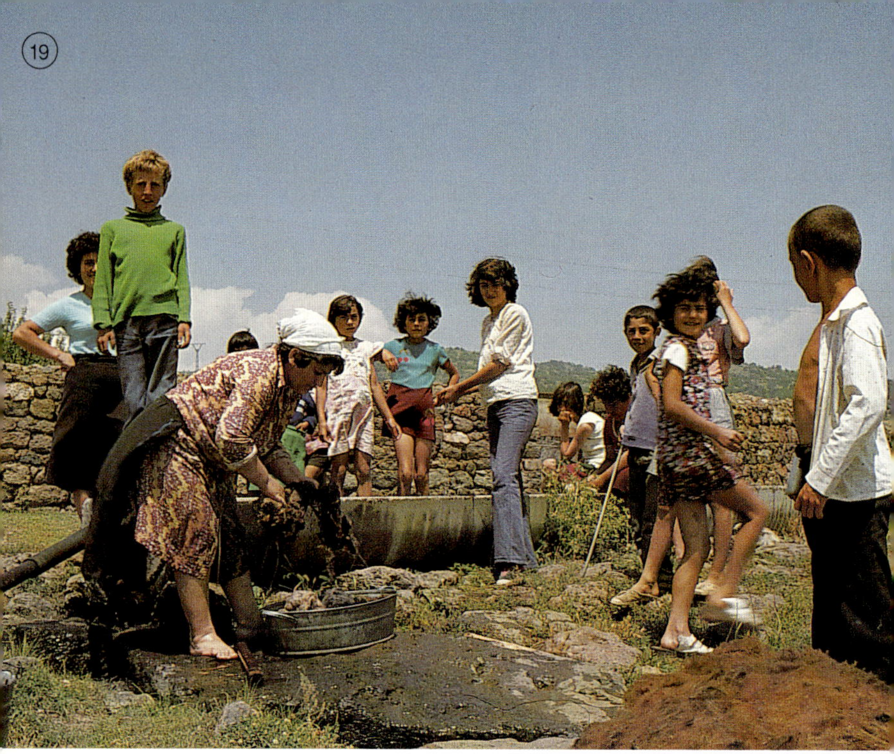

20

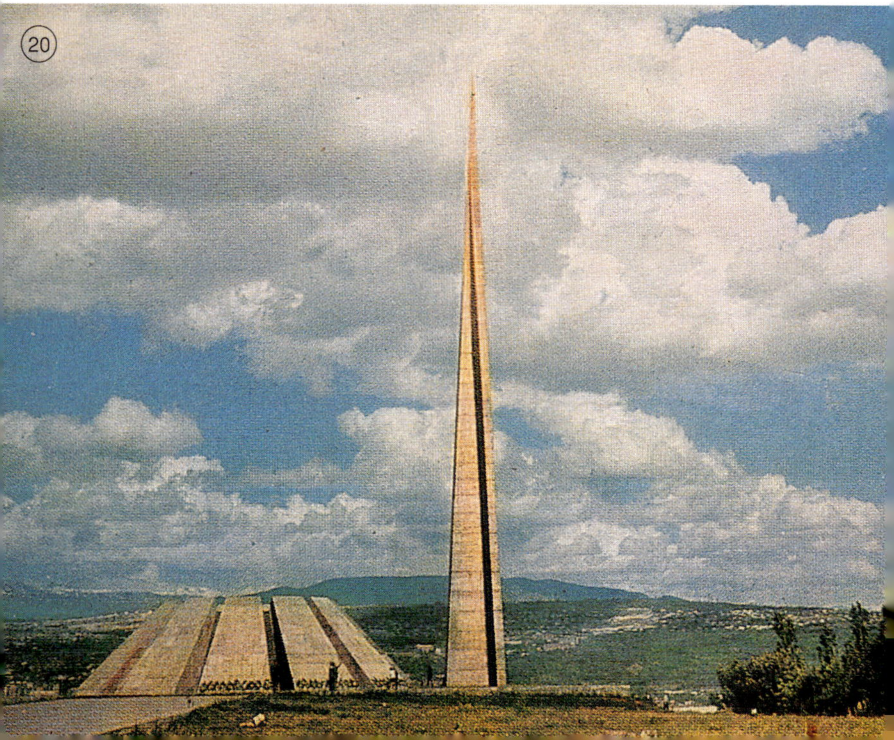

14

24

25

Bildunterschriften zum Farbteil

1. Festung Ananuri: Hauptkirche und Eingang
2. Die restaurierte Altstadt von Tbilissi (Stadtteil Abanoturbani)
3. Kathedrale Zweti Zchoweli in Mzcheta
4. Landschaft in Megrelien; im Hintergrund der Große Kaukasus
5. Westgeorgische Teeplantage
6. Das Dorf Uschguli in Swanetien
7. Bischofskathedrale Martwili
8. Hofkloster Gelati bei Kutaissi: Muttergotteskirche
9. Dreisprachiges Straßenschild
10. Folklorequartett (Freilichtmuseum Tbilissi)
11. Kathedrale von Alawerdi
12. Armenische Gebirgslandschaft bei Garni
13. Kathedrale Talin
14. Sewan-Kloster
15. Kreuzstein (Kloster Sanahin, 13. Jh.)
16. Amenaprkitsch (Kloster Hachpat; 1273)

17. Bischofsstäbe (Klostermuseum Etschmiadsin)
18. Kloster Sanahin: Erlöserkirche (10. Jh.)
19. Schafswolle wird gewaschen und getrocknet (Dorf Bjurakan)
20. Völkermorddenkmal »Zizernakaberd« (Jerewan)
21. Jerewan: Stadtteil Awan mit Johanneskirche (12./13. Jh.)
22. Die drei Jünglinge im Feuerofen: Armenische Buchmalerei aus Kilikien (Lektionar von 1286; Sammlung des Jerwaner Matenadaran)
23. Stelen von Odsun (6. oder 8. Jh.)
24. Kathedrale von Odsun (6. oder 8. Jh.)
25. Armenischer Drachenteppich aus der Sammlung des Ethnographischen Museums von Sardarapat
26. Kloster Ketscharis (11., 13. Jh.)
27. Tempel Garni (1. Jh. n. Chr.)

Georgien

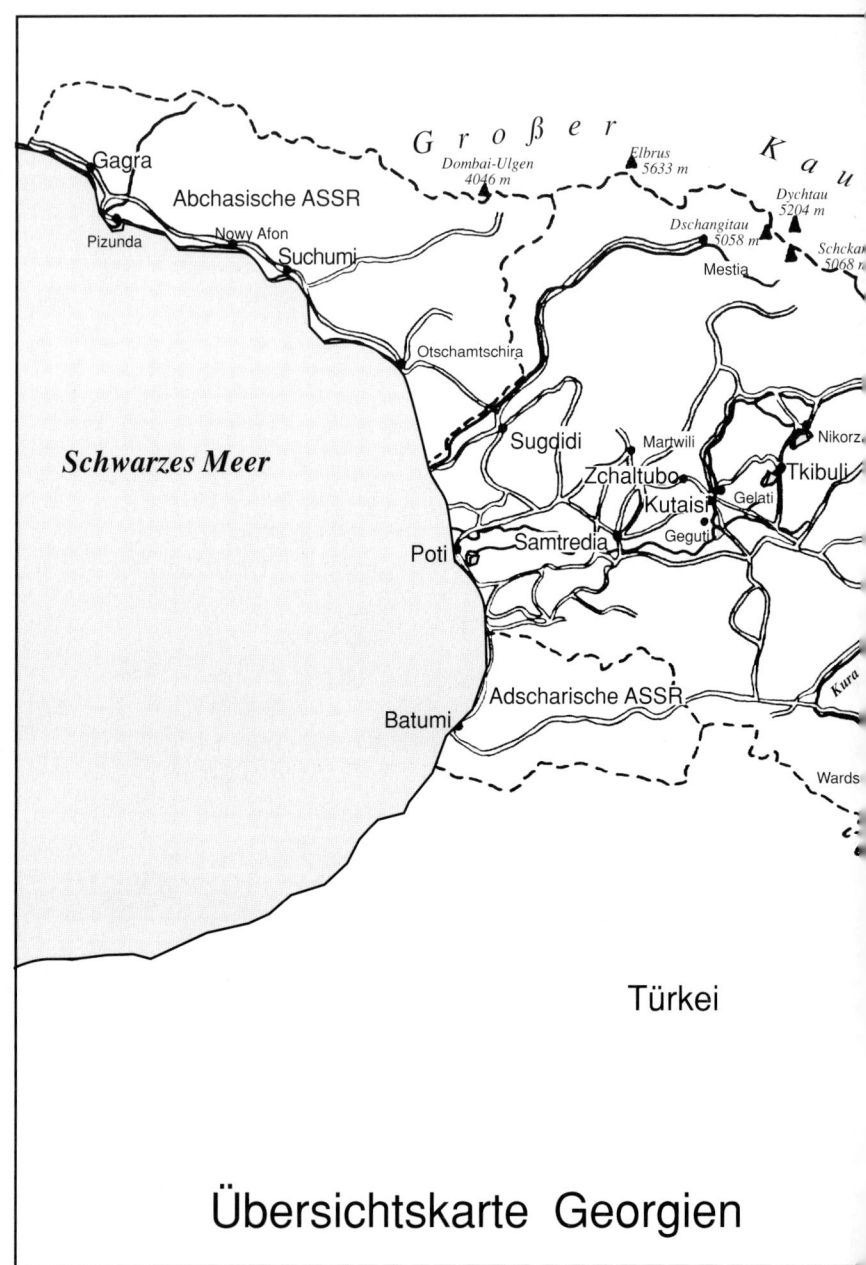

Gagra

Abchasische ASSR

Pizunda

Nowy Afon

Suchumi

Großer *Kau*

Dombai-Ulgen
4046 m

Elbrus
5633 m

Dychtau
5204 m

Dschangitau
5058 m

Schcka
5068 m

Mestia

Otschamtschira

Schwarzes Meer

Sugdidi

Martwili

Nikorz

Zchaltubo

Tkibuli

Kutaisi

Gelati

Poti

Samtredia

Geguti

Batumi

Adscharische ASSR

Kura

Wards

Türkei

Übersichtskarte Georgien

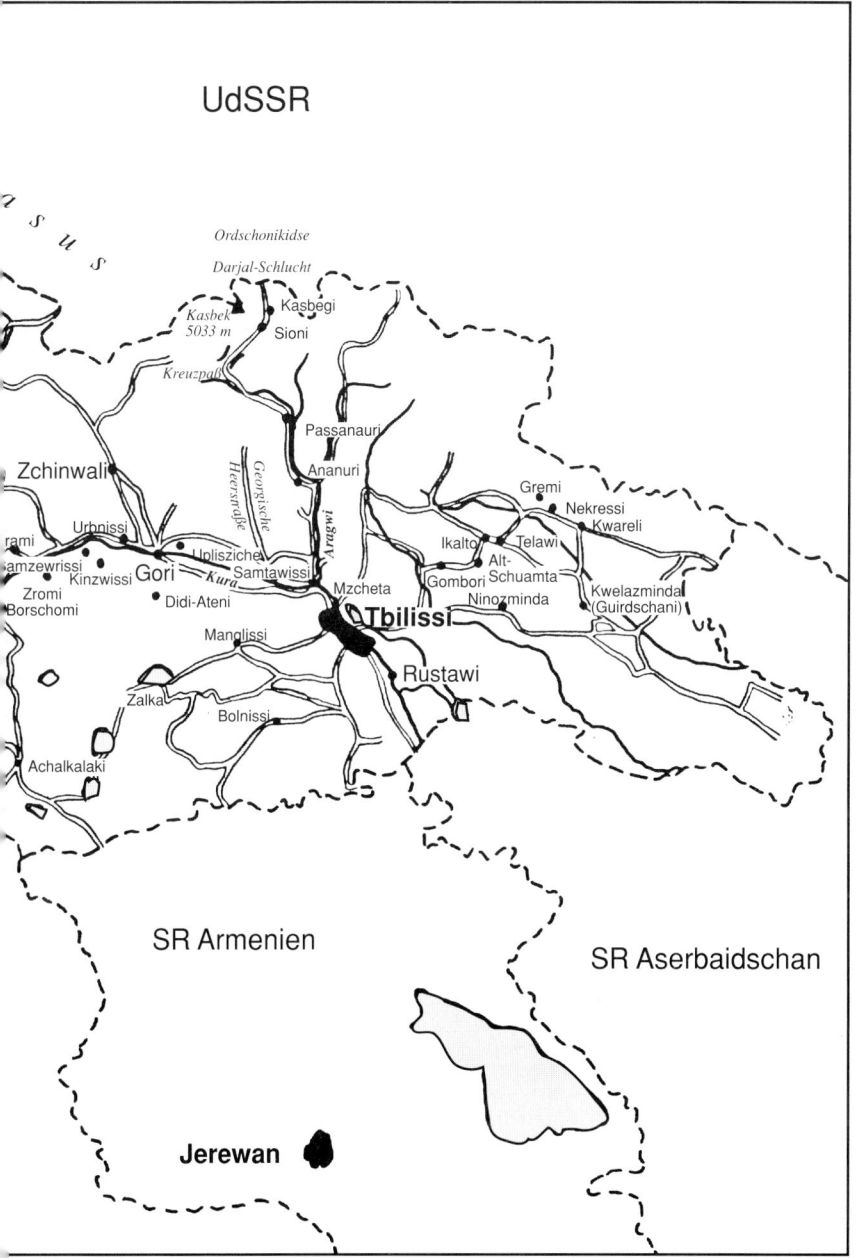

UdSSR

Ordschonikidse

Darjal-Schlucht

Kasbek
5033 m

Kasbegi

Sioni

Kreuzpaß

Passanauri

Georgische Heerstraße

Aragwi

Ananuri

Zchinwali

rami

Urbnissi

amzewrissi

Kinzwissi

Gori

Kura

Upliszichi

Samtawissi

Mzcheta

Zromi

Borschomi

Didi-Ateni

Manglissi

Gremi

Nekressi

Kwareli

Ikalto

Telawi

Alt-
Schuamta

Gombori

Ninozminda

Kwelazminda
(Guirdschani)

Tbilissi

Rustawi

Zalka

Bolnissi

Achalkalaki

SR Armenien

SR Aserbaidschan

Jerewan

Georgien*

Sakartwelo – Georgien: Geographie und Wirtschaft

Sakartwelo, Land der Kartlier, nennen die Georgier ihre Heimat. Der Name der ostgeorgischen Kernprovinz wurde auf das gesamte Land übertragen. *Deda Kartlis* – »Mutter Georgien« lautet der Inbegriff für Heimat. Deda Kartlis verlassen zu müssen, ist für Georgier das schrecklichste Schicksal. Es gibt deshalb auch keine nennenswerte georgische Diaspora. Und wem fiele es schwer, sich einer so atemberaubend schönen, von der Natur begünstigten Heimat verbunden zu fühlen?

Die Fremdbezeichnung »Georgien« leitet sich möglicherweise vom griechischen *georgos* (»Ackerbauer«) her; eine ähnliche Bedeutung steckt auch im Namen eines der ältesten georgischen Stämme, der Megrelier bzw. des nach ihnen benannten Landes Egressi. Denn die Wurzel »egr« wird mit dem Wort *margali* (»Pflanzstock«) in Verbindung gebracht. Volksethymologisch wurde aber das fremdländische »Georgien« seit der Zeit der Kreuzzüge auf den Hl. Georg, den Schutzpatron des Landes, zurückgeführt. Das russische »Grusija« (von arab.-pers.: *gurdschi*) ist bei Georgiern verpönt, wenn es zu »Grusien« oder »Grusinien« eingedeutscht wird. Die im Altertum gebräuchliche Bezeichnung »Iberer« (griech.: *iberes*; latein.: *iberi, hiberi*; byzant.-neugriesch.: *iwires*; parthisch: *wirtschan*) geht vermutlich auf altarmenisch *wirk* (Mehrzahl; heute: *wraz*) zurück.[1]

Die Sowjetrepublik Georgien umfaßt 69.700 km^2. Sie erstreckt sich vom Schwarzen Meer im Westen bis zur Kura-Senke im Osten. Im Norden und Süden begrenzen der Große bzw. Kleine Kaukasus Georgien. 80 % des Territoriums bestehen aus Gebirgen und Höhenzügen, von denen der *Große Kaukasus* der imposanteste ist. Seine höchste Kette bildet zugleich die Grenze zwischen Georgien und der Russischen Föderation, der größten der 15 Sowjetrepubliken. Der kaukasische Gebirgsriegel auf der Landenge zwischen Schwarzem und Kaspischem Meer erstreckt sich auf einer Länge von 1.500 km und einer Breite von 32 bis 180 km (bei Ordschonikidse) von Nordosten nach Südwesten. Seine höchste Erhebung, der *Elbrus* (5.633 m), liegt bereits außerhalb Georgiens. Der höchste georgische Gipfel ist der *Schchara* (5.201 m) in Swanetien, der bekannteste jedoch der *Kasbek* (5.049 m).

Seit undenklichen Zeiten erfolgte die Verbindung zwischen dem Zis-und Transkaukasus, dem europäisch-russischen Norden und dem vorderasiatischen Süden, auf dreifache Weise: entweder entlang der Küsten des Schwarzen und

---

* Zu Georgien vgl. auch die Artikel »Die Schwestern von Anahit, Medea und Tamar: Frauen in Armenien und Georgien« und »Armenische und georgische Baukunst« im Abschnitt »Armenien«.

Kaspischen Meeres, wobei vor allem der östliche Weg über Derbent bevorzugt wurde, da hier der Kaspische bzw. Östliche Kaukasus als sanftes Mittelgebirge ausläuft, sowie in direkter Nord-Süd-Durchquerung über einen der neun georgischen Kaukasus-Pässe, deren Durchschnittshöhe bei 3.000 m liegt. Der niedrigste Paß der kaukasischen Hochgebirgskette (bzw. zweitniedrigste georgische Paß) ist der verkehrsreiche *Kreuzpaß* (2.395 m).

Der Kaukasus ist der nördlichste Zug des großen vorderasiatischen Faltengebirgsgürtels und hinsichtlich seiner Geschlossenheit und geradlinigen Erstreckkung nur den Pyrenäen vergleichbar. Ebenso wie das ihm benachbarte Armenische Hochland ist er erst in der neueren Erdgeschichte, dem Tertiär, vollendet worden. Er besteht aus einem Gesteinssockel aus Gneisen und Graniten, über dem sich infolge starker tektonischer Beanspruchung einige heute erloschene Vulkankegel erheben, darunter der Elbrus und der Kasbek, die beiden Eckpfeiler des Zentralteils. Im niedrigeren West- und Ostkaukasus dominieren kristalliner Schiefer, Mergel, Sand- und vor allem Kalkstein. Nach Süden fällt der Kaukasus steiler ab; insbesondere der westliche Südteil besitzt dank hoher Niederschlagsmengen eine üppige, teilweise sogar subtropische Vegetation. Die Nordabdachung ist dagegen flacher, breiter und von mehreren Längsketten begleitet: dem Waldrücken (Waldkaukasus), Weiderücken sowie Felsen-

Freier Straßenverkauf bringt immer Geld: hier Verkauf von Wunderkerzen in Tbilissi

Stahlarbeiter aus Rustawi

kamm (Felskaukasus). Der Zentralteil zwischen Elbrus und Kasbek ist stark vergletschert (allein im georgischen Teil des Zentralkaukasus wurden 197 Gletscher gezählt). Sechs zentralkaukasische Gipfel erreichen eine Höhe von über 5.000 m.

Der griechische Dramatiker Aischylos (5. Jh. v. Chr.) erwähnte in seinem Werk »Der gefesselte Prometheus« als erster den Kaukasus unter seinem heutigen Namen (georg.: *kawkasioni*; arm.: *kowkas*). Allerdings ist die Herkunft des Wortes ungewiß. Man hat es auf eine Zusammensetzung aus persisch *koh* (»Berg«) und *kafsp* (»Kaspis«) zurückgeführt, also das »Kaspische Gebirge«. Eine andere Deutung führt den Kaukasus auf die Sanskritworte *kas* (»glänzen, funkeln«) und *grawan* (Fels) zurück: der schneebedeckte Kaukasus als »strahlender Fels«.[2]

Der *Kleine Kaukasus* erstreckt sich über eine Länge von fast 600 km. Die Verbindung zwischen ihm bzw. dem Nordrand des Armenischen Hochlandes und dem Großen Kaukasus stellt das *Surami-Gebirge* her, das nach der südwestgeorgischen Landschaft Meßcheti auch *Meßchisches Gebirge* genannt wird. Es bildet einen Südausläufer des Großen Kaukasus und verläuft von Nordosten nach Südwesten. Dieses Mittelgebirge scheidet Georgien in eine östliche und eine westliche Klima-, Wirtschafts- und Kulturzone, die in der Vergangenheit zudem unterschiedliche politische Entwicklungen durchliefen. Westgeorgien, in der Antike als *Kolchis* bekannt, hat mit seinen Küsten- und Niederungsgebieten (Kolchische Tiefebene) an dem schmalen subtropischen Klimagürtel der UdSSR teil. Hier wird hochwertige und intensive Landwirtschaft betrieben: Zitrusfrüchte, Tee, Wein, aber auch Obst, Weizen und Mais. Von der ursprünglichen, eigentümlichen Pflanzenwelt Westgeorgiens, den kolchischen Lianenwäldern bzw. den pontischen Eiben- und Buchsbaumwäldern, blieben nur spärliche Reste. Bis 150 m Höhe schließt sich an die unmittelbaren Küstengebiete eine wärmeliebende, laubwerfende Vegetation an. Bis 300 m Höhe folgen Wälder aus baumartigem Wacholder, darüber wärmeliebende Laubwälder (z. B. Hainbuche, kaukasische Linde) sowie Weidegebiete. Als Wasserscheide trennt das Surami-Gebirge den Einzugsbereich des westgeorgischen Rioni von dem Hauptfluß Ostgeorgiens, der Kura (georg.: Mtkwari) bzw. dem Kyros der Antike. Verwaltungs-, Kultur- und Wirtschaftszentrum Westgeorgiens ist seit alters her *Kutaissi*, wirtschaftlich heute vor allem bekannt durch seine Lastkraftwagen und Kleintraktoren. Nördlich liegt das Steinkohlerevier von *Tkibuli*, einer erst in unserem Jahrhundert entstandenen Industriestadt. Das zweite bedeutende Steinkohlerevier Westgeorgiens befindet sich in *Tkwartscheli*. *Batumi*, der wichtigste georgische Schwarzmeerhafen, ist zugleich ein Zentrum georgischer Erdölverarbeitung.

Ähnlich wie die alte Landeshauptstadt Westgeorgiens zu der jungen Industriestadt Tkibuli verhält sich in Ostgeorgien *Tbilissi* zum nahegelegenen Schwerindustie- und Chemiezentrum *Rustawi*. Ostgeorgien besitzt im Vergleich zum niederschlagsreicheren Westen ein kontinentaleres Klima. Während Batumi z. B. eine durchschnittliche Jahresniederschlagsmenge von 2.500 mm erreicht, regnet es in Tbilissi nur knapp 500 mm pro Jahr. Der kälteste Monat Ostgeorgiens ist der Januar, das Frühjahr fällt kurz und wetterwendisch aus, während im Herbst stabiles und warmes Wetter herrscht. Obst-, Getreide- und Weinanbau bilden die Schwerpunkte der ostgeorgischen Landwirtschaft. Die Hauptanbaugebiete liegen in den weiten Ebenen Kartliens (z. B. Iori-Niederung). Bei der industriellen Entwicklung wird jetzt vor allem auf den Ausbau der Mikroelektronik Wert gelegt: Silicon Valley im Südkaukasus? Historisch und kulturell gliedert sich Ostgeorgien in *Kartlien* und *Kachetien*; beide bilden das ostgeorgische »Unterland«, während sich nördlich das »Oberland« mit den zentral- und ostkaukasischen Hochtälern anschließt, deren Einwohner (Pschawer, Chewsuren, Tuschiner u. a.) vor allem Viehzucht treiben.

Georgien ist zu einem Drittel bewaldet. Die Baumgrenze liegt im Kaukasus bei 3.500 m. Da die Bewahrung dieses Baumbestandes die Voraussetzung für die Boden- und Wasserressourcen des Landes bildet, werden die Wälder in nur sehr geringem Maße industriell genutzt. Die Energieversorgung erfolgt in erster Linie durch Wasserkraft, die aus den relativ kurzen, aber schnellen und wasserreichen Flüssen gewonnen wird. Auf den Bau eines Atomkraftwerks, wie ihn der 12. Fünfjahresplan Georgiens vorsah, will man nach den Erfahrungen von Tschernobyl verzichten (auch die Umweltprobleme der südlich benachbarten Armenier dürften die Georgier in ihrem Verzicht auf Atomkraft bestärkt haben). Georgien hat als erste Sowjetrepublik ein »Nationalkomitee zum Schutz der Natur« gegründet. Aber wer Georgien durchreist, stößt trotzdem noch auf große Umweltsünden, vor allem bei der Emission industrieller Schadstoffe.

Vielfältig und regional sehr differenziert wie die *Pflanzenwelt* ist auch die *Fauna*. In den Gebirgsgebieten kommen Steinböcke, Gemsen, Rehe, Gazellen und Wildschweine vor. Ebenso gibt es eine Vielzahl von Großvogelarten (Fasane, Birkhühner, Bergtruthühner, Rebhühner, Trappen). Wildgänse und -enten überwintern in Georgien, Doppel- und Sumpfschnepfen, Kraniche, Strandläufer kann man im Frühjahr antreffen.

Georgien ist reich mit *Bodenschätzen* gesegnet, inbesondere mit hochwertigen Manganerzvorkommen (bei *Tschiatura*, Westgeorgien). Es besitzt über 1.400 Mineralquellen, davon etwa die Hälfte als Thermalquellen.

Zusammen mit Armenien und Aserbaidschan bildet Georgien den Transkaukasischen Wirtschaftsbezirk und liefert seinen Nachbarn Rohprodukte (Kohle, Baryt, Humbrin) sowie Industrieerzeugnisse (Werkzeugmaschinen, Autos, Eisenwalzgut, Lebensmittel nach Armenien; Eisenwalzgut, Maschinen, spanabhebende Werkzeugmaschinen nach Aserbaidschan) und erhält seinerseits Eisenerz, Erdöl, Erdgas, Baumwolle, Garn, Transformatoren, Reifengummi, Kabel u. a. Erzeugnisse. Insgesamt exportiert Georgien heute in über 80 Staaten außerhalb der UdSSR (vor allem spanabhebende Werkzeugmaschinen, Ausrüstungen für die Nahrungsmittelindustrie, Mangan, Eisenlegierungen, hydrometeorologische Geräte, medizinische Präparate, Wein, Obstkonserven u. a.).[3]

Anfang 1987 lebten 5,272 Mio. Menschen in Georgien. Da die Bevölkerungsentwicklung jahrelang rückläufig war, versucht der Staat die Fortpflanzungsbereitschaft der Georgier mit gezielten familien- und sozialpolitischen Maßnahmen zu steigern. Die ethnische Zusammensetzung der sowjetgeorgischen Gesamtbevölkerung ist weitaus heterogener als die Armeniens; nur 66,8 % (Stand 1979) sind Georgier. Das Land umfaßt zwei autonome Republiken (*Adscharien* mit 8.600 km², *Abchasien* mit 3.000 km²) sowie das *Südossetische Autonome Gebiet*. Abchasen und Osseten stehen prozentual an zweiter und dritter Stelle der Bevölkerung, gefolgt von Armeniern, Russen, Aserbaidschanern u. a.

Anmerkungen

1 Seibt, Werner: Georgien – Geschichte und Kultur. In: Seibt, Werner/Sanikidze, Tamaz: Kunstkammer Georgien. Mittelalterliche Kunst aus dem Staatlichen Kunstmuseum Tbilissi. Wien 1981, S. 30.

2 Awetisjan, Kamsar: Erläuterndes Wörterbuch der Ortsnamen. Jerewan 1983, S. 108.

3 Mamaladse, Teimuras: Georgien. Moskau 1981, S. 31.

Die Geschichte Georgiens: Ein Überblick

Vor- und Frühgeschichte

Achäologische Funde beweisen, daß die georgische und abchasische Schwarzmeerküste, aber auch das Landesinnere seit dem Altpaläolithikum, also seit etwa 700.000 Jahren, bewohnt sind. Ab der Jungsteinzeit ist der Ackerbau bekannt, die nachgewiesenen Handelsverbindungen reichten bis nach Nordmesopotamien. In der frühen Bronzezeit (3100 bis 2200 v. Chr.) bildet Transkaukasien eine kulturelle Einheit. Der Schmelz und die Bearbeitung des weichsten Metalls, des Kupfers, erreichten einen hohen Stand. Im Bereich der Keramik spricht man von der Kura-Araxes-Kultur. Am Ende dieser Periode erschienen die *Churriter* und *Hethiter* in Vorderasien. Die Churriter, ein nichtindoeuropäisches Volk aus dem Kaukasus, verdankten ihre militärische Überlegenheit der Entwicklung und Vervollkommnung des Streitwagens. In Georgien hinterließen sie große Hügel mit Fürstengräbern und prachtvollen Grabbeigaben wie z. B. in Südwest-Georgien den Schatz von Trialeti (3. bis 2. Jahrtausend v. Chr.), den man in der Schatzkammer des Historischen Museums von Tbilissi bewundern kann. Noch vor den Churritern tauchten Proto-Hattier in Kleinasien auf, ein ursprünglich wohl ebenfalls aus dem Kaukasus stammendes Volk, dessen Herrscherschicht ebenso wie bei den Churritern später indoeuropäisiert und uns dann als Hethiter bekannt wurde. Im Halys-Gebiet (nördliches Zentralanatolien) begründeten die vorindoeuropäischen Proto-Hattier eine relativ hochstehende Kultur mit entwickeltem Ackerbau, städtischen Siedlungen und markanten Fürstengräbern.

Die Frage der Herkunft

Die Ethnogenese der Georgier liegt im Dunkeln. Der georgische Historiker Simon Dschanaschia vertrat die Ansicht, die *Proto-Hattier* und die *Subaräer* gehörten zu ihren Vorfahren; letztere bewohnten um die Wende vom 3. zum 2. vorchristlichen Jahrtausend das Gebiet zwischen dem Kaukasus und Nordmesopotamien. Der Historiker Teimuras Bagrationi griff im 19. Jh. die These seines jüdischen Berufskollegen Iosephus Flavius (geb. 37) auf, wonach die Georgier mit den bereits biblisch belegten *Tubalen* identisch seien. (Iosephus war als Kriegsgefangener nach Rom gekommen, erhielt aber als Günstling des Kaisers Vespasian seine Freiheit sowie die römische Staatsbürgerschaft. Sein Erstlingswerk schildert den jüdischen Krieg, sein Hauptwerk, die »Jüdische Altertumskunde«, setzt bei der Schöpfungsgeschichte ein.) Der biblische Schöpfungsbericht, der älteste Teil des Alten Testaments, erwähnt Thubalkain, »den Meister in allerlei Erz und Eisenwerk« (Genesis IV, 22). Der Prophet Hesekiel spricht im »Klagelied über Tyros« von den mit »leibeigenen Leuten und Geräten aus Erz« handelnden Kaufleuten der Tubalen und Meßchech. Damit ist ein für das zweite bis erste vorchristliche Jahrtausend nachweisbarer Stamm gemeint, den die assyrischen Annalen als Tabal bezeichnen. Von den Tubalen hat man gelegentlich auch den Namen der georgischen Hauptstadt Tbilissi – Tubal-issi – herleiten wollen. Den hattisch-subaräischen Stamm der Meßchech, von dem Hesekiel spricht, kannten die Assyrer als Muschki. Die georgische Forschung bringt sie mit dem altgeorgischen Stammes- und Gebietsnamen Meßcheti in Verbindung.

Gesichertes Geschichtswissen über Ostgeorgien besitzen wir erst ab dem 6. Jh.v. Ch., als es um 590 v. Chr. Teil des medischen Reiches und nach dessen Untergang Bestandteil des achämenidischen Perserreiches wurde.

Die ersten Staatsbildungen: Kolchis und Iberien

Etwa zeitgleich entstand in Westgeorgien ein verschiedene Stämme umfassendes Staatswesen, das sich selbst als *Egrissi* bezeichnete, von den Griechen jedoch *Kolchis* genannt wurde. Bis zum 1. Jh. v. Chr. gehörte dieser älteste georgische Staat zum politischen Einflußbereich Persiens, stand aber dank früher und intensiver Handelsverbindungen unter dem starken Kultureinfluß der Hellenen, später der Römer und Byzantiner. Griechische Pflanzstädte an der georgischen Schwarzmeerküste – ebenfalls ab dem 6. Jh. v. Chr. – verstärkten noch diesen Einfluß.

Ein ostgeorgisches Staatswesen, von den Griechen und Römern *Iberien*, von den Georgiern später *Kartli* genannt, entwickelte sich mit seinem Machtzentrum in Mzcheta ab dem 4. Jh. v. Chr. Nach der mythologischen georgischen Überlieferung übertrug Alexander der Große die Herrschaft über Ostgeorgien seinem Verwandten Ason, d. h. dem griechischen Jason. Gegen ihn erhoben sich die Georgier, denen ein hellenistisch geprägtes Königtum fremd war, unter der Führung des halblegendären *Parnawas* (um 300 v. Chr.). Parnawas war Abkömmling eines durch Heirat georgisierten, ursprünglich achämenidischen Adelsgeschlechtes. Auch darin zeigt sich die stark iranische Prägung Ostgeorgiens, dessen Würdenträger weitgehend dieselben Titel trugen wie die Perser und deren feudale Strukturen sie übernahmen. Zwar führt die georgische Chronik die Aufteilung des Landes in acht Eristawate, die von den mächtigsten Adelsfamilien regiert wurden, auf König Parnawas zurück, aber im Iran herrschten dieselben Verhältnisse, die den Keim von Adelsfehden bereits in sich trugen bzw. die Stellung des Königs schwächten. Teilweise war der georgische Geschlechteradel sogar iranischen Ursprungs. Aus dem Kreis ihrer Oberhäupter, der Eristawi (*eri* = Volk; *tawi* = Haupt) stammte der König, der als primus inter pares die Interessen der übrigen Familien zu berücksichtigen hatte.

Nicht nur den parthischen *Arschakiden* gelang es, ebenso wie in Armenien in Georgien eine Seitenlinie zur Königswürde zu bringen. Zuvor hatte schon König *Tigran der Große* eine Seitenlinie der in Armenien herrschenden *Artaschiden* in Iberien etabliert. Gemeinsam mit seinem Schwiegervater, dem pontischen Eupator *Mithridates VI.*, teilte er sich im ersten vorchristlichen Jahrhundert Georgien und verleibte Iberien seinem allerdings kurzlebigen Imperium ein. Nachdem der Feldherr Pompejus 65 v. Chr. Armenien für das Imperium Romanum wieder in die Knie gezwungen hatte, wandte er sich anschließend dem armenischen Vasallenstaat Iberien zu.»Nach Jahrzehnten ständigen Aufbegehrens beruhigte sich das Land, zumal Rom seine Herrschaft lediglich im Sinne eines Protektorats ausübte, freilich im Küstenland Kolchis energischer und spürbarer als in Iberia. Dieser östliche Landesteil galt stillschweigend als persisches Einflußgebiet. In Wirklichkeit gelang es gerade dem iberischen Königshaus, eine taktisch glückliche Stellung zwischen Rom und Persien einzupendeln. Dies in einer teilweise widersinnig anmutenden Weise: Mit Rom schloß man ein Freundschaftsbündnis, nannte sich also Freund und

Bundesgenosse des römischen Volkes, mit den persischen Machthabern aber unterhielt man ein militärisches Vertragsverhältnis, demzufolge der iberische König die Stellung eines persischen Feldherrn ausübte (dies übrigens noch bis zum 18. Jh.).

So wechselhaft wie das Kriegsglück zwischen Römern und Persern (Parther/ Sassaniden) beziehungsweise Byzantinern und Persern hin- und herpendelte, so wechselte auch die politische Situation Georgiens. Das Land wurde durchaus nicht hart unterjocht, es konnte sich aber unter andauernder politischer Interessenvermengung kaum entfalten.«[1]

Der Untergang der Parther im Iran und die Entstehung eines »Neupersischen Reiches« unter den Sassaniden (ab 224) verstärkten erneut den iranischen Einfluß in Iberien und führten zur Ablösung der Arschakiden durch die Mihraniden, einer ebenfalls ursprünglich iranischen Adelsfamilie. Sie konnten sich bis 580 halten. Dann löste der persische Großkönig das iberische Königtum auf. Ostgeorgien wurde unter die Herrschaft iranischer Vizekönige gestellt, die von Tbilissi aus als Statthalter regierten. Nur im Südwesten Kartliens konnte sich *Guaram* mit byzantinischer Billigung als »Regierender Fürst« (Erismtawari) etablieren; man findet sein Bildnis auf einem Stifterproträt an der großen Dschwari-Kirche bei Mzcheta; dieser Bau des Guaram und seiner Nachfolger ist Ausdruck des relativen Aufschwunges und des nationalen Selbstbewußtseins jener Epoche.

Unter der Herrschaft der Mihraniden erfolgte um 337 auch die Einführung des Christentums als Staatsreligion Iberiens. Es setzte sich endgültig unter dem legendären kartlischen Herrscher *Wachtang I. Gorgassali* (»Wolfskopf«) in der zweiten Hälfte des 5. Jh. durch. Wachtang gelang ferner die Befriedung der wilden Bergstämme, die Festigung der Landesgrenzen sowie die Einigung des Adels. Er erstrebte eine vorsichtige Annäherung an Byzanz; der Versuch, ein einiges Gesamtgeorgien zu schaffen, scheiterte jedoch. Wachtang war es auch, der die handelsmäßig und strategisch günstige Lage Tbilissis erkannte und seine Befestigungsanlagen entsprechend verstärken ließ.

Doch obwohl heldenhaft von Georgiern und Persern verteidigt, hielt Tbilissi 622 nicht dem byzantinischen Kaiser *Heraklios* und den mit ihm verbündeten turkstämmigen *Chasaren* stand. Wieder einmal vergossen die Sieger Ströme von Blut, diesmal, wie der armenische Historiker Mowses Kalalkatoezi berichtet, das Blut der in christlichen Kirchen Zuflucht suchenden Anhänger des masdaistisch-iranischen Feuerkultes sowie anderer vorchristlicher Kulte. Die Intoleranz der Christen gegenüber Andersgläubigen, ja sogar Christen anderer Konfession unterschied sich oft nicht von der brutalen Kriegsführung der Zoroastrer, später der Muslime. Von allen wurden Machtkämpfe immer auch als Glaubenskriege ausgetragen, mit dem Ziel der geistigen Unterjochung des Gegners.

Nach der Eroberung Tbilissis wechselten die Georgier erneut die Fronten und stellten sich 632 auf die Seite der Sieger. Doch Byzanz hatte sich in seinem letzten Perserkrieg derartig erschöpft, daß es die Georgier zunächst nicht vor den Raubzügen der *Araber* schützen konnte. 655 verwüsteten sie daher Ostgeorgien, machten es sich tributpflichtig und setzten einen Emir als Statthalter des Kalifats in Tbilissi ein. War im 7. Jh. die Politik der Araber noch halbwegs

*Denkmal des Königs Wach-
tang Gorgassali vor der
Metechi-Kirche in Tbilissi*

maßvoll, so trieben drückende Steuern, systematische Zerstörungen sowie die brutale Ausplünderung der Bevölkerung ab dem 8. Jh. sämtliche transkaukasischen Völker zu Aufständen, die die Araber mit Strafexpeditionen grausam niederwarfen. Um 853 wurden allein in Tbilissi an die 50.000 Menschen hingemetzelt.

In Westgeorgien stiegen ab dem 2. Jh. die *Lasen* zu größerer Macht auf, vor allem, nachdem sie sich im 4. Jh. die nördlich benachbarten Abchasen unterworfen hatten. Das Lasenreich (*Lasika*) hielt politisch zu Rom, später überwiegend zu Byzanz, was freilich die Byzantiner nicht daran hinderte, 554 kaltblütig den Lasenkönig *Gubas* zu ermorden, weil er sich bei Kaiser Justinian über die Inaktivität der byzantinischen Heeresleitung gegenüber den Persern beschwert hatte. Nach dem Untergang des Lasenreiches in der Mitte des 6. Jh. blieb Westgeorgien zunächst unter byzantinischem Einfluß, entfremdete sich dann Byzanz aber im Verlauf des sogenannten Bilderstreits, bei dem sich zunächst die bilderfeindliche Tendenz in Byzanz durchsetzen konnte; in Georgien stieß sie aber von Anfang an auf Ablehnung.

Das georgische Großreich unter den Bagratiden

Die religiöse Entfremdung von der traditionellen Hegemonialmacht verstärkte die Unabhängigkeitsbestrebungen in Westgeorgien, das sich unter den *Bagratiden*, einem der führenden acht Adelsgeschlechter, zur Wiege der nationalen Wiedergeburt entwickelte. Als erster erklärte sich *Leo II.*, das Haupt der abchasischen Bagratiden, 746 zum König von Abchasien. *Aschot*, der Eristawi der in Kartlien herrschenden Bagratiden, floh 786 vor den Arabern nach Tao-Klardscheti (Südwestgeorgien; heute Türkei), von wo seine Familie ursprünglich stammte. Im Unterschied zu Armenien, wo die Bagratiden (georg.: *Bagrationi*) im 11. Jh. untergingen, konnte sich die von Aschot begründete Bagratiden-Dynastie in Georgien bis ins 19. Jh. halten. Die Byzantiner verliehen Aschot 826 den Hoftitel »Kuropalates«, der den dritthöchsten Rang nach dem byzantinischen Kaiser bezeichnete. Doch *Adarnasse II. Bagrationi*, einer der Nachfolger Aschots I., ging weiter und nahm 888 den fast drei Jahrhunderte zuvor abgeschafften Titel »König der Kartlier« an. Schließlich proklamierte sich noch 912 der *Emir von Tbilissi* zum unabhängigen Herrscher. Der Machtkampf, die Intrigen im Hochadel und wechselnde Bündnisse bzw. Feindschaften zwischen diesen drei regionalen Ergebnissen der Dezentralisierungsbestrebungen – Abchasien, Tao-Klardscheti und Kartlien – verhinderten fast die Einigung Georgiens. Erst 975 kam mit *Bagrat III.* ein Herrscher zur Macht, dessen Erbfolge allgemein anerkannt wurde. Ihm, dem zeitgenössische Berichte äußerste Härte bei gleichzeitiger raffinierter Diplomatie bescheinigten, gelang der Zusammenschluß Abchasiens, Tao-Klardschetis und kurz darauf auch Kachetiens.

Zu Byzanz, der Hegemonialmacht vor allem in Westgeorgien, pflegten die selbstbewußten georgische Bagratiden ein gutes, aber distanziertes Verhältnis, zumal sich die Byzantiner, wie auch in Armenien, um die Ausnutzung von Adelskonflikten bemühten, indem sie z. B. die einflußreiche (neue) Adelsfamilie der *Orbeliani* gegen die Bagratiden ausspielten. Doch die Tage der Byzantiner im Transkaukasus waren gezählt. Nachdem sie sich im 11. Jh. die Hauptstadt des armenischen Bagratidenreiches, Ani, und fast sämtliche übrigen armenischen Kleinstaaten einverleibt hatten, konnten sie das eigenhändig politisch wie militärisch geschwächte Land nicht gegen die *Seldschuken* verteidigen, so daß wenig später die Seldschuken auch Teile Georgiens verheerten. Die Schreckensjahre von 1080 bis 1089 werden in der georgischen Historiographie als »Didi Turkoba«, das »große Türkenfest«, umschrieben. Sie zeichneten sich durch verschärften Steuerdruck und eine zwangsweise Umstellung der Landwirtschaft auf Viehhaltung aus. Da aber nur ein Teil des Landes von den Seldschuken besetzt war, fiel es den Georgiern leichter als ihren armenischen Nachbarn, das Türkenjoch wieder abzuwerfen. Diese Aufgabe fiel *Dawit IV.* (1089–1125; abweichend von der (sowjet-)georgischen Forschung bezeichnen westliche Autoren Dawit den Erbauer als »Dawit III.« oder »Dawit II.«) zu, der den georgischen Thron schon mit 16 Jahren bestieg und als einer der fähigsten und gebildetsten Herrscher in die Geschichte Georgiens einging. Denn obwohl er ein von den Türken weitgehend verwüstetes Land übernahm und gegen die Partikularinteressen des Hochadels einschreiten mußte, gelang ihm dennoch die Befreiung seiner Heimat.

Ein vorübergehendes Machtvakuum in Vorderasien begünstigte den Aufstieg des Landes zur Großmacht. Während nämlich die seldschukische Zentralmacht in Persien 1062 zu Ende ging, waren die Rum-Seldschuken in Kleinasien noch nicht zur vollen Macht gelangt. Der erste Kreuzzug (ab 1096) führte zur Entstehung kampfstarker christlicher Staaten in Syrien und Palästina und begünstigte den Aufstieg eines armenisch-kilikischen Kleinstaates, während sich Byzanz allmählich wieder zu erholen begann. Nach byzantinischem Vorbild schuf sich Dawit ein schlagkräftiges Söldnerheer, bestehend aus zuletzt 80.000 Kiptschaken, nordkaukasischen Kriegern, die er nebst ihren Familien in Georgien ansiedelte. Am 14. 8. 1121 kam es bei Didgori in Innerkartlien zur georgischseldschukischen Entscheidungsschlacht, bei der die 80.000 Krieger Dawits auf eine 600.000 Mann starke islamische Übermacht stießen, diese jedoch durch eine Kriegslist – Dawit lockte den Gegner aus dem offenen Gelände in ein Waldgebiet – überwinden konnten.

Wenig später, 1122, gelang ihm auch die Eroberung und Befreiung Tbilissis, das sich seit dem 8. Jh. ununterbrochen unter fremdländischer Herrschaft, vorwiegend der Araber, befunden hatte. Bei seinem Tod gebot Dawit über ein Reich, das nicht allein sämtliche georgischen Siedlungsgebiete umfaßte, sondern auch beträchtliche Teile Armeniens einschloß und von zuverlässigen Vasallenstaaten umgeben war. Dieses Groß-Georgien erstreckte sich damals vom Schwarzen bis zum Kaspischen Meer. Auch nach innen gelang Dawit die Einigung und Stärkung seines Reiches, indem er Vetternwirtschaft und Amtsmißbrauch in der weltlichen wie kirchlichen Verwaltung bekämpfte, unfähige Beamte entließ, unbestechliche sowie qualifizierte Minister berief und einen ersten Schritt zur Gewaltenteilung tat, indem er die meisten seiner Vollmachten auf eigens ausgebildete und ständig überprüfte Behörden übertrug. Die Landwirtschaft Georgiens blühte in jener Zeit so auf, daß zwei Drittel ihrer Erzeugnisse ausgeführt werden konnten. Straßen, Brücken und Krankenhäuser wurden errichtet und eine Art Sozialfürsorge eingeführt. Dawits Herrschaft stützte sich jedoch nicht allein auf militärische Siege und politisch-diplomatische Erfolge, sondern auch auf das Vertrauen, das der Herrscher dank seiner überragenden Geistes- und Charakterfähigkeiten errang: Obwohl selbst überzeugter Christ, gewann er die Zuneigung seiner muslimischen Untertanen und Verbündeten durch hervorragende Kenntnisse des Korans und den Besuch ihrer Moscheen. Er war in der Lage, mit dem Kadi von Gandsche (Aserbaidschan) einen gelehrten Disput zu führen, und aufgeklärte Toleranz zeichnete auch die damals in Georgien aufblühende Klostergelehrsamkeit aus. So erwarb sich Dawit den ehrenden Beinamen »Aqmaschenebeli«, der »Erbauer« oder besser »Wiederhersteller« Georgiens. Unter den Kreuzfahrerheeren entstand die Legende von König Dawit, »dem unbesiegbaren Helden, der sich in Kaukasien gegen den Islam erhob« und mit dem sagenhaften »Priesterkönig Johannes« identifiziert wurde.

Dawits Herrschaft leitete das große »Goldene Zeitalter« Georgiens ein; der von ihm hinterlassene machtvolle Zentralstaat wurde im wesentlichen von seinen Nachfolgern *Demetre* (1125–1156) und *Giorgi III.* (1156–1184) bewahrt. Seine Urenkelin *Tamar* (1184–1213) führte dann das »Goldene Zeitalter« Georgiens zu seiner höchsten Blüte. Ihr Vater hatte sie schon zu seinen Lebzeiten zur

Mitregentin berufen; nach seinem Tode nahm Tamar als erste Frau auf dem georgischen Thron selbstbewußt den einem Mann zustehenden Königstitel »Mepe« an. Doch obwohl schon damals berühmt für ihre Klugheit und ihr politisches Geschick, mußte Tamar im Konflikt zwischen dem Adel und dem Bürgertum gewisse Rückzieher machen. Denn wenn auch der Hochadel ihr den Treueid geschworen hatte, konnte sich Tamar seine Gefolgschaft nur durch den Widerruf einiger Privilegien sichern, die ihr Urgroßvater Dawit dem Bürgertum gewährt hatte, indem er z. B. höchste Regierungsämter bürgerlichen Fachleuten überließ. Schweren Herzens ersetzte Tamar treue und bewährte Minister ihres Vaters durch Adelige. Auch in ihren beiden Ehen fügte sich Tamar der Staatsräson. Auf Vorschlag einer Auswahlkommission heiratete sie einen emigrierten russischen Prinzen, Jurij (Giorgi) Bogoljubskij, Sohn des Großfürsten Andrej von Nowgorod. Die politische Beziehung zwischen Georgien und Nowgorod datierte noch aus der Zeit Dawits IV. Aber die russisch-georgische Staatsehe scheiterte schon nach zwei Jahren an Jurijs »zügelloser Lebensart und Knabenliebe sowie seinem jähzornigen Temperament« (Julius Klaproth). Bei ihrer zweiten Ehe entschied Tamar klugerweise selbst, und zwar für Dawit Soslan aus einer Nebenlinie der in Ossetien herrschenden Bagratiden. Das verhinderte Rivalitäten im georgischen Adel und band Ossetien noch enger an Georgien.

Schon kurz nach ihrer Trauung 1189 mußte Dawit Soslan für seine Frau und Königin Kriege führen, und zwar zunächst gegen seinen Vorgänger Jurij, der sich mit georgischen Adeligen gegen Tamar verschworen hatte. Jurij wurde gefangengenommen, Tamar begnadigte ihn und schob ihn nach Konstantinopel ab, von wo der Russe aber noch einmal, diesmal mit seldschukischer Unterstützung, zurückkehrte. Wenn auch Tamars Ex-Mann geschlagen werden konnte, blieben die Rum-Seldschuken weiterhin die Hauptgegner Georgiens. Bei der seldschukisch-georgischen Entscheidungsschlacht (1205/06) bot Sultan Ruknad-din Süleiman ein Heer von angeblich 400.000 Kriegern auf und forderte Tamar in einem Brief heraus, der sie als Frau und als Christin verletzen sollte (s. Kasten). Dawit Soslan und die besten georgischen Generäle führten die Truppen Tamars erneut zum Sieg.

Die Außenpolitik Tamars war, vielleicht um die bei Müßiggang allzu schnell rebellierende Militäraristokratie zu beschäftigen, relativ kriegerisch. So schreckte sie nicht davor zurück, 1204, als das Byzantinische Reich im Zuge des vierten Kreuzzuges von den »Lateinern« besetzt und aufgeteilt wurde, die byzantinischen Enklaven Trapesunt und Kerasunt zu besetzen, um dort ihren Verwandten, den byzantinischen Prinzen *Alexios Komnenos*, als Herrscher zu etablieren. Das blühende Kleinkaiserreich von Trapesunt bildete – zeitweilig sogar als Vasall – einen natürlichen Pufferstaat für Georgien. 1210, drei Jahre vor ihrem Tode, nutzte Tamar die innenpolitische Schwäche des benachbarten Persiens zu einer Invasion. Es gelang ihr mithin, wie ein zeitgenössischer Historiker zu Beginn des 13. Jh. schrieb, seit ihrer Thronbesteigung das Territorium Georgiens zu verdoppeln. Ihr Reich vereinte erstmals den gesamten Kaukasus und Transkaukasus sowie die Südküste des Schwarzen Meeres und Teile von Iranisch-Aserbaidschan mit dessen Hauptstadt Tabris. Die diplomatischen Kontakte und Handelsbeziehungen Georgiens reichten von Westeuropa bis nach

China. Neben dem Großfürstentum Kiew, dem Reich der Rum-Seldschuken in Ikonium (heute: Konya) sowie den christlichen und islamischen Staaten Syriens und Ägyptens gehörte Georgien zu den damaligen Großmächten. Ein solches Reich konnte mit militärischen Erfolgen allein nicht gehalten werden, sondern bedurfte ebenso der Toleranz und Einsicht seiner Herrscher wie einer gerechten Verwaltung. Alle diese staatsmännischen Tugenden vereinte Tamar. 1207 war ihr Gatte, Dawit Soslan, gestorben und von Tamar tief betrauert worden; sechs Jahre darauf starb die Königin selbst. Aus Furcht vor Entweihungen hielt man das wahre Grab der schon zu Lebzeiten fast als Heilige verehrten Herrscherin geheim. Nach georgischer Überlieferung begaben sich mehrere Trauerzüge in verschiedene Landesteile Georgiens, aber welcher der von ihnen mitgeführten Särge wirklich den Leichnam Tamars enthielt, blieb das Geheimnis der an dieser Täuschung Beteiligten.

Der Briefwechsel zwischen Sultan Rukn-ad-din und Königin Tamar

»Ich, Rukn ad-din, höchster der Sultane unter den Himmeln, den Engeln gleich, Besitzer Gottes, gesandt durch den großen Mohammed, ich lasse dich, Tamar, Herrscherin der Georgier, wissen, daß jede Frau von schwachem Geiste ist. Du hast den Georgiern befohlen, das Schwert zu ziehen, um das islamische Volk zu vernichten – diese von Gott geliebten Muselmanen –, und außerdem hast du veranlaßt, von einem freien Volke Vasallentribute zu erheben. Nun komme ich, um dem persischen Hause Gerechtigkeit zu verschaffen und um dir und deinem Volke beizubringen, niemals wieder das Schwert zu erheben, welches nur in meine Hände allein gelegt wurde. Ich werde zustimmen, jeden am Leben zu lassen, der bei meiner Ankunft vor meinem Zelt das Knie beugt, bereit ist, das Apostolat Mohammeds zu verkünden, seiner Religion abschwört und in meiner Gegenwart jenes Kreuz zerbricht, auf welches du fälschlicherweise deine Hoffnung setztest. Vorderhand erwarte meinen Vertreter, den du dann nach Persien entlassen sollst.« Die Proklamation wurde dem Kriegsminister Tamars überreicht. Der Botschafter des Sultans fügte noch mündlich hinzu, wenn die Königin auf ihren Glauben verzichte, nehme der Sultan sie zur Gattin, andernfalls mache er sie zu seiner Konkubine. Neben den Höflichkeitsgeschenken für den Sultan bezog er daraufhin auch eine kräftige Ohrfeige durch den Minister. – Die Antwort Tamars:

»Ich habe deinen Brief gelesen, der eigens zur Erniedrigung des Himmels geschrieben wurde, o Rukn ad-din; und ich habe das Zeugnis deiner Frechheit gesehen, über die Gott richten wird. Weißt du nicht, daß jeder Mensch, der dünkelhaft bei Gott schwört, durch ihn vernichtet werden wird? Ich entsende gegen dich die Armee, die den Namen Christi trägt, nicht um dich etwa damit zu ehren, sondern um die Arroganz deines stolzen Herzens zu erniedrigen. Ich sende dir einen meiner Leute, damit du diese Antwort zur rechten Zeit erhältst und du deine Maßnahmen treffen kannst; meine Truppen, die ich soeben abziehen ließ, nähern sich schon deinem Tor...«

(Aus: Eid, Volker: Das Königreich Georgien und seine große Zeit unter David III. und Tamar. In: Anatolisches Mosaik: Von Stambul bis zum Kaukasus. »Die Karawane«, 18. Jg., 1974, Heft 4, S. 88 f.)

Der Niedergang

Aus der Ehe Tamars mit Dawit Soslan gingen ein Sohn, *Giorgi IV.*, mit dem Beinamen »Lascha« (»der Vortreffliche«; 1212–1223), und eine Tochter, *Russudan* (1223–1247), hervor. Sie mußten das gewaltige, verpflichtende Erbe ihrer genialen Mutter in schwieriger Zeit antreten: Bereits 1221 berührte ein Feldzug der *Mongolen* das georgische Reich, 1236 stand ein Teil Georgiens unter mongolischer Kontrolle. 1225 fiel außerdem der aus seinem eigenen Land von den Mongolen vertriebene Schah von Choresm, *Dschalal-ad- din*, über Georgien her und ruinierte es innerhalb weniger Jahre. Armenien und Ostgeorgien, vor allem Tbilissi, litten entsetzlich unter diesem Raub- und Vernichtungskrieg, über den ein Chronist folgendes berichtete:

»Sie suchten wütend das Land heim, rissen Kinder von den Brüsten ihrer Mütter und warfen sie vor den Augen ihrer Mütter gegen die Steine. Die Hirne von Männern, Frauen, Greisen und Kindern, ihr Haar und ihr Blut, die von den Körpern getrennten Köpfe und die menschlichen Eingeweide wurden von Pferden zertrampelt und zerstampft.«[2]

Den Mongolen waren die Georgier nach fünf Schreckensjahren unter Dschalal-ad-din nicht mehr gewachsen: Königin Russudan, Tamars Tochter, mußte 1242/43 die mongolische Oberherrschaft anerkennen, nachdem sie 1239 Papst Gregor IX. vergeblich um Hilfe gebeten hatte. Statt europäischer Ritter entsandte der Papst Dominikanermönche nach Tbilissi, die dort ihre Missionstätigkeit aufnahmen, unter den christlichen Georgiern.

Die Mongolen hielten Georgien nur bis zum Surami-Gebirge besetzt. Russudan floh deshalb nach Westgeorgien, und die Mongolen erhoben mit Russudans Zustimmung ihren Sohn *Dawit VI.* (1249–1291) zum König, dem sie den Beinamen »Narin« (»der Schlaue«) gaben. Da sich aber Dawit als Geisel an den Hof des Großchans Batu nach Karakorum begeben mußte, wurde in seiner Abwesenheit *Dawit VII.* (1249–1269), ein unehelicher Sohn des Königs Giorgi IV. Lascha, zum König ausgerufen. Ihm, der groß, fett und schlichten Gemüts war, gaben die Mongolen den Beinamen »Ulu« (»der Große«). Auch er mußte nach Karakorum reisen, um sich seine Königswürde bestätigen zu lassen. Von dort kehrte er 1246 mit dem anderen König wohlbehalten nach Tbilissi zurück. Das Doppelkönigtum der beiden Dawit stellte einen ersten Schritt zur Spaltung Georgiens dar. Zum Glück für die Reichseinheit regierten beide in engstem Einvernehmen: Dawit Narin seit 1258 in Kutaissi, Dawit Ulu dagegen als Befehlshaber der Mongolen von Tbilissi aus. Der einzige Unterschied soll darin bestanden haben, daß der eine mit »bestätige ich, Dawit« und der andere mit »ich, Dawit, bestätige« unterschrieb.

Obwohl die Mongolen die Verwaltung Georgiens weitgehend dem Herrscherhaus der Bagratiden bzw. den bestehenden Einrichtungen überließen, war die Steuerlast dermaßen drückend, daß die Georgier in zahlreichen Aufständen, vor allem in den Jahren 1259 und 1260, versuchten, die Mongolenherrschaft abzuwerfen. Das gelang ihnen jedoch erst nach fast 100 Jahren. Aber das Land war verwüstet, die Bevölkerung erheblich dezimiert, Handel und Handwerk lagen darnieder, Äcker und Bewässerungsanlagen waren vernichtet und die politische Zentralgewalt stark geschwächt. Eine gewisse, wenn auch nur vorübergehende Besserung trat unter König *Giorgi dem Prächtigen* (1314–1346) ein. Dieser friedliche Wiederaufschwung wurde aber durch die katastrophalen Überfälle *Tamerlans (Timur Lenk)* zwischen 1386 und 1403 jäh unterbrochen. »Timurs Überfälle erwiesen sich als eine Art wirtschaftlicher Kriegsführung gegen das feudale Georgien. Die Eroberer holzten Obst- und Weingärten ab, fällten Walnuß- und Maulbeerbäume und zerstörten Gemüsegärten. Schlösser, Festungen, Klöster und Kirchen und andere Denkmäler der Kultur verwandelten sie in Ruinen. Allein bei einem Einfall Timurs in Westgeorgien wurden 700 davon geplündert.«[3] Aber Westgeorgien mußte nur einen Raubzug Tamerlans erdulden, Ostgeorgien dagegen acht! Zudem war Ostgeorgien schon im 13. Jh. durch die Mongolen ungleich stärker verwüstet worden.

Ein erneuter (und letzter) Aufschwung trat erst ein, als es nach Timurs Tod 1405 im Orient zu einem Machtvakuum kam. König *Alexandre I.* (1412–1442) stellte noch einmal Georgiens alte Größe her, indem er im Westen die Täler des Rioni und Tschoroch zurückgewann, im Norden den Darjal-Paß beherrschte und im Süden die einst georgische Provinz Samzche (Meßchetien) mit Kars und Erzurum besetzte. Doch der Zerfall des zentralisierten Georgiens ließ sich nicht auf Dauer aufhalten. Äußere Ereignisse wie der Fall der von den Christen heldenhaft verteidigten Byzantinerhauptstadt Konstantinopel (1453) und des christlichen Komnenenreiches von Trapesunt (1461), andererseits der Aufstieg eines neuen persischen Reiches unter den Safawiden sowie die Expansion des türkischen Osmanenreiches beschleunigten Georgiens Niedergang. Georgien konnte sich als christlicher Staat nicht länger in einer allseits islamisierten Umwelt halten. Innere Auflösungsprozesse beschleunigten noch den Zerfall der Reichseinheit, so daß ab Mitte des 15. Jh. vier Territorialstaaten entstanden.

Der Zerfall der Reichseinheit

Imeretien hatte sich 1455 unter seinem Eristawi *Bagrat* als erstes georgisches Territorialkönigreich vom König und der Zentralgewalt gelöst. Mit Unterstützung seiner Vasallen, der Fürsten von Gurien, Megrelien und Abchasien, etablierte sich Bagrat als westgeorgischer König. Andere Territorialherrscher folgten dem schlechten Beispiel: Samzche 1465, Kachetien 1466. Im Verlauf des 16. und 17. Jh. spalteten sich die westgeorgischen Fürstentümer, deren Gefolgschaft sich Bagrat von Imeretien mit der Gewährung von Privilegien hatte erkaufen müssen, ihrerseits vom imeretischen Königreich ab.

Gegen Ende des 15. Jh. setzte sich Georgien mithin aus drei Königreichen (Imeretien, Kartlien und Kachetien), aus Samzche sowie aus zahlreichen, weitgehend selbständigen Fürstentümern zusammen. Samzche ging bis 1625 vollständig im Osmanischen Reich auf; seine Bevölkerung wurde islamisiert. Das waren ungünstige Voraussetzungen für die Abwehr der Ansprüche, die Perser wie Türken auf Georgien erhoben. Beide Reiche hatten ihre Interessengebiete in zwei Verträgen (1553, 1590) abgesteckt, allein für die Durchsetzung fehlte es ihnen doch an Kraft. Der Kampf Imeretiens gegen die Osmanen bzw. Kartliens und Kachetiens gegen die Perser dauerte, mit Unterbrechungen, bis zum Ende des 18. Jh. und bewahrte zumindest diesen georgischen Zentralprovinzen weitgehend Unabhängigkeit. Freilich mußte Imeretien gegenüber der Türkei Gebietsverluste hinnehmen. Andererseits gelang es den Osmanen niemals, die gesamte georgische Schwarzmeerküste zu besetzen.

Ostgeorgien hatte zunächst vor allem die Perser abzuwehren, ab Mitte des 16. Jh. auch die Türken. Die Führung in diesem einhundertjährigen Krieg (1548–1648) lag zuletzt bei dem kachetischen König *Teimuras I.* (1605–1648). Auf persischer Seite stand ihm *Schah Abbas I.* (1587–1628) gegenüber. Teimuras verlor seinen Thron im über 19jährigen Kampf gegen die Perser viermal und eroberte ihn sich viermal zurück. Er mußte, ebenso wie der mit ihm verbündete kartlische König *Luarsab II.*, dem Schah seine Söhne als Geiseln überlassen. Schah Abbas lockte Luarsab II. mit einer List nach Persien, folterte und tötete ihn; ebenso ermordete er 1624 in Schiras die Mutter des kachetischen Königs, Ketewan. Er verwüstete 1614 und 1616 Kachetien und Kartlien in unglaublich brutaler Weise. Etwa 100.000 Georgier starben bei diesen Kämpfen, und ebenso viele ließ Schah Abbas in den Iran deportieren, wo ihre islamisierten Nachfahren noch heute leben. Als Teimuras nach dem Tod von Schah Abbas 1628 aus seinem imeretischen Exil nach Kachetien zurückkehren konnte, mußte er zuerst die islamisierten, von den Persern dort eingesetzten Fürsten vertreiben. Mitte des 17. Jh. war auch Persien durch seine Kämpfe gegen die Georgier so erschöpft, daß es sich auf eine bis zum 18. Jh. währende Politik der Verständigung einließ.

Das 18. Jh. brachte Georgien eine Reihe bedeutender Herrscher, die das Land erneut zur Einigung und zu einer nationalen Wiedergeburt führen wollten. In Imeretien herrschte *Solomon I.* (der Große), ein erbitterter Feind der Türken. Er stellte den von ihnen geförderten Sklavenhandel unter Todesstrafe und mußte anschließend mehrere osmanische Angriffe auf Imeretien abwehren. Obwohl die georgische Kirche den Verkauf von Christen an Muslime strengstens verbot, hatte der Sklavenhandel im 17. und 18. Jh. in Westgeorgien einen solchen Umfang angenommen, daß die Bevölkerungszahl drastisch zurückging. Die Fürsten Megreliens, Dadiani, verkauften den Türken z. B. jährlich 10- bis 15.000 Knaben! Hierbei kamen, wie schockierte europäische Zeitgenossen berichteten, nicht nur leibeigene Bauern unter den Hammer. Manche georgische Adelige verhökerten in ihrer Geldgier sogar die eigenen Mütter, Ehefrauen, Kinder und selbst Priester.[4]

In Kartlien versuchte *Wachtang VI.* (1702–1724 bzw. 1737) erneut, Georgien mit europäischer Hilfe zu befreien. Während seine diplomatisch-politischen Missionen an der Gleichgültigkeit sowie dem Eigennutzdenken Europas, vor allem Rußlands, scheiterten, gelang ihm geistesgeschichtlich eine Neubelebung der nationalen Kultur.

Der kartlische König *Teimuras II.* (1744–1762) und sein Sohn *Erekle II.* (König von Kachetien 1744–1798, von Kartlien ab 1762) vertrieben endgültig die Osmanen aus Ostgeorgien und siegten sogar über den Iran, obwohl dieser unter Nadir Schah inzwischen wieder erstarkt war. Nadir Schah machte aus der Not eine Tugend und suchte das Bündnis der Ostgeorgier, mit deren Unterstützung er glänzende Siege in Afghanistan und Indien errang.

Der Anschluß an Rußland

Vor allem Erekle II. erwies sich als genialer Feldherr und engagierter georgischer Staatsmann. Von den 40 Schlachten, die er führte, gewann er über 30. Sein politisches Ziel war ein transkaukasischer Staat unter georgischer Führung, der sein Land erneut zu einer Großmacht und damit von den asiatischen

Einflüssen aus Persien und der Türkei frei gemacht hätte. Die fortdauernden Kämpfe gegen Türken und Perser nahmen jedoch soviel Kräfte in Anspruch, daß Georgien nicht die innere Konsolidierung gelang. Darum schloß Erekle II. 1783 mit Rußland, der nördlich benachbarten christlichen Großmacht, ein Protektoratsabkommen, nachdem seine Versuche, bei anderen damaligen europäischen Mächten, darunter Preußen und Österreich, Schutz zu finden, gescheitert waren. Das Abkommen bestätigte die Ganzheit und Unversehrtheit des georgischen Territoriums. Dafür unterwarf sich Georgien außenpolitisch Rußland, das auch das Recht zur »Bestätigung« der ostgeorgischen Könige erhielt. Erekle II. verpflichtete sich ferner, »immer bereit zu sein mit seinen Kriegern im Dienste seiner Majestät«, des russischen Zaren.

Genutzt hat dieser Vertrag Ostgeorgien nicht viel. Er beunruhigte vielmehr den Herrscher des Iran, Agha Mohammad Chan, so stark, daß er am 12. 9. 1795 Tbilissi einnahm und ausplünderte. Russische Hilfe und Schutz wurde den Georgiern nicht zuteil. Dennoch übernahm Erekles Sohn *Giorgi XII.* (1799–1800) die Rußland gegenüber eingegangenen Verpflichtungen. Als er kurz darauf starb, verleibte sich Rußland schon drei Wochen später Ostgeorgien ein (1810 annektierte Rußland auch Imeretien, 1830 Gurien und 1867 Megrelien). Diese in der sowjetischen Geschichtsschreibung fälschlich als »freiwillige Vereinigung« Ostgeorgiens mit Rußland beschönigte Annexion bildete in Wahrheit einen eklatanten Vertragsbruch sowie einen Gewaltakt der Russen, dem weitere folgten: 1811 verlor die georgisch-orthodoxe Kirche ihre Selbständigkeit und wurde der russischen Synode unterstellt. Russen erhielten die wichtigsten Ämter im georgischen Staat, die georgischen Hochschulen wurden geschlossen und Georgisch als Amts- und Unterrichtssprache durch Russisch ersetzt. Viele Kulturgüter wurden nach Rußland verbracht. *Fürst Zizianow,* dem zu Anfang des 19. Jh. die Verwaltung Ostgeorgiens übertragen wurde, klagte 1804 in einem Bericht an Zar Alexander I.: »Die Verwaltung macht mir große Schwierigkeiten; das ist alles neu für das georgische Volk; die Beamten nützen ihre Stellung aus, sie haben Gott vergessen und begehen Dinge, die nicht sein sollten. Der Richter, Kläger und Verklagte verstehen einander nicht ...«[5]

Zwischen 1802 und 1832 lehnten sich die Georgier oftmals gegen die russische Herrschaft auf. Ein landesweiter Aufstand, ab 1826 von einem »Zentralkomitee für die Befreiung« geplant, wurde aber kurz vor seiner Ausführung im Dezember 1832 von einem der Hauptverschwörer verraten. Es stellte sich heraus, daß die besten Vertreter des georgischen Adels und der Geistlichkeit sowie zahlreiche hervorragende Schriftsteller in die Verschwörung verstrickt waren. Ihre Todesurteile wandelte der russische Kaiser in Verbannung nach Sibirien um.

Nach dem mißlungenen Aufstand von 1832 setzte sich diejenige politische Richtung in Georgien durch, die einer Zusammenarbeit mit der ohnedies unausweichlichen russischen Vorherrschaft sowie einer kulturellen Entwicklung Georgiens innerhalb des Russischen Reiches das Wort redete. Georgische Jugendliche studierten an den Universitäten Rußlands und Westeuropas und brachten von dort das Gedankengut des Marxismus und Liberalismus in ihre Heimat.

Nach der russischen Oktoberrevolution von 1917 schlossen sich Georgier, Armenier und Aserbaidschaner zu einem kurzlebigen »Transkaukasischen Kommissariat« zusammen, das von einem »Sejm«, einem »Landtag«, in Tbilissi regiert wurde. Politisch tonangebend waren die georgischen Menschewiki (1903 hatte sich die marxistische Sozialdemokratie Rußlands in »Mehr«- und »Minderheitler«, Bolschewiki und Menschewiki, gespalten). Am 21. 4. 1918 erklärten die Mitgliedsstaaten ihre Unabhängigkeit vom Russischen Reich und riefen in Tbilissi eine »Transkaukasische Föderative Republik« aus, die jedoch wieder in ihre nationalen Bestandteile zerfiel, nachdem sich Georgien am 26. 5. 1918 für unabhängig erklärt hatte. Den Anlaß für den Zerfall lieferte die Unstimmigkeit der transkaukasischen Völker über den Friedensvertrag von Brest-Litowsk, dessen Anerkennung die Türkei damals von ihnen verlangte. Für Armenien und Georgien war dies unannehmbar, weil es zu umfangreichen Gebietsabtretungen an die Türkei geführt hätte. Georgien unterstellte sich daraufhin deutschem Schutz[6] – aus jener Zeit datiert auch das Touristen auffällige Wohlwollen der Georgier gegenüber Deutschen –, Aserbaidschan genoß den Schutz der Türkei, Armenien blieb als der kleinste und schutzloseste der drei Staaten auf der Strecke. Es ist kein Ruhmesblatt in der georgischen Geschichte und eine schwere Hypothek für die georgisch-armenischen Beziehungen, daß Georgien die Agonie seines Nachbarlandes im Oktober 1918 ausnutzte und kurzerhand nordarmenische Gebiete besetzte bzw. auf sie Anspruch erhob. Die Begründung war zynisch: Da der armenische Staat ohnehin zu schwach sei, um seine Bevölkerung wirksam gegen die Türken zu verteidigen, läge es im Interesse der armenischen Bevölkerung, von den Georgiern besetzt und unterstützt zu werden. Zeitgleich aber ließ Georgien seine Grenzen nach Armenien und Aserbaidschan dichtmachen und versperrte somit armenischen Flüchtlingen die Einwanderung. 1920 erfolgte die Sowjetisierung Aserbaidschans und Ostarmeniens.

Georgien wurde als letztes transkaukasisches Land und auch am offenkundigsten unfreiwillig sowjetisch: In Verletzung eines sowjetrussisch-georgischen Vertrages vom 7. 5. 1920, in dem Sowjetrußland die Unabhängigkeit Georgiens anerkannte und auf die alten russischen Souveränitätsrechte an Georgien verzichtete, marschierte am 11. 2. 1921 die 11. Rote Armee in Georgien ein. Am 18. 3. 1921 gingen die Angehörigen der bürgerlichen georgischen Regierung in Batumi an Deck, um ihre Reise ins Exil anzutreten.

Chaos, Repressionen gegen echte und vermeintliche Mitglieder oder Sympathisanten der vorsowjetischen, menschewistischen Regierung Georgiens sowie Hunger kennzeichneten die Lage in den ersten Jahren der Sowjetherrschaft. Die Hungersnot von 1922 ließ sich nur mit jener vergleichen, die auf die systematischen Verwüstungen unter Schah Abbas I. folgte. 1922, 1924 und 1928 kam es zu antisowjetischen Erhebungen. Obwohl schon in vorsowjetischer Zeit ein Zusammenschluß der drei größten Völker Transkaukasiens an nationalen Interessengegensätzen gescheitert war, zwang *Stalin* Armenien, Georgien und Aserbaidschan, sich von 1923 bis 1936 zu einer »Transkaukasischen Sozialistischen Sowjetrepublik« zu vereinen, wovon er sich eine Erleichterung der »Erziehung zum Internationalismus« sowie der Verfolgung »nationalistischer Elemente« versprach.

Eine wirkliche Lösung der auch in Georgien bestehenden Nationalitätenprobleme wurde damit nicht erreicht. Unter den Bedingungen von »Glasnost«, als

Im Dezember 1988 fand in Tbilissi ein Hunger- und Sitzstreik gegen die Novellierung der sowjetischen Verfassung statt, die den Unionsrepubliken das Recht auf Austritt aus der UdSSR genommen hätte.

immer mehr dunkle Flecken der sowjetischen Geschichte zur Sprache gebracht wurden, kam es auch in Georgien zur unverhohlenen Kritik an der Moskauer Russifizierungspolitik. Viele Georgier argwöhnen sogar, daß Moskaus Hand im Spiel war, als die mit der georgischen Verwaltung unzufriedenen Abchasen ihre Autonome Republik lieber russischer Verwaltung unterstellen und am Ende sogar zu einer eigenen Sowjetrepublik erheben wollten. Dies löste Anfang April 1989 in Abchasien und dann in Tbilissi georgische Gegendemonstrationen aus, bei denen es, zumindest in Abchasien, zu tätlichen Auseinandersetzungen mit Abchasen kam. Die Demonstrationen und Streiks in Tbilissi und anderen georgischen Städten dagegen verliefen friedlich, mündeten aber bald in allgemeinen politischen Protest, wobei die Forderung nach dem Austritt Georgiens aus der UdSSR immer lauter wurde. Diese Forderung war am 14. April 1979 zum ersten Mal erhoben worden; inzwischen wird sie von verschiedenen georgischen Bürgerrechtsgruppen wie der Nationaldemokratischen Partei, der Partei für die Unabhängigkeit Georgiens sowie von der im Juni 1989 nach baltischem Vorbild gebildeten »Volksfront« getragen. Weitere Anlässe des Protestes bildeten die Überfremdung Georgiens durch Russen und andere Völker (»Georgien den Georgiern!«), die Zerstörung des mittelalterlichen Höhlenklosters Dawit Garedscha (70 km von Tbilissi entfernt) durch Irrgänger von einem nahegelegenen Truppenübungsplatz, die Staatssicherheitspolizei KGB sowie die Vergewaltigung einer Georgierin durch einen Fremden. Die Forderungen einzelner Redner bei öffentlichen Auftritten steigerten sich bis zum Verlangen nach dem Austritt aus der UdSSR und der Intervention der NATO zum Schutze Georgiens.

In der Nacht vom 8. zum 9. April 1989 spitzte sich der Konflikt zwischen den Demonstranten in Tbilissi und der Staatsmacht auf tragische Weise zu. Vermutlich auf Moskauer Anweisung – inzwischen will niemand dafür verantwortlich gewesen sein – gingen Sondereinheiten des Innenministeriums mit Giftgasen gegen die friedvollen Demonstranten vor und griffen selbst Unbeteiligte brutal, teilweise sogar mit Pionierspaten, an. Nach amtlichen und inoffiziellen Angaben aus Georgien starben 22 Menschen, 200 wurden verletzt, darunter auch Dutzende georgischer Polizisten, die von den Soldaten ebenso brutal angegriffen wurden, als sie versuchten, die Bevölkerung vor dem Militär zu schützen. Dieser Exzeß der ohnedies berüchtigten Sondertruppen belebte die Debatte sowjetischer Juristen über die Notwendigkeit, Gesetze zu erlassen, die den Einsatz und das Vorgehen der Polizei verbindlich regeln. Zu groß ist anderenfalls die Gefahr, ganze Republiken gegen Moskau aufzubringen, weil die Bevölkerung wie ein Bürgerkriegsgegner oder, schlimmer noch, wie die Einwohner eines besetzten feindlichen Gebietes niedergemacht wird.

Der Vergleich der georgischen und armenischen Geschichte erbringt viele Gemeinsamkeiten im Schicksal beider Völker: Größtenteils dienten ihre Heimatländer den benachbarten Großmächten als Austragungsstätte ihrer Vormachtkämpfe. Nur in Zeiten eines Machtvakuums in Vorderasien gelang es den Armeniern und Georgiern, die Ober- oder Fremdherrschaft abzuwerfen und eine eigene politische Rolle zu spielen. Bei den Armeniern war dies kurzfristig im ersten vorchristlichen Jahrhundert unter ihrem König Tigran II. der Fall. Das durch seine geographische Lage geschütztere Georgien versuchte seit dem Altertum, der »kartweloba«, der nationalen Leitidee von der Erhaltung des Georgiertums, durch wechselnde Bündnisse zu dienen, oft mit der jeweils schwächeren unter den beiden benachbarten Großmächten. Je nach Bedarf konnten sich die Georgier dabei auf dynastische Verbindungen (zum Iran) oder auf die christliche Glaubensgemeinschaft (mit Byzanz) berufen. Georgiens von der inneren Logik nationaler Interessen diktierte Schaukelpolitik erwies sich als so erfolgreich, daß es unter der Herrschaft der Bagratiden vom 10. bis 13. Jh. zu einer bedeutenden christlichen Großmacht im Orient wurde. Auch in späteren Jahrhunderten konnten sich die georgischen Territorialkönige zumindest eine teilweise Unabhängigkeit bewahren.

Die russische Annexion des in die Kleinstaaterei zurückgefallenen georgischen Reiches Anfang des 19. Jh. mag völkerrechtlich verwerflich erscheinen. Sie bewahrte aber Georgien vor der physischen Vernichtung. Die Schrecken des neuzeitlichen Völkermordes, wie er zu Beginn des 20. Jh. an den Armeniern verübt wurde, blieben den Georgiern ebenso erspart wie die Teilung ihrer Heimat. Das unter russischer bzw. sowjetischer Herrschaft befindliche Georgien ist, gleichfalls im Unterschied zu Sowjetarmenien, beinahe mit den historischen georgischen Siedlungsgebieten deckungsgleich. Nur der Südwesten Georgiens, Tao-Klardscheti mit herrlichen Baudenkmälern aus dem 10. Jh., blieb bei der Türkei.

Anmerkungen

1 Eid, Volker: Das Königreich Georgien und seine große Zeit unter David III. und Tamar. In: Anatolisches Mosaik: Von Stambul zum Kaukasus.»Die Karawane«, 18. Jg., 1974, Heft 4, S. 70.

2 Zitiert nach: Meskhia, Schota: Geschichte Georgiens (Kurzer Überblick). In: Georgien. Jenaer Reden und Schriften 1972. Hrsg. Franz Bolck. Jena 1972, S. 34.

3 Ebd., S. 35.

4 Allen, W. E. D.: A History of the Georgian People from the Beginning Down to the Russian Conquest in the Nineteenth Century. London 1971, S. 283.

5 Sanders, A. (d.i. Alexander Nikuradze): Kaukasien: Nordkaukasien, Aserbeidschan, Armenien, Georgien. Geschichtlicher Umriß. 2. Aufl. München 1944, S. 285.

6 Deutschland verfolgte, vor dem Hintergrund des kriselnden Bündnisses mit der Türkei, in erster Linie das Ziel der Ausbeutung transkaukasischer Rohstoffe. Ein deutsch-georgischer Vertrag vom 12. 7. 1918 gestattete den deutschen Rüstungskonzernen u. a. die Nutzung der georgischen Manganvorkommen sowie des Schwarzmeerhafens Poti.

Stalin – ein sowjetisches Phänomen

> *(...) Dabei hat dieses Land (Rußland) eigentlich niemals aus eigenstem Blute selber sein Schicksal geführt. Bald beherrschten es Mongolen, bald Tataren. Heute bestiegen Stalin und Jenukitze den roten Thron, Trotzki und Radek gehen in die Verbannung. Die Kaukasier lösen die Juden ab.»Was hörst du aus den Mauern des Kreml?« flüstert man im Volk. »Das Klagelied Jeremiä und das Tanzlied Schamyls!«*
>
> (Wegner, Armin T.: Fünf Finger über Dir. Aufzeichnungen einer Reise durch Rußland, den Kaukasus und Persien 1927/28.)

Während 1922 im frisch sowjetisierten Georgien noch der Hunger wütete, hatte ein Sohn dieses Landes sich bereits entscheidende Positionen im politischen Apparat der Kommunistischen Partei der Sowjetunion erobert: *Iosif Dschugaschwili* (1879–1953), bekannt geworden unter seinem Decknamen »Stalin« (»der Stählerne«). Obwohl Lenin in seinem politischen Testament vor dem unberechenbaren Machthunger des Georgiers gewarnt hatte, gelang es Stalin, diesen Teil des Lenin-Testaments zu unterdrücken – es wurde erst drei Jahre nach Stalins Tod in vollem Wortlaut veröffentlicht – und sich als legitimen Nachfolger und getreuen Vollstrecker der Ideen und Werke des sowjetischen Staatsgründers auszugeben.

Systematisch baute er sich eine eigene Gefolgschaft in der Partei auf. 1924, bei Lenins Tod, hatte er bereits 16.000 Parteiämter mit ihm treu ergebenen Funktionären besetzt. Ende der 20er Jahre hielt Stalin die wichtigsten Ämter der Partei- und Staatsführung in seinen Händen: das Parteisekretariat, die Parteikontrollkommission sowie den Staatssicherheitsdienst. Als Parteisekretär sorgte er u. a. dafür, daß drei Viertel der alten Parteimitglieder gegen neue, oft unkritische Mitglieder ausgetauscht wurden. Gleichzeitig hatte er seinen Hauptgegner in der Partei, den ehemaligen Außen- und Kriegskommissar der Sowjetunion, *Lew Trotzkij*, entmachtet und ausgeschaltet: 1927 wurde Trotzkij aus der Partei ausgeschlossen, 1928 mußte er in die Verbannung nach Kasachstan gehen, 1929 erfolgte seine Ausweisung aus der Sowjetunion. 1940 ermordete ihn ein Angehöriger des sowjetischen Geheimdienstes im mexikanischen Exil.

Geschickt verstand es Stalin, die Politbüromitglieder gegeneinander auszuspielen. *Sinowjew* und *Kamenjew*, die ihn 1924 gegen die »kleinbürgerliche Opposition« Trotzkijs unterstützt hatten, wurden als »linke Abweichler« 1926 mit Hilfe *Bucharins* und *Rykows* entmachtet. Gemeinsam mit Trotzkij und *Karl Radek* schloß man sie aus der Partei aus, doch unterwarfen sich Sinowjew und Kamenjew den an eine Wiederaufnahme geknüpften Bedingungen. 1929 wurden Rykow und Bucharin ihrerseits als »rechte Abweichler« verurteilt. Die Politbüromitglieder, die dabei mithalfen, waren wenige Jahre später ebenfalls an der Reihe. Das Zerwürfnis Stalins mit Bucharin hatte wirtschaftspolitische Hintergründe: Der gemäßigte Bucharin protestierte gegen die forcierten Industrialisierungs- und Kollektivierungspläne. 1937 ließ Stalin ihn verhaften. Es dauerte ein halbes Jahrhundert, bis 1987 der an Wirtschaftsreformen interessierte sowjetische Generalsekretär *Michail Gorbatschow* die Rehabilitierung des bis dahin als »Parteifeind« und »Revisionisten« geschmähten Stalin-Opfers Bucharin einleitete. Denn Gorbatschow benötigte damals Bucharins Wirtschaftsliberalismus zur theoretischen Absicherung seiner Modernisierungspläne.

Stalin gab sich nicht mit der politischen Ausschaltung seiner Gegner zufrieden. Vielmehr trieb er sie bis zur äußersten Demütigung, bevor er sie in den Jahren 1935 bis 1938 als »innere Feinde« physisch vernichten ließ.

Mindestens 20 Millionen Menschen sind der Stalinschen Willkürherrschaft zum Opfer gefallen; ein Sprecher von Radio Moskau bezifferte 1990 die Gesamtzahl der Toten auf »Dutzende Millionen« – mehr als jeder andere Gewaltherrscher der Geschichte auf dem Gewissen hat. So löschte Stalin 20.000 Offiziere der Roten Armee, d. h. über 25 % des sowjetischen Offizierskorps, aus. In den Jahren der Schauprozesse, also 1935–1938, befanden sich über acht Millionen Menschen in Untersuchungshaft und über fünf Millionen in sibirischen Straflagern! Über 5 % der Gesamtbevölkerung der Sowjetunion waren mithin unmittelbar den Säuberungen zum Opfer gefallen.

Doch sie waren nicht die einzigen. Die zwischen 1928 und 1933 durchgeführte Zwangskollektivierung der sowjetischen Landwirtschaft vernichtete weitere fünfeinhalb Millionen Menschen: entweder wirtschaftlich oder auch physisch.[1] Stalin selbst bekannte später Winston Churchill gegenüber, die »Schlacht« gegen die sowjetische Bauernschaft sei »gefahrvoller und schrecklicher als die Schlacht um Stalingrad« gewesen.[2]

Der Ausbruch des Weltkrieges machte Stalin, ebenso wie seinen bisherigen Bündnispartner Hitler, mit dem er sich kurz zuvor Polen geteilt hatte, zum Generalissimus. Seine diesbezüglichen Fähigkeiten als Feldherr wurden von der sowjetischen Geschichtsschreibung bis vor kurzem übertrieben. Denn ohne Stalins leichtsinnige und naive Fehleinschätzung der Kriegsbereitschaft Hitlers und einer daraus begründeten Vernachlässigung der sowjetischen Verteidigung, ohne die verheerenden Säuberungen in der Roten Armee hätte der deutsche Überfall die Sowjetunion niemals so unvorbereitet und hilflos getroffen.

Es gehört zu den Merkwürdigkeiten der menschlichen Seele, daß Stalin von Millionen Menschen aufrichtig betrauert wurde, als er endlich starb: friedlich und an Altersschwäche, nicht qualvoll und vor der Zeit, wie die meisten seiner Opfer. Obwohl sie doch Zeit- und Augenzeugen seiner Untaten gewesen waren, sahen die Trauernden in Stalin nicht den Vernichter einer ganzen Generation verdienter Altkommunisten bzw. den Mörder der engsten Mitarbeiter Lenins, sondern den gütigen »Vater der Völker«, den »großen Führer«. Drei weitere Jahre mußten verstreichen, bevor sich die sowjetische Partei mit Kritik an den Toten heranwagte und seine Leiche aus dem Kreml-Mausoleum entfernen ließ, wo Stalin neben Lenin aufgebahrt lag. *Nikita Chruschtschow,* einst Befehlsempfänger und nun Nachfolger Stalins, stellte in seiner berühmten Geheimrede auf dem Parteitag von 1956 u. a. die Frage, wie es möglich gewesen sei, daß Stalins Opfer Verbrechen gestanden, die sie niemals begangen hatten. Und wie gelang es Stalin, die Partei Lenins so vollständig in seine Gewalt zu bringen, ohne auf nennenswerten Widerstand zu stoßen? Arthur Koestler gibt hierauf in seinem Erinnerungsbuch »Der blaue Pfeil« eine einleuchtende Erklärung:

»Es waren alles müde Männer. Je höher sie in der Hierarchie waren, desto müder waren sie. Nirgendwo habe ich so erschöpfte Männer gesehen wie in den höheren Schichten der Sowjetpolitiker, in der Garde der Altbolschewiken. Es war nicht nur die Auswirkung der Überarbeitung, der nervösen Anspannung und der Sorge. Es war die Vergangenheit, die man ihnen anmerkte, die Jahre der Verschwörungen, der Gefängnisse und der Verbannung, die Jahre der Hungersnot und des Bürgerkriegs, die Jahre, in denen sie gezwungen waren, sich an die Regeln eines Spiels zu halten, in dem gefordert wurde, daß das Leben eines Menschen jeden Augenblick den Einsatz bildete. Sie waren tatsächlich ›Tote auf Urlaub‹, wie Lenin sie genannt hatte. Nichts konnte sie mehr schrecken, nichts sie überraschen. sie hatten alles gegeben, was sie besaßen. Die Geschichte hatte sie bis zum letzten Tropfen ausgepreßt, sie bis zur letzten geistigen Kalorie ausgebrannt.«[3]

War der Gewaltherrscher Stalin Georgiens späte Rache an Rußland? Das hieße aber, den großen Schaden und die Leiden zu übersehen, die seine Terrorherrschaft auch den Völkern des Kaukasus und Transkaukasus zufügte, die Georgier inbegriffen. *Lawrenti Beria,* ein Landsmann und enger Vertrauter Stalins, war als Funktionär der Staatssicherheit GPU 1921–1931 führend an der Unterdrückung der Kaukasier beteiligt. Als Volkskommissar des Inneren (ab 1938) und ab 1941 als Oberbefehlshaber der NKWD-Truppen wurde Beria zum Inbegriff von Gesetzlosigkeit und Geheimdienstterror. Auch georgische Intellektuelle fielen seinen Säuberungen zum Opfer, man erinnere sich nur des heute in Georgien so beliebten Romanschriftstellers *Michail Dschawachischwili*. Er wurde 1937 ermordet.

Man denke aber auch an die Deportationen nordkaukasischer Turkvölker wie Karatschajer, Balkaren und Kumyken, die 1944 ebenso rücksichtslos zwangsumgesiedelt wurden wie zuvor die ihnen ethnisch verwandten Krimtataren. Dasselbe Schicksal teilten auch die seit Generationen in Georgien und Aserbaidschan ansässigen »Kaukasus«-Deutschen. Schließlich sei an die Meßcheten (1979: 93.000) erinnert, deren Heimat in Südgeorgien (Bezirk Achalziche) im 16. Jh. unter türkische Herrschaft geriet und im 19. Jh. dann wieder teilweise an Georgien bzw. das Russische Reich kam. Obwohl ihrer Herkunft nach Georgier, waren die Meßcheten nach einigen Jahrhunderten Osmanenherrschaft islamisiert und türkisiert worden; viele von ihnen betrachten sich heute als Aserbaidschaner oder diesen eng verwandt. In Sowjetgeorgien empfand man sie als unzuverlässiges Bevölkerungselement, weswegen sie in der Nacht des 14. 11. 1944 aus ihren Wohngebieten entlang der türkisch-georgischen Grenze nach Mittelasien (Kasachstan, Usbekistan) zwangsumgesiedelt wurden. Dabei starben 30.000–50.000 Menschen an Kälte, Hunger sowie den anschließenden Zwangsarbeiten.[4] Bis 1956 galten sie als »Sonderexilierte«, doch auch nach Aufhebung dieses Verbannungsstatus war ihnen der Rückkehr in ihre Heimat, das inzwischen als Grenzregion keinen Zuzug vorsah, verwehrt. Die indirekten Folgen der Zwangsumsiedlung sorgten Anfang Juni 1989 für internationale Schlagzeilen, als in Städten und Ortschaften des usbekischen Fergana-Beckens jugendliche »Rowdybanden« die dortigen meßchetischen Minderheiten angriffen und bei diesen Pogromen über 100 Menschen getötet wurden (in früheren Jahren hatten auch die ebenfalls nach Mittelasien deportierten Krimtataren über Diskriminierungen geklagt). Auslöser für die Massaker war dem usbekischen Minister für internationale Angelegenheiten zufolge die Weigerung der Meßcheten, sich einer im Herbst 1986 gebildeten »panislamischen Front« anzuschließen und den »heiligen Krieg« gegen Andersgläubige zu beginnen. Überlegungen, die inzwischen nach Rußland evakuierten Meßcheten nach Südgeorgien zurückkehren zu lassen, stoßen indessen bei den Georgiern, die sich selbst als überfremdet empfinden, auf teilweise heftigen Widerstand.

Georgien blieb also keineswegs von den Auswüchsen der stalinistischen Politik verschont. Dennoch ist die Stalin-Verehrung in Georgien fast ungebrochen, vor allem in der einfachen Bevölkerung. Lastwagen- und Busfahrer haben oft Stalins Bildnis hinter der Windschutzscheibe (was sich u. a. positiv auf die georgische Verkehrspolizei auswirken soll, die dann Verkehrssündern mit größerer Nachsicht begegnet), Geschäfte hängen Stalin-Bilder bisweilen im Verkaufsraum aus. Stalindenkmäler schmücken öffentliche Plätze, nicht nur in Stalins Geburtsort Gori. In Tbilissi trugen bis vor kurzem die Universität, ein Erholungspark sowie eine prachtvolle Uferstraße seinen Namen. Möglicherweise wird die Stalin-Verehrung bei denjenigen Sowjetbürgern – nicht nur in Georgien! – noch wachsen, die sich durch die vielen und plötzlichen Enthüllungen über jahrzehntelang totgeschwiegene dunkle Kapitel der Sowjetgeschichte sowie die Kritik an scheinbar unverrückbaren »Grundwerten« verunsichert fühlen und in eine tiefe Orientierungslosigkeit geraten sind. Ihre Antwort ist

eine nostalgische, konservative Sehnsucht nach den im Rückblick verklärten
»law-and-order«-Verhältnissen der Stalin-Ära.

Stalin, den sein politischer Gegner und Opfer Trotzkij die »hervorragendste
Mittelmäßigkeit der Partei« genannt hatte, wurde zum modernen georgischen
Mythos: Man erzählt etwa Wunderdinge über seine angebliche Bescheidenheit,
ungeachtet des Personenkultes und der widerwärtig devoten Massenvereh-
rung, in der sich der »Vater der Völker« zu Lebzeiten sonnte. Dieser völlig
kritiklose Umgang vieler Georgier mit ihrem »großen Sohn« hat seine Wurzeln
wohl letztlich in den Ohnmachtsgefühlen, in die die Neuzeit das einst politisch
und kulturell bedeutende georgische Volk gestürzt hat. Stalin war immerhin
Politiker von Weltbedeutung, der erste Georgier, den die Weltöffentlichkeit
nach Jahrhunderten der Bedeutungslosigkeit wieder wahrnam.
Stalin-Kritiker haben es bei dieser Stimmungslage in Georgien noch immer
schwer. Um so bemerkenswerter erscheint die Tatsache, daß ausgerechnet ein
georgischer Regisseur in der »Glasnost«-Ära des Russen Gorbatschow das
Phänomen Stalin filmisch aufarbeitete: Mit Unterstützung des sowjetischen
Außenministers *Schewardnadse* (ebenfalls Georgier) drehte *Tengis Abuladse*
1984 »Die Reue«: eine in einem fiktiven Georgien angesiedelte Parabel über die
Diktatur und den Personenkult, deren Protagonist Waarlam Züge Hitlers,
Mussolinis und vor allem Stalins trägt.

Anmerkungen

1 Volin, Lazar: A Century of Russian Agriculture: From Alexander II to Khrushchev. Cambridge/Mass.,
1970, S. 221 f.
2 Shanin, Teodor: The Akward Class: Political Sociology of Peasantry in a Developing Country: Russia
1910–1925. Oxford, 1972, S. 2.
3 Zitiert nach: Weller, Uwe B.: Der große Augenblick in der Zeitgeschichte. Bayreuth 1976, S. 61 f.
4 Sheehy, Ann: Die Meschier – Kampf um Land in der Sowjetunion. In: *Von denen keiner spricht:*
Unterdrückte Minderheiten, von der Friedenspolitik vergessen. Hrsg. Tilman Zülch. Reinbek bei
Hamburg, 1975, S. 133.

Religion und Kirche Georgiens

Vorchristliche Religion

Wie alle transkaukasischen Völker verehrten auch die Georgier Natur- und
Stammesgottheiten, außerdem die als weiblich bzw. männlich angesehenen
Himmelskörper Sonne und Mond sowie die fünf Planeten. Die vermutlich
anfangs matriarchalisch strukturierte georgische Stammesgesellschaft verehrte ferner die in ganz Vorderasien beheimatete »Große Mutter«. Die »goldhaarige«
Dali galt besonders in Swanetien als Schutzgöttin der Jagd und des Wildes.
In einem sehr durchsichtigen christlichen Gewand bewahrten vor allem die
zentral- und nordwestkaukasischen georgischen Bergstämme die Verehrung
der *chati* (wörtl.: »Bildnis«, »Heiligtum«) der alten Stammes- und Sippengott-
heiten, bis in die Neuzeit. Ihr Festtag (*chatoba*) wurde mit rituellen, bacchana-
lischen Gelagen begangen. Auch *Berikaoba*, das christliche Karnevalsfest mit
Maskentänzen und -umzügen, trägt in seiner dionysischen Lustbarkeit deutliche Züge antiker Fruchtbarkeitsfeiern.

Die Staats- und Hauptgötter des vorchristlichen Georgiens waren importiert: An der Spitze stand *Armasi*, der iranische *Ahura-Masda*, dessen Kult sich eng mit dem des *Kartlos* verband, des heroischen Eponyms der Kartlier. *Saden*, der zweithöchste Gott, ist vielleicht mit dem asianischen Fruchtbarkeitsgott *Sandon-Sandas* identisch.

Das Christentum verschmolz die alten Götter mit den neuen: Die Heiligen *Georg* und *Elias* wurden dabei mit Astralgottheiten (Mond, Sonne) gleichgesetzt. Folglich beging man das Fest des Hl. Georg in Swanetien in einer Vollmondnacht im August (im übrigen Georgien fiel der Sankt-Georgs-Tag auf den 23. April). Das weiße Pferd dieses Heiligen erinnert sowohl an das Totemtier der Skythen als auch an das weiße Pferd des iranischen Gottes Mithra. *Tetri Giorgi*, der »weiße Georg« als Nachfolger des alten Mondgottes, verdrängte allmählich als Schutzgott der Jagd die ältere Jagdgöttin Dali. Im swanetischen Volksglauben befinden sich darum Georg und Dali in ewiger Rivalität. Dalis Eifersucht wird auch darauf zurückgeführt, daß die Jäger die einst ihr geopferte Leber sowie das Herz ihrer Beute dem Georg darbringen: deutlicher Ausdruck für die Zurücksetzung des Mutterrechts durch das Patriarchat.

Von der Christianisierung bis zum Mittelalter

Noch zur Zeit des armenisch-georgischen Kirchenschismas im frühen 7. Jh. führten die Georgier die Christianisierung Ostgeorgiens auf die Tätigkeit des *Hl. Grigor (Lussaworitsch)* zurück. Das Zerwürfnis mit Armenien verlangte nach einer anderen Sicht der Dinge: Seit der Synode von 1103 berief man sich auf die Missionstätigkeit des Apostels *Andreas*. Nach einer älteren, vermutlich zunächst auf Mzcheta beschränkten Überlieferung gilt jedoch *Nino*, eine aus Kappadokien stammende Christin, als eigentliche Bekehrerin Ostgeorgiens; nach georgischer Darstellung war sie die Taufpatin der Hl. Hripsime und floh vor den Christenverfolgungen in Armenien nach Mzcheta, wo sie auf göttliches Geheiß hin ihre Missionstätigkeit aufnahm. Sie fand dort, nicht zuletzt dank ihrer Heilkünste, alsbald viele Anhänger, darunter auch Nana, die Gattin des iberischen Königs Mirian.

Jahrelang mußte sich Nino bei dem Gärtner des Königs verstecken, nachdem sie eine große Feier in Mzcheta gestört hatte: Mit ihren inbrünstigen Gebeten hatte sie einen heftigen Wind entfesselt, der die Standbilder des Armasi und Saden hinwegfegte. Ein weiteres Wunder führte zur Bekehrung des Königs Mirian: Er soll auf der Jagd von einer Sonnenfinsternis überrascht worden sein und fand den Weg erst wieder, nachdem er den Gott Ninos um Hilfe angerufen hatte. Danach habe er – im Jahre 337 – das Christentum zur Staatsreligion erhoben und Kaiser Konstantin I. von Byzanz um Entsendung von Missionaren gebeten.[1]

Doch das junge Christentum hatte zunächst einen schweren Stand. Es mußte sich nicht nur gegen die alten bodenständigen Glaubensvorstellungen durchsetzen, sondern vor allem gegen die vom Iran stark geförderte masdaistische Mission. Der Einfluß Persiens zeigt sich indirekt auch darin, daß iberische (ostgeorgische) Bischöfe bis Mitte des 5. Jh. an ostsyrischen Synoden teilnahmen; die Perser unterstützten die christlichen (Ost-)Syrer innerhalb ihres Einflußbereichs als Gegengewicht zu Byzanz. Erst unter der Herrschaft des starken Königs Wachtang I. Gorgassali (446–499) übernahmen die Iberer die Orientierung ihrer armenischen Nachbarn am westsyrischen Patriarchat von Antiochia. Das Christentum begann sich nun in Georgien allmählich zu festigen. Wachtang gelang es auch, die Autokephalie (Eigenständigkeit) der iberischen Kirche durchzusetzen, indem er nach armenischem Vorbild den höchsten Kirchenfürsten zum Katholikos-Erzbischof erhob. Allerdings rangen die Georgier dem antiochenischen Patriarchen erst Mitte des 8. Jh. das Recht ab, ihre Katholikoi selbst zu weihen.

Im 5. Jh. befanden sich die iberische und die armenische Kirche noch in enger Verbindung, wie überhaupt die Christianisierung Iberiens aus der Christianisierung Armeniens folgte. Die Einheit der Kirchen Armeniens, Ostgeorgiens sowie Albaniens (heutiges Nordwestaserbaidschan) bestand, unter armenischer Führung, bis zum Ende des 6. Jh. Sie zerbrach endgültig 609 unter dem georgischen Katholikos *Kwirion I.*, der die von der armenischen Kirche verworfenen Konzilsbeschlüsse von Chalcedon (451) anerkannte und damit dem byzantinischen Einfluß auch in Ostgeorgien Bahn brach. Sein von den Armeniern als Verrat empfundener Bruch mit dem Nachbarland rief Verbitterung und Abneigung hervor. Nach georgischer Auffassung bewahrte man eine ursprüngliche Bindung an Byzanz, während sich die Armenier unter syrischorthodoxem Einfluß und indirektem persischen Druck zum Bruch mit Byzanz anstiften ließen. Die bis in die Gegenwart reichende Rivalität und das Mißtrauen zwischen Georgiern und Armeniern besitzt ihre tiefere Ursache eben in jenem Kirchenschisma und den damals einsetzenden wechselseitigen Verratsvorwürfen. Andererseits haben die gemeinsamen Interessen der beiden bedrängten christlichen Völker stets die Oberhand gewonnen.

Zur Festigung des Christentums in Georgien trug schließlich auch die Tätigkeit der sogenannten Dreizehn Syrischen Väter bei, die um 550/560 unter der Führung des *Johannes Sedasneli* vor Monophysitenverfolgungen nach Georgien flohen. Sie nahmen dort den Kampf mit dem noch immer einflußreichen Masdaismus auf und gründeten zahlreiche als Missionszentren dienende Klöster. Ferner widmeten sie der Organisierung des Mönchslebens besondere Aufmerksamkeit. Wenn auch die ersten georgischen Klöster schon im 5. Jh. nach griechischen Regeln in Artanudsch(i) und Jerusalem entstanden waren, rechnet man doch die Entstehung des georgischen Mönchs- und Klosterwesens im allgemeinen den Syrischen Vätern zu. Entsprechend dem asketischen Ideal des georgischen Mönchstums (»weißes Märtyrertum«) lagen die Zentren des georgischen Klosterwesens vom 5. bis zum 12. Jh. im Ausland, denn für die bodenständigen Georgier mag es keine härtere Entbehrung als ein Leben fern der Heimat gegeben haben. Insbesondere in Palästina entstanden namhafte georgische Klöster und zeugen von der »Südorientierung« des georgischen Christentums, vom Bemühen, Kontakt mit Jerusalem, den heiligen Stätten sowie dem »Heiligen Land« zu halten. Georgische Klöster befanden sich außerdem auf dem »Schwarzen Berg« bei Antiochia, auf dem Olympos (Bithynien), in Konstantinopel (z. B. Romana-Kloster), auf dem heiligen Berg Athos (Iwiron-Kloster, gegründet 980) und in Bulgarien (Petrizoni-Kloster, heute Batschkowo; 1083). Im Kloster Mar Sabas und in den Sinai-Klöstern waren die Georgier zumindest zahlreich vertreten.

Im Unterschied zu Ostgeorgien, dessen Missionierung von Süden aus und durch Syrer bzw. Armenier erfolgte, stand Westgeorgien von Anfang an unter dem direkten und starken Einfluß der Byzantiner. Der Lasenkönig *Tsathes* erhob Anfang des 6. Jh. das Christentum zur Staatsreligion. Im folgenden Jahrhundert bestanden in Westgeorgien das Bistum Phasis (Poti) sowie das Erzbistum Dioskurias (Zchumi). Im Zuge der Einigung des Reiches wurde im 9./10. Jh. die westgeorgische Kirche dem Katholikat von Mzcheta unterstellt. Katholikos *Melchisedek*, der selbstbewußte Erbauer der heutigen Kathedrale Sweti Zchoweli von Mzcheta, führte im 11. Jh. den Titel »Katholikos-Patriarch« ein.

Die georgische Kircheneinheit zerbrach 1390, als sich ein eigenes westgeorgisches Katholikat abspaltete, das aber, ebenso wie das ostgeorgische, mit dem Anschluß an Rußland erlosch (Ostgeorgien 1811, Westgeorgien 1815). Durch innere Zwietracht geschwächt, zerfiel Georgien ab dem 15. Jh. in zeitweilig bis zu 26 Kleinststaaten, die sich der persischen und türkischen Vormachtansprüche zu widersetzen versuchten. Manche georgischen Adelige und ein Teil des Volkes ließen sich zum Islam bekehren: die einen, um ihre Herrschaft zu behalten, die anderen, um weniger Steuern zahlen zu müssen. Vor allem beim Adel zeigte sich ein teilweise erheblicher Sittenverfall: Opportunistisch nahm man die jeweiligen Vorzüge von Islam und Christentum wahr (Polygamie, Genuß von Schweinefleisch und Alkohol). In dieser Zeit erwiesen sich die in Mzcheta oder in Tbilissi ansässigen und ebenfalls dem Hochadel entstammenden Katholikoi-Patriarchen als eigentliche Wahrer des orthodoxen Christentums und damit der nationalen Identität.

Georgierinnen beim Kerzenspenden

Nach dem Anschluß an Rußland

Erst die Aufhebung der Kirchenselbständigkeit führte zu einer wirklichen Gefährdung der georgischen Nationalkirche. 1811 hob Rußland das ostgeorgische Katholikat auf und ersetzte es durch ein Exarchat der russischen Kirche. Seit 1817 wurde dieses Amt nur noch mit Russen besetzt. Auch die Bischöfe der von 25 auf vier reduzierten georgischen Eparchien waren Russen. (Alt-)Georgisch wurde als Liturgiesprache aufgehoben und durch Altkirchenslawisch (Altbulgarisch) ersetzt:»Was weder Arabern noch Mongolen, auch nicht Türken und Persern jemals gelungen war, erreichten die russischen Glaubensgenossen: Das georgische Volk wandte sich im Laufe des 19. Jahrhunderts weitgehend von seiner eigenen verfremdeten Kirche ab.«[2]

Erst nach der russischen Februarrevolution konnte sich das georgische Episkopat am 25. 3. 1917 für unabhängig erklären und erneut ein georgisches Katholikat errichten. Seine Autokephalie wurde freilich erst 1943 vom Moskauer Patriarchat anerkannt. Unter dem seit 1977 amtierenden Katholikos-Patriarchen *Ilia II.* (Sitz in Tbilissi) erlebt die georgisch-orthodoxe Kirche einen erneuten Aufschwung. Ilia ist, im Unterschied zu manchen seiner Vorgänger, ein wahrer Kirchenführer, von integrem Charakter und großer Bildung. Seine Beliebtheit beim Volk und sein Einfluß auf die georgischen Intellektuellen sind nicht zu übersehen. Ilia versieht außerdem das Amt eines Präsidenten des Weltkirchenrates, dem die georgisch-orthodoxe Kirche seit 1962 angehört.

Die georgische Kirche besitzt gegenwärtig 15 Bistümer, von denen zehn besetzt sind; eine kleine Auslandsgemeinde befindet sich in Paris, wo sich viele der 1921 emigrierten Georgier niederließen. Über den eng theologischen Bereich hinaus kehrte die georgische Kirche unter Ilia zu jenen Aufgaben zurück, die sie schon in früheren Jahrhunderten innehatte, nämlich Wahrerin der Nationalkultur und des Volkstums zu sein. Auch wenn die georgische Kirche dabei aufgrund ihrer Verbundenheit mit dem byzantinisch-orthodoxen Lager jener Isolation entging, in die die armenisch-apostolische Kirche aufgrund ihrer Gegnerschaft zu Byzanz getrieben wurde, teilt sie mit jener tendenziell doch den nationalkirchlichen Charakter, auch wenn er weniger hervortritt als bei den Armeniern.

Anmerkungen

1 Obwohl Mirian als erster christlicher König Georgiens überliefert ist, fällt die Christianisierung Iberiens in die Regierungszeit des Königs Bakur.

2 Plank, Peter: Die geschichtliche Entwicklung der orthodoxen Kirchen im Südosten und Osten Europas. In: Handbuch der Ostkirchenkunde. Bd. 1. Hrsg. von Wilhelm Nyssen, Hans-Joachim Schulz und Paul Wiertz. Düsseldorf 1982, S. 172.

Sprache und Schrift der Georgier

Die Sprache

Die heutige Sprachwissenschaft zählt Georgisch zur Gruppe der kaukasischen Sprachen, innerhalb derer es wiederum eine südliche Untergruppe bildet, die auch als kartwelische Sprachgruppe bezeichnet wird. Sie setzt sich aus dem eigentlichen Georgisch, dem Swanischen sowie dem Megrelisch-Lasischen zusammen. Während Georgisch seit dem 5. Jh. als eine alle georgischen Stämme einigende Literatursprache belegt ist, verblieben Swanisch, Megrelisch und Lasisch auf der Stufe von Volkssprachen. Außerhalb des heutigen georgischen Staatsgebiets existieren drei weitere Dialekte: Ingiloisch in Sowjetaserbaidschan, Imerchewisch in der Türkei sowie Fereidanisch im Iran.[1]

Erst im 19. Jh. erfuhr das Georgische ein gründliches Studium, u. a. durch den französischen Kartwelologen Marie-Félicité Brosset (1802–1880) und den deutschen Gelehrten Franz Bopp. Beide hielten allerdings noch an der These von einer indoeuropäischen Verwandtschaft des Georgischen fest. Sie wurde erst 1864 durch Friedrich Müller erschüttert, der zu dem Schluß gelangte: »Die kaukasischen Sprachen (...) scheinen – ähnlich dem Baskischen im Westen Europas – den Überrest einer vor der Ausbreitung der semitischen, arischen und uralaltaischen Stämme in den Gegenden des Kaukasus und südlich davon verbreiteten ehemals bedeutend größeren Sprachgruppe zu bilden.«[2]

Obwohl die Eigenständigkeit des Georgischen und seine Isoliertheit außerhalb jeder anderen übergreifenden Sprachgruppe heute unumstritten sind, beschäftigte sich die Forschung weiterhin mit den näheren oder entfernten Verwandtschaftsbeziehungen dieser Sprache. Das Interesse konzentrierte sich dabei vor allem auf das Baskische und die einst umfangreiche, inzwischen aber ausgestorbene Sprachfamilie des Churritischen. Die Frage, ob nicht die Existenz zweier Iberien im Transkaukasus bzw. auf der Iberischen Halbinsel mehr als nur Zufall ist, tauchte bereits in der Antike auf; einer georgischen Überlieferung zufolge sind die Basken sogar die Nachfahren ausgewanderter Georgier, die vor einer Naturkatastrophe aus dem Kaukasus flohen. Die Schwierigkeit eines endgültigen Beweises ergibt sich allerdings schon aus dem Umstand, daß das Baskische erst seit dem 16. Jh. literarisch belegt ist. Ebenso unbeantwortbar ist, in Ermangelung schriftlicher Quellen, die Frage, ob Georgisch der letzte Ausläufer der churritischen Sprachfamilie und insbesondere des Urartäischen ist.

Sprachgeschichtlich unterscheidet man Alt- von Neugeorgisch, das sich im 19. Jh. als Literatursprache durchsetzte. Wie bei anderen Völkern brachte der Kampf um die Durchsetzung der Volkssprache als allgemeine Literatur- und Verkehrssprache einen Demokratisierungsprozeß, an dem zahlreiche Schriftsteller und Publizisten mitwirkten. Diese Spracherneuerung vollzog sich in Georgien unter den besonders schwierigen Bedingungen einer repressiven Kulturpolitik des zaristischen Rußlands, die bis 1917 währte. Es gab in jener Periode keine georgischen Schulen. Vier Generationen durchliefen, wenn überhaupt, russische Schulen fast ohne jeglichen Gebrauch des Georgischen als Unterrichtssprache, so daß Georgisch auf das Niveau einer Haussprache

Das georgische Alphabet

Spalte 1: Kirchliche Majuskelschrift Asomtawruli (Mrglowani)
Spalte 2: Kirchliche Minuskelschrift } Chuzuri-Schrift
Spalte 3: Heutige Druckschrift Mchedruli
Spalte 4: Umschrift

1	2	3	4		1	2	3	4
Ⴀ	Ⴥ	ა	a		Ⴑ	Ⴑ	ს	s (stimmlos)
Ⴁ	Ⴆ	ბ	b		Ⴒ	Ⴒ	ტ	t' (Kehlkopfverschluß)
Ⴂ	Ⴇ	გ	g		Ⴓ	Ⴓ	ვ	vi
Ⴃ	Ⴈ	დ	d		Ⴓ	Ⴓ	უ	u
Ⴄ	Ⴉ	ე	e		Ⴔ	Ⴔ	ფ	p" (stark behaucht)
Ⴅ	Ⴊ	ვ	w		Ⴕ	Ⴕ	ქ	k" (stark behaucht)
Ⴆ	Ⴋ	ზ	s (stimmhaft)		Ⴖ	Ⴖ	ღ	gh
Ⴡ	Ⴡ	ჱ	ē		Ⴗ	Ⴗ	ყ	q'
Ⴇ	Ⴌ	თ	t" (stark behaucht)		Ⴘ	Ⴘ	შ	sch
Ⴈ	Ⴍ	ი	i		Ⴙ	Ⴙ	ჩ	tsch" (stark behaucht)
Ⴉ	Ⴎ	კ	k' (Kehlkopfverschluß)		Ⴚ	Ⴚ	ც	z (stark behaucht)
Ⴊ	Ⴏ	ლ	l		Ⴛ	Ⴛ	ძ	ds
Ⴋ	Ⴐ	მ	m		Ⴜ	Ⴜ	წ	ts' (Kehlkopfverschluß)
Ⴌ	Ⴑ	ნ	n		Ⴝ	Ⴝ	ჭ	tsch' (Kehlkopfverschluß)
Ⴍ	Ⴒ	ჲ	j		Ⴞ	Ⴞ	ხ	ch
Ⴎ	Ⴓ	ო	o		Ⴟ	Ⴟ	ჴ	h (hart)
Ⴏ	Ⴔ	პ	p' (Kehlkopfverschluß)		Ⴐ	Ⴐ	ჯ	dsch
Ⴐ	Ⴕ	ჟ	ž/sh (wie „Journal")		Ⴒ	Ⴒ	ჰ	h
Ⴖ	Ⴖ	რ	r		Ⴘ	Ⴘ	ჰ	h (hart)

herabsank. Die Überfremdung der Landeshauptstadt Tbilissi, in der die georgische Volksgruppe erst an dritter Stelle nach Armeniern und Russen stand, durchsetzte ferner Georgisch mit zahlreichen fremdsprachlichen Elementen. Die Reinheit der Sprache blieb daher im Grunde nur bei der Landbevölkerung bewahrt, der es wiederum an Sprachkultur mangelte. Daß sich Georgisch all diesen Widrigkeiten zum Trotz nicht nur erhielt, sondern gerade im 19. Jh. eine reiche und vielfältige Literatur hervorbrachte, beeindruckt an sich schon – selbst wenn man einmal von den sehr interessanten, letztlich aber unbeweisbaren Verbindungen zu den alten Sprachen des Orients absieht.

Die Schrift

Es bestehen drei Alphabetvarianten, deren zwei ältere sich erheblich von der späteren unterscheiden: eine kirchliche Majuskelschrift (*chuzuri*, d. h. »Kirchenschrift«) *asomtawruli* bzw. *mrglowani*, »rund«), die vom frühen 5. bis zum 11. Jh. in Gebrauch war und 38 Klein- und Großbuchstaben besaß, eine daraus im 9. Jh. entwickelte liturgische Minuskelschrift (*nußchachuzuri*) sowie ab dem 11. Jh. eine profane Kursivschrift (*mchedruli*; »Kriegerschrift«), die man für Zivilurkunden benutzte. Sie wurde im 17. Jh. zu der bis heute üblichen Druck- und Schreibschrift normalisiert und besteht nur noch aus 33 Buchstaben. Groß- und Kleinschrift sind identisch. In vorsowjetischer Zeit benutzte man das Mchedruli-Alphabet vorübergehend auch für das Abchasische und Udische.

Über die Entstehung der georgischen Schrift existieren zwei gegensätzliche Überlieferungen: Korjun, der Schüler und Biograph des Mesrop Maschtoz, berichtete im 5. Jh., daß Mesrop auch für die Nachbarländer Iberien (Ostgeorgien) und Albanien Alphabete schuf. Hingegen entstand nach georgischer Ansicht das georgische Alphabet ganz unabhängig von der Christianisierung des Transkaukasus, und zwar schon im 7. bis 4. Jh. v. Chr. Georgische Annalen nennen ab dem 11. Jh. König Parnawas (um 300 v. Chr.), den Befreier Iberiens von der Griechenherrschaft, als »Begründer« eines Vorgängeralphabets. Dieser dem georgischen Nationalstolz entspringenden Behauptung fehlt allerdings die wissenschaftliche Beweiskraft. Denn die von der Archäologie bisher in Georgien zu Tage geförderten Schriftbelege des Zeitraums vor dem 5. Jh. zeigen höchstens leichte Abänderungen des griechischen bzw. der im Iran benutzten reichsaramäischen Schrift, aus der sich im iranischen Einflußbereich eine Reihe von Schriftvarianten entwickelte. Auch die 1940 bei Ausgrabungen in der alten ostgeorgischen Hauptstadt Armasi (heute Mzcheta) gefundene zweisprachige Inschrift – Griechisch und eine Abart des Aramäischen – belegt in erster Linie den Kultureinfluß der iranischen Reiche.

Anmerkungen

1 Dsidsiguri, Schota: Die georgische Sprache. Kurzer Abriß. Halle (Saale), 1973, S. 14.

2 Müller, Friedrich: Über die sprachwissenschaftliche Stellung der kaukasischen Sprachen. »Orient und Occident«, Bd. 2, Göttingen 1864, S. 526, 535; zitiert nach: Dsidsiguri, a.a.O., S. 26.

Georgische Literatur

Die Anfänge

Das altgeorgische Kirchenschrifttum entwickelte sich zunächst unter dem Einfluß der armenischen sowie, durch die Abhängigkeit der georgischen Kirche vom Patriarchat in Antiochia, auch der syrischen Literatur. Nach dem georgisch-armenischen Kirchenschisma von 609 erfolgte eine stark nationale Ausrichtung bei gleichzeitiger Anlehnung an die byzantinische Kultur. Diese Veränderungen sind an der Übersetzungsliteratur deutlich abzulesen. Denn anfangs wurde vor allem aus dem Armenischen und Syrischen, später aus dem Griechischen übersetzt, wobei frühere, vor allem armenische Übersetzungen, nach griechischen Texten überarbeitet wurden. Am Beginn der Literaturentwicklung stand wohl die Übersetzung der Evangelien (aus dem Armenischen).[1] Als ältestes eigenständiges Werk gilt das »Märtyrium der Hl. Schuschanik« (5. Jh.), das dem Bischof von Zurtaw und angeblichem Beichtvater der Heiligen, *Jakob Zurtaweli*, zugeschrieben wird. Es handelt sich um die Leidensgeschichte der Tochter des armenischen Heerführers Wardan Mamikonjan und Urenkelin des berühmten armenischen Katholikos Sahak Partew, die von ihrem Gatten Wasgen (Warsken), dem Markgrafen (*bdeschch*) der nordarmenischen Provinz Gugark, in sechsjähriger Haft auf der Burg Zurtaw zu Tode gequält wurde. Der politisch-religiöse Konflikt wird zum Familiendrama: Wasgen, ein Vasallenfürst in sassanidischer Abhängigkeit, beugt sich, wie viele armenische und georgische Adelige seiner Zeit, der persischen Forderung nach Annahme des Masdaismus; zur Kränkung Schuschaniks und unter Verletzung des christlichen Monogamie-Gebots heiratet er eine Perserin. Schuschanik dagegen hält dem Christentum die Treue, eingedenk ihrer verpflichteten Abstammung aus der Familie der Mamikonjan, die im Rufe standen, unbeugsame Verfechter armenischer Glaubensfreiheit zu sein. Vom »Märtyrium der Hl. Schuschanik« existieren eine armenische sowie eine georgische Fassung in jeweils einer Kurz- und einer Langform, wobei zumindest die georgische Kurzfassung eine wortwörtliche Übersetzung des armenischen Textes darstellt.[2]

Das Mittelalter

Im Bereich der weltlichen Literatur wurden die Geschichtsschreibung und Philosophie – letztere vor allem in Übersetzungen – gepflegt, wenn auch nicht in gleichem Umfang wie bei den Armeniern. König Wachtang VI. ließ Anfang des 18. Jh. verschiedene historiographische Arbeiten zu einer einheitlichen Geschichte unter dem Titel »Das Leben Georgiens« zusammenstellen. Es handelt sich um zwei unterschiedliche Redaktionen, deren ältere bei der legendären Geschichte Georgiens von Nimrod über Alexander den Großen einsetzt und bis Mitte des 14. Jh. reicht. Der sogenannte »jüngere Zyklus« umfaßt den Zeitraum bis Ende des 17. Jh. Der Ursprung der einzelnen Quellen läßt sich infolge zahlreicher Überarbeitungen und fehlender Originale nicht mehr genau bestimmen, doch entstanden die ältesten erhaltenen Geschichtswerke Georgiens im 11., vielleicht sogar schon im 8. Jh.
Ihre größte Originalität erreichte aber die georgische Literatur im Bereich der Dichtung, in der sich die besonders musikalisch und lyrisch veranlagten Geor-

gier als produktiver erwiesen als andere christlich-orientalische Kulturvölker. Das gilt für die geistliche, mehr aber noch für die weltliche Dichtung. Entsprechend der geokulturellen Mittel- und Mittlerstellung des christlichen Transkaukasus zwischen Abendland und Orient verarbeitete die georgische Literatur des Hochmittelalters Impulse aus beiden Kulturkreisen. Die Schwächung des arabischen Kalifats und des iranischen Nachbarlandes durch Kreuzzüge bzw. die Seldschuken und Choresmier machte diese einst von den Georgiern politisch wie religiös so gefürchteten Gegner tolerierbar. Damit aber gewannen ab dem 12. Jh. neben antiken und byzantinischen Philosophien auch persische Lebensformen und die persische Dichtkunst an Einfluß, teilweise vermittelt durch das Georgien direkt benachbarte und ihm zeitweilig einverleibte Schirwan (heute Aserbaidschan), die Heimat des großen persischsprachigen Dichters *Nisami*.

So entstand im 12./13. Jh. eine ganz eigenständige, zwischen europäischem Minnegesang und Ritterroman einerseits, persisch-orientalischer Liebesdichtung und Heldenepos andererseits angesiedelte Epik, die ihrerseits auf die Kulturen der Nachbarvölker zurückstrahlte. Der *Mose Choneli* zugeschriebene Novellenzyklus »Amirandaredschaniani« (12. Jh.) berichtet, angelehnt an das »Königsbuch« (»Schahnameh«) des Persers Firdaussi, von den Abenteuern des Ritters Amirani. *Sargis Tmogwelis* Prosaepos »Wisramiani« (erste Hälfte des 12. Jh.) ist eine ziemlich treue Übersetzung des romantischen persischen Epos »Wis o Ramin« (um 1050) von *Fachr ud-din Asad al-Gorgani*, das wiederum auf einer älteren Vorlage, möglicherweise aus dem 5. Jh., beruht. Kulturgeschichtlich interessant ist die Ähnlichkeit mit dem Tristan-und-Isolde-Stoff. »Wisramiani« hat die weitere Entwicklung der georgischen Epik nachhaltig beeinflußt.

Der in alle Kultursprachen des mittelalterlichen Europas übersetzte Roman »Barlaam und Josaphat« wäre wohl ohne das Zwischenglied einer Übersetzung vom Georgischen ins Griechische Europa verloren gegangen. Sie stammt von *Euthymios vom Heiligen Berg* (955–1029), dem Begründer der georgischen Literaturschule auf dem Athos (Griechenland). Dem christlichen Werk »Barlaam und Josaphat« lag eine ursprünglich buddhistische Legende zugrunde, nämlich die Geschichte von den »Vier Ausfahrten« des Prinzen Gautama, die seiner Erleuchtung vorausgingen. Auf dem Umweg über eine mittelpersische, von einem christlichen oder manichäischen Autor verfaßte Erzählung drang der Stoff in die damalige christliche Weltliteratur ein. Im Georgischen liegen sowohl eine Kurz- als auch eine Langfassung dieses im Mittelalter überaus erfolgreichen Romanes vor.

Schota Rustaweli

Das berühmteste Werk des »Goldenen Zeitalters« Georgiens ist aber *Schota Rust(a)welis* Epos »Der Recke (Mann) im Tiger- (auch: Panther-)fell« (georg.: »Wepchis tqaosani«); Rustaweli widmete es seiner »Sonnenkönigin« Tamar. Formal und inhaltlich ist der zwischen 1189 und 1207 verfaßte »Recke« den größten Werken der Weltliteratur zuzurechnen und europäischen Dichtungen wie Wolfram von Eschenbachs »Parzifal« (1210) oder Ludovico Oriostos »Orlando furioso« (1521) vergleichbar, mit dem Unterschied, daß Rustawelis Werk in Georgien bis heute gekannt, zitiert und geschätzt wird, während zeitgleiche westeuropäische Dichtungen nur noch einem engen Spezialistenkreis vertraut sind. Rustaweli bezeichnete im Prolog sein Epos übrigens als »Geschichte aus Persien, wiedergeboren georgisch«. Der vor Liebe rasende Ritter ist eine Gestalt sowohl der orientalischen als auch der europäischen Renaissanceliteratur, erstmals geschaffen von dem persischen Klassiker Nisami (Poem »Leila und Medschnun«, 1190). In Europa erschien er erst in den romantischen Poemen der italienischen Renaissancedichter Matteo Maria Boiardo (1441–1494; »Orlando innamorato«) und Oriosto (»Orlando furioso«); der Minnedienst wurde aber schon im bretonischen Sagenkreis besungen. Titelheld Rustawelis ist Tariel, der Sohn eines indischen Kleinkönigs, der auf der Suche nach seiner verschleppten Geliebten Nestan-Daredschan (pers.: »Es ist keine auf Erden ihr gleich«), der Tochter des indischen Großkönigs, als fahrender Ritter die Welt durchzieht. Daneben steht ein zweites Liebespaar: die schöne und kluge Tinatin, Tochter und Mitregentin König Rostewans von Arabien, sowie dessen Feldherr Awtandil. Auf einer Jagd begegnen Awtandil und Rostewan dem vom Trennungsschmerz überwältigten Tariel, ohne das Geheimnis seiner Qual zu erfahren. Im Auftrag seiner Herzensdame Tinatin begibt sich Awtandil nun seinerseits auf die Suche. Mit Hilfe eines dritten Gefährten, Pridon, gelingt es ihnen schließlich, Nestan-Daredschan aus der Gewalt der Kadschen, eines Dämonenvolkes, zu befreien.

Das Epos verherrlicht aufopfernde Freundestreue und namentlich die Liebe, die durch Trennung und Leid nur vertieft wird und am Ende die füreinander Bestimmten schicksalhaft vereint. Ihre Macht ist so stark, daß die von Liebe und Freundschaft überwältigten Helden Ströme von Tränen vergießen, beim Hören des Namens ihrer Geliebten in Ohnmacht sinken und mit der bloßen Faust Löwen niederschmettern. Namen und Handlungsorte sind orientalisch (Persien, Indien, Arabien), die Helden Muslime. Der Verfasser gibt sich jedoch mit einigen der Bibel entnommenen Wendungen und Bildern als Christ zu erkennen[3], obwohl seine Religiosität und Weltsicht von vielfältigen Einflüssen geprägt sind: »Hier geraten platonische, neuplatonische, aristotelische, zarathustrische, islamische und christliche Aspekte von Welterfahrung und Weltdeutung im Medium eines eigenen georgischen Selbstbewußtseins in eine solche dichte Verbindung, daß daraus eine der sonst kaum erreichten originären Verschmelzungen von Ost nach West gelang. Ein scharfer, am wiederentdeckten Aristoteles entwickelter Realismus verhindert ritterlich-esoterische Irrealismen. Zugleich führen ideales Denken und ein hohes Liebes- und Treueethos zum unbedingten Vertrauen auf die Fähigkeit des Menschen, Wahrheit zu erfassen und Menschlichkeit durchzusetzen, trotz aller Anfechtungen. Für Rustaweli ist die Welt ein intelligibler, von Gott geschaffener und instruierter Kosmos; der Mensch ist der darin Denkende und Handelnde, der Leidende, Duldende *und* Bewegende. Dabei – und das muß besonders hervorgehoben werden – gibt es für Rustaweli nicht das typisch westliche Dualismus-Problem zwischen Vernunft und Triebstruktur. Von den Arabern lernte er, daß Leidenschaft und Vernunft zwar in Spannung stehen, aber im Grunde nicht in zerstörerischer Weise eine Entweder-Oder-Entscheidung verlangen. Es ist immer der *ganze* Mensch, der liebt und leidet, der genießt und entbehrt, der sucht, irrt und findet.«[4]

Über Rustaweli – er selbst nannte sich altgeorgisch Rustweli – wissen wir nur das wenige, was er im Vor- und Nachwort von sich preisgibt. Die Legende hat aber aus dem »meßchischen Dichter«, dem »Mann aus Rustawi«, einen weitgereisten und gelehrten Adeligen gemacht, der sich in unerwiderter Liebe zur ebenso legendären Königin Tamar verzehrte und sein Leben im Heilig-Kreuz-Kloster (georg.: Dschwari) in Jerusalem beschloß, einer ursprünglich georgischen Gründung (6. Jh.), später dann griechisch-orthodox. Dort glaubte eine wissenschaftliche Kommission der Georgischen Akademie 1960 auf einer Säule ein Fresko mit dem zeitgenössischen Porträt Rustawelis entdeckt zu haben, das ihn betagt, weise und in der weltlichen Tracht eines Hofbeamten Tamars zeigt. In einer alten Chronik wird behauptet, Tamar habe Rustaweli 1192 nach Jerusalem entsandt, um das von den Kreuzfahrern beschädigte Dschwari-Kloster wiederherstellen zu lassen. Die Klosterüberlieferung will wissen, daß Rustaweli am Ende seines Lebens Mönch wurde und in seiner Zelle im Heilig-Kreuz-Kloster beigesetzt ist.

Das »Silberne Zeitalter« (16.–18. Jahrhundert)

Die Mongolenstürme der dreißiger Jahre des 13. Jh. und Timur Lenks verheerende Kriegszüge (1386–1403) bewirkten auch den Niedergang der georgischen Literatur. Der Zerfall des Reiches begünstigte einen noch stärkeren Einfluß islamisch-persischer Kultur und Lebensweise, nun nicht mehr in souveräner Umwandlung und unter Verschmelzung mit westlichen Impulsen, sondern in einseitiger Nachahmung. Erst im sogenannten »Silbernen Zeitalter« der georgischen Literatur kommt es zu einer Nachblüte. Die Dichtkunst bleibt dabei zunächst Domäne des Hochadels; drei Könige treten dichtend hervor: *Teimuras I.* von Kachetien (1589–1663), *Artschil II.* (1647–1713) und *Wachtang VI.* (1675–1737). Ihr Schicksal spiegelt den Konflikt zwischen dem politischen Unabhängigkeitsstreben Georgiens und seiner kulturellen Beeinflussung durch Persien wider. Denn alle Dichterkönige kämpften heroisch, wenn auch erfolglos, gegen die Perser, um dann im Exil persische Werke zu übersetzen oder im persischen Stil zu dichten. Doch die Unabhängigkeitskämpfe setzten eine geistige Rückbesinnung und Emanzipation vom Iran frei, und diese Entwicklung zeigt sich deutlich im Vergleich von Teimuras I. mit Wachtang VI.

Teimuras war als Geisel am persischen Hof erzogen worden. Obwohl er später sein ganzes Leben gegen die Perser Kampf führen mußte und Schah Abbas I. seine engsten Verwandten – Teimuras' Mutter, Schwester, Tochter, zwei Söhne – foltern und ermorden ließ sowie Kachetien fürchterlich verwüstete, blieb Teimuras zeitlebens ein großer Bewunderer des Persischen sowie der persischen Dichtung, die er vor allem in seinen Liebesgedichten nachahmte. Stärkeres Gewicht hat seine patriotische Dichtung, vor allem der seiner Mutter Ketewan gewidmete Märtyrolog »Ketewaniani«.

In geringerem Maße machte sich der orientalische Einfluß bei Artschil II. bemerkbar. In seinem Hauptwerk, einem fingierten Streitgespräch zwischen Teimuras I. und Rustaweli, wendet er sich gegen die Überschätzung der persischen Sprache und Literatur. 1699 siedelte Artschil mit großem Gefolge in ein Dorf bei Moskau über und wurde damit zum Begründer der georgischen Kolonie in Rußland.

Auch Wachtang VI., der letzte »Dichterkönig« des »Silbernen Zeitalters«, mußte 1724 den Weg ins russische Exil antreten, wohin er ein Gefolge von 1.200 Personen mitnahm.
Als Staatsmann fast gänzlich zur Wirkungslosigkeit verurteilt, entfaltete Wachtang alsbald eine emsige Tätigkeit als Gelehrter, Dichter, Kritiker und Übersetzer. Vor allem ist ihm die Kodifikation des georgischen Rechts sowie die schon erwähnte Bearbeitung der Chronik »Das Leben Georgiens« zu verdanken. Mit Druckern aus der Walachei gründete er 1709 in Tbilissi die erste Druckerei auf georgischem Boden, 1712 erschien dort die erste gedruckte Ausgabe des »Recken im Tigerfell«. (Die erste georgische Druckerei entstand schon früher, beim Vatikan, das erste gedruckte georgische Buch kam dort 1629 heraus.) Wachtang VI. und sein Mitarbeiterkreis leiteten damit eine Neubelebung des georgischen Kulturlebens ein, an der sein unehelicher Sohn *Wachuschti* (gest. 1722), Wachtangs Erzieher *Fürst Sulchan-Saba Orbeliani* (1658–1725) sowie Wachtangs Neffe *Antoni* (1720–1788) großen Anteil hatten. Sulchan-Saba gilt wegen seiner Anekdoten- und Fabelsammlung »Die Weisheit der Lüge« (dt. 1933; 1973) vielen Literaturhistorikern als Begründer der neugeorgischen Literatur. Antoni wurde 1744 Katholikos von ganz Georgien, 1755 aber wegen seines heimlichen Übertritts zum Katholizismus abgesetzt und 1762 nach einem erfolgreichen Rechtfertigungsversuch erneut inthronisiert. Dank ihm sowie der in Georgien tätigen katholischen Missionare fand westeuropäisches Gedankengut, vornehmlich der deutschen Philosophie, allmählich Eingang in Georgien.

Die Neuzeit
Die moderne georgische Dichtung entwickelte sich ab der zweiten Hälfte des 18. Jh. ebenfalls unter aufklärerisch-westeuropäischem, vor allem aber russischem Einfluß. *Dawit Guramischwili* (1705–1792) vollzog – nach einem äußerst wechselhaften Leben erst als daghestanischer, dann als preußischer Gefangener in der Festung Magdeburg – ab 1759 in seinem ukrainischen Exil den endgültigen Bruch mit der orientalisierenden Lyrik. Dabei knüpfte er an die georgische Volkspoesie und an Rustaweli an. Inhaltlich besingt er das Unglück seiner Heimat, verursacht durch Zwietracht und das Abweichen von Gottes Geboten.
Im Gegensatz zu der schlichten, lebensvollen und oftmals mit Francois Villon verglichenen Dichtung Guramischwilis steht *Bessarion Gabaschwili* (1750–1791), bekannter unter seinem Kosenamen *Bessiki*, dessen Liebesgedichte, Oden und Epigramme große Musikalität und Virtuosität auszeichnen; inhaltlich bleibt aber dieser georgische Anakreon des 18. Jh. noch ganz der tradierten Metaphorik des Orients verhaftet: der Rose und der Nachtigall, dem Blumengarten u. ä. Bessiki und Guramischwili stehen für zwei Pole, zwischen denen sich die georgische Literatur des späten 18. und frühen 19. Jh. bewegt: für den traditionellen »persischen Geschmack« und für den »europäischen Weg« (I. Tschawtschawadse).
Die georgische Romantik, der anders als in der russischen und westeuropäischen Literaturentwicklung kein Klassizismus und Sentimentalismus vorausgingen, besitzt ihre besten und bekanntesten Vertreter in *Alexandre Tschawtschawadse* (1786–1846), *Grigol Orbeliani* (1804–1883) und *Nikolos Barata-*

schwili (1817–1845). Das Versepos »Das Schicksal Georgiens« des jung verstorbenen Barataschwili schildert die schwere Entscheidung König Erekles II. bei der Vertragsunterzeichnung von 1783, die Georgien russischem Schutz und russischer Herrschaft unterstellte.

Der kritische Realismus

Ab den dreißiger Jahren des 19. Jh. bestimmte der Gegensatz zwischen den »Archaisten« mit Grigol Orbeliani an der Spitze und den »Tergdaleuli« die Literaturentwicklung und -debatte. Als »Terekwassertrinker« und »Pseudo-Rustawelis« hatte Orbeliani jene jetzt hervortretenden jungen, fortschrittlichen Autoren meist adeliger Abstammung beschimpft, die in Rußland studiert hatten und tief beeindruckt von den liberalen und revolutionären Ideen der Zeit in ihre Heimat zurückkehrten; der die Georgische Heerstraße nördlich begleitende Terek galt als Grenzfluß und wurde von denen überschritten, die sich nach Rußland wandten.

Mit den »Tergdaleuli« hielten der kritische Realismus und die soziale Anklage Einzug in Georgien: das Thema der Leibeigenschaft der Bauern bzw. ihrer Befreiung, Sitten- und Moralverfall des Adels, gesellschaftliche Auswüchse wie Aberglaube u. a. *Ilia Tschawtschawadse* (1837–1907) und *Akaki Zereteli* (1840–1915) waren die namhaftesten und engagiertesten Vertreter der »Tergdaleuli«, ohne daß ihr Citoyen-Pathos je zur platten Tendenzdichtung verkam. Beide gelten zugleich als Begründer der neugeorgischen Literatursprache.

Die breite kritisch-realistische Literaturströmung des 19. Jh. läßt sich in drei »Gruppen« bzw. »Klassen« unterteilen: die erste scharte sich um den fortschrittlichen Adelspublizisten Ilia Tschawtschawadse, die zweite vereinte

In der lesehungrigen UdSSR stehen die Georgier hinsichtlich ihres Bücherkonsums an erster Stelle.

fortschrittliche Bürgerliche um den liberalen Prosaschriftsteller *Giorgi Zerete-li* (1842–1900). Politisch erstrebte sie die Abschaffung der Feudalverhältnisse sowie die kapitalistische Modernisierung der Wirtschaft. In der 1893 unter *Egnate Ninoschwili* (1859–1894) gebildeten dritten Richtung schlossen sich radikale Revolutionäre bzw. Marxisten zusammen.

Außerhalb dieser kritisch-realistischen Literatur standen die neoromantischen, teilweise auch naturalistischen Heimatdichter *Alexandre Kasbegi* (1848–1893) und *Wascha Pschawela* (1861–1915), die das patriarchalisch-schlichte Leben der georgischen Gebirgsstämme schildern. Wascha Pschawela (»der pschawi-sche Bursche«), eigentlich Luka Rasikaschwili, führte freiwillig ein entsagungsvolles Leben als Bauer, um in enger Verbindung mit den Menschen und der großartigen Natur seiner kaukasischen Heimat zu bleiben. In seinen Kurzerzählungen, Theaterstücken, Gedichten und Versepen schilderte er die ihm von Geburt an vertraute Landschaft, die Sitten und Lebensweisen der Gebirgsbauern, und zwar in pschawischer Mundart, was ihm zahlreiche Vorwürfe seiner Zeitgenossen eintrug. Ebenso wie bei Kasbegi steht der Konflikt des Individuums mit dem Kollektiv, dem archaischen Sippenverband, im Mittelpunkt seiner Werke.

Symbolismus

Um die Jahrhundertwende geriet die georgische Dichtung unter den Einfluß der westeuropäischen Moderne. Weltschmerz und Endzeitstimmung, Todessehnsucht und Katastrophenahnung – letztere bald schon im Weltkrieg bestätigt – Experimente mit Formen und bisher tabuisierten Themen kennzeichneten die damalige Entwicklung. In Georgien wie in Rußland beschwor man das Vorbild des amerikanischen Dichters Walt Whitman sowie des Belgiers Emile Verhaeren. Der Symbolismus speiste Georgien gleich aus doppelter Quelle, von seinem Ursprungsland Frankreich sowie von Rußland aus (dort vor allem *Alexander Blok*).

Die Literaturzeitschriften »Der Wundervogel« (1908–1909), der »Goldene Widder« (1913) sowie »Die blauen Trinkhörner« (1916) bildeten das Sprachrohr des georgischen Symbolismus; letztere wurde von einer gleichnamigen, 1915 in Kutaissi gegründeten Gruppe (georg.: *Zisperi kanzebi*) herausgebracht, deren bedeutendste Mitglieder das Freundespaar *Paolo Iaschwili* (1895–1937) und *Tizian Tabidse* (1895–1937) sowie *Walerian Gaprindaschwili* (1889–1941) und *Giorgi Leonidse* (1899–1966) waren. Der Gruppenname enthielt ein, freilich vages, von T. Tabidse 1915 formuliertes Programm: Blau als Farbe der Romantik, während die Hörner für die Zugehörigkeit zum georgischen Volk standen.

Sowjetgeorgische Literatur

Als Lehrmeister betrachteten viele junge Symbolisten *Iosseb Grischaschwili* (1889–1965), der zunächst mit Liebesgedichten an das 18. Jh. anknüpfte und seine Heimatstadt Tbilissi besang. Mit dem Programmgedicht »Abschied vom alten Tbilissi« (1925) wandte er sich zeitgenössischen Themen und der revolutionären Gegenwart zu. Überhaupt ging der Kern der sowjetgeorgischen Dichter aus den vorrevolutionären Strömungen der Moderne hervor. *Galaktion Tabidse* (1892–1959), der bedeutendste sowjetgeorgische Lyriker, erlebte die Februar- und Oktoberrevolution 1917 in Petrograd und stellte sich nach der Sowjetisierung seiner Heimat entschieden auf die Seite der Bolschewiki.

Lediglich der deutschen Lesern der älteren Generation wohl vertrauteste georgische Schriftsteller, *Grigol Robakidse* (1884–1962), paßte sich nicht den neuen politischen Verhältnissen an und vollzog im Berliner Exil (seit 1931) eine umgekehrte Entwicklung, bei der ihn sein schwärmerisch-mythischer Nationalismus schließlich an die Seite des Nationalsozialismus führte. Von 1945 an lebte Robakidse in Genf. Aus dem Symbolismus hervorgegangen, doch auch tief beeindruckt von Wascha Pschawela, studierte Robakidse in Leipzig Philosophie und Geisteswissenschaften, wobei er ein enges Verhältnis vor allem zu Goethe und Nietzsche gewann. Seit 1928 publizierte er seine Romane und Erzählungen in deutscher Sprache, blieb aber Georgien thematisch verbunden.

In den dreißiger und vierziger Jahren setzte sich die sowjetgeorgische Großprosa mit einer Vielzahl bedeutender Romane vor allem zur Kolchos- sowie historischen Thematik durch: *Leo Kiatscheli* (d. i. Schengelaia; 1884–1955), einst Anhänger der Symbolisten und zu Beginn der Sowjetisierung Georgiens zunächst rechts stehend, erlangte mit seinem Kolchosroman »Gwadi Bigwa« (1938; deutsch unter dem Titel »Gwadi Bigwas Wandlung«, 1951) Verzeihung und Ansehen. *Konstantine Lordkipanidse* schilderte in dem gleichnamigen Roman die Entwicklung der Landwirtschaftsgenossenschaft »Morgenröte der Kolchis« (1931–1952; deutsch unter dem Titel »Morgenröte«, 1955) in den zwanziger Jahren. Ebenso repräsentativ sind der Kolchosroman »Lelo« (1937–1948) von *Alexandre Tscheischwili* (geb. 1903) sowie *Konstantine Gamsachurdias* Sittenroman »Der Raub des Mondes« (3 Bände; 1935–1936). Später wandte sich Gamsachurdia in seinen historischen Romanen dem »Goldenen Zeitalter Georgiens« zu (»Die rechte Hand des Meisters« 1939; deutsch unter dem Titel »Die rechte Hand des großen Meisters«, 1970; »Dawit der Erbauer«; 4 Bände, 1942–1962). Die schwierige Lage Georgiens unter den Kindern Tamars, Giorgi Lascha und Russudan, schildert *Grigol Abaschidse* (geb. 1914) in seinen Romanchroniken »Lascharela« (1958; dt. 1975) und »Die lange Nacht« (1963; dt. 1978). *Akaki Beliaschwili* (1903–1965) beschrieb in seinem Künstlerroman »Bessiki« (1944–1948) das für Georgien schicksalhafte späte 18. Jh.

Als Meister der Charakterzeichnung erwies sich der Prosaschriftsteller *Michail Dschawachischwili* (1880–1937); sein Leben verlief tragisch: In der Zarenzeit wurde er nach 1909 mehrfach festgenommen und verbannt, unter Stalin ermordet, nachdem er sich 1937 für die Erhaltung der Metechi-Kirche in Tbilissi eingesetzt hatte und damit den Vorwurf des »Nationalismus« auf sich zog. Dschawachischwili hinterließ eine Reihe bedeutender Novellen und Romane, von denen die sowjetische Literaturgeschichtsschreibung besonders seinen historischen Roman »Arsen aus Marabda« (1933) lobt. Er behandelt einen georgischen Bauernaufstand in den 30er Jahren des 19. Jh. unter Führung des Volkshelden Arsen Odselaschwili, der als romantischer Räuber vom Schlage eines Robin Hood auch in die georgische Volksdichtung einging. Dschawachischwili stellte ihn als zielbewußten Führer des Aufstandes dar, ähnlich dem russischen Tschapajew aus Furmanows gleichnamigem, etwas früherem Roman von 1923.

Der Zweite Weltkrieg beschäftigte die gesamte Sowjetliteratur bis in die 60er Jahre, ungeachtet des Lebensalters und der Volkszugehörigkeit der Autoren; aus der Fülle der Literatur, die das Kriegsthema in Georgien hervorrief, seien hier stellvertretend genannt: Konstantine Lordkipanidses Roman »Zabunja«, 1962; *Sergo Kldiaschwilis* Novelle »Die Teufelchen«, 1960; *Rewas Dschaparidses* (geb. 1923) »Die Witwe des Soldaten« (Roman, 1957), *Otia Iosselianis* (geb. 1930) »Sternschnuppen« (Roman, 1962). Aber schon in den 50er Jahren wandte sich vor allem die Generation der Nachkriegsschriftsteller den »inneren« Aspekten des Krieges zu: dem schweren Kriegsalltag der Zivilbevölkerung jenseits aller pathetischen Frontberichte oder den seelischen Nachwirkungen des Krieges. Zu den begabtesten Autoren der Nachkriegsgeneration gehört der Prosaschriftsteller und Dramaturg *Nodar Dumbadse* (geb. 1928; Veröffentlichungen seit 1949), der durch seine Romane und Erzählungen »Ich, Großmutter, Iliko und Illarion« (1958), »Ich sehe die Sonne« (1962; dt. 1968) sowie »Sonnige Nacht« (1966) bekannt wurde und heute zu den bedeutendsten Schriftstellern der Sowjetunion zählt.

In den 60er Jahren dominierten wie in allen Übergangsperioden die kleinen Prosagattungen. Denn Kurzerzählungen und Novellen erwiesen sich als geeigneter für Experimente mit dem Stil, der Erzähltechnik oder dem Inhalt als umfängliche Romane. Zunehmend kam damals auch Kritisches und Problematisches zur Sprache: Generationskonflikte, der Stadt-Land-Gegensatz und die Landflucht, Überreste der alten Moral bzw. das neue Spießertum. Häufig vermittelten die Autoren ihre Kritik aus der unvoreingenommenen, unbestechlichen Sicht von Kindern oder Jugendlichen. Eines der ersten Werke dieser zeitkritischen Richtung war *Demna Schengelaias* (geb. 1896) Roman »Der Schatz« (1958), dessen bäuerlicher Hauptheld durch einen Schatzfund auf seinem Acker in einen Konflikt zwischen Besitzgier und sozialistischer Moral gestürzt wird. Den Stadt-Land-Gegensatz schildert, zugunsten der tradierten Dorfkultur, *Alexandre Ebanoidse* (geb. 1939) in seinem talentierten Kurzroman »Zwei Monate auf dem Lande oder Ehe auf imeretisch« (1976).

Die jahrhundertelange Vorherrschaft der Lyrik endete in den späten 20er Jahren; nur die Kriegs- und unmittelbaren Nachkriegsjahre durchbrachen vorübergehend diese Entwicklung. In den 70er Jahren setzte sich die »Doppelherrschaft« von Lyrik und Prosa vollends durch. Die poetischen Themen blieben traditionell: viel Liebes- und Naturdichtung sowie die einstige Größe Georgiens. Die gegenwartsbezogene Lyrik handelt, ebenso wie die Prosa, vom sozialistischen Aufbau, vom Weltkrieg sowie, seit den 60er Jahren, vom Ethos des »neuen Menschen«.

Die Nachkriegslyrik weist zunehmend auch weibliche Stimmen auf, etwa die bekannte *Anna Kalandadse* (geb. 1924), *Medea Kachidse* (geb. 1928) oder *Lia Sturua* (geb. 1939), alle vorwiegend mit Liebes-, Stimmungs- und Gesinnungslyrik, die insbesondere Lia Sturua um archaisch-»heidnische« Bilder bereicherte.

Übersetzungen ins Deutsche

Da es ohnehin unmöglich ist, hier auch nur die repräsentativsten der nach ihrem Individualstil ganz unterschiedlichen zahlreichen Gegenwartsautoren aufzuführen, sei abschließend auf die Übersetzungen ins Deutsche hingewiesen. Sie sind zahlreicher als die Übersetzungen armenischer Dichtkunst. *Das Volksbuch der Georgier*, Rustawelis »Recke«, wurde fünfmal ins Deutsche übertragen bzw. nachgedichtet: das erste Mal von Arthur Leist, unter Mithilfe des Schriftstellers Ilia Tschawtschawadse und Iwane Matschabelis (Dresden, Leipzig 1889), dann – und wohl am gelungensten – von dem österreichischen Dichter Hugo Huppert (Berlin 1955; 1970), der bei uns vor allem als Majakowski-Übersetzer bekannt wurde, von M. Prittwitz (unveröffentlicht), am originalgetreuesten von Hermann Buddensieg (Heidelberg 1970–1972; Tbilissi 1976) sowie von M. Zereteli und der Schweizerin Ruth Neukomm (Zürich 1974), die eine Prosaübertragung vornahmen. Außerdem veröffentlichte Arthur Leist 1887 einen Band Nachdichtungen (»Georgische Dichter«). Die nächste Anthologie erschien erst 1946 in Wien (Robert Bleichsteiner: »Neue georgische Dichter«); derselbe Herausgeber veröffentlichte 1919 georgische Sprichwörter, Sagen und Märchen sowie 1947 *Daniel Tschonkadses* (1830–1860) Erzählung »Die Burg von Surami«. Die im 19. Jh. zeitweise sehr populären »Lieder des Mirza-Schaffy« (1851) von Friedrich Bodenstedt bieten indessen keine Übersetzung georgischer Literatur, sondern lediglich Bodenstedtsche Eigenschöpfungen nach orientalischen Motiven aus Tbilissi.

In der DDR blieb die Universität Jena das Zentrum deutscher Kartwelologie. Aus ihr stammen die Georgien-Forscher und Übersetzer Prof. Adolf Dirr, Prof. Gertrud Pätsch sowie Dr. Heinrich Fähnrich (dagegen lassen sich die wenigen bundesdeutschen Philologen, die sich ernsthaft mit georgischer Sprache und Literatur beschäftigen, fast an einer Hand aufzählen; an erster Stelle ist hier, für die altgeorgische Literatur, Prof. Julius Aßfalg, München, zu nennen). Auch die DDR-Schriftsteller konnten an die traditionell guten deutsch-georgischen Kulturbeziehungen anknüpfen. Die Liste der in der DDR bzw. Tbilissi veröffentlichten Übersetzungen und Nachdichtungen repräsentativer georgischer Romane und Lyrik ist entsprechend lang. Übrigens beweist die Vielzahl georgischer Übersetzungen aus dem Deutschen, daß dort die Kenntnis und das Interesse an unserer Literatur ungleich stärker als umgekehrt ist. Viele georgische Schriftsteller der älteren Generation haben noch in Deutschland studiert und übersetzten später deutsche Klassiker sowie Gegenwartsliteratur. Gamsachurdia übertrug z. B. Goethes »Leiden des jungen Werther«. Aber welcher Deutsche las die Übersetzung seines Romans »Die rechte Hand des großen Meisters«? Dies ist nur eines von vielen Beispielen für die etwas einseitige Liebe Georgiens zu Deutschland.

In der Schweiz erschien 1970 eine Sammlung »Georgische Erzähler der neueren Zeit« mit Werken von M. Dschawachischwili, Niko Lordkipanidse, Konstantine Gamsachurdia, Lewan Gotua und Grigol Tschikowani. Dort traten vor allem Ruth Neukomm und Kita Tschenkeli als Übersetzer und Kartwelologen hervor, in Österreich Prof. Robert Bleichsteiner.

Anmerkungen

1 Aßfalg, Julius: Die georgische Literatur. In: Kindlers Literatur Lexikon. Bd. 1. Essays. München (dtv) 1974, S. 74 f.

2 Pamjatniki armjanskoj agiografii (Denkmäler armenischer Hagiographie). Vyp. 1. Perevod s drevnearmjanskogo, vystupitel'nye stat'i i primecanija K. S. Ter-Davtjana. Erevan 1973. S. 198 f.

3 Deeters, Gerhard: Georgische Literatur. In: Handbuch der Orientalistik. Hrsg. B. Spuler. 1. Abtlg. Der Nahe und der Mittlere Osten. Bd. 7. Armenisch und kaukasische Sprachen. Leiden, Köln 1963. S. 142.

4 Eid, Volker: Das Königreich Georgien und seine große Zeit unter Dawid III. und Tamar. In: Anatolisches Mosaik: Von Stambul zum Kaukasus. »Die Karawane«, 18. Jg., 1974, Heft 4, S. 96.

Aphorismen aus Schota Rustawelis Poem
»Der Recke im Tigerfell«

Hohn und Schmähung sind dem Unhold mehr als Leib und Leben lieb.

Gleiche Unrast quält des Menschen Herz in seinem Wechselgang
Ob es jammert, ob es jubelt – rasend bleibt sein wilder Drang.

Wer nicht handelt, höhnt die Weisheit, wär sein Kopf auch noch
so helle.

Weigert man dem Witz Gefolgschaft, wird der Witz zum Aberwitz:
niemand schätzt verborgne Schätze, keinem sind sie not und nütz.

Schlangen lockt aus ihrem Loche, wer beredt ist und gescheit.

Der Verständige trinkt die Weisheit, doch der Narr ertrinkt darin.

Sinkt die Sonne, weiß die Rose, daß ihr Zauber nun verblasst.

Trügerische Welt! du wirbelst uns umher auf schnöde Art.
Wer dir traut, dem bleibt kein Tropfen salziger Tränenflut erspart.
Sprich, Entwurzlerin! von wannen und wohin denn geht die Fahrt?
Gut, daß Gott all deinen Opfern rettend seine Hand bewahrt.

Wer nicht Freunde sucht auf Erden, ist sich selbst der ärgste Feind.

Wer von Gott sich Glück erbittet, muß auch Leid zu tragen wissen.

Eine Gurke ist die Welt mir, überreif und allzu derbe,
Will mit Sang und Klang mich opfern, wenn ich für den Freund nun sterbe.

Liebe ist hold und schön, in ihrer Art schwer zu ergründen.
Wahre Liebe ist ferne treuloser Lust und ist ihr nicht zu vergleichen.
Sie ist etwas für sich und Buhlen etwas anders, tief ist die Kluft dazwischen.

Was man verschenkt, hat man gewonnen,
Was man versteckt, hat man verloren.

In jedem Krieg eines Andern ist jeder Fremde ein Weiser.

Nicht vergeuden soll der Dichter seines Meistersanges Töne
Eine nur soll er vergöttern: seine tiefersehnte Schöne.

(Entnommen aus: Schota Rustaweli: Aphorismen. Mit besten russischen und deutschen Übersetzungen. Zusammengestellt und eingeleitet von W. Kuprawa. Tbilissi: Mezniereba, 1976)

Georgische Volksmusik:
Sangesfreude und Vielstimmigkeit

Auf die große Musikalität und Sangeslust der Georgier stoßen Reisende nicht nur bei Folkloreveranstaltungen, sondern, mit einigem Glück, auch in Restaurants und überall dort, wo Georgier sich zu geselligem Beisammensein niederlassen. Nach einer Weile beginnt dann jemand zu summen, zu singen, erst leise, dann kräftiger. Ein zweiter, ein dritter stimmen ein. Süß (aber nicht süßlich), wehmütig oder feierlich klingen die Melodien, je nach den Anlässen, derer viele sind. Von Musikinstrumenten sei hier nicht lange die Rede. Sie gleichen im wesentlichen denen der übrigen Völker Transkaukasiens. Häufig im Einsatz sind die Zupfinstrumente *Panduri* (dreisaitig) und, in Westgeorgien, *Tschonguri*, eine Art drei- oder viersaitiger Laute. Mit Ausnahme der schlichten, aber stark rhythmischen Tanzmelodien spielen Instrumente eine untergeordnete Rolle. Viele Lieder und Weisen werden ohne Instrumentalbegleitung vorgetragen. Georgische Volkslieder zeichnen sich durch ihre Rezitativität, ihre Melodik sowie durch Vielstimmigkeit (ein- bis vierstimmig) aus. Sie beruhen, wie die gregorianischen Gesänge Westeuropas, auf verschiedenen diatonischen Tonarten (Kirchentonarten).

Die altertümlichsten Weisen sind einstimmig bzw. Sologesänge und meist rein vokalisch. Sie zeichnen sich durch Melismatik, Improvisation und ihre rhythmische Freiheit aus. Dazu gehören Wiegenlieder sowie der – auch in Armenien verbreitete – *Horowel*, ein beim Pflügen, Dreschen und Werfeln gesungenes Arbeitslied, der aus vorchristlicher Zeit überlieferte Sonnenhymnus »Lile« oder das swanetische Rituallied »Kwiria«, das zu Ehren des gleichnamigen Fruchtbarkeitsgottes am Tage des Hl. Quiricus (Kwirike), aber auch als Danklied bei der Beerdigung eines Greises angestimmt wird, wenn dessen Kinder und Enkelkinder wohlauf sind.

Die zweistimmigen, vor allem unter den ostgeorgischen Bergstämmen (Chewsuren, Tuschiner, Pschawer) verbreiteten Gesänge tragen ebenfalls sehr archaische Züge. Sie kennzeichnet eine Ungenauigkeit der Intonation, das Glissando der Kadenz, aber auch die Reinheit und Strenge des Metrorhythmus. Zweistimmige Arbeits-, Heil- und lyrische Lieder werden von zwei Solisten oder einander abwechselnden Solostimmen ausgeführt.

Ab dem 11. Jh. entwickelten sich dreistimmige Gesänge, die im 12. und 13. Jh. sowohl in der weltlichen als auch geistlichen Gesangskunst ein hohes Niveau erreichten. Die Dreistimmigkeit blieb bis heute die Hauptform der traditionellen georgischen Vokalmusik. Trotz zahlreicher, auch regional (ost- bzw. westgeorgisch) definierbarer Varianten bilden die Bässe stets die tonale und harmonische Grundlage. Am häufigsten bewegen sich die beiden Oberstimmen in enger Abhängigkeit voneinander, wobei die zweite Stimme die Leitmelodie angibt. Bei einem anderen Typus des dreistimmigen Gesanges entfalten die Stimmen jedoch völlig eigenständige rhythmisch-melodische Linien, die nur durch die Einheit des Textes, der Tonart sowie des Tempos vereint werden. Besonders ausgeprägt ist die Vielstimmigkeit in den Gesängen der westgeorgischen Gurier und Adscharer. Für sie ist auch eine sogenannte »sich windende« Oberstimme *(krimantschuli)* charakteristisch, die dem Solisten ein großes Register,

Georgischer Volkstanz

wie es für männliche Stimmen sonst ungewöhnlich ist, abverlangt. Der *krimantschuli* erinnert entfernt an den Tiroler Jodler, ist jedoch noch komplizierter auszuführen als dieser. Zu den dreistimmigen Gesängen zählen thematisch die getragenen ostgeorgischen Tafellieder sowie die megrelischen Liebes-, Scherz- und Alltagslieder. Schließlich kommen bei Guriern und Adscharern noch vierstimmige Zunftgesänge *(naduri)* vor, die von zwei Ensembeles zu jeweils mindestens sechs Sängern vorgetragen werden.

Die Bedeutung des Textes tritt in den georgischen Volksliedern hinter die rein musikalischen Ausdrucksformen zurück. So enthalten die Lieder eine Fülle wohlklingender, jedoch bedeutungsloser Silben (hej, ho, u, wo, aj, na) sowie ganzer Wörter: ari, aralo, ara-lalo, abadela, wadila, dali, dela, dilo, dila, herio, nana, odelina, ossarado, liwri, orero, raninaw da, raschow rero, taranani usw. Im Deutschen kennen wir nur das simple »tralala«.

In den beiden Hauptstädten Georgiens, Tbilissi und Kutaissi, entwickelte sich eine eigenständige urbane Gesangskunst. Da vor allem Tbilissi bis in das 20. Jh. eine multiethnische Stadt war, trägt seine Folklore deutliche Merkmale nichtgeorgischer orientalischer Musikkulturen, in erster Linie der Armenier und Aserbaidschaner. Zu diesen »ungeorgischen« Elementen gehört die Einstimmigkeit.

Unter dem Einfluß italienischer, vor allem neapolitanischer Lieder, die die Georgier in ihren Hafenstädten kennenlernten, entstand im 19. Jh. eine europäisierte Nebenform des städtisch-georgischen Volksliedes. Auch die Eröffnung eines Opernhauses in Tbilissi (1851) verstärkte den Einfluß nicht-georgischer Musikelemente wie z. B. der europäischen Tongeschlechter (Dur-Moll-

System). Das italienische Lied, die italienische Oper, die Wiener Klassik (Mozart allen voran) und die russische Romanze übten vielfältige Einflüsse auf die georgische Stadtmusik aus.

Eines der international bekanntesten Beispiele dieser europäisierten georgischen Stadtfolklore ist das Lied »Suliko« (»Seelchen«), 1895 verfaßt von dem populären Dichter *Akaki Zereteli* (1840–1915), dem man die Beinamen »georgische Nachtigall« und »ungekrönter König Georgiens« verlieh. Nur vordergründig handelt es sich um ein Liebeslied. Denn aus Zensurgründen tarnte Zereteli seine patriotischen Gedichte oft als Liebeslyrik. Die Melodie des Liedes wurde erstmals von *Warenka Zereteli*, einer Freundin des Dichters, zu Gitarrenbegleitung vorgetragen. Die Aussage und eingängige Weise von »Suliko« errangen solche Beliebtheit, daß es im Ausland heute als *das* georgische Volkslied schlechthin gilt. Und als Lieblingslied Stalins wurde »Suliko« zur Pflichtübung ganzer Schüler- und Pioniergenerationen in den Ostblockstaaten. Leider blieb es bei diesem Einzelfall. Die regionale Vielfalt, die Fülle der Melodien und Gattungen, der große Reichtum der völlig eigenständigen und eigenartigen georgischen vielstimmigen Gesangskunst hat Westeuropa bisher ignoriert. Und das ist um so bedauerlicher, als das georgische Volkslied einer der größten Aktivposten der georgischen Volkskunst geblieben ist.

Chatschapuri und Chinkali: Essen und Trinken in Georgien

Auch in der Eßkultur besitzen Armenien und Georgien mehr Gemeinsamkeiten, als beide Völker zugeben mögen. Frische Küchenkräuter und Schafskäse schmecken aber Georgiern ebenso wie Armeniern. Die armenischen Nußwürste *sudschuch* heißen hier *tschutschchela* und werden oft aus Haselnüssen bereitet. Der *mazun* der Armenier heißt georgisch *mazoni*, das als Vorspeise oder Beilage beliebte armenische Bohnengericht *lobi* (georg.: *lobio*) ist auch in Georgien weit verbreitet, ebenso wie *chasch* (georg.: *chaschi*), ein Fleischeintopf mit Zunge und Knochen, der in beiden Ländern so beliebt ist, daß es spezielle Imbißstuben für dieses Gericht gibt, mit dem freilich nicht jeder empfindsame mitteleuropäische Gaumen zurechtkommt.

Je tiefer man aber in die Offenbarungen der georgischen Küche vordringt, um so stärker fallen einem doch ihre Besonderheiten auf. Die georgische Kochkunst profitiert von dem natürlichen Reichtum eines Landes, in dem fast alle Sorten von Obst und Gemüse gedeihen. Feigen, Granatäpfel, Wal- und Haselnüsse sind feste Bestandteile der georgischen Küche. Wer es lieber scharf mag, wird sich in Georgien wohler fühlen als in Armenien. Vor allem in Westgeorgien und Abchasien sind feurig gewürzte Speisen beheimatet, und aus Abchasien stammt das auch in den übrigen Landesteilen Georgiens erhältliche Mischgewürz *Adschyka*, das dem Chili-Pulver in nichts nachsteht. Das Lieblingsgewürz der Georgier ist freilich der Koriander.

Beginnen wir unseren kleinen Streifzug durch die georgische Küche mit dem Grundnahrungsmittel Brot. Es heißt in Georgien *puri* und wird aus Weizen, aber auch aus Maismehl gebacken. Das westgeorgische Maisbrot *mtschadi* mundet ofenwarm vorzüglich. Die berühmteste georgische Brotsorte ist jedoch *chatschapuri*, das Käsebrot. Diese mit Schafs-, Schnitt- und Weichkäse gefüllten Blätterteigbrote erhält man bei Straßenhändlern ebenso wie in Imbißstuben und guten Restaurants (dort als Beilage oder Vorspeise). Zum Käsebrot schmeckt vor allem in Tbilissi ein Glas Limonade. Mehrere Läden in der Altstadt bieten davon ein breites Sortiment an. Am berühmtesten ist der Limonadenausschank *Laridse* (Rustaweli-Prospekt Nr. 22); die Familie, die dieses traditionsreiche Geschäft einst besaß und heute leitet, hütet seit Generationen erfolgreich die Herstellungsrezepte ihrer Limonaden, deren Wohlgeschmack auch dem vielgerühmten Trinkwasser von Tbilissi zu verdanken ist.

Ein mehrgängiges georgisches Hauptgericht wird meist mit Suppen eröffnet, von denen die Hammelsuppe *Tschichirtma* oder die Geflügelsuppe *Chartscho* am bekanntesten sind. Außerordentlich empfehlenswert als Vorspeise ist Geflügelsalat mit *saziwi*, einer Soße aus Butter, Walnüssen, Knoblauch und Zwiebeln. Bei den Hauptgerichten zählen neben dem Spießbraten (georg.: *mzwadi*) das »Hähnchen Tabaka« zu den international berühmten Delikatessen: es wird mit einer Soße aus Granatapfelkernen oder mit Tkemali-Soße gereicht. Diese besonders in Westgeorgien verbreitete Soße stellt man aus frischem Koriander und Wildpflaumen her, denen sie ihren säuerlichen Geschmack verdankt. Eines meiner georgischen Leibgerichte sind die *Chinkali*, die an die schwäbischen Maultaschen erinnern. Dabei fasziniert mich die weite Verbreitung dieses Gerichts von China bis Italien. Variationen der Chinkali, Maultaschen, Ravioli usw. traf ich unter verschiedenen Namen auch in der Mongolei (*Boots*), in Usbekistan (*Manty*) oder in Sibirien (*Pelmeni*). Die georgischen Chinkali sind rund und haben oben ein »Deckelchen«, an dem man sie hält, um vorsichtig abzubeißen, damit der appetitliche Saft nicht herausläuft. Chinkali sind ein Gericht für die Finger. In den *Tschebureki* besitzen sie nahe und ebenso schmackhafte Verwandte, die jedoch in Schmalz gebraten werden. Dieses Gericht ist so erfolgreich, daß es auch außerhalb Georgiens und des Transkaukasus in der Sowjetunion Imbißstuben für Tschebureki gibt.

Natürlich schmeckt es auch in Georgien in Gesellschaft am besten. Bei größeren Gesellschaften oder feierlichen Anlässen werden solche Tafelrunden von einem *Tamada*, einem Tafelherrn, geleitet. Bisweilen erwählt man für dieses Amt auch den Ehrengast, immer jedoch einen Mann (keine Frau!), dessen Ansehen, Bildung und Charakter ihn für dieses Amt auszeichnen. Denn von einem guten Tamada erwartet man Geist, Witz, genaue Kenntnis der georgischen Klassiker, allen voran Schota Rustawelis »Recken«, einen entsprechend reichen Zitatenvorrat, Taktgefühl und souveräne Beherrschung der georgischen Tafelsitten. Der Tamada hat dafür zu sorgen, daß die Gläser der Gäste stets gefüllt sind, daß sich jedoch niemand berauscht. Er wacht darüber, daß niemand gekränkt wird und kein Streit ausbricht, daß sich alle gleichermaßen gut und geistreich unterhalten und Rede und Gegenrede nicht ins Stocken geraten. Stimmung und Verlauf einer solchen Festtafel hängen also ganz wesentlich von den Fähigkeiten des Tafelpräsidenten ab, zu dessen Aufgaben schließlich noch gehört, die Trinksprüche in der richtigen Reihenfolge aufzusagen. Die georgischen Trinksprüche unterteilen sich in »obligatorische« und »freie« Sprüche.

Gewöhnlich beginnt der Tamada mit einem Toast auf den Anlaß des Festes, gefolgt von Trinksprüchen auf die »Älteren« (Eltern, Großeltern, die ältere und erfahrenere Generation ganz allgemein) und die, »die unserem Herzen nahestehen« (Verwandte, Freunde). Der letzte obligatorische Toast jeder herkömmlichen georgischen Feier wird auf »alle Heiligen« (»kwela zmindas«) ausgebracht und hebt die Tafelrunde auf. Dazwischen kann der Tamada den Gästen das Recht zu beliebigen Trinksprüchen eigener Wahl erteilen, mit denen diese dann ihre Beredsamkeit und Bildung unter Beweis stellen. Meist beginnt er auch hier mit dem Ehrengast.

Wein ist nach wie vor das Hauptgetränk Georgiens geblieben, aber man trinkt ihn heute meist aus Gläsern und nur noch selten aus Stierhörnern, deren Mundstück mit Silberbeschlägen kunstvoll gefaßt ist. Von Männern erwartet man, daß sie das Glas in einem Zug leeren oder das zumindest versuchen, während Frauen damenhaft nippen.

Ein so hoher Stand höfisch geprägter Tischkultur läßt jedoch auch Schattenseiten ahnen. Die georgische Freude an üppiger Gastlichkeit entartete allzu oft zur ruinösen Prasserei. Im vorsowjetischen Georgien gehörte es vor allem beim Klein- und Landadel zum »guten Ton«, daß der Hausherr in scheinbarer Gelassenheit keine Miene verzog, wenn ihm eine bezechte Hochzeitsgesellschaft das Vieh auf der Weide abschoß – einfach so, zum Zeitvertreib. Wenn auch diese extremen Auswüchse in der Sowjetzeit unterbunden wurden, so sind die Aufwendungen für private und familiäre Feiern heute oft immer noch unverhältnismäßig hoch. Die (Un-)Sitte, Examina mit gewaltigen Banketten für das Dekanat der jeweiligen Fakultät auszurichten, wurde schon vor Jahren offiziell als Bestechung untersagt. Doch findet die Neigung, über die eigenen Verhältnisse und die Angemessenheit hinaus zu feiern, bis heute immer noch ihre Anlässe.

Die Limonaden des Laridse-Geschäfts in Tbilissi erfreuen sich großer Beliebtheit.

Reiseziele in Georgien

Städte und Landschaften – Tbilissi

Du entstandest, lebst fort als Chimäre,
eine Stadt, nicht von dieser Welt.

(Boris Pasternak)

Tbilissi
(1,2 Mio. Ew.)

Als ich im Mai 1975 erstmals nach Tbilissi reiste, sah ich es mit russischen Augen, und es erschien mir wie das Paradies: Zermürbt von einem langen, dunklen und naßkalten Winter in Leningrad tauchte ich nun bereitwillig in das leichtere, sogar etwas leichtsinnige Leben dieser Stadt, legte die kiloschweren Wintermäntel und Stiefel ab, die mich monatelang belastet hatten, und vergaß die Gereiztheit der wintermüden Leningrader, das entschuldigungslose, verbitterte Geschiebe und Geknuffe in überfüllten Bussen, die Muffigkeit von Verkäuferinnen und Kellnerinnen sowie die Armseligkeit des Warenangebots. In Tbilissi aber gab es nicht allein so banale Dinge wie Teekessel, Toilettenpapier und Unterwäsche, wonach wir in Leningrad vergebens gesucht hatten. Es gab vor allem aufgeschlossene, freundliche Menschen, die sich für italienische Filme, Mode und Schlager interessierten und, merkwürdig genug, ihre Deutschfreundlichkeit betonten. Kaum ein Abend verging, an dem ich nicht zu Gast war und von den Freunden der Freunde an deren Freunde weitergereicht wurde. In Tbilissi kaufte ich Tomaten und Gurken zu erschwinglichen Preisen, labte mich an köstlichen Kräutern und grünen Bohnen, die ich in Leningrad nie zu Gesicht bekommen hatte. Ich kaufte mir ein Paar rote Sommerpantoffeln mit Plateausohlen, wie sie damals im Westen gerade in Mode gekommen waren. Die Georgier, in Modedingen wohl das aufgeschlossenste Volk der Sowjetunion, hatten ihre Schuhproduktion sofort diesem Trend angeglichen. Später habe ich noch viele andere sowjetische Städte kennengelernt. Moskau ist natürlich viel größer und politisch wichtiger als Tbilissi. Leningrad, in versteinerter Pracht einstiger Größe nachsinnend, ist architektonisch schöner. Jerewan ist älter und doch vom Aussehen her viel moderner, eine Kunstschöpfung von Flüchtlingen. Aber Tbilissi ist *die* Stadt. Denn sie besitzt das urbane Flair jahrhundertelangen kontinuierlichen Wachstums. Hier, »am Kreuzweg der Welten«, wie Armin T. Wegner Tbilissis verkehrsgünstige Lage umschrieb, verbanden sich die unterschiedlichsten Elemente zu neuer Eigenart, so daß Tbilissi eine eigene Folklore und einen unverwechselbaren

Menschentypus hervorbrachte: charmant, ein wenig selbstverliebt und von heiterer Melancholie.

Bis vor einigen Jahrzenten muß Tbilissi eine schlanke Schöne gewesen sein, die sich dem Lauf der Kura anschmiegte. Nun gleicht es einer Matrone mit Hüftspeck: Georgiens Hauptstadt besaß 1987 1.194.000 Einwohner und geht die umliegenden Hänge hinauf in die Breite.

Geschichte

Obwohl die Siedlungsgeschichte Tbilissis bis in die Bronzezeit reicht, verbindet die Sage die Gründung mit dem legendären georgischen König Wachtang I. Gorgassali: Ein von ihm erjagter Fasan soll sterbend in eine der zahlreichen Schwefelquellen gestürzt und dort sofort gekocht worden sein. Das führte dem König den Nutzen dieses Ortes so sinnfällig vor Augen, daß er die Siedlung Tbilissi zu seiner zweiten Hauptstadt neben Mzcheta erhob. Ab dem 6. Jh. war Tbilissi dann alleinige Hauptstadt. Den Quellen verdankt die Stadt ihren Namen (*tbili* = warm), der sich anfangs nur auf das eigentliche Bäderviertel bezog. Ende des 4. Jh. ließ Waras Bakur, ein ostgeorgischer Herrscher und Statthalter der Sassaniden, auf dem Salalaki-Berg die Narikala-Festung (*narikala* = unbezwingbar) anlegen, die König Wachtang und sein Sohn Datschi ausbauten. Bis heute blieben Bausubstanz aus dem 4. Jh. sowie ein Turm aus Hausteinen aus der Zeit Wachtangs (in der Nordostecke) erhalten, doch stammt das meiste, was wir gegenwärtig sehen, aus dem 8. Jh. Ein doppelter Mauerring schützte die machtvolle Festung, die zudem über zwei Geheimgänge mit Zugang zu Flüssen verfügte. In Friedenszeiten versorgte sie ein Kanal sowie ein Aquädukt mit Wasser. Unterhalb entwickelte sich das zentrale und ebenfalls durch Mauern befestigte Altstadtviertel *Kala*, in dem bis in das 20. Jh. die zahlreichen Aristokraten Tbilissis ansässig waren (von 28.000 Einwohnern Tbilissis im Jahre 1842 gehörte ein Zehntel dem Adel an!).

In der engen Kura-Senke strategisch und wirtschaftlich günstig gelegen, entwickelte sich die neue ostgeorgische Hauptstadt schnell zum politischen und kulturellen Mittelpunkt des Landes. Von der reichen Bautätigkeit jener Jahrhunderte, der die Araberinvasion im 7. Jh. ein Ende setzte, zeugen noch die Antschißchati-Basilika (6. Jh.) sowie die Zionskathedrale (7., 13. Jh.). Seine Blütezeit erlebte Tbilissi, als es Dawit IV. (»der Erbauer«) 1122 zur Hauptstadt des gesamten georgischen Großreiches erhob. Doch diese Größe währte nur ein Jahrhundert bis zum Mongolensturm 1226. Tbilissi, im Verlauf seiner Geschichte über vierzigmal verwüstet, wurde vom 14. bis zum frühen 17. Jh. besonders heimgesucht. Erst danach setzte ein erneuter Aufschwung ein, vor allem, nachdem Tbilissi 1762 zur Hauptstadt des vereinigten, die Provinzen Kartlien und Kachetien umfassenden ostgeorgischen Königreiches wurde. Wenig

Altstadt von Tbilissi

später, 1795, erfolgte die letzte Zerstörung: Aus Rache für
Ostgeorgiens Schutzbündnis mit Rußland (1783) legte der persische Herrscher Agha Mohammad Chan Tbilissi erneut in
Trümmer. Die *Altstadt* Tbilissis zeigt darum nur in den Grundmauern ältere Bausubstanz. Die hölzeren oberen Bauteile mit
ihren Balkonen und Veranden brannten 1795 ab.

Nach dem Anschluß an Rußland wurde Tbilissi zum Sitz des
ostgeorgischen Gouverneurs und zeitweilig sogar des zaristischen Statthalters über den gesamten Kaukasus und Transkaukasus. Es war damals eine multiethnische Stadt, in der die
Armenier mit 45 % die größte Bevölkerungsgruppe bildeten,
gefolgt von den Russen und dann erst den Georgiern. Das
Stadtbild bestimmen bis heute außer den hohen Helmen der
georgischen und armenischen Kirchen auch die Zwiebeltürme
russischer Kirchen sowie Moscheen und Synagogen – für die
Intourist-Führer ein Beweis der besonderen Religionstoleranz
der Georgier.

Einen guten Ausblick auf die *Altstadt* und die *Narikala-Festung* gewinnt man vom Steilufer der Kura, wo sich das
Altstadtviertel *Isni* (von *issani* = Festung), seit dem 14. Jh.
Awlabar genannt, befindet. Die Intourist-Stadtführungen
beginnen üblicherweise neben dem Reiterstandbild Wachtang
Gorgassalis (1967) an der Metechi-Kirche: Monumental steif
grüßt der König mit erhobener Rechter seine Stadt.

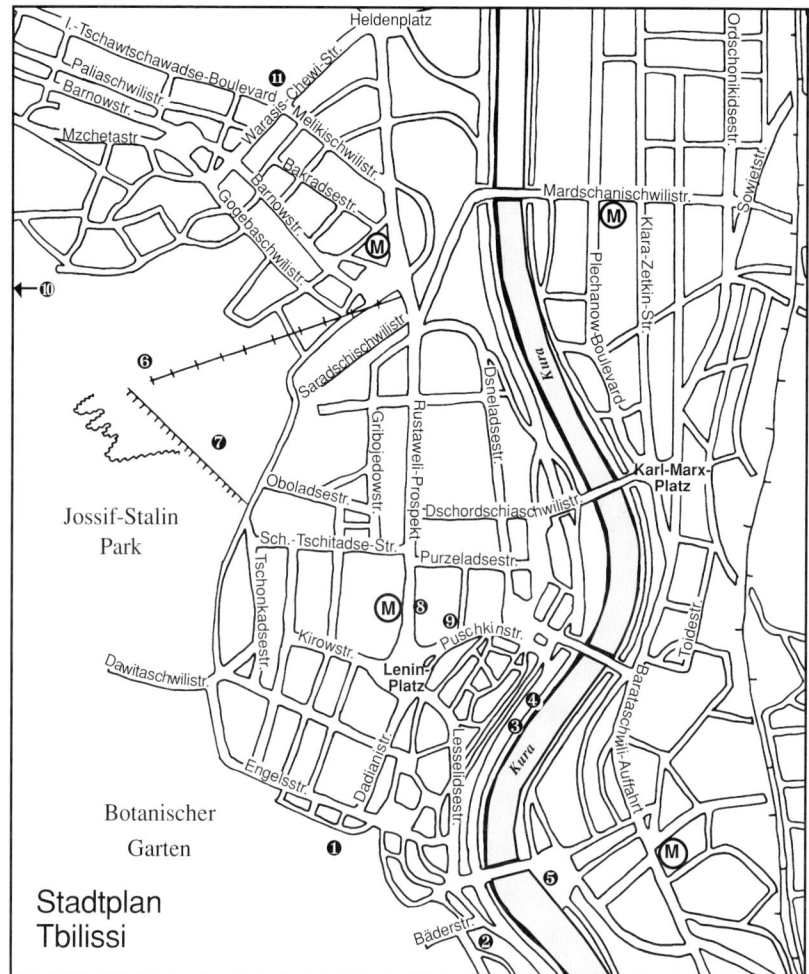

Legende

1 Narikala-Festung
2 Schwefelbäder
3 Zionskathedrale (Sioni)
4 Antschißchati-Basilika
5 Metechi-Kirche
6 Heiliger Berg (Mtazminda) bzw.
   Davidsberg
7 Pantheon

8 Staatliches S.-Dschanaschia-Mu-
   seum Georgiens
9 Kunstmuseum
10 Museum für georgische Volksbaukunst und Lebensweise (Freilichtmuseum
11 Universität

255

Antschißchati-Basilika	Man erblickt von diesem Aussichtsplateau die dreischiffige *Basilika der Hl. Gottesmutter* auf dem gegenüberliegenden Kura-Ufer. Ihren heutigen Namen *Antschißchati* (»Bildnis aus Antschi«) erhielt sie im 17. Jh., als die berühmte Erlöser-Ikone mit dem Beschlag des Meisters Beka Opisari (12. Jh.) aus dem von den Türken besetzten südgeorgischen Kloster Antschi hierher überführt wurde.
Zions-kathedrale	Etwas weiter südlich steht die *Zionskathedrale*, heute das religiöse Zentrum der georgisch-orthodoxen Kirche mit dem Sitz des Katholikos. Hier findet sich links neben dem Altar eine der heiligsten Reliquien des Landes: das Heilwunder wirkende *Weinrebenkreuz der Hl. Nino*, dessen Gestalt ihr nach frommem Glauben von der Gottesmutter offenbart wurde und das Nino mit ihrem eigenen Haar verknotete. Es ruht in einem Stahlgehäuse und wird nur einmal jährlich, am Festtag der Apostolin, den Blicken der Gläubigen freigegeben. Obwohl Anfang des 7. Jh. vollendet, mußte die Zionskathedrale infolge der vielfachen Zerstörungen Tbilissis oftmals wiederaufgebaut werden und bildet mit ihrem heutigen Aussehen einen Bau des Hochmittelalters. Die Malereien im Inneren stammen aus dem 19. Jh., als nach der Aufhebung der Autokephalie der georgischen Kirche zahlreiche georgische Gotteshäuser im russischen Stil ausgemalt bzw. ältere (und weitaus wertvollere) Fresken übermalt wurden. Die georgische Kirche bemüht sich nun erfolgreich um die Freilegung der alten Malereien. Wo dies nicht mehr möglich ist, werden neue Fresken hergestellt, wie im Südteil der Zionskirche, den Prof. Lewan Zuzkiridse 1985 modern gestaltete.
Bäderviertel	Weiter die gegenüberliegende Gorgassalistraße hinauf gelangt man in das unlängst restaurierte *Bäderviertel*. Links vom Wachtang-Gorgassali-Platz, dem Schauplatz einstiger farbenfroher Sonntagsmärkte, erblickt man die Kuppeln der unterirdisch gelegenen Badeanstalten. Eine persische Quelle des frühen 13. Jh. berichtet von damals 65 Bädern in Tbilissi. Am Ende der Straße liegt das ebenfalls restaurierte *Orbeliani-Bad* (1893), wegen seiner blauweißen Majolikafassade auch »Buntes Bad« (*Tschreli abano*) genannt, in dem sich ein öffentliches Badehaus befindet. Der Bau ist wie das Prunktor einer iranischen Medrese gestaltet, auch der Kachelschmuck im Torbogen erinnert an Vorbilder aus dem Iran, der Architekt war freilich Russe.
Satschino-Palast	Kehren wir auf das linke Kura-Ufer mit seinem Steilhang zurück. Beim Aufstieg zur Metechi-Kirche erblickt man links die Reste des *Satschino-Palastes*, den der ostgeorgische König Erekle II. 1776 für seine Gattin Daredschan errichten ließ. Dazu gehört ein runder, auf den Ruinen einer älteren Festungsmauer gebauter Turm, der mit einer hölzernen Balustrade abschließt.

Gleichzeitig mit dem Ausbau der Narikala-Festung auf dem rechten Kura-Ufer ließ Wachtang Gorgassali in Isni eine Kirche und einen Palast anlegen, vor dem im 12. Jh. die berühmte Tamar ihre Krieger segnete, bevor diese in die Schlacht zogen. 1235 von den Mongolen zerstört, wurden Kirche und Palast in den 70er Jahren desselben Jahrhunderts wiederaufgebaut. Seit dem 17. Jh. als Pulverarsenal dienend, wurde der Palast 1819 vernichtet und statt dessen ein berüchtigtes, bei der Sowjetisierung Georgiens jedoch abgetragenes Gefängnis eingerichtet. Dort, wo die Kura ihre lehmigen Fluten durch den Flaschenhals der Schlucht wälzt, erhebt sich auf dem Steilufer des Metechi-Plateaus aber immer noch die *Muttergotteskirche* (1278–1289), ein Kreuzkuppelbau. Ihre Konstruktion mit vier freistehenden Pfeilern und drei hervortretenden Apsiden folgt vermutlich dem Grundriß des Vorgängerbaus aus dem 5. Jh. Die Ostfassade trägt eine seit dem 11. Jh. in Georgien geläufige Komposition aus einem großen Steinkreuz, Fenster sowie zwei ornamentierten, rautenförmig angeordneten Quadraten. Wiederholte Restaurierungen vom 16. bis 20. Jh. veränderten die Kirche stark, die jedoch wegen ihrer eindrucksvollen Lage über der Kura ein Wahrzeichen Tbilissis blieb. Bis 1988 beherbergte die Metechi-Kirche eine Jugendbühne und konnte darum im Innern nicht besichtigt werden. Aber der Hungerstreik des georgischen Bürgerrechtlers Swiad Gamsachurdia erzwang, daß die Kirche den Gläubigen zurückgegeben wurde.

Das zweite Wahrzeichen der Stadt, die metallglänzende *Kartlis Deda* (»Mutter Georgiens«, 1958) erhebt sich mit spitzer Brust, Schwert und Weinschale gegenüber, unweit der Narikala-Festung. Sie symbolisiert Wehrhaftigkeit und Gastfreundschaft der Georgier, läßt aber den Geschmack der späteren, z. T. avantgardistisch kühnen Denkmäler Tbilissis vermissen.

Hinter der Metechi-Kirche beginnt eine Zeile alter, höchst malerisch unmittelbar am Steilhang gelegener Wohnhäuser aus Mauerwerk und mit hölzernen, geschnitzten oder bemalten Veranden bzw. Balkonen. Seit 1975 steht die gesamte Altstadt auf beiden Kura-Ufern unter Denkmalschutz. Bei der Restaurierung der alten Wohnhäuser erzielte man große Erfolge. Es handelt sich um einen städtischen, meist mehrgeschossigen mediterranen Wohnhaustypus mit Flachdächern. Die besonders prächtigen, einst Adelsfamilien gehörenden Häuser in der Nähe der Antschißchati-Basilika beherbergen heute kleine Imbißstuben, Cafés, das Spezialitätenrestaurant *Muchrantubani*, ein Puppentheater (beide Barataschwilistraße) sowie Kunstgewerbeläden. Einige Häuser unterhalb der Satschino-Festung wurden im Regionalstil verschiedener georgischer Landschaften gebaut und dienen den jeweiligen Abordnungen georgischer »Landsmannschaften« während ihres Aufenthalts beim

Metechi-Kirche

Kartlis Deda

alljährlichen Stadtfest »Tbilissoba« am letzten Sonntag im Oktober als Unterkunft.

Davidsberg Eine weitere Möglichkeit, Tbilissi mit einem Blick zu erfassen, bietet die Auffahrt zu Tbilissis »Heiligem Berg« (georg: *Mtazminda*), der nach dem Hl. David auch *Davidsberg* (730 m) genannt wird. Eine Schwebe- sowie Drahtseilbahn, eine Autostraße und ein Fußweg führen hinauf. Verläßt man auf halber Strecke die Drahtseil-Standbahn – sie wurde schon 1906 von einer belgischen Firma errichtet – gelangt man zu der *Kirche des Hl. David* (1855), die sich an der Stelle der Klause des Heiligen erhebt; der Hl. David missionierte im 6. Jh. als einer der Dreizehn Syrischen Väter in Georgien.

Pantheon Außerhalb befindet sich das sogenannte *Pantheon* mit Gräbern hervorragender Persönlichkeiten der georgischen Geistesgeschichte sowie das Grab des russischen Dramatikers und Diplomaten Alexander Gribojedow (1795–1829), über den sein Zeitgenosse Puschkin schrieb:»Er nahm Abschied von Petersburg und seinen müßigen Zerstreuungen und reiste nach Georgien, wo er acht Jahre in einsamen, unermüdlichen Studien verbrachte. (...) Nach Georgien gekommen, heiratete er die Frau, die er liebte ... Ich kenne nichts, was beneidenswerter wäre, als die letzten Jahre seines stürmischen Lebens. Selbst der Tod, der ihn in einem kühnen, ungleichen Kampf ereilte, hatte für Gribojedow nichts Schreckliches, nichts Quälendes. Er war plötzlich und schön« (»Die Reise nach Erzerum. Tagebuchblätter. Anekdoten.« Herrliburg/Zürich, 1945, S. 46). Puschkin begegnete dem toten Gribojedow 1829 in Armenien, wo er sich auf der einzigen Reise seines Lebens befand, der berühmten »Reise nach Erzerum«; Gribojedows Leichnam wurde von Teheran, wo der Diplomat einem Anschlag zum Opfer gefallen war, nach Tbilissi überführt. Die von Puschkin erwähnte geliebte Frau Gribojedows war Nino Tschawtschawadse, die ältere der beiden bezaubernden und gebildeten Töchter des adeligen georgischen Dichters und Politikers Alexandre Tschawtschawadse. Auf Gribojedows Wunsch hin bestattete sie ihn – Nino war erst 16 – auf dem Mtazminda, Gribojedow zufolge dem »poetischsten Platz von Tbilissi«. Das Grabmal trägt ihre rührende Klage:»Dein Verstand und deine Taten sind unvergeßlich im Gedächtnis der Russen. Aber warum hat meine Liebe dich überlebt?« Bis zu ihrem eigenen frühen Tod mit 45 Jahren blieb die schöne Nino Witwe.

Das einzige Frauengrab des Pantheons gehört Stalins Mutter. Der Name Stalin begegnet uns erneut auf dem Mtazminda, wo der *Erholungs- und Kulturpark* (mit Riesenrad) seinen Namen trägt. Ein Restaurant auf dem Davidsberg lädt zu abendlicher Auffahrt ein. Nur ist es hier, wie auch in den Altstadtrestaurants schwierig, ohne Voranmeldung einen Tisch zu erhalten.

Intourist bietet gegen zusätzliche Devisenbezahlung Abendessen mit georgischen Spezialitäten und Folklore.

Vom Aussichtsplateau des Mtazminda erfaßt man die günstige Lage der dreiseitig von Gebirgsketten umschlossenen Stadt: im Westen Ausläufer der *Gebirgskette von Trialeti*, im Süden die *Salalaki-Kette* und der Berg *Tabori* sowie im Osten der *Machata-Berg*. Bei guter Fernsicht erblickt man im Norden den Großen Kaukasus.

Das Zentrum des modernen Tbilissi liegt dem »Heiligen Berg« zu Füßen: der platanengesäumte *Rustaweli-Prospekt*, eine der elegantesten Flanier- und Einkaufsstraßen der Sowjetunion, mit Lebensmittel- und Buchläden, Souvenirgeschäften, Cafés und Restaurants in alten klassizistischen Bürgerhäusern sowie verschiedene Repräsentations- und Verwaltungsbauten. Moderne Gebäude wie der Regierungssitz der Georgischen SSR oder das Zentrale Telegraphenamt wurden aus goldfarbenem georgischen Tuff errichtet. Architektonisch besonders auffällig ist das Opern- und Ballettheater im maurischen Stil (1880–1896). **Rustaweli-Prospekt**

Der Rustaweli-Prospekt endet jeweils an einem Platz, dem *Lenin-* bzw. *Rustaweliplatz*. In der Nähe des letzteren findet man das untere Stationsgebäude der Schwebebahn zum Mtaz-

Typisch für Tbilissi sind die Straßentrinkbrunnen mit ausgezeichnetem Wasser.

minda und gegenüber das *Hotel Iweria* (Iberien), das schönere und besser geführte der beiden Intourist-Hotels der Stadt. Davor, am *Platz der Republik*, auf dem die alljährlichen Mai- und Novemberumzüge stattfinden, erinnern große Steinbögen an die kuppelüberwölbten Schwefelquellen und damit an die Ursprünge der städtischen Entwicklung.

Blaues Kloster   Unweit des Hotels stößt man in der Kiatschelistraße auf das *Lurdschi Monasteri* (*Blaues Kloster*, Ende 12. Jh.), ein durch Umbauten im 17. und 19. Jh. stark veränderter Bau aus Hausteinen im unteren und (neueren) Ziegelsteinen im oberen Teil. Seinen Namen verdankt es den lasurfarbenen Keramikplatten, die einst das Dach schmückten. In der Kirche befindet sich das *Museum der georgischen Heilkunde*, das u. a. medizinische Handschriften des 9., 13. und 15. Jh. enthält.

Historisches Museum   Das *Staatliche S. Dschanaschia-Museum Georgiens* (Historisches Museum) ging 1923 aus der Sammlung des 1852 gegründeten Kaukasischen Museums hervor. Im Erdgeschoß befinden sich, in chronologischer Reihenfolge ab dem 4. Jahrtausend v. Chr., archäologische Funde der gesamten Steinzeit, der Bronze- und Eisenzeit sowie des georgischen Altertums. Die Exponate im ersten und zweiten Stock entstammen dem georgischen Mittelalter (4.–13. Jh.); ferner befindet sich hier eine Abteilung der Geschichte Georgiens zwischen 1801 und 1921 sowie der sowjetgeorgischen Geschichte und eine volkskundliche Abteilung mit Trachten, Handarbeiten, Musikinstrumenten, Arbeitsgeräten u. a. Bemerkenswert ist die Bauinschrift der Zionskirche von Bolnissi (Ende 5. Jh.) als ältester Beleg für die georgische Schrift (in Georgien), ferner die Sammlung mittelalterlicher georgischer Waffen sowie die numismatische Abteilung, deren Exponate zugleich von ausgedehnten Handelsverbindungen Georgiens künden.

Am nachhaltigsten beeindruckt dank der Schönheit sowie des Alters ihrer Ausstellungsstücke die *Schatzkammer* des Museum (Besuch nur nach Voranmeldung sowie in kleinen, deutschsprachig geführten Gruppen bis zu 14 Personen). Sie enthält in 15 Vitrinen Juwelriererzeugnisse aus ost- und westgeorgischen Grabfunden seit dem 3. Jahrtausend v. Chr.: goldene und silberne Pokale, zeitlos schöner Männer- und Frauenschmuck, Kultstandarten, Dolchscheiden sowie Zaumschmuck. Die bereits in so früher Zeit erzielte Kunstfertigkeit in der Goldbearbeitung, die über die Inkrustations-, Filigran- und Granulationstechnik sowie den Zellenschmelz verfügte, ist überwältigend. Unvergeßlich bleiben das goldene Schläfengehänge aus Achalgori (4. Jh. v. Chr.) mit je einem Pferdepaar oder die geflochtene Kette mit Amulettkapsel und Balsamfläschchen (Ende des 2. Jh. v. Chr.) aus den reichen Adelsgräbern im nahen Mzcheta. Die dort gefundenen Silbergeschirre und Gemmen spiegeln z. T. deutliche römisch-hellenistische Einflüsse wider. Zu dieser Gruppe gehören u. a. die Kamee mit dem Porträt des grausamen römischen Kaisers Caracalla, die Darstellung einer Nereide auf dem Delphin sowie Pokale mit dem Reliefporträt des Antinous bzw. des Kaisers Marc Aurel. Stark hellenistischen Charakter besitzen auch die – zum Teil wohl von griechischen Meistern gefertigten – erlesenen Fundstücke aus der einst bedeutenden kolchischen Stadt Wani (6.–4. Jh. v. Chr.). Mit Sicherheit stellt die Sammlung des Historischen Museums von Tbilissi nach dem Skythenschatz in Kiew eine der schönsten und kostbarsten in der gesamten Sowjetunion dar. Das Museum befindet sich am Rustaweli-Prospekt 3 und ist von 10–17 Uhr (täglich außer montags) geöffnet.

Den zeitlichen Anschluß an die Juwelierkunst der vorchristlichen Periode findet man in der *Schatzkammer* des *Kunstmuseums*, nur fünf Minuten Fußweg vom Historischen Museum entfernt (Kezchowelistr. 1). Auch hier bedarf es der Voranmeldung und Bezahlung, während der Besuch des übrigen Museums kostenlos ist. Erneut stößt man auf Stalin, der nämlich dem Priesterseminar entsprang, das sich einst im Gebäude des heutigen Kunstmuseums befunden hat. Die Schatzkammer des Kunstmuseums baut auf Exponaten auf, die 1945 von exilierten georgischen Menschewisten der Heimat zurückgegeben wurden. Nach der Sowjetisierung Georgiens 1921 flüchteten sie mit ideell wie materiell wertvollen Ikonen und Schmuckgegenständen nach Frankreich, die sie bei der Bank von Marseille deponierten. Diese einst als »Raub« verschmähte Tat deutet man heute in günstigerem Licht: Die georgischen Flüchtlinge retteten nämlich den kostbarsten, heiligsten Besitz der Nation vor den antireligiösen Zerstörungen der 20er Jahre.

Die Sammlung umfaßt georgische Metalltreibarbeiten meist sakraler Bestimmung (Ikonen, Voraltar- und Prozessionskreuze, Altarschranken, liturgische Fächer [Rhapidien]) aus Gold und Silber, zu einem kleineren Teil auch Schmuck, Trinkgefäße sowie Dolchscheiden. Ihre größte Originalität erreichte die Metallplastik vom 10.–14. Jh. Vorher stand sie unter byzantinischem, danach unter persischem Einfluß. Schon ab dem 13. Jh. äußert sich eine gewisse Dekadenz in der Übertreibung dekorativer Elemente. Auch Einwände der Kirche, die jegliche Plastizität in der darstellenden Kunst als heidnisch und Götzendienst ablehnte und nur die Malerei förderte, beeinträchtigten ab dem 13. Jh. die Entwicklung der Treibkunst. In der Schatzkammer des Kunstmuseums befindet sich die mehrfach erwähnte Antschißchati-Ikone (6. Jh.), deren zentraler Beschlag aus vergoldetem Silber aus dem 12., die übrigen Teile aus dem 15.–17. Jh. stammen, sowie die berühmte, in Zellenschmelztechnik gearbeitete Ikone aus dem Kloster Chachuli, eine der schönsten Emailikonen der Welt. Auf testamentarischen Wunsch König Dawits IV. fertigten zwei Meister aus dem Hofkloster Gelati einen dreiflügeligen Tragealtar (1126–1154) für die Chachuli-Ikone an und schmückten ihn reich mit ziselierten Pflanzenornamenten, zahlreichen Edelsteinen, Perlen sowie kleinen Emailikonen und Kreuzen (8.–15. Jh.). Während einer Plünderung des Gelati-Klosters 1859 wurde die kostbare Ikone geraubt und »verschwand«. Hatte dabei der russische Gouverneur von Kutaissi, Lewaschow, die Hände im Spiel? Er hatte bereits vorher bei einem Architekten eine »Ikone im georgischen Stil« bestellt, eine wertlose Aquarelldarstellung der Gottesmutter, die er nun anstelle der geraubten Ikone dem Gelati-Kloster »stiftete«. Das Original aber wurde zerlegt und offenbar stückweise verkauft. Die wichtigsten Teile – Gesicht und Hände – blieben bis 1923 in der russischen Botkin-Sammlung. Seit 1953 befindet sich die fragmentarische Ikone mit dem Tragealtar im Kunstmuseum. Ebenfalls als nationales Heiligtum gilt das goldene, perlenbesetzte Brustkreuz der Königin Tamar, da es der einzige erhaltene Gegenstand ihres persönlichen Schmuckes ist.

Für die georgische Goldschmiedekunst charakteristisch ist eine frühe und meisterhafte Beherrschung des Zellenschmelzes auf Goldemail, einer auch in Byzanz und Kiew hochentwickelten Technik. Die Sammlung zeigt einige hervorragende Emailikonen des 6.–18. Jh. Ungewohnt für den nicht-georgischen Betrachter sind die mächtigen, mit getriebenen oder gestanzten Metallplatten bedeckten Voraltarkreuze und ihre kegelförmigen Bedeckungen. Hier ging der alte transkaukasische Kreuzeskult offenbar ganz eigene Wege. Die Führung durch die Schatzkammer endet bei den Vitrinen mit Fundstücken von Ausgrabungen der vorchristlichen Periode durch das Kunstmuseum. Besonders beeindruckt die Sammlung rechteckiger Bronzeschmuckplatten aus dem ersten vorchristlichen Jahrtausend mit stilisierten Darstellungen von Vögeln und Tieren, die stark an den skythischen Tierstil erinnern.

Die übrigen Künste des mittelalterlichen und neuzeitlichen Georgiens – Malerei, Architektur, Bildhauerei – sind in den Sälen des ersten und zweiten Stockwerks untergebracht. Kopien berühmter Fresken (Kinzwissi, Ateni u. a.) hängen in den Vorräumen der Schatzkammer sowie im Treppenhaus.

Relativ spät, nämlich Mitte des 19. Jh., entwickelte sich eine eigenständige georgische Malschule. Im Ausland wurden vor allem die naiv-expressiven Bilder des Schildermalers und Laienkünstlers Niko Pirosmani (Nikolos Pirosmanaschwili; 1862–1918) bekannt, von denen das Museum eine Sammlung in einem besonderen Saal vorstellt. Sie fixieren den Alltag und die

Natur seiner kachetischen Heimat sowie das Leben des alten Tbilissi mit Gelagen der Kintos (Straßenhändler) und Vornehmen, der Drahtseilbahn zum Mtazminda (schon damals!), prallbusigen Spießerfrauen und einfachen Volkstypen. Von großer innerer Wahrhaftigkeit durchdrungen, zeigen Pirosmanis Bilder eine gewisse Übereinstimmung mit alten georgischen Wandgemälden und Miniaturen. Da der Maler aus Armut auf billigem schwarzen Wachstuch malte, machte er aus der Not eine Tugend, ließ die schwarzen Flächen unberührt und arbeitete nur die helleren Partien, oft nur umrißhaft, heraus. Alla Pugatschowa, die beliebteste Pop-Sängerin der Sowjetunion, besang in ihrem Erfolgsschlager »Eine Million rote Rosen« eine romantische Episode aus dem Leben des georgischen Malers: Grenzenlos in die schöne französische Tänzerin Margarethe verliebt, gibt Pirosmani alles her, um die Angebetete mit Rosen zu überschütten. Vergeblich. Unbeeindruckt kehrt Margarethe in ihre Heimat zurück, mit einem anderen.

Das Museum ist täglich außer montags von 10–17 Uhr, die Schatzkammer von 10–16 Uhr geöffnet.

Das *Museum für georgische Volksbaukunst und Lebensweise* liegt an der Tscherepaschje-Chaussee 1 und ist mit den Omnibussen 3, 10 sowie Obus 8, 9, 11 erreichbar. Etwas außerhalb, am Rande des in den 20er Jahren angelegten Wohn- und Universitätsviertels *Wake* (»Feld«) befindet sich dieses Freilichtmuseum. Es liegt am Hang eines der Vorberge der Trialeti-Kette. Das parkartige Gelände wurde in zehn, den georgischen Klimazonen zugeordnete Bereiche unterteilt, in denen bisher 70 originale Wohn- und Wirtschaftsgebäude der jeweiligen Region aufgebaut sind. Zur Besichtigung freigegeben sind bislang nur vier: drei westgeorgische, nämlich das Haus eines sehr wohlhabenden megrelischen Bauern, das Haus eines mittelreichen gurischen Bauern sowie ein imeretisches einzimmriges Bauernhaus (*Sadschalabo*) und ein ostgeorgisches Einsaalwohnhaus des *Darbassi*-Typus.

In Westgeorgien überwogen die Holzbauweise sowie das Satteldach. Als älterer Haustypus wird das Sadschalabo mit einem einzigen fensterlosen Raum für die gesamte Familie sowie einem vorderen und hinteren Eingang gezeigt, was zugleich der Entlüftung der offenen Feuer- und Herdstelle im Zentrum diente. Später entstand der bis heute übliche Haustypus der *Odasachli* mit mehreren Zimmern sowie einer »guten« Stube und einer breiten Veranda auf niedrigen Pfählen oder Steinsockeln. In diesen Häusern ist auch die alte Innenausstattung original: Möbel, Stoffe und Geschirre bis hin zu den flachen Holzwiegen, auf die das Kind mit gewebten Gurten gebunden wurde. Pfeifenartige, je nach Geschlecht unterschiedlich geformte »Harn-

Volkskundemuseum

Längsschnitt und Kuppelkonstruktion (»Gwirgwini«) des georgischen »Darbassi«-Haustypus

leiter« sorgten dafür, daß der gefesselte Säugling trocken lag. Im kachetischen Telawi kann man übrigens noch derartige Wiegen kaufen, die einst bis Kleinasien verbreitet waren.

Darbassi, das ostgeorgische Steinhaus mit zentraler »Krone« (*Gwirgwini*) auf zwei hölzernen Stützpfosten (*Dedabodsi*) ist der archaischste, bis in das 3. Jahrtausend v. Chr. belegte Haustypus Georgiens. Die Dedabodsi sind besonders reich mit Kerbschnitzereien, vor allem Sternrosetten, geschmückt. Auch hier befindet sich die Feuerstelle zentral im Raum, darüber eine verstellbare Eisenkette für Töpfe, Schinken u. a. Geschlafen wurde auf einer riesen Liege. Für Kinderhände unerreichbar hoch waren Tonkrüge in die Mauern eingelassen, in denen die Frauen ihren Schmuck und persönliche Habe aufbewahrten. In den Schuppen, Maisspeichern und Weinkellern wurde ebenfalls echtes altes Arbeitsgerät zusammengetragen: kleine getrocknete und ausgehöhlte Kürbisse an Stangen als Schöpfkelle für die in die Erde eingelassenen tönernen Weinkrüge sowie Besen aus Maisstroh zum Reinigen der Krüge, ein hölzerner »Handschuh« als Fingerschutz beim Heuen und die bereits aus Armenien bekannten Lehmöfen des Toné-Typus.

Das Museum ist täglich außer montags von 9–18 Uhr geöffnet.

Mzcheta, die alte Hauptstadt Iberiens

Die Überlieferung verbindet den Namen der verträumt-liebenswürdigen Gartenstadt *Mzcheta* (25 km von Tbilissi entfernt) mit Mzchetos, dem ältesten Sohn des mythischen Stammvaters der Georgier, Kartlos. Eine wissenschaftlichere Deutung geht von dem altgeorgischen Volksstamm der Meßchier (Meßcheten) aus. Die archäologischen Ausgrabungen in Mzcheta erbrachten ein sehr hohes Siedlungsalter. Die bis in das 2. vorchristliche Jahrtausend zurückreichende Siedlungsgeschichte erklärt sich vor allem aus der günstigen strategischen Lage des Ortes am Zusammenfluß der beiden wichtigsten Flüsse Ostgeorgiens, *Kura* und *Aragwi*, dem Schutz durch umliegende Schluchten und die Nähe fruchtbarer weiter Täler. Mzcheta kontrollierte den Schnittpunkt der wichtigsten Handelsstraßen Transkaukasiens: der Ost-West-Magistrale zwischen Schwarzem und Kaspischem Meer sowie den Beginn der Alten Georgischen Heerstraße mit der Nord-Süd-Verbindung.

Wie alle altgeorgischen Städte gliederte es sich in die eigentliche Stadt (*darba, kalaki*) und die Festung (*ziche*) bzw. Akropolis. Zahlreiche Volksgruppen müssen schon im Altertum Mzcheta bewohnt haben, wo außer Georgisch auch Griechisch, Hebräisch, Syrisch, Armenisch und Chasarisch gesprochenwurde.

In hellenistischer Zeit war die Bautätigkeit in und um Mzcheta besonders intensiv. König Parnawas (um 300 v. Chr.) befestigte die gesamte Stadt mit einer Schutzmauer und ließ auf dem Berg Bagineti am rechten Kura-Ufer eine Festung anlegen, die zum Sitz der iberischen Herrscher wurde. Von der Pracht der iberischen Residenz zeugen die Reste einer rechteckigen Säulenhalle, Tempelanlagen, ein antikes Bad sowie eine Nekropole. Eine zweite Festung, die den Pitiachschen (iberische Herrscher des Hochadels) diente, entstand in der Stadtsiedlung Armasi an der Mündung des Armasi-Flusses in die Kura. Im 1. Jh. v. Chr. verschmolzen Armasi und Mzcheta zu einer einigen, befestigten Stadt. Auch in der Residenz Armasisziche wurden die Reste eines Palastes, ein gut erhaltenes spätantikes Bad (2.–3. Jh. n. Chr.) sowie eine Nekropole (2.–3. Jh.) der Pitiachschen freigelegt, deren reiche Grabbeigaben mit herrlichem, edelsteinverziertem Goldschmuck in der Schatzkammer des Historischen Museums in Tbilissi (s. S. 260f.) zu bewundern sind. Die Armasi-Funde zeigen sowohl die alte Tradition lokaler Juwelierkunst als auch die bis Rom und Parthien reichenden politischen Verbindungen Iberiens während der Spätantike.

Vom sagenhaften Reichtum Mzchetas zeugt schließlich die Tributforderung des römischen Feldherrn Pompejus, der 65 v. Chr. dem mit den Armeniern und dem pontischen Herrscher Mithridates VI. verbündeten iberischen König Artag auferlegte, ihm einen Thron, eine Liege sowie einen Tisch aus Gold zum Geschenk zu machen. Vermutlich birgt die Erde Mzchetas noch manche archäologische Überraschung; derzeit wird z. B. das Gelände um die Kathedrale Sweti Zchoweli untersucht.

Im frühen 4. Jh. wurde Mzcheta zum Zentrum der Christianisierung Iberiens und blieb religiöser Mitterpunkt (Katholikat) Georgiens, auch nachdem es Anfang des 6. Jh. seine politische Bedeutung an die neue Hauptstadt Tbilissi verloren hatte.

Dschwari-Kirche

Die *Dschwari- (Kreuz-)Kirche* (585–605) von Mzcheta beeindruckt gleichermaßen durch die Harmonie ihrer Baumaße und die Schönheit ihrer Lage auf einer Anhöhe über der Mündung des Aragwi in die Kura. Etwas unterhalb des Gipfels liegt ein kleiner See mit Salzwasser. Dieses Naturwunder rief vermutlich die sehr frühe Verehrung der Stätte hervor. Zum Triumph des Christentums ließ, dem georgischen Chronisten zufolge, die Heilige Nino hier ein monumentales Holzkreuz errichten, gefertigt aus dem Holz eines Baumes, der sich durch Schönheit und Heilkraft ausgezeichnet hatte. Das wundertätige Kreuz bei Mzcheta fand schnell über die Grenzen Kartliens hinaus Verehrung und zog Wallfahrer an. Nachdem in der zweiten Hälfte des 6 Jh. der Südwesten Kartliens von der persischen Vorherrschaft freikam, konnte sich eine reiche Bautätigkeit entfalten. Der Erismtawari (Regierende Fürst) Guaram ließ eine Kapelle (die »kleine Dschwari-Kirche«) mit Krypta errichten. Die Altarnische dieses heute nur noch in Ruinen erhaltenen Baus war ursprünglich mit Mosaiken geschmückt. Doch schon bald befriedigte die kleine Kirche nicht mehr die Bedürfnisse der Pilgermassen, so daß Guarams Sohn Stepanosse I. den Bau einer größeren, südlich der kleinen Dschwari-Basilika gelegenen Kirche begann.

Besichtigung

Die große Dschwari-Kirche ist ein Vierapsidenbau mit leicht gestreckter Ost-West-Achse, in deren Mittelpunkt sich der achteckige Steinsockel des einstigen Kreuzes erhebt. Rundnischen zwischen den Konchen leiten zu Eckräumen über, von denen jede eine eigene Funktion besaß: Zu beiden Seiten des Altars befanden sich der Opfertisch und die Sakristei, das südwestliche Gemach war den Frauen vorbehalten und wurde mit den Mitteln einer gewissen Temistia errichtet, wie eine Bauinschrift im Tympanon besagt. Der nordwestliche Eckraum diente den Mitgliedern der Herrscherfamilie. Das zentrale Kreuz gab den Bauplan vor und stellte zugleich den Baumeister vor die schwierige Aufgabe, die Kirche im Westen direkt mit dem felsigen Steilhang abzuschließen. Darum befindet sich der Haupteingang zur Dschwari-Kirche, abweichend von den sonstigen Gepflogenheiten im christlichen Transkaukasus (doch in Übereinstimmung mit syrischen Regeln), nicht westlich, sondern im Süden.

Obwohl die Höhe der Kirche nur 25 m beträgt, erweckt der Innenraum den Eindruck von Größe und Feierlichkeit. Im Unterschied zu späteren georgischen Bauten war Dschwari, mit Ausnahme der Altarapside, nicht mit Fresken geschmückt. Die Kirche blieb fast unverändert erhalten, obwohl sie im 10. Jh. von den Arabern in Brand gesetzt worden war. Die Stifterbildnisse an der Ostfassade zeigen Stepanosse I. vor Christus knieend sowie seinen Bruder Demetre und seinen Thronnachfolger Adarnasse mit dessen Sohn Kobul unter den Erzengeln Gabriel und Michael auf den beiden seitlichen Reliefplatten. Der Tympanon über dem südlichen Haupteingang zeigt die Kreuzeserhöhung, ein in der frühchristlichen Kunst weit verbreitetes Motiv: Zwei Engel halten ein Medaillon mit einem griechischen Kreuz. Zugleich entspricht das im Tympanon dargestellte Motiv dem Weiheobjekt der Kirche und hier ganz besonders dem mit dieser Stätte verbundenen Kreuzeskult. Darüber, bekrönt von einem Giebel, das Bildnis des Kobul (später Stepanosse II.), vor Christus knieend. Über dem Eingang zum Frauengemach befindet sich eine Darstellung der Kreuzesabnahme.

Die Dschwari-Kirche gilt als Idealtypus des georgischen Kreuzkuppelbaus. Der Vergleich mit der nur wenig später errichteten armenischen Hripsime-Kirche zeigt frühe Unterschiede in den nationalen Bauauffassungen: so bei Dschwari eine »byzantinisch« flach gewölbte Kuppel mit Ziegelbedeckung anstelle der armenischen Kegelkuppel und eine stärkere Auflockerung der Außenfront durch hervortretende Apsiden. Verallgemeinernd gesprochen: Anstelle des armenischen Bemühens um festungsartige Geschlossenheit und ernste Würde strebten die georgischen Meister nach lebendiger Harmonie. Heute finden in der Dschwari-Kirche gelegentlich Konzerte geistlicher georgischer Chormusik statt. Karten sind über Intourist erhältlich.

Sweti Zchoweli

Die Baulegende berichtet: Bei der Kreuzigung Christi war ein gewisser Elios, ein Jude aus Mzcheta, zugegen, dem das Gewand des Herrn zufiel. Bei seiner Rückkehr trat ihm seine Schwester entgegen, die sich bereits zum Christentum bekannte. Sie starb vor innerer Erregung, nachdem sie die kostbare Reliquie ihres neuen Glaubens berührt hatte, und wurde zusammen mit dem Gewand Christi unter einer mächtigen libanesischen Zeder beerdigt. Als nun der erste christliche Herrscher Iberiens, Mirian, eine Kirche errichten lassen wollte, befahl er, die Zeder zu fällen und als Baumaterial zu verwenden. Sechs Pfeiler hatte man bereits in die Erde getrieben, aber der siebte und größte ließ sich nicht von der Stelle rücken. Erst Ninos Gebete erreichten, daß sich auch dieser Pfeiler »ohne menschliches Dazutun« in die Erde senkte. Er bewirkte alsbald

Heilwunder. Hiervon erhielt die heutige Kirche ihren Namen: *Sweti Zchoweli*, »lebenspendende Säule«. Im 11. Jh. ließ sie der ostgeorgische Katholikos Melchisedek mit Gold und Silber verzieren. Ein zu Ehren der »lebenspendenden Säule« im 15. Jh. errichteter und im 17. Jh. mit Episoden aus der Christianisierung Kartliens bemalter turmartiger Altar befand sich vermutlich einst in zentraler Stellung unter der Kuppel. Heute steht er etwas versetzt unter der südlichen Mittelarkade und soll nach frommem Glauben noch immer das wundertätige Holz bergen.

Geschichte   Ausgrabungen haben ergeben, daß der erste Bau auf dem Gelände der heutigen Kathedrale tatsächlich ein Holzbau aus den 30er Jahren des 4. Jh. war. Im 5. Jh. ließ ihn Wachtang Gorgassali durch eine steinerne Basilika ersetzen, von der noch die Stierköpfe am östlichen Hauptfenster sowie am Eingangstor der heutigen Schutzmauer um das Kathedralengelände stammen (Überreste eines alten Stierkultes?). Zu Beginn des 11. Jh. war der Bau des Wachtang so stark beschädigt, daß ihn Katholikos Melchisedek vom Baumeister Arsukidse grundlegend umbauen ließ. An Arsukidse erinnert übrigens eine Inschrift an der nördlichen Außenwand über der Darstellung einer Hand, die ein Winkelmaß hält: »Die Hand des Gottesknechtes Arsukidse. Gedenkt seiner!« Die Baulegende sagt hierzu, daß dem Architekten der rechte Arm abgeschlagen wurde, um die Wiederholung eines ähnlich herrlichen Baues zu verhindern – ein Sujet, das der sowjetgeorgische Schriftsteller Konstantine Gamsachurdia seinem Roman »Die rechte Hand des Meisters« (1939; dt. 1970) zugrunde legte.

Der Bau des Melchisedek löste die bisherige Basilikakomposition durch eine Kreuzkuppelkathedrale mit einer Ostapside und zwei Nebengelassen ab, neben der der Katholikos noch einen – heute in Trümmern liegenden – Palast errichten ließ. Ebenfalls aus jener Zeit stammt das bereits erwähnte zweigeschossige Westtor. Die Kathedrale litt besonders unter der Zerstörung während der Invasion Tamerlans Ende des 14. Jh. Im 15. Jh. fanden auf Befehl König Alexandres I. umfassende Restaurationsarbeiten statt; Spuren davon zeigen vor allem die beiden westlichen Anbauten. Auch der Kuppeltambour ist das Ergebnis jener Ausbesserungen. In den 30er Jahren des 19. Jh. riß man aus Anlaß eines Besuches des russischen Zaren Nikolaj I. die damals bereits baufälligen Seitengalerien ab, was das Aussehen der Kathedrale stark veränderte, und übertünchte die Innenwände, wodurch viele der ursprünglichen Fresken zerstört wurden. Die heutigen Befestigungsanlagen um die Kathedrale stammen im wesentlichen aus dem 18. Jh. und wurden unter der Herrschaft des ostgeorgischen Königs Erekle II. errichtet.

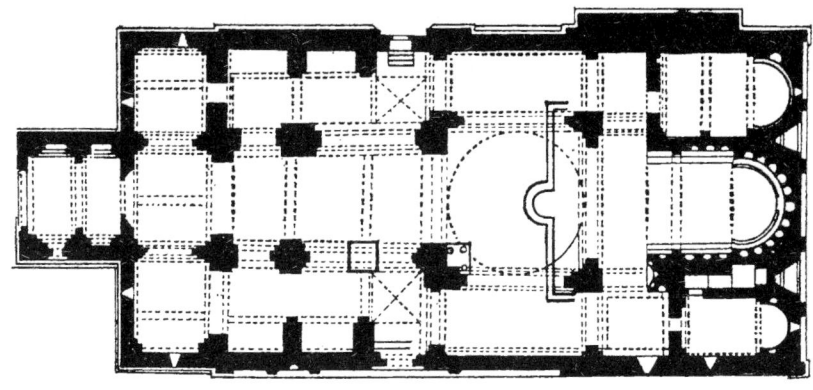

Grundriß der Kathedrale Sweti Zchoweli

Die *Außenfassaden* schmücken dekorative Blendbögen, deren mittlere Bogenfelder »Pfauenfächer« aus zwölf bzw. vierzehn Segmenten zeigen, die als Symbole der zwölf Apostel bzw. Dreizehn Syrischen Väter mit Christus gedeutet werden. Feine Flechtbandornamente sowie figürliche und pflanzliche Reliefskulpturen zieren den Bau, ohne ihn zu überladen. Unterhalb des östlichen Hauptfensters befindet sich eine Deesis-Komposition (Christus beim Jüngsten Gericht zwischen Maria und Johannes als Fürbitter). Die Südfassade trägt verschiedene Relieftafeln mit Weinstöcken, Lebensbäumen, Kreuzen, Löwen, dem Hl. Georg u. a. Der älteste *Freskenschmuck* der Kathedrale, die große thronende Christusfigur (Christos Pantokrator) in der Ostapside, wurde bereits im 19. Jh. den alten Konturen des 11. Jh. nachgemalt. Die übrigen, so gut wie möglich wieder freigelegten Fresken sind nicht von kunstgeschichtlicher Bedeutung, jedoch ikonographisch interessant, soweit sie sich auf die georgische Kirchengeschichte beziehen. Es handelt sich um Arbeiten des 15. und vor allem 16. und 17. Jh.
Ebenso wie bei der religiös bedeutenden Zionskirche in Tbilissi hat man sich auch in Sweti Zchoweli um die Wiederherstellung des ursprünglichen Zustandes des Kirchenraumes bemüht. Das führte dazu, daß 1972 die geschnitzte Ikonostase des 19. Jh., die man mit den Grundsätzen altgeorgischer Baukunst unvereinbar empfand, durch eine Chorschranke ersetzt wurde, der der berühmte Lettner in der Kathedrale von Speti als Vorbild diente. Davor wurde das schöne Voraltarkreuz von Tschchari aufgestellt. Ringsum liegen die Gräber ostgeorgischer Herrscher, darunter das Grab Wachtang Gorgassalis sowie der beiden letzten georgischen Könige Erekle II. und Giorgi XII.

Besichtigung

Im südlichen Seitenschiff befindet sich eine *Kapelle*, die der georgischen Dschwari-Kirche in Jerusalem (11. Jh.) nachgebaut wurde und aus dem 13./14. Jh. stammt.

Museum Ein kleines *Museum* südöstlich der Kathedrale bietet Ausgrabungsfunde aus den Gräberfeldern Mzchetas, Materialien zur Baugeschichte Sweti Zchowelis und Folkloristisches.

Kloster
Samtawro In den Intourist-Besichtigungen nicht enthalten, jedoch unweit Sweti Zchowelis gelegen und zu Fuß schnell erreichbar ist das *Nonnenkloster Samtawro*, dessen Name – »Ort des Herrschers« – sich vielleicht auf jenen Königsgarten bezieht, in dem einst die Hl. Nino sechs Jahre lang Zuflucht fand. Eine kleine, im Verlauf der Jahrhunderte oftmals veränderte *Kapelle* aus Feldsteinen im Ostteil des Klostergeländes stammt aus der Frühzeit des georgischen Christentums und wird mit der Apostolin in Zusammenhang gebracht. Der Klostergarten enthält heute noch Reste des einstigen Palastes, einen Turm sowie eine Reihe späterer Bauten.

Der Hauptbau des Klosters, die unmittelbar nach Sweti Zchoweli in den 30er Jahren des 11. Jh. errichtete *Erlöserkirche*, besitzt nicht deren Schönheit und Proportionen, jedoch recht bemerkenswerte, wenn auch konventionelle Bauplastik im Mittelteil der Nord- und Südfassade sowie im Tambour. Im Innern der Kirche befinden sich die Gräber des ersten christlichen Herrscherpaares Georgiens, König Mirians und seiner Gemahlin Nana.

Die Alte Georgische Heerstraße

Der Kaukasus

Der Kaukasus liegt mir zu Füßen. Ich steh
In Gletschern am Absturz auf felsichter Rippe;
Ein Aar, der sich aufschwang vom fernen Geklippe,
Schwebt reglos, gleich mir, in der funkelnden Höh'.
Hier schau ich die Ströme in ihrem Entquellen,
Der grausen Lawinen Entrollen und Schwellen.

Tief unten, da dehnt sich der Wolken Gegleit,
Zerfetzt von der stürzenden Wasser Gedränge;
Darunter des nackten Gefelses Gehänge,
Noch tiefer – Gestrüpp und verdorrtes Gekräut;
Und dort schon die Haine, wo Vögelein singen,
Wo Hirsche auf blumigem Wiesengrund springen.

Dort hausen schon Menschen in Nestern am Fels,
Da weiden die Lämmer auf blumigen Matten
Und lagern die Hirten im kühlenden Schatten;
Dort tost die Aragwa tiefdunklen Gewells
Und lauert der Räuber, versteckt im Geklüfte;
Dort schüttert der Terek, wild spielend, die Lüfte.

Er springt und er heult wie ein reißendes Tier
Beim Anblick der Atzung durchs eiserne Gitter,
Er tobt an das Ufer mit grimmem Geschütter
Und leckt am Gestein mit gefräßiger Gier.
Vergeblich! Denn Nahrung und Lust wird ihm keine,
Es zwingen ihn schweigende Riesengesteine.

Alexander S. Puschkin

Georgische Heerstraße

Die fast in direkter Nord-Süd-Richtung verlaufende, 220 km lange Heerstraße bildet die kürzeste Verbindung zwischen Georgiens Hauptstadt Tbilissi und der Hauptstadt der Nordossetischen Autonomen Sowjetrepublik, Ordschonikidse. Da sie zudem über den niedrigsten Paß der kaukasischen Hochgebirgskette führt, ist sie außerordentlich verkehrsreich. Und wohl die berühmteste »Traumstraße« der Sowjetunion. Zu ihrem Ruhm trugen vor allem russische Reisende bei. Denn für die Flachlandbewohner ist diese Fahrt durch Bergtäler und die Schluchten des *Terek* sowie des *Aragwi* ein besonders romantisches Erlebnis. »Ich habe die Georgische Heerstraße erlebt«, schrieb beispielsweise Anton Tschechow, »das ist keine Straße, sondern Poesie, eine wundervolle phantastische Erzählung, geschrieben vom Dämon (Lermontows, T. H.) und gewidmet Tamar.« Die Passage von Süden nach Norden ist der umgekehrten Richtung vorzuziehen, da man hierbei eine stetige Steigerung der Landschaftseindrücke gewinnt, anderenfalls ein Decrescendo.

Geschichte Als kürzeste Direktpassage über den Großen Kaukasus ist die Heerstraße bereits im Altertum bekannt und seit dem 2. Jh. v. Chr. hart umkämpft gewesen. Im ersten nachchristlichen Jahrhundert beschrieb sie Strabon in einer Skizze über Iberien. Allerdings glich sie bis in die Neuzeit weniger einer echten Straße als einem unbequemen, den Flußläufen folgendem Gebirgspfad. Der ostgeorgische Herrscher Mirian ließ die Darjal-Schlucht sperren und verhinderte damit das Vordringen feindlicher Bergvölker nach Georgien. Doch mit dem Zerfall des Römischen Reiches wagten sich auch die zwischen Don, dem Asowschen Meer und dem Darjal lebenden sarmatischen Stämme wieder hervor. Wachtang Gorgassali ließ darum die Darjal-Schlucht befestigen und beauftragte die dortigen Bergstämme mit der Bewachung des Kreuzpasses. König Dawit IV. verstärkte an der Wende vom 11. zum 12. Jh. die Darjal-Festung. Aber selbst während der Hochblüte des georgischen Großreiches blieb der Weg gefahrvoll: Lawinen, Steinschlag, Wildbäche, Räuberbanden sowie die hohen Wegzölle, die die Bergstämme verlangten, schreckten viele Handelskarawanen ab. Erst nach dem Anschluß Nordossetiens an das Russische Reich begann Ende des 18. Jh. der systematische Ausbau der Strecke, die verbreitert und an den gefährdetsten Stellen durch überdachte Galerien und spezielle Gitter geschützt wurde.

Die Heerstraße beginnt in *Tbilissi* auf dem rechten Kura-Ufer und folgt der Kura bis zu ihrem Zusammenfluß mit dem Aragwi bei *Mzcheta*, der alten iberischen Hauptstadt. Von dort aus verläuft die Straße zunächst durch die weite *Muchrani-Ebene* mit ihren ausgedehnten Weinfeldern und Obstgärten, hinter der sich dann das anfangs noch bewaldete *Aragwi-Tal* zunehmend verengt.

Festung Auf einer Landzunge am Zusammenfluß der Flüsse Aragwi und
Ananuri Wedsatchewi liegt, 66 km von Tbilissi entfernt, die mächtige Festung *Ananuri* (15.–18. Jh.), von der aus die in der benachbarten Kleinstadt *Duscheti* residierenden Eristawi (Herzöge) das Aragwi-Tal kontrollierten. Im 17. Jh. verlegten sie gänzlich ihre Residenz nach Ananuri, wo sie bis 1743 saßen. Durch ihre strategisch überaus günstige Lage ermutigt, wagten es die Herzöge von Aragwi, sich mit Freund und Feind anzulegen. Die Chroniken berichten, daß sie dabei nicht einmal vor Händeln mit dem ostgeorgischen König zurückschreckten. Infolge dieses kriegerischen Lebenswandels starb keiner der Aragwi-Herzöge

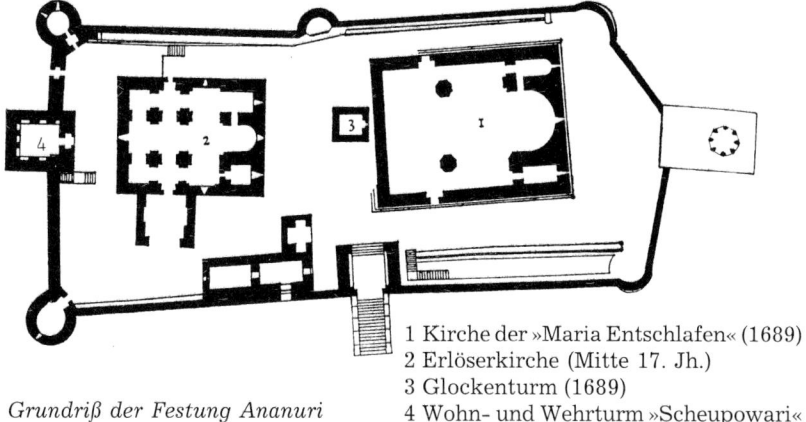

1 Kirche der »Maria Entschlafen« (1689)
2 Erlöserkirche (Mitte 17. Jh.)
3 Glockenturm (1689)
4 Wohn- und Wehrturm »Scheupowari«

Grundriß der Festung Ananuri

eines natürlichen Todes. Reschan, der letzte Eristaw von Aragwi, und sein Vetter Otia wurden von verzweifelten Bauern erschlagen, und König Teimuras II. brachte anschließend ihren Besitz in seine Gewalt. Die Burg Ananuri wurde wieder aufgebaut und bis Anfang des 19. Jh. von der ostgeorgischen Königsfamilie benutzt.

Während der Fehden der Eristawi oftmals abgebrannt, blieb von der einst ausgedehnten Anlage inmitten mächtiger, zinnenbekrönter Festungsmauern nur die Zitadelle mit zwei Kreuzkuppelkirchen, einem Glockenturm sowie fünf Türmen erhalten, von denen der mittlere Westturm *Scheupowari* (»der Standhafte«), ein siebengeschossiger Wohn- und Wehrturm, am wichtigsten war. Der Südturm erhob sich über dem Haupteingang und schützte die auf dieser Seite befindliche Residenz. Mit dem Ausbau der Festung und der Verlagerung der Eristawi-Residenz von Duscheti nach Ananuri entstand Ende des 17. Jh. die große *Kreuzkuppelkirche* »Maria Entschlafen« (beendet 1689); laut Bauinschrift wurde sie von dem armenischen Architekten Grigor errichtet. Auch die Bauplastik an der Südfassade (Monumentalkreuz, flankiert von Lebensbäumen und zwei Cherubimen, ferner Tauben, Hirsche und andere figürliche Darstellungen) dürfte das Werk von Armeniern sein (Jean-Michel Thierry). Die Inhalte des Bauschmuckes enthalten freilich kein theologisches oder ästhetisches Programm mehr, sondern sind mechanische Wiederholung erstarrter Traditionen, wenn auch in Ananuri mit erheblicher technischer Meisterschaft ausgeführt. Von den *Fresken* im Inneren blieben nur Reste, nachdem die nordkaukasischen Lesgier bei einem Überfall im 18. Jh. die Kirche in Brand gesetzt hatten. Westlich erhebt sich ein kleiner *Glockenturm* (1689). Dahinter steht die

Besichtigung

273

Festung Ananuri

kleinere und etwas ältere *Erlöserkirche* (Mitte 17. Jh.) mit einer
noch erhaltenen Ziegelkuppel. Im Südteil dieser Kirche steht ein
1674 von einer Fürstin Anna Abaschidse errichtetes Grabmal.
Die Stifterin beklagt sich in einer Inschrift darüber, daß »Gott
keinen Sohn schenkte« und sie statt dessen fünf Töchter gebar.
Im unteren Festungsteil befindet sich eine kleine *Saalkirche*
(16./17. Jh.), deren Dach zugleich das Fundament des Glok-
kenturms im oberen Festungsteil bildet. Außerdem gehören ein
Wasserspeicher und ein *Bad* zur Festung.

Schinwali Die einst unterhalb der Festung verlaufende Straße wurde wegen
des Baus eines Wasserkraftwerkes sowie eines 11 km langen
Stausees verlegt. Davon betroffen war auch die alte Siedlung
Schinwali, die noch vor Ananuri rechts der Heerstraße lag.
Auch dort wieder uralter Kulturboden und eine bis in das 3.
vorchristliche Jahrtausend zurückreichende Siedlungsgeschichte. Funde aus Schinwali – Gemmen mit Goldbeschlag, Silber-
schalen mit Jagdszenen, ein Silberbecher mit dem Treibrelief
eines Adlers, Gold- und Silbermünzen aus spätantiker Zeit (3./
4. Jh.) – sind im Historischen Museum in Tbilissi ausgestellt.
Den Mongolen gelang die Einnahme Schinwalis erst beim sieb-

ten Ansturm. Anschließend aber verlor der Ort seine Bedeutung und wurde im 15. Jh. aufgegeben. Schinwali besaß, wie viele Siedlungen entlang der Heerstraße, Wehr- und Wohntürme. Der hier vertretene Turmtypus mit »rundem Rücken« tritt in Kartlien seit dem 6./7. Jh. auf, d. h. eine Seite wurde gerundet ausgeführt.

Noch vor Schinwali trifft man beim Dorf *Schinta* einen späteren Typus (17./18. Jh.) mit abgerundeten Ecken im unteren und viereckigem Aussehen im oberen Teil. Diese Wehr- und Wohntürme waren nur über eine Leiter zu betreten, die in das zweite Stockwerk führte und im Belagerungsfall hochgezogen wurde. Meist schmückte ein großes Kreuz den Eingang. »In der mittleren Zone des Kaukasischen Gebirges, namentlich in den südlichen Vorketten des Großen Kaukasus, sieht der Reisende oft einzelne viereckige stumpftürmige Burgen. Sie haben alle eine höchst malerische Lage und sämtlich den Zweck, Engpäße, Schluchten, Flußläufe zu verteidigen. Die Fürsten, welche diese Gaue einst regierten, ließen sie zur Zeit des Faustrechtes bauen, hielten darin ihre Gefangenen und verteidigten sich in den Tagen der Not von ihnen aus. Schießscharten trägt so ein 70 bis 90 F. hoher Turm an allen vier Seiten. Er ist aus mächtigen Rohsteinen aufgeführt, meistens gemauert, besteht auch oft aus großen Schieferplatten ohne Kalk, besitzt ein hölzernes stumpfes Dach und im Innern 3 bis 4 Etagen, getrennt durch massive Balkenlagen. Je weiter man in die Hochtäler vordringt, um so häufiger werden diese Türme« (Radde, Gustav Ferdinand Richard: Vier Vorträge über den Kaukasus. Gotha 1874, S. 59).

Schinta

Von Schinwali aus führen Abzweigungen in die großen *Hochtäler der Pschawer und Chewsuren*. Beide sind zentral- und ostkaukasische georgische (oder georgisierte) Gebirgsstämme, die infolge ihrer jahrhundertelangen Abgeschiedenheit Dialekteigentümlichkeiten und ein archaisches, ursprüngliches Brauchtum teilweise bis in die Gegenwart hinein bewahrten. Der erbitterte Kampf um die knappen Hochweiden bestimmte seit alters her das Zusammenleben dieser Menschen und bildete den Ursprung ihrer Blutfehden. Noch heute tragen die Chewsuren ihre malerische Tracht aus dunklen handgewebten Stoffen mit Kreuzstickereien, vor allem den Symbolen des Kreuzes, des Mondes und des Blitzes. 1873 berichtete der deutsche Forscher Gustav Radde, gestützt auf eine zehnjährige Forschungstätigkeit im Kaukasus, folgendes über die Glaubenswelt und Sozialordnung der Chewsuren, Pschawer und Tuschiner:

»(...) seit den ältesten Zeiten sind diese Stämme als die tapfersten und ritterlichsten bekannt. Die Grusinischen Könige, denen sie untertan waren, schätzten sie dieser Eigenschaft wegen hoch. Durch die ewigen Fehden mit ihren östlichen Nachbarn,

Hochtäler der Pschawer und Chewsuren

den Lesgiern, Dagestanern und Berg-Tschetschenzen, blieben sie stets kriegsgewohnt. Bei den Chewsuren findet man noch die Kettenpanzer, die metallene flache Kopfbedeckung mit dem rund herum hängenden Kettennetze, welches Gesicht und Nacken deckt, ferner die Arm- und Beinschienen und die biegsamen Metalldeckungen der Hand und Finger. Diese ritterliche Kriegskleidung erinnert bei ihnen auch noch in der Gegenwart an die Zeiten des Mittelalters. Zudem haben sie eine Sitte, welche sehr originell ist und an die Kreuzfahrer erinnert, sie lieben es nämlich, das christliche Kreuz bei ihrer Kleidung anzubringen, nähen es einzeln und verschiedenfarbig auf ihre Röcke und sollen namentlich da, wo eine Kugel ihr Wams durchdrang, ein solches Kreuz stets aufnähen. Sie bewahrten im Verlauf der Jahrhunderte das Christentum trotz des Einflusses der mohammedanischen Nachbarn. (...)

Die verschiedenen Schriftsteller, welche über diese Völker schrieben, weisen alle darauf hin, daß sie sich selbst zwar für gute Christen halten, dabei aber nicht einmal eine Idee von der Einheit Gottes haben. Befragt man sie, so nennen sie einen Gott des Ostens und einen Gott des Westens, einen Gott der Geister und einen Christus-Gott, einen großen und einen kleinen Gott etc. etc. Der größte aller Götter ist bei ihnen der Gott des Krieges und auf ihn folgt dann der Sohn Gottes. Dabei beobachten diese Völker aber trotz dieser sonderbaren Ideenverwirrung die Vorschriften der Griechischen Kirche. Sie küssen das Kreuz und beugen sich vor dem Heiligen Georg, den Aposteln Petrus und Paulus und anderen Heiligen dieser Kirche. Sie halten auch die Fasten und zwar die Männer eifriger und strenger als die Weiber, was bei anderen Völkern dieser Religion nicht der Fall ist. Dazu haben sich die Chewsuren noch allerlei schützende Engel ausgedacht, die sie ebenfalls inbrünstig anrufen. So gibt es bei ihnen eine ›Mutter der Erde‹, einen ›Engel der Eiche‹, einen ›Engel der Berge‹, einen ›Schutzengel des Eigentums‹ etc. Dann wieder gilt ihnen ein Baum, z. B. eine Eiche, ein Wäldchen für heilig, sie glauben, ihr Schutzengel säße darin. Übrigens werden diese Gottheiten mit der Zeit gewechselt und andere gewählt, so daß bei diesen Völkern eine ganz haltlose Anschauung üblich und der Boden dem Aberglauben außerordentlich günstig ist. (...)

Nicht weniger interessant ist auch das ursprüngliche Gerichtswesen dieser Völker. (...) Totschlag, Diebstahl und eheliche Untreue sind die strafbarsten Verbrechen bei diesen Bergvölkern, sie werden meistens die Veranlassung zu lange währender Blutrache. Einer Frau, die ihrem Manne die Treue bricht, hat der Mann nach Chewsuren-Brauch das Recht die Hand abzuhauen oder die Nase abzuschneiden und sie so den Eltern zurückzuschicken. Die Stellung des Weibes ist hier womöglich noch weniger geachtet als bei den sonstigen Völkern des Orients. (...)

Es ist gleichgültig, ob jemand mit oder ohne Absicht getötet wurde, sein Blut muß gerächt werden, d. h. entweder muß der Schuldige sterben und derjenige, welcher dies veranlaßt hat, ist dann wieder den Verwandten des Opfers verfallen, oder aber es muß in bestimmter Weise ein Blutgeld bezahlt werden. Zunächst flieht gewöhnlich der Schuldige in ein Nachbardorf und zwar, wenn er sie besitzt, mit seiner Familie. Die Verwandten des Getöteten verbrennen dagegen das Eigentum des Mörders. Die Bewohner des Dorfes schützen den Flüchtling. Ist es ein Tuschine, so geht er von nun an barfuß und läßt sich zum Zeichen seiner Reue die Haare wachsen. Nach einer gewissen Zeit kann er dann im Einverständnis mit den Verwandten des Getöteten ins Dorf zurückkommen und das Blutgeld anbieten lassen. Für einen Mann besteht dies in 120 Kühen, für eine Frau zahlt man nur die Hälfte. Die Verwandten des Schuldigen gehen dann alle weinend mit einem gesattelten Pferd, an welchem ein gutes Gewehr und ein guter Säbel befestigt wurden, zur Wohnung der Verwandten der Toten und bitten um Verzeihung. Der Blutpreis wird gewöhnlich nicht angenommen, weil man durch die Annahme die Seele des Toten zu kränken meint, dagegen geben die Verwandten des Toten ein Fest und damit sind die ersten und nächsten Verfolgungen beendet, der Mörder kann in sein heimatliches Dorf zurückkehren. Bei den Pschawen und Chewsuren schickt dagegen der Mörder während dreier Jahre jeden Monat ein Schaf in das Haus des Getöteten, im vierten Jahr sendet er dann noch 280 Schafe und 70 Kühe, und falls diese angenommen werden, kann er heimkehren, wird aber immer die auf's Neue erwachende Rache der Angehörigen zu fürchten haben. Da aber die meisten Bewohner der Kaukasischen Hochtäler arm sind und gar nicht im Stande, so hohe Strafen und Blutgelder zu zahlen, so erbt sich eben die Blutrache von Generation zu Generation fort, und man findet unter den älteren Leuten selten welche, die nicht dem Tode durch Feindes Hand nach dem Brauche der Blutrache verfallen wären.« (Radde, Gustav Ferdinand Richard: Vier Vorträge über den Kaukasus. Gotha 1874, S. 61 f.).

Das moderne sowjetische Rechtswesen hatte mit der Institution der Blutrache noch jahrzehntelang zu kämpfen, die ihre Zählebigkeit vor allem der Vorstellung verdankt, daß die Seele eines ungerächten Toten im Jenseits nicht zur Ruhe fände (vgl. auch Oberswanetien, S. 357).

Die nordchewsurische »Hauptstadt« *Schatili* bildet mit ihren festungsartigen, turmbewehrten Gehöften heute den Ausgangspunkt zahlreicher Ausflüge und Bergwanderungen – freilich nur für sowjetische Touristen und westliche Einzelreisende mit

Schatili

Sondergenehmigung. Zwar besitzt Schatili ein Hotel, aber dem Gruppen- bzw. Massentourismus ist es noch unzugänglich.

Passanauri

Etwa auf halber Strecke zwischen Ordschonikidse und Tbilissi liegt am Zusammenfluß des Schwarzen und Weißen Aragwi das große Dorf *Passanauri* (90 km von Tbilissi). Es bildet das Zentrum der alten ostgeorgischen Region *Mtiuleti* am Fuße des Großen Kaukasus. Obwohl erst Anfang des 19. Jh. im Zusammenhang mit der Befestigung und dem Ausbau der Heerstraße gegründet, vermitteln seine malerischen Wohnhäuser den Eindruck einer geschlossenen, älteren Siedlung. Der Name, abgeleitet von *sapasse adgili* (»überteuerter Ort«), ist weniger romantisch und erinnert daran, daß hier einst gerissene Geschäftsleute für ein Vielfaches des eigentliches Wertes Kerosin, Salz und Werkzeuge gegen landwirtschaftliche Erzeugnisse eintauschten. Einst befand sich bei Passanauri an der Mündung des Tschabaruchi in den Aragwi die Festung *Kistauri*.

Die Einwohner Mtiuletis sind für ihre Tapferkeit berühmt. Allein aus drei Siedlungen dieser Region brachen 1795 300 Einwohner nach Tbilissi auf, als König Erekle II. seine Untertanen zu Hilfe rief, um die Landeshauptstadt gegen den Angriff des persischen Schahs Agha Mohammad Chan zu verteidigen. Getreu ihrem Schwur, zu siegen oder zu sterben, kamen alle Aragwiner bei der Verteidigung Tbilissis um, woran dort ein Denkmal erinnert.

Festung Georgijewsk

17 km hinter Passanauri liegt die ehemalige Festung *Georgijewsk*, wo Erekle II. 1783 das Abkommen unterzeichnete, das Ostgeorgien russischem Schutz unterstellte (und den Weg für die vollständige Einverleibung Georgiens in das Russische Reich vorbereitete). Hier befindet sich zugleich ein Zentrum der Verehrung des *Pudris angelori*, des örtlichen Schutzengels des heimischen Herdes. Außerdem genießt bei den Einwohnern von Mtiuleti der Hl. Georg von Lomissi besondere Verehrung, dessen Fest (*Lomissoba*) am siebten Sonntag nach Ostern begangen wird.

Mleti

Der letzte Ort vor dem Aufstieg der Heerstraße zum Kreuzpaß, *Mleti*, liegt unweit der Aragwi-Quelle (20 km entfernt in einem Bergsee am Hang des Nepris-Kalo) sowie des tief eingeschnittenen und düsteren Gud-Tales; über den gleichnamigen Gud-Berg heißt es, hier habe einst ein wegen seiner guten Werke verehrter Einsiedler gelebt, der jedoch von Leidenschaft zu der schönen Bergbewohnerin Nino erfaßt wurde und darüber den Verstand verlor. Das gewaltige Gelächter des Alten über Nino und ihren jungen Geliebten, einen Hirten, löste Steinlawinen von den umliegenden Bergen aus. Noch heute heißt ein besonders mit Felsbrocken übersäter Ort am Beginn der Gud-Schlucht »Steinchaos«. Der russische Romantiker Lermontow legte die Legende vom Einsiedler Gud seinem bekannten Poem »Der Dämon« zugrunde.

Die Auffahrt von Mleti zum *Kreuzpaß* umfaßt 18 Haarnadel-kurven. 1857 bis 1863 erfolgte der intensive Ausbau dieser Wegstrecke durch den russischen Ingenieur B. J. Statkowskij. Ein Augenzeuge berichtete damals, daß »sich die Arbeiter an Seilen hängend über den Abgrund herablassen mußten, um Stufen für die Straßenführung in den Fels schlagen zu können«. 1979/80 erfolgte eine weitere Verbesserung der Streckenführung. **Kreuzpaß**

Die Heerstraße führt an der Ortschaft *Gudauri* (2.196 m) vorbei, einer in der zweiten Hälfte des vorigen Jahrhunderts sehr belebten Paß- und Poststation, deren Einwohner zahlreichen Reisenden winters das Leben retteten, wenn die Schneedecke auf den umliegenden Hängen eine Höhe bis zu 2,5 m erreicht. Der Schnee bleibt hier fast bis zum Juni liegen, so daß der Kreuzpaß für fünf bis sechs Monate im Jahr gesperrt werden muß. Gudauri

Der Kreuzpaß (2.395 m), auf georgisch »Kreuzfeld« (*Dschwarta wake*), erstreckt sich zwischen den Gipfeln des *Sadseli* (3.010 m) im Osten und des *Charischar* (3.773 m) im Westen. Reiche Alpenflora, darunter sattblaue Enziane, breitet sich auf den Matten ringsum aus. Der Name des Passes wird auf ein Kreuz zurückgeführt, das erstmals 1803 auf der Paßhöhe errichtet wurde. 1809 ersetzte es der Bürgermeister von Chewi, Gabriel Kasbegi, durch ein anderes Kreuz. 1824 errichtete schließlich Major Kanonow auf einem gewaltigen Granitsockel ein Steinkreuz mit der georgischen und russischen Inschrift »Zum Ruhme Gottes und auf Anordnung des Infanteriegenerals Jermolow vom Gouverneur der Bergvölker, Major Kanonow, 1824 errichtet«. Heute erhebt sich auf dem Kreuzpaß außerdem ein Obelisk mit der Höhenangabe. Der Kreuzpaß scheidet das Einzugsgebiet der *Kura* von dem des nordkaukasischen *Terek*, der 31 km von der Siedlung Kobi entfernt in der Trusso-Schlucht entspringt.

Hinter dem Kreuzpaß geht es in die für ihre Steinschläge und Lawinen berüchtigte *Bajdur-Schlucht* hinab. Dahinter folgt die Straßenführung der Chewi-Schlucht. Im Dorf *Sioni* wird eine Pause eingelegt: Auf einem Felsen erheben sich ein alter sechsgeschossiger, pyramidaler *Wehrturm* (10.–12. Jh.) und ein dreischiffige *Basilika* (10. Jh.) in der Nähe eines kleinen heiligen Haines. Die Kirche genoß einst große Verehrung in der gesamten Region. Man muß den Felsen von Norden her umgehen, um sie zu erreichen. Bajdur-Schlucht Sioni

Kasbegi

Es folgt *Kasbegi*, das frühere Stepanzminda und Zentrum der historischen Region *Chewi*. Seinen heutigen Namen verdankt es seinem Einwohner Kasibeg Tschopikaschwili, dem Aufseher über die Heerstraße in diesem Gebiet. Vor etwa 100 Jahren machte er sich um den Brückenbau in der Darjal-Schlucht verdient, die kurz hinter Kasbegi beginnt. Seine in den Adelsstand erhobenen Nachfahren wechselten ihren Familiennamen, der nicht nur auf den Ort, sondern auch auf den gigantischen »Hausberg« Kasbegis, den *Kasbek* (georg. *Kasbegi*; 5.033 m) überging; die ursprüngliche Bezeichnung des Kasbek auf georgisch lautet indessen *Mkinwarzweri* (»Eisgipfel«). Berühmtheit erlangten der Ort und die Familie Kasbegi vor allem durch den Schriftsteller Alexandre Kasbegi (1848–1893), zu dessen Ehren die Einwohner in jedem Juli das Fest »Kasbegoba« feiern.

Museum

Das zweistöckige Gutshaus der Familie Kasbegi beherbergt heute das *landeskundliche Museum*, das über das Leben und Werk des berühmtesten Landessohnes sowie über die Geschichte, Alltagskultur und das Brauchtum der Einwohner von Chewi berichtet. Auf dem Gebiet der Ortschaft wurde 1877 der größte antike Schatz des Kaukasus mit Silberbechern, Eisenkrügen und -armreifen sowie bronzenen Tier- und Menschenstatuetten aus dem 5./4. Jh. v. Chr. gefunden (teilweise im Historischen Museum in Tbilissi), der belegt, daß die altgeorgische Kultur nicht nur in der kolchischen Ebene, sondern auch in den unzugänglichen Hochgebirgstälern eine frühe Blüte erreichte.

Kasbek

Nordwestlich Kasbegis türmen sich die Schneemassen des *Kasbek*. Zwar nimmt er hinsichtlich seiner Höhe nur die sechste Stelle unter den Bergriesen des Kaukasus ein, doch wirkt sein freistehendes, markantes Massiv besonders eindrucksvoll. Der erste Aufstieg gelang am 19. 7. 1868 dem Engländer Douglas Freshfield. Seither bildet der unmittelbar an der Heerstraße gelegene Berg ein beliebtes Ziel für Gipfelstürmer. Wer das Glück hat, im kleinen Intourist-Hotel von Kasbegi aufgenommen zu werden, kann morgens einen Ausflug zur *Dreifaltigkeitskirche (Zminda Sameba* bzw. *Gergetis Sameba)* machen, die weithin sichtbar auf dem *Kwemi-Mta* (2.170 m), einem Vorberg des Kasbek, liegt. Eine Drahtseilbahn, eine befahrbare Straße sowie ein alter Fußweg führen hinauf, letzterer wohl die schönste der drei Möglichkeiten.

Zminda Sameba

Zminda Sameba entstand im 13./14. Jh. als Missionszentrum und bedeutendstes Wallfahrtszentrum der Region Chewi, als der damalige Katholikos Ekftime im Interesse der politischen Einheitsbestrebungen den Zugriff der Kirche auf die Bevölkerung der entlegenen zentralkaukasischen Hochtäler zu verstärken versuchte; während der Mongolenstürme hatte hier die

Kirche an Einfluß verloren. Die im Kanzelglauben ohnedies nie sehr gefestigten georgischen Bergstämme waren zu ihren »heidnischen« Sitten und Glaubensvorstellungen zurückgekehrt. Erhalten blieben eine *Kreuzkuppelkirche* (14. Jh.), ein *Glokkenturm* (15./16. Jh.) sowie eine *Festungsmauer*. Der pflanzliche und geometrische Außenschmuck konzentriert sich auf die Fenster und Portale. Die großartige Lage der Kirche regte den russischen Dichter Puschkin, der 1829 auf der Reise nach Tbilissi in Kasbegi Station machte, zu einem Gedicht an:

Alexander S. Puschkin
Das Kloster auf dem Kasbek

Hoch über deiner Brüder Chor,
Kasbek, strebt stolz dein Zelt empor
Und strahlt, im ewgen Eise flimmernd.
Weiß hinter Wolkenschleiern schimmernd,
Schwebt Noahs Arche gleich im Raum
Dein altes Kloster, sichtbar kaum.

Du ferner, heißersehnter Ort,
Könnt ich aus enger Schlucht aufsteigen
Zu dir, und fänd' der Freiheit Hort,
Den Frieden in der Zelle Schweigen,
Gott nah hoch über Wolken dort!

(1826–1830)

Noch höher, auf 3.675 m, befindet sich auf dem Gletscher von Gergeti die *Betlemi-Höhle*, die auch als Einsiedler-Höhle bekannt ist. Eine große Eisentür verschließt den Eingang. Dahinter hängt eine Eisenkette, an der sich die Mönche einst einen etwa 300 m hohen Felsen hinaufzogen. Als die Höhle Ende der 40er Jahre systematisch erforscht wurde, entdeckte man darin eine Kirche, Mönchszellen, einen bronzenen Kerzenständer sowie eine Ikone, aus deren Inschrift hervorgeht, daß die Betlemi-Höhle bereits im 10. Jh. bewohnt war. Zur Zeit des Mongolensturms flüchtete sich eine Gruppe junger Krieger mit dem Staatsschatz in die Betlemi-Höhle. Um das Geheimnis ihres Verstecks zu wahren, so will die Legende, brachten sie sich gegenseitig um. Die Höhle von Gergeti gilt als eine der überlieferten Stätten der Fesselung Amiranis, des georgischen Prome-

Betlemi-
Höhle

theus: Täglich bringt ihm ein schwarzer Rabe Brot und Wein. Amiranis treuer Hund Qurscha aber nagt an den Ketten. Doch an jedem Gründonnerstagmorgen schlagen von Gott beauftragte Schmiede mit schweren Hämmern auf den Amboß und geben der zerbrechlichen Kette ihre ursprüngliche Kraft zurück. Das Höhlen-Motiv der Amirani-Sage erinnert nicht nur an die deutsche Kyffhäuser-Sage um Kaiser Rotbart, sondern auch an den im Ararat eingeschlossenen, freilich bösen König Artawasd, der durch Schmiedemagie in ähnlicher Weise gebannt wird.

Darjal-Schlucht

Hinter Kasbegi folgt die Heerstraße dem Terek in die düstere tiefe *Darjal-Schlucht*. An ihrem Beginn liegt *Gweleti*, ein einst von Inguschen bewohntes Dorf. Die georgischen Könige hatten diese Nordkaukasier zum Schutz der georgischen Nordgrenze hier angesiedelt und sie mit dem Privileg der Bodennutzung ausgestattet. Als aber der Boden knapp wurde, verlegten sich die Einwohner Gweletis auf Raubüberfälle. 57 Familien wurden deshalb 1888 zur Strafe an die Südgrenze des Russischen Reiches nach Achalkalaki zwangsumgesiedelt.

Die Darjal-Schlucht leitet ihren Namen vom persischen *darija* (Tor) und von den Alanen her. Tatsächlich berichtete der römische Schriftsteller Plinius der Ältere (1. Jh.), daß ein Eisentor die »kaukasische Pforte«, jene »großartige Schöpfung der Natur«, verschlossen halte. An der schmalsten Stelle dieser einstigen »Alanenpforte« sind noch heute auf dem linken Terek-Ufer die

Darjal-Festung

Ruinen einer *Festung* sichtbar, die entsprechend ihrer Anlage auf römisch-hellenistische Zeit datiert wird, im Mittelalter freilich oftmals verstärkt und ausgebaut wurde. Ihr ursprüngliches Aussehen bewahrte sie bis in das 19. Jh., als sie beim Ausbau der Heerstraße beschädigt wurde. Im Inneren der bis zu 2 m dicken Schutzmauern befinden sich die Ruinen ehemaliger Wohngebäude. Vom Westen her wurde die Darjal-Festung mit Quellwasser versorgt. Unterhalb der alten Darjal-Festung liegt ein vom russischen Heer 1846 zum Schutz der Heerstraße errichtetes *Fort*, das, seit langem leerstehend, allmählich verfällt.

Der Volksglaube verbindet die Darjal-Festung mit der legendären Königin Tamar. Lermontow machte die Festung zum Handlungsort seiner Ballade »Tamara«, in der er Motive einer georgischen Volksüberlieferung übernahm: Danach leitet sich der Name Darjal von einer Königin Darja her, die in der Festung Handelskarawanen auflauerte. Mit der als Heiligen verehrten Königin Tamar hat Lermontows männermordende Lorelei nur den Namen gemein:

»Wo der Terek im nebligen Schleier
Durchbraust den Paß von Darjal
Da ragte mit morschen Gemäuer
Ein Turm auf felsigem Wall.

Im Turm bei der Winde Gestöhne
Tamara, die Königin, saß;
Ein Engel an himmlischer Schöne,
ein Dämon an Tücke und Haß.«

Einen literarischen Bezug zum 19. Jh. besitzt auch ein *Denkmal*
in der Darjal-Schlucht, das sieben Vertreter der *Tergdaleuli*
zeigt: Angehörige jener sozialkritisch-demokratischen Richtung der georgischen Literatur, die ihren Namen »Terekwassertrinker« wegen ihrer längeren Aufenthalte in Rußland bzw.
ihrer Berührung mit russischem Geistesgut erhielten (s. S. 241).
Das Denkmal erhebt sich hinter einer Eisenbahnbrücke, die
1850 anstelle der ehemaligen »Teufelsbrücke« über den reißenden Fluß geschlagen wurde. Die *Terek-Brücke* bildet zugleich
die Grenze zwischen Georgien und der Russischen Förderation,
genauer gesagt, der Autonomen Nordossetischen Sowjetrepublik.
Neu-Lars, 1861 erbaut, ist bald erreicht. Das alte Lars, 27 km   Neu-Lars
von Ordschonikidse entfernt, war bis 1804 Sitz eines ossetri-
schen Fürsten, den man zum Umzug nach Wladikawkas zwang,
weil auch er allzu selbstherrlich den Eingang zur Darjal-Schlucht
kontrollierte und Wegezölle einstrich. Zwischen *Lars* und *Bal-
ta* weitet sich das Tal zur »Kleinen Darjal-« oder *Balta-Schlucht*.

Die Heerstraße endet in *Ordschonikidse*, der Hauptstadt Nord-   **Ordschoni-**
Ossetiens. Sie geht auf eine Gründung von Fürst Potjomkin,   **kidse**
den Günstling der Zarin Jekaterina II., zurück, der 1784 in der   (300 000 Ew.)
Nähe der Ossetensiedlung Dsaudschikau einen russischen
Vorposten *Wladikawkas* (»Beherrsche den Kaukasus!«) an den
nördlichen Vorbergen der kaukasischen Waldkette anlegen ließ.
Er sollte die Heerstraße schützen, wurde jedoch während des   Geschichte
Aufstandes von Scheich Mansur im Nordkaukasus von der
russischen Armee aufgegeben. Die Wohn- und Festungsbauten
verbrannten. 1803 erfolgte der Wiederaufbau, 1840 die Ansied-
lung von 183 Kosakenfamilien. Gegen 1860 verlor Wladikawkas seine strategische Bedeutung, erhielt jedoch Stadtrechte
und entwickelte sich zur wichtigen Zwischenstation für den
Handel zwischen Persien und dem Transkaukasus. Besonderen
Aufschwung erfuhr die Stadt während des Krimkrieges und
des russisch-türkischen Krieges 1877/78. Nach der Oktoberrevolution nahm Wladikawkas vorübergehend den Namen der
ossetischen Vorgängersiedlung Dsaudschikau an, wurde aber
1931 zu Ehren des georgischen Revolutionärs Sergo Ordschonikidse umbenannt. Im Zweiten Weltkrieg war Ordschonikidse
vorübergehend Frontstadt.

Die vom Terek durchflossene Stadt trägt heute das etwas reiz-
lose Gesicht einer russischen Mittelstadt. Wer Näheres über die

Museum

Osseten erfahren will, findet nur im *Landeskundlichen Museum*
(Prospekt Mira 11) Aufschlüsse. Hier sind u. a. Funde aus einem
bronzezeitlichen Grab der Koban-Kultur, ossetische Trachten
und Stickereien sowie Haushaltsgeräte der Alanen, des Vor-
gängervolkes der Osseten, ausgestellt. Exotisch wirkt die jetzt

Moschee

museale *Muktarow-Schuma-Moschee* (1908), die ein reicher
aserbaidschanischer Kaufmann aus Baku für seine ossetische
Frau nach dem Vorbild der Kairoer Mamelukenmoschee errichten ließ.

Ossetische
»Totenstadt«

Von Ordschonikidse aus organisiert Intourist verschiedene
lohnenswerte Ausflüge, darunter in die *Dargaw-Schlucht,* wo
bei einem ossetischen Dorf eine sogenannte »Totenstadt« besichtigt wird: ein traditioneller ossetischer Friedhof, auf dem
die Toten in *kaschi* ruhen, steinernen Totenhäuschen. Sie sind
Überreste des alt-iranischen Elementenkultes, der die Verschmutzung der Erde und des Wassers verbot. Deshalb bestatteten die
Osseten ihre Toten überirdisch in eigenartigen »Totenhäusern«
aus groben Hausteinen. Der sehr entwickelte Totenkult der
Osseten, in dem sich der ausgeprägte Sippen- und Ahnenkult
bewahrte, gebot überdies aufwendige Toten- und Totengedenkfeiern, an denen die Verstorbenen mit Speise und Trank bewir-
tet werden mußten. Man glaubte, daß sie persönlich bei den
Feiern anwesend seien. Selbst arme Familien, die sich bei solchen Anlässen heillos verschuldeten, fühlten sich zur prunkvol-
len Ausrichtung der jährlichen Totengedenkfeiern an Weih-
nachten, Mariä Himmelfahrt u. a. verpflichtet, da es für einen
Osseten keine schlimmere Beleidigung gab als den Vorwurf, er
ließe seine Toten hungern.

Während wir ein wenig ratlos zwischen den Grabhäusern der
ossetischen »Totenstadt« umherwandern, gesellen sich Einwohner des nächstgelegenen Gehöfts zu uns. Alte sind es, denn das
Dorf scheint auszusterben, fast selbst schon eine »Totenstadt«.
Die Landflucht ist groß in Ossetien, so erfährt man. Die meisten
Osseten leben heute in den beiden Hauptstädten Nord- und
Südossetiens, Ordschonikidse und Zchinwali, entwurzelt der
herrlichen Natur ihrer Heimat und ihren alten vorchristlichen
und -islamischen Sitten und Gebräuche. Aber die Jungen ziehen das bequemere und unterhaltsamere Stadtleben der win-
terlichen Abgeschlossenheit in den stillen Tälern vor. Eine
rückläufige Bewegung, gerade unter den besonders National-
und Traditionsbewußten, deute sich freilich an. Allerdings wird
sie wesentlich davon abhängen, inwieweit das in der ganzen
Sowjetunion stark ausgeprägte Gefälle zwischen Stadt- und
Landleben durch eine sozial- und kulturpolitische Anhebung
des Lebensstandards in den Dörfern ausgeglichen werden kann.

Stichwort »Osseten«

Die Osseten wurden in der sowjetischen Frühphase ebenso Opfer willkürlicher Territorialentscheide wie Armenier und Abchasen. Damals bedienten sich ihre einflußreicheren Nachbarn Georgien und Aserbaidschan großzügig auf Kosten der Kleineren: Der Nationalitätenkommissar *Stalin* gestand den aserbaidschanischen Genossen auf der entscheidenden Sitzung am 5. Juli 1921 das armenische Karabach zu, und im Gegenzug unterstützten die Aserbaidschaner die georgischen Ansprüche auf Südossetien, Abchasien und Adscharien mit dem bedeutenden Schwarzmeerhafen Batumi. Als Ergebnis dieser Sitzung wurde Ossetien geteilt.

Schon ein flüchtiger Blick auf die Lage des kleinen Volkes der Osseten veranschaulicht einige Probleme in der praktischen Lösung der Nationalitätenfrage. Das Siedlungsgebiet dieser 1983 570.000 Menschen zählenden Volksgruppe liegt nördlich und südlich der zentralen Hauptkette des Großen Kaukasus. Es wurde aber nicht zusammengefaßt, sondern in zwei Einheiten geteilt: *Nordossetien* (8.000 km²) mit seiner Hauptstadt *Ordschonikidse* gehört zur Russischen Föderation und bildet eine autonome Sowjetrepublik, *Südossetien* (3.900 km²) mit *Zchinwali* als Hauptstadt nur ein autonomes Gebiet innerhalb der georgischen Sowjetrepublik.

Im Zuge der allgemeinen sowjetischen Demokratisierungsbewegung und insbesondere der sowjetischen Nationalbewegungen kam es ab Mai 1989 in Südossetien zu Kundgebungen gegen die georgische Bevormundung, die die ossetische Volksfront »Adamon Nichas« organisierte. Ab September 1989 formierte sich hiergegen georgischer Protest, der schließlich in Zusammenstößen beider Völker gipfelte und den Einsatz von Sondereinheiten des Innenministeriums erforderte. Ein weiterer Konflikt im krisengeschüttelten multiethnischen Transkaukasus war damit auch international sichtbar geworden.

Die Osseten bzw. Ossen gelten als Nachfahren des nordiranischen Volkes der Alanen, das seinerseits der skythisch-sarmatischen Völkergemeinschaft angehörte. Bereits um Christi Geburt spielten die Alanen eine bedeutende Rolle. Damals beherrschten sie fast ganz Südrußland, von wo sie das ihnen eng verwandte Volk der Sarmaten nach Westen abdrängten. Als jedoch die Hunnen nach Südrußland vordrangen und 374 das Alanenreich zerstörten, zogen sich die Alanen in den Nordkaukasus und sein Vorland zurück. In enger Nachbarschaft zu Georgien stehend, nahmen die Alano-Osseten ab dem 10. Jh. das von Georgien vermittelte orthodoxe Christentum byzantinischer Prägung an. Die Heiratspolitik der georgischen Bagratiden band die Osseten, bei denen eine Nebenlinie der Bagrationi regierte, noch enger an das georgische Großreich. Die berühmte Königin Tamar schloß ihre zweite Ehe mit *Dawit Soslan Bagrationi,* dem Herrscher Ossetiens.

Nach dem Fall von Byzanz bildete sich bei den Osseten wie auch bei den übrigen nordkaukasischen Völkern eine Mischreligion heraus, die neben christlichen Elementen noch erhebliche Anteile vorchristlicher Vorstellungen des Schamanismus, Animismus, des Ahnen- und Stammeskultes enthielt. So wurde beispielsweise der Hl. Elias mit Uazilla, dem ossetischen Schutzgott des Ackerbaus und der Viehzucht, der auch über Regen und Gewitter gebot, gleichgesetzt. Ab dem 17. Jh. erzielte, über die Krim-Tataren, die muslimische Mission gewisse Erfolge bei den Nordkaukasiern. Auch ein Viertel der Osseten trat, vor allem in dem Georgien entfernteren nordossetischen Gebiet, zum Islam über, freilich unter Wahrung der vorchristlichen Gebräuche und Glaubensvorstellungen. Christliche wie muslimische Osseten verehrten weiterhin ihre Gemeindeheiligtümer *(Dsuar)*, die bisweilen aus einer ehemaligen christlichen Kirche, bisweilen auch nur aus einem heiligen Hain bestanden und von einem gewählten oder erblichen Gemeindepriester *(Dsurlag)* betreut wurden.

Sprachlich und ethnisch unterteilen sich die Osseten in die vier Hauptstämme der Digorer, Tagaurer, Kurtaten und Alagiren. Ihre Fremdbezeichnung leitet sich wohl von dem *owsni* bzw. *ossi* der georgischen Chroniken her, während sie sich selbst z. T. als *Iron*, ihr Land als *Iriston* bezeichnen – ein Hinweis auf ihre iranische Abstammung. Sie bewahrten in ihrer Sprache den letzten Zweig der sonst erloschenen skytischen Untergruppe des Indo-Iranischen und in ihrem Brauchtum zahlreiche ursprüngliche Überlieferungen der einst bedeutenden irano-skythischen Kultur. Hierzu gehört vor allem der Sagenkreis um die Narten (von indo-iran.: *nar* = Mann), einem Heldengeschlecht, dessen Gegner die Riesen waren. Nach einer langen, großartigen Existenz gingen die Narten zugrunde, weil sie sich den Zorn der Götter zugezogen hatten. Die benachbarten nordwestkaukasischen Völker, vor allem die Tscherkessen und Tschetschenen, entlehnten den Stoff dieser ossetischen Sagen.

Ossetische Spruchweisheit

Gehorche den Alten, auch wenn sie irren.

Erst erscheint dir die Schwelle wie ein Berg,
später sogar der Berg nur wie eine Ebene.

Im Dunkeln ist auch ein Glühwürmchen weit sichtbar.

Lieber hungrig am eigenen Herd als satt an fremdem Tisch.

Wenn der Kater an den Speck nicht herankann,
sagt er, es sei Fastenzeit.

Hast du abgedrückt, holst du die Kugel nicht mehr ein.

Die Hörner zieren den Stier, der Schnurrbart den Mann.

Ein wahrer Mensch spricht auch über einen Feind die Wahrheit.

Jede Mutter bringt einen Recken zur Welt.

Ein Ossete pflegt seine Feinde nicht zu zählen.

»Was sieht dein Esel nach meiner Saat?« –
und schon liegen sich zwei Osseten in den Haaren.

Wenn ein Ossete reich wird, baut er zuerst einen Turm.

Besser eine Waffe in der Hand als in der Brust das Herz eines Helden.

(Entnommen aus: Aus Tränen baut man keinen Turm: Ein kaukasischer Spruchbeutel. Weisheiten der Adygen, Dagestaner und Osseten. Berlin 1983)

Kachetien

Die Mär über die Aufteilung der Erde unter die Völker am Ende der Schöpfung läßt sich fortspinnen: Bekanntlich waren damals die Armenier zu spät zur Landvergabe erschienen und erhielten nur noch die Steine. Aber die Georgier hatten sich bei Spiel und Gesang noch mehr verspätet. Als sie nun vor Gott traten, rechtfertigten sie sich damit, daß sie auf sein Wohl angestoßen hätten. Gott gefiel dies, und da er bereits die gesamte Erde vergeben hatte, schenkte er den Georgiern das Paradies.

Wo man das Paradies in Georgien entdeckt, bestimmt der jeweilige Geschmack. Für mich (und viele Georgier) liegt es im äußersten Osten, in *Kachetien*. Diese georgische Provinz hatte sich 1466 im Zuge des Zerfalls der Zentralmacht von Kartlien gelöst und stand unter einem eigenen König, bis 1762 die Vereinigung Kachetiens und Kartliens zu einem ostgeorgischen Königreich erfolgte.

Der Volksmund nennt Kachetien den »Brotkorb und Weinkeller Georgiens«. Damit sind zwei verschiedene Landschaften gemeint, nämlich das *Äußere (Gare Kacheti)* und *Innere Kachetien (Schida Kacheti)*, voneinander geschieden durch das mit Laubwäldern bewachsene Mittelgebirge des Gombori (höchste Erhebung 1.990 m). Das Äußere Kachetien durchquert man nach etwa 30 km östlich von Tbilissi auf der für Intourist-Busse vorgeschriebenen Route nach Telawi (ca. 155 km). Es handelt sich um die weite Hochebene des Iori-Flusses mit intensivem Getreide-, Obst- und Weinanbau. Hätte man Zeit (und Besichtigungserlaubnis), könnte man unterwegs die Ruinen der *Kathedrale von Ninozminda*, Hl. Nino) aus dem 6. Jh. besuchen, wo sich nach der Überlieferung das Grab der georgischen Apostolin Nino befindet. Obwohl ein Erdbeben 1824 die Anlage endgültig zum Einsturz brachte, ist der erhaltene Ostteil mit der bemalten Altarapside noch immer eindrucksvoll. Zwei mächtige Festungen schützten die Straße durch die Iori-Niederung: die *Manawi-Festung* (10.–17. Jh.) links auf der Anhöhe über dem gleichnamigen Dorf, einst Residenz des kachetischen Königs Dawit II. (1703–1722), und die restaurierte fünfeckige *Tschailuri-Festung* (zweite Hälfte des 17. Jh.).

Nach etwa 81 km schneidet die Straße hinter Tschalaubani das Gombori-Gebirge und führt dann in das Innere Kachetien, das im wesentlichen mit dem weiten, fruchtbaren *Alasani-Tal* (ca. 150 km Länge und 35 km Breite) identisch ist. Geschützt durch den Gombori im Südwesten und den Großen Kaukasus im Nordwesten, besitzt es ein sehr mildes, den Weinanbau begünstigendes Klima. Die Weiterfahrt bis Telawi durch die aneinandergereihten malerischen Dörfer zwischen Gombori und dem Alasani-Fluß erinnert entfernt an die mittelrheinische Weinstraße. Rote Ziegeldächer inmitten üppiger Obstgärten mit Maulbeeren, Granatäpfeln und Walnußbäumen, die dazwischen aufragenden Zypressen, Geranien, Rosen und Basilikumbüsche in den gepflegten Vorgärten, Lesesteinmäuerchen und Mauersockel aus Flußkiesel, zuweilen nach Römerart zu schrägen Fischgrätenmustern angeordnet, alte Bauern mit der landesüblicher Kopfbedeckung, dem schwarzen Tuchmützchen der Kachetiner, schwarzgewandte Witwen, schwer mit Maulbeerzweigen beladene Esel und große Weinfelder, vom Kupfervitriol blau verfärbt, verleihen dem Alasani-Tal jedoch ein südlicheres Gepräge. In den Vorgärten erspäht man ab und an noch die gewaltigen tönernen *kwewri*, den altgriechischen Pithoi vergleichbare Amphoren, die bis zum Rand in die Erde der Weinkeller (*marani*) vergraben werden und den Wein stets kühl und tafelfertig halten. Obwohl genossenschaftlich organisiert, besitzt fast jede Familie hier ihren eigenen »Hauswein«, und die Sitte, bei der Geburt eines Sohnes einen *kwewri* zu vergraben, dessen Inhalt anläßlich seiner Hochzeit geleert wird, soll immer noch leben. Zahlreiche Reisende, darunter die vielzitierten Kronzeugen Puschkin und der Franzose Chardin (17. Jh.) priesen die feurigen kachetischen Weine in höchsten Tönen. Ihren spezifischen Geschmack verdanken sie nicht zuletzt der Zubereitungsart: Der Weinmost wird mit dem Trester (Kämme, Schalen, Kerne) gegoren.

Allein schon die Namen der durchfahrenen Dörfer klingen Wein- und Kognakkennern wie Musik: *Gurdschaani, Mukusani, Zinandali, Achmeta, Gremi, Enisseli* (in der Sowjetunion werden Weine nach ihrem Anbaugebiet benannt). Vor lauter Idylle vergesse man nicht die klimatischen Risiken, die den kachetischen Winzern drohen: Vor allem im Mai kann es hier zu heftigen Hagelgüssen kommen, die die Traubenansätze, ja die gesamten Reben zerschlagen. Eine Wetterstation der Georgischen Akademie der Wissenschaften versucht deshalb seit Jahren, durch Böllerschüsse die Zusammenballung der gefahrbringenden Wolken zu verhindern. Trotzdem empfiehlt es sich, im Frühjahr und Frühsommer den Regenschirm bereitzuhalten. Es gewittert oft in dem Tal zwischen zwei Gebirgszügen.

Auf der Fahrt nach Telawi lockt noch manche kunstgeschichtliche Sehenswürdigkeit unweit der Hauptstraße: so in der Nähe des Städtchens Gurdschaani (2 km) eine Herrscherkirche *Kwelazminda* (»Allerheiligen«; 8./9. Jh.) mit ihrer in der georgischen Architekturgeschichte einmaligen Doppelkuppel; ferner die *Muttergotteskirche* (9. Jh.) und ein zweigeschossiger *Palast* (10. Jh.) in der Nähe (8 km) des Dorfes *Schroma* (vormals: *Watschnadsiani*, Bezirk Gurdschaani), mit Ruinen einer Dreikirchenbasilika aus dem 6. Jh., beide einst zum Kloster Kwelazminda gehörend und inmitten von Laubwäldern gelegen.

Die friedvolle kachetische Landschaft läßt fast die unruhige, gefahrvolle Vergangenheit vergessen, als Kachetien nicht nur den Kriegszügen der Perser ausgesetzt war, sondern auch von den nordkaukasischen Lesgiern heimgesucht wurde, die raubend und plündernd über die Dörfer herfielen: »(...) jedes Dorf wurde eine Festung, und bis zum Verbluten wurde gekämpft (...) Güldenstedt beschreibt die meisten kachethischen Dörfer als mit Mauern befestigt und teilweise mit Kanonen bewehrt: ›Die Dörfer Kachetis sind, da jedes Gehöft seine Wein- und Obstgärten bei sich hat, sehr weitläufig, und eins reicht oft ans andre. Aber meist hat jedes Dorf einen oder mehrere von Back- und Geschiebesteinen mit Kalk vermengt aufgemauerte, drei bis vier Faden breite, aus zwei Stockwerken bestehende runde Türme. In den unteren Stockwerken retten sich bei Überfällen Weiber und Kinder, im oberen versammeln sich die bewaffneten Männer und schießen auf die Räuber. Viele Dörfer haben einen mit einer bis zwei Faden hohen Mauer eingeschlossenen, vierseitigen Platz von 30–100 Faden, mit Toren und Schießtürmen. In solchen Orten, die Festungen heißen, wohnen keine oder wenige Familien; bei Überfällen sucht sich alles mit Habe und Vieh in dieselben zu retten; aber das Land ist, wie ich vielfältig ausgeführt habe, voller zerstörter Festungen dieser Art, die oft von Räuberbanden, sich zu

verbergen und zu schützen, genutzt werden«« (Baumhauer, Friedrich: Forschungen über die Hausformen in Georgien. Hamburg 1928 [Mitteilungen aus
dem Museum für Völkerkunde in Hamburg. 12], S. 16, 86).

An das schrecklichste Kriegsereignis unseres Jahrhunderts erinnert in *Gurdschaani* eine große Bronzefigur auf einer Anhöhe links der Hauptstraße: Dargestellt ist der aus Gurdschaani stammende Winzer Giorgi Macharaschwili, der
im Zweiten Weltkrieg seinem in der Roten Armee dienenden Sohn nachzog, in
Kampfhandlungen verwickelt wurde und so bis nach Berlin gelangte. Den
Sohn fand er kurz zuvor – als Toten. Das Denkmal zeigt den trauernden Vater
mit dem Mantel und Helm des Sohnes in den Händen. In einem georgischen
Film »Der Vater des Soldaten« verkörpert Macharaschwili die Tugenden seines
Volkes: Vaterlandsliebe, Ehrfurcht vor dem Leben und Zärtlichkeit zu den
Kindern des eigenen und des fremden Volkes. Dieser nachdenkliche Beitrag lief
auch im deutschen Fernsehen.

Weitläufig über den Hang des Gombori gestreckt, erscheint die **Telawi**
kachetische Hauptstadt *Telawi* als beschauliche Kleinstadt, (27 000 Ew.)
obwohl in sowjetischen Reiseführern ihre Bedeutung als admi-
nistrativer, politischer und wirtschaftlicher Mittelpunkt Kachetiens betont wird. Ihr Name leitet sich zwar von *tela* (Ulme)
her, aber die allgegenwärtigen Bäume sind hier kaukasische
Platanen und Maulbeerbäume; letztere dienen der Seidenrau-
penzucht, die Armenier in Kachetien einführten. Die Kokons
werden in weiterverarbeitenden Kombinaten abgeliefert. Zu
den – nicht sehr zahlreichen – Sehenswürdigkeiten Telawis
gehört eine *dreihundertjährige Platane* (in der Nähe des Intou- Sehenswert
rist-Hotels *Kacheti*), in deren Schatten wichtige Versammlun-
gen und Reden abgehalten wurden. Auf dem Gelände des heutigen
Hotels standen einst eine Burg sowie eine Kirche (erste Hälfte
des 18. Jh.).

Intourist bietet seit kurzem auch die Besichtigung der *Kreuzkuppelkirche* von *Kwetera*, eines anmutigen Vierapsidenbaus
(10. Jh.), an, dessen besonderes Merkmal türkisfarben glasierte
Dachziegel sind. Die Kirche erhebt sich innerhalb einer einstigen Zitadelle neben den Ruinen eines zweigeschossigen *Palastes*, der möglicherweise Residenz der kachetischen Könige
war. Allerdings kann man aufgrund der schlechten Straßenverhältnisse keinen Intourist-Bus benutzen, sondern muß ein Taxi
mieten. Die Fahrt dauert etwa eine Stunde.

Telawi wurde erstmals im 2. Jh. von dem griechischen Geogra- Geschichte
phen und Astronomen Claudios Ptolemaios erwähnt. An der
alten transkaukasischen Ost-West-Achse gelegen, gewann es
schon seit dem 5. Jh. an Bedeutung und bildete mit Unterbrechungen vom 9. bis 18. Jh. die Hauptstadt Kachetiens. Reste der
alten kachetischen Königsfeste (*Dsweli galawani*) aus dem 10./
11. Jh. blieben im Nordwesten Telawis erhalten, doch die Festung und das Schloß im Stadtzentrum – *Batonisziche* (»Festung des Herrn«) – stammen erst aus dem 17. Jh. und wurden

im 18. Jh. auf Befehl Erekles II. ausgebaut. Ein Reiterstandbild vor der Festung erinnert an diesen kämpferischen König, der Georgien vor dem Würgegriff seiner muslimischen Nachbarn retten wollte, indem er es russischem Schutz unterstellte. Im Inneren der Festung befinden sich Erekles *Palast*, zwei kleine *Kirchen*, ein *Pädagogisches Institut* sowie eine *Gemäldegalerie* mit einer bunten, recht zufälligen und mittelmäßigen Sammlung georgischer, russischer und westeuropäischer Werke. Ein kleines *Heimatkundemuseum* gibt Auskunft über die kachetische Geschichte seit der Urzeit. Die übrigen Sehenswürdigkeiten – eine von König Erekle II. den armenischen Einwohnern Telawis geschenkte Kirche (18. Jh.) sowie die georgische »Kirche der Gottheit« (5. Jh.; Umbau 16. Jh.) – sind schnell besichtigt.

Dafür bietet die Umgebung Telawis um so mehr an Architekturdenkmälern und herrlicher Landschaft. An den Abenden erholt man sich am besten mit einer Flasche kachetischem Wein auf der (überdachten) Hotelterrasse, von der aus man eine hervorragende Sicht auf die blauen, schneebedeckten Berge des Großen Kaukasus hat. Gruppen können außerdem bei Intourist eine Weinprobe in einem zur Hotelanlage gehörenden *historischen Weinkeller* (18. Jh.) bestellen, auf den man während des Hotelbaus stieß. Hier unten braucht man freilich eine Strickjacke – selbst wenn sich das Hotelpersonal bereitfindet, Feuer im Kamin zu entfachen. Zufrieden und vom Kachetiner langsam erwärmt, kann man nachempfinden, warum sich das südwürttembergische Biberach im Mai 1987 Telawi zur Partnerstadt erkor.

Alawerdi

Weithin sichtbar zieht die weißgetünchte *Kathedrale von Alawerdi* aus dem 11. Jh. (12 km von Telawi entfernt) den Blick auf sich. Mit 50 m Kuppelhöhe ist sie der höchste der mittelalterlichen Monumentalbauten Georgiens, der abweichend von seinen Parallelen in Kutaissi, Oschki (Südwestgeorgien; heute Türkei) und Mzcheta regionale Merkmale Kachetiens zeigt: eine besonders starke Betonung der Vertikalität, den sehr sparsamen Umgang mit Baudekor sowie ein – ähnlich der armenischen Auffassung – Streben nach Geschlossenheit (die Nord- und Südapsis treten nicht vor die Mauerflucht). Die Wände der Kathedrale waren außen und innen mit gelblichem, porösem Tuff (dem sogenannten *Schirimi*) verschalt und wurden erst später geweißt. Als Bautypus bildet die Kathedrale des Hl. Georg einen kreuzförmigen Tetrakonchos mit großer Kuppel über vier freistehenden Pfeilern und einem relativ kurzen Langhaus. Ursprünglich umgaben den Bau, wie in Kachetien häufig, an drei Seiten breite Galerien, von denen jedoch die nördliche und südliche in der zweiten Hälfte des 19. Jh. abgerissen wurden. Die Kathedrale zeigt die Spuren vielfacher Restaurationen, wobei beschädigte Wandteile wie auch die Kuppel (15., 18. Jh.) mit Ziegelsteinen »geflickt« wurden. Den Kuppeltambour muß man sich ursprünglich niedriger vorstellen. Die Kuppel selbst bedeckten einst blauglasierte Ziegel, die in eindrucksvollem Kontrast zu den weißgetünchten Mauern und dem Grün der Landschaft standen. Auch in Alawerdi übertünchte man im 19. Jh. die alten Fresken. Bei ihrer Säuberung (ab 1967) ließen sich jedoch am Altar und Südarm Fragmente aus dem 11. Jh. retten. Die übrigen stammen aus dem späten 15. bis frühen 17. Jh. Am bewunderungswürdigsten erscheint die Gestalt der Gottesmutter (11. Jh.?) in der Kuppel der Ostapside: Offen und klug schaut Maria auf die Betrachter, königlich schön und mütterlich weich in ihrer breiten Schutzgebärde. Der Rückbesinnung auf altgeorgische Traditionen entspricht auch die Aufstellung einer Chorschranke (1986).

Im Altarbereich befindet sich das Grab der kachetischen Königin Ketewan, was für orthodoxe Auffassungen sehr ungewöhnlich ist. Nicht einmal Nonnen hatten für gewöhnlich das Recht, diesen – männlichen – Priestern vorbehaltenen Sakralbereich zu betreten. Ketewan erwarb sich die Ehre dieser Ausnahme durch ihr Martyrium als Geisel des persischen Schahs Abbas I., der sie zu Tode foltern und verbrennen ließ, weil sie ihrem christlichen Glauben treu blieb. Ihr Enkel Alexandre, ebenfalls Geisel des Schahs, durchtrennte sich die Pulsadern, um nicht zum Islam übertreten zu müssen. Ein Handabdruck auf dem Boden des westlichen Kathedralenbereichs erinnert daran. Stets liegen kleine Münzen oder Feldblumen an dieser Stelle, die den Georgiern heilig ist. König Teimuras I. (1589–1663) setzte seiner Mutter mit dem Märtyrolog »Ketewaniani« ein literarisches Denkmal, dessen Sujet auch der Schlesier Andreas Gryphius (1616–1664) in seiner Tragödie »Catharina von Georgien« aufgriff.

Die Georgskathedrale erhebt sich auf einem vorchristlichen Heiligtum. Ein hölzerner christlicher Vorgängerbau soll im 6. Jh. vom Hl. Iosif, einem der Dreizehn Syrischen Väter, errichtet worden sein. Später befanden sich innerhalb des befestigten Kathedralengeländes noch ein Kloster sowie der Sitz eines Erzbischofs mit Palast. Südwestlich der Kathedrale steht ein im Erdgeschoß achteckiger und im zweiten Stockwerk viereckiger Ziegelbau (1615), der *Palast des Pejkar Chan*, der als Statthalter des Schah Abbas über Kachetien herrschte. Im Torbau der Schutzmauer befindet sich ein kleines *Museum* mit Fundstücken aus der kachetischen Geschichte und Ethnographie.

Die Kathedrale selbst aber ist Gotteshaus geblieben. Hier wird getauft, und an jedem 26. September finden große Gottesdienste aus Anlaß des dreiwöchigen Festes *Alawerdoba* statt, einem Erntefest mit Weinsegung, zu dem sich Gäste aus ganz Georgien einstellen. Der Herbst gilt dank seines milden, klaren Wetters, des Reichtums an Früchten und der Weinlese (*rtweli*) ohnedies als beste Zeit für Kachetien-Fahrten.

Georgskirche Bei der Rückfahrt nach Telawi zeigt sich auf dem Gombori-Hang ein weißes Kirchengebäude aus dem 11. Jh. Es ist wie viele Kirchen Georgiens dem »Tetri Giorgi«, dem »Weißen Georg«, geweiht, der christlichen Umdeutung der alten Mondgottheit. Auch Tetri Giorgi besitzt einen Vorgängerbau aus dem 6. Jh. Bis in unser Jahrhundert hinein war dieses Heiligtum ein Zentrum des transkaukasischen Mondkultes und besaß eigene »Sklaven des Weißen Georg«, die sich am 14. August, dem Tag der großartigen Prozession um die Kirche, vor Priestern und Pilgern zu Boden warfen und klaglos erduldeten, daß diese über sie hinwegschritten.

*Georgs-
kathedrale
von
Alawerdi*

Wie viele ostgeorgische Klöster führt *Ikalto* (6 km westlich von Telawi) seine Gründung auf die Dreizehn Syrischen Väter, in diesem Fall den Heiligen Zenon, und damit auf die zweite Hälfte des 6. Jh. zurück. Ikalto liegt am Rande des gleichnamigen Dorfes, wo seine hellverputzten Kirchwände und roten Ziegeldächer reizvoll mit dunklen Zypressen kontrastieren. Vielleicht noch aus der Gründungszeit stammt die zweigeschossige, im 19. Jh. jedoch stark veränderte *Basilikakirche der Hl. Dreifaltigkeit* nordöstlich der Hauptkirche. Auch die kleine *Allerheiligenkapelle* im Süden der Anlage wird in das 6. Jh. datiert. Dahinter liegen die Ruinen des *Refektoriums* (8./9. Jh.) sowie der einst zweigeschossigen *Akademie*, die im 12. Jh. der berühmte Philosoph Arsen Ikaltoeli (ca. 1050–1125) im Auftrag König Dawits IV. (»des Erbauers«) begründete; wie sein nicht minder berühmter Zeitgenosse und Kollege Ioane Petrizi von der westgeorgischen Akademie in Gelati hatte Arsen zuvor an der Mangana-Akademie in Konstantinopel gelehrt und gilt als Vertreter des Neoplatonismus in Georgien. Später jedoch entwickelte sich Ikalto zum konservativen Gegenpol der Gelati-Schule. Der Verwüster Kachetiens, Schah Abbas I., zerstörte 1616 die Akademie. Neben ihrer Ruine sind die Reste eines *Weinkellers* und einer *Kelterei* zu sehen.

Die Hauptkirche Ikaltos ist die *Heilig-Geist-Kirche* (nach anderen Quellen: *Verklärungskirche*), nach der Überlieferung über dem Grab des Hl. Zenon erbaut; ein Kreuzkuppelbau aus Travertin und Feldstein mit Portiken im Süden und Norden sowie einem westlichen Glockenturm aus dem 19. Jh. Das Fundament stammt noch aus dem 8./9. Jh., der heutige Bau im wesentlichen aus dem 10.–12. Jh. Die schlanke, hohe Tambourkuppel entstand sogar erst im 19. Jh.

Eine *Ausstellung* im Inneren der Heilig-Geist-Kirche ist der Akademie Ikalto gewidmet. Man erfährt, daß Weinanbau und -verarbeitung zu den damaligen Lehrfächern gehörten. Nach Resten von Trauben und Blättern, die man bei Ausgrabungen fand, wurden kachetische Traubensorten des Mittelalters »rekonstruiert«; einige Arten werden bis heute angebaut. Im Mittelpunkt der kleinen Ausstellung steht jedoch das Leben und Werk des Dichters Schota Rustaweli, der hier studiert haben soll. Ihm zu Ehren findet in Ikalto an jedem letzten Novembersonntag das Volksfest *Schotaoba* mit Dichterlesungen, Rezitationen, Vorträgen u. ä. statt.

»Schuamta« bedeutet »zwischen den Bergen gelegen«, was sich auf die sehr abgeschiedene und malerische Lage des *Nonnenklosters Alt-Schuamta (Dsweli Schuamta)* inmitten der Gombori-Laubwälder, 7 km von Telawi entfernt, bezieht. Der Klosterkomplex umfaßt eine Basilika des 5. Jh. sowie eine der Dschwari-Kirche von Mzcheta folgende Muttergotteskirche und

Kloster und Akademie Ikalto

Ausstellung

Volksfest

Klöster Dsweli und Achali Schuamta

293

eine Kuppelkirche mit Krypta, die die georgische Forschung auf das 7. Jh. datiert; möglicherweise entstanden sie jedoch erst im 10. bzw. 11. Jh. Dicht beieinander stehend, veranschaulichen sie die architektonische Entwicklung vom Längsbau zum Tetrakonchos mit Kegelkuppel (15. Jh.?). Im Altarbereich der Basilika blieben spätere Freskenreste erhalten; die Freskenfragmente in der Muttergotteskirche werden auf das 11./12. Jh. datiert.

Nach dem Niedergang von Dsweli Schuamta im 16. Jh. gründete die kachetische Königin Tinatin 3 km entfernt *Neu-Schuamta (Achali Schuamta)*, nachdem ihr der Ort im Traum offenbart worden war. Die Hauptkirche ist der erste Ziegelbau Kachetiens. Der ursprünglich dreiseitige Umgang wurde abgerissen, ebenso blieben von den blauglasierten Kacheln, die vermutlich einst die kielförmigen Bogenfelder der Fassaden ganz bedeckten, nur Reste. Den von zwei plumpen, mächtigen Pfeilern gegliederten Innenraum schmücken unlängst gesäuberte Fresken aus dem 16. und 17. Jh., darunter das Stifterbildnis der Tinatin und ihres Gatten Lewan I. an der Westwand. Der sonst wenig bemerkenswerte Bau enthält u. a. das Grab der Tinatin sowie der aus Kachetien stammenden Adelsfamilie Tschaw-

Kreuzkuppelkirche des Nonnenklosters Dsweli Schuamta

tschawadse, die sich durch die Finanzierung von Ausbesserungsarbeiten dieses Vorrecht erwarb.

Man liebt in der Sowjetunion sogenannte »Museumshäuser«, in denen sorgfältig gehütete persönliche Gegenstände sowie Mobiliar eine Vorstellung vom Leben und Schaffen berühmter politischer oder geistesgeschichtlicher Größen vermitteln soll. Ein solches »Museumshaus« befindet sich 8 km von Telawi entfernt auf dem Weingut *Zinandali* des Alexandre Tschawtschawadse (1786–1846): ein repräsentatives Landhaus des frühen 19. Jh. inmitten eines gepflegten Parks im englischen Stil am Ufer des Kisis-chewi, eines Zuflusses des Alasani. Einige Stichworte zur Person des einstigen Besitzers: in der damaligen russischen Hauptstadt St. Petersburg geborener kachetischer Adelssproß, dessen Vater als Gesandter des ostgeorgischen Königs Erekle II. in Rußland lebte. Die (deutsche) Zarin Jekaterina II. (die Große) wurde Patin des kleinen Alexandre. Seit 1799 in Georgien lebend, beteiligte er sich 1804 an einem der zahlreichen antirussischen Aufstände, wurde verbannt und nach seiner Entlassung in das Petersburger Pagenkorps gesteckt, wo er Fremdsprachen lernte: Russisch, Französisch, Persisch und Deutsch. Er nahm an den Kämpfen gegen Napoleon I. und am russisch-türkischen Krieg von 1828 teil und beteiligte sich 1832 an der großen Adelsverschwörung, was ihm erneute Verbannung einbrachte. Trotzdem vertraute man ihm nach seiner Rückkehr nach Tbilissi wichtige Staatsämter an, und Tschawtschawadse wurde zu einer der führenden Persönlichkeiten im öffentlichen Leben Georgiens. Literarisch zeichnete er sich als Verfasser zarter, oft patriotisch gemeinter Liebeslyrik aus und übersetzte Puschkin, Odojewski, Corneille, Racine, Voltaire, Hugo u. a. ins Georgische. Schließlich ist Tschawtschawadse als Schwiegervater des russischen Aufklärers, Politikers und Dramatikers Gribojedow zu nennen, als Gastgeber nach Georgien verbannter russischer Adelsrebellen (der sogenannten Dekabristen), aber auch der Offiziere des in der Nähe seines Gutes stationierten Dragonerregiments, in dem der romantische Dichter Michail Lermontow diente. Tschawtschawadses Ende erscheint grotesk und sinnlos: Bei einem Unfall seiner Droschke verfing sich sein weiter Mantel im Rad, der Dichter wurde zu Tode geschleift.

Der Park Zinandalis mit alten, z. T. exotischen Bäumen und Sträuchern, darunter Bambus, Lebensbäume, der hochgiftige Lackbaum, Magnolien, spanische Edeltannen, die blaublütige Paulownia, Kryptomerien sowie ein Rosarium, lockt mehr als das Gutshaus mit seinem Mottenkugelduft und den verschiedenartigsten Zeugnissen des Lebens der Familie Tschawtschawadse im besonderen sowie der georgisch-russischen Beziehungen im allgemeinen. Viel stärker als der Vertrag von Geor-

Zinandali

Museums-Gutshof und -Park Zinandali

gijewsk haftet nämlich die Kapelle im Zinandali-Park im Gedächtnis, in der sich Gribojedow der Tschawtschawadse-Tochter Nino anverlobte.

Gremi

Etwa 20 km von Telawi entfernt liegen am Ufer des Flüßchens Inzob die Ruinen der »damals ansehnlichen Stadt Gremi« (Julius Klaproth), die 1466 nach der Trennung Kachetiens von Kartlien entstand. Im 16. Jh. vorübergehend kachetische Hauptstadt, verlor Gremi nach den Verwüstungen des Schah Abbas I. schnell an Bedeutung, der 1622 die Einwohner in den Iran verschleppte und sie zur Annahme des Islam zwang. Das Zentrum Gremis erstreckte sich am Fuße der Vorberge des Großen Kaukasus in der fruchtbaren Alasani-Ebene. Die Stadt besaß außer Wohn- und Badehäusern fünf Kirchen, ein Kaufmannsviertel (*kulbakebi*) mit Ladenzeilen sowie einem Zollraum.

Burg Gremi

Besser erhalten als die Stadt blieb die auf der Terrasse eines Bergkammes gelegene *Burg Gremi* mit der *Erzengelkirche* (1565) sowie einem *Wohn-* und *Wehrturm*. König Lewan I. ließ die Backsteinkirche nach dem Vorbild der von seiner Gattin Tinatin gestifteten Klosterkirche in Neu-Schuamta errichten. Sein Bildnis befindet sich an der Westwand. Die gesäuberten Fresken entstammen hier ebenfalls dem 16. und 17. Jh. Auch der Wehr- und Wohnturm wurde aus Backsteinen errichtet. Dem schwindelfreien Kletterer bietet sich von der Turmspitze (mit Glockenturm) ein weiter Blick auf das Alasani-Tal. Östlich unterhalb der Burg liegen die Reste eines alten *Weinkellers*. Ein schöner Garten unterhalb von Burg und Kirche lädt, geschützt durch die Verteidigungsmauern, zum Verweilen auf Bänken unter Feigenbäumen ein, wo es sonnig, windstill und ruhig ist.

Ebenso wie nach Gremi gelangt man nach *Nekressi* nur zu Fuß. Der Aufstieg dauert – je nach Gangart – zwischen 40 und 60 Minuten. Man wird reichlich belohnt durch die schöne Lage des Klosters auf etwa 900 m am Hang eines der Vorberge des Großen Kaukasus, inmitten von Wäldern. Ein weiterer Anreiz ist das Alter Nekressis: der älteste Bau, eine tonnengewölbte Kirche mit einer Krypta und zwei Anbauten, stammt noch aus dem 4. Jh.! Ehrfürchtig steht man hier vor einem der ältesten Sakralbauten Georgiens, ja des christlichen Kulturraumes überhaupt. Heute einsam und entlegen, befand sich Nekressi (4.–17. Jh.) einst an politisch wie ideologisch wichtiger Stätte. Denn hier lag eine schon von Parnadschom, einem der legendären Heldenkönige der altgeorgischen Chronik, begründete Stadt Nelkarissi (daraus Nekressi), die sein Nachfahre Arschak verschönern ließ. Als bedeutende Stadt bildete sie ein Zentrum des persisch beeinflußten Feuerdienstes in Ostgeorgien und lockte folglich auch christliche Missionare an. Seit dem 4. Jh. befand sich in Nekressi die Provinzialverwaltung der kachetischen Kirche. Auf die enge Verbindung Ostgeorgiens mit Armenien deutet die Tatsache hin, daß der erste namentlich in den Quellen erwähnte Bischof von Nekressi zuvor Diakon des armenischen Katholikos Nerses I. (353–373) gewesen ist. Die Klostergründung wird hier wieder einem der Syrischen Väter, nämlich dem Hl. Abibos (Awiw) zugeschrieben. Zur Zeit Tamars war Nekressi Sammelpunkt für das Heer vor Kriegszügen.

Kloster Nekressi

Einen Gedächtnisbau für den Gründer und Missionar Abibos, der im Kampf gegen die in der zweiten Hälfte des 6. Jh. offenbar noch einflußreichen Feueranbeter den Märtyrertod fand, bildet vermutlich die im Südwesten des Klostergeländes gelegene *Zentralkuppelkirche* (8./9. Jh.), die die Spuren zahlreicher Umbauten und Veränderungen trägt: Der älteste Teil mit quadratischem Grundriß und im Fischgrätenmuster angeordneten Natursteinen entspricht römischen Vorbildern, erhielt jedoch später eine östliche Apsis und danach einen dreiseitigen Umgang mit zweibogigen Eingängen im Süden und Westen. An Byzanz erinnert die Mauertechnik der Umgänge: Streifen von Natursteinen und Ziegeln; Überreste sind an der Süd- und Ostseite sichtbar. Der vermutlich während der Arabereinfälle schwer beschädigte Nordumgang wurde im 10./11. Jh. durch massive Mauern mit halbkreisförmigem Tonnengewölbe ersetzt.

Besichtigung

Die *Hauptkirche* des Klosters ist ab dem 16. Jh. unter dem Namen »Maria Entschlafen« belegt. Es handelt sich um eine dreischiffige Basilika (6./7. Jh). Den tonnengewölbten rechteckigen Zentralraum umgibt ein dreiseitiger Umgang – eine an

Kloster Nekressi: Bischofspalast mit Wohnturm

die spätere byzantinische Form der Pareklesie (Nebenkapelle)
erinnernde Lösung, die offensichtlich von liturgischen Bedürfnissen bestimmt wurde. Die recht qualitätvollen Fresken wurden um 1550 angefertigt. Die Stifterporträts an der Südwand
zeigen u. a. das kachetische Herrscherpaar Lewan und Tinatin
mit ihrem Sohn. Gegenüber der Hauptkirche liegt, vermutlich
über einer noch älteren masdaistischen Feuerkulturstätte, die
schon erwähnte frühchristliche Kirche, von der außer dem
hohen Mittelraum noch der nördliche Anbau mit einer Art
Krypta erhalten blieb. Die einstigen Arkadenöffnungen wurden später zugemauert, der südliche Anbau zerstört. Vermutlich dienten beide dem Aufenthalt von Ungetauften bzw.
Neugetauften, die von dort aus die Liturgie im Mittelraum
beobachten konnten.
Fast am Abhang liegt südlich ein zweigeschossiger *Bischofspalast* (8./9., 16./17. Jh.). Im (eingestürzten) Obergeschoß befand sich ein Festsaal. An den Palast schließen östlich die
Ruinen des *Refektoriums* sowie eines *Weinkellers* mit großen
Vorratsgefäßen in der Erde an. Der Palast zeigt hufeisenförmi-
ge Tür- und Fensteröffnungen, eine in Georgien während der
Araberherrschaft allmählich aufgegebene Bauform. An der
Nordfassade des Palastes wurde in der unruhigen Zeit der
Perserinvasionen ein Wohnturm (16./17. Jh.) errichtet, der einen
weiten Blick auf das Alasani-Tal gewährte.

Gori und Umgebung

An der Kreuzung der alten Handels- und Verkehrswege bei Mzcheta führt die Chaussee Nr. 17 westlich in die weite, fruchtbare Landschaft des *Inneren Kartlien*. In der Nähe des von Assyrern bewohnten Dorfes *Kanda* erhebt sich die mächtige, zinnenbekrönte Festung von *Ksani (Knisziche*; auch *Mtkwriszi-che*,»Kura-Festung«; erste Hälfte des 16. Jh.), die davon zeugt, wie gefährdet und folglich schutzbedürftig diese dem Lauf der Kura folgende und zum Schwarzen Meer führende Ost-West-Magistrale einst war. Etwas weiter liegt ein altes Kirchlein am Straßenrand; die meisten Autofahrer gehen dann vom Gashebel runter, drehen das Seitenfenster auf und werfen eine Münze heraus, die von einem alten Mann aufgelesen wird. Der Obolus garantiert nach georgischem Fahrerglauben eine glückliche Heimkehr und dient zudem dem Erhalt der Kirche. Die verkehrsreiche Chaussee führt weiter durch eine freundliche Gartenlandschaft mit ausgedehnten Obstbaumplantagen und Weinfeldern. Die Sektherstellung ist ein vergleichsweise junges Gewerbe in der Region; die Äpfel, Birnen und Granatäpfel des Inneren Kartlien pries dagegen bereits 1672 der französische Reisende Jean Chardin.

Gori
(66 000 Ew.)

Nach 86 km – von Tbilissi aus gerechnet – erreicht man die verkehrsgünstig an der Mündung des Großen Liachwi in die Kura gelegene Stadt *Gori*, heute mit etwa 66.000 Einwohnern die fünftgrößte Stadt Georgiens. Ihren Namen verdankt sie vermutlich dem gewaltigen Sandsteinfelsen in ihrem Zentrum, dem *gora* (»Hügel«). Urkundlich wird die Stadt erstmals im 12. Jh. erwähnt, doch bestand sie als Siedlung vermutlich schon in vorchristlicher Zeit. Vorübergehend brachte sie es sogar zur Hauptstadt Kartliens. Im 20. Jh. wurde Gori vor allem als Geburtsort von Iossif Wissarionowitsch Dschugaschwili (1879–1953) alias Koba alias Stalin bekannt und bildet bis jetzt das Zentrum seiner Verehrung, die sich in der Stadt auch architektonisch unübersehbar niederschlug: Auf dem für Goris provinzielle Verhältnisse überdimensionalen Hauptplatz erhebt sich das »letzte offizielle« Stalin-Denkmal der UdSSR, am Ende des um einen Boulevard verlängerten Platzes prunkt ein gleichfalls durch Größe beeindruckendes Marmorschutzdach über dem Geburtshaus des georgischen Diktators: ein bescheidener, landesüblicher Backsteinbau mit nur zwei Räumen. Stalins Eltern lebten in ärmlichen Verhältnissen, Vater Dschugaschwili war Schuster. Hinter diesem Pantheon befindet sich das *Stalin-Museum* (1953–1957) im neoklassisch-georgischen Stil, falls man diese Synthese von klassizistischen und nationalen Elementen so nennen darf. Jedenfalls bemühten sich die Erbauer des Museums sowie des gegenüberliegenden Intourist-Hotels erkennbar um Anleihen bei der mittelalterlichen georgischen Architektur, was dem Foyer und den Eßsälen des Hotels Kreuzgewölbe einbrachte, dem Museum jedoch einen an Swa-

Stalin-
Museum

netien erinnernden Turm, der hier im flachen Kartlien ziemlich
exotisch anmutet. Die Feierlichkeiten zum 40. Jahrestag des
Sieges über den Faschismus bescherten dem Museum 1985
außerdem eine Neukonzeption seiner Ausstellung, in deren
Mittelpunkt jetzt Stalins Leistungen als Feldherr im Zweiten
Weltkrieg sowie auf der Potsdamer Konferenz rückten. Rechts
neben dem Museum hat man zu diesem Anlaß noch jenen Ei-
senbahnwaggon gesetzt, mit dem Stalin damals nach Potsdam
fuhr.

Da wir spät in Gori eintrafen, finden wir das Museum natürlich
verschlossen, aber die Neugier treibt trotzdem nach dem Abendessen jeden aus dem Hotel auf den Boulevard und in Richtung
Geburtshaus, Museum und Waggon. Im Parterre des Museums
funzelt trübe Beleuchtung, darum drücken wir uns am Eingang
herum, in der Hoffnung, uns möge doch noch aufgetan werden.
Schließlich schlurft einer der Rentner, die drinnen Nachtwache
halten, herbei und öffnet. Freundlich erklärt er sich bereit, uns
wenigstens ins Foyer zu lassen, wo es freilich wenig außer
einem Ölbildnis Stalins zu sehen gibt. Nach oben dürften wir
leider nicht, aus Sicherheitsgründen. Der Alte benimmt sich in
»seinem« Museum wie ein Gläubiger in der Kirche: vertraut
und ehrfurchtsvoll zugleich. »Ich bin stolz, daß Stalin aus Gori
stammte, aus meiner Stadt«, sagt er mehrmals, »wir jungen
Männer haben uns deshalb damals alle freiwillig zum Krieg
gemeldet: für die Heimat, für Stalin!« Seine Augen blitzen, und
wir begreifen: Dieser sowjetische Kampfruf des Zweiten Weltkrieges wurde zur Losung seines Lebens. Unbedingte Loyalität
dem Landsmann und Vorbild Stalin gegenüber ist in Gori offenbar für viele immer noch an der Tagesordnung. Wir wagen
keine Frage, keine Kritik, kein spöttisches Lächeln. Solche
Liebe ist ohnedies unerschütterlich. Da aber selbst in Gori der
Stalin-Kult immer weniger mit Perestrojka und Demokratisie-
rungsversuchen in Einklang zu bringen ist, wurde 1988 das
Stalin-Museum (vorübergehend?) geschlossen.

Goris Ziche Statt aber Stalin unsere Reverenz zu erweisen, besteigen wir
am nächsten Morgen *Goris Ziche*, die alte Festung. Man überquert dazu den Platz, folgt der gegenüberliegenden kurzen
Straße und wählt den Fußweg an ihrem Ende. Die Festung ist
so alt wie die Siedlung selbst und heute das älteste und inter-
essanteste Bauwerk des Ortes. Man schätzt, daß sie bereits im
2. vorchristlichen Jahrhundert angelegt wurde. Sie bildet ein
längliches Rechteck mit zwei erhaltenen Eingangstoren an der
Süd- und Westseite, letzteres zum Fluß Liachwi führend. Wegen
der strategischen Bedeutung Goris wurde sie im Laufe der
Jahrhunderte ebenso oft zerstört wie ausgebaut, wobei die heute
sichtbare Bausubstanz überwiegend aus den 30er Jahren des
17. Jh. stammt. Der kartlische König Rostom ließ damals

umfangreiche Bauarbeiten durchführen, nachdem die Festung Ende des 16. Jh. den Türken in die Hände gefallen war und erst nach zehnmonatiger Belagerung der Georgier wieder zurückerobert werden konnte.

Die *Altstadt* unterhalb der Festung war noch im 19. Jh. von einer Ringmauer umschlossen und zählte 300 Häuser mit einer vorwiegend armenischen Einwohnerschaft sowie drei Kirchen, darunter eine armenisch-unierte. »Hat Gori durch die Russen auch wenig gewonnen«, kommentierte Moritz Wagner 1850 die Situation, »so verdankt es ihnen die Sicherheit seiner Umgebung. Die Lesgier machten im vergangenen Jahrhundert unaufhörliche Streifzüge in der Landschaft und drangen bisweilen plündernd in die Stadt selbst ein. Sie raubten besonders gern Kinder und Weiber, um dieselben an die türkischen Sklavenhändler in Batum oder Achalziche wieder zu verkaufen« (Wagner, Moritz: Reise nach Kolchis und den deutschen Kolonien jenseits des Kaukasus. Mit Beiträgen zur Völkerkunde und Naturgeschichte Transkaukasiens. Leipzig, 1850, S. 160). Von der heute nur noch in ihren Grundmauern erhaltenen Festung geht der Blick weit über die Kura-Ebene und den Zusammenfluß der Kura und des Liachwi auf die Höhenzüge des Kleinen Kaukasus und des Trialetischen Gebirges. Mauersegler schnellen vorbei, schulschwänzende Knaben lachen, es ist absolut friedlich, man ahnt weder die einstige Stadtbefestigung noch Not und Unsicherheit der Einwohner. Für die Kinder Goris ist die Ruine der uralten Festung nichts als ein herrlicher Abenteuerspielplatz. Hat hier der junge Dschugaschwili gespielt? Hat ihn seine Mutter abends entnervt verdroschen, weil er sich wieder einmal die armseligen Kleider zerriß? Gerade in Stalins Geburts- und Kindheitsstadt Gori fällt es schwer, hinter dem Bild des verehrten und verhaßten »Vaters der Völker« jenes Kind zu sehen, das auch Stalin einmal war.

Das seit zwei Jahrhunderten friedlich träumende Gori hat viele Revolutionäre hervorgebracht, nicht nur den einen Stalin. Einer von ihnen ist der Armenier Kamo (eigentl.: Simon Ter-Petrosjan, 1882–1922), kein Theoretiker wie Lenin, kein Diktator wie Stalin, sondern Kämpfer und Märtyrer der bolschewistischen Revolution: sechsmal in Rußland verhaftet, siebenmal im Ausland, zehn Jahre seines recht kurzen Lebens im Gefängnis, davon vier Jahre lang Folter in den Kerkern Tbilissis und in Berlin, wo man 1907 versuchte, ihn als Kriminellen abzustempeln, um ihn nach Rußland abschieben zu können (schon damals erzeugten die Berliner Justizbehörden Abschiebeskandale!). Auf Bitten Lenins übernahm Karl Liebknecht Kamos anwaltliche Verteidigung. Unzählige Protesttelegramme der internationalen Arbeiterbewegung trafen in Berlin ein. Kamo aber, um seine Partei nicht zu kompromittieren, täuschte Unzurechnungsfähigkeit vor und wurde »medizinischen Tests« – genauer: Foltern – unterzogen, die ihn als Simulanten entlarven sollten. Kamo zeigte, wie es dem von ihm gewählten Krankheitsbild entsprach, keine Reaktion auf die Torturen mit glühenden Eisenstäben und langen Nadeln. Nur seine schmerzgeweiteten Pupillen verrieten ihn, und der Arzt, der dies schließlich begriff, bewahrte Stillschweigen, erschüttert von der Standhaftigkeit des gefolterten Revolutionärs. Dennoch wurde Kamo an Rußland ausgeliefert, geriet erneut ins Gefängnis, ins Irrenhaus, bis ihm wiederum die Flucht ins Ausland gelang. Anfang 1918 transportierte er für die Partei 500.000 Rubel aus Petrograd nach Tbilissi und Baku und gründete 1919 die erste Partisanenabteilung, die im Hinterland des Weißgardisten Denikin operierte. Nach einem fabelhaften Leben voll heldenhaft überwundener Gefahren fand er 1922 in Tbilissi bei einem Verkehrsunfall den Tod. Zufall oder Attentat? Hätte Kamo ein Jahrzehnt später Chancen gehabt, die blutigen Verfolgungen seines Landsmannes Stalin zu überleben, der so viele transkaukasische Altkommunisten ermorden ließ?

Bischofs-kathedrale Samtawissi Man erreicht die östlich von Gori gelegene Bischofskathedrale (1030–1168; 65 km von Tbilissi entfernt) über die Chaussee Nr. 17, wo man beim Dorf *Igoeti* abbiegen und noch 1 km bis zu dem Dorf mit dem eigenartigen Namen *Samtawissi* (»drei Häupter«) fahren muß. Eine Umfassungsmauer (17./18. Jh.) mit einem dreigeschossigen Glocken- und Wachturm (16./17. Jh.) schützt das Kathedralengelände, auf dem sich im Nordosten noch die Ruinen eines Bischofspalastes befinden, der wohl zeitgleich mit der Kathedrale entstand. Die genaue Entstehungszeit sowie der Name des Bauherrn, Bischof Ilarion Kantaschwili, sind durch eine im 19. Jh. verlorene Inschrift überliefert; beendet wurde die Kathedrale unter einem Bischof Johannes.

Besichtigung Samtawissi zählt, neben Samtawro von Mzcheta, zu den bescheideneren Vertretern der hochmittelalterlichen georgischen Monumentalbauten. Besondere Berühmtheit verdankt dieser Sandsteinbau seiner herrlichen Plastik, die an der Ostfassade am schönsten ist bzw. am besten im ursprünglichen Zustand erhalten blieb. Zusammen mit der Bischofskirche von Nikorzminda (Westgeorgien) bildet Samtawissi fraglos einen Höhepunkt des mittelalterlichen Skulpturenschmuckes in Georgien. Die Ostfassade gliedern Blendbögen sowie zwei mächtige prismatische Nischen, deren Ränder fast freiplastische lilienartige Ornamente, sogenannte Festonen, zieren. Das Mittelfeld schmückt eine Komposition aus einem Rechteckfenster, einem großen Giebelkreuz sowie Doppelrauten, in deren Mittelpunkt Halbkugeln (Sonnensymbole) sitzen. Das Kreuz, die Rhomben und die Fensterumrahmungen bedeckt eine Mischung aus floralen und geometrischen Flachreliefs. Oben im rechten Seitenbogen

Ostfassade der Bischofs- kathedrale von Samtawissi

erscheint die Skulptur eines Greifen. Man erinnert sich angesichts dieser mythologischen, teilweise aus dem Iran übernommenen Motive daran, daß die Bauplastik Georgiens nicht nur
schmücken, sondern auch belehren sowie böse Mächte bannen
sollte, wobei freilich besonders in Samtawissi mit seiner strikt
symmetrisch ausgerichteten und nur sparsam figurativen Plastik das ästhetische Moment überwog.

Die zentrale Kreuz- und Rhombenkomposition der Ostfassade
von Samtawissi fand vor allem seit der zweiten Hälfte des 12.
Jh. bis in das 13. Jh. zahlreiche Nachahmungen, die allerdings
nicht immer die Plastizität und künstlerische Eleganz ihres
Vorbildes erreichten – man denke nur an die Metechi-Kirche
von Tbilissi.

Die Westfassade, die Trommel sowie die Kuppel wurden nach
einem Erdbeben Ende des 15. Jh. unter Verwendung alter
Ornamentsteine sowie unter Wahrung der ursprünglichen
Proportionen wiederaufgebaut. Im 19. Jh. erfolgte eine weitere,
recht willkürliche Instandsetzung, bei der auch die baufälligen
Portiken abgerissen wurden. Im Innern ist der Bau weniger

bemerkenswert. Es handelt sich um ein in der Ost-West-Achse leicht verlängertes Tonnenkreuz-Gebäude. Geringe Reste der ursprünglichen Bemalung des 11. Jh. blieben nur in der Ostapside erhalten. Die Deesis- und Eucharistie-Komposition in der Ostapside sowie das Pantokrator-Motiv in der Kuppel stammen von 1679.

Ateni

Anfahrt

11 km südlich von Gori liegt im grünen, engen Tal des Tana, eines rechten Nebenfluses der Kura, die *Zionskirche* hinter dem Dorf *Didi Ateni*. Im *Tana-Tal* wird seit alters her Weinanbau getrieben; Julius Klaproth pries den »Atenuri« als »besten Wein Georgiens«. Auch für Geologen ist die Landschaft mit ihren schroffen Gesteinsverwerfungen und -auffaltungen reizvoll. Am meisten profitieren aber Kunst- und Naturliebhaber: Trotz ihrer Kürze – nur 40 km – birgt die bereits zum Trialetischen Gebirge zählende Schlucht in schöner Lage mehr als 50 Kulturdenkmäler des 7. bis 10. Jh., viele davon legendenumwoben wie die *Chungala-Kapelle*, die man auf der Fahrt nach Ateni rechts neben der Straße auf einer Anhöhe in Ruinen sieht: Hier, so heißt es, wollten einst zwei Geschwister heiraten, die der Krieg und böses Geschick früh trennten, die sich aber als Erwachsene wieder begegneten und ineinander verliebten, ohne ihre Verwandtschaft zu ahnen. Ein mächtiger Donnerschlag ließ die Kapelle zerbersten und vereitelte die blutschänderische Verbindung.

Danachwissi

Auf der linken Seite gegenüber erblickt man hoch auf einem Berg (1.200 m) die Kirche *Danachwissi*. Von dort hat man weite Sicht über ganz Kartlien, und einst brannten dort die Signalfeuer, die die Einwohner der Tana-Schlucht vor Feinden warnten. Gläubige und traditionsbewußte Georgier pilgern bis heute zum jährlichen Kirchfest nach Danachwissi (drei Stunden Aufstieg).

Ateni-Schlucht

Zionskirche

Die *Ateni-Schlucht* verdankt ihren einstigen Aufschwung der Tatsache, daß hier der kürzeste Weg zwischen Georgien und der Türkei verlief. Das jetzt bescheidene, verträumte Dorf *Ateni* wurde bereits im 9. Jh. – also vor Gori – als Stadt erwähnt und war damals von Georgiern, Armeniern und Juden bewohnt. Seinem Schutz diente ein »festes Schloß auf dem Felsen« (Julius Klaproth). Die Reste der *Ateni-Festung* (10. Jh.) sind noch rechts der Straße zu sehen. Ein Spalier von Weinreben führt von der Straße zur *Zionskirche* von Ateni, einem hellen Sandsteinbau, der in der ersten Hälfte des 7. Jh. nach dem Vorbild der Dschwari-Kirche von Mzcheta errichtet worden sein soll. Er liegt ähnlich wie jene in exponierter Stellung auf einer Anhöhe oberhalb des Tana. Eine Inschrift aus dem 9. Jh. an der Südfassade erwähnt König Stepanosse II. als Erbauer, wobei dieser Begriff – georg.: *ktitori* – allerdings auch För-

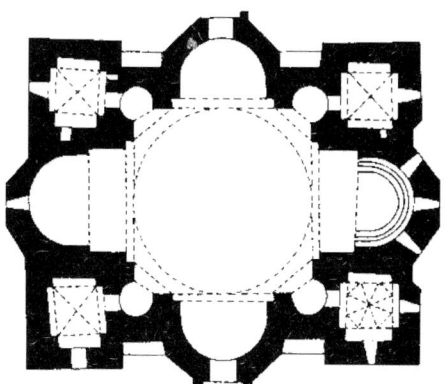

Grundriß der Zionskirche von Ateni

derer von Ausbesserungsarbeiten umfaßt. Die Außenwände tragen verschiedene Stifterporträts, mythologische Tiere und Heiligendarstellungen wie die des Mate (Eustachios) an der Westfassade, mit dem sich eine georgische Variante unserer Hubertuslegende verknüpft: Dem nach der Christianisierung Georgiens weiterhin im Unglauben verharrenden Mate soll während einer Jagd das Bildnis Christi im Geweih eines Hirsches erschienen sein. An der Zionskirche zeigt das Reiterbildnis in Tracht und Kopfbedeckung sassanidische Einflüsse. Zweifach findet sich die Darstellung Samsons, der einen Löwen tötet (Nord- und Ostseite). Die Nordfassade zeigt außerdem Lukian, eine Hirschkuh melkend (ca. Anfang des 10. Jh.). An der Westseite befindet sich die Darstellung eines Drachens sowie ein Stifterporträt mit dem Modell der Kirche aus dem 10. Jh., als eine gründliche Restaurierung von Atenis Sioni stattfand. An der Ostseite ist Awwakum dargestellt, den ein Engel zu Daniel leitet. Ein auch in Westeuropa anzutreffendes Symbol christlicher Gläubigkeit zeigt das später als Tympanon des Haupteingangs an der Nordseite vermauerte frühchristliche Relief aus dem 5. Jh.: zwei Hirsche flankieren eine runde Scheibe. Sie symbolisiert eine Wasserquelle, die Hirsche aber die Seelen der Gläubigen nach dem 42. Psalm Davids: »Wie der Hirsch nach frischem Wasser schreit, so schreit meine Seele, Gott, zu dir!«

Die Wände der Zionskirche bedecken 2.000 Inschriften (ab dem 8. Jh.) in georgischer und teilweise armenischer Sprache, darunter auch Kryptogramme (z. B. rechts unten in der Apsis). Armenische Baumeister waren zumindest an der Restauration im 10. Jh. beteiligt, die laut Inschrift ein Meister Todos leitete. Kommt man nach Samtawissi vor allem wegen der Bauplastik, so geht es in Ateni in erster Linie um die Fresken (zweite Hälfte des 11. Jh.), die zwar besonders in der Kuppel nur noch fragmentarisch erhalten sind, dennoch aber den großartigen Ent-

Besichtigung

wurf ihrer Schöpfer erkennen lassen. Von der ursprünglichen, älteren Bemalung blieben nur einige Kreuzesdarstellungen im Ostarm: Lebensbäume mit pflanzenartigen Achsenendungen, umgeben von floralem Dekor. Im Mittelpunkt der späteren Fresken des 11. Jh. steht das Thema der Kirche, der Marientod (Zion gilt nach christlicher Überlieferung als Grabesstätte der Gottesmutter). Entsprechend kommt in der Zionskirche der Gottesmutter mit dem Kinde der zentrale Platz in der Altarapside zu, darunter die Abendmahlsszene. Im Südarm sind u. a. Josephs Traum und die Begegnung von Elisabeth und Anna dargestellt, im Nordarm das jüngste Gericht, darüber die Kreuzesabnahme.

Die Westapside zeigt unten rechts sechs Stifterporträts, die im 13. Jh. nachgemalt wurden; (von links nach rechts: die Bagratidenkönigin Guranducht (Mutter Bagrats III.), König Giorgi II. (nicht mehr erkennbar), der armenische Lokalfürst Smbat mit seinem kleinen Sohn an der Hand, König Bagrat IV. (1027–1072), Dawit IV. (»der Erbauer«; 1089–1125) sowie dessen Berater, Bischof Giorgi Tschkondideli.

Kloster Kinzwissi

Um das *Kloster Kinzwissi* (35 km von Gori) zu erreichen, folgt man der Chaussee Nr. 17 in westlicher Richtung, biegt links zur Kleinstadt Kareli ab, durchquert sie und bleibt westlich auf einer schlecht asphaltierten Landstraße, die schließlich zum Dörfchen Kinzwissi führt, an dessen Ende ein verwitterter Wegweiser die Richtung zum Kloster angibt. Wer im Pkw oder Kleinbus anreist, kann bei trockenem Wetter die Auffahrt wagen. Die Insassen der großen Intourist-Busse müssen zu Fuß weiter (ca. 45 Minuten pro Auf- bzw. Abstieg). Aber der Weg ist schön, führt erst an den letzten Häusern und Gärten von Kinzwissi entlang, dann durch Wiesen und schließlich in ein Waldstück. Oben beim Kloster gibt es herrliche Picknickmöglichkeiten und südöstlich, etwas abseits, eine kalte Quelle zur Erfrischung. Das Kloster liegt sehr abgeschieden am Hang eines zum Kleinen Kaukasus zählenden Höhenzuges, in den der Kinzwuri-Bach ein freundliches Tal geschnitten hat. Vom Kloster selbst blieb nur die dem Hl. Nikolaus geweihte Hauptkirche erhalten, ein früher Ziegelbau von der Wende des 12. zum 13. Jh. Etwas älter ist die Kirche der Hl. Gottesmutter (12. Jh.), von der jedoch nur noch die Apsis nordöstlich unterhalb der Hauptkirche aufragt. Über die Geschichte des Klosters ist wenig bekannt. Wer sich die Mühe des langen, wenn auch schönen Aufstiegs nach Kinzwissi macht, hat außer der Natur vor allem die Fresken der Nikolauskirche im Sinn – für Liebhaber dieser Kunstform mit Sicherheit einer der Reisehöhepunkte in Georgien!

Nikolauskirche

Die *Nikolauskirche* ist ein äußerst schlichter, dem in Georgien selten auftretenden Typus der Kuppelhalle angenäherter Bau. Sämtliches Schmuckbedürfnis hat sich auf die Innenraumgestaltung beschränkt. Schon nach einigen Minuten Aufenthalt begreift man das einmalige Wesen dieses Raumes, der in einem intensiven, weichen Himmelblau gehalten ist. Blau ist, mit Ausnahme der wohl früher ausgemalten Kuppel, die Haupt- und Hintergrundfarbe der Kinzwissi-Fresken. Das berühmte »Kinzwissi-Blau« verleiht dem Raum Leichtigkeit, Frohsinn und Feierlichkeit zugleich. Nachdem sich die Augen an die Lichtverhältnisse gewöhnt haben, treten die Gestalten von Heiligen, biblischen sowie historischen Personen plastisch hervor. Im unteren »Rang« der Nordseite zeigt sich das Gruppenporträt mit Königin Tamar in der Mitte, flankiert von ihrem Vater Giorgi III. sowie ihrem Sohn Giorgi Lascha, alle in anbetender Haltung dem Altar zugewandt. Tamar und ihr Vater sind in byzantinische Prunkgewänder gekleidet, während Giorgi La- scha das Gewand eines georgischen Adeligen seiner Zeit trägt. Insgesamt sind nur vier Porträts Tamars erhalten (außer Kin- zwissi in Wardsia, Betania und Bertubani); drei zeigen sie in Gemeinschaft von Vater und Sohn, womit die Kontinuität der Politik Giorgis III. unterstrichen wird, den das Kinzwissi-Por- trät als machtvolle und willensstarke Persönlichkeit darstellt. Die Porträts von Betania und Kinzwissi entstanden zwischen der Krönung Giorgi Laschas (1207) und dem Tod seiner Mutter (1213). Die Gesichter Tamars und Giorgi Laschas sind nur noch in ihren Konturen erhalten, die den Schöpfer dieser Werke als hervorragenden Zeichner ausweisen. Tamars Bildnis erscheint realistisch: ein etwas verhangen-skeptischer Blick aus großen georgischen Augen unter schmalen, langen Brauen, die Nase schmal und leicht gebogen, der Mund klein und voll. Die Königin trägt den Kopfschleier verheirateter Frauen unter einer mäch- tigen Krone. Als wichtigste politische Gestalten ihrer Zeit führen Tamar, ihr Vater und ihr Sohn gleichsam die Prozession histo- rischer Personen und nationaler Heiliger im unteren, der »irdi- schen Kirche« vorbehaltenen Rang der Fresken an.

Von den biblischen Gestalten verdient der Engel in der Szene »Die drei heiligen Frauen am Grabe des Herrn« (Mittelfeld der Nordseite) die größte Bewunderung: In unnachahmlich anmu- tiger Gebärde »schwebt« der Engel und thront zugleich; Ge- sicht und Hände bilden eine harmonisch ausgewogene Gegen- dynamik. Die Hauptfarben dieser Komposition sind das »Kin- zwissi-Blau«, Graugrün sowie Rotbraun. Südlich gegenüber der Schutzpatron Georgiens, der Hl. Georg: ein durchgeistigtes, doch zugleich weltlich waches Jünglingsgesicht von äußerster Schönheit, das eher an antike denn an byzantinische Malerei erinnert. Die übrigen Themen sind allen bibelfesten Betrach- tern geläufig. Orthodoxen ikonographischen Regeln folgt die Episode »Christi Höllenfahrt« (der Himmelfahrt vorausgehend) an der Nordwand der Apsis, die Christus mit Adam zeigt.

In der georgischen Fachliteratur werden die Fresken der Nikolauskirche von Kinzwissi als Beispiel für die »georgische Renaissance« erwähnt: Noch bevor Westeuropa, geführt von Italien, am Ausgang des Mittelalters in einem Rückgriff auf das
Erbe der Antike zum Humanismus fand, habe in Georgien im
12. und 13. Jh. ein ähnlicher Prozeß stattgefunden. Auf dem
Höhepunkt der politischen Machtentfaltung Georgiens habe
sich in der georgischen Philosophie und Kunst eine diesseitsbe-
zogene, lebensbejahende Haltung durchsetzen können, der
Glaubensfanatismus und Askese fremd waren, die den Mensch
zum Maß der Dinge nahm und sich damit in mehr oder weniger
direktem Gegensatz zur asketischen Position der Byzantiner
befunden habe. Entsprechend kommt es in Georgien trotz der
Zugehörigkeit zur byzantinisch-orthodoxen Glaubensrichtung
zu verschiedenen Durchbrechungen der byzantinischen Ikono-
graphie, so etwa zu einer Aufgabe des Pantokrator-Motivs in
der Kuppel als dem höchsten Ehrenplatz einer Kirche zugunsten einer schlichten Kreuzesdarstellung: Nicht der Weltenrichter Christus blickt dräuend auf die Gemeinde herab, sondern sie steht im Zeichen des Kreuzes, das im Verständnis des
frühchristlich-transkaukasischen Kreuzeskultes ja ein Symbol
des Lebens sowie des Glaubenstriumphes darstellt. Ebenso weicht
die intensive Verehrung der Gottesmutter – einer Frau – von
dem in Ostrom Üblichen ab; ihr gehört auch in der Nikolauskirche der zentrale Platz in der Ostapside. Das »Kinzwissi-
Blau« schließlich ist vollends weltbezogen. Man findet es im
wolkenlosen Himmel eines klaren Sommertages in Kartlien.
Spätestens mit dem »Engel von Kinzwissi« hat die georgische
Monumentalmalerei die Qualität der späteren westeuropäischen
Renaissance vorweggenommen und zu einer Synthese von durch-
geistigter Spiritualität und menschlicher Schönheit und Sinnen-
freude gefunden. Doch auch alles übrige in der Nikolauskirche,
vor allem die hervorragende Linienführung in den Gesichtern,
unterstreicht das menschliche Maß und seine Schönheit.
Der westliche Narthex (15. Jh.) zeigt spätere, jedoch nicht
exakt datierte Fresken (15.–17. Jh.?), während die Freskenreste
in der Ruine der Muttergotteskirche aus dem 12. Jh. stammen.
Relativ gut erhalten blieb dort die Darstellung der thronenden
Gottesmutter und der Eucharistie in der Wölbung der Ostapside. Auch hier dominiert bereits das helle, freundliche Blau in
der Kleidung sowie im Hintergrund.
Achtung: Das Fotografieren der Fresken von Ateni und Kinzwissi mit Blitzlicht ist verboten. Beide Baudenkmäler stehen
unter Aufsicht.

Kreuzkirche
von
Samzewrissi

Bei der Rückfahrt nach Kareli erblickt man links auf einem
wermutbewachsenen Hügel die kleine *Dschwari- (Kreuz-)Kir-
che* von *Samzewrissi* aus der ersten Hälfte des 7. Jh. (28 km von

Gori entfernt), die nicht nur einen der zahlreichen Nachfolger-
bauten ihres berühmten Vorbildes in Mzcheta darstellt, sondern auch mit dieser den Namen teilt: Dschwari. Ein Kreuz im
Tympanon des Südeingangs erinnert daran. Dschwari von
Samzewrissi ist ein Sandsteinbau von geringen Ausmaßen, jedoch
ein reiner Kreuzkuppelbau. Julius Klaproth bezeichnete sie als
Goris Dschwari (»Kreuz von Gori«) und teilt mit, daß sie dem
Hl. Georg geweiht gewesen sei, dessen Kopf man dort als Reliquie aufbewahrt habe. Dieser Bestimmung entspräche die
Kreuzkuppelbauweise, die sich ja oft mit Gedächtniskirchen
verbindet.

Schon im 7. Jh. setzte man der Kirche südöstlich einen Portikus
vor, den aber ein Erdbeben 1940 zerstörte. Eine Inschrift aus
dem 10. Jh. an der Ostfassade erwähnt, daß Dschwari über ein
Kanalsystem mit Wasser aus der Kura versorgt wurde. Restau-
rationsarbeiten im 16. Jh. sind ebenfalls inschriftlich belegt.
Die schlangenartige Umrahmung des Chorfensters entstammt
möglicherweise einem alten Schlangenkult. Der dekorative
Zahnfries unterhalb des Daches wurde größtenteils restauriert.
Nördlich befindet sich ein kleines *Backsteinmausoleum* (16.
Jh.) der Fürstenfamilie Zizischwili. Es zeichnet sich durch seine
orientalisierenden Keramikreliefs und -ornamente (Kreuze) im
Innern (Ostseite) sowie an der Südfassade aus. Die Dschwari-
Kirche von Samzewrissi liegt in einem alten, bis heute genutz-
ten Friedhofsgelände. Falls die Zugangstür verschlossen sein
sollte, fragt man die hier fast immer herumstreichenden Kinder
nach dem Schlüssel.

Einen Hügel weiter sind die eindrucksvollen Ruinen einer
gewaltigen *Burg* zu sehen, die eine Fläche von 2.000 m² einnimmt. Über ihr genaues Alter und ihr Schicksal gibt es keine
gesicherten Angaben. Ausgrabungen erbrachten Keramikfun-
de seit dem 2. Jahrtausend v. Chr. Die Burganlage umfaßt eine
Zitadelle und einen Palast im Südteil, im Norden war eine
Garnison untergebracht. Hier befand sich außerdem ein recht
großer Kirchbau. Der große Burgturm wurde bereits im frühen
Mittelalter errichtet. Man vermutet, daß die Burg den Vorfahren der Adelsfamilie Zizischwili gehörte, den aus Südgeorgien
nach Kartlien geflohenen Panaskerteli. Burgruine

Das Territorium (ca. 10 ha) der Höhlenstadt *Uplisziche* (15 km
östlich von Gori) erstreckt sich auf dem steilen linken Kura-
Ufer. Allein schon die Siedlungsdauer des Ortes ist imposant:
Seit Ende des 2. vorchristlichen Jahrtausends bis zum 18. Jh.
war Uplisziche bewohnt! Die georgischen Chroniken erwähnen
es als Stadtfestung des 6. bis 1. vorchristlichen Jahrhunderts.
Im 9. und 10. Jh. gewann die Stadt ihre größte wirtschaftliche
und kulturelle Bedeutung. Damals sollen hier bis zu 20.000
Menschen gelebt haben. Uplisziche glich hinsichtlich seiner **Uplisziche**

Einwohnerzahl, der verkehrsgünstigen Lage sowie seiner Bedeutung der altrussischen Stadt Nowgorod. Mächtige Befestigungsmauern und im Süden die Kura schützten es, so daß es praktisch uneinnehmbar war. Die erhaltenen Bauten werden auf das 4. vorchristliche bis 13./14. Jh. geschätzt. Da die beiden anderen wichtigen Felsenensembles Georgiens, Wardsia und Dawit Garedscha, für westliche Georgien-Besucher unzugänglich sind, sollte man die Möglichkeit zum Besuch Uplisziches unbedingt nutzen, zumal es sich von den beiden Anlagen unterscheidet: Im Unterschied zu Wardsia und Dawit Garedscha wurde Uplisziche nicht terrassenförmig, sondern unregelmäßig angelegt. Die freistehenden Monolithbauten besitzen bis zu drei Stockwerke mit Balkonen, Vorhöfen und Loggien. Der vordere größere Raum der Wohnhäuser besaß eine zentrale Feuerstelle, während in den unbeleuchteten hinteren Räumen geschlafen wurde. Uplisziche weist private und öffentliche Gebäude, Palastkomplexe, Reste einer halb in den Fels gehauenen dreischiffigen Basilika (zweite Hälfte des 6. Jh.) sowie eine gut erhaltene Dreikirchenbasilika (9./10. Jh.), Plätze und gepflasterte Straßen mit Kanalisationsrinnen auf. »Die Ruinen sind so eigentümlicher Art«, berichtete Moritz Wagner 1850, »daß selbst der Reisende, welcher die Ruinen von Rom, Theben, Heliopolis und Palmyra gesehen, hier noch Stoff zur Verwunderung findet. (...) Die alte Höhlenstadt steht auf dem Gipfel eines Felsens, welcher aus den geneigten Schichten eines lockern Sandsteines besteht (...). In den schöneren und geräumigeren Höhlen, wo die Vornehmern und Reichern wohnten, sieht man keine Spur von Hammerschlägen in den Wänden, welche eben so sauber geglättet sind wie in den Felsbauten bei Wan. In mehreren Höhlen sind die Decken gewölbt wie Kuppeln von Kirchen, und an der Seite sind zierliche Säulen in den Felsen gehauen. Auch hier sieht man die charakteristische Wandnische wie in den Höhlen der Krim. (...) Die Ornamentierungen der Decken und Wände in einigen dieser Höhlen sind überaus schön. (...) Auf dem höchsten Gipfel des Berges oberhalb der Grotten steht eine Kirche, das einzige Gebäude, welches nicht in den Felsen selbst eingehauen war und deren Gründung sicherlich aus einer weit spätern Zeit datiert. Über die historischen Schicksale dieser Höhlenstadt gibt die georgische Chronik keinen Aufschluß. Die gegenwärtige Bevölkerung des am Fuße des Felsens liegenden Dorfes besteht zum größern Teil aus Armeniern. Die Zahl der georgischen Familien ist gering« (Wagner, Moritz: Reise nach Kolchis und nach den deutschen Kolonien jenseits des Kaukasus. Mit Beiträgen zur Völkerkunde und Naturgeschichte Transkaukasiens. Leipzig 1850, S. 160 ff.).

Von Gori nach Kutaissi

Die Fahrt verläuft westlich auf der bereits mehrfach genannten Chaussee Nr. 17. Sie folgt bis Chaschuri dem Lauf der Kura. Links erblickt man auf einer Hochebene über dem Fluß *Urbnissi*, eine bereits in der Antike bedeutende Stadt. Vom 4.–7. Jh. gehörte das von einer hohen, turmbewehrten Mauer geschützte Urbnissi neben Tbilissi, Kutaissi und Manglissi zu den wichtigsten georgischen Städten. Damals entstand dort auch ein großer Klosterbezirk mit einer gut erhaltenen dreischiffigen *Basilika* (zweite Hälfte des 6. Jh.). Sie besitzt ein dreigeteiltes Sanktuarium mit den liturgisch bedingten Altarnebenräumen (Pastophorien), das wie bei den meisten transkaukasischen Basiliken jener Zeit außen in der geraden Abschlußmauer verborgen war. Die ursprünglichen Seitengalerien konnten nur durch Grabungen nachgewiesen werden.

Urbnissi

Beim Straßenkreuz Chaschuri geht es dann südwestlich nach Borschomi und Bakuriani. *Borschomi* ist wohl jedem Sowjetunion-Reisenden bekannt als Quelle jenes berühmtesten der vielen bekannten Sauerbrunnen des Transkaukasus und Kaukasus, der fast bei jedem Essen auf den Tisch kommt. Bis man in Chaschuri an der Abzweigung nach Borschomi leibhaftig daran vorbeifährt, hat man sich bereits einigermaßen an den merkwürdigen Beigeschmack des Borschomi-Brunnens gewöhnt, der oft mit dem berühmten Vichy-Wasser verglichen wurde.
Die Ortschaft Borschomi liegt auf 800 m Höhe an der Mündung des Flüßchens Borschomula in die Kura. Da die alte Handelsstraße, die vom Armenischen Hochland nach Norden führte, durch das Kura-Tal verlief, war vermutlich die Wirkung der beiden alkalischen Thermalquellen (21,8° und 27,8°), denen Borschomi seine Berühmtheit verdankt, schon seit alters her bekannt. Aber erst 1825 wurde Borschomi in einer medicotopographischen Beschreibung Georgiens erwähnt. Seinen Aufschwung als Kurort verdankt es der Genesung der Tochter des russischen Statthalters Golowin. Bis zur Oktoberrevolution gehörte die »Domäne Borschomi« der Zarenfamilie Romanow, heute ist Borschomi einer der beliebtesten Kurorte der Sowjetunion.
Bakuriani, ein ebenso geschätztes Erholungs- und Wintersportgebiet, liegt auf 1.700 m Höhe in einem geschützten Talkessel des Kleinen Kaukasus inmitten herrlicher Nadelwälder (29 km von Borschomi entfernt).

**Borschomi/
Bakuriani**

Der Weg nach Kutaissi führt westlich von Bakuriani über den Badeort *Surami* und das nach dieser Stadt benannte Mittelge-

Surami

birge (auch: Meßchetisches Gebirge). Links der Chaussee wird die gewaltige *Surami-Festung* (16./17. Jh.) sichtbar, die der sagenumwobene Herrscher Kartliens, König Wachtang Gorgassali, bereits im 5. Jh. errichtet haben soll. Nicht eher, so heißt es in der Baulegende, hatten die Mauern Bestand, bis ein Jüngling lebendig darin eingemauert wurde. Seine Tränen sollen bis heute aus dem Mauerwerk sickern. Die Legende vom Maueropfer hat den georgischen Schriftsteller Daniel Tschonkadse zu einer bekannten Erzählung (1858) angeregt, dem einzigen Werk des dreißigjährig verstorbenen Autors. Es bildet einen wichtigen Beitrag zum kritischen Realismus Georgiens, da Tschonkadse als erster die Feudalverhältnisse und vor allem die Leibeigenschaft mit Schärfe anprangerte. Und weil er seine Kritik in die Form einer mittelalterlichen Überlieferung kleidete, konnte sie die Zensur passieren. Ganz anders deutete der armenische Regisseur Sergej Paradschanow das Thema: In seinem Film »Die Surami-Festung« opfert sich der Held freiwillig für seine georgische Heimat.

Rikoti-Paß Bei Surami beginnt der Aufstieg zum *Rikoti-Paß* (990 m). Kürzer und schneller ist die Fahrt durch den 1 km langen Tunnel. Obwohl das Surami-Gebirge im Vergleich zum Großen und Kleinen Kaukasus unbedeutend erscheint, bildet es die wichtigste Wetter- und Wasserscheide Georgiens: Es trennt nicht nur Ost- und Westgeorgien, sondern auch den Einzugsbereich der Kura von dem des Rioni. Man sollte, vor allem im Frühjahr, doch den längeren Weg über den Paß nehmen, um die schöne Laubwaldlandschaft mit den zahlreichen gelben Azaleen zu genießen. Hinter dem Paß folgt die Straße kurvenreich dem Lauf der Dumala und Dsirula, deren rotbraune, eisenhaltige Wasser sich bei *Schorapani* mit den blauen Wassern der Kwirila vereinen, einem der Hauptzuflüsse des Rioni. Nahe Schorapani liegt eine mittelalterliche Stadtsiedlung. Strabon (63 v.–23 n. Chr.) berichtete, daß der Rioni einst bis Schorapani schiffbar war.

Majakowski *Sestafoni* kommt in Sicht, ein wenig ansehnlicher Industrieort. Kurz dahinter biegt südlich die Abzweigung nach *Majakowski* ab, dem Geburtsort des wortgewaltigen Dichters der proletarischen Weltrevolution. Er wurde 1893 in Westgeorgien geboren, wo sein Vater als Förster arbeitete. Siebenjährig zog er mit seiner Mutter nach Kutaissi, um dort die Schule, ab 1902 das Gymnasium zu besuchen. In Kutaissi machte er auch seine ersten Erfahrungen mit Nationalitätenkonflikten. Der Russe Majakowski notierte: »Proklamationen werden von den Georgiern verkündet. Die Georgier werden von den Kosaken aufgehängt. Meine Kameraden – die Georgier. Begann die Kosaken zu hassen!« 1940, zehn Jahre nach seinem Selbstmord, nahm das vormalige Dorf Bagdadi den Namen seines berühmtesten »Sohnes« an und pflegt liebevoll die Erinnerung an Majakowski in seinem zum Museum erhobenen Geburtshaus.

Sanft, alt und verträumt breitet sich *Kutaissi* (252 km von Tbilissi entfernt) über die Hügel, mit über 300.000 Einwohnern die zweitgrößte Stadt Georgiens und seit alters her urbanes Zentrum Westgeorgiens. Von den hier wie überall einförmigen Neubauvierteln im Südwesten abgesehen, besteht Kutaissi größtenteils aus unterkellerten Privathäusern mit Ziegelwalmdächern, gemütlichen Veranden und blitzenden Zinnverzierungen auf Regenrinnen und Staketen, die man vorgefertigt in den Geschäften erstehen kann. Jedes Grundstück besitzt seinen eigenen, sehr gepflegten Zier- und Nutzgarten vor und hinter dem Haus, so daß Kutaissi eine wahre Gartenstadt ist: Feigen, Granatäpfel, rot- oder grünblättrige Wildpflaumenbäume (für die bekannte Tkemali-Sauce), Aprikosen-, Mandel- und Zitronenbäume, Magnolien, Myrtenbüsche, Oleander, Hibiskus, Lorbeer, Zypressen und in den Parks auch Palmen – hinsichtlich der Üppigkeit der Vegetation übertrifft Westgeorgien Kachetien noch um ein weites.»Treibe einen Stock in die Erde, und er wird Früchte tragen« – diese Redensart gilt ganz besonders für Westgeorgien. Man sieht es den Wohnhäusern an, daß die Menschen hier gut und bequem leben. Übrigens: der Begriff Privathaus trifft nicht ganz. Im Grunde handelt es sich um Pachtverhältnisse, da der Staat der eigentliche Besitzer des gesamten sowjetischen Territoriums ist. Darum macht der staatliche Bodenbesitzer wenig Federlesen mit seinen Bürgern, wenn er ihr Grundstück für einen Straßen- oder sonstigen Bau beansprucht.

Kutaissis Geschichte soll bis in die Altsteinzeit zurückreichen. Als Stadt wurde es erstmals im 3. Jh. v. Chr. durch Apollonios von Rhodos in seinem Poem »Argonautika« erwähnt; auch andere antike Autoren berichteten von *Kutäa* bzw. *Kutaia* (georg.: *Kuata*, »steinig«), der Hauptstadt des kolchischen Reiches. Ein glaubwürdiger Gewährsmann ist der griechische Geograph Strabon, da seine Mutter Lasin war und sein Onkel mütterlicherseits, Moafern, in Kolchis herrschte. Die »glühende Kolchis«, wie die antiken Autoren das sonnenreiche Westgeorgien nannten, ist ein etwa 100 km langer Streifen zwischen dem Kleinen bzw. Großen Kaukasus im Süden und Südwesten mit einer von Suchumi bis Kobuleti reichenden Küste. Später setzten die alten Griechen und nach ihnen die Römer die Kolchis mit Aia, dem mythischen Sonnenland im Osten, gleich. Nüchtern besehen ist die Kolchis nichts anderes als eine fast unmerklich vom Meer nach Osten hin ansteigende, äußerst fruchtbare Anschwemmungsebene, die bei Kutaissi z. B. eine Höhe

Kutaissi
(300 000 Ew.)

Geschichte

Ansicht von Kutaissi im 19. Jahrhundert

von 100 m erreicht hat. Das Klima ist erheblich milder und niederschlagsreicher als in Ost- und Zentralgeorgien. Das Januarmittel liegt bei 4,5–6° C, das Augustmittel bei 23–24° C. Die Kolchis hat erheblichen Anteil an dem schmalen subtropischen Gürtel, der sich die sowjetische Schwarzmeerküste entlangzieht. Zitrusfrüchte und Tee gedeihen hier besonders gut. Obwohl einst, vor allem im Westen, von Sümpfen und dichten Laubwäldern, dem sogenannten »kolchischen Urwald«, bedeckt, wurde die Kolchis bereits in der späten Bronzezeit zu einem Zentrum des Ackerbaus. Diese in der Geschichtswissenschaft als »kolchische Kultur« (13.–7. Jh. v. Chr.) bezeichnete Ackerbaugesellschaft brachte es auch zu frühen Leistungen in der Metallerzeugung und -verarbeitung.

Im 6. Jh. v. Chr. entstand auf kolchischem Boden Egressi, der erste georgische Staat, den Griechen, deren Schwarzmeerkolonisation im selben Jahrhundert einsetzte, unter der alten Bezeichnung »Kolchis« geläufig. Hier vollzog sich nicht nur ein früher reger Handel mit den Westgeorgiern, die den Griechen außer ihren qualitätvollen Metallerzeugnissen und ihrem Schmuck Holz und Flachs lieferten, sondern auch eine nachhaltige Berührung georgischer und griechischer Kultur.

Literarisch schlug sie sich in den griechischen Dichtungen über Prometheus sowie im Argonauten-Epos nieder. Es mag dahingestellt sein, ob die Griechen den georgischen Amirani-Mythos

Amirani-
Mythos

entlehnten oder es sich um eigenständige Parallelentwicklungen bei beiden Völkern handelt, doch besitzt der griechische Prometheus nicht nur auffällige Gemeinsamkeiten mit dem georgischen Amirani, sondern trägt in seinen frühesten literarischen Bearbeitungen durch Hesiod (8. Jh. v. Chr.) und Aischylos (5. Jh. v. Chr.) den Widerschein der georgischen Fassung, vor allem was die Prometheus-Fesselung am Kaukasus betrifft. Amirani ist der Sohn der goldzöpfigen, besonders in Swanetien verehrten Jagdgöttin Dali und eines unbekannten Jägers, ein Halbgott von ungewöhnlichem Aussehen und gewaltiger Stärke, der mit Riesen, Drachen und Dämonen ringt. Aus Liebe zu den Menschen raubt Amirani, ebenso wie Prometheus, das Feuer und wird für seine Unbotmäßigkeit und Auflehnung gegen Gott, aber auch für seine Liebesabenteuer an den Kaukasus gefesselt, nach manchen Versionen auch in eine Höhle verbannt. Das Liebesmotiv ist in den georgischen Amirani-Sagen stark ausgeprägt, während die griechischen literarischen Bearbeitungen es im Unterschied zu früheren mündlichen Überlieferungen aufgaben: Amirani raubt Kamari, die Tochter des Wolkenherrn Pirimise, der ihn dafür bei Gott anschwärzt. Verschiedene Kaukasus-Berge werden als Fesselungsort von Amirani-Prometheus genannt, wobei der Elbrus als höchster Gipfel die Aufmerksamkeit der Mythenbildung besonders auf sich lenkte. Für Apollonios von Rhodos, den Verfasser des Argonauten-Epos, lag aber der Amarant, der Amirani-Berg (georg.: Amiranis mta) an der Quelle des westgeorgischen Phasis (Rioni), so daß Jason und seine Gefährten schon auf dem Schwarzen Meer die Flügelschläge des Adlers hören konnten, der den gefesselten Prometheus quälte.

Der Sagenkreis um Amirani – »Amiraniani« – enthält über 150 Varianten und wurde zwar seit dem 12. Jh. literarisch verarbeitet, aber erst Anfang des vorigen Jahrhunderts schriftlich fixiert. Als reine Schöpfung der Volksdichtung weisen darum die georgischen Amirani-Sagen im Vergleich zur griechischen Literatur deutlichere Elemente des ursprünglichen Mythos auf, andererseits erfuhr der Stoff im Verlauf der Jahrhunderte und besonders infolge der Christianisierung zahlreicher Erweiterungen, so die Aufnahme christlicher Figuren (Christus, Engel, Hl. Georg).

Auch die Argonautensage, die die Kolonisationserfahrungen der Griechen an der Schwarzmeerküste ins Mythische übertrug, hat die Kolchis bzw. das Land Aia zum Handlungsort: Hierher nach Aia flüchteten sich einst die Geschwister Helle und Phrixon, die Kinder der Göttin Nephele, vor ihrer irdischen Stiefmutter. Zeus hatte ihnen einen Widder mit goldenem Vlies geschickt, der die beiden durch die Lüfte trug. Doch unterwegs stürzte Helle ab – daher der Name »Hellespont« –, aber ihr Bruder gelangte glücklich zum König von Aia und opferte Zeus den goldenen Widder. Das kostbare Vlies befestigte er an einer Eiche, wo es ein Drache bewachte. Es gelang aber Jason und seinen Gefährten, mit Hilfe der zauberkundigen Medea, der Tochter des kolchischen Königs Aietes, das goldene Vlies zu erwerben. Später setzte Medea ihre Zauberkräfte erneut ein, um sich für Jasons Treulosigkeit zu rächen. Den Ursprung der Sage vom Goldenen Vlies bildete vielleicht die uralte georgische Goldschriftkunst (Chrysographie) auf Vliesen von Lämmern, Pergament oder Leder. Für Strabon stellte das Goldene Vlies einen Hinweis auf eine primitive Form des Goldschürfens dar, wobei sich in den Haaren winzige Goldpartikel verfingen, die der Rioni einst mit sich geführt haben mag. Die Dadiani, das Herrschergeschlecht des westgeorgischen Fürstentums Megrelien, führten das Goldene Vlies der Kolchis in ihrem Familienwappen. Eindeutiger ist der Zusammenhang des Schiffsnamens *argo* mit den *egri* (danach das Toponym *Egressi*), einem der ältesten georgischen Stämme, der in den heutigen Megreliern (Mingreliern) fortlebt.

Wie viele antike Städte besaß die kolchische Hauptstadt Kutaissi eine Akropolis, die sich auf dem *Gora* (»Hügel«) am rechten Rioni-Ufer erhob. Sie wurde von einer Bastion *Ukimerioni* geschützt, von der noch Reste blieben. Auch die sich im 5./6. Jh. westlich bzw. unterhalb der Bastion anschließenden Teile der Stadt wurden durch Mauern und teilweise sogar rechteckige Türme geschützt. Die »Unterstadt« bestand aus einem Marktplatz, Herbergen, Warenlagern sowie dem Handwerkerviertel. Nach der Eroberung Tbilissis durch die Araber verlegte König Artschil im 8. Jh. die Hauptstadt Georgiens nach Kutaissi. Erst im 12. Jh. gelang unter Dawit IV. die Rückeroberung Tbilissis, so daß Kutaissi im Verlauf der fast fünf Jahrhunderte, in denen es georgische Hauptstadt war, prächtig und repräsentativ ausgebaut wurde. Die älteste heute nachweisbare Bausubstanz stammt aus dem 10. Jh. Im späten Mittelalter wurde das Verwaltungszentrum mit dem Königspalast in die linksseitige Unterstadt verlegt, die eine mit Kanonen bewehrte und mit Strebepfeilern verstärkte Mauer umgab. Aber so sehr auch jedes neue Viertel Kutaissis, das im Lauf seiner Entwicklung entstand, mit Mauern geschützt wurde, verhinderte all dies doch nicht, daß die Stadt, ebenso wie alle übrigen Städte Georgiens, vom späten 11. bis zum 14. Jh. nacheinander von den Seldschuken, Mongolen und von Tamerlan erobert wurde. Den größten Niedergang erlebte sie während der mehr als hundertjährigen Besetzung durch die Türken seit 1666. Die Zahl der Bevölkerung sank damals von 5.000 auf 250 im Jahre 1772. Was die Türken nicht in Schutt und Asche gelegt hatten, wurde bei der Befreiung Kutaissis vernichtet, denn die russischen Truppen, die der imeretische König Solomon I. (1752–1784) um Hilfe gerufen hatte, beschossen 1769 unter der Führung ihres deutschen Generals Todleben die antike Festung Ukimerioni, in der sich die Türken verschanzt hatten. Natürlich bot das alte Gemäuer den russischen Kugeln keinen Widerstand, die Türken zogen ab, und um sie »an einer Wiederkehr, wenigstens an einer bleibenden Okkupation der festen Plätze zu hindern, schlug der General dem König Salomon vor, all diese alten Festungen des Landes in die Luft zu sprengen. Der arme schwache imeretinische Herrscher wagte es nicht, den vandalischen Rat des mächtigen Bundesgenossen zu verschmähen; so zerstörte der Russengeneral vor allem die Bergcitadelle von Kutais und mit ihr die meisten Altertümer; noch sieht man die ungeheuren geborstenen Mauersteine, die einen guten Theil des Berges bedecken (...)« (Wagner, Moritz: Reise nach Kolchis und nach den deutschen Kolonien jenseits des Kaukasus. Mit Beiträgen zur Völkerkunde und Naturgeschichte. Leipzig 1850, S. 164). Die neue Königsresidenz, genannt das »Goldene Zelt«, befand sich seit dem 17. Jh. auf dem linken Flachufer des Rioni, mit einer Seite unmittelbar an den Fluß grenzend, an den drei übrigen Seiten von festungshaften Mauern geschützt. Sie bildet heute eine der Sehenswürdigkeiten Kutaissis.

Westlich unterhalb des Ukimerioni liegen die Ruinen der majestätischen *Staatskathedrale*, die König Bagrat III. (973–1014) und seine Mutter Guranducht nach dem Vorbild der Kathedrale von Oschki (zweite Hälfte des 10. Jh.) in der südwestgeorgischen Provinz Tao (heute Türkei), woher die georgischen Bagratiden stammten, stifteten. Im Zuge der langjährigen türkisch-imeretischen Kämpfe des 17. Jh. sprengten die Osmanen 1692 die Kirche, wobei die Kuppel und das Dach einstürzten.

Kathedrale

Grundriß und Rekonstruktionszeichnung der Kathedrale »Maria Entschlafen« in Kutaissi

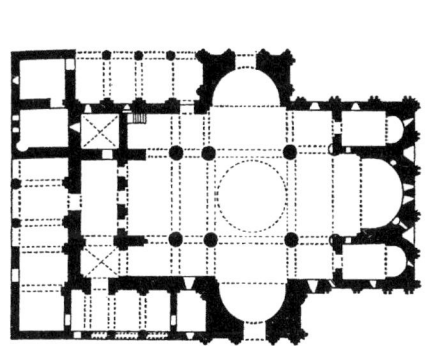

Seit 1952 erfolgen umfangreiche Restaurationsarbeiten unter der Leitung von Otar Lordkipanidse, in deren Verlauf die Ostfassade bereits wiederhergestellt wurde. Die Kathedrale »Maria Entschlafen« ist ein äußerst eindrucksvoller Dreikonchenbau mit einem dreischiffigen Westarm. Der saalartige Mittelraum wurde ursprünglich von Licht durchflutet, das durch die hohen Tambour- und Seitenfenster einströmte. Die Kuppel ruhte auf vier Pfeilern. Im Westen befand sich nach byzantinischem Brauch eine Empore für die Königsfamilie: weltliche Macht im Westen, geistliche im östlichen Sakralbereich, dazwischen die Gemeinde. Von einer ähnlichen Hierarchie des Himmels und der Erde spricht auch die ikonographische Einteilung der Monumentalmalerei in die obere, »himmlische«, und die untere, die irdische Kirche. An der Südwestseite befand sich eine durchgehende Galerie, z. T. mit Arkaden. Vor dem West- und Südeingang standen repräsentative Portiken, von denen der südliche erhalten blieb. Von hier hat man einen weiten Blick auf die Unterstadt und die Rioni-Niederung. In der Nordwestecke erhob sich ein dreigeschossiger Wohnturm, der vielleicht die Residenz des Erzbischofs von Kutaissi bildete. Jedes Stockwerk besaß einen Raum mit einer Feuerstelle, im obersten Stock befand sich sogar in einem eigenen Raum eine Toilette. »Es war eine wundervolle Kuppelkirche«, schrieb im 18. Jh. der georgische Gelehrte Wachuschti Bagrationi, »das Innere bedeckten Mosaiken sowie weißer, schimmernder Marmor, mit Pfeilern, die auf diese und jegliche andere Art geschmückt waren, und sehr gewaltig in der Ausdehnung ...« Von den Mosaikböden der Kathedrale blieben Reste erhalten. Eine Inschrift an der Nordfassade rechts des Fensters erwähnt, daß die Fußböden 1033 gelegt wurden. Monumentale Blendbögen sowie zwei prismatische Nischen (Ostfassade) gliedern die Außenfronten. Die Vertikalität wird auch durch die betont schmalen Doppelfenster der Apsiden unterstrichen. Der bauplastische Schmuck (Wende des 10. zum 11. Jh.) wurde leicht und flach ausgeführt, mit Ausnahme der Vorhallen sowie Pfeilerkapitelle und -basen. Die Kapitelle der Portiken zeigen Löwen, Adler, Stiere sowie Fabelwesen (geflügelte Pferde und Löwen). Im südlichen Portikus trägt ein Kapitell das im ganzen Mittelalter beliebte Motiv eines Adlers, der sein Opfer – in diesem Fall ein Hase – in den Fängen hält. Die Tympana, Pfeilerbasen und Fenster schmücken florale und geometrische (z. T. Flechtband-)Ornamente.

Bagrat III. war der erste Herrscher des zentralisierten georgischen Reiches. Die von ihm gestiftete Kathedrale drückt das Selbstbewußtsein und den Stolz eines aufstrebenden Staates aus, und es mögen sicher nicht nur rein kunstgeschichtliche Erwägungen sein, die die Georgier zur aufwendigen und mühseligen Restaurierung dieses prachtvollen Baues bewogen.

Parallel zu den Restaurationsarbeiten, die sich gegenwärtig auf die westlichen Vorbauten konzentrieren, erfolgen seit 1984 Ausgrabungen auf dem Gelände der alten Festung Ukimerioni, bei denen u. a. die Ruinen einer Kirche des Hl. Georg (9./10. Jh.) östlich der Kathedrale freigelegt wurden. Demselben Heiligen geweiht ist eine weitere Kirche (19. Jh.) in der Nähe der Bagrat-Kathedrale, die heute den Gläubigen Kutaissis als Gotteshaus dient.

Direkt am Hauptplatz der Stadt gelegen, bietet das 1922 gegründete *Staatsmuseum* einen guten Einstieg in die Geschichte, Kunst und Ethnographie Westgeorgiens. Natürlich sind die Museen Tbilissis größer und reicher bestückt, auf Kosten der Regionalmuseen. Dennoch lohnt sich der zusätzliche Besuch in Kutaissi, gerade wegen der Konzentration der Ausstellung auf Westgeorgien. Die archäologischen Funde belegen das metallurgische Niveau der kolchischen Kultur: ornamentierte, elegant geschwungene Bronzestreitäxte (Ende des 2. Jahrtausends v. Chr.), ein Minotauros-Kopf aus Goldemail (11. Jh. v. Chr.), eine Hirschkuh als bronzene Gürtelschnalle (Ende des 1. Jahrtausends v. Chr.), Männerfigürchen aus hellenistischer Zeit, ferner Geschirr aus dem 8./7. Jh. v. Chr. Ziemlich umfänglich ist die numismatische Sammlung (7.000 Stücke), darunter die berühmten kolchischen Silberdrachmen (6./5. Jh. v. Chr.) sowie, als besonderer Stolz des Museums, eine kolchische Golddrachme (5. Jh. v. Chr.), die das einzige Stück dieser Art darstellt. Vollendet schön ist auch der sassanidisch beeinflußte Bronzegreif (4. Jh.). Die ethnographische Sammlung enthält u. a. eine Stoff- und Stickereisammlung (900 Stoffe) vor allem des 17./18. Jh. Das Museum besitzt eine kleine Schatzkammer für die wertvollsten Erzeugnisse der sakralen und weltlichen westgeorgischen Kleinplastik, darunter eine silberbeschlagene Staurothek (5. Jh.) zur Aufbewahrung einer Reliquie aus dem »wahren Kreuz« Kaiser Konstantins, getriebene Silberikonen sowie Emailikonen in Zellenschmelztechnik (10.–13. Jh.), liturgische Fächer (Rhapidien), Prozessionskreuze, Schmuck, feinziselierte Dolchscheiden. Die größte Kostbarkeit freilich bilden die etwa 800 altgeorgischen Folianten (ab dem 11. Jh.), von denen ein Großteil aus der Gelati-Akademie stammt, unter ihnen Übersetzungen von Arsen Ikaltoeli und Ioane Petrizi. Öffnungszeiten: Täglich (außer montags) von 10–17 Uhr.

Staats-
museum

Da in Kutaissi kein Intourist-Hotel vorhanden ist, erfolgt die Unterbringung im 12 km entfernten *Zchaltubo*, das ebenso wie Tbilissi seinen Namen Thermalquellen verdankt. Schon die Krieger Tamars sollen in den radonhaltigen Quellen ihre Wunden gepflegt haben. Heute behandelt man in Zchaltubo vor allem Gefäß- und Gelenkleiden, verschiedene Frauenkrankheiten sowie

Zchaltubo
(19 000 Ew.)

Herz-, Kreislauf- und Nervenerkrankungen. Die Sanatorien, Parks und Gärten machen das Stadtgelände sehr weitläufig. Die Einwohnerzahl liegt indessen nur bei 19.000. Die Atmosphäre ist wenig georgisch, Kurgäste aus der gesamten Sowjetunion geben den Ton an.

Museum   Zchaltubo bietet ein kleines *Heimatkundemuseum* (Uliza Perwaja kolzewaja) mit archäologischen Funden ab dem 2. Jahrtausend v. Chr. sowie Handschriften. Außerdem organisiert Intourist die Besichtigung repräsentativer Sanatorien (z. B. das Sanatorium »Bergmann« im neoklassischen Stil der 50er Jahre). Die Behauptung jener Dame, die Stein und Bein schwor, einen antiken Tempel in Zchaltubo gesehen zu haben, trifft nicht zu. Die Gute hatte von ihrem Hotelzimmer aus in den wallenden kolchischen Frühnebeln lediglich eines jener »antikisierenden« sowjetischen Kurheime gesichtet.

Verbindung   Vom Intourist-Motel am Ortsrand ist man schnell an der Bushaltestelle und von dort mit dem Bus Nr. 8 in wenigen Minuten im nahen Kutaissi.

Die Umgebung von Zchaltubo und Kutaissi

Hofkloster Gelati   Das Kloster (11 km von Kutaissi entfernt) liegt am Hang einer bewaldeten Anhöhe mit Blick auf die Rioni-Ebene bis nach Kutaissi, von wo sein Gründer, Dawit IV., dieses sein »geliebtes Kind« von der Königsresidenz auf dem Ukimerioni aus sehen konnte; im Falle nahender Gefahr warnten sich Kutaissi und Gelati gegenseitig mit Signalfeuern. Dem heutigen Besucher bietet das Kloster den Anblick einer harmonischen Anlage mit der auch hier der Gottesmutter geweihten, höchsten Hauptkirche in der Mitte, um die sich in der Ost-West-Achse zwei niedrigere Kirchen, ein Glockenturm sowie die Akademie gruppieren.

Geschichte   Dawit IV. war nicht nur ein politisch außerordentlich erfolgreicher Herrscher des georgischen Hochmittelalters, sondern auch eine für seine Zeit sehr gebildete Persönlichkeit. Als Förderer der Gelehrsamkeit berief er bedeutende Wissenschaftler an die 1106 zeitgleich mit dem Kloster Gelati begründete Akademie, darunter auch, wie ein Chronist vermerkte, Gelehrte aus dem Ausland. Ausschlaggebend war dabei nicht nur das hervorragende Wissen der Berufenen, sondern auch ein einwandfreier, tugendsamer Charakter. Die Akademie wurde schnell zu einem Mittelpunkt wissenschaftlich-aufklärerischer Tätigkeit und ein Zentrum der Künste sowie des Kunsthandwerks, vor allem, nachdem die bisherigen Zentren georgischer Klostergelehrsamkeit im Ausland – auf dem Berg Athos und in Petrison (Bulgarien) – ihre Bedeutung eingebüßt hatten. Das Lehrangebot der Gelati-Akademie umfaßte Arithmetik, Geometrie, Grammatik, Rhetorik, Philosophie, Astronomie und Musik. Der namhafteste Vertreter der philosophischen Schule war Ioane Petrizi (gest. um 1125), ein Neuplatoniker, der seine Ausbildung an der berühmten Mangana-Akademie in Konstantinopel erhalten hatte und dann lange im Kloster Petrison in Bulgarien tätig war. Als namhafter Kenner der antiken und byzantinischen Philosophie übersetzte Petrizi die Werke von Nemesios von Emesa »Über die Natur des Menschen« und die »Elementarlehre« des Proklos, die er mit eigenen Kommentaren versah. Gelati besaß auch ein Observatorium. Es bestand dort außerdem eine berühmte Schule für Toreutik (Treibkunst). Die beiden bekanntesten, heute im Kunstmuseum Tbilissi ausgestellten Werke dieser Schule sind der dreiflügelige Trageraltar (12. Jh.) für die berühmte Muttergottesikone von Chachuli und der aus vergoldetem Silber getriebene Tondo mit dem Hl. Mamai (bzw. Mammas), auf einem Löwen reitend (11. Jh.). Die Darstellung dieses besonders in Kappadokien verehrten Märtyrers stellt hinsichtlich der Plastizität des weich modellierten, hohen Reliefs den Höhepunkt der georgischen Treibkunst des 10. und 11. Jh. dar.

Dawit IV. und seine Nachfolger versahen Gelati mit Privilegien und Gütern, und dieser Reichtum spiegelt sich vor allem in der Prachtentfaltung der der Gottesmutter geweihten Hauptkirche wider. Der 1106 unter Dawit begonnene Bau wurde nach seinem Tod 1125 im selben Jahr von Dawits Sohn Demetre vollendet. Um den dreischiffigen Kernbau gruppieren sich im Westen, Süden und Norden niedrige Vorhallen und Kapellen, die Ostseite prägen drei unterschiedlich hohe Apsiden. Der Bau trägt deutliche Elemente der byzantinischen Baukunst. Bis auf gewaltige Blendbögen blieben die Außenwände fast völlig schmucklos. Statt dessen ist die Kirche innen um so prächtiger mit Mosaiken und Fresken ausgestattet. Das monumentale Mosaik im oberen Teil der Apside stammt noch aus der Zeit Demetres, der 1125–1130 die Kirche ausschmücken ließ. Im Mittelpunkt der Altarkomposition steht auf Goldgrund die Gottesmutter mit Christus Emanuel (Christus als Jüngling), an ihrer Seite die Erzengel Michael und Gabriel. Durch eine leichte Rechtswendung der Mittelfigur erzielte der Mosaizist eine besondere Lebendigkeit. Die meisten Fresken stammen aus dem 16. und 17. Jh. Am unteren Teil der Nordwand befindet sich eine Reihe von Stifterfiguren; von rechts nach links: Dawit IV. mit dem Modell der Muttergotteskirche in der Linken; es handelt sich um das einzige erhaltene, wenn auch posthume Porträt dieses Herrschers; danach der Katholikos Ewdemon Tschchetidse

Muttergotteskirche

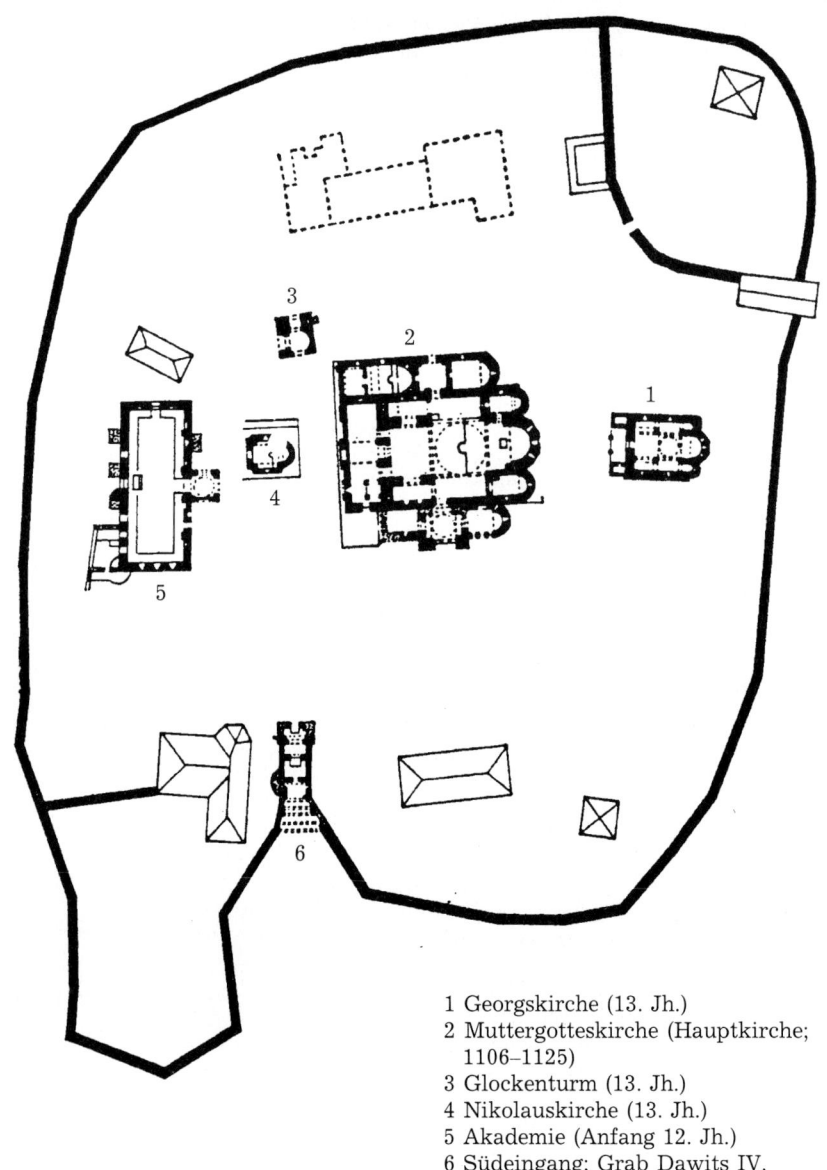

1 Georgskirche (13. Jh.)
2 Muttergotteskirche (Hauptkirche; 1106–1125)
3 Glockenturm (13. Jh.)
4 Nikolauskirche (13. Jh.)
5 Akademie (Anfang 12. Jh.)
6 Südeingang; Grab Dawits IV.

Grundriß des Klosters Gelati

(16. Jh.), der imeretische König Bagrat III. (1510–1565) und seine Gattin Elena, ihr Sohn, König Giorgi (1565–1584), seine Gattin Russudan und ihr Sohn Bagrat. Im westlichen und südlichen Anbau befinden sich Freskenfragmente des 13. und 14. Jh., darunter zwei gut erhaltene Porträts des Enkels der großen Königin Tamar, Dawit Narin, die ihn jeweils im weltlichen und im geistlichen Gewand zeigen (südlicher Anbau). Hohe Fenster im Tambour und riesige Fenster im Chor, in den Längswänden und der Westseite erhellen den hohen, weitläufigen Kirchenraum und schaffen ideale Lichtverhältnisse für die Wirkung der Mosaiken und Monumentalmalerei.

Die einstige Bedeutung des Klosters kommt auch darin zum Ausdruck, daß hier ab dem 12. Jh. die georgischen, ab dem 15. Jh. die imeretischen Könige beigesetzt wurden. Laut georgischem Chronistenbericht wurde hier auch die verehrte Königin Tamar beigesetzt, deren Grab in Wahrheit verschollen ist. Aber der Volksglaube hält eine südliche Seitenkapelle für die Grabstätte, und jährlich wurde hier eine Seelenmesse für Tamar gelesen. Ausgrabungen erbrachten freilich keine Bestätigung. Das Grab Dawits IV. liegt, seinem letzten Willen entsprechend, im südlichen und ehemaligen Haupteingang der Klosteranlage. Er ruht dort in der Schwelle eines zweigeschossigen Torbaus, und seine Grabplatte trägt die Psalmworte: »Dies sei für alle Zeiten meine Ruhestätte! Hier lasse ich mich nieder, denn also war es mein Wille!« Noch im Tode wollte der große König seine Demut dadurch ausdrücken, daß er sich seinen Landeskindern zu Füßen warf, denn jeder, der das Kloster aufsuchte oder verließ, mußte zwangsläufig auf Dawits Grab treten. Aber dem ist nun, da sich der Besucherstrom durch das Nordwesttor ergießt, ein Ende gesetzt. Blumensträuße zeigen, daß auch die heutigen Georgier den »Erbauer« des georgischen Großreichs nicht vergessen. Das alte schmiedeeiserne Tor übrigens, das bis heute den Südeingang verschließt, ist Kriegsbeute. Dawits Sohn Demetre brachte es von der erfolgreichen Belagerung und Einnahme der Stadt Gandsche (Aserbaidschan) 1138/39 mit.

Östlich der Muttergotteskirche befindete sich die dreischiffige **Kreuzkuppelkirche des Hl. Georg** (13. Jh.). Eine Inschrift verrät, daß der westgeorgische Katholikos Ewdemon Tschchetidse die Kirche im 16. Jh. ausmalen ließ. Sein Porträt befindet sich mit dem König Bagrats III. und seiner Gattin an der Südwand. Die Fresken vor allem am südlichen Seitenaltar gelten als beste Beispiele der spätmittelalterlichen Monumentalmalerei Georgiens. *Georgskirche*

Westlich der Muttergotteskirche steht die kleine dreigeschossige **Kirche des Hl. Nikolaus** (13. Jh.) deren Obergeschoß durch eine Außentreppe erreicht wird. Nördlich davon erhebt sich ein *Nikolauskirche* zweigeschossiger Glockenturm; eine als heilig verehrte Quelle entspringt seinem Gewölbe und versorgte einst sämtliche Wirtschaftsgebäude des Klosters. Die Baumeister des 13. Jh. bemühten sich ganz eindeutig, im Material und Stil eine einheitliche, der Hauptkirche entsprechende Anlage zu schaffen. So bilden die beiden Kirchen jenes Jahrhunderts und die Vor- und Anbauten der Muttergotteskirche ebenfalls schlichte Bauten aus hellen, sauber behauenen Quadern. Die Georgskirche stellt eine verkleinerte Wiederholung der Muttergotteskirche dar (Kuppel auf zwei Pfeilern, drei stark hervortretende Apsiden, eine Vorkirche im Westen).

Akademie

Im äußersten Westen des Klostergeländes steht die Ruine der *Akademie* (12. Jh.) an einem steilen Abhang: eine große, rechteckige Halle mit einem östlichen Portikus (13. Jh.), in dessen Wölbung sich ein sehr schöner Reliefschmuck mit dem halbkugelförmigen Sonnensymbol befindet. Das Satteldach der Akademie ist eingestürzt.

Geschichte

Hier ahnt man noch am ehesten, daß auch Gelati das schwere Schicksal Imeretiens im Verlauf der letzten Jahrhunderte nicht erspart blieb. Ende des 15. Jh. erlebte das Kloster im Zuge der allgemeinen politischen Entwicklung Georgiens einen Niedergang. 1510 wurde es von den Türken während ihrer Eroberung

Ruinen der Klosterakademie Gelati

Westgeorgiens geplündert. Der Wiederaufbau erfolgte unter
den imeretischen Königen, also bereits nach dem Zerfall des
zentralisierten georgischen Staates. In den 20er Jahren des 16.
Jh. wurde Gelati zum Sitz des westgeorgischen Katholikos,
dann zur Residenz des Patriarchen von Pizunda. Das Akade-
miegebäude verlor seine Bedeutung und diente den Mönchen
als Refektorium. Reisende des frühen 20. Jh. berichten zwar
noch von der Fortführung des Klosterlebens – bis in die Sowjetzeit hinein – doch hatte Gelati damals nach zahllosen Überfällen und Plünderungen seine Bedeutung und seinen Glanz verloren. Über die Geschichte Gelatis informiert ein kleines *Mu-* **Museum**
seum in ehemaligen Klostergebäuden des 19. Jh. im Südteil des
Klostergeländes.

Von der weltlichen Baukunst des mittelalterlichen Georgiens **Königspalast**
blieb leider wenig erhalten. Darum sind selbst die Ruinen des **Geguti**
Schlosses Geguti (auch: *darbassi-ziche*, d. h.»Darbassi-Festung«)
für den Besucher von Interesse. Das im 17. Jh. von den Türken
zerstörte Schloß liegt 7 km von Kutaissi entfernt in einem ehemaligen königlichen Jagdgrund am Rioni-Ufer. Das Geguti-
Ensemble (2.000 m²) umfaßt mehrere Bauten aus unterschiedlichen Jahrhunderten. Zunächst entstand, wohl unter König
Artschil, im 8. Jh. ein zweistöckiges königliches Jagdhaus mit
einem einzigen Gemach. Noch heute sieht man den gewaltigen
Kamin, in dem ganze Wildschweine und Hirsche gebraten wurden.
Im 10. Jh. wurde das Jagdhaus Teil eines großen Palastgebäu-
des, dem im 12. und 13. Jh. einige Zimmer im Westen hinzuge-
fügt wurden. Den Mittelpunkt des Palastes bildete eine kreuz-
förmige Halle mit 14 m langen Wänden und einem rundem
Kuppeldach, das auf großen Hängezwickeln ruhte. In den Ecken
sowie im Osten und Westen lagen die Schlafgemächer, Bäder,
Toiletten, eine Schatzkammer und Wirtschaftsräume. Die Zie-
gelwände des Palastes erhoben sich auf einem 2,5 m hohen
Sockel aus Hausteinen, in der Mitte sowie an den Ecken schützten halbrunde Wachtürme das Schloß, das ein Park mit Springbrunnen umgab. Westlich befand sich eine kleine Saalkirche
(13./14. Jh.).
Im Inneren muß Geguti ähnlich prachtvoll ausgesehen haben
wie andere königliche Residenzen jener Zeit. Die Wände des
heißluftbeheizten Palastes trugen wohl Fresken mit den Porträts historischer Persönlichkeiten sowie Kampf- und Jagdszenen und waren mit Teppichen aus kostbaren Stoffen behan-
gen. Gold- und silberbeschlagene Möbel füllten die Räume. Die
Fenster waren, wie man aus Scherbenfunden weiß, verglast,
und mit duftenden Essenzen gefüllte Ampeln erhellten abends
die Räume.
Geguti ist eines von vielen Beispielen für die Synthese östlicher,
teilweise islamischer, und byzantinischer Elemente in der

georgischen Kunst, weist es doch Parallelen sowohl zu den orientalischen Kiosken als auch zum byzantinischen Chrysotriclinium, dem »Goldenen Palast« in Konstantinopel, auf. Seine politische Bedeutung ging weit über die ursprüngliche Bestimmung als Jagdschloß hinaus: hier tagte der Staatsrat und wurden große und kleine Empfänge gegeben. Hier erklärte Giorgi III. 1179 seine Tochter Tamar zur Mitregentin. Es ging bei derartigen Anlässen byzantinisch-distanziert zu: Der Herrscher zeigte sich seinem Volk und Heer nur aus der Ferne, vermutlich in einer im Südteil befindlichen, 3 m über dem Boden gelegenen Tür.

Nikorzminda Die *Bischofskirche Nikorzminda* (90 km von Zchaltubo entfernt) besucht man am besten im Rahmen eines Ganztagesausflugs. Die Fahrt verläuft von Kutaissi aus nordöstlich in Richtung Gelati und dann weiter durch blütenduftende, bewaldete Täler und entlang samtgrüner Teepflanzungen bis zur Industriestadt Tkibuli. Am Stadtrand Kutaissis passiert man eine orthodoxe Kirche im russischen Stil (19. Jh.). Nur noch in drei Kirchen sowie in einer Synagoge wird jetzt in Kutaissi Gottesdienst gehalten. Eine weitere Kirche beim nahegelegenen Dorf *Mozameta* aus dem 18./19. Jh. kommt noch dazu; ihr Vorgängerbau, ein Martyrion aus dem 7. Jh., wurde von Bagrat III. umgebaut (20minütiger Fußweg erforderlich; Mozameta wird von Intourist als gesonderter Ausflug angeboten oder kann, genügend Zeit vorausgesetzt, in Verbindung mit einem Ausflug nach Nikorzminda oder Gelati besucht werden). Die nicht sonderlich bequeme, landschaftlich aber um so reizvollere Straße folgt dem Roten Flüßchen (Zchalzitela). Vor sich erblickt man die markante Tafelsilhouette des *Chwamli* (ca. 2.000 m), des höchsten und eindrucksvollsten der kaukasischen Vorberge bei Kutaissi. Hinter dem Chwamli aber türmen sich die Schneehäupter der Swanetischen Kette.

Tkibuli Die erst etwa 70 Jahre alte Arbeiterstadt *Tkibuli* bildet, neben Rustawi und den beiden Hauptstädten Tbilissi und Kutaissi, eines der Industriezentren Georgiens. Hier wird in zwei Revieren, die die Namen Lenins und Stalins tragen, Steinkohle gefördert (etwa 1 % der gesamten sowjetischen Fördermenge).

Nakerala-Paß Unmittelbar hinter Tkibuli beginnt der serpentinenreiche Aufstieg zum *Nakerala-Paß* (ca. 1.500 m). Es gilt eine bewaldete Bergwand zu überwinden, die die Kolchis von der nordwestgeorgischen Provinz *Ratscha* (heute: Bezirk Ambrolauri) trennt, einem schwer zugänglichen Berghorst. Auch auf dieser Paßstraße trifft man die gelbblütigen Azaleen des Südkaukasus wieder. Der Blick zurück gilt Tkibuli im hügeligen Vorland und dem großen Stausee in seiner Nähe, eingebettet in Wälder, die mit Edelkastanien und Schwarzulmen durchsetzt sind. Am Paß wechseln hohe Tannen die Laubbäume ab, dann taucht der *Charistwala-See* – auf den Landkarten als Schaori-Stausee bezeichnet – auf: anfangs bescheiden und dunkelgrün von der Spiegelung der umstehenden Bäume, dann aufgestaut breit und blau. Charistwala heißt »Stierauge« und ist vielleicht ein Hinweis auf einen hier einst verbreiteten Stierkult. Die gleichnamige Siedlung *Charistwala* kommt in Sicht. Die Bauern Ratschas lebten, im Unterschied zur feuchtwarmen Rioni-Ebene, niemals im Reichtum. Der Boden gab wenig her, die Besiedlung blieb dünn. Im Zuge der allgemeinen sowjetischen Landflucht ziehen nun die Jungen zunehmend fort und kehren höchstens noch als Sommerfrischler zu ihren Eltern und alten Verwandten in die herrliche Berglandschaft und an den reinblauen See zurück. Flechtzäune und Gemüsegärten, Höfe und kleine Ackerstücke geben der Landschaft ihr Gepräge. Auffällig zahlreiches Borstenvieh kreuzt den Weg, gewaltige Sauen mit enormen Zitzen und quiekendem Nachwuchs, frisch der Suhle entstiegen. Der zoologische Fachkommentar bestätigt den Eindruck, daß es sich beim kaukasischen Hausschwein um eine sehr alte Rasse handelt. Die Schweine leben hier in herrlicher Freiheit, einzig beschränkt in ihrem ständigen wühlenden Triebe durch die Flechtzäune und bisweilen ein Holzdreieck um den Hals, das ihnen verwehrt, sich durch ein Loch im Flechtwerk zu zwängen. Doch wie frei hier auch ein Schweineleben verläuft, an seinem Ende steht auch in Ratscha die Schlachtung. Die Räucherschinken dieser Region sind in ganz Georgien beliebt.

Charistwala

Im Zentrum des Dorfes *Nikorzminda* zeigt sich schon auf einer kleinen Anhöhe die *Bischofskirche*, gleichermaßen durch ihre Lage und ihr elegantes Dekor bezaubernd. Der hervorragendste georgische Dichter des 20. Jh., Galaktion Tabidse (1892–1959), hat ihr eine bekannte Ode gewidmet:

Bischofs-
kirche

> *»Erhaben, dem Irdischen fern*
> *wie ein Stern*
> *bist du, doch auch*
> *Sturm des Entzückens, bist Gruß*
> *werbend sich streckender Hände,*
> *Wunsch, daß bereit ich mich fände,*
> *Glück zu empfangen.*
>
> *Verwirklichte Hoffnung und Ruh,*
> *das schenkst du*
> *allen Herzen.*
> *Auf georgische Erde gestellt,*
> *kennst du kein Zögern und Wanken,*
> *Stärke und Freude verdanken*
> *wir dir, Nikorzminda!«*

Die Bedeutung des Namens Nikorzminda ist unklar. Er wird sowohl auf den Hl. Nikolaus (Nikolosi) zurückgeführt als auch auf die Benennung einer bestimmten Stierart – schwarz mit sternförmiger weißer Blesse – die mit dem regionalen Stierkult in Verbindung gebracht wird. Die Kirche entstand noch während der Herrschaft Bagrats III. unmittelbar nach der Kathedrale in Kutaissi und war vor Bagrats Tod 1014 vollendet. Ihr Grundriß ist eine komplizierte Sechspaßanlage mit fünf Apsiden, die sich kreisförmig um den zentralen Kuppelraum ordnen. Der westliche Kreuzarm ist rechteckig. Außen zeigt sich der Bau als klare Kreuzform mit gering betonter Längsachse. Diesen Typus einer Sechspaßanlage findet man in Georgien nur zweimal: in Nikorzminda sowie in der älteren und proportional harmonischen Kirche von Kurmurdo (964). Der Haupteingang mit einer aus Rebholz geschnitzten Tür befindet sich im Westen, Nebeneingänge im Süden und Norden. Bereits in der ersten Hälfte des 11. Jh. fügte man an der West- und Südseite Vorbauten an. Der Glockenturm stammt aus der zweiten Hälfte des 19. Jh. Nach der Plünderung durch die Türken gehörte die Kirche ab dem 15. Jh. den Eristawi von Ratscha, die sie 1534 restaurierten. Im 17. Jh. übergab der imeretische König Nikorzminda der Adelsfamilie Zulukidse, nachdem ein Mitglied aus der Familie der früheren Besitzer Verrat an ihm geübt hatte. Die Zulukidse ließen die Kirche im 17. Jh. ausmalen. 1972 wurde das Gotteshaus erneut geweiht; heute ist Nikorzminda wieder ein Bischofssitz.

Nikorzminda stellt ein Glanzstück der mittelalterlichen Steinmetzkunst dar. Obwohl von drei Meistern hergestellt, zeigt der figürliche Bauschmuck der Kirche inhaltliche Einheitlichkeit und verherrlicht die Majestät Christi und den Triumph des

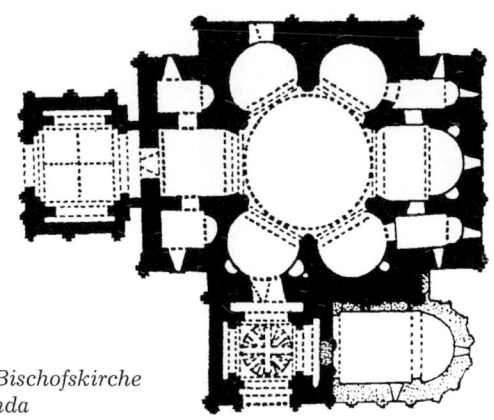

Grundriß der Bischofskirche von Nikorzminda

Christentums: An der Ostfassade stehen neben der Reliefplatte »Christi Verklärung« (mit Petrus, Johannes und Jakobus in der unteren Reihe) im Giebel die beiden Soldaten- bzw. Reiterheiligen St. Georg (mit Schlange) und St. Theodor (mit Kaiser Diokletian, dem Christenverfolger, unter den Pferdehufen). Dieselben Heiligen, die ikonographisch den Sieg des Christentums verkörpern, befinden sich im Tympanon des Westportals mit Christus in der Mitte. Die zweifache Darstellung der beiden Soldatenheiligen entsprang ihrer großen Beliebtheit in den georgischen Bergregionen. Das westliche Giebelrelief zeigt Christus als Weltenrichter, die Südfassade das verwandte Motiv der »Wiederkehr Christi« zum Jüngsten Gericht, zu dem die beiden unteren Engel blasen. Es handelt sich um eine sehr dynamische Komposition von vier Engeln und Christus, unter ihm eine segnende Rechte. Das Thema des Triumphes Christi liegt auch dem Relief »Kreuzeserhöhung« im Tympanon des Südportals zugrunde. Diese in Georgien sehr beliebte und gewöhnlich in Kirchenkuppeln sowie Tympana dargestellte Rundkomposition kommt stilgeschichtlich in zwei Varianten vor: Im Frühmittelalter halten nur zwei Engel das Kreuz (vgl. den Türbogen der Dschwari-Kirche bei Mzcheta), im Hochmittelalter wird das Kreuz von vier Engeln getragen. Relativ bescheiden fiel die Nordfassade aus, die lediglich ein Tympanonrelief mit den beiden Erzengeln Gabriel und Michael schmückt. Das östliche und westliche Giebelrelief, der nördliche Türbogen, die Fenster und Tympanareliefs sind mit breiten Schmuckbändern aus geometrischen und Tiermotiven versehen. Das Gurtband des Kuppeltambours zeigt Greifen, Löwen, geflügelte Pferde u. a. Solche Darstellungen mythischer wie realer Tiere bilden Relikte weit in vorchristliche Zeit zurückreichender Glaubensvorstellungen. Der »Tierstil« ist in Georgien archäologisch schon sehr früh belegt, und seine Motive bewahren sich nicht nur in der Volkskunst, sondern selbst am Rande der christlichen Sakralkunst. Georgien teilt diese Tiermotive mit seinen vorderasiatischen Nachbarvölkern seit so langer Zeit, daß selbst »entlehnte« Motive wie der Greif, das geflügelte Pferd oder der geflügelte Hund im Mittelalter zum festen Vokabular einer als bodenständig empfundenen Bildsprache geworden waren.

Für eine Ruhepause nach der Kirchenbesichtigung bietet das langgedehnte, fast menschenleere Seeufer vielfältige Möglichkeiten.

Georgiens Ostfriesen: Die Einwohner Ratschas

Anscheinend bringt jedes Volk (Vor-)Urteile und Witze über seine regionalen Minderheiten hervor. Die Georgier bilden keine Ausnahme. In ihren Witzen erscheinen z. B. die Kachetier als eine Art Schotten: fleißig, aber auch sparsam bis zum Geiz und sachlich bis zur Pedanterie. Am schlechtesten kommen die Einwohner Ratschas weg, die als außerordentlich begriffsstutzig dargestellt werden. Viele der Witze über diese angebliche Eigenschaft der Bergbauern Ratschas ließen sich ohne weiteres mit unseren Witzen über die ostfriesischen Küstenbewohner austauschen, und da sie nichts enthalten außer übler Nachrede, sind sie es nicht wert, hier vorgestellt zu werden. 1975 lachte man aber in Tbilissi außerordentlich über einen Ratscha-Witz, bei dem in erster Linie die Amerikaner schlecht wegkamen. Dieser Witz verband die üblichen Ratscha-Witze mit den Witzen über westliche Spione, die damals in der UdSSR recht populär waren. Damit befreite man sich selbstironisch von der wahnhaften Spionenfurcht, die als Folge jahrzehntelanger Fremdenfeindlichkeit und Abkapselungspolitik unter Stalin die UdSSR befallen hatte. Und so geht der Witz:

Der CIA hatte beschlossen, einen Top-Agenten in der Sowjetunion einzusetzen, und zwar in Georgien. Um genau zu sein: in Ratscha. Dieser Agent wurde jahrelang sorgfältigst ausgebildet und sprachlich so geschult, daß er nicht nur fließend Georgisch sprach, sondern auch den Dialekt Ratschas beherrschte. Dann setzte man ihn, in Landestracht gekleidet, irgendwo in Ratscha ab. Der Tag war heiß, und unser Agent bekam Durst. Darum klopfte er an einem Bauernhof an, und als eine alte Frau heraustrat, bat er freundlich: »Großmutter, mich dürstet. Kannst du mir ein Glas Wasser bringen?« – Die Alte starrte den Agenten entgeistert an, tat aber wie geheißen. Nachdem dieser seinen Durst gestillt hatte, entrang sich der Alten endlich die Frage: »Sag mal, Söhnchen, bist du nicht zufällig ein amerikanischer Spion?« »Aber Mütterchen, wie kommst du denn bloß auf so was?« Der ertappte Spion zitterte innerlich. – »Ja, siehst du«, antwortete ihm die Alte bedächtig, »bei uns in Ratscha gibt es nämlich keine Schwarzen!«

Die Fahrt führt durch stattliche imeretische und nach Überquerung des alten Grenzflusses Zcheniszkali megrelische Reihendörfer. Der Straße zugewandt liegen die Zier- und Blumengärten der teilweise noch hölzernen westgeorgischen *oda sachli* (mehrräumige Bauernhäuser mit einem Wohnzimmer), dahinter die Höfe und Nutzgärten. Truthähner, Gänse und Schweine bevölkern die Grasnarben und Wassergräben zwischen Straße und Anwesen.

Die *Kathedrale Martwili* (36 km westlich von Zchaltubo) erhebt sich auf einem bewaldeten Hügel inmitten einer Ortschaft nahe der heutigen Bezirkshauptstadt *Gegetschkori*. Am Wochenende kann man mit der Drahtseilbahn nach oben gelangen. Vom Martwili-Hügel aus geht der Blick weit über die üppige, reiche Gartenlandschaft Megreliens bis zu den blaugrünen, schneebekrönten Ketten des Westkaukasus. Mächtige alte Linden umgeben das Kirchengelände, darunter, etwas unterhalb, eine 300jährige Lindenveteranin, in deren Nähe sich ein gutes Restaurant befindet, das zum längeren Aufenthalt verlockt. Südwestlich der Kathedrale stehen noch über 56 Vertreter der seltenen und langsamwüchsigen sogenannten Steinbäume. Der Ort Martwili, ehemals Tschkondidi (»Große Eiche«), führt seinen Namen auf folgende Legende zurück: Einst soll an dieser Stelle eine mächtige, als heilig verehrte Eiche gestanden haben, der man Opfer darbrachte, darunter auch die Erstgeburt. Eine Mutter, die nach diesem Brauch ihr erstgeborenes Kind bei der Eiche ausgesetzt hatte, soll auf megrelisch geklagt haben: »Martwili, martwili!« – »Ich habe dich getötet!«

Die Bischofskathedrale Martwili entstand zu Beginn des 7. Jh. nach dem Vorbild der Dschwari-Kirche von Mzcheta, jedoch mit größeren Ecknischen, einem geringeren Kuppeldurchmesser und stufenförmigen Trompen. Im 10. Jh. ließ sie der abchasische König Giorgi II. umbauen, und König Bagrat III. errichtete 996 einen westlichen Narthex. Aus jener Zeit wurde der Bau als Muttergotteskirche überliefert. Die An- und Umbauten des 10. Jh. veränderten sein Aussehen und die Proportionen von Bau und Kuppel. Der Innenraum wurde z. B. lichter, nachdem der neue Tambour 16 anstelle von bisher acht Fenstern erhielt. Von der nordwestlichen Ecknische gelangt man zur Empore und von dort in das Obergeschoß des westlichen Vorbaus. Hier steht man auf Sichthöhe eines steinernen Relieffrieses, der das obere Drittel der polygonalen, monumentalen Apsis durchbricht und an der Ostfassade ein Gegenstück besitzt. Die Motive dieser Friese entstammen vorwiegend dem Alten Testament (westlicher unterer Fries: Christi Wiederkehr, rechts davon Daniel in der Löwengrube; die Reiter- und Soldatenheiligen

*Bischofs-
kathedrale
Martwili
mit
Glocken-
turm*

Theodor und Georg; Samson mit dem Löwen; oberer Fries:
Kreuz (in der Mitte), vier Apostel?; Osten, von links nach rechts:
Zentaur; Greif oder geflügelter Hund? Christus?; Engel; Hl.
Mate bzw. Eustachios mit Hirsch; Greif oder geflügelter Hund?).
Vom nordöstlichen und südöstlichen Nebengemach aus waren
Verstecke und geheime Fluchträume erreichbar. Die Fresken
stammen aus dem 14.–17. Jh. und wurden Mitte des 18. Jh.
durch einen Fürsten Dadiani restauriert. Die Südwand zeigt
verschiedene Stifterporträts von Angehörigen dieses bedeutenden megrelischen Fürstengeschlechts, das vor dem 13. Jh. unter
dem Namen Tschikwani regierte. Den Tschikwani bzw. Dadiani diente Martwili (neben der Kathedrale von Chobi) als Familiengruft. Eine nordöstlich der Kathedrale stehende zweigeschossige *Kapelle* (10. Jh.) wird als ihre Familiengrabkirche
bezeichnet. In der Kathedrale selbst befinden sich u. a. die Gräber des letzten Dadiani, Dawit, sowie der Fürstin Ekaterina

Dadiani, geb. Tschawtschawadse. Der für ihre Schönheit und ihren Liebreiz berühmten Tochter des kachetischen Dichters und Adeligen Alexandre Tschawtschawadse begegnet man in Sugdidi, Zinandali sowie Tbilissi, wo das Kunstmuseum in seiner Schatzkammer den berühmten Türkisschmuck aufbewahrt, der passend zu Ekaterinas blauen Augen angefertigt wurde.

Südwestlich der Kathedrale erhebt sich ein stark restaurierter dreigeschossiger *Wohnturm* (10. Jh.), dahinter liegen die kümmerlichen Reste des ehemaligen *Glockenturms* (16. Jh.), der einst zwölf, bis Kutaissi vernehmbare Glocken barg.

Im Mittelalter galt Martwili als bedeutendes Zentrum der georgischen Aufklärung; sein bekanntester Vertreter war Bischof Giorgi vom Athos (auch: Tschkondideli), der Erzieher und Kanzler des großen Königs Dawit IV. (1089–1125); der Chronist schildert Giorgi von Tschkondidi als »Mann, vollkommen in allen Tugenden der Seele und Leibes, voller Weisheit und Verständigkeit, redegewandt, bescheiden und zurückhaltend«. Er gewann erheblichen Einfluß auf die Staatsführung sowie die Kunst seiner Zeit, und von ihm stammt vermutlich der Entwurf für das Hofkloster Gelati, in dem er beigesetzt wurde, nachdem er auf einer Friedensmission in Ossetien gestorben war. Martwili besaß ferner eine namhafte Toreutik-Schule, in der u. a. die berühmte Martwili-Ikone (Kunstmuseum Tbilissi) angefertigt wurde.

Sataplia

Das in einer etwa halbstündigen Busfahrt von Zchaltubo aus erreichbare *Naturschutzgebiet* erstreckt sich über 354 ha auf den Hängen des Sataplia-Berges, eines erloschenen Vulkans. Das Waldgebiet vereint seltene Vertreter sowohl der subtropischen als auch der alpinen Flora. Im Inneren des Berges besichtigt man eine ausgedehnte *Karsthöhle*, zu deren Sehenswürdigkeiten die Fußabdrücke von Dinosauriern – einst befand sich das Gebiet in Küstennähe – sowie versteinerte Reste des kolchischen Urwaldes zählen. Außerdem wurden im Sataplia-Naturschutzgebiet die Reste einer urmenschlichen Siedlung entdeckt. Ebenfalls im Angebot von Intourist Zchaltubo ist der Besuch einer *Teeplantage* (s. auch »Eine kleine Teekunde«, S. 334).

Eine kleine Teekunde

Tee, heute eines der landwirtschaftlichen Haupterzeugnisse Westgeorgiens und Abchasiens, wird seit dem zweiten Viertel des vorigen Jahrhunderts angepflanzt. In volkswirtschaftlich bedeutendem Umfang erfolgt der Teeanbau erst seit Ende der zwanziger Jahre.

Der Teestrauch braucht subtropische, niederschlagsreiche Wetterverhältnisse. Westgeorgien besitzt diese Voraussetzungen. Die Stammväter der heutigen georgischen Teesträucher kamen aus China. Man sieht solche Veteranen – Teesträucher können bis zu 100 Jahre alt werden – noch im Botanischen Garten von Suchumi. Geerntet wird allerdings nur von fünf- bis 25jährigen Sträuchern, die man auf eine Höhe von einem bis anderthalb Meter stutzt, und zwar im Abstand von 8 bis 10 Tagen.

Für erstklassige Sorten pflückt man die obersten drei Blättchen der zartgrünen Triebe, den »first flush«, für die billigeren Sorten wurde in Georgien die erste Teelesemaschine der Welt entwickelt, die den Landesnamen »Sakartwelo« trägt. Sie kann allerdings nur auf großen, ebenerdigen Plantagen eingesetzt werden. Im Gebirge und für die hochwertigen Sorten legen nach wie vor Kolchosbäuerinnen Hand an (auch in Georgien ist das mühsame Teepflücken in erster Linie Frauenarbeit). Im Unterschied zu den Tropen kann in Georgien (und den übrigen Subtropen) nicht ganzjährig, sondern nur saisonweise geerntet werden. In Georgien umfaßt die Erntesaison die Monate Mai bis Oktober.

Unter dem Einfluß des veränderten Klimas und Bodens hat der ursprünglich chinesische Teestrauch in Georgien an Aroma verloren. Dies ist auch der Grund, warum sowjetische Käufer dem indischen und Ceylon-Tee den Vorzug vor dem landeseigenen Produkt geben. Dafür weist der georgische Tee den großen Vorteil auf, wenig Gerbsäure zu enthalten, ist also Magenleidenden sehr zu empfehlen. Dem als »georgischer« oder »grusinischer Tee« ins Ausland exportierten Produkt wird zur Verbesserung des Aromas oft noch Ceylon-Tee beigesetzt.

Hinsichtlich ihrer Gesamt-Teeerzeugung steht die UdSSR an sechster Stelle der Weltproduktion. Sie erzeugt drei verschiedene Teearten: grünen (unfermentierten) Tee, der vor allem in den heißen mittelasiatischen Sowjetrepubliken im Sommer gern getrunken wird, schwarzen (fermentierten) Tee sowie »gelben« Tee, eine Mischung aus beiden, vergleichbar dem chinesischen Oolong-Tee.

Obwohl in Westgeorgien angebaut, hat sich Tee dort als Getränk nicht eingebürgert. Vor allem die Landbevölkerung stillt ihren Durst weiterhin mit Wasser und Wein. Wer mehr über den georgischen Teeanbau erfahren will und in Westgeorgien keine Möglichkeit zur Teeverkostung in einer Sowchose hatte, dem bietet sich im »Haus des Tees« in Tbilissi eine gute Alternative (Uliza Kekiladse 2, gegenüber der Universität). Dort kann man nach Herzenslust und preiswert schwarzen, grünen und gelben Tee verkosten, aus hohen Gläsern in hübschen Metallhaltern. Eine kleine Fotoausstellung informiert über den Teeanbau, und im Erdgeschoß kann man Tee auch käuflich erwerben. Dieselbe Möglichkeit existiert auch am Bäderplatz in der Altstadt. Man achte aber auf das fünfeckige sowjetische Gütesiegel auf den Verpackungen. Besonders empfehlenswerte Marken sind »Bukjet Grusii« und »Extra«.

Tee ist bekanntlich ein leicht anregendes, etwas harntreibendes und durstlöschendes Getränk mit 2,5–4,5 % Koffein und fast keinen Kalorien. Da unser Leitungswasser oft nicht mehr die Bezeichnung Trinkwasser verdient, sollte man zum Teebrühen ein geschmacksneutrales, »stilles« Mineralwasser verwenden. Man läßt den georgischen Tee wie jeden anderen Schwarztee drei Minuten ziehen.

Die Georgische Riviera: Von Batumi bis Gagra

Das Innere Georgiens mag noch so sehr mit Kunstschätzen und abwechslungsreichen Berg- und Hügellandschaften reizen, irgendwann zieht es den Reisenden doch an die Küste. Für den sowjetischen Durchschnittstouristen ist ein Badeurlaub am Schwarzen Meer ohnedies Inbegriff des Urlaubs. In der Badesaison, die z. B. in Batumi, dem wärmsten Badeort der Schwarzmeerküste, vom Mai bis November reicht, reihen sich an den begehrtesten Stränden die sonnenhungrigen Leiber von Sowjetbürgern aus klimatisch weniger begünstigten Regionen kilometerweit am Strand, und der Geruch von Sonnenöl liegt noch abends in der milden Luft.

Das Schwarze Meer, mit 423.000 km^2 von bescheidener Ausdehnung, gilt heute als Randmeer, bildete aber einst mit dem Kaspischen Meer einen Ausläufer des Urmeers Thetys, das sich bis in die Erdneuzeit von Spanien bis Südchina erstreckte. Im Tertiär verlor das »Muttermeer« an Tiefe und zerfiel in einzelne Becken. Als Vorläufer des Schwarzen Meeres entstand das von den Karpaten bis Zentralasien reichende Sarmatische Meer, danach das Pontische Meer, in dem die Krim eine Insel und der Kaukasus eine Halbinsel bildeten. Erst mit dem Bosporusdurchbruch vor etwa 8.000 Jahren – erdgeschichtlich war das vorgestern – erhielt das Schwarze Meer sein heutiges Aussehen und über das Mittelmeer einen erneuten, wenn auch indirekten Anschluß an das Weltmeer. Das Schwarze Meer ist gezeitenarm und weist im Vergleich zum Mittelmeer mit 1,7 kg auf 100 Liter nur einen geringen Salzgehalt auf (im Mittelmeer sind es 3,7 kg). Auch sein Sauerstoffgehalt ist gering, während anaerobe Bakterien

(Microspira) die im Meerwasser gelösten Sulfatverbindungen zu Schwefelwasserstoff abbauen. Das führt dazu, daß ab 200 m Tiefe infolge des fehlenden Sauerstoffes und der Schwefelwasserstoffvergiftung kein pflanzliches oder tierisches Leben mehr gedeiht. In den oberen Schichten ist zwar dreimal soviel Biomasse wie im Mittelmeer vorhanden, aber die Artenzahl liegt mit 1.500 Tierarten weit unter den etwa 6.000 im Mittelmeer lebenden Arten. Ursachen für diese Armut sind wiederum der niedrige Salzgehalt sowie die geringen Wintertemperaturen, so daß viele Einwanderer aus dem Mittelmeer im Schwarzen Meer nicht heimisch werden konnten bzw. typische Salzwasserarten infolge der »Aussüßung« des Schwarzen Meeres ausstarben. Ganze Gruppen wie Stein-, Oktober- und Hornkorallen fehlen, desgleichen Tintenfische, Seeigel, Seesterne, Salpen und Seefedern.

Die berühmtesten Einwohner des Schwarzen Meeres sind die Störe, entwicklungsgeschichtlich sehr alte Vertreter der Fischgattung mit einem zum beträchtlichen Teil noch verknorpelten Skelett. Größter Vertreter unter den Stören und fischereiwirtschaftlich besonders begehrt ist der Hausen (russ.: Beluga), der bis zu 6 m lang werden kann und gern vor den großen Flußmündungen lebt. Sein Weibchen liefert den kostbaren schwarzgrauen Kaviar, der, in Rußland einst Volks- und Arme-Leute-Nahrung, heute nur noch in Devisenläden zu erstehen ist. Die übrigen Störarten – der Waxdick, Sternhausen sowie der Sterlet – werden nur bis zu 2,5 m lang, doch stellt man auch ihnen wegen ihres fetten, wohlschmeckenden Fleisches und ihres Rogen nach.

Die Herkunft der Bezeichnung »Schwarzes Meer« ist ungewiß. Sie bezieht sich vermutlich auf die im Vergleich zum türkisfarbenen Mittelmeer dunkle Färbung, hervorgerufen durch Braunalgen. Schon die Taurier und Skythen sollen das Meer »Akschaena«, »dunkles Meer«, genannt und diesen Namen an die Griechen weitergegeben haben. Lange vor den Griechen befuhren vom 15.–12. Jh. v. Chr. die Phönizier das Schwarze Meer und trieben Tauschhandel mit der Küstenbevölkerung. Ihnen folgten im 8. Jh. v. Chr. die Griechen, die ab dem 6. Jh. als erste Seefahrer auch mit der Gründung dauerhafter Kolonien begannen, die, wie der Römer Cicero schrieb, »gleichsam einen Saum darstellten, der dem ausgedehnten Stoff der Barbarenländer angenäht ward«. Die ersten Erfahrungen der Griechen sowohl mit der Seefahrt als auch der Besiedlung der Schwarzmeerküste müssen allerdings so entmutigend verlaufen sein, daß sie dem Schwarzen Meer die Bezeichnung »Pontos Axinos«, »ungastliches Meer«, eintrugen. Das oft von plötzlichen Stürmen aufgewühlte Meer, die feindselige Haltung der Taurier und Skythen an der nördlichen Schwarzmeerküste sowie eine anfangs noch primitive Navigations- und Schiffsbautechnik mögen diese Bezeichnung hervorgerufen haben. Erst im Verlauf der erfolgreichen Kolonisierung sowie der verbesserten Schiffsbauweise änderte sich ab dem 1. Jh. v. Chr. der Name in sein Gegenteil, nämlich in »Pontos Euxeinos« (lat.: »Pontus euxinus«), das »gastfreundliche Meer«. Für die Araber war es vom 9.–20. Jh. bereits das »Russische Meer«, doch setzte sich am Ende der älteste Name in allen Sprachen durch. Wer das Schwarze Meer einmal bei Sturm und mit seiner auch für den geübtesten Schwimmer sehr gefährlichen Brandung erlebt hat, wird dieser Bezeichnung beipflichten.

Batumi ist der südlichste und bedeutendste sowjetische Schwarzmeerhafen. Die Stadt liegt an einer tief eingeschnittenen Bucht am Delta des Tschoroch-Flusses und wurde als »Batusi« erstmals von dem römischen Geschichtsschreiber Plinius d. Ä. im ersten nachchristlichen Jahrhundert erwähnt. Nach örtlicher Überlieferung leitet sich ihr Name vom altgriechischen »limen bathys« (»tiefes Gewässer«) her. Ausläufer des Kleinen Kaukasus schützen Batumi sowie ganz Adscharien, und das milde, sehr niederschlagsreiche Klima läßt Tee und hochwertige subtropische Nutzpflanzen wie Agrumen, Tungbäume, Bambus, Eukalyptus, Dattelpflaumen, Granatäpfel und Feijoa gedeihen.

Dank seiner natürlichen Lage als Hafen geradezu prädestiniert, hat Batumi sowohl die phönizischen Dreiruderer, die Galeeren der Römer, die Karavellen und Galeassen der genuesischen bzw. venezianischen Kaufleute und schließlich die Feluken der Türken und die Korvetten der Russen angezogen. Es gehörte nacheinander dem kolchischen und dem lasischen Reich und teilte deren wechselvolle Schicksale. Die Byzantiner bauten hier unter Kaiser Justinian Ende des 5. Jh. eine *Festung*, die in den zeitgenössischen byzantinischen Chroniken als Lossorion- oder Lissiri-Festung erwähnt wird. Von ihr blieben nur Mauerreste sowie im Nordosten ein viereckiger Turm; die übrige Bausubstanz der Batumi-Festung stammt aus dem 12. Jh. (am linken Ufer des Flusses Koroliszkali). Vom 13.–15. Jh. gehörte Batumi abwechselnd den Fürsten von Megrelien und dem nordwestlich angrenzenden Gurien, wurde jedoch im 16. Jh. von den Türken besetzt und blieb Zankapfel zwischen dem Osmanenreich und Georgien bis zu Beginn des 17. Jh. Dann befand es sich bis zum russisch-türkischen Krieg 1877/78 fest in türkischer Hand. Im 17. und 18. Jh. setzte sich auch der Islam in Batumi und dem Umland, *Adscharien* (georg.: *Adschara*), durch, keineswegs freiwillig: Für den Adel bildete der Glaubenswechsel die einzige Möglichkeit, Macht und Privilegien zu bewahren, während das Volk vor allem durch die für »Gläubige« niedrigeren Steuern dem Islam »gewonnen« wurde. Der Anschluß Adschariens und Batumis an Rußland 1878 führte zu schnellem wirtschaftlichen Aufschwung. Auch hier ging es den Russen zuerst um den Auf- bzw. Ausbau der Verkehrswege: 1883 wurde die Eisenbahnstrecke Samtredia–Batumi betriebsfähig, danach verlegte man eine Erdölleitung von Baku, und Batumi entwickelte sich zum wichtigsten Umschlaghafen für das »Schwarze Gold«. Gegen Ende des Ersten Weltkrieges erfolgte nochmals ein kurzes türkisches Zwischenspiel, woran die ebenso kurzfristige Besetzung durch die Engländer anschloß, die Anfang 1920 der Republik Georgien das Feld überließen. Mitte März 1921 nahm die Rote Armee Adscharien ein und brachte den Hafen unter sowjetische Herrschaft. Batumi wurde zur

Batumi
(120 000 Ew.)

Geschichte

Hauptstadt der flächenmäßig kleinsten von 20 autonomen Sowjetrepubliken (3.000 km²; 1986: 386.000 Einwohner). Damit trug man der dreihundertjährigen Türkenherrschaft und der Islamisierung Rechnung, denn die Adscharer unterscheiden sich nur religiös, nicht aber ethnisch oder sprachlich von den übrigen Georgiern. An den Islam erinnert aber, zumindest äußerlich, nur noch eine Moschee (in der Nähe des Kolchosmarktes). Batumi ist heute eine moderne Hafen- und gleichzeitig Badestadt mit einer 2 km langen Strandpromenade; wie alle georgischen Strände ist auch der Batumi-Strand im Vergleich zu Sotschi oder Jalta weniger überlaufen.

Meeres-museum
Über die Fauna und Flora des Schwarzen Meeres informiert das *Museum »Aquarium«* (Uliza Rustaweli 51, außer montags tgl. geöffnet von 11–18 Uhr); es ist dem Forschungsinstitut für Seewirtschaft und Ozeanographie angeschlossen und bietet eine Sammlung von über 100 Arten von Seefischen und anderen Meeresbewohnern, darunter auch Seeschildkröten des Indischen Ozeans sowie kaspische Seehunde. Im benachbarten *Delphinarium* erfreuen Vertreter der größten Delphinart des Schwarzen Meeres, die sogenannten Alphine, ihr Publikum bei Dressurvorführungen (jeweils halbstündig um 11, 14 und 17 Uhr täglich von Mai bis November; montags Ruhetag; Eintritt 50 Kopeken).

Botanischer Garten
Pflanzenfreunden sei der 1912 gegründete *Botanische Garten* empfohlen, der sich 9 km nördlich Batumis auf einer Landzunge nahe dem kleinen Kurort *Seljonyj Mys* erstreckt (120 ha). Sein Gründer und erster Direktor war der bekannte russische Botaniker Andrej N. Krasnow, auf den auch die Pläne zur Trockenlegung der Kolchissümpfe bzw. ihre Umwandlung in Kulturland für Zitrus-, Tee- und Bambuspflanzungen zurückgehen. Darum spielte die Erforschung der subtropischen Vegetation für Krasnow eine große Rolle. Der Botanische Garten gliedert sich in acht geographische und Landschaftszonen mit insgesamt 5.000 Arten und Sorten. Besonderes Interesse verdient die Abteilung der feuchten Subtropen Transkaukasiens. Hier blieb ein Stück kolchischen Waldes mit seinen blattwechselnden Laubbäumen, dem immergrünen Unterholz sowie seiner charakteristischen Fülle an Farnen und Lianen erhalten.

Staatsmuseum
Wer sich erst einmal einen landeskundlich-geschichtlichen Überblick verschaffen will, sei an das *Adscharische Staatsmuseum* verwiesen (Uliza Dschintscharadse 4; täglich geöffnet von 10–19 Uhr). Zu seinen Glanzstücken gehörten die in ihrer Art einmalige Bronzekrone aus einem kolchischen Schatz, ferner steinerne Götterfigürchen und aus antiker Zeit bemalte Vasen und Amphoren sowie Gold- und Silberschmuck, Münzen und das Modell eines kolchischen Schiffes. Die ethnographische Abteilung zeigt die hohe Fertigkeit der Adscharer in der Holz-

und Metallbearbeitung, darunter Bauernmöbel aus der Mitte des 17. Jh.

Mehr als in Batumi und Kutaissi kommt man der alten Kolchis in *Poti*, an der Mündung des Rioni, nahe. Beide, Fluß und Hafenstadt, trugen in der Antike den Namen *Phasis.* »Am Ausflusse des Phasis, und zwar ebenfalls auf der Südseite, war noch zu Strabons Zeit eine blühende Stadt, welche mit dem Flusse den Namen Phasis führte. Das ganze Mittelalter hindurch bis in die neueste Zeit existierte sie, von den Georgiern Poti und von den Türken Fasch-Kaleh genannt, war und blieb aber von so kümmerlichem Ansehen, daß sie kaum den Namen einer Stadt verdiente. Sie gehörte bis 1829, wo sie den Russen abgetreten werden mußte, den Türken. Die Benennung Phasis ist uns aber auch in einer andern Hinsicht interessant, denn der Fluß gab einem von jedem Feinschmecker hoch geschätzten und bei uns mit vielen Kosten gezogenen Vogel den Namen Fasan; Linné nannte ihn in seinem Systeme Phasianus colchicus. In der Tat ist das heutige Mingrelien, das sich westlich vom Zchenißkal (...) auf den südlichen Abhängen des Kaukasus bis an den Rion erstreckt, das echte Vaterland dieser beliebten Vögel« (Koch, Karl: Von Redut-Kaleh nach Trebisond [Kolchis und das Land der Lasen]. In: Die Kaukasischen Länder und Armenien in Reiseschilderungen. Hrsg. von Karl Koch. Leipzig, 1855. S. 72 f.)

Poti
(55 000 Ew.)

In der Nähe des heutigen Poti mit seinen jetzt etwa 55.000 Einwohnern grub man die Reste des alten Phasis aus dem Sumpf; seine Anfänge reichen bis in das 6. vorchristliche Jahrhundert zurück, und zwar an jener Stelle, wo laut Argonautenbericht Jason und seine Gefährten Anker warfen. Phasis, eine griechische Kolonie, bildete eine wichtige Station des antiken Fernhandels zwischen Europa und Indien, vor allem nachdem ein Erdrutsch die griechische Kolonie Dioskurias (beim heutigen Suchumi) in das Meer gerissen hatte. Der wirtschaftlichen Bedeutung entsprach seine kulturelle: In Phasis entstand im 3. Jh. v. Chr. die berühmte kolchische Akademie, in der bis zum 6. Jh. n. Chr. in griechischer und georgischer Sprache Philosophie, Grammatik, Arithmetik und Rhetorik gelehrt wurde. Die Redekunst erreichte, wie byzantinische Historiker im 6. Jh. feststellten, hier eine besondere Blüte.

Geschichte

Das antike Phasis versank im Sumpf des Rioni-Deltas. In seiner Nähe bauten die Türken im 16. Jh. eine mächtige Festung zur Beherrschung des Hafens. 1858 erklärten die Russen Poti zur Hafenstadt, doch blieb der Ort wegen seiner Sumpf- und Urwaldgebiete eher berüchtigt denn berühmt. Der nur träge abfließende, schlammreiche Rioni bildete in der Umgegend gewaltige Sümpfe, die den geeigneten Nährboden für die Malariamücke abgaben. Bis zur weitestgehenden Trockenlegung der Sümpfe in sowjetischer Zeit war das »Sumpffieber« eine furchtbare Heimsuchung für die Westgeorgier und alle Ausländer, die als Eroberer oder unfreiwillig als Verbannte hier lebten. Im Zuge der Tockenlegung verschwanden leider auch die kolchischen Wälder, deren geheimnisvolle, stille Üppigkeit zahlreiche Reisende früherer Zeiten so eindrucksvoll geschildert haben. Unter dem kolchischen Wald hat man sich einen außerordentlich reichhaltigen Laubmischwald (zahlreiche Linden, mehrere Eichen- und Ahornarten, Ulmen, Eschen und Edelkastanien, Buchsbäume bis zu 13 m Höhe) mit dichtem, beinahe undurchdringlichem Unterholz (Holunder, Sauerdorn, Hornstrauch, Attich, wolliger Schneeball, Weißdorn, Mehlbeere, Aria, Haselstrauch, Stechpalme und Kirschlorbeer) vorzustellen. Nicht so sehr die Arten als vor allem die Individuenzahl, die Üppigkeit und die außergewöhnlichen Größenverhältnisse unterscheiden ihn vom europäischen Mischwald, vor allem aber das massenhafte Auftreten einer ungewöhnlich großen Zahl von Kletter- und Schlingpflanzen (Waldrebe, Hopfen, Schmerwurz, Bittersüß), wobei der kolchische Efeu (Hedera colchica C. Koch) und die wilde Weinrebe (Vitis vinifera L.) am häufigsten auftreten; die Stämme der wilden Weinrebe erreichen eine Dicke bis zu 45 cm, die Früchte sind klein und sauer.

Paleostomi-See

Südlich von Poti liegt der berühmte See *Paleostomi* (17,3 km^2), eine ehemalige Nehrung des Schwarzen Meeres, deren Name auf griechisch »Paläostoma«, »alte Mündung«, zurückgeht. Am östlichen Seeufer schließt sich ein *Naturschutzgebiet* an, das Reste des ursprünglichen kolchischen Lianenwaldes bewahrt. Dort befindet sich auch eine *Pferderennbahn* für nationale Reiterwettspiele, wo in jedem Mai der Festtag »Phasissoba« gefeiert wird.

Von Samtredia nach Abchasien

Üblicherweise berühren die Touristenrouten Poti-Phasis nicht, sondern führen über den großen Straßenring bei *Samtredia* auf der Hauptstraße nordwestlich nach *Abchasien*. Hierbei durchquert man weiterhin die »glühende Kolchis«, die ihrem Namen mit schwülwarmer Witterung selbst an bedeckten Tagen gerecht wird. Binsendurchsetzte Wiesen blieben als Überreste der einst ausgedehnten Sümpfe. Heute prägen vor allem riesige Teefelder und Eukalyptushaine die Landschaft. Der feuchtigkeitsliebende Eukalyptus wurde übrigens erst im Zuge der Trockenlegungsarbeiten der 30er Jahre angepflanzt, weil er dem Boden viel Nässe entzieht. Auch die langgezogenen megrelischen Reihendörfer entsprechen in der Hausbauweise noch den Erfordernissen des ehemaligen Sumpflandes: Zum Schutz vor Bodennässe und den Frühjahrsüberschwemmungen der Flüsse stehen viele Wohn- und Wirtschaftsgebäude ganz oder teilweise auf hölzernen Pfählen oder steinernen Sockeln. Bis zu zwei

Pkw vor den Wohnhäusern zeigen den heutigen Reichtum der hier lebenden Familien.

Man überquert nacheinander die Flüsse Zcheniszkali, Techuri, Ziwi, Chobi, Inguri, Okumi und Mokwi, die sich mit dem Rioni vereinen oder selbständig ins Meer münden. Mit ihren Geröll- und Lehmwassern haben sie die Kolchische Niederung angeschwemmt. Die Ost-West-Grenze zwischen *Imeretien* und *Megrelien* (georg.: *Samegrelo*) erreicht man am *Zcheniszkali*, dem »Pferdefluß« oder »Hippios« der Antike. Man wundert sich über die Entscheidung, die den Adscharern wegen ihrer religiösen Andersartigkeit Autonomierechte zugestand, nicht aber dem eine halbe Million Angehörige zählenden megrelischen Volk, dessen Sprache zwar zur kartwelischen Gruppe gehört, vom Hauptdialekt der georgischen Normsprache, dem Kartlischen, jedoch so stark abweicht, daß keine Verständigung möglich ist. Georgisch, d. h. Kartlisch, ist für die Megrelier eine Fremdsprache. Aber ihre Muttersprache blieb in Ermangelung kultureller Autonomierechte auf dem Niveau eines literaturlosen »Dialektes«.

Mit der Kultur und Geschichte Georgiens eng verbunden ist **Kloster Chobi** das auf dem linken Ufer des *Chobi*, 5 km von dem gleichnamigen Dorf entfernt gelegene *Kloster*. Nach der Überlieferung wurde es schon im Jahre 554 gegründet, nachdem die byzantinischen Heerführer Johannes und Rustikos den lasischen Herrscher Gubas ermordet hatten. Die Klosteranlage besteht aus einer Kathedrale des frühen 13. Jh., einem Glockenturm und einer Schatzkammer aus dem Spätmittelalter sowie den Ruinen eines Palastes des 18./19. Jh. Die Kirche besitzt Freskenfragmente des 13., 14. und 17. Jh. Hier im Chobi-Kloster befanden sich jahrhundertelang zwei der heiligsten georgischen Nationalreliquien: das Brustkreuz der Königin Tamar sowie eine Ikone des Großmärtyrers Georg, die der Familie des Dichters Schota Rustaweli gehörte. Auf dem Klostergelände stand außerdem die Familienkirche des georgischen Nationalhelden Zotne Dadiani (13. Jh.), über den die georgischen Chroniken folgendes Beispiel seiner Tapferkeit mitteilen: Einst befahlen die mongolischen Heerführer alle westgeorgischen Fürsten zu sich. Nur Zotne Dadiani erschien nicht. Die erzürnten und beleidigten Mongolen ließen die übrigen Fürsten entkleiden, bestrichen sie mit Honig und überließen sie in der glühenden Hitze den Insekten zum Fraß. Als Zotne von dieser Folter erfuhr, begab er sich umgehend in das mongolische Feldlager, um das Schicksal seiner Gefährten zu teilen. Ob des Edelmuts Dadianis gerührt, befahl der mongolische Heerführer die Freilassung seiner Gefangenen.

Auch die Stadt *Sugdidi*, seit dem 17. Jh. Residenz des megrelischen Fürstentums, ist eng mit dem Namen der Adelsfamilie **Sugdidi**

Dadiani verbunden. Die Dadiani ließen Anfang des vorigen Jahrhunderts in der Umgebung ihres Palastes einen Garten anlegen, den die Witwe des letzten Dadiani, Ekaterina Tschawtschawadse, die jüngere Tochter des aus Kachetien bekannten Dichters, ab 1853 prächtig ausbauen ließ, so daß der russische Historiker K. Borosdin begeistert schrieb: »Mit einem Wort, der Garten von Sugdidi ist in jeder Hinsicht bemerkenswert und besitzt im transkaukasischen Gebiet nicht seinesgleichen!« Wenig später, 1855, fielen jedoch die Türken während des Krimkrieges auch über Megrelien und Sugdidi her. Sie fällten sämtliche Bäume des Schloßgartens, der später von einem Mailänder Gartenarchitekten ganz neu gestaltet wurde und heute eine Abteilung des Botanischen Gartens von Tbilissi bildet. Auf Einladung Fürstin Ekaterinas fuhr übrigens im Juni 1876 die österreichische Baronesse und durch ihr Buch »Die Waffen nieder!« bekannt gewordene Pazifistin Bertha von Suttner auf Hochzeitsreise nach Georgien, wo das Ehepaar neun Jahre blieb, zuletzt in Sugdidi.

Museum   An den Garten der Fürsten Dadiani schließt das Gebäude des *Geschichts- und Volkskundemuseums* Sugdidis an, das als Sehenswürdigkeiten u. a. eine der drei Kopien von der Totenmaske Napoleon Buonapartes enthält. Sie und einige Möbelstücke aus dem Besitz des großen französischen Kaisers gelangten über Achilles Murat, den Enkel von Napoleons Marschall, nach Sugdidi, nachdem Achilles 1869 die megrelische Fürstin Salome Dadiani geehelicht hatte und von Paris nach Westgeorgien übersiedelte.

Festung Ruchi   Gleich hinter Sugdidi erhebt sich die noch immer sehr eindrucksvolle *Festung Ruchi*, die Fürst Lewan II. Dadiani 1636 zum Schutz seiner Hauptstadt vor den Türken errichten ließ. Ihr großes Areal (5.000 m²) bestand aus einem unteren und einem oberen Festungsteil. Die Mauerdicke betrug bis zu 4 m, die Höhe der Mauern lag zwischen 7 und 8 m, die der vier Türme zwischen 12 und 14 m.

Von Ruchi an neigt sich die Straßenführung wieder nach Westen und berührt bei *Otschamtschira* (als *Gionos* eine antike griechische Siedlung) erstmalig die Küste. Zugleich rückt die Wand der kaukasischen Berge zur Rechten näher ans Meer, die Uferzone immer stärker eingrenzend.

Abchasische Autonome Sowjetrepublik   Schon hinter Ruchi, mit der Überquerung des Inguri, erreicht man die Grenze zwischen Megrelien und der Abchasischen Autonomen Sowjetrepublik (8.600 km²; 1986: 536.000 Einwohner). Eigentlich ist man gar nicht mehr in Georgien, ethnisch und sprachlich gesehen. Denn Abchasisch gehört mit dem Tscherkessischen und Kabardinischen zur nordwestlichen Untergruppe der nordkaukasischen Sprachen und besitzt mit dem Georgischen keinerlei Verwandtschaft. Kein Land der Welt erhielt wohl je eine so zärtlich-poetische Bezeichnung wie Abchasien, denn »Apsny« heißt »Land der Seele«.

Die Bevölkerung Abchasiens ist heterogen, die Abchasen stehen mit 17 % erst an dritter Stelle hinter Georgiern (darunter auch kompakte Gruppen von Megreliern) und Russen. Zu Recht empfinden sie sich als Minderheit im eigenen Land, numerisch wie auch politisch. Tbilissi ist schwerhörig gegenüber abchasischen Beschwerden über verletzte Autonomierechte: Obwohl oder gerade weil sie selbst gegenüber dem russischen Staatsvolk um die Wahrung ihrer Rechte ringen, bringen Georgier kein Verständnis für die Probleme noch kleinerer Völker auf, ja scheinen ihren eigenen Druck an diese direkt weiterzugeben. Dagegen versuchten sich die Abchasen nicht erst seit heute zur Wehr zu setzen. 1946/47, als die Schulen Abchasiens geschlossen wurden, verurteilten einige abchasische Intellektuelle die Zwangsgeorgisierung in einem Schreiben an den (georgischen) Diktator Stalin. Sie handelten sich eine Parteirüge ein, an den antiabchasischen Maßnahmen änderte sich nichts. 1977 wandten sich 130 Intellektuelle an Breschnjew, protestierten gegen die Zwangsassimilierung ihres Volkes durch Georgien und verlangten den Anschluß Abchasiens an die Russische Föderation. Ähnlich wie bei den anfänglichen Lösungsversuchen im armenisch-aserbaidschanischen Karabach-Konflikt versuchte Moskau das Problem mit Geldzuwendungen unter Kontrolle zu bringen. Aber eine Verbesserung der sozioökonomischen Lage, selbst wenn sie wirklich die Betroffenen erreicht, ändert nichts an nationaler Unterdrückung und Verfolgung. Gegenwärtig wird die abchasische Bewegung von der am 13. 12. 1988 gegründeten und am 9. 6. 1989 offiziell anerkannten Volksfront *Aidgylara* (»Einheit«; im April 1989 umbenannt in »Volksforum Abchasiens«) geleitet. Sie versammelte im März 1989 die politische und künstlerische Intelligenz Abchasiens bei dem alten Nationalheiligtum Lychny, wo gefordert wurde, Abchasien zu einer eigenständigen Sowjetrepublik zu erheben, was wütende georgische Gegendemonstrationen und Streiks in Abchasien und Georgien auslöste. Der Erste Sekretär des Abchasischen ZK, Boris Adleiba, der einen Brief mit unterzeichnet hatte, in dem die Loslösung Abchasiens von Georgien gefordert wurde, verlor am 6. April 1989 sein Amt. Die Absicht, in Suchumi eine Filiale der Universität Tbilissi einzurichten, verschärfte ab Mai 1989 den abchasisch-georgischen Konflikt; Protestdemonstrationen und Streiks mündeten Ende Juni 1989 in zahlreiche bewaffnete Zusammenstöße und gaben Anlaß zum Einsatz von Sondertruppen.

Die georgischen Ansprüche auf Abchasien gehen auf die seit dem frühen Mittelalter bestehenden Verbindungen zwischen beiden Ländern zurück; ein in Abchasien herrschender Zweig

Geschichte

343

der Bagratiden regierte vom 8.–10. Jh. das sogenannte Abchasische Königreich und dehnte seine Herrschaft über ganz Westgeorgien aus. Im 10. Jh. wurde Georgisch als Amts- und Kirchensprache in Abchasien eingeführt. Vom 17. Jh. bis 1810 war Abchasien nominell ein unabhängiger Staat, befand sich aber seit der zweiten Hälfte des 16. Jh. bereits in enger Abhängigkeit vom Osmanischen Reich. Wie in Adscharien erzielte die muslimische Mission der Türken auch in Abchasien Erfolge, wo sie freilich das in der ersten Hälfte des 6. Jh. zur Staatsreligion erhobene und von Byzanz übernommene Christentum niemals so vollständig verdrängen konnte wie in Adscharien. Ein Großteil der islamisierten Abchasier wanderte überdies nach dem russisch-türkischen Krieg und der Niederlage der Osmanen 1878 in die Türkei aus. Abchasien hat sich im 18. Jh. oftmals gegen die Osmanen erhoben (z. B. 1725, 1728, 1733, 1771, 1801), später auch gegen Rußland (1866).

Das abchasische »Seelenland« ist von großer, kontrastreicher Schönheit: Der schmale, stellenweise nur 200 bis 300 m breite Küstengürtel bietet die gesamte Palette hochwertiger subtropischer Vegetation mit Tee- und Tabakanbau, Oliven, Lorbeer und Eukalypten, Mandarinen-, Apfelsinen- und Zitronengärten, Palmen, Mimosen, Magnolien und Zypressen in Parks und Alleen. Das Hinterland besteht aus dem bewaldeten Südhang der westlichen Hauptkette des Großen Kaukasus mit dem *Dombai-Ulgen* (4.046 m) als höchster Erhebung. Südwestlich schließt sich die kolchische Ebene an.

Anfang April kam ich nach Suchumi – in die Stadt der Trauer, des Tabaks und der duftenden Pflanzenöle. Von hier aus muß man das Alphabet des Kaukasus erlernen, hier beginnt jedes Wort mit »a«. Die Sprache der Abchasier ist mächtig und vollautig, doch reich an oberen wie unteren verschmolzenen Kehllauten, welche die Aussprache erschweren; man könnte sagen, sie breche aus einem Kehlkopf hervor, der von Haaren überwachsen ist.

Ich fürchte, er ist noch nicht geboren, der gute Bär Baloo, der mir wie dem kleinen Mowgli aus Kiplings Dschungelbuch die herrliche »Apsny«-Sprache beibringen wird – und doch stellte ich mir vor, wie in ferner Zukunft die Akademien für das Studium der Kaukasussprachen über den ganzen Erdball verteilt sein werden. Das phonetische Erz Europas und Amerikas ist am Versiegen. Seine Schichten haben Grenzen. Schon jetzt lesen junge Leute Puschkin in Esperanto. Jedem das Seine.

Doch was für eine schreckliche Warnung!

(Ossip Mandelstam: Die Reise nach Armenien, 1930)

Eigentlich heißt die Stadt auf abchasisch *Aku* oder *Akua* (»Gestade«), ist jedoch unter der georgischen Bezeichnung *Suchumi* (von *zchum*, »heiß«) bekannt geworden. Ebenso wie Poti geht auch Suchumi auf eine Gründung ionischer Griechen aus Milet im 6. Jh. v. Chr. zurück. Die Sage leitet ihren griechischen Namen, *Dioskurias*, von jenen Zwillingen Kastor und Polydeukes ab, die der lüsterne griechische Göttervater Zeus in Schwanengestalt mit der schönen Leda zeugte und die im Gefolge Jasons in die Kolchis gerieten, sich dann aber absetzten und nordwestlich der Kolchis die »Zwillingsstadt« gründeten. Dioskurias gelangte zu solcher Blüte, daß es im 2. vorchristlichen Jahrhundert sogar eigene Münzen prägte. Der Krieg des pontischen Herrschers Mithridates VI. mit den Römern führte aber ein Jahrhundert später auch hier zu starken Zerstörungen, über die der römische Gelehrte Gaius Secundus ausführlich berichtete. Er teilte ferner mit, daß sich die Einwohnerschaft der Stadt aus 300 verschiedenen Nationalitäten zusammengesetzt habe, so daß die Römer zur Regelung ihrer Angelegenheiten Dolmetscher für 130 Sprachen benötigten. Zu jener Zeit versank vermutlich der größere Teil des antiken Dioskurias bei einer Naturkatastrophe, vermutlich einem Erdrutsch, in der heutigen Suchumi-Bucht. 1864 entdeckten zwei Einwohner durch Zufall Überreste. Im 1./2. Jh. n. Chr. bauten die Römer auf den Ruinen des noch bestehenden Dioskurias ihre Festung *Sebastopolis*, die ebenfalls später zum größten Teil vom Meer verschlungen wurde. Den Römern folgten die Byzantiner und gründeten unweit der ehemaligen Römerfestung am Ufer des Flusses Besleti die Stadt *Zchumi*, die im 8. und 9. Jh. eine der mächtigsten Städte Georgiens wurde und enge Handelsverbindungen mit Genua und Venedig unterhielt. Im 15. Jh. wurde die abchasische Küste von den Osmanen erobert und Suchumi zu einem türkischen Militärstützpunkt, *Suchum-Kale*, ausgebaut. Die Stadt galt als berüchtigter Umschlagplatz des Sklavenhandels, vor allem für georgische und abchasische Jünglinge, die man von hier nach Stambul und Ägypten verkaufte. Nach dem Anschluß Abchasiens an Rußland erhielt Suchumi einschließlich der umliegenden Dörfer 1847 das Stadtrecht, wurde aber während des Krimkrieges 1853 und des russisch-türkischen Krieges von 1877 derartig verwüstet, daß die Einwohnerzahl schon 1866 auf 412 Personen sank. Aber Suchumi erholte sich schnell. Am Vorabend des Ersten Weltkrieges war es wieder ein bedeutendes Handelszentrum, vor allem für Tabak.

Suchumi, die abchasische Hauptstadt, gilt heute als bedeutender Bade- und Kurort, vor allem für Herz- und Lungenkranke. Auf der Höhe von Nizza gelegen, rühmt es sich seines milden feuchtwarmen Klimas mit 220 Sonnentagen im Jahresdurchschnitt. Sein Zentrum umgibt amphiteatrisch die kleine, felsige

Suchumi
(124 000 Ew.)

Geschichte

Bucht. An Sehenswürdigkeiten bietet Suchumi nicht allzu viel. Die Stadtrundfahrten beschränken sich fast immer auf eine Fahrt zum Aussichtsplateau auf dem Suchumi-Berg, das *Museum zur Landeskunde Abchasiens* bleibt unbesichtigt. Dabei besitzt es durchaus interessante paläontologische Funde, darunter pflanzliche Versteinerungen des Tertiärs vom Suchumi-Berg sowie den Abdruck einer Riesenmakrele, die einst das Sarmatische Meer bewohnte. Daran schließen sich Funde zur Vor- und Frühgeschichte Abchasiens an, dessen Siedlungsgeschichte bis in die frühe Altsteinzeit zurückreicht. Wer nicht die Möglichkeit besitzt, die bronzezeitlichen Dolmen in der nahegelegenen Siedlung *Eschera* in situ zu besichtigen, findet hier im Museum ein derartiges Zeugnis einer einst von Skandinavien bis Nordafrika verbreiteten Megalith-Kultur. Besonders aufschlußreich sind natürlich die Funde aus der Suchumi-Bucht mit zahlreichen Zeugnissen griechischen und römischen Einflusses: Amphoren, Standbilder, Fingerringe, vor allem aber eine Marmorstele (5. Jh. v. Chr.) sowie eine Grabplatte mit einem datierten Relief aus derselben Zeit; sie ist einmalig unter den antiken Funden der Schwarzmeerregion und wurde entweder auf Bestellung eines hellenisierten kolchischen Lokalherrschers oder eines wohlhabenden Kaufmanns aus der lokalen griechischen Faktorei angefertigt (Uliza Lenina 22; täglich außer montags geöffnet von 10–17 Uhr).

Fast alle baulichen Reste der bis in das Altertum zurückreichenden Geschichte Suchumis befinden sich außerhalb des heutigen Zentrums, so die auf dem Bagrat-Berg im Südosten der Stadt gelegenen und König Bagrat III. zugeschriebenen Mauer- und Turmreste eines *Schlosses* (10./11. Jh.; nahe dem Touristenkomplex in der Tscheljuskinzewstraße; ein ausgeschilderter Pfad führt hinauf) oder eine einst strategisch wichtige, turmbewehrte *Bogenbrücke* über den Besleti (12. Jh.; 6 km vom Zentrum). Nur die Reste der auf die Römer und das 2. Jh. zurückgehenden, von den Byzantinern und Türken oftmals um- und ausgebauten *Festung* liegen touristenmäßig günstig an der Strandpromenade, dem Rustaweli-Prospekt; zwei Eckbastionen und die drei landzugewandten, aus Kies und großen Steinen aufgeführten Mauern blieben erhalten. In einem der Türme befindet sich das abchasische Spezialitätenrestaurant *Dioskurias*.

Wer sich Suchumi von Süden nähert, entdeckt links der Küstenchaussee vor dem Kelassuri-Flüßchen einen Rest der *Abchasischen Mauer*, die vom 5.–8. Jh. von den Byzantinern und besonders unter Kaiser Justinian zum Schutz »Abaßchias« vor den Angriffen iranischer Reitervölker, insbesondere der Alanen, errichtet wurde. Sie erstreckt sich über eine Länge von 160 km von der Küste ins Innere Abchasiens. Auf Pfeilschußweite,

d. h. im Abstand von 50–70 m errichtete Türme sollten zusätzliche Sicherheit verleihen. Obwohl die Abchasische Mauer nach der Chinesischen Mauer das zweitgrößte Bauwerk dieser Art ist, hielt sie nicht die Invasion der Araber auf.

Zur Unterhaltung seiner Gäste bietet Intourist Suchumi außer einer kurzen Stadtrundfahrt nur zwei wahlweise Programmpunkte an: die Besichtigung einer Affenzucht sowie den Botanischen Garten. Obwohl das Freigehege auf dem *Trapezia-Berg* inmitten tropischer Bäume schön gelegen ist, sollte man es boykottieren: Die hier gehaltenen Paviane, Rhesus-, Kapuziner- sowie Anubisaffen, Mandrills, Meerkatzen und Makaken dienen nämlich in erster Linie medizinischen und pharmazeutischen Versuchen. In einem Vierteljahrhundert, teilt ein sowjetischer Reiseführer von 1956 mit, seien hier über 600 Forschungsarbeiten durchgeführt worden. »Die fröhlichen Tierchen«, heißt es dort unwahr und naiv, »(...) dienen uneigennützig der Wissenschaft«. Als hätte man ernsthaft ihr Einverständnis mit dieser Quälerei eingeholt. Statt des Besuchs bei den unglücklichen Affen empfehle ich den *Botanischen Garten* mit seiner umfassenden Sammlung tropischer und subtropischer Gewächse. Er wurde bereits 1840 von General N. Rajewski, einem Freund Puschkins, angelegt. Ebenso wie in Sugdidi wüteten auch hier die Türken während des Krieges von 1877. Erst 1894

Botanischer Garten

Suchumi: Botanischer Garten

konnte der Garten neu angelegt werden. Obwohl nur eine Fläche von 17 ha umfassend, bietet er 800 Arten, besonders der subtropischen Zonen, sowie seltene Wasserpflanzen in vier Freibekken, darunter die tropische Victoria regis. Sie blüht gewöhnlich im August, jeweils nur für anderthalb Tage (Uliza Tschawtschawadse 20, täglich außer montags von 10–19 Uhr geöffnet).

Aber die Schritte werden selbst im Schatten immer schlapper, denn das feuchtwarme Klima Suchumis ist alles andere als aktivierend. Schon immer habe ich mich gefragt, warum diese Stadt mit ihrem schwülen Kesselklima den Herzkranken empfohlen wird. Mein Kreislauf spielt hier jedenfalls regelmäßig verrückt, und wenn ich länger in Suchumi leben müßte, würde ich notgedrungen zum Müßiggänger. Physische Arbeit gar erscheint mir dort als einziger schweißtreibender Heroismus. Erst abends wird die Luft erträglicher. Die sowjetischen Urlauber flanieren die Uferpromenade auf und ab, Cafés und Eisdielen sind überfüllt, zahlreiche Sprachen dringen ans Ohr. Suchumi war wohl immer vielsprachig.

Das Intourist-Hotel *Abchasija* (1939) ist ein stattlicher Bau mit dem verblichenen Charme eines einstigen Grand-Hotels. Seine Balustrade gewährt beste Aussicht auf die *Suchumi-Bucht* und den kleinen *Hafen*, von wo aus Ausflugsdampfer zu längeren und kurzen Ausflügen entlang der Schwarzmeerküste auslaufen. Wenn man will, kann man zu einer Mondscheinfahrt in der Suchumi-Bucht aufbrechen, über dem versunkenen Dioskurias kreuzend. Gegenwärtig bietet freilich das *Abchasija* einen deprimierenden Anblick. Das Hotel brannte 1985 innen völlig aus. Ein Anschlag mit politischem Hintergrund, so wird gemunkelt, dem die nationalen Proteste der Abchasen gegen die Georgier zugrunde gelegen haben sollen.

Abchasische Heerstraße

Bei Suchumi beginnen eine Reihe interessanter Wander- und Autorouten, die großartige Landschaften erschließen. Die berühmteste Strecke ist fraglos die *Abchasische* oder *Suchumi-Heerstraße* (ca. 300 km), die ab der Sowchossiedlung *Gulripsch* (»Rosental«) einem Nebenfluß des Kodori und dann diesem selbst folgt und über den Kluchor-Paß (2.782 m) nach Tscherkessk, der Hauptstadt der Autonomen Karatschajer-Tscherkessischen Sowjetrepublik führt (Abzweigung Richtung Zebelda). Diese wohl seit dem 3. Jahrtausend v. Chr. als Nord-Süd-Verbindung benutzte Wegstrecke trug im Altertum die Bezeichnung Darin-Weg. Seit dem 5./4. Jh. v. Chr. erfolgte ihre systematische Befestigung mit Wehrbauten, deren Reste heute noch in *Gerseul, Tschchalta, Klytsch* und anderswo zu sehen sind. Mit Recht haben viele Reisende die Abchasische der Georgischen Heerstraße vorgezogen – nicht nur, weil der Kluchor-Paß den Kreuzpaß um 403 m an Höhe übertrifft, sondern vor allem wegen der eindrucksvolleren landschaftlichen Kontraste und Reize. Denn die Hauptstrecke der Georgischen Heerstraße führt durch waldloses Gebiet, während die Abchasische Heerstraße die Abwechslung von Hochwäldern und herrlichen Alpenmatten bietet. Als höchste Erhebung Abchasiens zeigt sich im Westen des Kluchor-Passes der *Dombai-Ulgen* (4.046 m). Der Massentourismus hat diese von Kennern so gepriesene Route noch nicht erreicht. Während die Nord-Süd-Durchfahrt des Kaukasus über die Georgische Heerstraße beinahe schon ein touristisches Muß darstellt, ist die Abchasische Heerstraße zumindest westlichen Gruppenreisenden noch verschlossen. Von sowjetischen Bergwanderern wird sie sehr geschätzt. Die Abchasische Heerstraße ist heute bis *Kwemo-Aschara* bequem mit dem Auto befahrbar.

Doch zurück zur nordwestlich verlaufenden Uferstraße, die, über Bodenwellen und Berghänge führend, die Küste bald berührt, bald von ihr zurückweicht. Hier begleitet den Reisenden weiterhin die subtropische Üppigkeit der abchasischen Küstenlandschaft. Kurz hinter Suchumi den Gumista-Fluß überquerend, an dessen Mündung Intourist ein *Campinglager* unterhält, gelangt man 17 km hinter Suchumi zu dem rustikal eingerichteten und teilweise in eine Höhle eingebauten abchasischen Spezialitätenrestaurant *Eschera*; dahinter führt ein Pfad zu bronzezeitlichen Dolmen. Nach weiteren 7 km ist der kleine Kurort *Nowyj Afon* erreicht. Dort bietet sich ein ausgezeichneter Blick vom *Iweria-Berg* (525 m), auf den man zu Fuß (4 km) oder mit einer Drahtseilbahn gelangt. Oben liegen die Reste der *Zitadelle* und *Siedlung Anakopia* (4.–10. Jh.), der frühmittelalterlichen Residenz der abchasischen Fürsten und später Hauptstadt des abchasischen Königreiches. Das bedeutendste Bauwerk der Zitadelle ist der viereckige *Römerturm* (4. Jh.); die *Anakopia-Kirche* (7./8. Jh.) aus Meereskieseln und grob behauenen Kalksteinblöcken enthält im Altarteil Darstellungen des christlichen Fischsymbols, eines Löwen, des Kreuzes sowie altgriechische Inschriften.

Nowyj Afon

Zitadelle

Der Iweria-Berg besitzt eine der größten *Karsthöhlen* der Welt (40.000 m²) mit neun Kammern und drei großen Seen von mehr als 10 m Tiefe. Künstliche Lichteffekte und leise, in den einzelnen Kammern unterschiedliche Orgelmusik sollen den großartigen Eindruck verstärken. Auf Autozügen werden die Besucher 1.360 m weit in das Höhlensystem gefahren, weiter geht es dann zu Fuß auf betonierten Wegen, Rampen, Gerüsten und Brücken. Die Besichtigung dauert etwa anderthalb Stunden. Der Ortsname Nowyj Afon bezieht sich auf eine Gründung von Mönchen aus dem russischen Pantelejmon-Kloster auf dem heiligen Berg Athos (Griechenland). 1874 schenkte ihnen Kai-

Karsthöhle

ser Alexander ein großes Gelände auf dem »Athos«-Berg an der abchasischen Schwarzmeerküste. Hier entstand, im »neubyzantinischen« Stil, das »Neue Athos«-Kloster, das bald Pilger aus dem gesamten Russischen Reich anzog. Heute befindet sich Museum in der ehemaligen Hauptkirche eine Filiale des *Abchasischen Staatsmuseums* mit archäologischen Funden vom Klostergelände sowie Exponaten zur Geschichte des Klosters. Zu den Sehenswürdigkeiten Nowyj Afons zählt ferner die gut erhalteApostelkirche ne, aus weißen Steinen gebaute *Kreuzkuppelkirche des Apostels Simon des Kanaaniters* (9./10. Jh.), dem nach kirchlicher Überlieferung die Abchasen ihre erste Missionierung verdanken. Sie diente einst als Gruft für den höheren abchasischen Klerus und liegt in der Nähe des Hotels *Wodopad* am Beginn der Psyrzcha-Schlucht.

Gudauta   Nach weiteren 20 km ist *Gudauta* erreicht, als Badeort fast ebenso bekannt wie die folgenden Bäder Pizunda und Gagra. Ausgrabungen in der Umgebung erbrachten auch hier reiche Funde, darunter polierte Steinäxte und kleine Hacken aus Kieselstein. Gudauta war eine sehr frühe Siedlung des abchasischen Stammes der Apsilen. Im 13./14. Jh. unterhielt hier Genua eine Handelsfaktorei.

Pizunda   Die Küstenstraße schneidet das flache Schwemmland der Pizunda-Landzunge, die der Bsyb-Fluß im Verlauf von drei Jahrtausenden gebildet hat. Seit dem 6. vorchristlichen Jahrhundert, als hier eine Siedlung milesischer Griechen entstand, ist *Pizunda* als »Kiefernstätte« unter vielfältigen Namensformen – Pitkunta, Pityota, Pityunt, Pitys(a), Bitschwinta und Pitschwi – bekannt geworden, die sämtlich den kostbarsten Schatz der Gegend bezeichnen: einen Hain langnadeliger Kiefern, wie sie seit dem Tertiär auf der Erde sonst nahezu ausgestorben sind. Diese Bäume, deren Nadeln bis zu 40 cm lang werden, galten im Altertum als heilig. Wer frevlerisch die Axt gegen sie erhob, dem drohte die Todesstrafe. Heute steht der Hain (ca. 200 ha) mit seinen 30.000 Baumveteranen unter strengem Naturschutz.

Geschichte   Wie die Historiker Artemidoros von Ephesos (1. Jh. v. Chr.), Strabon und Plinius der Ältere (1. Jh. n. Chr.) berichten, war das antike Pityunt eine große und reiche Handelsstadt. Die Römer errichteten auch hier im 2. Jh. n. Chr. eine Festung mit 27 Türmen. Ein künstlicher Kanal verband den als Binnenhafen genutzten Inkit-See auf dem Pizunda-Kap mit dem Meer. Er ist heute ein Vogelparadies, in dessen Uferdickicht Teich- und Rallenreiher, Pelikane und andere Wasservögel leben. Im 4. Jh. ging zwar die wirtschaftliche Bedeutung Pityunts zurück, das dafür zu einem Zentrum der christlichen Mission Abcha-

siens und frühchristlicher Kultur wurde. Sein Bischof Strato-
phil nahm am ersten gesamtökumenischen Konzil in Nikaia
(325) teil. In Pityunt verbrachte auch der berühmte byzantinische Prediger Johannes Chrysostomos (»Goldmund«) seine Verbannung. Vom 16.–18. Jh. befand sich der Sitz des westgeorgischen Katholikos, der dem orthodoxen Patriarchat von Konstantinopel unterstand, in Pizunda. Pizunda ist heute der
gefragteste Badeort der georgischen Riviera.

Sehenswert

Ausgrabungen der Jahre 1952–1968 erbrachten Ruinen antiker
Befestigungsanlagen sowie die Fundamente eines antiken Tempels
(5. Jh. v. Chr.), Keramik eigener Herstellung sowie Importware,
Bronze- und Silberfigürchen und einen Schatz von 149 römischen Münzen des 2. und 3. Jh. Das antike Pityunt besaß ein
hochentwickeltes Entwässerungssystem, Bäder sowie eine Sei-
fensiederei. Im Nordosten der einstigen Akropolis entdeckte
man in den Ruinen einer frühchristlichen dreischiffigen *Basilika* (6. Jh.) einen Mosaikboden, der auf gelblich-weißem Un-
tergrund Tritonen, Fische, Molche, verschiedene Tiere, Eichen-
und Granatapfelblätter sowie ein kompliziertes geometrisches
Muster zeigt; aus einer Quelle trinkende Vögel werden als
christliches Symbol des Glaubens und der Seele gedeutet. Diese
und andere Ausgrabungsfunde sind in der Pizunder *Museums-
ausstellung* (im Inneren der alten Festungsanlage) zu sehen.
Ende des 10. Jh. entstand innerhalb der Stadtmauern und in
der Nähe des Bischofspalastes ein großes Kloster, von dem noch
die der Gottesmutter geweihte *Hauptkirche* erhalten ist. Ihren

Klosterkirche

Grundriß bildet ein lateinisches Kreuz, über das sich eine Kuppel
mit Hängezwickeln auf zwei freien Stützen und den Wandvor-
sprüngen der Apsis wölbt. Im Osten bilden drei Apsiden den
Abschluß, im Westen ein Narthex mit Empore. Die Außenwöl-
bung der Kuppel sowie die byzantinische Mauertechnik –
abwechselnde Schichten von Hausteinen und Ziegeln – deuten
auf starke byzantinisch-kleinasiatische Einflüsse hin. Von den
Wandmalereien des 16. Jh. blieben nur Fragmente in der Vorhalle sowie der südwestlich gelegenen Grabkapelle erhalten,
nachdem bei Restaurierungen im 19. Jh. auch hier ein Großteil
der alten Fresken übertüncht worden war. Heute finden in der
Kirche Kammer- und Orgelkonzerte statt (jeweils mittwochs
und samstags um 12 und 20.30 Uhr).

Zum Intourist-Programm gehört der Ausflug zum *Riza-See*
(61 km von Pizunda), wozu man kurz vor der Abzweigung nach
Pizunda von der Küstenstraße nordöstlich abbiegt. Eine bequeme Straße folgt 41 km lang dem Lauf des Bsyb und seiner
Zuflüsse Gega und Jupschara, wobei sie über das alte, für seine
Bienenzucht berühmte Dorf *Bsyb* führt; dort sind die Ruinen
einer Festung sowie eine Kirche aus dem 9./10. Jh. sehenswert.

Riza-See

Einsam ist man am Riza-See wahrscheinlich nie, denn der inmitten von Gebirgswäldern auf 950 m sehr malerisch gelegene natürliche Stausee – er entstand erst vor 1.000 Jahren durch einen Erdrutsch – bildet eines der Hauptausflugsziele im westlichen Kaukasus, auch wenn der tiefe See (116 m) mit einer Temperatur von höchstens 18° C nicht zum Baden geeignet ist. Ruhiger geht es am *Kleinen Riza-See* (1.200 m) zu. Obwohl bloß 5 km nordwestlich des großen Rizas gelegen, gelangen hierher nur Bergsteiger und erfahrene Wanderer, die am Ziel mit einem großartigen Panoramablick auf die umliegenden Schneegipfel belohnt werden. Vom Riza-See führt eine Asphaltstraße (16 km)

Uadchara-Tal in das *Uadchara-Flußtal* mit seinen 30 bekömmlichen Mineralquellen inmitten alter Nadelwälder. Ein Sanatorium hat sich auf die Heilung von Magen- und chronischen Gallenwegsleiden spezialisiert.

Gagra Auf die Küstenhauptstraße zurückgekehrt, gelangt man 25 km hinter Pizunda nach *Gagra*, dem wohl sympathischsten Schwarzmeerbadeort Georgiens, der mehr als andere, überlaufenere Städte das Flair der Jahrhundertwende bewahrt hat und nostalgische Gefühle anspricht. Auch Gagras Geschichte reicht bis in die Antike zurück, als die Griechen hier im 2. vorchristlichen Jahrhundert eine Triglyphos genannte Handelsfaktorei besaßen. Ihre römischen Nachfolger bezeichneten den Ort als Nitica, die Byzantiner als Tracheia, auf genuesischen Karten taucht er als Chakara bzw. Kakara auf. Vom einstigen Glanz des lasischen Reiches bewahrt Gagra noch eine *Festung* (4./5. Jh.) mit einer kleinen *Kirche* (6./7. Jh), in der jetzt mittelalterliche abchasische Waffen ausgestellt werden. Vom 17. Jh. bis 1829 von den Türken besetzt, wurde das von Russen und Georgiern befreite Gagra zu einer bedeutenden Garnison, deren strategischen Wert der französische Gelehrte Dubois de Montpereux dem der griechischen Thermophylen gleichsetzte. Über das Gagra zur Zeit des Krim- bzw. Kaukasuskrieges heißt es in einer zeitgenössischen Reiseschilderung:

»Für eine Macht wie Rußland, die sich in den Besitz des Kaukasus setzen will, bietet die Bucht (von Gagra, T. H.) manche Vorteile; zunächst liegt sie am Eingange eines der bedeutendsten Engpässe des Kaukasus, an der berühmten Schlucht von Gagri. Hier ist der Schauplatz manchen verzweifelten Kampfes zwischen den Russen und den Guerillabanden des Gebirges schon gewesen. Ferner steht Gagri mit den meisten anderen Engpässen und Tälern, welche in das Innere des Kaukasus führen, in Verbindung. Seitdem sich die Russen in den Besitz dieses Punktes gesetzt haben, sind sie trotzdem nicht weit über die Ruinen einer hier befindlichen alten Kirche und eines Klosters vorgedrungen. Das letztere haben sie zu Wohnungen benutzt und deshalb befestigt. Keine andere der russischen Niederlassungen auf der ganzen tscherkessischen Küste ist den Truppen so gefährlich gewesen, als Gagri, und zwar weniger in Folge der Feindseligkeiten der Eingeborenen, als wegen des ungesunden Klimas. Die Sterblichkeit ist hier so groß, daß hier nach Berichten der stationierten Offiziere die Besatzung alle sechs Monate gewechselt oder verstärkt werden muß.« (Spencer, O.: Reise längs der Küste von Tscherkessien, Abchasien und Mingrelien. In: Die kaukasischen Länder und Armenien in Reiseschilderungen. Leipzig, 1855, S. 16.)

Dem Bau der Schwarzmeer-Küstenstraße Ende des 19. Jh. verdankt auch Gagra seinen wirtschaftlichen Aufschwung. Zunächst sah es so aus, als ob die allmählich aufblühende Siedlung dem Kloster Nowyj Afon zugeschlagen würde. Doch dann schenkte Zar Nikolaj II. 1901 seinem Schwiegersohn Prinz Alexander von Oldenburg den Ort Gagra mit ausgedehnten Liegenschaften in der Umgebung. Mit deutschem Tatendrang errichtete der Prinz in Gagra die erste Wetterstation des Russischen Reiches, begründete eine Musterfarm »Ariadne« für den Anbau von Tabak, Mais, Wein und Obst und bekämpfte die Malaria, die alte Geißel der kolchischen und abchasischen Küste. 4 km südlich von Alt-Gagra entstand die Handelsniederlassung Neu-Gagra. Das erste provisorische Gasthaus eröffnete 1903, und man sagte bereits damals Gagra eine bedeutende Zukunft als Badeort voraus, freilich wegen des schweißtreibenden, schwülfeuchten Klimas nur für den Winter ...

Von der Küstenstraße aus sieht man das im neugotischen Stil gebaute Schloß des Prinzen Alexander rechts am Hang inmitten üppiger Parks und Gärten liegen. Es beherbergt heute das Erholungsheim »Möwe«. Da der Kaukasus bei Gagra unmittelbar an die Küste tritt, bleibt nur ein schmaler Uferstreifen, den die Küstenstraße sowie ein angenehm schattiger, subtropischer Park mit Palmen, Platanen, Magnolien, Oleander, Himalayazedern, Bambus, Eukalypten und Hovenien einnehmen; westlich davon liegt die Ruine der bereits erwähnten Gagra-Festung.

Sehenswert

Hinter der Küstensiedlung *Gantiada (Gantiadi)*, die die Ruinen der Zandripsch-Basilika (6./7. Jh.) sowie die Chaschupse-Festung (8.–10. Jh.) bietet, erreicht man *Lesselidse*, den letzten Ort vor der georgischen bzw. abchasischen Grenze zur RSFSR, zu Rußland. Und da hier eine Zeitzone überschritten wird, muß die Uhr eine Stunde auf Moskauer Zeit zurückgestellt werden. Aber die gleichbleibend üppige Landschaft sowie die unrussischen Ortsnamen widerlegen jeden Gedanken an Rußland. Bald kommen Datschenvororte von *Sotschi* in Sicht, das sich auf gewaltigen Werbetafeln entlang der Straße rühmt, größter Kurort der Welt zu sein. Jährlich werden hier Millionen von Kurgästen

Sotschi
(300 000 Ew.)

und Urlaubern betreut, während die Zahl der ständigen Einwohner bei nur etwa 300.000 liegt. Ein Urlaubsparadies?

Kilometerlang erstreckt sich der Ort zwischen Küste und Fernstraße. Die Nachbarsiedlungen Adler (mit dem Flughafen), Chosta, Mazesta und Dagomys wurden schon 1961 eingemeindet. Längst bestimmen gewaltige Bettenburgen aus Beton das Bild, denen gegenüber sich die älteren neoklassischen Sanatorien und Wohnheime früherer Jahrzehnte geradezu anheimelnd ausnehmen. Noch in der Nacht schrecke ich im zehnten Stock des Intourist-Hotels aus dem Schlaf, weil einige hundert Meter entfernt der Preßlufthammer dröhnt: Eine Bauarbeiterbrigade legt Sonderschichten ein, um das nächste Hotelhochhaus fertigzustellen. Das Hintergrundgeräusch bildet der nie abklingende Lärm der Küstenstraße, die zugleich Hauptverkehrsader zwischen Noworossijsk und Batumi ist. Die Bauwut schlägt immer tiefere Breschen in die herrliche Küstenlandschaft, über 145 km wurden bereits verbaut.

Denderarium

Sotschi besitzt unter diesen Umständen nichts von der Behaglichkeit Suchumis oder Gagras. Es ist eine einzige Urlaubsfabrik, in der man sich wohl schnell langweilt, wenn man nicht nur auf Strand und Meer aus ist. Das vielgerühmte *Denderarium* ist bald besichtigt. Zwar erstreckt es sich in schöner Lage von der Küste die Hänge hinauf, aber die Vielfalt exotischer Pflanzen dieser Mischung aus Park und Botanischem Garten versöhnt nicht mit seiner vielerorts sichtbaren Vernachlässigung. Manche Palme kümmert dahin. Im unteren Teil zieht ein überschwenglich »Aquarium« genanntes Becken mit Schwarzmeerfischen die Besucher an, in dem Vertreter einiger typischer Arten traurige Endlosrunden über dem Betonboden drehen.

Thermal-
quellen

Dies und der Besuch der *Schwefelquellen* im Tal des Mazesta-Flusses (10 km vom Zentrum) sind Hauptpunkte des üblichen Sotschi-Programmes von Intourist. Die Heilkraft der Thermalquellen von Mazesta ist seit alters her bekannt, gewerbsmäßig genutzt wurde sie aber erst seit 1909, als ein Moskauer Unternehmer an der Sotschi-Küste die Kuranlage *Kawkaskaja Riwjera* eröffnete. Heute sprudelt die Mazesta-Quelle in einem pompösen neoklassischen Bau, in dessen Inneres wir Touristen freilich nicht vordringen. Aber der bis in die Gartenanlage spürbare, unerträglich stechende Schwefelgeruch nimmt uns auch alle Lust zu näherer Bekanntschaft, obwohl die Heilkraft von Mazesta sehr gerühmt wird. Herz- und Nervenleiden, Erkrankungen der Gelenke und Blutgefäße werden hier behandelt – unter anderem.

Sehenswert

Nicht nur in seinen Ausmaßen und seiner Beton-Monströsität unterscheidet sich Sotschi unvorteilhaft von den georgischen sowie abchasischen Badeorten, sondern auch durch seine immer wieder betonte Geschichtslosigkeit. Zwar besitzt es ein kleines *Heimatkundemuseum* mit regionalen Funden seit der Urzeit (Uliza Ordschonikidse 29, außer montags täglich geöffnet von 9–19 Uhr), doch wird die Vergangenheit dieses Abschnitts der Schwarzmeerküste sonst wenig augenfällig, und die Intourist-Programme enthalten weder den Museumsbesuch noch die Besichtigung der wenigen Architekturdenkmäler. Dazu zählen die Ruinen der *Festung Mamaj-Kale* (16. Jh.) sowie der *Festung* im Vorort *Chosta* (20 km vom Zentrum) aus dem 11./12. Jh. Man findet sie in einem Naturschutzgebiet mit bis zu 800jährigen Eiben und Buchsbäumen, die ebenso wie die berühmten Pizunda-Kiefern zur Reliktvegetation der pontischen Flora gehören. Am Eingang dieses Hains gibt ein kleines *Naturkundemuseum* über die Tierwelt des kaukasischen Naturschutzgebiets Auskunft. Aus dem kampferfüllten 19. Jh. blieben die Ruinen einer *russischen Festung* unweit des Leuchtturms von Sotschi.

Sotschi, so wird von den Intourist-Führern immer wieder unterstrichen, sei eine reine Schöpfung des 20. Jh. Größtenteils stimmt das auch. Zugleich wird damit aber offensichtlich die Präsenz und das Schicksal der früheren tscherkessischen Bevölkerung verdrängt, die sich nach der Unterwerfung erst der Küstengebiete und dann des Kaukasus durch die Russen zu Hunderttausenden entschloß, in das Osmanische Reich auszuwandern. Bis heute leben nach tscherkessischen Angaben 1,1 Mio. Nachfahren dieser Emigranten in der Türkei, freilich unter starkem Türkisierungsdruck, so daß mancher »türkische« Tscherkesse inzwischen in die UdSSR »repatriierte«, dann aber in Städte wie Naltschik oder Grosnyj. Sotschi bewahrt nur noch in seinem Namen die Erinnerung an einen tscherkessischen Stamm. Auch die Ortsnamen *Mazesta* (»glühendes Wasser«) und *Adler* (»Sumpfgebiet«) weisen auf das nordwestkaukasische Vorgängervolk hin, das in seiner Alltagskultur und im Brauchtum viele Gemeinsamkeiten mit den südlich benachbarten Abchasen besitzt.

Tscherkessische Bevölkerung

Kaukasische Langlebigkeit

Die Völker des Kaukasus und Transkaukasus erfreuen sich besonderer Langlebigkeit. Das gilt vor allem für die Abchasen. Nach der Volkszählung von 1926 lag dort die Zahl der Langlebigen, also der über 80jährigen, bei fast 4.000 und damit um das Dreifache höher als in Rußland und der Ukraine und doppelt so hoch wie bei den Georgiern. Auch gegenwärtig soll sich an diesem Verhältnis nichts geändert haben. Besonders berühmt ist in dieser Hinsicht das abchasische Dorf *Duripsch* (bei Gudauta) mit 200 langlebigen Einwohnern. Im abchasischen Tanz- und Gesangsensemble *Nartaa* beträgt das Durchschnittsalter 70 Jahre. Touristen, die sich länger in Suchumi aufhalten, bietet Intourist einen Ausflug zu den langlebigen Alten von Duripsch an, wegen der starken Nachfrage freilich nur gegen Voranmeldung. Die Begegnung mit den rüstigen Alten enthält auch ein gemeinsames Essen.

Natürlich bemüht sich die sowjetische Gerontologie seit langem um Erklärungen für das Phänomen der kaukasischen Langlebigkeit. Eine Gerontologenkommission aus Moskau soll nach – sagen wir Duripsch – gekommen sein und dort einen 104jährigen Abchasen befragt haben, worin nach seiner Ansicht das Geheimnis eines langen Lebens bestehe. Der Alte erläuterte: »Es gibt viele Gründe für unser langes Leben: die gesunde Bergluft, abwechslungsreiche, vitaminhaltige Ernährung, angereichert durch unsere berühmten kaukasischen Kräuter, ein streßfreies, beschauliches Landleben mit mäßiger, aber stetiger körperlicher Betätigung bis in das hohe Alter, die Anteilnahme und Achtung der Jungen, die uns Alte niemals in ein Altersheim abschieben würden, wo wir einsam dem Tod entgegensiechen, und dann natürlich eins, Genossen: absolut kein Alkohol!«

Diese Antwort gefällt den Moskauer Wissenschaftlern. Aber inzwischen wird zunehmend heftigeres und ungeduldigeres Pochen aus dem Nebenzimmer vernehmbar. Die Wissenschaftler fragen nach der Ursache dieses Lärms. »Ach das«, erwidert der Greis, »soll Sie nicht weiter stören! Das ist nämlich nur mein Vater. Mit seinen 130 Jahren ist der alte Herr ein bißchen starrsinnig geworden. So ist er seit 115 Jahren daran gewöhnt, pünktlich um diese Zeit sein Gläschen Schnaps zu trinken!«

Natürlich kann man diesen Witz auch als kaukasische Retourkutsche auf Gorbatschows Alkoholismusbekämpfung ansehen, deren gesetzgeberische Maßnahmen viele Kaukasier als ungerecht empfinden, da der Alkoholmißbrauch nur ein russisches, aber kein kaukasisches Problem sei. Die echten Kaukasier trinken eben in Maßen und Würden, dafür aber auch ein langes Leben hindurch.

Literaturhinweis für diejenigen, die auch hundert Jahre alt werden wollen: Williams-Sarkisian, Morvyth/Apisson, Barbara: Die Kaukasus-Diät. Zürich. SV international, Schweizer Verlagshaus. 1977, 240 S. (mit Rezepten).

Oberswanetien

Von Sugdidi, der megrelischen Hauptstadt, führt eine Straße (137 km) zur oberswanetischen Hauptstadt *Mestia*. Außerdem besteht zwischen Mestia und Kutaissi Flugverbindung. Im Winter aber ist *Swanetien (Swaneti)* noch immer so gut wie von der Welt abgeschnitten, und dem entspricht die Bedeutung seines Namens, der auf »Kammer« oder »Versteck« zurückgeführt wird. Tatsächlich wurde in Kriegszeiten die Abgeschiedenheit seiner Lage von Königen und Fürsten zur sicheren Aufbewahrung von Schätzen genutzt.

Swanetien ist eine südwestkaukasische Gebirgsregion am Quellgebiet sowie im Tal des Inguri mit dem *Uschba* (4.700 m) als höchstem Gipfel. Mestia liegt in seiner Nähe, bereits auf einer Höhe von 1.470 m. Infolge der Abgeschlossenheit ihrer Hochgebirgstäler erhielten sich bei den Swanetiern (Swanen), einem zentralgeorgischen Stamm von etwa 20.000 Angehörigen, bis in die Gegenwart zahlreiche ursprüngliche Sitten und Gebräuche. Das Swanische selbst gehört zwar zur kartwelischen (südkaukasischen) Sprachgruppe, aber die Unterschiede zum Georgischen (Kartlischen) sind für eine gegenseitige Verständigung zu groß. Freilich hat es das Swanische ebenso wenig zu einer Schriftsprache gebracht wie das Megrelische. In der Schule wird Georgisch unterrichtet.

Sozialgeschichtlich verharrten die Swanen bis in das 20. Jh. auf der Stufe der Stammesgesellschaft. Am georgischen Feudalismus nahmen sie nur über ihre territoriale Zugehörigkeit zum georgischen Zentralstaat des 11. bis 13. Jh. teil. In der Mitte des 16. Jh. wurde Swanetien zwischen dem megrelischen Fürstentum und dem imeretischen Königreich geteilt. Die Knappheit an Ackerland verschärfte auch hier Sippen- und Blutfehden (*lizwri*). In unserem Jahrhundert ließen die Revolutionsjahre 1917–1924 die Blutrache erneut aufflammen, so daß 1931 auf 100 Frauen nur 70 Männer im Alter zwischen 20 und 50 Jahre kamen. Die *Matschuben*, vier- bis fünfgeschossige Wehr- und Sippentürme, erinnern an diese blutige Vergangenheit und geben bis heute den swanetischen Siedlungen das Gepräge von Festungen. Die sich nach oben hin meist leicht verjüngenden Steintürme sind außerordentlich alt, der »jüngste« stammt aus dem 13./14. Jh. Über eine Verbindungsbrücke erreicht man vom Turm aus das zweigeschossige Wohnhaus im Innenhof des Anwesens, das zusätzlich durch eine Mauer aus Schiefer- und Granitplatten geschützt wird.

Von Blutrache verschont wurden einst nur die Priester, deren Amt erblich war. Trotz früher Christianisierung bewahrte das Christentum in Swanetien viele vorchristliche Überlieferungen und trug von der offiziellen Kirchenlehre abweichende Eigenarten. Wie auch bei anderen georgischen Bergstämmen genossen der Hl. Georg, der Hl. Elias sowie der Hl. Quiricus (georg. Kwirike) große Verehrung, der mit dem frühchristlichen Märtyrerkind freilich nur den Namen gemeinsam hat. In Wahrheit trägt Kwirike die Züge des Kwiria, des zweithöchsten Gottes der georgischen Bergvölker, Schutzherrn der männlichen Nachkommenschaft sowie Gottes des Rechts. Stark verehrt wurde auch die Königin Tamar. Obwohl sie in Swanetien niemals höher als bis Ezeri kam, werden in Oberswanetien etliche Tamar-Gräber verehrt, so z. B. in der Kirche des Hl. Quiricus und der Hl. Julitta von *Uschguli*, der höchstgelegenen Siedlung Swanetiens. Dort zeigt man auch ein Paar winzige Schuhe sowie Zaumzeug, das Tamar gehört haben soll. Ihre Tochter Russudan habe 14 Jahre lang in der Uschguler Festung gelebt, nachdem sie vor den Mongolen aus Tbilissi geflohen war.

Der Unzugänglichkeit Swanetiens ist eine Vielzahl gut erhaltener Baudenkmäler, Treibarbeiten sowie Fresken zu verdanken. Am bemerkenswertesten sind die Wandmalereien in der Georgskirche des Dörfchens *Nakapari* sowie in der Kirche von *Uschguli*. Sie wurden an der Wende vom 11. zum 12. Jh. von dem georgischen Hofmaler Tewdore ausgeführt. Ferner begünstigte die Abgeschiedenheit dieser Region eine eigenständige Entfaltung der Treibkunst, frei von den einschränkenden Regeln der Orthodoxie und ihren Verboten der figürlichen plastischen Darstellung. Treibikonen kamen deshalb fast nur hier vor, besonders beliebt war das Motiv des »Erlösers auf dem Thron«. Die Swanen haben sich bis jetzt erfolgreich der Übergabe ihrer Kirchenschätze und Heiligtümer an das ferne Tbilissi widersetzt. Ich entsinne mich noch der Aufregung dort, als vor einigen Jahren nach langwierigen Verhandlungen die Swanen erstmalig einer Ikonenausstellung im Kunstmuseum Tbilissi zustimmten. Sie hatten sich aber ausbedungen, persönlich über ihre Schätze zu wachen, und so standen in jedem Ausstellungssaal mehrere Swanetierinnen zur Verteidigung der wirklich eindrucksvollen Ikonen bereit, die nach Ende der Ausstellung wieder in den Kaukasus zurückgebracht wurden.

Das *Historisch-Ethnographische Museum* in *Mestia* bietet natürlich ebenfalls schöne Beispiele swanetischer Treib- und Holzschnitzkunst, darunter ein geschnitztes Kirchenportal aus dem 10./11. Jh., ferner das berühmte illuminierte Adischi-Evangeliar (897) sowie bronzezeitliche Ausgrabungsfunde (ab Mitte des 3. vorchristlichen Jahrtausends), antike Münzen und orientalische sowie europäische Kunstgegenstände, die swanetische Krieger von den Kreuzzügen mitbrachten.

Mestia besitzt zwar ein kleines Intourist-Hotel, aber ebenso wie Chewsuretien ist auch Swanetien noch unberührt vom Massentourismus. Nur Einzel- und Sonderreisende, besonders Bergsteiger, gelangen hierher. Zudem wird der Tourismus erheblich durch die Kürze des Sommers (vier Monate) eingeschränkt. Der äußerst schneereiche Winter setzt bereits Anfang September ein und endet erst im Mai.

Reisetips von A–Z

Reisetips von A–Z

AIDS

Kondome mitnehmen, da sowjetische Erzeugnisse unzuverlässig und schlecht, ausländische dagegen, wenn überhaupt, nur auf dem Schwarzmarkt für 5 bis 8 Rubel pro Stück erhältlich sind.

AN- UND ABREISE

Die An- und Abreise ist per Flugzeug, Bahn oder Pkw möglich; manche Veranstalter bieten Busfahrten an.

Die üblichste, bequemste und zeitsparendste Reiseform ist der Flug, entweder, wie von den meisten Veranstaltern angeboten, über Moskau oder neuerdings auch im Direktflug von Berlin-Schönefeld nach Jerewan.

Die sowjetische Luftfahrtgesellschaft *Aeroflot* fliegt von Mai bis Ende Oktober einmal wöchentlich von Schönefeld nach Jerewan (jeweils mittwochs) oder Tbilissi (jeweils samstags). Auch die DDR-Linie *Interflug* bietet Direktflüge von Schönefeld an. Der Hin- und Rückflug kostet bei Interflug ca. 869 DM (Tbilissi) bzw. 896 DM (Jerewan).

Von Frankfurt/Main sind täglich Flüge der *Aeroflot* und *Lufthansa* nach Moskau möglich (ganzjährig); von Moskau aus kann man nicht nur Jerewan und Tbilissi, sondern auch Batumi, Suchumi, Kutaissi, Sotschi und Ordschonikidse erreichen. Die reine Flugzeit Frankfurt–Moskau beträgt drei Stunden, von Moskau nach Jerewan oder Suchumi zweieinhalb Stunden. Die Anreise im Flugzeug erfolgt von Wien aus über Kiew.

Die Anreise per Bahn erfolgt ebenfalls über Kiew und kostet auf einer Strecke bis Tbilissi bzw. Jerewan ca. 300–350 DM (von Berlin aus). Die Anreise mit dem Auto führt von der Bundesrepublik aus über die Transitstrecken der Tschechoslowakei; in der UdSSR verläuft die Weiterreise vom Grenzort Uschgorod über Lwow, Rowno, Kiew, Poltawa, Charkow, Rostow am Don bis Oktjabrskaja; von dort entweder über Pjatigorsk, Naltschik, Ordschonikidse und die Georgische Heerstraße nach Tbilissi (von dort Weiterfahrt über Kassach/Aserbaidschan und den Sewan-Paß nach Jerewan

möglich) oder entlang der Küste über Krasnodar, Sotschi bis Suchumi. Die Entfernung von Uschgorod bis Tbilissi beträgt 2.673 km, von Uschgorod bis Jerewan 2.954 km. Weiteres s. »Autotourismus«.

AUTOTOURISMUS

Wer mit dem Auto anreist, unterschreibt an der Grenze eine vom Zoll zu bestätigende Rückführverpflichtung und entrichtet eine Straßengebühr in Höhe von 5 Rubeln. Außerdem muß man bei der Einreise eine *Zusatzversicherung* mit Ingosstrach gegen Unfälle und Beschädigungen in Höhe von etwa 70 DM abschließen. Die Einfuhr des Autos selbst ist kostenfrei. Bei der Versicherungshaftpflicht dritten Personen gegenüber werden von Ingosstrach diesen oder dem Versicherten die Beträge ausgezahlt, die er dritten Personen für den bei Benutzung des Autos zugefügten Schaden (Tod, Körperverletzungen oder andere Schädigungen ihrer Gesundheit, Vernichtung oder Beschädigung von Sachwerten) gezahlt hat oder zu zahlen hat. Die Unfallversicherung kann ohne Einschränkung der Summe sowohl gegen Körperverletzungen oder Handlungen, die zum Tode dritter Personen geführt haben, als auch gegen Vernichtung oder Schädigung von Sachwerten abgeschlossen werden.

Der Fahrzeugführer muß einen *Führerschein* entsprechend der internationalen Straßenverkehrskonvention mit sich führen, außerdem ein *Intourist-Voucher* (gegen Barzahlung oder den Voucher der Reiseagentur erhältlich), das »Merkblatt für den Autotouristen« (Fahrauftrag; wird bei der Einreise ausgehändigt) sowie eine Übersichtskarte der Intourist-Autorouten (wird ebenfalls bei der Einreise ausgehändigt). Er ist verpflichtet, sich strikt an die Routen gemäß seinen Intourist-Papieren zu halten. Jede Änderung der Reiseroute bedarf einer Genehmigung, die bei der nächstliegenden Intourist-Vertretung eingeholt werden muß.

Neben dem polizeilichen Kennzeichen muß das Auto das Staatszeichen des Landes tragen, in dem es registriert ist. Es ist ratsam, Ersatzkennzeichen mitzunehmen (Souvenirjäger!). Außerdem muß das Auto mit einer Reiseapotheke, Feuerlöscher, einem Havariewarnzeichen

Reisetips von A–Z

bzw. roter Blinklichtleuchte ausgerüstet sein. Unfälle oder Pannen müssen der Verkehrsmiliz (GAI; *Gossudarstwennaja avtomobilnaja inspekzija*), der nächsten Intourist-Vertretung oder einer Zweigstelle von Ingosstrach (in Georgien: Tbilissi, am Kilometer 9 auf der Georgischen Heerstraße, Hotel *Uschba*; Suchumi: Frunsestr. 2; Batumi: Ninoschwilistr. 11) gemeldet werden; sie sind zur technischen Hilfe verpflichtet, die Kosten gehen zu Lasten des Kunden.

Sämtliche Staatsstrecken sind gemäß den internationalen Regeln in einheimischer (russischer, georgischer bzw. armenischer) und teilweise englischer Schreibweise (also lateinische Buchstaben) ausgeschildert. Die Geschwindigkeitsbegrenzung liegt für Pkw in Ortschaften bei 60 km/h, außerhalb der Ortschaften bei 90 km/h, für Busse innerhalb von Ortschaften bei 50 km/h, außerhalb bei 70 km/h. Wer seinen Führerschein nicht länger als zwei Jahre besitzt, darf grundsätzlich nur 70 km/h fahren. In Städten und Kurorten ist es nicht gestattet zu hupen. Auf bewachten Parkplätzen entrichtet man pro Tag 50 Kopeken für den Pkw, für einen Bus 1,20 Rubel.

Ferner muß man sich auf eine von der deutschen Fahrweise abweichende Fahrmentalität (größere Risikobereitschaft) einstellen, desgleichen auf die vielen Vierbeiner, die die Chausseen kreuzen oder darauf ruhen.

In jedem Fall muß das Auto wieder ausgeführt werden. Sollte es bei einem Unfall beschädigt worden sein, ist ein Abschleppdienst bis zur Grenze bzw. zu einem Hafen außerordentlich teuer. Darum unbedingt eine Rücktransportversicherung abschließen, falls diese nicht bereits in der Reiseunfallversicherung enthalten ist (ADAC, Deutsche Rettungsflugwacht, Postfach 230127, 7000 Stuttgart).

Siehe auch Stichwörter »Benzin«, »Einzelreisen«, »Reparaturwerkstätten«.

BENZIN

Tanken ist nur mit Benzingutscheinen möglich, die man an der Grenze bzw. bei manchen Intourist-Büros im Inland gegen Devisen erwirbt. Nicht benutzte Gutscheine können bei der Ausreise gegen Rubel rückgetauscht werden. Nicht jede Tankstelle hat die für Intourist-Kunden vorgesehene Zapfsäule. Tankstellen für Ausländer sind nur in den größten Städten vorhanden. Darum Ersatzkanister mitnehmen bzw. immer volltanken.

Super- und Normalbenzin kosten dasselbe, doch ist Benzin mit 98 Oktan (0,40 Rubel pro Liter) nur selten erhältlich. Benzin mit 95 Oktan kostet 0,30 Rubel, Benzin mit 93 Oktan 0,20 Rubel und Diesel 0,15 Rubel pro Liter.

BOTSCHAFTEN

der Bundesrepublik Deutschland: Bolschaja Grusinskaja uliza 17, Moskau, Tel. 2 52 55 21, Telex 00/64/7411 oder 12;
der Republik Österreich: Moskau, Starokonjuschennyj pereulok 1, Tel. 2 01 73 07; 2 01 79 40;
der Schweiz: Stopani pereulok 2–5, Moskau, Tel. 9 25 53 22.
Diplomatische Einrichtungen der UdSSR s. unter »Visum«.

CAMPING

Camping ist grundsätzlich nur auf den Intourist-Campingplätzen möglich, deren Zahl gegenwärtig in der gesamten UdSSR bei zehn liegt; in Armenien steht kein, in Georgien nur ein (!) Campingplatz der Kategorie B (Camping im Leihzelt; 30 DM pro Person und Tag) und C (Camping im eigenen Zelt bzw Campingbus; 20 DM pro Person und Tag) in Gumista bei Suchumi zur Verfügung. Für Kinder bis zum 12. Lebensjahr ist die Hälfte der jeweiligen Gebühr zu zahlen.
Weiteres s. Stichwort »Einzelreisende«.

EINKAUFEN

Der Einkauf gestaltet sich vor allem in sowjetischen Lebensmittelgeschäften (russ.: *gastronom*) oft sehr zeitraubend und mühsam, da man mehrmals Schlange stehen muß: einmal am Verkaufstisch, um nach dem Vorhandensein und dem Preis der Ware zu fragen, dann an der Kasse, um die Ware zu bezahlen, und schließlich wieder am Verkaufstisch, wo die Ware gegen den Bon ausgehändigt wird. Kauft man Erzeugnisse aus unterschiedlichen Abteilungen – etwa Käse aus der Milchprodukteabteilung und Wurst bei den Fleischwaren – steht man sogar noch öfter an.

Obwohl sowjetische Soziologen errechnet haben, daß durch Einkaufen und Schlangestehen jährlich die gesamte Arbeitsleistung von 4,5 Mio. Menschen verlorengeht, wird dieses unrationelle System beibehalten, wohl um nicht Tausende von Verkäuferinnen entlassen zu müssen. In der Sowjetunion ist das Recht auf Arbeit in der Verfassung verankert. Es herrscht aber ein Überangebot an Arbeitskräften. Darum »leistet« sich die Volkswirtschaft eine oft unökonomische Beschäftigung mehrerer Angestellter, in diesem Fall zu Lasten der gestreßten Frauen, die in solchen Geschäften einkaufen müssen. Selbstbedienungsläden sind noch relativ selten und ihr Warenangebot nicht mit unseren Supermärkten vergleichbar.

Einkaufen in Devisengeschäften s. unter »Geld«.

EINZELREISENDE

Die Sowjetunion ist für Einzelreisende noch wenig erschlossen, auch wenn sich der Individualtourismus dort ebenfalls entwickelt. Vor allem wenn man noch nie im Land war und keine Fremdsprachen beherrscht, sollte man eine Gruppenreise vorziehen (s. auch Stichwort »Gruppenreisen«), sonst wird die Fahrt zum Stummfilmerlebnis. Und es ist auch zu bedenken, daß man als Einzelreisender nicht mehr, sondern weniger vom Land sieht, weil man auf wenige Routen festgelegt ist bzw. manche Orte dem Einzelreisenden noch nicht zugänglich sind (z. B. Kachetien bzw. Telawi).

Die billigste Einzelreiseform ist der Campingurlaub, während das Einzelzimmer im Motel bzw. Hotel 1989 in der Hauptsaison (1. 4.–30. 9.) zwischen 150 und 200 DM, in der Nebensaison (1. 10.–31. 3.) zwischen 105 und 155 DM kostete. Allerdings steht Campingreisenden im gesamten Transkaukasus nur ein Campingplatz (*Gumista* bei Suchumi) zur Verfügung. Auch das Streckennetz ist sehr beschränkt; es darf nur die Strecke Jerewan–Tbilissi (über den Sewan-See), Tbilissi–Ordschonikidse (Georgische Heerstraße) und Tbilissi–Suchumi–Sotschi befahren werden; in Armenien ist ein Abstecher nach Zach-

kadsor, in Georgien nach Borschomi und Bakuriani möglich. Bei der Streckenplanung ist zu berücksichtigen, daß täglich nicht mehr als 500 km zurückgelegt werden dürfen.

Die Aufenthaltsdauer für Einzelreisende beträgt:
in Batumi max. 15 Nächte (Hotelkategorie 2 Sterne);
Gori max. 2 Nächte (Hotelkategorie 2 Sterne);
Jerewan max. 14 Nächte (Hotelkategorie 3 Sterne);
Kasbegi max. 3 Nächte (Hotelkategorie 2 Sterne);
Suchumi max. 15 Nächte (Hotelkategorie 2 Sterne);
Tbilissi max. 15 Nächte (Hotelkategorie 3 Sterne);
Zchaltubo max. 2 Nächte (Hotelkategorie 2 Sterne).

Auch der Einzelreisende bucht bei Intourist, wird von Intourist betreut und kann vor Ort über das Intourist-Service-Büro zusätzliche Ausflüge bzw. Theater- und Konzertbesuche bestellen. Allerdings kommen die Ausflüge den Einzelreisenden erheblich teurer zu stehen als Gruppen. Und auf eigene Faust eine Überlandfahrt im Bus oder Taxi zu unternehmen, ist mit Hinsicht auf die Aufenthaltsbeschränkung auf einen Radius von 40 km nicht statthaft. Ein Ausflug oder eine Stadtrundfahrt sind jedoch im Pauschalpreis der Einzelreise bereits enthalten, ebenso Transfers, innersowjetische Flüge sowie Voll- oder Halbpensionen.

Wer die Sowjetunion als Einzelreisender besuchen will, wende sich an die nächstgelegene Intourist-Vertretung und lege eine detaillierte Reiseroute vor. Bahn- und Flugtickets sowie Übernachtungskosten sind im voraus zu bezahlen, erst dann erhält man das Visum. Die vereinbarte Reiseroute muß eingehalten werden.

Literaturhinweis: UdSSR. (Reiseinformationen für Selbstfahrer und Individualreisende von Benno Schmidt). Badenweiler: Terra, 1983, 202 S.

EINZELZIMMER

Einzelzimmerwünsche können beim Veranstalter angemeldet werden, werden jedoch nie verbindlich bestätigt. Allerdings gehen sie in Armenien und Georgien meistens in Erfüllung.

Reisetips von A–Z

FEIERTAGE

In der UdSSR besteht die Fünftage-Arbeitswoche. Sonnabend und Sonntag sind Feiertage. Weitere gesetzliche Feiertage sind: der 1. Januar, der Internationale Frauentag (8. März), der Internationale Kampf- und Feiertag der Werktätigen (1. Mai), der Tag des Sieges (9. Mai), der Tag der Verfassung der UdSSR (7. Oktober) und der Tag der Großen Sozialistischen Oktoberrevolution (7. und 8. November). In Armenien erklärte 1988 das Parlament auf Druck der nationalen Bewegung den 24. April zum Gedenktag an die Opfer des türkischen Völkermordes von 1915.

Nationale Feiertage

Armenien:
Wardawar: vorchristliches Sommerfest (7. Sonntag nach Pfingsten)
Jerewan-Erebuni: Jerewaner Stadtfest (Ende Oktober)
Georgien:
Alawerdoba: kachetisches Erntedankfest in Alawerdi, nahe Telawi (28. September)
Tbilissoba: Stadtfest Tbilissis (letzter Samstag im Oktober)

FOTOBEDARF

Ersatzbatterien, Farb- und Polaroidfilme sowie Diafilme bringt man sich am besten in genügender Anzahl mit, da in der UdSSR nur Schwarz-Weiß-Filme erhältlich sind. Wichtig: Bei der Ein- und Ausreise in die UdSSR wird auf den internationalen Flughäfen das gesamte Gepäck durchleuchtet. Seit 1985 sind die entsprechenden, oft westlichen Apparaturen aus Gründen der Flug- und sonstigen Sicherheit extrem scharf eingestellt worden, sehr zum Ärger der Fotografen, die sich auf die nicht mehr zutreffenden, aber nicht gleich entfernten Aufschriften »filmsafe« verlassen hatten. Auf Inlandsflügen wird das Bordgepäck durchleuchtet. Man nehme daher sein Filmmaterial rechtzeitig aus dem Handgepäck.

FOTOGRAFIEREN

Die Liste von Fotografierverboten in der UdSSR ist leider lang: Flughäfen, Bahnhöfe, Häfen, Metrostationen, Stauseen, Kernkraftwerke, Brücken, industrielle und militärische Anlagen jeder Art fallen darunter. Ebensowenig erlaubt ist das Fotografieren vom Flugzeug aus. Auch in den meisten Museen gilt Fotografierverbot. In freskengeschmückten Kirchen sind keine Blitzlichtaufnahmen gestattet.

Vor Schnappschüssen auf Märkten, Plätzen oder auf der Straße sollte man sich vorher, notfalls in Gebärdensprache, bei den »Objekten« der Fotografierlust versichern, ob sie mit einer Aufnahme überhaupt einverstanden sind. Sie könnten sich sonst beim nächsten Milizionär beschweren und die Herausgabe des Films verlangen. Bedenken muß man auch, daß die Auffassungen über das, was des Fotografierens wert ist, kulturabhängig sehr unterschiedlich ausfallen: Ein malerisch vergammelter Hinter- oder Innenhof, alte Menschen, Markt- und Straßenszenen, Menschen bei körperlicher Arbeit usw. erscheinen Sowjetbürgern weniger lohnend als uns. Bisweilen entsteht sogar der – leider nicht immer unberechtigte – Verdacht, westliche Ausländer wollten sowjetische Armut bzw. Rückständigkeit dokumentieren. Teepflückerinnen präsentieren sich lieber im Sonntagsstaat als in Arbeitskleidung.

An beliebten Ausflugsorten erhält man allerdings schnell Fotokontakt zu sowjetischen Ausflüglern, die gern für ein eigenes Erinnerungsfoto auch vor fremder Kamera posieren (in der Hoffnung, daß sie es später auch wirklich zugeschickt bekommen). Oft steht an solchen Orten freilich schon ein einheimischer Berufsfotograf. Wer aber Polaroid-Bilder macht, kommt trotzdem »ins Gespräch«.

GELD

Die in der gesamten Sowjetunion gültige Währung ist der Rubel (1 Rubel = 100 Kopeken). Die Ein- und Ausfuhr sowjetischer Währung über einer Höhe von einem Rubel ist verboten.

Geldumtausch ist an den Wechselstuben möglich, die sich in fast allen Intourist-Hotels befinden, sonst auch bei der Staatsbank (Gosbank) und ihren Filialen. Reise- und Euroschecks werden normalerweise angenommen. Für etwa 1 DM gibt es etwa 3,30 Rubel. Auf den Auslandsflughäfen können Rubel (jedoch nur Papiergeld) zurückgetauscht werden, freilich nur legal eingetauschtes und auf der Zollerklärung vermerktes Geld. Dazu benötigt man außer der Einreise-Zollerklärung die Umtauschbescheinigung (also ebenfalls gut aufheben). Gegen westliche Devisen bzw. auf Kreditkarte kann man in sogenannten Valutaläden (in Jerewan und Etschmiadsin: *Zizernak* (»Schwalbe«), Sajat Nowa-Prospekt 8; in Etschmiadsin links neben dem Eingang zum Kloster; in Tbilissi und Batumi *Zizinatela* (»Glühwürmchen«); Tbilissi, Rustaweli-Prospekt 23; Batumi, Ninoschwili-Str. 11, einkaufen: billiger und in größerer Auswahl als in den sowjetischen Geschäften. Ebenso bestehen in größeren Intourist-Hotels Valutageschäfte und Valutabars; in letzteren werden hauptsächlich westliche Spirituosen ausgeschenkt, westliche Zigaretten verkauft und laute Disco-Musik geboten.

Siehe auch Stichwort »Schwarztausch«.

GRUPPENREISEN

Die häufigste, billigste und empfehlenswerteste Art des Sowjetunion-Tourismus sind Gruppenreisen. Denn der Gruppenreisende hat es im massen- und kollektivorientierten Sowjetland gut: Eine Gruppe wird im Restaurant meist schneller bedient als Einzelreisende, besser und schneller befördert und untergebracht sowie gezielt zu den Sehenswürdigkeiten von Natur und Kunst geführt. Die Spontanität mag etwas auf der Strecke bleiben, wenn man solcherart gereist wird statt zu reisen, doch erspart man sich eine Menge Verdruß.

Zahlreiche Reisebüros bieten eine Fülle von Aufenthalts-, Bade- und Studienreisen an und besorgen das Visum. Das gebuchte Programm wird von Intourist im allgemeinen exakt eingehalten, allerdings sind Änderungen vor Ort schwierig.

Die Dauer der Gruppen-Pauschalreisen liegt durchschnittlich bei einer bis zwei Wochen, die Teilnehmerzahl bei Studienreisen bei 15 bis 26 Personen, doch richtet sich die Durchschnittsteilnehmerzahl nach der Preislage. Billiganbieter führen Gruppenreisen oft erst ab einer Teilnehmerzahl von 35 Personen durch. Neben den Pauschalreiseangeboten kommerzieller Reiseunternehmen führen Volkshochschulen und verschiedenste Verbände Sonderreisen nach Armenien und Georgien durch.

So unterschiedlich wie die Leistungen hinsichtlich Programm, Teilnehmerzahl, Unterbringung u. a. sind die Reisepreise. Sie bewegen sich bei einer zweiwöchigen Fahrt zwischen 2.500 und 3.300 DM.

HOTELS

Es stehen drei Unterbringungskategorien zur Verfügung: Luxusklasse (»4 Sterne«; Zwei-Zimmer-Appartement mit Bad), 1. Klasse (»3 Sterne«; Ein- oder Zwei-Bett-Zimmer mit Bad oder Dusche) sowie die Touristenklasse (»2 Sterne«; Ein- oder Zwei-Bett-Zimmer mit Waschgelegenheit). Intourist-Hotels gehören in der Regel zur A-Kategorie (1. Klasse), was sich aber nicht mit westlichen Standards vergleichen läßt. Die meisten sowjetischen Hotels wirken, an unseren Verhältnissen gemessen, abgewohnt. Auf klemmende Türschlösser und rauschende WC-Spülbecken stellt man sich am besten schon vor Reiseantritt ein. Reklamationen werden zwar geflissentlich notiert, doch kann der Hotelhandwerker angesichts der überdrehten und anderswie defekten Armaturen und Sanitäranlagen oft auch keine Abhilfe schaffen. Rühmliche Ausnahme, da gut geführt, sind die Intourist-Hotels *Adschara* und *Iweria* in Tbilissi.

Obwohl Intourist in der Regel vor Reiseantritt keine Hotelnamen bekanntgibt, erfolgt die Unterbringung in Jerewan und Tbilissi vor allem in folgenden Hotels:

Jerewan: *Hotel Armenija*, Ploschtschad Lenina; *Hotel Ani*, Prospekt Sajat-Nowa 19; *Hotel Dwin*, ul. Paronjana 40.

Tbilissi: *Hotel Iweria*, ul. Inaschwili 4; *Hotel Adschara*, Ploschtschad konstituzii 1; *Hotel Tbilissi*, Prospekt Rustaweli 13.

In Batumi, Gori, Suchumi, Telawi, Zchaltubo gibt es ohnehin nur jeweils ein Intourist-Hotel bzw. -Motel.

IMPFUNGEN

Impfungen sind zur Zeit nicht erforderlich.

INTOURIST

Intourist (Verkürzung aus *inostrannyj turist*, »ausländischer Tourist«) ist die fast allumfassende Organisation, die Gruppen- und Einzel-

Reisetips von A–Z

reisende betreut. Sie unterhält nicht nur in den Hauptstädten, sondern in allen wichtigen Tourismuszentren Filialen. Gruppenreisende werden üblicherweise von einer Reisebegleitung und örtlichen Führern betreut. Die Reisebegleitung ist für die organisatorische Durchführung der Reise verantwortlich. Bei Komplikationen führt sie die Verhandlung zwischen der örtlichen Agentur und dem zuständigen Sachbearbeiter in der Moskauer Zentrale.

Manche westlichen Veranstalter stellen darüber hinaus eine westliche Reiseleitung zur Verfügung. Große Veranstalter haben zumindest während der Hauptsaison einen ständigen Vertreter in Tbilissi und/oder Jerewan.

Die Reise wird entsprechend der Buchung durchgeführt. Sollte aus organisatorischen oder technischen Gründen ein Besichtigungspunkt ausfallen, besitzt die Gruppe Anspruch auf gleichwertigen Ersatz.

Die Intourist-Agenturen bieten gegen Devisen Zusatzprogramme an (Ausflüge, Theater-, Konzert-, Folklore- und Zirkusbesuche, Weinproben und Picknicks), die von den Reisenden bzw. ihren westlichen Reiseleitern bei den Intourist-Service-Büros zu bestellen und zu bezahlen sind. Auf die verschiedenen Angebote macht meist die örtliche Führung aufmerksam. Ausflüge, Weinproben und Picknicks sind oft nur durchführbar, wenn sich dafür mehrere Teilnehmer bereitfinden.

Anschriften:

Intourist, Moskau K-9, Prospekt Marksa 16; Tel. 2 03 69 62

In Armenien:
375010 Jerewan, Amirjani p. 1, Hotel Armenija, Tel. 52 53 73

In Georgien:
Tbilissi, Rustaweli-Prospekt 15, Tel. 93 08 87.
Suchumi, Frunsestr. 2, Tel. 2 33 13
Batumi, Ninoschwilistr. 11, Tel. 3 51 79
Pizunda: Tel. 20 53
Zchaltubo: Motel Intourist, Puschkinstr. 4, Tel. 20 69

Intourist-Informationsbüros im Ausland:
Bundesrepublik und West-Berlin: Stephanstr. 1, 6000 Frankfurt/Main 1, Tel. 06 11/28 57 76; Kurfürstendamm 63, 1000 Berlin 15, Tel. 0 30/88 00 79

Österreich: Schwedenplatz 3–4, 1010 Wien, Tel. 63 71 50 oder 63 95 47
Schweiz: Usteristr. 9, 8001 Zürich, Tel. 2 11 33 55

KLEIDUNG

Armenier und Georgier sind im Durchschnitt weitaus modebewußter als Bundesdeutsche. Wer also seine schicken Outfits gewürdigt wissen möchte, findet dort ein sachkundiges Publikum. Ansonsten empfiehlt sich, besonders bei längeren Bus- oder Autofahrten, sportliche Kleidung je nach Jahreszeit. Eine warme Strickjacke oder ein Pullover, im Frühjahr auch Regenschutz, sollten nicht fehlen. Armenien und auch Ostgeorgien können kühler sein, als man es sich landläufig vorstellt. Für Theater- und Konzertbesuche nehme man ein gutes Kleid bzw. einen Anzug mit.

Im übrigen sind vor allem in der südlichen Sowjetunion Shorts außerhalb des Badestrands nicht üblich, ebensowenig Nacktbaden oder topless-Bademoden bei Damen. Armenierinnen und Georgierinnen selbst tragen, zumindest sommers, keine langen Hosen, sondern ziehen Röcke und Kleider vor. Auch bei Besuchen kirchlich genutzter Klöster und Kathedralen (z. B. Etschmiadsin, Gerard, Zionskathedrale in Tbilissi, Sweti Zchoweli in Mzcheta, Alawerdi) sollte frau höflicherweise einen Rock oder ein Kleid tragen.

KLIMA

Vgl. S. 366.

KRANKHEIT

Ambulante oder klinische ärztliche Behandlung sind in der UdSSR kostenlos, die Mitnahme eines Auslandskrankenscheines nicht notwendig. Auf Anforderung durch die Reiseleitung oder das Hotel kommt ein Bereitschaftsarzt in einem Ambulanzwagen direkt ins Hotel, zu jeder Tages- und Nachtzeit.

Werden längere Klinikaufenthalte erforderlich, ist allerdings – Transportfähigkeit vorausgesetzt – eine Rückkehr in die Heimat zu empfehlen, da die Krankenversorgung weder in Hinsicht auf das Essen, die medizinische Versorgung noch die Unterbringung einem Vergleich mit dem hier gewohnten Standard stand-

Klima

Armenien

Für das Armenische Hochland ist ein ausgeprägt kontinentales Klima mit
kalten, relativ kurzen Wintern und heißen Sommern kennzeichnend.

	Temperatur[1] max.	min.	Niederschläge[2]
Januar	1,2° C	-7,5° C	9
Februar	3,3° C	-4,9° C	9
März	12,2° C	-1,2° C	9
April	17,8° C	-6,7° C	13
Mai	24,4° C	11,3° C	13
Juni	29,1° C	14,4° C	9
Juli	31,8° C	18,5° C	3
August	32,7° C	17,9° C	4
September	27,8° C	13,1° C	5
Oktober	20,5° C	7,7° C	8
November	13,2° C	2,5° C	5
Dezember	5,9° C	-1,8° C	9

1) Monatl. Durch-schnittswerte, gemessen in Jerewan
2) Durchschnittl. Tagesanzahl mit 0,1 mm oder mehr pro Monat

Georgien

Georgien unterteilt sich in verschiedene Klimazonen, wobei der Osten ein
gemäßigt kontinentales, der Westen ein sehr mildes, niederschlagsreiches
Klima aufweist.

	Temperatur[3] max.	min.	Nieder-schläge[5]	Temperatur[4] min.	max.	Nieder-schläge[5]
Januar	7,0° C	-0,9° C	6	9,8° C	2,7° C	15
Februar	8,5° C	-0,3° C	7	11,4° C	3,0° C	12
März	13,1° C	-3,2° C	8	15,2° C	5,4° C	14
April	17,4° C	-7,6° C	13	19,0° C	8,4° C	13
Mai	23,9° C	12,4° C	12	24,4° C	13,0° C	11
Juni	27,7° C	15,9° C	11	27,3° C	16,2° C	12
Juli	30,5° C	19,2° C	8	28,1° C	19,2° C	12
August	30,0° C	18,5° C	9	28,4° C	19,0° C	12
September	25,6° C	14,8° C	8	26,2° C	15,7° C	10
Oktober	19,8° C	9,5° C	7	21,9° C	11,1° C	12
November	13,9° C	5,0° C	7	17,9° C	8,2° C	8
Dezember	9,1° C	1,1° C	7	12,4° C	5,4° C	16

3) Monatl. Durchschnittswerte, gemessen in Tbilissi
4) Monatl. Durchschnittswerte, gemessen in Samtredia (Westgeorgien)
5) Durchschnittl. Tagesanzahl mit 0,1 mm oder mehr pro Monat

Reisetips von A–Z

hält. Auch Zahnarztbehandlungen sollte man tunlichst zu Hause vornehmen lassen. Personen mit Blutdruckproblemen müssen selbstkritisch abwägen, ob und was sie sich in Armenien, einem Hochland, zumuten dürfen. Siehe auch Stichwort »Medikamente«.

LADENÖFFNUNGSZEITEN

Die Öffnungszeiten liegen im allgemeinen zwischen 8 und 18 Uhr; kleine Geschäfte legen von 12–13 Uhr eine Mittagspause ein. Lebensmittelgeschäfte haben, auch sonnabends und sonntags, bis 20 Uhr geöffnet, große Warenhäuser (*Zum; Zentralnyi uniwermag*) sogar bis 22 Uhr.

MEDIKAMENTE

Die Einfuhr von Medikamenten für den Eigenbedarf ist erlaubt (s. Stichwort »Zoll«). Es empfiehlt sich, Medikamente gegen Reisedurchfall mitzunehmen, der bei der Umstellung auf ein wärmeres Klima, ungewohnte Bakterien u. ä. häufig, meist nach drei bis vier Tagen auftritt. Wenig wirksam ist Aktivkohle, bewährt haben sich dagegen Immodium (rezeptpflichtig) u. ä. Mittel.

Die beste Vorbeugung wäre striktes Meiden aller frischen Salate, Kräuter, Obst, unabgekochten Wassers, Speiseeis. Der Durchfall entsteht nicht infolge von Unsauberkeit, sondern durch fremde Bakterien (auch Ausländer bekommen im »blitzsauberen« Deutschland Darmbeschwerden). Waschen oder Obstschälen löst daher das Problem nicht. Wer nicht auf die oben genannten Speisen verzichten mag, sollte also seine Reiseapotheke entsprechend bestücken.

In der Sowjetunion vom Arzt verordnete oder vom Reisenden selbst in einer Apotheke besorgte Medikamente müsen voll bezahlt werden. Dies gilt leider auch im Krankheitsfall. Die ärztliche Behandlung selbst ist kostenlos (s. Stichwort »Krankheit«). Manche Medikamente werden vom Arzt bzw. Krankenhaus kostenlos im Zuge der Behandlung zur Verfügung gestellt.

MIETWAGEN

Mietwagen können beim Intourist-Service-Büro bestellt werden. Sie dürfen im Stadtbereich sowie auf den Autoreiserouten von Intourist benutzt werden, sofern das Visum diese Strecken vorsieht. Es handelt sich um Wagen der sowjetischen Marke »Shiguli«, für die 55 Dollar pro Tag bezahlt werden müssen.

MUSEEN

Der Eintritt in sowjetische Museen beträgt zwischen 20 und 50 Kopeken. Nicht mehr gottesdienstlich genutzte Kirchen und Klöster gelten ebenfalls als Museen. Ihre Besichtigung ist in Armenien kostenfrei. In Georgien muß Eintritt bezahlt werden.

Im allgemeinen liegen die Öffnungszeiten zwischen 10 und 17 Uhr. Montags haben die meisten sowjetischen Museen geschlossen. Gruppen stehen – meist deutschsprachige – Führer und Führerinnen zur Verfügung. Anderenfalls wird von den Intourist-Begleitern gedolmetscht. Geführte Besichtigungen sind auf jeden Fall zu empfehlen, da leider die Exponate in aller Regel nur russisch und armenisch bzw. georgisch beschriftet sind.

ÖFFENTLICHE VERKEHRSMITTEL

Die städtischen Verkehrssysteme (Busse, Straßenbahnen, Omnibusse, in Jerewan und Tbilissi auch U-Bahnen) sind gut ausgebaut. Die einfache Fahrt kostet fünf Kopeken. Fahrscheine erwirbt man im Verkehrsmittel bzw. bei bestimmten Verkaufsstellen. Die U-Bahn betritt man durch eine Sperre, die sich nach Einwurf einer Fünf-Kopeken-Münze öffnet. Zum Münzwechsel stehen in den Vorhallen Wechselautomaten bereit.

Der öffentliche Verkehr beginnt in der Regel um 6 Uhr morgens und endet um 1 Uhr nachts.

POST

In den größeren Hotels sind Poststellen vorhanden. Paketsendungen (z. B. von Büchern, Schallplatten) werden auf den Postämtern verpackt.

Auch als Luftpost deklarierte Ansichtskarten brauchen etwa zwei Wochen, Post aus und nach Armenien war 1989 teilweise drei Wochen und länger unterwegs. Das Porto für Standardbriefe und Karten ins Ausland (außerhalb des RGW) beträgt 51 Kopeken, für Karten in RGW-Staaten 6 Kopeken.

REPARATURWERKSTÄTTEN

Reparaturwerkstätten befinden sich in allen Städten und größeren Kurorten, die an den Touristenrouten liegen. Es empfiehlt sich freilich, eine Fahrt im eigenen Pkw nur anzutreten, wenn man auch in der Lage ist, im Ernstfall selbst Hand ans Auto zu legen. Besonders mit Ersatzteilen für westliche Automarken darf nicht gerechnet werden.

SCHWARZTAUSCH

Schwarztausch wird in Intourist-Hotels sowie auf der Straße angeboten, verstößt aber gegen sowjetische Gesetze. Die Anbieter stehen meist mit der Unterwelt in Verbindung. Außerdem kommt es vor, daß dem West-Touristen Falschgeld oder nicht mehr gültige Zahlungsmittel angedreht werden.

SOUVENIRS

Fremdsprachige Reiseführer und kunstgeschichtliche Literatur über das Reisegebiet sowie Schallplatten (Folklore, nationale Opern, liturgische Musik) sind zwar recht preiswert, aber vor allem in der Hauptsaison leider schnell vergriffen. Kunstgewerbliche Erzeugnisse sind oft teuer, freilich trägt man damit zum Lebensunterhalt von Malern bei, die von ihren »seriösen« Werken allein noch nicht leben können. Zu empfehlen: chewsuretische Stickereien (Beutel, Taschen, Socken), glasierte georgische Töpferware, georgischer Silberschmuck in Filigran- und Niellotechnik, gehäkelte wollene Umschlagtücher (werden von Bäuerinnen vor der Kathedrale in Alawerdi angeboten). Gastronomisches für einen »armenischen« oder »georgischen Abend« daheim kauft man am besten in den Valutageschäften, wo es billiger und die Auswahl größer ist: armenische Markenweinbrände (»Achtamar«, »Nairi«, »Waspurakan« u. a.) und armenische Zigaretten in

dekorativen Packungen (»Achtamar«, »Arin-Berd«, »Garni«, »Schirak«), georgische Weine, armenische Walnußkonfitüre. Die Nußwürste aus Weintraubensaft (armenisch: *sudschuch*, georgisch: *tschutschchela*) kauft man auf dem Kolchosmarkt oder bei Bäuerinnen an Ausflugsorten (z. B. Garni, Kloster Nekressi in Kachetien), die abchasische Gewürzmischung »Adschyka« in georgischen Lebensmittelgeschäften.

Briefmarkensammler werden sich über schöne Serien (Baudenkmäler, Persönlichkeiten, Gedenkmarken) mit armenischen und georgischen Motiven freuen (Hauptpostämter in Jerewan und Tbilissi). Im übrigen gilt: Augen offenhalten! Imker verkaufen bisweilen ihren Honig direkt neben der Chaussee (der reinste ist der mit einer Wabe im Glas), auch – nicht folkloristisch gestylte – Töpferware wird oft am Straßenrand feilgeboten. Wer es mag: Treibkunst aus Messing in Georgien und Armenien, wobei ein einst hochentwickeltes Kunsthandwerk allerdings häufig zur kitschigen Massenproduktion verkommt.

SPRACHE

Die lingua franca der Sowjetunion ist Russisch. Armenisch und Georgisch sind Staats- und Amtssprachen im Bereich der jeweiligen Republik, doch Russisch besitzt eine gleichberechtigte Stellung. Wenn die Kinder mit sieben Jahren eingeschult werden, entscheiden sich ihre Eltern für den Schultypus: In einer »nationalen Schule« werden die Schulanfänger muttersprachlich alphabetisiert und lernen ab der 2. Klasse Russisch. In einer »russischen Schule« erfolgen umgekehrt die Alphabetisierung und der Unterricht in russischer Sprache. Armenisch bzw. Georgisch stehen als erste »Fremdsprache« auf dem Lehrplan.

Die städtische Bevölkerung Armeniens und Georgiens ist, vor allem in der jüngeren Generation, faktisch zweisprachig. Straßen- und Ortsschilder sind ebenfalls, in Abchasien, einer autonomen Republik Georgiens, sogar drei- bis viersprachig, falls die englische Umschrift der Ortsnamen hinzukommt. In den Großstädten Transkaukasiens kann man sich aber oft auch in Englisch, Deutsch oder Französisch verständigen. Kleine Völker beherrschen meist mehrere Fremdsprachen. Die Hotel- und In-tourist-Angestellten besitzen qua Beruf Fremd-sprachenkenntnisse.

SPUTNIK

Sputnik (russ. »Gefährte«) heißt die staatliche sowjetische Reiseagentur für Jugendtourismus. Schwerpunkte der von ihr organisierten Rei-sen bilden, im Unterschied zu Intourist-Fahr-ten, Begegnungen mit sowjetischen Jugendli-chen, das Kennenlernen von Land und Leuten (neben dem üblichen Besichtigungsprogramm). Die Altersgrenze liegt bei 15–35 Jahren (bei Klassenfahrten: 12–16 Jahre), die Gruppen-größe beträgt zwischen ca. 15–30 Personen. Nähere Auskünfte bzw. Buchungen bei allen Intourist-Büros.
Die Unterbringung erfolgt in eigenen »Sput-nik«-Hotels (zwischen einem und drei Sterne). In Jerewan steht »Sputnik« ein sehr schönes Hotel im Jugendpalast zur Verfügung (uliza Jeritassardakan 1).

STROM

Meist 220 Volt, 50 Hz, manchmal noch 127 Volt. Für Herren empfiehlt sich ein Batteriera-sierapparat oder Naßrasur bzw. die Mitnahme von Elektrogeräten mit Spannungswahlmög-lichkeit. Da oft keine Schuko-, sondern zweipo-lige Stecker in den Hotels vorhanden sind, sollte man Schlitzstecker für den Rasierappa-rat, Fön etc. mitnehmen.

TAXI

Taxen sind in der Sowjetunion gelblich und mit einem Schachbrettmuster längs der Karosse-rie gekennzeichnet. Eine grüne Glühbirne rechts hinter der Windschutzscheibe signalisiert, daß der Fahrer frei ist. Das heißt aber nicht, daß er auch bereit ist, in jede gewünschte Richtung zu fahren. Auch wird er anhalten, falls andere Fahrgäste ihn heranwinken. Stimmt deren Ziel mit Ihrer Richtung überein – Ihr Einverständnis vorausgesetzt –, werden diese mitgenommen. Die Grundgebühr kostet 20 Kopeken, jeder Kilometer weitere 20 Kopeken. Billiger sind

Sammeltaxen, die auf bestimmten Strecken zirkulieren.
Angesichts der Taxen-Knappheit verdienen sich viele Pkw-Fahrer ein Zubrot, indem sie eben-falls Fahrgäste befördern. Alleinreisende Frau-en sollten sich dann, um Mißverständnissen vorzubeugen, in den Fond setzen.

TELEFON

Hotelzimmer der A-Kategorie sind in der Regel mit Telefon ausgestattet. Ortsgespräche sind kostenlos. Man muß eine 9 wählen, um ins Ortsnetz zu gelangen. Von der Telefonzelle aus bezahlt man das Ortsgespräch mit einer Zwei-Kopeken-Münze (erst einwerfen, nach-dem sich der Teilnehmer gemeldet hat).
Verbindungen mit anderen Städten oder dem Ausland bestellt man an der Rezeption. Vom Telegrafenamt aus kann man im Selbstwähl-verfahren Teilnehmer in anderen sowjetischen Städten anrufen (die Telefonzellen tragen die Namen der jeweiligen Städte). Oder man gibt das Gespräch per Bestellzettel in Auftrag und wird aufgerufen. Die Vermittlung ins Ausland kann allerdings lange dauern. Ein dreiminüti-ges Gespräch aus Jerewan kostete 1988 36 DM vom Hotel aus. Ein Anruf aus der Bundes-republik nach Jerewan kostet pro Minute 4,70 DM bzw. 3,20 DM bei Selbstwahl (Vorwahl: 007 82 52; allerdings ist das Durchkommen sehr schwierig). Zeitsparender und billiger sind Telegramme, die aber manchmal erst nach Tagen (wenn überhaupt) ankommen.

TOILETTEN

Öffentliche Toiletten sind kaum vorhanden und nicht empfehlenswert. Am besten Toiletten in Hotels, Museen oder Restaurants oder neuer-dings auch sogenannte Kooperativ-Toiletten (Kooperatiwnye Tualety) in den Stadtzentren benutzen. Die Mitnahme eigenen Toilettenpa-piers ist anzuraten.

TRINKGELD UND GESCHENKE

Schon längst sind die Zeiten vorbei, in denen man in der Sowjetunion kein Trinkgeld annahm. In Georgien, wo großzügige Gesten geschätzt werden, ist Trinkgeld im Dienstleistungsbereich sogar besonders willkommen (es gibt allerdings auch dort Kellner und Kellnerinnen, die es ablehnen). Im Restaurant, Café, Taxi, beim Friseur und bei der Kosmetikerin freut man sich über eine Anerkennung guter Leistung (ca. 10 %). Dem Zimmermädchen hinterläßt man das Trinkgeld bar bzw. ein kleines Geschenk (Strumpfhosen, eine gute Toilettenseife u. ä.).

Kein Trinkgeld annehmen dürfen Intourist-Mitarbeiter (Führer, Dolmetscher, Busfahrer). Zuwiderhandlungen können zur Entlassung führen. Man drückt seine Dankbarkeit für gute und hilfsbereite Betreuung hier am besten durch Gruppen- oder Einzelgeschenke aus, je nach Dauer der Betreuung (in westlichen Ländern sind 1 DM pro Tag und Person für den Fahrer, 2 DM für den Führer üblich). Geschenkvorschläge: Bücher (deutschsprachige Belletristik oder Literatur über das Reisegebiet, Modejournale mit Schnittmustern, Kunstbände), Silberschmuck, ein gutes Eau de Toilette oder andere Kosmetik für Damen, ein gutes Rasierwasser, westliche Zigaretten oder Spirituosen für Herren, ferner Taschenrechner mit Ersatzbatterien u.ä. Grundsätzlich gilt auch hier die Regel, daß man mit Geschmack und Liebe schenkt, und zwar nur das, worüber man sich selbst freuen würde. Falls eine Gruppe bzw. ihr westlicher Reiseleiter kein Geschenk vorbereitet hat, stellt die »Wundertüte« einen Ausweg dar, in die jeder etwas hineingibt. Auch Einzelreisende tun gut daran, einige kleine Geschenke vorzubereiten: Es kommt gewiß der Augenblick, wo man sich für Freundlichkeit und Gastfreundschaft erkenntlich zeigen möchte. Spontane Hilfe, Aufmerksamkeit und Gastfreundschaft mit einem Trinkgeld »entlohnen« zu wollen, verstößt gegen die Landessitten. Hat man hier kein nettes Gegengeschenk zur Hand, genügt ein herzliches »Dankeschön« (russ.: *spassiba*, georg.: *gmadlobt*, arm.: *schnorhakalutjun*) völlig.

VISUM

Visa werden in der Regel durch die Reiseveranstalter bei den jeweils zuständigen Auslandsvertretungen der UdSSR (Botschaft in Bonn, Generalkonsulate in Hamburg, München und West-Berlin) besorgt, die dazu eine Fotokopie des Reisepasses, bei West-Berlinern des Berliner Personalausweises benötigen. Ferner sind ein Visumantragsformular sowie drei (bei West-Berlinern vier) Paßfotos erforderlich. Das Visum muß bei Gruppenreisen spätestens vier Wochen vor Reiseantritt beantragt werden. Einzelreisende Touristen warteten 1988 bis zu zwei Monaten auf ihr Visum, während Geschäftsleute die Einreisegenehmigung schon nach zwei Tagen bekamen. Das Visum gilt nur für die darin verzeichneten Orte und Zeiten. Der Reisende darf die im Visum angegebenen Orte nur in einem Radius von 40 km (von der Stadtgrenze aus gerechnet) verlassen. Von dieser Regel ausgenommen sind natürlich die von Intourist durchgeführten längeren Ausflüge. Die Visagebühr beträgt 35 DM.

Anschriften der sowjetischen Vertretungen in der Bundesrepublik:
Botschaft der UdSSR mit Konsularabteilung, Konsular- und Visaabteilung, Waldstr. 42, 5300 Bonn 2, Tel. 02 28/31 20 86-89.
Geschäftsbereich West-Berlin: Generalkonsulat der UdSSR in den Westsektoren Berlins, Reichensteiner Weg 34–36, 1000 Berlin 33, Tel. 0 30/8 32 70 04.
Geschäftsbereich für die Länder Hamburg, Bremen, Schleswig-Holstein und Niedersachsen: Generalkonsulat der UdSSR, Am Feenteich 20, 2000 Hamburg 76, Tel. 0 40/2 29 53 01.

Geschäftsbereich Bayern: Generalkonsulat der UdSSR, Sternwartstr. 22. 8000 München-Bogenhausen, Tel. 0 89/59 25 03.

In Österreich:
Botschaft der UdSSR, Reisnerstr. 45–47, 1030 Wien, Tel. 02 22/72 12 29

In der Schweiz:
Botschaft der UdSSR, Brunnabernrain 37, 3006 Bern, Tel. 031/44 05 66.

ZEIT

In der UdSSR gibt es zwölf Zeitzonen. Die in den drei transkaukasischen Republiken Armenien, Georgien und Aserbaidschan übliche Ortszeit liegt drei Stunden früher im Vergleich zur Mitteleuropäischen Zeit und eine Stunde früher im Vergleich zur Moskauer Zeit. Man bedenke, daß die Uhren auf allen sowjetischen Bahnhöfen und Flughäfen nach Moskauer Zeit gehen. Auch die meisten Fahrpläne geben nur die Moskauer statt der Ortszeit an. Im Zweifelsfall genau nachfragen, ob Orts- oder Moskauer Zeit gemeint ist.

Auch in der UdSSR hat man sich an die Zeitumstellung auf Sommer- bzw. Winterzeit angepaßt.

ZOLL

Bei der Ein- und Ausreise finden Zollkontrollen statt, für die jeweils eine Zollerklärung auszufüllen ist, auf der u. a. der aktuelle Devisenstand (einschließlich Reiseschecks) und der mitgeführte Schmuck aus Edelmetallen (Silber, Gold, Platin) angegeben werden muß. Die Zollerklärung ist sorgfältig bis zur Ausreise aufzuheben, sonst stehen bei der Ausreise enorme Verwicklungen bevor. Man benötigt die Zollerklärung ferner bei jedem Geldumtausch.

Bücher, Zeitungen und Zeitschriften können, sofern nicht offenkundig pornographischen oder antisowjetischen Inhalts, eingeführt werden. Zollfrei einführen kann man außerdem: je ein Kofferradio, eine Reiseschreibmaschine, ein Tonbandgerät, ferner Sportgeräte, 250 Zigaretten, 1 Liter Spirituosen, 2 Liter Wein, Medikamente für den Eigenbedarf (bei größeren Mengen mit ärztlicher Bescheinigung über die Notwendigkeit der Einnahme) sowie einen Fotoapparat und eine Schmalfilmkamera nebst Zubehör.

Die Ausfuhr sowjetischer Bücher ist nur erlaubt, wenn ihr Erscheinungsdatum nicht länger als fünf Jahre zurückliegt.

Kunstwissenschaftliches Sachwortverzeichnis

Amenaprkitsch(ner): armen. »Allerlöser«, »Heiland«; Ende des 13. Jh. in Nordarmenien aufkommende Sonderform der Chatschkarner mit der Kreuzigung bzw. Kreuzesabnahme Christi; zur Rechten Christi wird Josef von Arimathäa, zur Linken Nikodemus dargestellt, ferner die Gottesmutter Maria und der Jünger Johannes.

Apsis: Raumschließender, mit einer Halbkugel überwölbter Bauteil auf halbrundem oder mehrseitigem (polygonalem) Grundriß; meist Abschluß des Altarraumes.

Basilika: griech. »Königshalle«; aus der römischen Markt- und Gerichtshalle entwickelter Versammlungsort früh-christlicher Gemeinden; Grundform christlichen Kirchenbaus. Es handelt sich um drei- oder fünfschiffige Längsbauten, wobei das erhöhte Mittelschiff durch Fenster an den Hochwänden (Obergaden, Lichtgaden) über dem Dachanlauf der niedrigeren Seitenschiffe eigenständig beleuchtet wird. Abweichend von dieser Definition wird im orientalisch-byzantinischen Bereich der Begriff auch auf Bauten angewandt, deren Mittelschiff die Seitenschiffe nur geringfügig überragt, keine eigenen Obergaden besitzt und/oder bei denen alle Schiffe unter einem Satteldach zusammengefaßt sind.

Bema: griech. »Rednerbühne«; ein östlich an das Mittelschiff anschließender, nur dem Klerus zugänglicher und meist um eine oder mehrere Stufen erhöhter Raumabschnitt in ostkirchlichen Sakralbauten; das mit Priestersitzen (Presbyterium) versehene Bema ist in der Regel mit der Apsis identisch. Die Ansichtsseite schmücken meist Reliefs.

Chatschkar(ner): armen. »Kreuzstein(e)«; seit dem 9. Jh. auftretende Votiv- bzw. Memorialbauten; bogenförmige oder rechteckige Steinplatten, die frei auf einem Sockel stehen oder in ein weiteres Monument (meist Kirchenwände) eingelassen sind. Sie schmückt ein zentrales, meist lateinisches Kreuz, das durch kleinere Kreuze sowie ornamentalen Dekor, manchmal auch menschliche Figuren und häufig Inschriften, ergänzt wird.

Deesis: Byzantinische Darstellung des »thronenden Christus« mit Maria und Johannes dem Täufer als Fürbitter beim Jüngsten Gericht.

Freske: Auf frischem (»a fresco«) Kalkmörtel ausgeführte Wandmalerei.

Gawit(ner): Ab dem 10. Jh. aufkommende armenische Sonderform der Vorhalle, die westlich an Klosterkirchen anschließt und meist einen quadratischen oder fast quadratischen Grundriß besitzt; in der Regel von vier Freipfeilern untergliedert. Die Gawitner besaßen sowohl sakrale als auch weltliche Bedeutung (z. B. als Versammlungsraum).

(Maria) Hodegetria: griech. »Wegeführerin«; byzantinischer Bildtypus der Madonnendarstellung; Halbfigur der Gottesmutter mit dem Kinde auf dem linken Arm.

Ikone: Geweihtes Tafelbild der Ostkirche, thematisch und formal streng an Überlieferungen gebunden. Im Unterschied zum westkirchlichen Heiligenbild ist das ostkirchliche Kultbild durch die ihm innewohnende Transzendenz selbst Trägerin der Heiligkeit des dargestellten frommen Bildinhalts und darum für die Gläubigen weitaus mehr als nur ein Bild mit erzieherischer, illustrativer oder ästethischer Funktion.

Ikonostase: Bilder- (Ikonen-)wand; trennt als Weiterführung der frühchristlichen Altarschranken den Gemeinderaum vom Saktuarium (Bema). Ihre in mehreren Rängen aufgebauten Bildzyklen sind nach festen Regeln angeordnet; eine zweiflügelige Tür in der Mitte führt zum Altar, wird aber nur während der Kulthandlungen für die Priester geöffnet.

Kalotte: Kugelabschnitt, zumeist in der Form einer Halbkugel, d. h. mit viertelkreisförmigem Querschnitt über halbkreisförmigem Grundriß; Flachkuppel.

Kanontafel: Auf Eusebius von Cäsarea zurückgehende Evangelienkonkordanz, die die Nummern der Abschnitte angibt, in die jedes Evangelium unterteilt ist. Für die Gestaltung entwickelte sich ein festes Schema, in dem die Kanontafeln jedem Evangelienbuch (Evangeliar) voranstehen.

Kapitell: Architektonisches Element zwischen einer freistehenden Stütze (meist Pfeiler) und der Last; Säulen- bzw. Pfeiler- (Pilaster-)kopf, der häufig ornamental geschmückt ist. Nach der Form der Kapitellkörper unterscheidet man u. a. Pyramidenstumpf-, Trapez- und Würfelkapitelle.

Katholikon: (armen.: *Katorike*) Hauptkirche eines ostkirchlichen Klosters.

Kiosk: Hier: baldachinartiger Aufbau auf armenischen und georgischen Kirchen bzw. Glockentürmen.

Konche (Konchos): s. Apsis. Nach Anzahl der Konchen erfolgt die bautypologische Unterscheidung in Mono-, Tri-, Tetra- usw. Konchenbauten (bzw. Ein-, Drei-, Vierapsidenbauten).

Kryptogramm: Inschrift in Geheimschrift. Ähnlich wie die westeuropäischen Bauhütten entwickelten armenische und georgische Baumeister Geheimschriften und -zeichen.

Martyrion (Martyria): Gedächtniskirche über einem Märtyrergrab bzw. zum Gedächtnis an einen Märtyrer oder Heiligen und dessen Reliquien errichteter Sakralbau; in der Regel als Zentralbau ausgeführt.

Matenadaran: armen. »Stätte zur Aufbewahrung von Handschriften«; mittelalterliche armenische Klosterbibliothek. Heute: Nationale Sammlungs- und Forschungsstätte armenischer Handschriften und Bücher in Jerewan.

Narthex: griech. »Vorraum«, »Vorhalle«; quer zur Längsachse verlaufende Vorhalle einer Kirche, die in frühchristlicher Zeit als Aufenthaltsort der Ungetauften entstand.

Obelisk: Freistehender, meist monolithischer Spitzenpfeiler.

Peripteros: Griechische Tempelform, bei der eine umlaufende Säulenhalle (Säulengang) den Kern der Anlage (Cella) umschließt.

Pilaster: Ein der Wand zur Gliederung oder Verstärkung vorgelegter Halbpfeiler mit Schaft, Basis und Kapitell.

Pylon: Monumentalpfeiler; auch Bezeichnung für das große Eingangstor altägyptischer Tempel und Paläste; von zwei wuchtigen, abgeschrägten Ecktürmen flankiert.

Rotunde: Kleinerer Bau oder Bauteil auf runder Grundfläche.

Schamatun(er): s. Gawit(ner); armenische Vorhalle; kein völliges Synonym für »Gawit(ner)«, da von vielen Autoren Schamatun zur Bezeichnung solcher Bauten gebraucht wird, die auch als Beisetzungsstätte dienten.

Staurothek: griech. »Kreuzbehälter«; Reliquiar für Reliquien aus dem Holz des Heiligen Kreuzes.

Stylobat: Meist mehrstufige Grundfläche antiker Tempel; die frühchristliche Baukunst übernahm dieses Element.

Tambour: »Trommel«; zylinderförmiger oder vieleckiger Unterbau einer Kuppel, der diese über das Niveau der übrigen Gewölbe hebt; meist mit Fenstern versehen.

Tritonen: Nach der griechischen Mythologie fischleibige Meergötter im Gefolge Poseidons.

Trompe: Eckzwickel; Bogen mit nischenartiger Wölbung, errichtet über zwei rechtwinklig aneinander stoßenden Mauerteilen zur Überleitung eines quadratischen Raums zum achteckigen Kuppeltambour.

Tympanon: Bogenfeld über einem Portal, meist mit Reliefs versehen.

Vierstützenbau: Von vier Stützen (Pfeilern oder Säulen) gegliederte Kiche oder Vorhalle; häufigster Typus armenischer Vorhallen (s. Gawit).

Ziborium: In armenischen Kirchen meist hölzernes, baldachinartiges Altargehäuse entsprechend der göttlichen Vision des Hl. Grigor Lussaworitsch (4. Jh.) von der idealen Gestaltung des Gotteshauses.

Bibliographie

REISEFÜHRER, REISEBERICHTE, ALLGEMEINES

Armenien, Georgien

Bock, Ulrich: Georgien und Armenien. Zwei christliche Kulturlandschaften im Süden der Sowjetunion. Köln: DuMont, 1988. 357 S.; Abb.

Renz, Alfred: Kaukasus: Georgien, Aserbaidschan, Armenien. München: Prestel, 1985. 2., durchgeseh. Aufl. 1987. 384 S.; Abb.

Armenien

Ananikjan, R.: Jerewan. Reiseführer. Moskau: Verlag Progress, 1982, 94 S.

Bitow, Andrej: Armenische Lektionen. Reisebilder. Berlin: Verlag Volk und Welt, 1975. 207 S.; Frankfurt/Main, 1989 (Sammlung Luchterhand. 862.) 200 S.

Kaspar, Elke; Kaspar, Hans-Dieter: Urartu – ein Weltreich der Antike. Ein Reisehandbuch. Hausen: Korient-Verlag, 1986. 121 S., Abb.

Parrot, Friedrich W.: Reise zum Ararat. Unternommen in Begleitung der Herren W. Feodorow, M. B. von Adlerskron, J. Hahn und K. Schiemann. 2 Teile in einem Band. Berlin 1834 (Neuausgabe Leipzig: Brockhaus, 1985).

Renz, Alfred: Land um den Ararat. Osttürkei – Armenien. 2., durchgeseh. Aufl. München: Prestel, 1985. 399 S.; Abb.

Wegner, Armin T.: Fünf Finger über Dir. Aufzeichnungen einer Reise durch Rußland, den Kaukasus und Persien 1927/28. Wuppertal: Peter Hammer Verlag, 1979. 372 S.; Abb.

Georgien

Endler, Adolf: Zwei Versuche, über Georgien zu erzählen. Halle (Saale): Mitteldeutscher Verlag, 1976. 164 S.; Abb.

Georgien – La Géorgie: ein Stück vom Paradies. Hrsg. von Martin Buchhorn. Mit einem Text über die Partnerstadt Tbilissi von Tejmuras Mamaladse. Saarbrücken: Buchverlag Saarbrückener Zeitung, 1984.

Jerjomin, Gennadi: Tourismuszentren Georgiens. Durch Transkaukasien. (Zusammenstellung: Grigori Lebanidse. (Aus d. Russ.: Horst Both). Moskau: Planeta. 1986 (Bildreiseführer). 223 S.; Abb.

Kusnezow, Alexander: Swanetien: In Bergen und Tälern des Kaukasus. Leipzig: F. A. Brockhaus Verlag, 1977.

Patschulia, Wianor: Die kaukasische Schwarzmeerküste. Fotos, Bildtexte und Gestaltung: Wassili Istomin. Moskau: Planeta, 1985. 223 S.; zahlr. Abb. (farb.).

Stein, Günther: Ich weiß ein Georgien. Erlebnisse im Lande Rusthawelis. Berlin: Verlag der Nation, 1981. 237 S.; Abb.

Tbilissi: Architekturdenkmäler und Kunstmuseen. Illustrierter Reiseführer. Text und Auswahl: Irakli Zizischwili. Leningrad: Aurora Kunstverlag, 1985- 209 S.

Wir stellen vor: Sowjetgeorgien. Moskau: Intourist, 1981. 132 S.; Abb.

GESCHICHTE

Armenien

Afanasyan, Serge: L'Arménie, l'Azerbaidjian et la Géorgie de l'indépendance à l'instauration du pouvoir soviétique 1917– 1923. Paris, 1981. 256 S.

Armenien: Völkermord, Vertreibung, Exil, 1979–1987; Neun Jahre Menschenrechtsarbeit, neun Jahre Berichterstattung über einen verleugneten Völkermord. Hrsg.: Tessa Hofmann und Gerayer Koutcharian. Göttingen: Gesellschaft für bedrohte Völker, 1987. 146 S.; Abb.

Brentjes, Burchard: Drei Jahrtausende Armenien. 3. Aufl. Wien; München 1984. 240 S.; Abb.

Burney, C.; Lang, D. M.: Die Bergvölker Vorderasiens. Armenien und der Kaukasus von der Vorzeit bis zum Mongolensturm. Essen, 1975. 616 S.

Chaliand, Gérard; Ternon, Yves: The Armenians. From Genocide to Resistance. London (1983). 125 S.

Hilsenrath, Edgar: Das Märchen vom letzten Gedanken: Roman. München; Zürich: Piper, 1989 509 S.

Hovannisian, Richard G.: Armenia on the Road to Independence, 1918. Berkeley, Los Angeles 1971. VIII, 364 S.

Ders.: The Republic of Armenia. Vol. 1. (The First Year 1918–1919). Berkeley, Los Angeles 1971. XVI, 547 S.

Kazemzadeh, Firuz: The Struggle of Transcaucasus (1917–1921). New York, Oxford (1951). 263 S.

Koutcharian, Gerayer: Der Siedlungsraum der Armenier unter dem Einfluß der historisch-politischen Ereignisse seit dem Berliner Kongreß 1878: Eine politisch-geographische Analyse und Dokumentation. Berlin: Dietrich Reimer Verlag, 1989. 317 S.; 9 Ktn. (Freie Universität Berlin, Abhandlungen des Geographischen Instituts – Anthropogeographie. 43.).

Lang, David Marshall: Armenia. Craddle of Civilization. London, 1968.

Lepsius, Johannes: Bericht über die Lage des armenischen Volkes in der Türkei. Potsdam 1916 (weitere drei Aufl. u. d. T.: Der Todesgang des armenischen Volkes in der Türkei während des Weltkrieges).

Ders., Armenien und Europa. 4. u. 5. Aufl. Berlin Westend, 1897.

Ders. (Hrsg.), Deutschland und Armenien 1914–1918. Sammlung diplomatischer Aktenstücke. Reprint d. Ausg. Potsdam 1919. Mit e. Vorw. zur Neuausg. von Tessa Hofmann u. e. Nachw. von M. Rainer Lepsius. Bremen: Donat & Temmen, 1986. 549 S.

Limper, Bernhard: Die Mongolen und die christlichen Völker des Kaukasus. Eine Untersuchung zur politischen Geschichte Kaukasiens im 13. und beginnenden 14. Jahrhundert. Diss., Köln, 1978.

Matossian, Mary Kilbourne: The Impact of Soviet Policies in Armenia. Leiden, 1962 (Ph. D., Stanford 1955). X. 239 S.

Morgan, Jacques de: Histoire du peuple arménien depuis les temps plus reculés de ses annales jusqu'à nos jours. Paris, 1919 (Reprint Venedig 1981). LIV, XVIII, 410 S.

Mouradian, Claire: Sowjetarmenien nach dem Tode Stalins. Köln, 1985, 115 S. (Berichte des Bundesinstituts für Ostwissenschaftliche und Internationale Studien. 1985, 11).

Nansen, Fridtjof: Betrogenes Volk: Eine Studienreise durch Georgien und Armenien als Oberkommissar des Völkerbundes. Leipzig, 1928.

Panzer gegen Perestrojka: Dokumentation zum Konflikt in und um »Arzach« (»Karabach«). Mit e. Einl. von Tessa Hofmann. Bremen, Donat, 1989. 133 S.; Abb.; Kt.

Les Grandes Puissances, l'Empire Ottoman et les arméniens dans les archives françaises (1914–1918). Recueil de documents. Hrsg.: Arthur Beylerian. Paris 1983 (Publications de la Sorbonne. Série »Documents«. 34.).

Das Reich Urartu. Ein altorientalischer Staat im 1. Jahrtausend v. Chr. Hrsg.: Volkert Haas. Konstanz: Universitätsverlag Konstanz GmbH, 1986. (Xenia. Konstanzer Althistorische Vorträge. 17.) 138 S.

Sarkisyanz, Emmanuel: Geschichte der orientalischen Völker Rußlands. München 1961

Ternon, Yves: Tabu Armenien. Geschichte eines Völkermords. Berlin: Ullstein, 1988.

The Treatment of the Armenins in the Ottoman Empire 1915–16. Documents presented by Viscount Grey of Falladon, Secretary of State Foreign Affairs. London 1916 (2. Aufl.: Beirut 1979).

Das Verbrechen des Schweigens. Die Verhandlung des türkischen Völkermords an den Armeniern vor dem Ständigen Tribunal der Völker (Paris, 13.–16.4.1984). Göttingen: Gesellschaft für bedrohte Völker, 1985. 2 Ktn., 10 Abb., 191 S.

Vierbücher, Heinrich: Was die Kaiserliche Regierung den deutschen Untertanen verschwiegen hat: Armenien 1915; die Abschlachtung eines Kulturvolkes durch die Türken. Reprint d. Ausg. Hamburg-Bergdorf 1930. 2., erw. Aufl. Bremen: Donat & Temmen, 1987. 1 Kt., Abb., VIII, 104 S.

Der Völkermord an den Armeniern vor Gericht: Der Prozeß Talaat Pascha; Gerichtsprotokolle mit Augenzeugenberichten u. Regierungsbefehlen zur Vernichtung der Armenier 1915–18. Berlin, 1921. 3., mit Ktn., Abb. u. e. Vorw. vers., verbess. Aufl. Hrsg. Tessa Hofmann. Göttingen; Wien: Gesellschaft für bedrohte Völker, 1985. 136 S.

Werfel, Franz: Die vierzig Tage des Musa Dagh. Frankfurt am Main: Fischer-Taschenbuch-Verlag, 1985. 869 S.

Zürrer, Werner: Die Nahostpolitik Frankreichs und Rußlands 1891–1898. Wiesbaden, 1970. 524 S.

Ders., Kaukasien 1918–1921: Der Kampf der Großmächte um die Landbrücke zwischen Schwarzem und Kaspischem Meer. Düsseldorf: Droste, 1978. 733 S.

Auslandsarmeniertum

Hofmann, Tessa: Exil ohne Perspektive? Zur Lage der Auslandsarmenier 1985. »Orient«, 27. Jg., Juni 1986, Nr. 2, S. 285–306.

Lang, David Marshall: The Armenians. A People in Exile. London, Boston (u. a.), 1981. 203 S.

Georgien

Allen, W. E. D.: A History of the Georgian People from the Beginning Down to the Russian Conquest in the Nineteenth Century. London (1971)

Kautsky, Karl: Georgien – eine sozialdemokratische Bauernrepublik; Eindrücke und Beobachtungen. Wien 1921. 72 S.

Lang, David Marshall: A Modern History of Georgia. London (1962). XIV, 298 S.

Das Leben Kartlis: Eine Chronik aus Georgien; 300–1200. Aus dem Georgischen übertragen, herausgegeben und mit e. Vorw. vers. von Gertrud Pätsch. Leipzig: Dieterich'sche Verlagsbuchhandlung, 1985. 497 S.

Manvelichvili, Alexandre: Histoire de Géorgie. Paris 1951. 476 S.

Meskhia, Schota: Geschichte Georgiens (Kurzer Überblick). In: Georgien. Jenaer Reden und Schriften 1972. Hrsg. Franz Bolck. Jena, 1972.

Salia, Kalistrat: Histoire de la nation géorgienne. Paris 1980. 551 S.; Abb.

Sanders, A. (d. i. Alexander Nikuradze): Kaukasien: Nordkaukasien, Aserbaidschan, Armenien, Georgien. Geschichtlicher Umriß. 2. Aufl. München 1944. 349 S.; Abb.

RELIGION, KIRCHE

Armenien

Abeghian, Manuk: Der armenische Volksglaube. Leipzig, 1899 (Diss.)

Armenien: Tragödie ohne Ende. Zusammengestellt von der CCIA in Zusammenarbeit mit dem Internationalen Projekt des Rates der Kirchen im Mittleren Osten (MECC). Genf: Kommission der Kirchen für Internationale Angelegenheiten, Ökumenischer Rat der Kirchen, 1984. 60 S. (CCIA-Dokumentation, 1984/1). (Zu beziehen über: Kommission der Kirchen für Internationale Angelegenheiten, Ökumenischer Rat der Kirchen. 150, Route de Ferney, CH-1211 Genf 20).

Baumer, P. Beda: Endzeit armenisch. Die Kraft der Hoffnung eines bedrängten Volkes. Einsiedeln; Trier: Johannes-Verlag, 1988. 122 S.

Gamber, Klaus; Nyssen, Wilhelm: Verweilen im Licht. Kult und Bild der Kirche Armeniens. Köln: Luthe-Verlag, 1986. 182 S.; Abb. (Schriftenreihe des Zentrums patristischer Spiritualität Koinonia – Oriens im Erzbistum Köln. 20.)

Heiser, L.: Das Glaubenszeugnis der armenischen Kirche. Trier: Paulinus-Verlag, 1983. 314 S. (Sophia. 22.).

Ishkol-Kerovpian, K.: Mythologie der vorchristlichen Armenier. In: Wörterbuch der Mythologie. Hrsg. von H. W. Haussig. 1. Abtlg.: Die alten Kulturvölker. Bd. IV, 1. Teil, 11. Lieferung: Kaukasische Völker. Stuttgart, 1973. S. 61–160.

Koriun: Beschreibung des Lebens und Sterbens des hl. Lehrers Mesrop. In: Ausgewählte Schriften der armenischen Kirchenväter. Bd. 1. Hrsg. Simon Weber. München 1927 (Bibliothek der Kirchenväter). S. 186–232.

Ormanian, Malachia: The Church of Armenia. Her History, Doctrine, Rule, Discipline, Liturgy, Literature and Existing Condition. 2., verb. Aufl. London 1955 (1. Aufl. Frankreich 1910), 219 S.

Sarkissian, K.: The Council of Chalcedon and the Armenian Church. London, 1965 (Diss., Oxford 1959).

Georgien

Die Apostolin Nino. Eine georgische Legendengestalt. Hrsg. von Nikolos Dschanelidse. Itzehoe in Holstein. 1961. 53 S.

Duméziel, G.: Mythologie der kaukasischen Völker. In: Wörterbuch der Mythologie. Hrsg. von H. W. Haussig. Abtlg. 1, Lieferung 11. Stuttgart (1973). S. 1–58.

Müller, C. Detlef G.: Die georgische Kirche. In: Die Kirche in ihrer Geschichte. Ein Handbuch. Hrsg.: Bernd Moeller. Bd. 1, Lieferung D 2. Göttingen 1981, S. 361–367.

Peradse, Gregor: Die Anfänge des Mönchtums in Georgien. Bonn, Diss., 1927. 41 S. (Sonderdruck aus »Zeitschrift für Kirchengeschichte«, Bd. 44, N. F. 9, Heft 1).

Kleines Wörterbuch des Christlichen Orients. Hrsg. Julius Aßfalg in Verbindung mit Paul Krüger. Wiesbaden 1975 (Georgien: S. 119–139).

Frauen

Baranskaja, Natalja: Das Ende der Welt. Erzählungen von Frauen. Darmstadt: Luchterhand, 1985. 142 S. (Sammlung Luchterhand. 581).

Die süße Frau: Erzählungen aus der Sowjetunion. Hrsg. von Monika Tantzscher. Aus d. Russ. von Brigitta Schröder und Monika Tantzscher. Frankfurt a. Main: Fischer-Taschenbuch-Verlag, 1988. 377 S. (Fischer-Taschenbücher. 3779; Die Frau in der Gesellschaft).

Die Frau und Rußland. Almanach von Frauen über Frauen. Nr. 1. Texte aus dem Almanach, »Rossijanka« Nr. 2; Zeitschrift »Marija«, Nr. 1. München: Verlag Frauenoffensive, 1980. 250 S.; Abb.

Frauen in der Sowjetunion: Erzählungen und Gedichte. Hrsg. von Andrea Wörle. München: dtv, 1987. 258 S.

Unerlaubte Gespräche mit Moskauer Frauen. Hrsg. von Carola Hansson; Karin Liden. Aus dem Schwedischen von Maria Faulmüller. Vorw. von Susanna Kubelka. 2. Aufl., München: Roitman, 1984. 213 S.; Abb.

Vesper, Elke: Fremde Schwestern. Meine Reise zu den Frauen in der Sowjetunion. Dortmund: Weltkreis-Verlags-GmbH, 1984. 292 S.

Wosnessenskaja, Julia: Das Frauen-Dekameron. München: Goldmann Verlag, 1985. 349 S.

Armenische und georgische Kunst

Amiranaschwili, S.: Kunstschätze Georgiens. Prag: Atlantis-Artia-Verlag, 1971. Zahlr. Abb.

Die Armenier: Brücke zwischen Abendland und Orient. Adriano Alpago Novello (u. a.). Stuttgart, Zürich: Belser-Verlag, 1986. 285 S. Zahlr. Abb.

Armenische Kunst. Jean-Michel Thierry und Patrick Donabédian. Freiburg, Basel, Wien: Herder, 1988. 625 S., 891 Abb. (Ars Antiqua – große Epochen der Weltkultur, Serie IV, Bd. 1).

Art and architecture in medieval Georgia. By Adriano Alpago Novello u. a. Louvain-la-Neuve: Inst. Supérieur d'Archéologie et d'Histoire de l'Art; 1980. 521 S.; zahlr. Abb. (Publications d'histoire de l'art et d'archéologie de l'Université Catholique de Louvain, 21).

Beridse, Wachtang; Neubauer, Edith: Die Baukunst des Mittelalters in Georgien vom 4. bis zum 18. Jahrhundert. Berlin: Union-Verlag, 1980. 251 S.; zahlr. Abb.

Documenti di architettura armena (Documents of Armenian Architecture). Hrsg. von Milan Polytechnic University, Department of Architecture, Humanities Institute; Armenian SSR, Academy of Sciences. Milano.

Bd. 1: Haghbat. 3. Aufl. 63 S.
Bd. 2: Khatchkar. 3. Aufl. (über Kreuzsteine). 1977. 75 S.
Bd. 3: Sanahin. 3. Aufl. 71 S.
Bd. 4: S. Thadei' Vank. 2. Aufl. 1974. 71 S.
Bd. 5: Amberd. 2. Aufl.
Bd. 6: G(h)eghard. 2. Aufl. 73 S.
Bd. 7: Goshavank. 2. Aufl. 59 S.
Bd. 8: Aght'amar. 1974. 113 S.
Bd. 9: Ererouk. 1977. 71 S.
Bd. 10.: S. Stephanos. 1980. 71 S.
Bd. 11: Ketcharis. 1982. 54 S.
Bd. 12: Ani. 1984
Bd. 13: Haghartzin. 1984. 57 S.
Bd. 14: Amaghu Noravank'. 1985. 61 S.
Bd. 15: K'asakh Vank'er. 1986. 73 S.
Bd. 17: Ganzasar. 1987. 67 S.
Bd. 18: Sevan. 1987. 87 S.
Bd. 19: Gharabagh 1988. 107 S.
Bd. 20: Sorhul. 1989. 111 S.

(Texte in italienisch, englisch und armenisch; zahlr. Abb.; zu beziehen über: OEMME Edizioni, 6, Via Giovio, I-20144 Milano).

Goldschmiedekunst u. Toreutik in den Museen Georgiens. Leningrad: Aurora Kunstverlag, 1986. 249 S., überw. Abb., Kt.

Kunst des Mittelalters in Armenien. Mitarb: Burchard Brentjes, Stepan Mnazakanjan, Nona Stepanjan. Berlin (DDR), 1981. 349 S.; Abb.

Mepisaschwili, Russudan; Zinzadse, Wachtang: Die Kunst des alten Georgien. Zürich; Freiburg i. Br.: Atlantis, 1977. 310 S.; Abb.

Dies.: Georgien – Kirchen und Wehrbauten. Weinheim: Acta Humaniora, VLH, 1987. 388 S.; Abb.

Neubauer, Edith: Armenische Baukunst vom 4. bis 14. Jahrhundert. Dresden, 1970. 106 S.

Dies.: Altgeorgische Baukunst. Felsenstädte, Kirchen, Höhlenklöster. Wien; München, 1976. 245 S.; Abb.

Nickel, H. L.: Kirchen, Burgen, Miniaturen (Armenien und Georgien während des Mittelalters). Berlin (DDR), 1974.

Seibt, Werner; Sanikidze, Tamaz: Schatzkammer Georgien – Mittelalterliche Kunst aus dem Staatlichen Kunstmuseum Tbilissi. Wien: Bundesministerium für Wissenschaft und Forschung, 1981. 142 S.; Abb.

Skerst, Herman von: Der Gralstempel im Kaukasus. Urchristentum in Armenien und Georgien. Stuttgart: Urachhaus, 1986. 186 S.; Abb.

Strzygowski, Josef: Die Baukunst der Armenier und Europa. Ergebnisse einer vom kunsthistorischen Institut der Universität Wien 1913 durchgeführten Forschungsreise. Bd. 1. 2. Wien, 1918.

Teichmann, Frank: Der Gral im Osten. Motive aus der Geistesgeschichte Armeniens und Georgiens. Stuttgart: Verlag Freies Geistesleben, 1986. 231 S.; Abb.

Tombos, E.; Gink, K.: Die Baukunst Armeniens. Leipzig, 1972.

Dies.: Georgien. Hanau, 1975.

Armenische Buchmalerei

Armenische Buchmalerei des 13. und 14. Jahrhunderts. Aus der Matenadaransammlung Jerewan. Leningrad: Aurora-Kunstverlag, 1984. 164 S., zahlr. Abb.

Durnowo, Lydia A.: Armenische Miniaturen. Mit e. Vorw. von Sirarpie Der Nersessian. Köln: Schauberg, 1960. 191 S. Abb.

Stepanjan, Nona: Buchmalerei. In: Brentjes, Burchard; Mnazakanjan, Stepan; Stepanjan, Nona: Kunst des Mittelalters in Armenien; Kulturgeschichte, Architektur, Plastik, Wandmalerei, Buchmalerei, Angewandte Kunst. Berlin: Union Verlag, 1981. S. 241–311.

SPRACHE

Armenisch

Solta, G. R.: Die armenische Sprache. In: Handbuch der Orientalistik. Abtlg. 1, Bd. 7: Armenisch und kaukasische Sprachen. Leiden, Köln, 1963. S. 82–128.

Georgisch

Dsidsiguri, Schota: Die georgische Sprache. Kurzer Abriß. Halle (Saale), 1973.

Fähnrich, Heinz: Kurze Grammatik der georgischen Sprache. Leipzig: Verlag Enzyklopädie, 1986. 191 S.

Tschenkeli, Kita: Einführung in die georgische Sprache. Bd. 1 (Theoretischer Teil). Bd. 2 (Praktischer Teil). Zürich: Amirani-Verlag, 1958.

Ders., Georgisch-deutsches Wörterbuch. Nach dem Tode des Verf. fortgeführt von Yolanda Marchev. Bd. 1-3. Zürich: Amirani-Verlag, 1965–1974.

LITERATUR

Armenien

Aßfalg, Julius: Die christlichen Literaturen des Orients: Armenisch. In: Kindlers Literatur-Lexikon im dtv. Bd. 1: Essays. München 1974, S. 72–74.

Froundjian, Bedros: Entstehung und Entwicklung der armenischen Presse und ihr Einfluß auf die neuarmenische Schriftsprache und die politische Meinungsbildung. Berlin, Diss. 1961. S. 227 S.

Hofmann, Tessa: Literaturbrief aus Jerewan. In: Litfass: Berliner Zeitschrift für Literatur, Nr. 13, (April 1979). S. 74–78.

Dies., Am Kreuzweg der Welten und Zeiten. In: Lebenslieder, Todesklagen: Lesebuch vergessener Völker. Hrsg. Klemens Ludwig. Wuppertal: Hammer-Verlag, 1988, S. 204-208 (Einleitung, Ausw. u. teilw. Übersetzung arm. Lyrik mit Textbeispielen S. 209-216).

Inglisian, Vahan: Die armenische Literatur. In: Handbuch für Orientalistik. Abtl. 1. Bd. 7: Armenisch und kaukasische Sprachen. Leiden, Köln 1963. S. 156–250.

Übersetzte Literatur

Ananjan, Wachtang: Armenische Jagderzählungen. Dt. von Juri Elperin. Moskau: Verlag Progress, o. J. 177 S.

Die Berge beweinen die Nacht meines Leides: Klassische armenische Dichtung. Hrsg. von Lewon Mkrttschjan. Nachdichtung: Annemarie Bostroem. Berlin: Rütten & Loening, 1983. 205 S.

Howsepjan, Ruben: Die karminrote Schildlaus: Roman. Aus dem Russ. von Ingeborg Schröder. Berlin: Volk und Welt, 1986. 183 S.

Issahakjan, Awetik: Der Glockenton der Karawane. Ausgew. von Lutz Engel. Nachdichtungen: Annemarie Bostroem. Mit einem Nachw. von Herbert Krempien. Berlin: Volk und Welt, 1978. 58 S.

Matewosjan, Hrant: ... aber sonst ist alles reine Wahrheit. Erzählungen. Aus d. Russ. von Charlotte Kossuth. Berlin: Verlag Volk und Welt, 1988. 185 S.

Ders., Das Schelmenstück der Hammeldiebe. Aus d. Russ. von Marianne Schäfer. Berlin: Kultur und Fortschritt, 1969. 364 S.

Ders., Mutter fährt den Sohn verheiraten. Aus dem Russ. von Marianne Kossuth. In: Erlesenes. 3. Kaukasische Novellen. Berlin: Volk und Wissen, 1978. S. 133–231.

Die armenische Nachtigall: Lieder des Nahapet Kutschak. Hrsg.: Hans Bethge. Berlin, 1924. 134 S.

Die Nachtigall Tausendtriller: Armenische Volksmärchen. Ausgew. und aus dem Armenischen übers. von Tessa Hofmann und Gerayer Koutcharian. Berlin: Edition Orient, 1983. 129 S.

Armenische Novellen. Gesammelt von J. S. Chatschatrjanz. Aus d. Russ. von Ena v. Baer; bearb. von Walther Bergsträßer. Berlin: Kultur und Fortschritt, o. J. 202 S.

Sewak, Parujr: Der Schmerz, der weitertreibt. Hrsg. u. mit e. Nachw. von Christina Links. Berlin: Verlag Volk und Welt, 1987. 127 S.

Tumanjan, Howhannes: Das Taubenkloster. Essays, Gedichte und Verslegenden, Poeme. Hrsg. u. mit einem Nachw. von Elke Erb. Ins Dt. übertr. von Wolf Endler. Berlin: Volk und Welt, 1972. 178 S.

Georgien

Aßfalg, Julius: Georgische Literatur. In: Kleines Wörterbuch des christlichen Orients. Hrsg. von Julius Aßfalg in Verb. mit Paul Krüger. Wiesbaden, 1975. S. 135–137.

Baramidze, A. G.; Gamezardasvili, D. M.: Gruzinskaja literatura (Georgische Literatur). Tbilissi, 1968. 78 S. (Engl. Ausg. u. d. T.: Georgian Literature. Tbilissi, 1968).

Deeters, Gerhard: Georgische Literatur. In: Handbuch der Orientalistik. Hrsg. B. Spuler. 1. Abtlg. Der Nahe und der Mittlere Osten. Bd. 7. Armenisch und kaukasische Sprachen. Leiden, Köln 1963. S. 129–155.

Lang, David Marshall: Landmarks in Georgian Literature. London, 1968.

Übersetzte Literatur

Abaschidse, Grigol: Lascharela. Hist. Roman. (Aus d. Georg. übers. und mit e. Nachw. von Heinz Fähnrich). Berlin: Buchclub, 1975. 443 S. (3. Aufl., 1987).

Ders.: Die lange Nacht. Hist. Roman. (Übers. u. mit e. Vorw. von Heinz Fähnrich). Berlin: Rütten & Loening, 1978. 380 S.

Barataschwili, Nikolos: Gedichte. (Dt. von Rainer Kirsch nach der Interlinearübertr. von Nelly Amaschukeli). Hrsg. von N. Kakabadse. Tbilissi, 1968. 130 S.

Bleichsteiner, Rudolf: Neue georgische Dichter (Übersetzungen). Wien, 1946 (richtig: 1947). 84 S.

Das Buch vom Helden Amirani. Ein altgeorgischer Sagenkreis. Bearb. u. a. mit e. Essay »Amirani und Prometheus« von M. Tschikowani. Übers. von Heinz Fähnrich. Leipzig, Weimar, 1978. 215 S.

Dirr, Adolf: Kaukasische Märchen. Ausgew. u. übers. von A. Dirr. Jena: Diederichs, 1920. XI, 294 S. (2. Aufl. Jena, 1922).

Dschawachischwili, Michail: Givi Schaduri: Erzählungen aus dem Leben Sowjet-Georgiens. Übers. von A. Metreweli. München, 1962. 261 S.

Dumbadse, Nodar: Ich sehe die Sonne. Erzählung. (Übertr. aus d. Russ. von Günther u. Gertraude Stein). Berlin, 1968. 223 S. (Andere Ausg.: Wien 1968).

Georgische Erzähler der neueren Zeit. Ausgew. u. aus d. Georg übertr. von Ruth Neukomm. Zürich, 1970. 421 S.

Gamsachurdia, Konstantine: Die rechte Hand des großen Meisters. Roman. Übers. aus d. Georg. von Gertrud Pätsch. Nachw. von Alfred Kurella. Berlin, 1970. 431 S.

Der ferne weiße Gipfel: Georgische Erzählungen. (Hrsg. u. mit biograph. Notizen vers. von Steffi Chotiwari-Jünger. Mit e. Nachw. von Sasa Absianidse. Aus d. Georg. u. Russ. von Waltraud Ahrndt). Berlin: Volk und Welt, 1984. 462 S.

Ketschaghmadse, G.: Der kleine Schatten. (Übers. von Heinz Fähnrich). Berlin, 1974. 242 S.

Kiatscheli, Leo: Gwadi Bigwas Wandlung. Roman. (Übers. von M. Brichmann). Berlin, 1951.

Leist, Arthur: Georgische Dichter. Leipzig, 1887. 150 S. (Übers. von Gedichten von G. Orbeliani, A. Tschawtschawadse, N. Barataschwili u. a.). (Neue, vielf. verm. Ausg. Dresden; Leipzig, 1900; XXXI, 173, VII S.).

Lordkipanidse, Konstantine: Morgenröte. (Übers. aus d. Russ. von Hermann Born). Leipzig, 1955. 332 S.

Lordkipanidse, Niko M.: Unbeugsame Herzen. (Aus dem Russ. von A. Bauch). Berlin, 1952. 110 S.

Georgische Märchen. Hrsg. u. unter Mitarb. von Heinz Mode aus d. Georg. übertr. von Heinz Fähnrich. Vorw. Heinz Fähnrich. Leipzig: Insel-Verlag Anton Kippenberg, 1980. 363 S. (Ausgabe f. die Bundesrepublik: Wiesbaden: Drei Lilien Verlag, 1983).

Georgische Märchen. (Übers. von M. Spady. Bearb. von G. Hemzal. Auswahl, Kommentar u.

Wörterbuch von T. Tschotschua u. N. Kreuz). Tbilissi: Ganatleba, 1973. 115 S.

Kaukasische Märchen. Nacherz. u. hrsg. von J. Guter. München, 1980. 180 S.

Kaukasische Märchen: Grusinien, Armenien und Aserbaidschan. Erz. von Z. Novakova (Übertr. von J. Vapenik). Hanau: Dausien, 1977. 200 S.

Märchen aus dem Kaukasus. Hrsg. von Isidor Levin, übers. aus d. Russ. von Gisela Schenkowitz. Düsseldorf: Diederichs, (1978). 318 S. (Enthält 11 Märchen aus Georgien).

Orbeliani, Sulchan-Saba: Die Weisheit der Lüge. Übers. aus d. Georg. von M. v. Tseretheli. Eingel. von S. Awalischwili. Hrsg. von A. Metreweli. Berlin, 1933. XV, 269 S. (Georgische Bibliothek. 1).

Ders., Die Weisheit der Lüge. Übers. aus d. Georg. von Heinz Fähnrich. Nachw. von Elke Erbe. Berlin, 1973. 269 S.

Pape-Gegelaschwili, Lidia; Dschanelidse, Nikolos: Georgische Märchen. Ges. u. frei übers. Itzehoe, 1974. 79 S.; zahlr. Abb.

Neue Poesie aus Georgien. Hrsg. von M. Buchhorn, F. Frischmuth und L. Harig. (Übertr. auf Grund von Interlinearübers. von Nelly Amaschukeli u. L. Naranschwili, von M. Buchhorn u. a.) Eingel. von N. Ruchadse. Saarbrücken, 1978.

Georgische Poesie aus acht Jahrhunderten. Nachgedichtet von Adolf Endler und Rainer Kirsch nach der Interlinearübers. von Nelly Amaschukeli. Mit e. Vorw. von Adolf Endler. Berlin: Volk und Welt, 1971. 333 S.

Pschawela, Washa: Bergquelle. (Aus d. Georg. v. L. Kurdiani, E. Senjuk u. a. Vorw. G. Natroschwili). Tbilissi: Ganatleba, 1974. 55 S.

Das Reh, der Jäger, die Natur. Georgische Kurzerzählungen. Hrsg.: Lidia Pape-asnauri-Gegelaschwili, Ulrich Pape, Nikolos Dschanelidse. Itzehoe: Georgischer Verlag Sakhartwelo Dschanelidse. 1976. 32 S.

Robakidse, Grigol: Die Hüter des Grals. Roman. Jena, 1937. 252 S.

Ders., Kaukasische Novellen. (Aus d. Georg. von Käthe Rosenberg und Richard Meckelein). Mit e. Vorw. d. Autors. Leipzig: Insel-Verlag, 1932. 79 S. (Neuausgabe Frankfurt/Main: Suhrkamp (1979). 105 S.).

Ders.: Megi, ein georgisches Mädchen. Roman. (Deutsch von R. Tschakkert u. R. Meckelein, M. Garduhn u. E. Witzel). Tübingen, 1932. 237 S.

Ders.: Der Ruf der Göttin. Roman. Jena (1934). 216 S.

Ders.: Das Schlangenhemd. Roman des georgischen Volkes. Hrsg. von Stefan Zweig. Jena 1928. III, 323 S.

Der Schlangenknabe. Georgische Volksmärchen. (Aus d. Russ. von Vera Nowak). Moskau: Progress, 1977. 228 S.

Schota Rustaweli: Der Mann im Pantherfell. Altgeorgisches Epos. Hrsg. von Nelly Amaschukeli, Natela Chuzischwili, Dawid Laschkaradse. Nachdichtung von Hermann Buddensieg. (Mit e. Vorw. des Übers.) Tbilissi: Sabtschota Sakartwelo, 1976. 212 S.

Ders., Der Mann im Pantherfell. Übertr. aus d. Georg. von Ruth Neukomm. Zürich, 1974. 495 S. (Manesse-Bibliothek der Weltliteratur).

Ders., Der Mann im Tigerfell. Aus dem Georg. übers. von Arthur Leist. Dresden, Leipzig, 1889. IV, 288 S. (Andere Ausgabe: Dresden 1890).

Ders., Der Recke im Tigerfell: Altgeorgisches Poem. Dt. Nachdichtung u. Geleitwort von Hugo Huppert. Berlin: Rütten & Loening, 1955. 318 S. (2. Aufl. Berlin, 1970).

Tscheischwili, Alexander: Sonne über Georgien: Roman. (Aus d. Russ. übers. von M. v. Busch). Weimar, 1953. 451 S.

Tschikowani, Simon: Im Ornament der Platanen. Hrsg. von Nodar Ruchadse unter Mitarb. von Elke Erb. Übers. aus dem Georg. u. Russ. von Else Krätzig, Paul Wiens u. a. nach der Interlinearübers. von Giorgi Tsouloukidse u. Igor Werner. Mit einem Nachw. von Elke Erb. Berlin: Volk und Welt, 1971. 87 S.

Tschiladse, Otar: Das eiserne Theater. Roman. Aus dem Georg. von Kristiane Lichtenfeld. Berlin: Verlag Volk und Welt, 1988. 514 S.

Tschonkadse, Daniel: Die Burg von Surami. Roman. Deutsch von Robert Bleichsteiner. Wien 1947. 93 S.

»Wisramiani«, oder die Geschichte der Liebe von Wis und Ramini. (Gekürzte Ausg.) Übertr. aus d. Georg u. Nachw. von Ruth Neukomm u. Kita Tschenkeli. (Zürich 1957). 221 S.

Ossetische Literatur

Kaukasische Märchen. Aufgezeichnet von Ulrich Benzel bei dem ossetischen Hirten Mussa Omar. Wiesbaden: Englisch, 1976. 190 S.; Abb.

Die Narten, Söhne der Sonne: Mythen und Heldensagen der Skythen, Sarmaten und Osseten. Übers. u. hrsg. von Andre Sikojew. Köln: Diederichs, 1985. 351 S.; 41 Abb.

Kochbücher

Georgisches Kochbuch der Hundertjährigen. Itzehoe: Georgischer Verlag. o. J.

Mallos, Tess: Die Küche des Orients. Herrsching: Pawlak, 1984 (über armenische Küche: S. 155–174).

Papashvily, Helen; Papashvily, George: Die Küche in Rußland. Reinbek bei Hamburg: Rowohlt, 1979 (über armenische Küche: S. 139–143; über georgische Küche S. 123–139).

Ortsregister

Personen- und Sachregister

Weitere EXpress Reisehandbücher

Weitere EXpress Reisehandbücher

Eberhard Schmitt (Hg.)
Türkei. Band I: Politik, Ökono-
mie, Kultur, 400 S., 51 Fotos.
DM 29,–   ISBN 3-87322-027-X

Eberhard Schmitt (Hg.)
Türkei. Band II:
Ein Reisehandbuch.
460 S., 44 Fotos.
DM 39,–   ISBN 3-87322-028-8

Barbara Hoffmann (Hg.)
Griechenland. 520 S., 195 Fotos.
DM 39,–   ISBN 3-87322-006-7

András Rigó (Hg.)
Ungarn. 288 S., 131 Fotos.
DM 32,–   ISBN 3-87322-029-6

Weitere EXpress Reisehandbücher

EXpress Reisehandbücher

– machen dort weiter, wo andere schon lange aufhören ...